Erich Follath

Die neuen Großmächte

ERICH FOLLATH

Die neuen Großmächte

Wie Brasilien, China und Indien
die Welt erobern

Deutsche Verlags-Anstalt

Verlagsgruppe Random House FSC® N001967
Das für dieses Buch verwendete FSC®-zertifizierte Papier EOS
liefert Salzer, St. Pölten.

1. Auflage
Copyright © 2013 Deutsche Verlags-Anstalt, München,
in der Verlagsgruppe Random House GmbH und
SPIEGEL-Verlag, Hamburg
Alle Rechte vorbehalten
Karten: Peter Palm, Berlin
Typografie und Satz: Brigitte Müller / DVA
Gesetzt aus der Dante
Druck und Bindung: GGP Media GmbH, Pößneck
Printed in Germany
ISBN 978-3-421-04601-7

www.dva.de

INHALT

genheit zerstört? • Eine Superkneipe namens »Irrgarten« • Die Umwandlung der Sex-Hotels • Warum aus Rio niemals Zürich wird

Teil II Machtzentren

Teil III Wurzeln

VORWORT
Der Drache, der Elefant und die Piranhas

Als ich zum ersten Mal als Journalist in China, in Indien und in Brasilien war, wusste ich, dass ich dorthin immer wieder zurückkehren wollte – in diese Länder voller Zauber, voller Geheimnisse. Es war faszinierend, in Peking im Strom der Fahrräder dahinzugleiten, umschlossen vom Einheitsblau der Arbeiter, vorbei an Hutongs, vor denen Berge von Kohlköpfen aufgetürmt waren. Es war anrührend, abends in einem der Hinterhöfe auf dringenden Wunsch der Neugierigen, die selten eine »Langnase« zu Gesicht bekamen, deutsche Volkslieder zu singen. Es war aufregend, in Haridwar am Ganges das heilige Holi-Fest mit Hindus zu feiern, nach der Tradition beworfen mit zinnoberrotem Pulver, immer den scharfen Chili-Geschmack auf der Zunge, und dann am nächsten Tag mit Indira Gandhi in den Wahlkampf zu ziehen, quer durchs Land, bis sie sich endlich für ein Interview bereitfand. Es war erschütternd, in Rio de Janeiro vor dem Weiterflug ins Amazonas-Gebiet im Geheimen einen Regimegegner zu treffen, den die herrschenden Generale hatten foltern lassen: Wut, Tränen und Trauer vor der schönsten Kulisse der Welt.

Ich habe China, Indien und Brasilien schon vor über vierzig Jahren bereist, als ich für meine Dissertation über den Einfluss der Politik auf die Massenmedien und die politische Propaganda recherchierte. Dabei hielt ich mich oft an wissenschaftlichen Instituten auf, doch allein schon wegen des sehr begrenzten Budgets lernte ich, mit dem Rucksack auf dem Rücken, auch das Leben der »normalen« Menschen kennen. Meine ersten beruflichen Besuche fanden dann Mitte der Siebzigerjahre statt. Sie führten mich in die Amtsstuben von Ministern, Wirtschaftsbossen und Religionsführern wie zu denen, die unter ihnen litten: Reisen, die immer geprägt waren von sehr widersprüchlichen Eindrücken, oft anziehend und abstoßend zugleich. So freundlich die Menschen waren, so erdrückend empfand ich die Armut und die politische Repression. Die Geschichten, die ich von dort an die Heimatredaktionen schickte, musste ich telefonisch durchgeben, was oft 24 Stunden Wartezeit bedeutete. Oder per Telex, was auch nicht viel besser war, weil das gestanzte Band häufig riss und die Apparate in der Dritten Welt die Tendenz hatten, während der Sendung ihren Geist aufzugeben. Es waren banale Probleme. Angesichts der für die Menschen vor Ort herrschenden existenziellen Sorgen war es eher beschämend, sich darüber aufzuregen. Oft atmete ich vor Erleichterung durch, als das Flugzeug wieder Richtung Heimat abhob – und begann mich schon nach der zweiten Stunde in der Luft wieder zurückzusehnen nach den Farben, Gerüchen und Geräuschen. In innerer Vorbereitung auf den nächsten Trip.

Vieles hätte ich damals für möglich gehalten, aber nicht, dass diese drei problematischen Traumländer eines Tages so viel Zukunftsträchtiges verbinden würde. Und schon gleich gar nicht, dass sie einmal in den Augen vieler Experten für Aufbruch stehen könnten, für den Beginn einer neuen wirtschaftlichen und politischen Weltordnung.

Vergesst Europa, diesen zerstrittenen, in seinem eigenen Sud schmorenden Kontinent der Schuldenlasten und skandalösen Jugendarbeitslosigkeit! Und verabschiedet euch gleichzeitig von der Vorstellung, dass die Vereinigten Staaten, dieses Land der unbegrenzten Schulden, kaputten Infrastruktur und inneren Spannungen, dem in Krisenzeiten nicht viel mehr einfällt, als die Notenpresse anzuwerfen, weiter an der Weltspitze stehen werden – das nacheuropäische, das postamerikanische Zeitalter hat begonnen! »500 Jahre lang hat der Westen mit seinen Institutionen und Ideen geherrscht. Damit ist es jetzt vorbei«, schreibt der britische Historiker Niall Ferguson 2013 lapidar.

So denken und reden und argumentieren in diesen Tagen viele. Sie schieben die negativen Nachrichten aus China, Indien und Brasilien zur Seite, die Berichte über die Umweltskandale von Lanzhou, die Vergewaltigungsorgien von Neu-Delhi, die Serie von

Polizistenmorden von São Paulo. Und sie tun so, als gingen da nicht Hunderttausende Unzufriedene in Brasilien auf die Straße, als demonstrierten nicht fast täglich Chinesen und Inder gegen Korruption und für bessere Arbeitsbedingungen. Als zeigte nicht auch das Wirtschaftswunder der Schwellenländer erhebliche Risse. Man wird dennoch kaum behaupten können, dass die Propheten des westlichen Niedergangs keine Argumente hätten. Sie haben, ganz im Gegenteil, besorgniserregend gute Argumente. Nehmen wir nur zwei neue Wirtschaftsstudien. Beide verheißen für Europa und die USA nichts Gutes. Auf den ersten Blick auch nicht für Deutschland, das manche Experten für eine Insel der Seligen halten.

»Die dynamischsten Städte der Welt im Jahr 2025« heißt die erste Untersuchung, ihr Kernsatz lautet: »Wir sind Zeugen der größten ökonomischen Transformation, welche die Welt je gesehen hat.« Der Report ist in Kooperation des McKinsey Global Institute mit der amerikanischen Fachzeitschrift *Foreign Policy* entstanden und erforscht anhand von Hochrechnungen des Wirtschaftswachstums, der voraussichtlichen Bevölkerungszunahme und anderer sozialer Faktoren, welche urbanen Zentren künftig die Welt beherrschen. Was sich in den Großstädten abspielt, zähle schon heute mehr denn je, führen die Autoren aus. Derzeit werden nach den Erkenntnissen dieser Experten etwa 60 Prozent des globalen Bruttosozialprodukts (GDP) in den Ballungsräumen erwirtschaftet, in Zukunft dürfte dieser Anteil noch wachsen. »Die Menschen in den Metropolen der aufstrebenden Mächte steigern ihren Lebensstandard wie nie zuvor. Die Welle neuer Konsumenten und ihrer Kaufkraft wird alles durcheinanderwirbeln, was an Geschäftsverhalten und Investitionsbereitschaft bisher bekannt war«, schreibt das Team um Richard Dobbs, den Direktor des Instituts. »Aber besonders bemerkenswert: Die Elitegruppe der Superstädte wird eine andere Zusammenstellung haben, das Gravitätszentrum sich Richtung Süden und vor allem Richtung Osten verändern.«

Welche Metropolen also werden in zwölf Jahren weltweit führend sein, die vorwärtsdrängenden, bahnbrechenden, richtungweisenden?

Schanghai vor Peking und Tianjin – allesamt in China gelegen, allesamt mit prognostizierten GDP-Wachstumsraten von deutlich über 300 Prozent. Dann São Paulo, Brasilien, als Nummer vier; und mit Guangzhou (Kanton) und Shenzhen hat die Volksrepublik noch zwei Zukunftsmetropolen unter den führenden Sechs. London findet sich als erste westeuropäische Stadt auf Platz 21. Davor sind noch New York und Los Angeles, aber auch weitere neun chinesische Megacities, darunter einige, deren genaue Lage wohl nur Sinologen geläufig sein dürfte: Foshan, Dongguan, Shenyang. Deutschland wird nur ein einziges Mal erwähnt, auf Platz 51 steht der »Rhein-Ruhr-Ballungsraum«. In solchen Studien wie auch in UNO-Statistiken wird die Region oft als Großstadt geführt; prophezeiter GDP-Zuwachs für die nächsten zwölf Jahre: vergleichsweise bescheidene 29 Prozent. Weit und breit kein Berlin, Hamburg, München oder Frankfurt.

Natürlich hat eine solche Rangfolge bei aller Seriosität der Verfasser und ihres wissenschaftlichen Ansatzes auch etwas Spekulatives. Es liege »in der Natur der Sache«, dass nicht jede ihrer Prognosen für 2025 genau zutreffen werde, gesteht Dobbs. Er weiß, dass das Schicksal der Weltmetropolen wesentlich auch von politischen Schwankungen und schwer vorhersehbaren Business-Trends wie dem Rückgang der globalen Güternachfrage bestimmt wird. Und dass Spekulationsblasen auf dem Wohnungsmarkt, für die gerade die Volksrepublik China besonders anfällig ist, das Gesamtbild verändern können. Aber der Direktor des McKinsey Global Institute sieht keinen Grund, den jetzigen Erkenntnissen zu misstrauen. »Mal abgesehen von einer unvorhersehbaren Katastrophe wird die Zukunft der Weltmetropolen hauptsächlich in Mandarin geschrieben.« Und noch in Hindi und Portugiesisch, ließe sich hinzufügen. Denn unter den Top 75 der dynamischsten Großstädte der Zukunft sind neben dem übermächtigen China auch Indien (Delhi, Bombay, Bangalore) und Brasilien (außer São Paulo auch Rio de Janeiro, Brasília, Belo Horizonte) prominent vertreten.

Die zweite Studie ist etwas sperrig mit »2013 Global Manufacturing Competitiveness Index« betitelt. Sie enthält nicht weniger Dynamit. Den Report hat die einflussreiche Unternehmensberatungsfirma Deloitte Touche Tohmatsu erarbeitet und gemeinsam mit der regierungsnahen Washingtoner Agentur für Wettbewerbsfähigkeit herausgegeben. Dabei wurden weltweit 550 führende Manager großer Firmen befragt, in welchen Staaten die industrielle Herstellung von Gütern derzeit am besten funktioniere und wie sich das ihrer Meinung nach künftig verändern werde. Auf den ersten Blick sieht es nach einem gemischten Ergebnis aus. Nach einer Melange alter und neuer Spieler – so in etwa, wie man es erwartet. Die Rangliste der konkurrenzfähigsten Industriestaaten für das Jahr 2012 führt die Volksrepublik China an, gefolgt von Deutschland, den USA und Indien. Auch noch unter den Top Ten, allerdings auf den hinteren Plätzen, werden Brasilien und Japan genannt.

Ganz anders urteilen die Vorstandschefs, wenn sie in die Zukunft blicken und eine solche Liste für das Jahr 2017 aufstellen sollen. China bleibt vorn, aber Deutschland und die USA sinken auf die Plätze vier und fünf. Japan, bis vor Kurzem noch die zweitgrößte Handelsmacht weltweit, fällt gar ganz aus den ersten Zehn. Die Aufsteiger kommen aus Mittelasien und Südamerika. Ein Erfolg versprechender europäischer Staat ist nicht in Sicht, Großbritannien beispielsweise sackt ab auf Platz 19. Die führenden Industriestandorte in fünf Jahren heißen nach Ansicht der bedeutendsten westlichen Wirtschaftsbosse: China vor Indien (das zwei Plätze nach oben steigt) und Brasilien (das fünf Plätze hinzugewinnt).

»Amerika und Europa mussten mitansehen, welche Reifungsprozesse die aufstrebenden Staaten durchmachten und wie sie sich zu mächtigen Gegenspieler entwickelten«, sagt Craig Giffi, Vizechef von Deloitte in den USA. »Der Trend verstärkt sich rapide.« Und das trotz einiger Faktoren, die für die weitere Wettbewerbsfähigkeit der traditionellen westlichen Machtzentren sprechen. »Nichts war den Top-Managern wichtiger als die Qualität und Produktivität gut ausgebildeter Arbeitnehmer, die Förderung eines Talent-Pools«, referiert Giffi. 85 Prozent der befragten CEOs sind der Meinung, dass diese Voraussetzungen Deutschland und die USA noch eine Weile im Wettlauf um die Spitze halten werden. Sie sehen auch in Sachen Rechtssicherheit, Steuersystem und Gesundheitswesen bei den »Alten« noch erhebliche Vorteile, ebenso bei der Infrastruktur. Aber das Erstaunliche an dem Bericht: Die allermeisten Wirtschaftsführer glauben, dass diese Pluspunkte in den nächsten Jahren schnell dahinschwinden oder eine nicht mehr so entscheidende Rolle spielen. Die neuen Mächte sind ihrer Meinung nach dabei, Wettbewerber ersten Ranges zu werden. China, Indien, Brasilien auf der Überholspur und 2017 schon unter sich auf dem Siegertreppchen – und das trotz der gegenwärtigen Rückschläge, der deutlichen Verlangsamung ihrer ökonomischen Zuwachsraten. Auch bei dieser Studie mag es den einen oder anderen Einwand geben. Entscheidend ist der Trend, auf den sich die überwältigende Mehrheit der Ökonomen weltweit festgelegt hat: China wird schon im nächsten Jahrzehnt die USA hinter sich lassen und zur führenden Wirtschaft weltweit werden; Exportnation Nummer eins, größter Devisenbesitzer und Eigentümer amerikanischer Schuldverschreibungen – in Hillary Clintons Worten »unser Banker« – ist die Volksrepublik bereits. Indien investiert längst mehr in der EU als umgekehrt, kauft in Afrika riesige Ländereien, besitzt Top-Universitäten sowie einige der führenden Softwarefirmen und gilt inzwischen als mit Abstand größter Waffenimporteur der Welt. Der langjährige Boom-Staat Brasilien, Gastland der Frankfurter Buchmesse 2013, richtet 2014 die Fußballweltmeisterschaft, 2016 die Olympischen Spiele aus und könnte den europäischen Problemländern mit Krediten aushelfen. Brasilien lockt auch nach den jüngsten Unruhen Jobsucher aus dem Westen an. Besonders für die Arbeitslosen der ehemaligen Kolonialmacht Portugal ist das rohstoffreiche und in der Agrarproduktion wie in der Agrarforschung führende südamerikanische Land zur letzten Hoffnung geworden. Alle drei neuen Großmächte haben sich auch längst Sahnestücke aus dem industriellen Repertoire des Westens herausgesucht: China kontrolliert den Hafen von Piräus und die Londoner Taxis, kauft sich bei Daimler ein und sponsert die Münchner Sicherheitskonferenz. Der Jaguar fährt indisch, der deutsche Windanlagenbauer Repower wurde von einer Firma aus Maharashtra übernommen. Und Brasilien beherrscht nach der Übernahme von Anheuser den Biermarkt der Welt.

Der Drache, der Elefant, die Piranhas – diese Symbole bestimmen das Bild. Die Welt ordnet sich um, die Gewichte der Macht verschieben sich dramatisch. Eine tektonische Erschütterung, weg von der Mitte Europas, weg von den Vereinigten Staaten. Es gab keine solche Zeitenwende mehr seit damals, als das chinesische Reich der Mitte, bis weit ins 17. Jahrhundert die einzige ökonomische Supermacht, sich von den technischen Entwicklungen der restlichen Staaten abzukoppeln begann und beschloss, sich selbst genug zu sein. Seit damals, als sich der Westen in Naturwissenschaft, Technik und Handel mit der Industriellen Revolution an die Spitze kapitulierte und dann seine Vorherrschaft festigte, herausgefordert nur von einer kommunistischen Ideologie, die trotz einiger wissenschaftlicher und machtpolitischer Erfolge letztlich für den Absturz bestimmt war. Für viele schien nach dem Zusammenbruch der Sowjetunion »das Ende der Geschichte ausgebrochen«. Der Siegeszug des Westens, seines Wirtschafts- und Finanzsystems, sei unaufhaltsam, schrieb der amerikanische Politikwissenschaftler Francis Fukuyama. Doch spätestens seit dem skandalösen Ende der Investmentbank Lehman Brothers in New York 2008, der größten und schwerwiegendsten Pleite einer Firma, verbunden mit dem Wanken anderer tragenden Säulen der Bankenlandschaft, änderte sich das Bild.

Für den Westen geht mit diesem Einschnitt ein goldenes Zeitalter zu Ende. Auch wenn es mit staatlichen Billionenspritzen einigermaßen gelang, wieder ein fragiles ökonomisches Gleichgewicht herzustellen, bleibt die Zäsur unübersehbar. Verloren gegangen ist die Gewissheit in die eigene Überlegenheit, der feste Glaube, dass der Kapitalismus in seinen westlichen Spielarten für alles und immer eine Antwort hat. Den Abstieg der Alten setzen viele gleich mit dem Aufstieg der Neuen. Und der Gewinner heißt angeblich: BRASILCHINDIA.

Was aber bedeutet der relative Niedergang Amerikas und Europas für uns? Müssen wir Löhne kürzen, mehr arbeiten, unseren Lebensstandard zurückschrauben? Wandern die Jobs zwangsläufig zu den billigeren Globalisierungsgewinnern ab – und wenn ja, wirklich alle, oder nur diejenigen, von denen wir uns zur Not trennen können, und wo wir hoffen, diese Verluste durch überlegene Forschungseinrichtungen und höher stehende Technologien auszugleichen? Wer hat recht, der deutsche Manager, der sich bei einem Hintergrundgespräch für dieses Buch ganz gelassen gibt und erzählt, die ersten deutschen Firmen seien längst von China und Indien frustriert und kämen mitsamt einer ganzen Reihe hochrangiger Beschäftigungsverhältnisse wieder zurück in die Heimat – oder der Wirtschaftsführer, der im Interview vom unvermeidlichen Abbau spricht, ganze Berufszweige schwinden sieht und in Panik macht? Ist die Zeit des Lernens von den anderen angebrochen? Oder eher die Zeit, unsere Wertevorstellungen zu verteidigen, ein neues Selbstbewusstsein zu zeigen?

Es geht ja erkennbar um mehr als nur um neue Superlative. Für die Entwicklung kommender Generationen ist vor allem die Entwicklung von Patenten entscheidend. Auch da holen nach den Zahlen der World Intellectual Property Organization die Neuen rapide auf: Chinas Patentanmeldungen stiegen im vergangenen Jahr um 33 Prozent, die Brasiliens um 17, Indiens um 11, die USA und Deutschland legten nur im einstelligen Bereich zu. Bei den Firmen verdrängte Chinas Telekommunikationsausrüster ZTE das japanische Unternehmen Panasonic vom Spitzenplatz der weltweit angemeldeten Erfindungen, Chinas Huawei Technologies folgen auf Platz drei.

Und es geht auch um einen Kampf der politischen Systeme, der von den Schwellenländern mit immer größerer Selbstsicherheit, manchmal sogar Arroganz, geführt wird. Peking punktet mit einem politisch autoritären und ökonomisch liberalen Modell. Die Mischung aus KP-Alleinherrschaft plus Manchester-Kapitalismus, verbunden mit einer zunehmend brachialen Militärpräsenz, stößt viele der asiatischen Nachbarn ab, gewinnt in Afrika aber auch Anhänger (und löst bei manchem deutschen Unternehmer wie Architekten eine mehr als klammheimliche Bewunderung aus). Neu-Delhi steht für das kreative Chaos der weltgrößten Demokratie, für Spitzenleistungen in der Biotechnologie wie für eine immer noch skandalöse Rückständigkeit weiter Bevölkerungsschichten: eine barfüßige IT-Großmacht. Brasília heißt für viele Glaube an einen starken Staat, enormes ökonomisches Aufbruchspotenzial, aber auch Protektionismus, weitverbreitete Stagnation und der Fluch der Favelas.

Alle drei Staaten entwickeln sich über ihre große wirtschaftliche Bedeutung hinaus auch zu wichtigen Akteuren der internationalen Politik. China verfügt als ständiges Mitglied des Weltsicherheitsrats über ein Veto, Indien ist eine Atommacht und wird – wie Brasilien, dem man auch Kernwaffen-Ambitionen nachsagt – immer wieder genannt, wenn die Vereinten Nationen eine Erweiterung ihres entscheidenden Gremiums diskutieren. Nicht alles geht in der Weltpolitik mit den Großen der Schwellenländer. Aber ohne sie geht nur noch ganz wenig.

Sie kämpfen gemeinsam gegen Umweltauflagen, die ihnen, wie sie meinen, ungerechtfertigterweise vom Westen aufgedrückt werden sollen. Sie haben sich zur Kooperation entschlossen, wo sich ihre jeweiligen Interessen überschneiden. Obwohl die Rohstoffhungrigen in Peking und Neu-Delhi um Energiequellen weltweit konkurrieren, haben sie schon vor 2007 einen erstaunlichen Pakt geschlossen – sie wollen bei Erdöl-Investitionen in Drittländern einander informieren. Sie kennen die gegenseitigen Stärken. Kreatives Chaos und perfektionierte Planwirtschaft könnten sich ergänzen, im Idealfall zu einer Arbeitsteilung zwischen den beiden bevölkerungsreichsten Staaten der Erde führen. »Ihr seid führend in Software, wir sind führend in Hardware«, hat der frühere Pekinger Premier Zhu Rongji einmal zu einem indischen Kollegen gesagt: »Wer soll uns aufhalten, wenn wir uns zusammentun?« Und immer häufiger wird Brasilien als dritter Partner in dieses Denken einbezogen. Die neuen Mächte fördern den gegenseitigen Handel, um von den Schwankungen des Westens unabhängiger zu werden; China hat gerade die USA als größter Wirtschaftspartner Brasiliens abgelöst.

Vor allem aber arbeiten die drei in der losen Föderation der BRICS-Staaten zusammen, sie bilden das Rückgrat dieses Staatenbunds, dem außerdem noch Russland und neuerdings Südafrika angehören. Die BRICS sind ein seltsames Kunstprodukt ohne jeden historischen Zusammenhalt, dem erst die Realpolitik Leben eingehaucht hat. Jim O´Neill, langjähriger Chefvolkswirt von Goldman Sachs und als schillernder »Rockstar« der Branche bekannt, war im Jahr 2001 auf die Idee gekommen, die seiner Meinung nach besonders aufstrebenden Staaten unter diesem Akronym zusammenzufassen und ihren gemeinsamen Wirtschaftsaufstieg zu prognostizieren. »Nach den Terroranschlägen von 9/11 wurde mir klar, dass die westliche Dominanz durch irgendetwas anderes abgelöst oder zumindest ergänzt werden müsste. Wenn die Globalisierung weiter Erfolg haben sollte, durfte sie nicht unter amerikanischer Flagge daherkommen«, sagte mir O'Neill im Februar 2013 in London.

Die Idee verfing bei Politikern wie Investoren in aller Welt, auch und gerade in den geadelten Staaten – und führte schließlich dazu, dass sich ihre Spitzenpolitiker regelmäßig zu BRICS-Konferenzen zu verabreden begannen. Um eine koordinierte Außenpolitik konnte es dabei nicht gehen, da stehen sich die großen Drei in vielen Fragen diametral gegenüber. China stimmt in Sachen Wachablösung von Assad kontinuierlich für das diktatorische Regime und steht dabei nicht nur gegen den Westen, sondern auch gegen Indien und Brasilien. Brasilien sieht sich als Führungsmacht der lateinamerikanischen Welt, mit guten Beziehungen zum Westen wie zum Fernen Osten. Indien legt Wert darauf, enger Verbündeter der USA zu sein, Chinas Partner Pakistan gilt als Erzfeind. Und zwischen Neu-Delhi und Peking sind seit dem Waffengang 1962 die Grenzen umstritten. Als die chinesische Führung kürzlich Pässe mit einer integrierten Asien-Karte ausstellte, in der Kaschmir einfach »eingemeindet« war, kam es zu einem scharfen indischen Protest.

Aber unterhalb der ganz großen Weltpolitik näherte man sich an. Beim Treffen Ende 2011 sagte der Politikwissenschaftler Sanjay Joshi, der von der indischen Regierung mit der Ausarbeitung der Agenda beauftragt war: »Als wir vor drei Jahren mit diesen Meetings anfingen, hatten wir uns noch wenig zu sagen, da war alles reine Symbolik. Heute aber eint uns eine neue Erkenntnis: Unsere jeweiligen Erfahrungswerte sind für unsere politischen Entscheidungsfindungen wertvoller als westliche Konzepte.« Die BRICS beschlossen, eine Entwicklungsbank zu gründen, die nur mit Krediten in den Währungen der angeschlossenen Staaten handelt, als Alternative zu der weitgehend von Washington bestimmten Weltbank gedacht. Ein gemeinsames Sekretariat soll gemeinschaftliche städtebauliche Konzepte für die Metropolen erarbeiten. Bald soll jeder Chinese Aktien in den übrigen BRICS-Staaten kaufen können, ohne seine Renminbi in Dollar oder Euro tauschen zu müssen. Für die anderen gilt das im Gegenzug ebenso.

Joshi schwärmt davon, dass die BRICS das erste große Weltforum ohne amerikanische und europäische Beteiligung seien, seine wahre historische Geburtsstunde sei die Finanzkrise von 2008. Vielleicht ließen sich ja sogar Rezepte zur Armutsbekämpfung koordinieren: »Bald holen wir die nächsten hundert Millionen unserer Bürger aus dem Elend und führen sie in die Mittelklasse.« Beim jüngsten Treffen der BRICS im südafrikanischen Durban Ende März 2013 wurden diese Ideen noch einmal vertieft.

Was der euphorische Inder, Chef des Thinktank Observer Research Foundation in Neu-Delhi, aber nicht sagte: China, Indien und Brasilien haben zwar in der Tat in den vergangenen Jahren große Teile ihrer Bevölkerung aus der absoluten Armut befreit (oder besser gesagt: die Menschen politisch nicht mehr daran gehindert, sich selbst aus dieser Lage zu befreien). Aber ihre Rezepte dafür waren doch sehr unterschiedlich; sie standen sogar in Konkurrenz zueinander. Schwer denkbar, dass sich die großen Drei auf ein gemeinsames Entwicklungskonzept einigen könnten. Zumindest im selbstbewussten Peking dürften wenige bereit sein, sich für fremde Ideen zu begeistern, geschweige denn sie umzusetzen. Die BRICS – in Wirklichkeit also nur ein Versuchsballon? Jim O'Neill, der Erfinder des Konzepts, sah das bei unserem Treffen weitaus optimistischer – von diesem Besuch und seiner Rolle als ökonomischer Chefdenker und Zukunftsguru soll noch ausführlich die Rede sein. Und warum Russland und Südafrika eher zu vernachlässigende Sonderfälle sind.

Der Fortschritt bringt unbestreitbar auch negative Folgen: China ist inzwischen der größte Energieverbraucher der Welt und hat 2011 die USA auch beim Ausstoß gefährlicher CO_2-Emissionen abgelöst. Die Volksrepublik ist Klimakiller Nummer eins, in Peking musste im Januar 2013 wegen extremer Luftverschmutzung und akuter Feinstaubgefährdung gar der umweltpolitische Notstand ausgerufen werden. Auch Indien und Brasilien sehen ihr Wirtschaftswachstum durch abgeholzte Wälder, verseuchte Flüsse und gesundheitsschädliche Umweltgifte gefährdet. Die Probleme sind erkannt, was allerdings nicht bedeutet, dass sie auch entschieden genug bekämpft werden. In allen drei Staaten verlangt die wachsende Mittelschicht zunehmend ungeduldig nach *good governance*, sie will mehr eingebunden sein in politische, wirtschaftliche und juristische Entscheidungsprozesse. Die Schwellenländer müssen sich drängenden Fragen stellen: Wie kann man ein hohes Wirtschaftswachstum über Jahre hinaus stabilisieren, wie lassen sich soziale Errungenschaften nachhaltig durchsetzen? Welche demografischen Voraussetzungen helfen der Entwicklung einer Gesellschaft? Sind demokratische Wahlen, unabhängige Institutionen des Rechts, Presse- und Versammlungsfreiheit ein eher lästiger Luxus oder eine auf die Dauer unabdingbare Voraussetzung für Fortschritt? Und wie bekommt man die endemische Korruption, das extreme Auseinanderdriften von Arm und Reich, von Stadt und Land in den Griff, diese bitteren Phänomene, die alle aufstrebenden Mächte wie Krebsgeschwüre befallen haben?

Auch zu diesen Fragen gibt es bemerkenswerte Forschungsergebnisse. Alljährlich etwa stellt die unabhängige, in Berlin beheimatete Nichtregierungsorganisation Transparency International mithilfe weltweit anerkannter Experten einen Korruptionsindex aller Staaten auf. Deutschland nimmt im Jahr 2012 hinter den Spitzenreitern Dänemark, Finnland und Neuseeland einen unspektakulären 13. Rang ein. Die fortschrittlichen Drei aber finden sich auf ziemlich unrühmlichen Plätzen. Am besten schneidet noch Brasilien auf Platz 69 ab. China ist 80. und Indien landet gar nur auf Nummer 94 – es befindet sich damit auf trauriger Augenhöhe mit Griechenland, dem am schlechtesten platzierten europäischen Land.

Noch alarmierender für die neuen Mächte ist der nach dem Bemessungsverfahren eines italienischen Statistik-Experten benannte Gini-Index. Er bewertet die Ungleichheit in der Vermögensentwicklung innerhalb einzelner Länder über längere Zeiträume. Kein Staat hat dabei eine so dramatische Entwicklung genommen wie China. Parallel zu den zweistelligen wirtschaftlichen Wachstumsraten in den vergangenen Jahrzehnten stieg auch der Gini-Koeffizient – allerdings bedeutet hier die höhere Zahl eine Verschlimmerung. Die Volksrepublik, von Mao Zedong 1949 als Staat der Gerechten und Gleichen proklamiert, hat jetzt mit ihren Negativwerten sogar Indien überholt, den Staat, der nach allgemeiner Auffassung für die schlimmsten sozialen Verwerfungen steht.

Auch in Russland und in den großen westlichen Staaten einschließlich des von der sozialen Marktwirtschaft geprägten Deutschlands klafft die Arm-Reich-Schere immer weiter auseinander – aber nirgendwo so wie in dem einstigen Reich der Mitte. Einzige positive Ausnahme unter den relevanten Staaten bei diesem Trend ist Brasilien. Südamerikas Musterland schafft es, die Unterschiede zwischen ganz oben und ganz unten leicht zu verringern, kommt dabei allerdings von einem sehr unerfreulichen Verteilungslevel. Und sieht sich derzeit mit wütenden Bürgern konfrontiert, denen das alles zu spät kommt und zu wenig ist.

Es sind wichtige Erkenntnisse, die sich aus den Studien und Statistiken gewinnen lassen – aber es sind für mich nicht unbedingt die wichtigsten. Persönliche Eindrücke können genauso entscheidend sein. Sie fügen sich, so zufällig sich manchmal die einzelnen Mosaikstücke auch aneinanderreihen, zu einem Gesamtbild. In den vergangenen Jahrzehnten bin ich immer wieder in die Metropolen am Meer gereist, Schanghai, Bombay, Rio, natürlich in die Hauptstädte Peking, Neu-Delhi, Brasília, aber auch in die Armenprovinzen fernab der Glitzermetropolen wie Guizhou, Bihar und Pará. Ich konnte in allen drei Staaten immer wieder mit wichtigen Politikern sprechen. In der Großen Halle des Volkes von Peking interviewte ich den weitsichtigen Außenminister Qian Qichen, ein eher steifes, zeremonielles Treffen; in dem privaten Regierungspavillon von Neu-Delhi den damaligen Hoffnungsträger Rajiv Gandhi, der dann 1991 einem Mordanschlag zum Opfer fiel, ein lebhafter, kontroverser Meinungsaustausch; Anfang 2013 José Genoíno, umstrittener Senator und Ex-Chef der brasilianischen Regierungspartei, im Juli darauf den immer noch höchst einflussreichen Ex-Präsidenten Lula da Silva. Ich habe einige der chinesischen Milliardäre wie Li Ka-shing kennengelernt, die »neuen

Maharadschas« in Indien um Lakshmi Mittal und Azim Premji und Brasiliens Super-Unternehmer Eike Batista beobachtet – alle vier haben es zwischenzeitlich unter die zehn reichsten Männer der Welt geschafft. Sie zu porträtieren und ihre Zukunftsvisionen kennenzulernen, war mir für dieses Buch sehr wichtig. Vielleicht aber lässt sich Entscheidenderes zum Aufstieg und Fall von Nationen auch über die Geschichte erklären, über den kulturell-religiösen Kontext, aus dem sich das Selbstverständnis der Menschen und ihr Selbstbewusstsein speist.

Im Gespräch mit führenden Intellektuellen ging es immer wieder um die Frage, ob es einen besonderen Kitt gibt, der die Völker zusammenhält. Unter ihnen war der in Kalkutta gebürtige Wirtschaftsnobelpreisträger Amartya Sen, ein Weltbürger, der in Harvard lehrt, China wie Europa bestens kennt und deshalb so wunderbar Vergleiche zwischen den neuen und alten Mächten ziehen kann. Ich war zu Gast bei Religionsführern wie dem brasilianischen Befreiungstheologen und Papst-Gegenspieler Leonardo Boff, bei dem führenden Hindu-Priester Veer Bhadra Mishra im heiligen Varanasi am Ganges – und öfter im Exil des Dalai Lama, buddhistischer Friedensadvokat der Tibeter und Hassfigur der chinesischen Machthaber. Von ihnen allen und den starken Eindrücken, die sie hinterlassen haben, will ich erzählen.

Es war bei den Reisen ermutigend zu sehen, wie sich die Lebensverhältnisse verbesserten. Gerade zwischen 1980 und 1985, meiner Korrespondentenzeit in Hongkong, hat sich in China atemberaubend viel verändert. In Indien kamen die positiven wirtschaftlichen Veränderungen fast ein Jahrzehnt später, ebenso in Brasilien. Die Fortschritte spiegelten sich in den Millionärsmessen wider, die hier stattfanden. Sie zeigten sich in den mondänen Boutiquen der Luxuswaren-Hersteller, die ihre Hoffnungen primär auf diese neuen Mächte und Märkte setzen. Auch in den Vorstädten der drei neuen Großmächte entstanden überall Cafés und Restaurants. Aber am Rande der Metropolen, wo sich die Wanderarbeiter für Fronarbeit verpflichten, und vor allem auf dem weiten Land fernab der Zentren des Wirtschaftswunders herrschen bis heute Verzweiflung, Armut und Ungerechtigkeit; oft führen sie zu Sklaven-

Abhängigkeit, manchmal zum Selbstmord. Die Schattenkrieger des Aufschwungs am Jangtse, am Ganges, am Amazonas: Auch von diesen Verlierern des Booms, von ihren Träumen und Kämpfen, muss berichtet werden, soll ein korrektes Gesamtbild entstehen. Welcher Staat schafft am ehesten Aufstiegschancen auch für die schwächsten seiner Bürger? Welcher Staat garantiert Zugang zu funktionierenden Institutionen, zu Rechtssicherheit und dem freien Austausch von Informationen?

Natürlich ist die Verbreitung neuer sozialer Medien in China, Indien und Brasilien ein gewaltiger Sprung nach vorn. Kaum irgendwo sonst ist die Zahl neuer Handys so explosionsartig gestiegen wie in diesen drei Ländern. »Frauen interessieren sich mehr für Mobiltelefone als für Toiletten und Zugang zu sauberem Wasser«, konstatierte im Februar 2012 Jairam Ramesh, der indische Minister für ländliche Entwicklung. Natürlich bedeute der Zugang zu solchen Kommunikationsmitteln auch in seinen Augen »Progress«, aber es sei nun einmal eine Tatsache, dass es mehr Handy-Besitzerinnen gebe als Inderinnen mit Möglichkeiten, auf ein Klo mit Wasserspülung zu gehen. Ramesh erntete für seine Äußerung wütende Proteste, sie sei frauenfeindlich und unangemessen formuliert. Nur die Tatsache – mehr Handys als Toiletten – mochte keiner bestreiten.

China, Indien, Brasilien: In diesen Staaten leben zusammengenommen 2,7 Milliarden Menschen, etwa 40 Prozent der Weltbevölkerung, weit mehr als fünfmal so viele wie in ganz Europa. Verglichen mit den Zukunftsmächten ist Deutschland nicht nur, was die Bevölkerung betrifft, sondern auch in Sachen Landmasse ein Zwerg: Neun Deutschlands passten nach Indien, 23 nach Brasilien, 27 nach China. Aber das allein erklärt nicht die Faszination, die hierzulande gerade für diese Länder herrscht. Sie hat wenig mit Im- und Export, mit Investitions-Chancen und Job-Angst, sondern viel mit Emotionalität und historischen Bindungen zu tun. Brasilien, Indien und China sind allesamt Traumziele der Deutschen, und sie zählten dazu schon zu Zeiten unserer Väter, Großväter und Urgroßväter.

Eine Habsburgerin war sogar einmal Kaiserin von Brasilien: Die Erzherzogin Maria Leopoldine, Tochter von Kaiser Franz I.

und Maria Theresa, herrschte von 1822 bis 1826 über das Reich am Amazonas. Sie war weitaus beliebter als ihr häufig betrunkener und herumhurender Mann, der portugiesische Kronprinz Dom Pedro. »Was für ein herrlicher Himmelsstrich, welch gesegnetes Land mit gutmütigen Bewohnern«, schwärmte sie in Briefen an die Wiener Verwandtschaft. Sie hat sich nach Ansicht von Historikern mehr als andere Kolonialherrscher vor ihr und nach ihr für Brasilien eingesetzt, hatte einen guten Überblick über die Probleme und Chancen, die das Land bot. Zwar gab es auch schon vor ihrer Zeit deutsche Einwanderer – als einer der ersten der Astronom Johannes Varnhagen (»Meister Johann«) im 16. Jahrhundert. Aber erst »Poldl«, wie sie von ihren Untertanen liebevoll genannt wurde, ermutigte Europäer ausdrücklich zur Einwanderung. Ganze Landstriche im Süden haben heute noch deutschen Charakter, Namen wie Blumenau, Frankenthal oder Santa Leopoldina, benannt nach der mit 29 Jahren an einer Fehlgeburt verstorbenen Kaiserin, verraten die Nähe. São Paulo ist die letzte Ruhestätte der Habsburgerin, sie erhielt auf Wunsch der Brasilianer ein eigenes Mausoleum. Fast jeder Zehnte in Südamerikas größtem Staat hat heute nach Schätzungen von Historikern deutsche Wurzeln.

In der Nazizeit wurde Brasilien dann für manche Verfolgte zur Zufluchtstätte, der jüdische Schriftsteller Stefan Zweig war unter ihnen; er bedankte sich bei seinem Gastland mit einem prophetischen Buch: *Brasilien. Ein Land der Zukunft*, 1941 in Stockholm erschienen. Nach dem Zweiten Weltkrieg versteckten sich allerdings auch Nazigrößen hier. Der KZ-Arzt Josef Mengele lebte nach seiner Zeit in Argentinien und Paraguay von 1960 bis zu seinem Tod im Jahr 1979 in der zum Bundesstaat São Paulo gehörenden Kleinstadt Betrioga, wohl von hohen Herren gedeckt – ein düsteres Kapitel, bis heute von beiden Seiten nicht vollständig aufgearbeitet. Aber längst steht Brasilien nicht mehr für Verrat und Vertuschung, die Diktatur hat abgedankt: Fußball und Karneval, Samba und Strände sind Anziehungspunkte für einen wachsenden Strom von deutschen Touristen.

Indien ist für deutsche Geistesgrößen von Goethe bis Grass mehr als nur ein Thema ihres Schaffens, es ist ein Mythos. Schon Ende des 18. Jahrhunderts glaubten viele prominente Dichter und Denker wie Arthur Schopenhauer und Friedrich Schlegel, am Ganges »den wahren Geist« und die »neue Quelle der Poesie« entdeckt zu haben, Georg Wilhelm Friedrich Hegel nannte Indien das »Land der Sehnsucht« – keiner der Schwärmer kannte die Region damals aus eigener Anschauung. Erst mit Hermann Hesse, der 1911 zu einer Indien-Reise aufbrach und elf Jahre später seinen Roman *Siddharta* veröffentlichte, gelangte ein prominenter deutscher Autor wirklich vor Ort. Die romantische Indien-Begeisterung ließ dann auch deutsche Philosophen wie Hermann Graf Keyserling Anfang des 20. Jahrhundert auf den Subkontinent ziehen, in Deutschland bereiteten die Menschen dem indischen Dichter Rabindranath Tagore einen begeisterten Empfang. Selten, so schien es, fühlten zwei Völker so viel geistige Verwandtschaft.

Dazu kam eine politische Nähe – was Subhash Chandra Bose betraf, den Gegenspieler des Mahatma Gandhi, sogar eine Nähe zu den Nazis. Der Freiheitskämpfer aus Bengalen gehört bis heute zu den umstrittensten Persönlichkeiten des Subkontinents. Seine Verdienste um die Unabhängigkeit, die er, anders als der Mahatma (»Große Seele«), auch mit Waffengewalt erreichen wollte, sind weitgehend unbestritten, seine Wege dazu aber sind es um so mehr. Bose traf in Deutschland Ribbentrop und Hitler, er unterstellte seinen Kampfverband Indische Legion der deutschen Waffen-SS und gründete später die National Army, die im Zweiten Weltkrieg an der Seite der Japaner kämpfte, nachdem ihn die Deutschen im U-Boot über Madagaskar in den Fernen Osten geschleust hatten. Ebenso geheimnisvoll wie sein Leben war auch sein Tod. Bose soll bei einem Flugzeugabsturz ums Leben gekommen sein. Doch Wrackteile wurden nie gefunden und manche Historiker glauben, er habe in sowjetischer Kriegsgefangenschaft überlebt und sich später in Sibirien niedergelassen. Für die deutsch-indische Politik der Nachkriegszeit aber stehen eher das Lavieren des Sozialisten Jawaharlal Nehru zwischen Bundesrepublik und DDR sowie das heutige gute Verhältnis zwischen Angela Merkel und Manmohan Singh. Die Kanzlerin hat in Hintergrundgesprächen mehrfach erzählt, dass sie den indischen Premier wegen dessen Klugheit und

Weitblick höher achte als jeden anderen Staatsmann. Ein außergewöhnliches Urteil, bedenkt man, wie ausgebrannt Singh in diesen Tagen wirkt.

In Sachen Sympathie stehen die Völker ihren politischen Führern jedenfalls auch heute nicht nach: Deutschland belegt regelmäßig Spitzenplätze unter den Ländern, die von Indern gemocht werden; Yoga, Ayurveda und Sitar-Klänge haben hierzulande weit über Hippie-Zeiten hinaus ihre Faszination behalten, von allseits begehrten Reisezielen wie dem Taj Mahal, den Palästen von Rajasthan und den Hausbooten Keralas ganz abgesehen. Und immer noch haben seltsame Gurus wie der Bhagwan Shree Rajneesh, später »Osho« genannt, bei deutschen Sinnsuchenden Hochkonjunktur. Ich interviewte ihn, im Ashram von Poona und später im Exil. Ein seltsamer Heiliger, der nicht Askese predigte, sondern Dutzende Rolls Royces besitzen wollte und sie als »Gastgeschenke« seiner oft schwerreichen Klientel gerne annahm.

»Wenn China erwacht, erzittert die Welt«, soll Napoleon Bonaparte einmal gesagt haben, ein vom Inhalt wie von der Herkunft her umstrittenes Zitat. Wenn er es nicht so formulierte, war es wahrscheinlich ein Politiker oder Philosoph von diesseits des Rheins. Denn in ihrer Mischung aus Respekt und Bewunderung standen die Deutschen dem französischen Kaiser nie nach, im Gegenteil, sie waren ihm voraus. In der zweiten Hälfte des 17. Jahrhunderts herrschte unter den großen deutschen Denkern geradezu eine China-Euphorie. Gottfried Wilhelm Leibniz, Universalgelehrter und Moralphilosoph, steht beispielhaft für diese Bewegung. Er traf in Rom mit Jesuitenpatres zusammen, die Reiseeindrücke aus erster Hand besaßen. Nicht die Seidenstraße, der Handel mit Gewürzen über Wüsten und Pässe gegen Edelmetalle aus Europa sollte seiner Meinung nach die Beziehungen prägen, sondern der Austausch von Kultur und Wissen. Allein China, die älteste ununterbrochen blühende Kulturnation, schien Leibniz dafür relevant. Und liest man, wie zentral der deutsche Gelehrte die »Harmonie« ins Zentrum seines Denkens gestellt hat, lässt sich die gegenseitige Beeinflussung erahnen – »Harmonie« ist heute, neben dem »chinesischen Traum«, der Lieblingsbegriff der regierenden KP.

In den ersten Tagen des 20. Jahrhunderts nahmen die Beziehungen zwischen dem Deutschen Reich und dem Reich der Mitte erheblich unfreundlichere Formen an. Nach Übergriffen auf deutsche Diplomaten und Missionare hielt Kaiser Wilhelm II. seine berühmt-berüchtigte »Hunnenrede«, in der er mit kaum verhohlenen rassistischen Untertönen seine Truppen zur blutigen Rache anstachelte: »Pardon wird nicht gegeben, Gefangene werden nicht gemacht ... Wie sich vor tausend Jahren die Hunnen einen Namen machten, der sie noch jetzt in der Überlieferung gewaltig erscheinen lässt, so möge der Name Deutschland in China in einer solchen Weise bestätigt werden, dass niemals wieder ein Chinese wagt, etwa einen Deutschen nur scheel anzusehen.« Tatsächlich kam es durch die internationalen Truppen auch unter deutscher Beteiligung vor Ort zu Massakern. Schon vor den Strafexpeditionen hatten sich die Preußen an der chinesischen Küste einen Stützpunkt zur Sicherung ihres Handels eingerichtet. In der Kolonialbesitzung Tsingtao (heute Qingdao) entstanden protestantische Kirchen, Fachwerkhäuser und eine berühmte Brauerei. Trotz der Übergriffe ist das Deutschland-Bild weder in dieser Stadt noch sonstwo in China negativ getrübt, was vielleicht damit zu tun hat, dass andere fremde Mächte wie die Briten und vor allem die Japaner bei der Unterdrückung der einheimischen Bevölkerung noch viel umfassender und brutaler vorgegangen sind. Oder damit, dass die Deutschen mit Karl Marx und Friedrich Engels den chinesischen Revolutionären ihren ideologischen Überbau geliefert haben, dass der bayerische Kommunist und Militärstratege Otto Braun an der Seite Mao Zedongs den Langen Marsch mitorganisierte.

Nur mit wenigen Staaten hat Deutschland derzeit einen so intensiven Austausch wie mit der Volksrepublik. Dutzende Städtepartnerschaften, 500 Kooperationsprojekte von Universitäten, regelmäßige Regierungskonsultationen – zuletzt war die deutsche Kanzlerin mit ihrem halben Kabinett in Peking zu Gast, Erwiderung eines Besuchs, bei dem der chinesische Premier 13 seiner Minister nach Berlin mitgebracht hatte. Der Kern der Beziehung ist die Wirtschaft – Deutschland ist Chinas wichtigster Handelspartner in Europa; die EU der wichtigste Handelspartner Chinas

in der Welt. Jenseits dieser alles überstrahlenden und überdecken-
den ökonomischen Beziehungen versuchen sich die Länder auch
ideologisch zu beeinflussen: China hat in Deutschland schon 14
Konfuzius-Institute eingerichtet, Teil einer neuen Soft-Power-Stra-
tegie der Regierung; mit Goethe-Instituten und dem Beginn eines
Rechtsdialogs versucht Berlin gegenzuhalten. Neben den offiziellen Kontakten hat der Tourismus in den vergangenen Jahren stark
zugenommen, und zwar in beide Richtungen. Chinesische Reisegruppen schwärmen aus nach Berlin, München, Heidelberg (und
so überholte die Volksrepublik die Bundesrepublik erstmals auch
beim Geldausgeben in der Fremde und wurde zum Reiseweltmeis-
ter); deutsche Gäste drängen sich an der Großen Mauer, im Pekinger Himmelspalast und am Bund, der Schanghaier Prachtstraße.

China, Indien, Brasilien: Kein Zweifel, drei neue Giganten spielen jetzt mit auf der Weltbühne, und zwar ganz weit vorne. Aber
die Zeiten ihrer Rekordzuwachsraten sind vorbei. Verglichen mit
2007 werden diese sich 2013 halbieren: in Peking von 14 auf etwa
7 Prozent, in Neu-Delhi von 10 auf 5, in Brasília von 6 auf 3. Nach
dem phänomenalen Höhenflug eine vorhersehbare Entschleunigung, eine notwendige Korrektur – oder der Beginn eines Abstur-
zes? Sind die BRICS brüchig geworden, Opfer eines womöglich zu
schnellen Fortschritts? Wird der Boom zum Bumerang, weil den
Regierungen die Kompetenz und die moralische Legitimität fehlen,
um den gewachsenen Ansprüchen einer selbstbewusst demonstrierenden neuen Mittelklasse zu genügen?

Und wenn das alles so sein sollte: Steht Europa, so es sich denn
zusammenrauft, vor einem Comeback?

TEIL I
Traumstädte

1 BOMBAY
Die Kunst zu überleben

Es gibt Städte, die sind steingewordene Langeweile. Nichts entzündet die Phantasie, man wandert zwischen ihren modernen Hochhäuserfluchten, austauschbaren Glaspalästen und Luxuskaufhäusern wie sinnenbetäubt, wie leer, und das, obwohl sie vom Lebensstandard her doch weltweit zur Spitzengruppe gehören: die Denvers und Den Haags dieser Welt.

Andere Städte klingen schon nach Versprechen, wenn man ihre Namen nur leise vor sich hersagt, sie bündeln Sehnsucht und Spannung, sie wecken Erinnerungen an Kindertage und den ersten Globus zu Hause, die Landkarte, an der die Finger erwartungsvoll entlangstrichen. Faszination mit Geschichte und Geschichten: Sagen wir Samarkand an der legendären Seidenstraße oder Timbuktu in der südlichen Sahara, Wegmarken und Schnittpunkte der Kulturen. Weltherrscher wie Alexander der Große und Tamerlan, Weltreisende wie Ibn Battuta und Heinrich Barth haben hier Spuren hinterlassen; wer wollte da nicht immer schon mal hin, sich auf ihre Fährten setzen, ihren Beobachtungen nachspüren. Wenn man es dann nach Usbekistan und Mali geschafft hat, dann stellt sich Enttäuschung ein, ja fast so etwas wie Trauer. Nicht wegen der Sehenswürdigkeiten. Der Registan-Platz und die Sankoré-Moschee sind großartig. Aber es lässt sich kaum übersehen: Diese Städte haben ihre besten Zeiten hinter sich, sie sind teils museal und überrestauriert, teils zerfallen und vernachlässigt. Nur noch Schatten früheren Glanzes, schwaches Echo strahlender Epochen.

Und dann gibt es noch diese wenigen Städte, die eine besondere Melodie haben, eine besondere Lage, eine besondere Geschichte, ein besonderes Flair – und die sich über ihre interessante Historie hinaus weiterentwickelt haben, zu wahren Weltstädten geworden sind. Drei dieser Metropolen des 21. Jahrhunderts prägen die neuen Weltmächte, sie gehören zu den Sehnsuchtsorten schlechthin: Bombay, Schanghai, Rio de Janeiro. Erstaunlich, wie vieles sie schon auf Anhieb verbindet: Sie liegen alle am Meer und haben bemerkenswert schöne Aussichtspunkte. Sie haben alle eine ausgeprägte Kolonialgeschichte. Sie sind alle Wirtschaftszentren, Kulturmetropolen und Zukunftslaboratorien. Sie brachten alle bemerkenswerte Politiker, Wirtschaftsführer und Filmemacher hervor. Und sie sind alle nicht die Hauptstädte ihrer Staaten. Dennoch werden die drei neuen Großmächte mehr mit ihnen identifiziert als mit irgendwelchen anderen Orten. Neben der Schönheit von Indien, China und Brasilien, die sie repräsentieren, stehen Bombay, Schanghai und Rio aber auch für deren schlimmste Probleme: Slums, Korruption, Vetternwirtschaft. Und für die Verwundbarkeit durch Klimawandel.

In einer Studie der amerikanischen Columbia University nehmen sich die Wissenschaftler Alex de Sherbinin, Andrew Schiller und Alex Pulsipher gezielt das Trio vor. Sie kommen zu dem Ergebnis, dass keine der Metropolen über eine nachhaltige Umweltpolitik und adäquate Katastrophen-Vorkehrungen verfügt. Am vernichtendsten fällt ihr Urteil über Bombay aus: »Unglücklicherweise ist die Innenstadt mit ihren weitläufigen Slums durch ihre Lage auf einer aufgeschütteten Halbinsel besonders anfällig für Klimakatastrophen, wie es sich beim extremen Monsun im Juli 2005 zeigte, als über tausend Einwohner ums Leben kamen. Diese Verwundbarkeit wird durch die verschiedenen Erdbeben-Gräben, auf denen sie sich befindet, sowie durch den ungesunden Umgang mit industriellen Kloaken und die Luftverschmutzung noch bedenklich verstärkt.«

Die drei vergleichen sich ganz bewusst auch selbst miteinander, sie sehen sich im Wettbewerb – dabei geht es ihnen nicht um Katastrophenschutz, sondern um wirtschaftlichen und sozialen Fortschritt. Und um Rekordzahlen. Im Oktober 2004 etwa forderte der indische Ministerpräsident Manmohan Singh in einer Grundsatzrede seine Landsleute auf, die chinesische Konkurrenz auszustechen: »Wenn wir über ein aufstrebendes Asien sprechen, dann denken die meisten an die riesigen Veränderungen, die sich in Schanghai ereignet haben. Ich habe den Traum, Bombay so zu verändern, dass die Menschen in wenigen Jahren Schanghai vergessen und stattdessen Mumbai in aller Munde ist.« In der indischen Megacity finden 2013 gleich zwei Ausstellungen von höchstem internationalen Format statt: Die Chemtec und die Pharma Bio World Expo. Trotzdem müssen die Stadtväter anerkennend in die chinesische Metropole schauen: Die dortigen Führungskräfte haben 2012 schließlich die prestigereichste aller industrieller Leistungsshows veranstalten dürfen, die Weltausstellung. Und die Inder müssen zähneknirschend akzeptieren, dass Rio de Janeiro den Vogel abgeschossen hat – als Austragungsort des Fußball-Weltmeisterschaftsendspiels im Sommer 2014 und Olympiastadt 2016.

Aber die Bombayer lassen sich grundsätzlich nicht unterkriegen, superlativsüchtig und selbstbewusst, wie sie sie sind: Hat nicht der amerikanische Nachrichtensender CNN ihre Stadt im Dezember 2012 zur »World's Greatest City« erklärt und immerhin fünfzig Gründe dafür angeführt, »warum Bombay Nummer eins ist«? Verheißt der Bestseller des preisgekrönten Autors Suketu Mehta nicht, dass es sich bei Indiens größter Stadt um die »Maximum City« schlechthin handelt? Steht hier nicht neuerdings auch das teuerste Privathaus der Welt, Objekt des Neids für Konkurrenten aus Rio und Schanghai – von den anderen, abgehängten Rekordjägern in den sogenannten entwickelten Staaten wie New York, London und Dubai mal ganz zu schweigen?

Antilia heißt das Anwesen. Der Hausherr hat es nach einer mythischen Insel im Atlantik benannt, die in Urzeiten Verfolgte zu ihrer Fluchtburg ausgebaut haben sollen, uneinnehmbar und geheimnisvoll. Ein Märchenschloss ist auch das neue Antilia geworden. Auf über eine Milliarde Dollar hat das US-Wirtschaftsmagazin *Forbes* die neue Bleibe des indischen Tycoons Mukesh Ambani geschätzt – sie steht gerade mal ein paar Steinwürfe von einigen der größten Slums der Welt entfernt. Eine Stahl- und Glaskonstruktion der Superlative. 27 Stockwerke, drei Helikopterlandeplätze auf dem Dach, neun Aufzüge, Swimmingpool, Multiplex-Kino. Kristalllüster nicht nur im Ballsaal, sondern sogar in den Garagen. 168 Stellplätze gibt es in den unteren sechs Etagen für die Luxusautos des Besitzers, neben den Filmen gilt auch das vornehme Ausfahren als ein Hobby des Hausherrn. Und natürlich das Geldmachen. Mukesh Ambani, Mitte fünfzig, genannt »Mister Big«, ist Chef des indischen Mischkonzerns Reliance Industries mit Beteiligungen an Erdölfeldern, Firmen für Solarzellen, Pharmaprodukten und Textilien. Er ist der reichste Inder, in den letzten Jahren regelmäßig unter den reichsten Männer der Welt zu finden – Nummer vier war er schon mal. Einer, der seiner Frau Nita zum Geburtstag einen Airbus A319 geschenkt hat. Kein nachgebautes Mini-Modell, sondern das Original, das Interieur etwas individuell aufgemöbelt, versteht sich. Mit vergoldeten Wasserhähnen. Passend, denn der Beiname dieser Stadt, die doch so viel Elend kennt, lautet seit alters her »City of Gold«.

Die Housewarming-Party mit Politikern, Wirtschaftsbossen und Bollywood-Filmstars wurde Ende 2012 gefeiert. Anschließend galt es noch die Götter zu befrieden. Hindupriester verlangten kleinere bauliche Korrekturen, um alles gemäß ihrer Riten einweihen zu können, eine Segnung, auf die der sonst sehr weltlich eingestellte Hausherr nicht verzichten wollte. Deswegen stand das Prachtgebäude einige Monate leer, bevor es dann bezogen wurde: 37 000 Quadratmeter für das Paar, seine drei Kinder und die Mutter Ambani. Ob von den 600 Angestellten einige dauerhaft in der Villa übernachten dürfen, gilt als Geheimnis. Gedacht ist Antilia jedenfalls als Einfamilienhaus. Für sechs Menschen. Auf einem vergleichbaren Raum hausen in den Armenvierteln von Dharavi und Shivaji Nagar, jeweils kaum eine viertel Autostunde entfernt, geschätzte 5000 Menschen, die meisten ohne fließendes Wasser, ohne Toiletten, ohne durchgehende Elektrizität. Nach offiziellen Angaben leben etwa 60 Prozent der über 20 Millionen Einwohner von Bombay in Slums. Doch abgesehen von einem leichten Grummeln in der lokalen Presse (»obszön« schrieb der *Indian Express*) ist von Empörung über Antilia wenig zu spüren. Das Haus an der Barodawalla Marg von Süd-Bombay mit Blick über das Arabische Meer wird nur von ein paar privaten Sicherheitskräften geschützt, die sich in der Hitze langweilen und miteinander scherzen. Steinewerfende Demonstranten fürchtet hier offensichtlich keiner.

Die Villa stößt bei den Ärmsten offensichtlich auf Gleichgültigkeit – und bei der Mittelklasse der aufstrebenden Bombayer häufig
sogar auf eine Art Mitbesitzer-Stolz: Seht her, sagen sie, wir sind
Weltspitze, wir können uns alles leisten. Alles schaffen. Was man
ja an den Ambanis sieht, der First Family des indischen Aufstiegs,
den Bombay-Rockefellers: Vater Dhirubhai musste sich noch in
den Sweatshops der alten Spinnereien und Färbereien die Hände
schmutzig machen, ein ebenso rücksichtsloser wie erfinderischer
Unternehmer, der mit seinem unbändigen Willen und politischen
Hinterzimmer-Deals zum »Polyester-Prinz« aufstieg. Seinen beiden
Söhnen Mukesh und Anil, in Amerika an Top-Universitäten ausgebildet, hinterließ er ein Imperium, das diese in den Boom-Zeiten
seit Beginn der Neunzigerjahre zielstrebig ausbauten. Beide wurden zu Milliardären. Dabei zerstritten sie sich übrigens, und auch
ihre Frauen wurden zu Rivalinnen.

Wenn Mukesh Ambani der Meinung ist, seine Landsleute seien
in bestimmten Bereichen noch nicht Weltspitze, lässt er sie links
liegen. Für den Bau des Antilia-Anwesens beispielsweise verzichtete er auf einheimische Architekten. Federführend war das Büro
Perkins and Will aus Chicago. Die Experten ließen sich nach Vor-
gaben des Bauherrn durch das Weltwunder der Hängenden Gärten
von Babylon inspirieren, was man an den abgestuften Stockwerken
und den üppigen Bepflanzungen ansatzweise erkennen kann. In
Indien zählen andere Vergleiche. Das Bombayer Haus sei das »Taj
Mahal des 21. Jahrhunderts«, schwelgte Romanautorin Shobhaa
Dé, einheimische Chronistin der Schönen und Reichen, die bei
der Einweihung dabei sein durfte. Und verstieg sich gleich noch
zu einem anderen, nicht weniger absurden Vergleich: »Das Schloss
von Versailles ist dagegen nur ein armer Cousin.« Für so viel Knie-
fall durfte sie dann auch mal in dem Familien-Airbus mitfliegen.

Bombay, kein Zweifel, hebt ab.

Unternehmergeist und zur Schau gestellter Reichtum seiner
wirtschaftlichen und kulturellen Avantgarde wirken auf die Menschen stimulierend wie ein Antriebsmotor, es ist die Stadt der Dynamischen, der Zukunftsgläubigen – sagen die einen. Diese Stadt mag
mal hier und da einen »Slumdog Millionaire« hervorbringen, aber

sie ist in weiten Teilen zur Ausbeutung verdammt, kann sich, will sich nur auf Kosten ihrer Ärmsten sanieren – sagen die anderen. Nur in einem sind sich alle einig, die ausländischen Fachleute für Stadtentwicklung, die journalistischen Beobachter, die hier Geborenen und die vielen Zugezogenen: Bombay prägt die Entwicklung dieses Landes wie kein anderer Ort. Der bedeutendste Hafen, die älteste Börse, die wichtigsten Banken, die größten Filmstudios sind hier zu finden. Bombay kommt für mehr als ein Drittel der Steuern im indischen Staatshaushalt auf, gut 40 Prozent aller Auslandsflüge starten und landen von seinem Airport. Und immer noch wirkt die Stadt wie ein Magnet: Täglich strömen Tausende aus anderen Landesteilen in die Metropole, um hier ihr Glück zu suchen. Sie kampieren auf Gehsteigen, eineinhalb Millionen schlafen derzeit im Freien. Sie drängen sich in den Wellblechhütten der Slums. Sie schlüpfen bei Verwandten oder Bekannten unter. Nach einer UNO-Schätzung wird Groß-Bombay im Jahr 2015 knapp hinter dem Großraum Tokio der größte Ballungsraum der Erde sein und dann wohl bald auch diesen überholen. Mit mehr Menschen, als in Australien oder Skandinavien leben.

»Wenn Sie das neue Indien kennenlernen wollen mit seinen schwindelerregenden Versprechen, mit seinen Turbo-Ambitionen, dann reisen Sie hierher, in seine chaotischste, aufreizende Metropole«, empfiehlt das amerikanische Nachrichtenmagazin *Time*. Der aus New York heimgekehrte Autor Suketu Mehta geht noch weiter: »Bombay verkörpert die Zukunft der urbanen Zivilisation auf der Erde«, schreibt er über seine Stadt – und leugnet nicht, dass ihm das Angst macht. »Gott stehe uns bei.«

In Bombay kann man leicht sterben, aggressiv ist der Verkehr, mörderisch sind die in manchen Gegenden tobenden nächtlichen Gangsterkriege. Niemals aber, keine Sekunde lang, lässt sich in dieser energiegeladenen, vibrierenden, alle Sinne überwältigenden Stadt eines vergessen: dass man am Leben ist. Und es scheint hier immer auch das Gegenbeispiel für das zu geben, was einen stört, für das, was man anprangern will. So existiert neben dem verschwenderischen, egomanischen auch der bescheidene, philanthropische Unternehmer.

Besuch im Hauptquartier der Godrej Group, einem der großen indischen Firmenkonglomerate Bombays mit Sitz in Vikhroli,
einem Vorort im Nordosten. Der Chef des fast 120 Jahre alten Fami-
lienunternehmens heißt Adi Godrej, auch seine drei Kinder sind
in der Firma aktiv. Sie stellt von Küchengeräten über Kosmetika
bis Safes und Sofas so ziemlich alles her, was der Konsument im
täglichen Leben braucht. Die Firmengruppe hat die Produktpalette
aber längst auch auf den Hightech-Bereich ausgeweitet – bis hin zu
Raketenbestandteilen. Sie beschäftigt etwa 10 000 Menschen und
verfügt über riesigen Landbesitz. Das Vermögen des Patriarchen
wird von *Forbes* auf neun Milliarden Dollar geschätzt. Das ist nicht
ganz die Klasse der Ambani-Brüder, aber es reicht für Platz sechs
unter den reichsten Indern.

Adi Godrejs Büro hat so gar nichts Protziges. Bescheidenheit
und soziales Engagement werden ihm von seiner Religionsgemeinschaft vorgeschrieben: »Gute Gedanken, gute Worte, gute Taten«,
heißt der Ehrenkodex der Parsen. Ihre strikten Grundsätze – Bekeh-
rungen zu diesem Glauben sind ebenso verboten wie Mischehen –
machen die Anhänger des aus Persien stammenden Zarathustra-
Kults allerdings zu einer aussterbenden Gattung. Die Gemeinde
von Bombay zählt nur noch 45 000 Menschen, und das sind die
Hälfte aller Parsen weltweit.

Godrej hat für seine Mitarbeiter riesige Wohnsiedlungen im
Grünen errichtet, unterstützt Schulen, Krankenhäuser, Umwelt-
projekte. Das hindert ihn nicht daran, ein knallharter Geschäftsmann zu sein, der als Chef des Unternehmerverbands die Zentralregierung in Delhi immer wieder zu Reformen drängt. Besonders
die »indirekten Steuern« – seine vornehme Umschreibung für Korruption im Land – müssten abgeschafft werden. Grundsätzlich aber
glaubt er, dass Indiens Unternehmen zu den »innovativsten und
konkurrenzfähigsten der Welt zählen«. Wo Ambani Vergleiche mit
Schanghai scheut, zieht sie Godrej ganz offen. »In Sachen Infrastruktur haben wir gegenüber der chinesischen Konkurrenz noch
einen riesigen Nachholbedarf. Ansonsten bin ich froh, dass Bombay
nicht Schanghai ist.« Er glaubt, die indischen Universitäten seien
überlegen. Außerdem gereichten die Rechtssicherheit, das »Ventil«

der demokratischen Wahlen und die allseits geläufige englische
Sprache Indien zum Vorteil. »Ich sehe die Volksrepublik China
nicht als Konkurrent, sondern als Partner – in vielen Bereichen
ergänzen wir uns ideal.« Das gilt seiner Meinung nach auch für
Brasilien, »ein Land, das uns in seinem chaotischen, erfinderischen
Vorwärtsdrang sehr ähnelt«.

Ein Tag im Leben von Bombay.

Kurz vor vier Uhr morgens. Die Stadt erwacht früh, sehr früh,
und diese Morgenstunden haben etwas Gnädiges. Die Luft ist
um diese Zeit auch im Sommer, wenn die Temperaturen unerträglich werden und der Monsun seine ersten schweren Wolken
schickt, ganz angenehm. Eine leichte Brise weht von der erleuchteten Uferpromenade, die sich um die zungenförmige Innenstadt
schlingt, »Perlenkette der Königin« nennen sie die Einheimischen.
Frische Salzluft legt sich über die beißenden Abgase und faulen
Ausdünstungen, die das überfüllte, tageshektische Bombay sonst
so unangenehm beherrschen. Erste Jogger traben den Marine
Drive entlang. Am Zentralbahnhof Victoria Terminus setzt sich
ruckelnd und rumpelnd der erste Frühzug in Bewegung.

Bhavan springt jeden Morgen auf, in letzter Sekunde, er hat
dieses Timing, im Schlaf sozusagen, er ist unterwegs zu seiner
Arbeitsstätte, einer Klitsche von Fleischfabrik weit draußen in der
Vorstadt. Dort trennt der junge Arbeiter mit seinem sichelförmi-
gen Spezialmesser Frösche von ihren Schenkeln. Das funktioniert
folgendermaßen: Mit der linken Hand in den Plastikbeutel mit
der Chlorlauge greifen, das betäubte Tier herausholen, Chirur-
genschnitt, die Beine fliegen in einem hohen Bogen Richtung
Salzlauge, wo sie die Arbeiterinnen zur Verpackung übernehmen,
die Restkörper kommen in einen Korb. Und wieder zack, abtren-
nen, entsorgen, zack, zack, auf ein Neues. Acht Stunden Schicht.
Es ist kein besonders gut bezahlter Job, und manchmal ekelt ihn
die Arbeit, aber es ist der einzige Job, den er gefunden hat. Auch
sein verstorbener Vater hat das Froschschenkel-Business schon
gemacht, damals im Zentrum an den Sassoon Docks, die schon
längst modernisiert sind. Er hat dem einzigen Sohn immer geraten,
sich etwas Besseres zu suchen. Aber nun ist Bhavan auch schon

22, hat gerade eine eigene Familie gegründet, da ist es schwer, den Absprung zu schaffen. Der Froschschenkel-Export ist zwar nach einer Intervention der Hilfsorganisation Beauty without Cruelty (»Schönheit ohne Grausamkeit«) offiziell eingefroren und dann von den Behörden ganz verboten worden – was allerdings nur heißt, dass man in den Untergrund gegangen ist. Das Business blüht jenseits der Legalität weitgehend ungestört weiter. Zu verlockend sind die Gewinnspannen. Aber es geht wegen der Anlieferung der Tiere schon zu nächtlichen Stunden los. Und so lässt sich Bhavan, graue Hose, rotes, verwaschenes T-Shirt, Typ Bollywood-Star in Wartestellung, mit einigen Dutzend anderen in den Eisenbahnwaggon fallen. Der einzige Vorteil des frühen Aufstehens: Es gibt jetzt noch Stehplätze, dort, wo man sich tagsüber buchstäblich zerdrückt.

Bhavan hat die neue verschärfte Froschregelung übrigens mit einem Achselzucken kommentiert. So richtig hat er nicht verstanden, was die Ausländer, die sich »Tierschützer« nennen, umgetrieben hat. »Aber vermutlich sind ihnen Frösche heilig«, sagt er. Ein solches Konzept ist Bhavan bekannt. Ihm als Hindu sind Kühe heilig. Verirrt sich eine auf die Straße, drehen selbst die sonst so rücksichtslosen Taxifahrer respektvoll eine Kurve. Muslime wollen mit Schweinen nicht in Berührung kommen. Die Jainas achten auch Regenwürmer, schützen sie wie jede Kreatur, und holen sie Kartoffeln aus der Erde, vermeiden sie spitze Schaufeln und graben lieber mit den Händen. Für die Parsen sind die Geier besonders wichtig, nach Sitte der Religionsgemeinschaft sollen sie die auf den »Türmen des Schweigens« aufgebahrten menschlichen Überreste umweltgerecht beseitigen. Eine gesetzliche Verordnung regelt, welchen Mindestraum Eseln, Büffeln und Ziegen beim Güterwagentransport zusteht. Jeder Verstoß kann gemäß den Disziplinarrichtlinien der staatlichen Eisenbahn geahndet werden. Und so sind alle Lebewesen in Bombay irgendwie geschützt. Fast alle. Ausgenommen: die Menschen.

Die Eisenbahnwaggons der indischen Metropole werden nie wegen lebensgefährlicher Überfüllung durch Passagiere geschlossen, einen Anspruch auf Steh- oder auch nur Stauraum gibt es nicht. Die Pendlerzüge der Harbour Line und der Western Railway gelten als Lebensadern der Stadt, sie verbinden die Vororte mit der Landzunge der Innenstadt, die fünfmal so dicht besiedelt ist wie die von Berlin und sogar dichter als die der »Konkurrenz«-Metropolen Schanghai und Rio; durchschnittlich kommen 4,7 Personen auf ein Zimmer. Sechs Millionen Menschen drängeln sich täglich in die altersschwachen Waggons. Hunderte hängen abenteuerlich weit aus den offenen Türen oder stapeln sich sogar unter Lebensgefahr auf die Zugdächer. Sogar Bhavan, der geübte und leidgeprüfte Pendler, sagt beim frühmorgendlichen Einsteigen: »Vor dem Rückweg in der Hauptverkehrszeit graut mir immer.«

Seine täglichen Fahrten führen an Slums vorbei. Der Fahrtwind wirbelt dort Plastikplanen an Gleisen auf, unter denen die Ärmsten mit ihren verlausten Kleinkindern hausen wie in einem apokalyptischen Alptraum. Sie passieren, nur einen Meter entfernt, die Balkone der Mittelklassefamilien, auf denen sich Menschen waschen und ankleiden, entblößt vor der Außenwelt, »damit die Menschen drinnen, die ihnen wichtig sind, sie nicht nackt sehen«, wie mein guter Bekannter, der Bombay-Kenner Altaf Tyrewala einmal geschrieben hat. Und irgendwann ist es dann Zeit für die Züge, an den Hauptstationen ihre Fracht wieder auszuspucken, zerknitterte Menschen, die nun – Falten im Hemd notdürftig zurechtzupfend, die verklebten Haarsträhnen zurückstreichend – in ihre Büros oder nach Hause eilen.

Die Eisenbahn ist Puls der Stadt, Symbol für alles Großartige und Grausame dieser Metropole im permanenten Ausnahmezustand. Unter den Passagieren herrscht eine verblüffende, von nahezu allen praktizierte Solidarität, so als sei der brutale Konkurrenzkampf während der Fahrzeit vorübergehend ausgesetzt. Wer in letzter Sekunde zur Station eilt, wer aufspringt, wenn der Zug schon angefahren ist, dem strecken sich Dutzende Hände entgegen. Er kann sich darauf verlassen, an Bord gehievt und dort gehalten zu werden. Unachtsamkeit und Übermut sind dennoch große Gefahren. Etwa 3500 Menschen sterben jährlich bei Unfällen in und um die Bombayer Eisenbahn: Sie werden beim Überqueren der Gleise mitgerissen; sie lehnen sich zu weit aus dem Fenster und werden von Strommasten geköpft; sie knallen, auf den Zugdächer stehend, gegen Brückenbögen oder verfangen sich in Leitungen. Über diese Gefahren gehen die Bewohner von Bombay achselzuckend hinweg. Auch der Frösche-Schlachter Bhavan empfindet seinen täglichen Weg eher unbequem als gefährlich. Angst hat er nur vor dem Terror, der die Stadt in unregelmäßigen Abständen heimsucht und sie auseinanderzureißen droht. Terror, der überall zuschlagen kann. In seinem Slum, wenn Hindus die Muslime provozieren, indem sie unreine Schweine durch die kleine Moschee treiben, oder umgekehrt, wenn die heiligen Kühe gequält werden. 1993 war es am schlimmsten. Da gab es Wochen, in denen die Bombayer aufhörten, Nachbarn zu sein. Aufhörten, sich als Schuster, Schneider, Schweißer zu definieren; es war die Zeit, als jeder nur noch Hindu oder Muslim war und der von Religionsfanatikern geschürte Hass an die tausend Menschen das Leben kostete. Am 11. Juli 2006 gingen dann an sieben Bahnstationen der Stadt Bomben hoch, 207 Menschen starben. Doch obwohl die Behörden bekanntgaben, dass islamistische Gewalttäter das Blutbad angerichtet hatten, gab es keine Rache. Die Bombayer hielten zusammen, die Stadt bestand diese Reifeprüfung.

Der Terror ist dann noch einmal mit einem großen, international geplanten Anschlag wiedergekommen. Am 26. November 2008 überfielen zehn pakistanische Attentäter, die übers Meer gekommen waren, die Innenstadt, warfen Granaten und zielten mit ihren Schnellfeuergewehren in Menschenmengen. An zentralen Stellen der Stadt, im Luxushotel Oberoi und im Café Leopold, nahmen sie Geiseln, und im Taj-Mahal-Hotel, dem Wahrzeichen am Hafen, verbarrikadierten sie sich 60 Stunden lang, töteten Angestellte wie Gäste und zündeten fast die gesamte Vorderfont an. Erst nach drei Tagen gelang es den überforderten Ordnungshütern endgültig, dem grausamen Spuk ein Ende zu machen. Bis auf einen Attentäter wurden alle erschossen; es kamen aber auch 174 Unschuldige ums Leben. Bombay war unter Schock. Doch auch nach diesem Schlag – für Bombay so schwer wie 9/11 für New York – hat sich die Stadt erstaunlich schnell erholt. Die Züge fuhren schon am Tag nach dem großen Aufräumen wieder pünktlich, beziehungsweise unpünktlich, wie immer. Die Börsianer veranstalteten kurz darauf ein Kursfeuerwerk, als wollten sie den Terror mit einer Trotzreaktion in die Schranken weisen.

Die einfachen Leute wie Bhavan hat jedoch die Hilflosigkeit der Polizei, der Dilettantismus der sogenannten Spezialeinheiten, entsetzt. Ajmal Kasab, der einzige gefasste Täter, ist nach einem rechtsstaatlichen Verfahren zum Tode verurteilt und am 21. November 2012 durch den Strang hingerichtet worden. Es war das erste Mal seit fast einem Jahrzehnt, dass ein solches Urteil vollstreckt wurde. »Höchste Zeit, das musste sein, damit die Geschichte ihren Abschluss findet«, meint Bhavan.

Neun Uhr morgens, bei den Fröschen ist nun schon zweite Schicht. Die Jogger sind längst unter der Dusche, die Hitze verhindert jede nicht unbedingt notwendige Körperbewegung. Es gibt die ersten Staus auf den Straßen, fliegende Händler fluchen über die Rücksichtslosigkeit der Taxifahrer, und auch die Bettler bringen sich jetzt in Position. 300 000 sind es angeblich, aber im Stadtbild fallen sie nur an bestimmten Stellen auf. Der »Club der Bettler« – ja, auch die Ärmsten der Armen sind organisiert – setzt Kinder und Krüppel an strategischen, von Touristen besuchten Stellen ein: Die Plätze werden regelrecht zugewiesen, die Organisatoren machen mit ihren Pick-ups Kontrollfahrten und kassieren prozentual mit ab. Betteleindringlinge von außen haben keine Chance. Auch nicht vor den Dutzenden Diätkliniken und Schönheitszentren, wo sich die Reichen das Fett absaugen lassen und möglicherweise ihr schlechtes Gewissen mit ein paar Rupien kompensieren.

Die Stadt pumpt sich nun voll mit Adrenalin, Steroide könnten auch dabei sein, sie lässt jedenfalls erstaunliche Muskeln spielen. Im Starbucks am zentralen Colaba-Hafen, eine von vier Filialen, die von der amerikanischen Kette aus Seattle hier innerhalb eines Monats eröffnet wurden, herrscht Hochbetrieb, Wartezeit 15 Minuten. Frappucino und Espresso im Tee-Land Indien, zu gesalzenen Preisen, umgerechnet je zwei Euro. Doch das Ambiente ist schick, und die neue Mittelschicht kann es sich leisten, für ein Getränk so viel auszugeben, wie ein ungelernter Arbeiter in Bombay am Tag verdient. Das leidgeprüfte Taj-Mahal-Hotel, dem das neue Starbucks angeschlossen ist, strahlt nach zweijähriger, sehr kostspieliger Renovierung wieder im alten Glanz. Es gehört zur Firmengruppe des Tycoons Ratan Tata, der es sich leisten kann, jeden Aufwand zu betreiben. Das Unternehmen, das er bis zu seiner Selbstpensionierung als 75-Jähriger Ende 2012 geleitet hat, kontrolliert Hotelketten und Stahlwerke und kaufte unter anderem den Luxuswagenhersteller Jaguar – von einer »umgekehrten Kolonialisierung« schrieb nach dieser Erwerbung stolz das Magazin *India Today*.

Die glanzvolle Wiedereröffnung des Taj war wohl auch wegen der Hotelgeschichte familiäre Ehrensache: Jamsetji Tata, Begründer des Imperiums, war einst wegen seiner Hautfarbe von den britischen Autoritäten der Zugang zum Watson, dem bis dahin besten Hotel in Bombay, verwehrt worden. Daraufhin hatte er sich entschlossen, es den fremden Herren zu zeigen und ein noch viel luxuriöses, eigenes Hotel zu bauen. Er benannte es ganz unbritisch nach der berühmtesten indischen Grabmoschee. Seit der Einweihung 1903 ist es durchgehend das erste Haus am Platze. Das Taj mit seiner Zuckerbäckerfassade, die indische, arabische und viktorianische Elemente verbinden soll, hat allerdings an Charme eingebüßt. Bei meinen früheren Reisen nach Bombay in den Siebziger-, Achtziger- und Neunzigerjahren hat es immer zu den Höhepunkten eines Stadtbesuchs gehört, nach einer schweißtreibenden Wanderung durch die Stadt oder einem anstrengenden journalistischen Termin ins kühle Foyer zu spazieren, den kleinen, gut sortierten Book Shop aufzusuchen und im ersten Stock den klassischen *High tea* einzunehmen. Die Terror-Vorkehrungen erzwingen jetzt einen weit abgesperrten Eingang, Körper- und Taschenkontrollen.

Dafür ist am Apollo Blunder, dem Platz am Hafen, alles wie immer. Die Postkartenverkäufer, die Schlangenbeschwörer und die Trommler haben sich eingefunden. Unter dem Triumphbogen Gateway of India, dem Wahrzeichen der Stadt, kämpfen sie fast verzweifelt um die Aufmerksamkeit der Touristen. Doch die meisten Fremden kommen inzwischen in Gruppen. Ihre Führer schleusen sie gleich zu den bunten Booten, die im Hafen schaukeln und die sie zur Insel Elephanta mit ihren berühmten, aus Felsen gehauenen Höhlentempeln fahren. Die fein ziselierten Shiva-Figuren stammen wohl aus dem 7. Jahrhundert, möglicherweise war hier schon im 2. Jahrhundert die Hauptstadt des Reichs der Traikutakas. Wie so vieles hier verliert sich das im Nebel der Geschichte. Dieser besonderen Bombay-Geschichte.

Manche Herren haben sich über die Epochen hinweg an der Schönheit dieser Region mit ihrem vorgelagerten Eiland vergangen, wenige haben sie wohl wirklich geliebt, noch weniger sie geprägt. Das Fischervolk der Koli taufte ihre ärmliche Ansiedlung an der malariaverseuchten Küste nach einer Hindu-Gottheit »Mumbai« (und so soll die Stadt nach dem Wunsch von Hindu-Nationalisten jetzt wieder heißen, was sich bei den meisten Bombayern im Alltag noch nicht durchgesetzt hat). *Bom Baia*, »gute Bucht«, nannten den Platz die Portugiesen. Sie gaben ihn ihrer Prinzessin Katharina von Braganza 1661 als Mitgift – der bescheidene Hafen liege wohl »irgendwo in Brasilien«, hieß es bei der Hochzeit, als der englische König Karl II. bei seiner jungen Ehefrau nachfragte. Nichts Bedeutendes, mit anderen Worten. Und Weltgeltung maß der Monarch auch später Bom Baia nicht zu, als er schon wusste, wo es wirklich lag. Die Krone übertrug den Ort 1668 gegen eine geringe Leihgebühr an die British East India Company.

Die Kaufleute sahen das Potenzial. Sie machten aus Bombay ein Zentrum des Handels und der Industrie, einen Freihafen im wahrsten Sinn des Wortes. Jeder, der Geschäfte machen wollte, war hier willkommen – so entstand eine eigene Kaufmannskultur: *Dhandha*, der Umschlag von Waren, ging über alles. Dann wurde 1899 der Suezkanal eröffnet, die Reisezeit zwischen Europa und Asien verkürzte sich um die Hälfte, Bombay wurde zum neuen Weltzentrum für Baumwolle, zum »Manchester des Ostens«. Die Stadt lief Kalkutta den Rang als kostbarster Besitz des Empire ab. So war es mehr als symbolisch, dass Londoner Baumeister hier am Hafen 1924 aus gelbem Basalt einen Triumphbogen errichteten, zu Ehren des britischen Königs Georg V. Und dass sie an dem imposanten Bauwerk ein Schild anbringen ließen: »Urbs Prima in Indis« – Stadt Nummer eins im Kolonialreich.

Aber auch die Kämpfer für die Unabhängigkeit operierten entscheidend in Bombay. Mahatma Gandhi – »dieser nackte Fakir«, wie ihn Winston Churchill einmal in einer Mischung aus Verachtung und Verzweiflung nannte – wurde hier 1942 für seine aufsässig-gewaltlosen Kampagnen gegen die fremden Herren verhaftet. Die Staatsgründung fünf Jahre später konnten sie damit nicht verhindern. 1948 marschierten die letzten britischen Truppen durch das Gateway of India zum letzten britischen Schiff, das aus dem Hafen abdampfte. Doch die sozialistischen Dauerexperimente der ersten unabhängigen Regierungen in Neu-Delhi trafen die Geschäftsmetropole hart. Streiks lähmten die Fabriken, und die eifersüchtige Zentrale hielt Distanz – trotz verschiedener Vorstöße machte sie Bombay nicht zu einem eigenen Bundesstaat. »Bombay, Slumbay« wurde zu einem geflügelten Wortspiel, man hört es heute noch.

Doch häufiger ist jetzt ein anderes Wortspiel im Gebrauch: »Bombay, Boombay«. Die Stadt der alten Industrien wandelt sich, sie versucht, sich neu zu erfinden: als Dienstleistungszentrum der Welt, als Wissenshochburg, als Traumfabrik. Es gibt einige hoffnungsvolle Zeichen, dass dies gelingen könnte – entscheidend aber wird sein, die Lebensbedingungen, die Wohnverhältnisse für die Slumbewohner zu verbessern. Für die Mehrheit in dieser Stadt.

Kurz nach neun kommt Mukesh Mehta jeden Morgen in sein Büro. Der Mann wird geliebt oder gehasst, als Erlöser gefeiert oder als Scharlatan beschimpft. Dazwischen gibt es nichts, denn kalt lässt dieser Architekt und Unternehmensberater niemanden. Er wird diese Stadt sanieren, sagen seine Freunde. Er wird uns ruinieren und nur sich selbst sanieren, sagen seine Feinde. Mehta will Dharavi (»Das ewig Fließende«), einen der größten Slums von Asien, in eine Mustersiedlung verwandeln und dann bis Anfang 2020 die Stadt ganz und gar Slum-frei machen. Dabei setzt der Baukünstler und Chef der Consulting-Firma MM nicht auf Konzepte internationaler Organisationen wie etwa der Weltbank oder Firmen wie McKinsey, die im Auftrag der Stadt moderate Zukunftsszenarien (»Vision Mumbai«) entworfen haben. Er denkt radikal. Dharavi soll plattgemacht werden, und was daraus entsteht, will er privatem Kapital anvertrauen. Die Neustadt soll den Steuerzahler keinen Cent kosten. »Ich zeige Ihnen, wie das geht«, sagt Mehta in seinem Büro im feinen Stadtteil Bandra und lässt von seiner Sekretärin ganze Aktenberge heranschaffen. Dharavi ist da bis ins kleinste Detail kategorisiert, in Schattierungen gestrichelt, gezeichnet, gefärbt. Der Architekt spricht eine Stunde lang ohne Punkt und Komma. Ein Besessener, dem – wie wohl jedem Möchtegern-Visionär – etwas penetrant Missionarisches anhaftet, etwas Größenwahnsinniges.»Wenn Sie mich einen Träumer nennen wollen, bitte sehr. Ich bekenne mich schuldig.«

Das Grundprinzip des Mehta-Entwurfs ist atemberaubend einfach: Der Slum, in dem sich mehr als eine halbe Million Menschen auf gerade mal zweieinhalb Quadratkilometer drängen, wird mit all seinen Hütten und Elendsvierteln niedergewalzt. Dann wird etwa die Hälfte des Bodens an Bauunternehmer verkauft. Diese dürfen einige Wolkenkratzer hochziehen, die entstandenen Luxusappartements verkaufen – mit der Auflage, dass sie auch Sozialwohnungen errichten und diese kostenfrei zur Verfügung stellen.»Alle 51 000 Familien, die bereits seit 1995 oder länger in Dharavi wohnen, werden unentgeltlich eine Zweizimmerwohnung mit einer Kochstelle und Toilette bekommen«, sagt Mehta. Aber auch die meisten anderen Anwohner müssten nicht weit weg vor die Stadtgrenzen ziehen.»Sie sollen aber 5 Prozent des Marktwerts ihrer Wohnungen für jedes Jahr nach 1995 finanzieren.« Das Projekt könnte sich für die Privatindustrie deshalb rechnen, weil Dharavi, ursprünglich ein versumpftes Mangrovengebiet am Wasser und somit an der Peripherie gelegen, durch die jahrzehntelangen extremen Landgewinnungsmaßnahmen jetzt zentral liegt. Der Grundstücksverkauf in einer solchen Spitzenlage könnte mehrere Milliarden Euro bringen.»Weltklasse-Kliniken«, »Weltklasse-Universitäten«, »Weltklasse-Sportstätten« und »Konzerthallen mit Weltniveau« sollten neben den neuen Luxuswohnungen entstehen, Fachkräfte und auch Touristen anlocken. Ursprünglich hat der Architekt auch an einen Golfplatz auf dem Gelände gedacht, doch davon hat er inzwischen Abstand genommen:»Vielleicht ist die Zeit dafür noch nicht reif. Ich will ja niemanden provozieren.«

Ziemlich oft sind in unserem Gespräch die Worte »Weltklasse« und »Weltniveau« gefallen. Eine Familientradition sozusagen, denn zu klotzen und nicht zu kleckern, das lernte er von kleinauf.»Ich bin mit einem goldenen Löffel im Mund geboren, und mit gesundem Selbstbewusstsein«, sagt Mukesh Mehta. Sein Vater hatte sich nur mit ein paar Rupien im Geldbeutel von einem Dorf ein paar Hundert Kilometer von hier zu Fuß aufgemacht, seine Chance in Bombay zu suchen – und hatte es bis zum Chef einer Stahlfirma gebracht. Gemeinsam mit seinem Bruder baute Mukesh Mehta diese dann zu einem Vorzeigeunternehmen aus. Mukeshs Liebe aber galt der Architektur, die er sozusagen »nebenbei« studierte. Nach dem Examen am Pratt Institute arbeitete der Rastlose vor den Toren von New York als Immobilienmakler, verkaufte den Reichen Fertighäuser in Luxusausführung. Als ihn das zu langweilen begann, besann er sich auf seine Wurzeln. Er kehrte in seine Geburtsstadt zurück, vertiefte sich in Probleme der Stadtentwicklung und wurde zur »internationalen Autorität in Fragen der Slum-Sanierung« (Mehta über Mehta): »Ich wollte meiner Heimat etwas zurückgeben.« Es sei schwer mit den korruptionsanfälligen indischen Politikern und Geschäftsleuten, sagt der Mann, der auch schon vor UNO-Ausschüssen und als Gastdozent in Berkeley seine Vorstellungen zur Stadtentwicklung vorgetragen hat. Immerhin aber hätten Bombays Stadtväter »im Prinzip« schon 2005 seinen Plänen zugestimmt. Später wurde auch eine Slum Rehabilitation Authority gegründet, die Behörde arbeitet nun schon 15 Jahre, verändert und justiert die Pläne.

Hier und da wurde ein Anfang gemacht, aber Entscheidendes ist noch nicht geschehen. »Das liegt an den Dharavi-Bewohnern. Ich bewundere sie für ihren Überlebenskampf, aber sie sind falsch beraten«, meint der Architekt. Schuld sieht Mehta vor allem bei den Anwälten und Menschenrechtsgruppen, die sich an die Familien im Slum heranmachten. »Die indische Demokratie ist etwas Großartiges. Manchmal wünschte ich mir allerdings schon Verhältnisse wie in Schanghai, die Autorität zum Durchgreifen. Wir diskutieren Jahre über Jahre, dann wechseln die Regierungen, dann kommen die Gerichte als Bremser – und in einem vergleichbaren Zeitraum haben die Schanghaier schon ganze Landstriche enteignet, eine Magnetbahn zum Flughafen und ein ganzes U-Bahn-System aus dem Boden gestampft.«

Zwischenzeitlich haben internationale Investoren wie Limitless aus Dubai, CapitaLand aus Singapur und die – später spektakulär pleitegegangene – amerikanische Investmentbank Lehman Brothers ihr Interesse an dem »Slum to Sale« bekundet. Sie alle hätten sich wegen bürokratischer Hürden zurückgezogen, erzählt Mehta. Er bleibe aber hoffnungsfroh. In seiner Freizeit ist er ein begeisterter Segler und Mitglied im prestigeträchtigen Royal Bombay Yacht Club – dort erholt er sich vom Slum. »Alles könnte so schön werden«, seufzt er bei unserem Termin. Und holt sich einen Pullover aus dem Nebenraum. Wieder einmal habe jemand die Klimaanlage in seinem Büro zu kalt eingestellt. Mukesh Mehta rollt die Augen nach oben, als wolle er sagen: Wenn man nicht alles selber macht.

Zwölf Uhr mittags in Bombay. Zeit für einen Snack. Bei den hektischen Händlern des Reichtums an der Börse, einem 28 Stockwerke hohen Glasturm im südlichen Finanzdistrikt, ist es meist ein mitgebrachtes Sandwich. Bei den Outsourcing-Firmen der neuen Mittelklasse, wo die Krankenhäuser von Los Angeles bis London ihre Abrechnungen checken lassen und wo Telefonistinnen, die sich Mary nennen (und in Wahrheit Meenakshi heißen), Beschwerden über Autos aus Detroit entgegennehmen, liefern meist die Dabbawallahs den Lunch ins Büro. Sie sind ein erstaunliches Beispiel für das, was in dieser Stadt funktioniert: Gut 5000 Zusteller liefern täglich rund 200 000 Essen aus, das in speziellen Küchen individuell zubereitet wird. Verpackt sind sie in mehrteiligen Boxen, die so mit Farben, Buchstaben und Ziffern kodiert werden, dass auch bei mehrfachen Übergaben auf dem Weg vom Sender zum Empfänger keine Fehler passieren. Trotz des preiswerten Lunchs und der geringen Gebühren, die von den Dabbawallahs verlangt werden: Für den Dharavi-Slum ist das alles zu teuer. Da kochen die Familien, wenn sie denn überhaupt zur Mittagsstunde die Arbeit unterbrechen, schnell ein Curry-Gericht.

In Dharavi gibt es einige sogenannte Hauptstraßen, die 90 Feet Road etwa, die schon im Namen etwas von ihrer relativen Großzügigkeit aussagt, und wo der Slum ganz passabel aussieht, nach unterer Mittelklasse. Aber jenseits dieser wenigen Verkehrsadern

geht es links und rechts in Seitengässchen, auf Holzplanken über
stinkende Abwasserkanäle, vorbei an Müllkippen und gefährlich in
Kopfhöhe verschlungenen Drähten in einen urbanen Dschungel.
Gleichförmig wirken die Elendshütten auf den ersten Blick mit
den winzigen, verschachtelten Räumen, in denen die Menschen
im Schichtbetrieb schlafen, weil ein Bett viel zu kostbar ist, um
nur von einem genutzt zu werden. Die Einrichtung: ein Fernseher,
eine Gasflasche, ein Regal, ein Klappstuhl. Die Wäsche baumelt
auf einem abenteuerlichen Gestell. Erst auf den zweiten Blick
erkennt man, wie individuell Dharavi ist: An einer Feuerstelle,
von ölgetränkten Lumpen beheizt, backen halbnackte Männer
Chapati-Brote, Dutzende, Hunderte. In winzigen Werkstätten
wird ohne jede Schutzvorrichtung geschweißt, gegerbt, getöpfert.
Der Großstadtslum zerfällt in Regionaldörfer: Die Menschen aus
dem südindischen Tamil Nadu sind auf Lederwaren spezialisiert,
die aus dem Bombay-nahen Bundesstaat Gujarat töpfern Geschirr,
die meist muslimischen Zuwanderer aus Uttar Pradesh basteln
Spielzeug.

Der Hauptverdienstzweig der jungen Männer ist das Finden,
Sortieren und Verwerten von Abfall, denn überflüssigen oder gar
wertlosen Müll gibt es nicht in Dharavi. Auch hier haben sich die
meisten spezialisiert: Die jüngsten, oft unter zwölf, jagen wie die
Aasgeier allem Weggeworfenen hinterher, schnappen sich von
den nahen Bahngleisen die Zigarettenpackungen, Zeitungen und
Plastiktaschen. Die erfahreneren Jugendlichen durchforsten Stra-
ßencontainer und Kloaken nach Bierflaschen und Coladosen. Die
Profis, meist zwischen 15 und 25 Jahre alt, zerlegen ausrangierte
Computer, Waschmaschinen und Kühlschränke. Am Ende der
Müllverwertungskette stehen die Cleversten: die Mülltrenner. Sie
sortieren die verschiedenen Papierarten, Batterien und Kunststoffe
fein säuberlich, bevor sie dann in unterschiedliche Jutesäcke wandern, von Zwischenhändlern abgewogen und weitertransportiert
werden. In der Slum-Hierarchie stehen die Mülltrenner ziemlich
weit oben – unsortierter Abfall ist nicht einmal ein Zehntel wert.

Dharavi ist voll von Überlebenskünstlern, und dazu zählen auch
die Mädchen. Sie handeln in den nahen Mittelklassegegenden mit

Lotterielosen und Lederstickereien, mit Pfauenfedern und Plastikblumen. Die Älteren massieren am Strand von Juhu Muskeln oder säubern Ohren, sie beschwören Schlangen für die wohlhabenden Einheimischen oder die staunenden Touristen, sie deuten Träume oder dressieren Affen. Sie sind Verkaufskünstlerinnen und Improvisationstalente: mal herausfordernd, mal demütig oder tränenumflort. Wie es die Situation eben gerade erfordert. Und abends kehren sie in den Kreis der Familie zurück und liefern in der Regel auch die erwirtschafteten Rupien ab.

Einer der neuen Trends im Slum sind die Schönheitssalons. Sie heißen ziemlich pompös Sunita Beauty Parlour oder Roza's Lovely Place und sind meist nur zehn Quadratmeter groß, oft untergebracht in abenteuerlichen Hüttenaufbauten, nur über rostige Feuerleitern zu erreichen. Im Salon Anu erhellt eine flackernde Glühbirne den selbst gebastelten Schminktisch. Der Spiegel hat einen Sprung, Nagellack, Shampoos und diverse bunte Cremes sind ausgebreitet. Die Flüssigkeit der letzten Haarwäsche schwappt über den Boden und bedroht einen Kakerlaken-Treff in der Zimmerecke. Alles wird recycelt, selbst abgeschnittene Haare, die Anu zu Puppenfrisuren aufbereitet. An der Wand hängt als einziger Schmuck des Raums ein Kalenderblatt des strahlenden Filmstars Aishwarya Rai, Ex-Miss-World und Bollywood-Spitzenverdienerin. Anus Vorbild. Der Konkurrenzkampf im Slum ist so groß, dass die resolute Jungunternehmerin Ende zwanzig (»so genau weiß ich das nicht«) für eine Maniküre einen Kampfpreis auf ihr Werbeschild geschrieben hat, sieben Rupien, etwa 15 Cent – nur so kann sie neue Kundinnen gewinnen. Der Umsatz macht's. Ihr Schönheitssalon brummt, sie arbeitet 18 Stunden am Tag. Im Bedarfsfall, wenn Hochzeiten im Slum anstehen, auch die Nacht durch. Anu hat inzwischen schon drei Helferinnen eingestellt, sie ist dabei, die Hütte nebenan zu übernehmen. »Und dann würde ich eines Tages auch gerne einen richtigen Kosmetikkurs besuchen und mal Kundinnen bedienen, die das große Geld haben«, sagt sie.

Den Traum von einem anderen Leben sollte aber niemand gleichsetzen mit dem unbedingten Wunsch, Dharavi möglichst schnell zu verlassen. »Es mag sich für Sie seltsam anhören, aber

wir haben etwas zu verlieren«, sagt Jockin Arputham, Sprecher der
größten Bürgerinitiative im Slum und Besitzer eines Autos und
zweier Handys. »Dharavi ist alles andere als ein Idyll, aber es ist
unsere Gemeinschaft. Auch wenn es öfter Streit gibt, auch wenn
das Leben hart ist, hier muss keiner verhungern, hier hat jeder
einen Job und wird, wenn er denn will, von anderen aufgefangen.«
Mit 18 ist Arputham vom Land hierhergekommen, er lebt nun
schon über 45 Jahre in Dharavi. Er verkauft Dharavi gegenüber
Fremden als eine Art Vorzeigeslum. Aber mit den Politikern, heißt
es, verhandle er hart. Beispielsweise in Sachen Sanitäres, ein heikles
Thema. Denn auch im Jahr 2013 müssen sich noch mehr als 300
Menschen eine Toilette teilen. »Wir werden das auf fünfzig zu
eins drücken.«

Was hält er von den revolutionären Sanierungsplänen des Herrn
Mehta? »Ganz wenig«, sagt er. »Wir sind da höchst misstrauisch,
und hören Sie sich um, das ist allgemeine Meinung.« Tatsächlich
finden sich in Dharavi kaum Befürworter einer umfassenden
Modernisierung. Sie haben vor allem Angst davor, trotz anders-
lautender Versprechungen aus der Innenstadt vertrieben zu werden.
Dharavi ist ihr Arbeitsplatz, es hat die nötige Minimalinfrastruktur.
Irgendwo anders zu leben, können sie sich nicht vorstellen. Und
die 25 Quadratmeter, die eigene Kochzeile, die eigene Toilette, die
doch zumindest für eine knappe Mehrheit, für die alteingesessenen Dharavianer-Familien, garantiert wird? Auch das erscheint den
allermeisten nicht sonderlich attraktiv. »Den großen Reibach werden korrupte Politiker und Bauunternehmer machen, und zwar
auf unsere Kosten«, sagt Töpfer Ramjibhai Patel. »Und deswegen
werden wir uns den Bulldozern entgegenstellen, mit unseren Babys
auf dem Arm«, fügt er leicht melodramatisch hinzu.

Einen ersten Vorgeschmack auf kommende Zeiten haben
die Slumbewohner im Frühjahr 2011 bekommen. Da verfügte
der Bombay High Court, dass zehn Meter links und rechts von
einer Wasserleitung keine Gebäude stehen dürften, und schickte
bei Nacht und Nebel die Männer mit den schweren Wagen und
der Abrissbirne. Sie schlugen eine Schneise durch Dharavi, Hunderte verloren in dem Pipeline genannten Viertel ihre Bleibe. Sie

schlüpften größtenteils bei Freunden ganz in der Nähe der Wasserleitung unter, noch mehr Menschen pro Quadratmeter. Über einen adäquaten Ersatz wird immer noch gestritten. Und im Sommer 2012 musste dann sogar der höchste zuständige Regionalpolitiker, Chief Minister Prithviraj Chavan von Maharashtra, zugeben, dass bei der Vergabe neuer Baugenehmigungen wohl wieder einmal in großem Ausmaß geschmiert wurde: Er leitete ein Verfahren gegen sechs Baulöwen ein, die mit der Dharavi-Rehabiliationsbehörde »irregulär« zusammengearbeitet hatten. Anwälte wälzten Papiere zur Verteidigung der Slum-Veränderer, gleichzeitig arbeiteten ihre Kollegen an einem Entwurf, mit dem das Recht der Bewohner, im Slum zu bleiben, gefestigt werden sollte.

Spätnachmittag. Im hämmernden, schweißenden, recycelnden Dharavi merkt man nichts von Entspannung, aber in anderen Teilen wird es gegen fünf, halb sechs etwas relaxter. Happy Hour. Wer es sich leisten kann, wechselt jetzt von seinem Arbeitsplatz zu Cocktail und Tapas ins Four Seasons Hotel nahe der Wasserfront im Stadtteil Worli. In die Aer-Bar, 34. Stock. Von den schneeweißen Designersesseln fällt der Blick weit übers Arabische Meer auf der einen Seite, zur Pferderennbahn Haji Ali und den alten Textilfabriken auf der anderen. Nicht weit von hier sitzt die Deutsche Industrie- und Handelskammer, die größte der entsprechenden deutschen Einrichtungen weltweit. Und auch Wolkenkratzer sind zu sehen, neu im Stadtbild. Was allerdings für Bombay so bemerkenswert scheint – 31 Gebäude über 100 Meter hoch gibt es inzwischen in der indischen Metropole –, nimmt sich im Verhältnis zur chinesischen Konkurrenz doch noch recht bescheiden aus: In Schanghai existieren mehr als 200 solche Wolkenkratzer, in Hongkong 500.

Aber die Aer-Bar ist auf jeden Fall eine eindrucksvolle Show-Bühne. Models in knappen Glitzerkleidern schäkern mit Geschäftsleuten in Maßanzügen, die Atmosphäre ist so kosmopolitisch und globalisiert und unindisch, wie es das Haus in seinem Werbeprospekt verspricht: »Eine einmalige Erfahrung des alten und neuen Mumbai. Wählen Sie von einer großen Auswahl an Pizza und Sushi, Mittelmeer-Spezialitäten und dekadenten Eiscremes, Sorbets. Champagner während der Happy Hour zum halben Preis.« Das macht dann für ein Glas den Monatsverdienst des Frosch-Schlächters.

Fünf Uhr nachmittags ist auch die Zeit, wenn Bollywood-Regisseur Sangeeth Sivan eine erste Tagesbilanz zieht. Bei unserem Treffen draußen im Freilichtstudio Filmalaya wirkt er ausgesprochen mies gelaunt. Superstar Aishwarya Rai hat er trotz aller Werbeversuche nicht für seinen Film *Apna Sapna Money Money* gewinnen können. Und manche der anderen sogenannten »Großen«, die bei ihm unter Vertrag stehen, waren ausgesprochen unpünktlich. So ist erst eine Szene richtig im Kasten. Umso wichtiger, dass es jetzt erfolgreich zur Sache geht: Einbruch in eine Villa, die Verbrecher werden gestört, eine geheimnisvolle Schöne soll auftauchen und sich mit ihnen in den Todeskampf stürzen. Der Kameramann sitzt auf einem Kran in der Höhe der Palmenwipfel; Beleuchter werkeln unten am Boden mit einem Gewirr von Kabeln. Vier Schauspieler und vierzig Komparsen wirbeln über das Gelände, durcheinander laufende »Getränkeboys« hantieren mit Cola-beladenen Tabletts. »Action!«, ruft Shivan, und plötzlich wird aus dem Chaos höhere Ordnung. Die Szene gelingt auf Anhieb.

In der folgenden Pause erläutert der quirlige Regisseur mit der schulterlangen Hippie-Mähne: Er dreht eine »romantisch-mythologische Sexkomödie mit Thriller-Elementen, einen Multi-Genre-Film«. Es geht um eine Schmuckkiste, die gestohlen wird und deren Verbleib nur ein kleiner, niedlicher Hund klären kann. Bei der Jagd auf den Schatz gibt es allerlei Verwicklungen mit Leidenschaft, Intrigen und Happy End. Sivan weiß: Den Erfolg seines Films wird nicht die Handlung ausmachen. Entscheidend sind die Stars, die Songs und die Tanzeinlagen. »Masala Movies« heißen diese Film-Produkte nach der indischen Gewürzmischung, und meist beinhaltet die Melange aus verlässlichen Bestandteilen die Liebe, die alle gesellschaftlichen Barrieren überwindet, den sozialen Aufstieg und den Sieg des Guten über das Böse.

Kino hat große Tradition in Bombay: Schon 1896, ein paar Monate nach der ersten Präsentation des Kinematografen in Paris, sind die Brüder Lumière nach Bombay gereist und haben hier das

Wunder der bewegten Bilder vorgeführt. 1899 drehten die ersten einheimischen Künstler bereits kurze Unterhaltungsfilme über Zirkusaffen und Ringkämpfe. Indische Filmemacher umgingen geschickt die Zensur, um in den Dreißigerjahren mit patriotischen Untertönen Politik zu machen. Später experimentierten sie auch mit anspruchsvollerem Kino. Satyajit Ray holte in den Fünfzigern mit seinem New-Cinema-Streifen *Auf der Straße* in Cannes einen Preis und später gewann er auch einen Goldenen Bären in Berlin. 2002 schaffte dann *Lagaan* (»Landpacht«), ein Monumentalwerk über die britische Kolonialzeit, eine Oscar-Nominierung. Indien wurde auch zum Vorreiter visueller Effekte. Während Los Angeles schläft, sorgen Bombayer Künstler dafür, dass Spiderman übermenschliche Kräfte entwickelt, sie machen für *Narnia* Pferde zu Zentauren und animieren die Comic-Katze Garfield.

Das Mainstream-Bollywood von heute ist jedoch Massentraum, Musical und Ausstattungsorgie, eine Synthese aus der Erzählkraft der Hindu-Epen *Ramayana* und *Mahabharata* mit ihren schrecklich netten, allzu menschlichen Götterfamilien – und aus Klassikern von der anderen Seite der Erde wie *Romeo und Julia*. Indiens Traumfabrikanten haben längst die Welt erobert. Sie produzieren in Madras, Hyderabad und vor allem in Bombay jährlich um die 900 Unterhaltungsfilme, und damit weit mehr als das amerikanische Filme-Mekka. Ihr Zielpublikum sind vor allem die Menschen auf dem Subkontinent – die Kinohits sind so ziemlich das Einzige, was analphabetische nepalesische Basarhändler, muslimische Militärs in Pakistan mit hinduistischen Hilfsarbeitern und Sofware-Millionären in Indien verbindet. Und die grellbunten Produktionen fesseln nicht nur Südasiaten, sondern haben inzwischen auch Kultstatus in Afrika und Nahost; mehrfach erreichen sie auch Spitzenplätze der Kino-Charts in den USA, in Großbritannien und sogar in Hongkong. 3,6 Milliarden Menschen haben weltweit schon die Hindi-Märchen von Liebe und Laster gesehen, das Land werde seine Vormachtstellung noch ausbauen, meinte der Finanzminister Palaniappan Chidambaram bei einem Besuch in Berlin: »Amerikanische Jugendliche werden in zwanzig Jahren glauben, dass sich der Name Hollywood von Bollywood ableitet.« Der Produzent Amit Khanna formulierte

es so: »Die Welt dreht sich in Richtung Indien, und die ultimative Rache ist, dass wir mit unserer kulturellen Aggression jetzt
den westlichen Geist erobern.« Ganz so weit ist es in Deutschland
noch nicht, aber auch zwischen Nordsee, Bayerischem Wald und
der Loreley, wo Bollywood-Produzenten besonders gerne Szenen
drehen, haben sich viele mit der kitschigen Kunst infiziert. RTL II
erzielte mit einer Reihe von Bollywood-Filmen einen Erfolg, der
vor allem bei Jugendlichen weit über dem sonstigen Marktanteil
des Senders lag.

Regisseur Sivan hat für seinen »Money Money«-Streifen ganz auf
Riya Sen gesetzt. Die Schöne mit dem sexy Hüftschwung und dem
langen, schwarzseidenen Haar ist längst mehr als ein Geheimtipp und
hat viele treue Fans. Aber eine Erfolgsgarantie ist das nicht – selbst
Superstars wie Shah Rukh Khan oder Aishwarya Rai haben schon
Flops gelandet. Nur drei von zehn Filmen schaffen es überhaupt,
die Produktionskosten wieder einzuspielen. Und gefragte Darstel-
lerinnen wie Riya Sen arbeiten an mehreren Filmen gleichzeitig,
sechs seien es derzeit, erzählt sie, eher Durchschnitt – den Rekord
hält Altmeister Shashi Kapoor mit 140 Filmverträgen in einem Jahr.

Kein Regisseur kann es sich leisten, die Zensur nicht ernst zu
nehmen. Miniröcke, Badeanzüge und knappe Tops sind erlaubt,
Sexszenen sind im Land des klassisch freizügigen Kamasutra tabu.
Die Einschränkungen machen erfinderisch. Bollywood-Regisseure
spielen gerne Wettergott: Um möglichst viel Figur zu zeigen, regnet
es in vielen Szenen heftig und unvermittelt, und die nassen Saris
kleben verführerisch. »Ganz zentral neben den Songs sind die Tanzeinlagen«, sagt Regisseur Sivan, der aus einer berühmten Filme-
macher-Familie stammt. Er muss sich keine Sorgen machen, wie
er die Tanzszenen inhaltlich begründet. So engstirnige Richtlinien
wie Logik gelten nicht für Bollywood – Sivan kann Kostüme und
Orte wechseln, Traumsequenzen einbauen, das stört keinen. Hauptsache, die Songs und die Choreografie zünden. Die gelungensten
Filme, weiß der kluge Spielleiter, schaffen eine Atmosphäre, die
die gravierenden Alltagsunterschiede wie Kastenwesen, Religion,
Sprachbarriere vergessen machen. Sie erzählen von der vollkom-
menen (oder wiedergefundenen) Familie, von der reinen Liebe,

vom Mutterglück, vom Nationalstolz. Kaum irgendwo im realen Indien sind diese angeblich »zeitlosen indischen Werte« intakt – aber sowohl das heimische Publikum als auch die Diaspora-Inder finden dieses Idealbild in einer von Umbrüchen geprägten Gesellschaft in den Bollywood-Märchen: Sie bündeln die Sehnsüchte der Menschen, ihre Träume vom Glück und sozialem Aufstieg. Die Kinohelden sind nationale Helden, nur noch Cricketgrößen erreichen eine annähernd vergleichbare Popularität. Und sie stehen für eine neue, alles möglich machende Liberalität: Superstar Shah Rukh Khan ist als Muslim geboren, hat eine Hindu geheiratet und nennt sich einen praktizierenden Buddhisten. Filmstars, die in die Politik gingen, sind Legion und Legende: Shatrughan »Shotgun« Sinha etwa war Indiens Gesundheitsminister, Vinod Khanna Kulturminister. Marudhur Gopalan Ramachandran, besser bekannt unter seinen Initialen MGR, beherrschte ein Jahrzehnt lang, verehrt fast wie ein Gott, als Chief Minister den wichtigen südlichen Bundesstaat Tamil Nadu.

Für die Tanzchoreografie sucht jeder Regisseur die Crème de la Crème der einschlägigen Künstler. Früher belächelten die amerikanischen MTV-Stars die indische Konkurrenz, heute verneigen sie sich oft in Bewunderung. Viele Bollywood-Tanzszenen zählen zu den besten, was weltweit zu sehen ist. Bombay holt sich die hübschesten und begabtesten Bewegungskünstler aus aller Welt. Neben Russinnen, Ukrainerinnen und Amerikanerinnen sind derzeit auch Brasilianerinnen en vogue. So kann man in diesen Tagen häufig langbeinige südamerikanische Schönheiten an dem Juhu Beach bewundern, dem Strand, der von der Weite und der Karneval-Atmosphäre her der Copacabana noch am nähesten kommt. Und beobachten, wie ein westöstliches Ensemble akrobatisch die Beine durcheinanderwirbelt, während aus dem Lautsprecher ein Mischmasch aus HipHop und afrikanischen Trommeln, Dudelsack, Elektrogitarre und Sitar zu einer eingängigen Weltmusik verschmilzt. Anschließend gehen die Tänzerinnen aus Rio, die Schwierigkeiten mit dem indischen Essen haben, übrigens gerne zu ihrem Bombayer Lieblings-Chinesen. Ins Restaurant New Shanghai.

Lange Zeit galt es als offenes Geheimnis, dass Bollywood hauptsächlich von Unterweltskreisen finanziert wurde, die so ihr schwarzes Geld wuschen. Produzenten machten sich abhängig von den Syndikaten, Gangster terrorisierten widerspenstige Regisseure und erpressten Schauspieler. Im Jahr 2001 erkannte Indiens Regierung dann die Filmbranche als förderungswürdig an und ermöglichte so günstige Bankkredite. Seither ist die Abhängigkeit vom organisierten Verbrechen zurückgegangen, aber die gegenseitige Faszination von Unterwelt und Filmwelt bleibt dennoch stark.

Sieht Regisseur Sivan einen neuen Trend? Wird die Masala-Formel entscheidend variiert oder weiterentwickelt? Der Regisseur schüttelt den Kopf. Allerdings ist für ihn unverkennbar, dass Bollywood gerne Vorreiter einer politischen Friedensentwicklung wäre: hin zur Versöhnung mit dem Erzfeind Pakistan. »Wir haben seit Mitte des letzten Jahrzehnts mehrere Filme, die das zum Thema machten – und mit Meera sogar einen Superstar von drüben. Ich bekomme aus Pakistan viel Fanpost, obwohl wir dort offiziell unser Filme nicht zeigen dürfen.« Und dann ist da in den vergangenen Monaten noch etwas, das alle Bollywood-Liebhaber umtreibt, eine Sensation. Shah Rukh Khan hat es tatsächlich getan. Er hat in dem Ende Dezember 2012 herausgebrachten Film *Jab Tak Hai Jaan* tatsächlich und ganz deutlich die Lippen seiner Partnerin Katrina Kaif mit seinen Lippen berührt – ein Ereignis, das in Indien mindestens so intensiv diskutiert wurde wie der Test der ersten eigenen Atombombe. »Dieser Kuss war ein unglaublich wichtiger Moment«, urteilt beispielsweise der Soziologieprofessor Sanjay Srivastava. »Shahrukh Kan definiert, was geht. Wenn er es tut, wird es akzeptabel.«

Vielleicht kann sich jetzt auch Richard Gere wieder nach Indien trauen. Im Jahr 2007 hatte er bei einer Aids-Benefiz-Veranstaltung vor Tausenden Menschen eine Bollywood-Aktrice spontan auf den Mund geküsst. Er wurde bedroht und musste bei Nacht und Nebel aus dem Land fliehen. Der Haftbefehl gegen ihn wegen Erregung öffentlichen Ärgernisses wurde formal nie aufgehoben.

Kurz vor neun Uhr abends in Bombay. Dinnerzeit in einer Villa im vornehmen Stadtteil Bandra. Priya Dutt, die Hausherrin, Pony-Frisur, sportliche, unauffällige Jeans, ist spät dran, und das macht sie nervös. Sie hat einen Termin. Die Einladung der Bombayer Industriellenvertretung zum Dinner im noblen Restaurant Vie hat sie schon abgesagt, trotz der hervorragenden Küche dort, der Vie-Hummer in Olivensauce ist stadtbekannt, das ofenfrische Korianderbrot eine Delikatesse. Sie lässt sich selten bei den Social Events der Reichen und Schönen blicken, das Gerede um den teuersten Diamanten, die neueste Luxusboutique und den schicksten Sportwagen geht ihr auf die Nerven – sie kennt die wahren Probleme des Lebens, obwohl sie selbst zu den Gutsituierten gehört. Priya Dutt ist Abgeordnete des nationalen Parlaments für Bombay Nordwest, ein Wahlkreis überwiegend mit Slum-Bevölkerung. Und dorthin muss sie heute Abend, Besprechungs- und Beschwerdestunde. Sie will ihr Versprechen halten. Nicht leicht, wenn man auch noch familiäre Verpflichtungen hat und der kleine Sohn Siddharta gerade hustet und weint und so gar nicht wie ein glücklicher Buddha aussieht. Es hilft nichts, sie muss ihn dem Personal anvertrauen.

Priya Dutt hatte kaum eine Chance, sich aufs Privatleben zu beschränken, sich der Öffentlichkeit zu entziehen – das ist in Indien oft so bei einer Prominentenfamilie. »Das wissen Sie ja, Sie kannten doch meinen Vater gut, und Sie kennen meinen Bruder«, sagt sie seufzend. Nargis, Priyas Mutter, gilt als eine der ganz Großen des indischen Kinos (»Mother India«). Sie starb früh an Krebs, ich habe sie nie getroffen. Aber mit Sunil Dutt, dem Vater, habe ich mich tatsächlich angefreundet. Auch er war ein preisgekrönter und künstlerisch anspruchsvoller Schauspieler, interessierte sich aber darüber hinaus leidenschaftlich für Politik. Er wurde Bürgermeister von Bombay, ging dann als Sportminister ins Kabinett Singh und hielt bis zu seinem Tod 2005 den Sitz der Kongress-Partei Bombay Nordwest im nationalen Parlament – fünfmal hintereinander gewann er dort die Wahl haushoch. Sunil Dutt war ein weltoffener Mann, der sich engagiert für die Ärmsten einsetzte und einen wesentlichen Teil seines Reichtums für bedürftige Krebspatienten und verkrüppelte Kinder spendete.

Skandalfrei – was man von seinem Sohn Sanjay nicht unbedingt sagen kann. Priyas Bruder verschaffte sich in Bollywood durch seine Mitwirkung in einigen Film-Hits Respekt, er spielte vor allem die brutalen Schurken sehr überzeugend. Aber er geriet auch selbst in dubiose Gesellschaft. Jedenfalls wurden bei dem jungen Mann während einer Razzia eine ziemlich große Anzahl unangemeldeter Waffen gefunden. Man beschuldigte ihn zwischenzeitlich, an Terroranschlägen und einer kriminellen Verschwörung beteiligt gewesen zu sein. Von diesem Verdacht wurde er freigesprochen, musste aber trotzdem ins Gefängnis. Bis heute drohen ihm Verfahren, obwohl er längst wieder erfolgreiche Filme dreht. Mir schien Sanjay Dutt bei unseren gemeinsamen Abenden immer naiv und gutmütig und ein wenig zu verwöhnt – ein großer, nie wirklich erwachsen gewordener Junge, durch den Übervater mit seiner Lebensrolle überfordert. Jedenfalls kam Sanjay als politischer Nachfolger nicht infrage. Und ein Parlamentssitz, der von einer Prominentenfamilie einmal erobert wurde, gilt als so etwas wie ein Grundrecht.

Blieb Priya. Sechs Monate nach dem Tod Sunil Dutts trat sie bei den Nachwahlen als Kongress-Kandidatin an und landete gleich auf Anhieb einen Erdrutschsieg. Sie ist nun schon fast zwei Jahrzehnte für das Wohlergehen von fast dreieinhalb Millionen Menschen mitverantwortlich – einen Bezirk mit der wahrscheinlich größten sozialen Bandbreite der Welt. Ihre Wähler sind Millionäre, Mittelklasse und sehr, sehr viele Slumbewohner. Für die Aufgabe, auch die Interessen der Unterprivilegierten zu vertreten, ist die Prominententochter wahrscheinlich sogar besser gerüstet als die meisten ihrer Kollegen im Parlament von Delhi: Sie ist gelernte Sozialarbeiterin.

Erste Station ist ihr Parteibüro. Der Jeep bremst scharf ab. Die Leute warten schon vor der Tür, ein halbnackter Guru holt sich im Austausch für seinen Segen eine kleine Spende, das hat Tradition. Vorbei an Dutzenden, die sich im Gang drängen. In dem schlichten Empfangsraum reicht dann ein Assistent einen Zettel: Der Großindustrielle Z. teilt ihr mit, er brauche dringend eine dritte Garage, weder die städtische Genehmigung dafür noch die Erlaubnis für den geplanten Bau des Pools im Garten sei bisher eingetroffen. Dann werden die ersten zwei Dutzend Wartenden eingelassen. Priya Dutt begrüßt sie freundlich, Tee wird gereicht.

Alles wirkt entspannt. Doch schon nach wenigen Minuten streiten die Menschen – offensichtlich Angehörige der Mittelklasse – lautstark über die Erweiterung einer Straße. Die Abgeordnete lässt die Dinge eine Weile treiben, fasst die Argumente für und wider zusammen. Doch als sie dann gar nicht mehr zu Wort kommt, haut die Zierliche mit der Faust auf den Tisch. Sofort kehrt Ruhe ein. Offensichtlich ist Priya Dutt eine Respektsperson.

Nach einer guten Stunde macht sie Schluss. Die Slumbewohner sind nicht zum Basar der Beschwerden erschienen. Das ist meistens so. Zu ihnen muss sie hin. Die Ärmsten, sagt sie, lägen ihr besonders am Herzen. Das mag so sein, allerdings wäre ihre Vernachlässigung auch politisch unklug, geradezu fahrlässig: Der Slum wählt, die oberen Zehntausend meistens nicht. Und sie registrieren genau, wer sich um sie kümmert, und wer nur so tut, als ob. »Häufig sind Politiker hier in Bombay nicht Teil der Lösung, sondern Teil des Problems«, sagt sie. »Sie nutzen ihre Stellung, um sich durch Bestechungsgelder zu bereichern. Ich habe einen Vorteil – ich war schon wohlhabend, bevor ich in die Politik ging.«

Mal kurz ein Sprung über die Welten. Von den Mittelklassehäusern weg, an den Luxushotels in Flughafennähe vorbei, zu dem praktisch in Tuchfühlung liegenden Slum Santacruz mit seinen windschiefen Hütten. Die Abgeordnete hat in eine verlassene Fabrikhalle ausrangierte, von Firmen gespendete Computer schaffen lassen und bietet für die Slumbewohner unentgeltlich Kurse an. Sie ließ Dutzende Toilettenhäuschen im Slum aufstellen, die waren bald zweckentfremdet, in Einzelbestandteile zerlegt, das Wellblech weiterverkauft. Die Aktion war wohl nicht genügend mit den Slum-Lords abgesprochen, den oft sehr zwielichtigen lokalen Vertretern. Sie arbeiten häufig mit den Gangs zusammen, die sich hier vornehm »Companys« nennen und gemeinsam mit korrupten Polizistinnen eine Art Staat im Staate bilden. Diese Koalitionen kontrollieren riesige Wählerblocks. Wer sich gegen sie stellt, hat an den Urnen keine Chance. Weshalb auch Priya Dutt mehr Kompromisse eingeht, als sie eigentlich vertreten kann. Die Abgeordnete spricht von der »riesigen Frustration, der Verzweiflung«, die sie manchmal überkomme. »Vieles ist doch nur ein Tropfen auf den heißen Stein«, sagt sie. »Und dieser Wandel zwischen den Welten, ich dachte, ich packe das schon, es wird mit der Erfahrung einfacher. Und finde es doch immer schwerer zu ertragen.« Ihr Mann ist Eventmanager. Am nächsten Abend ist ein neues Großindustriellentreffen angesetzt. Und dann am Freitag die glamouröse Bollywood-Premiere mit ihrem Bruder Sanjay. Da wird sie sich kaum drücken können.

So unvollkommen sie ihre politische Rolle auch ausführt, so begrenzt ihre Erfolge sein mögen – für Bombay ist Priya Dutt ein großer Fortschritt. Ebenso wie die Regionalregierung des Bundesstaats Maharashtra (zu dem Bombay gehört), die in diesen Tagen ebenfalls von der gemäßigten Kongress-I-Partei beherrscht wird. Ich erinnere mich noch mit Schrecken an frühere Zeiten, als Bombay größtenteils in der Hand der Hindu-Nationalistenpartei Shiv Sena war (durchaus zu Recht abgekürzt als SS). Und an ihren Chef, den Anti-Islam-Hetzer und Hitler-Bewunderer Bal Thackeray.

Wir saßen in seinem Büro am Shivaji Park und Thackeray amüsierte sich köstlich, weil er gerade wieder so ziemlich alle gegen sich aufgebracht und gegeneinander ausgespielt hatte: die kommunistische »Pest«, wie er die Linken nannte, die »faulen Südinder«, den »muslimischen Dreck«. Er spielte selbstverliebt an der übergroßen Sonnenbrille herum, hinter der er immer seine Augen verbarg, und sagte maliziös lächelnd Sätze wie diesen: »Sie sind Deutscher – gratuliere! Ich mochte zwar nicht alles, was Hitler mit den Juden gemacht hat. Aber mein Gott, bewundere ich den Führer für sein Durchgreifen, seinen Mut, seine Entschlossenheit! So einen bräuchten auch wir hier.« Am nächsten Tag nahm er mich zu einer Rede in den Slum mit, bei der er Gift und Galle gegen die »Feiglinge der indischen Politik« wetterte und fragte: »Wollt ihr euch alle von den Muslimen überrollen und eure Pimmel beschneiden lassen?« Für ihn zählten nur Menschen aus seiner Maharashtra-Heimat, die »Söhne unserer Erde«. Für die, so rief der begnadete Redner und ehemalige Karikaturist in die brodelnde Menge, stünde nur einer ein. Seine Partei, die »Armee Shivas«. Tiger nannten ihn seine Bewunderer, ein Tiger war auch das Parteiabzeichen.

Thackeray war kein Mann, der sich in vorderster Linie die Hände schmutzig machte, er wollte nie ein politisches Amt: Er war ein Tiger auf Abruf, zog im Hintergrund die Fäden, ließ Politiker wie ferngesteuert aussehen. Zweimal gewann er mit seiner Shiv Sena genug Stimmen, um über die Regierung des Bundesstaats und den Stadtrat die Geschicke Bombays zu kontrollieren. Dass er sein hinduistisches Klientel zu Mord und Brandschatzung aufhetzte, wurde bei den schlimmsten Unruhen Anfang der Neunzigerjahre offensichtlich. Und es wurde durch einen Richterspruch sogar amtlich. Aber Thackeray kümmerte das nicht: »Ich pisse auf das Urteil, die meisten Juristen sind nur lästige Ratten.« Mit seinen blendenden Beziehungen zu höchsten Polizeioffizieren und Bollywood-Größen kam der Charismatische immer davon – er war politisch ein Unberührbarer. Nur gegen seinen körperlichen Verfall und die »Schwächen« seiner Verwandtschaft konnte er nichts ausrichten. Sein Sohn Uddhav übernahm die Shiv Sena, erwies sich aber als politisches Leichtgewicht; sein Neffe gründete eine eigene Hindu-Splitterpartei. Die Shiv Sena verlor in den späten Neunzigerjahren an Einfluss – der Zuzug nach Bombay aus allen Landesteilen machte aus einer Mehrheit von Maharashtrianern eine Minderheit, die heute allenfalls noch ein Drittel der Bevölkerung ausmacht. Die besseren Chancen der Slumbewohner und die Globalisierung schmälerten Thackerays Einfluss zusätzlich.

Am 12. November 2012 starb der selbst ernannte Tiger von Mumbai mit 75 Jahren. Dass er die offizielle Umbenennung der Stadt durchgesetzt hat, könnte sein einziges wesentliches Vermächtnis bleiben. Man trug ihn, aufgebahrt in seinem traditionellen weißen Hindu-Gewand und mit Sonnenbrille, durch die Straßen – Bal Thackeray bekam tatsächlich ein Staatsbegräbnis, und manchem aufgeklärten Inder muss es so vorgekommen sein, als hätte im demokratischen Deutschland Joseph Goebbels ein Staatsbegräbnis erhalten. Aber es waren wohl vor allem Neugierige, die dem Mann auf seinem letzten Weg begleiteten. Und viele Bombayer mögen auch gedacht haben: So wird eine Ära begraben. Eine Ära des Unfriedens, der Hetze, der Vorurteile geht Gott sei Dank und hoffentlich für immer zu Ende.

Mitternacht in Bombay. Ausgehzeit. Das Kino ist der große Gleichmacher zwischen den Schichten. Eine Einladung zum Film ist bei
den Reichen, bei der Mittelklasse, bei den (noch) Armen der übli-
che Annäherungsversuch heranwachsender Männer ans andere
Geschlecht; für viele Mädchen, von den Eltern streng überwacht,
liefert Bollywood auch eine Art Anfängerkurs im Flirten. Gemeinsam genießen die jungen Leute für drei Stunden ein Leben, aus
dem die langweiligen Alltagsszenen herausgeschnitten sind. In
dem es um Existenzielles geht, Heldentum, Liebeserfolge gegen
alle Wahrscheinlichkeiten. Viele unterlaufen so die Vorstellungen
ihrer Eltern, sie müssten die Partner ihrer Kinder bestimmen –
noch immer sind über die Hälfte aller Ehen in Bombay arrangiert.
Aber selbst bei diesen von Familien oder Ehe-Instituten zusam-
mengeführten Paaren gilt es inzwischen als üblich, sich vor einer
Festlegung kennenzulernen. Und wer sich etwa nach einem Kino-
besuch gar nicht vom vorgesehenen Partner angezogen fühlt, darf
ihn in der Regel gegenüber der Verwandtschaft auch ablehnen.

All das heißt aber nicht, dass die Filme von allen in dem gleichen Ambiente gesehen werden. An den Kassen gibt es Klassen-
unterschiede. Im vornehmen 3-D-Kino von Bandra kostet die Karte
umgerechnet fünf Euro. Hier führt der aufstrebende Jungmana-
ger seine Freundin zu den neuesten Hochglanzproduktionen aus,
beeindruckt sie mit einem Drink oder einem Abendessen vorher,
mit einer Einladung zur Disco nachher. Im schäbigen alten New
Roshan-Kino des Rotlichtbezirks Kamthipura, abblätternde Wände
und Geziefer zwischen den zerschlissenen Stühlen, kostet die Karte
gerade mal 50 Cent, und es laufen Zusammenschnitte vorgestriger Streifen: Ausgehmöglichkeit für die Ärmsten. Und für all die
jungen Männer, die nicht genug Geld haben, eine Begleitung zu
beeindrucken, gibt es billigen Sex gleich nebenan. Besonders an
der Falkland Road haben die Bordelle eine traurige, bereits hundert
Jahre lange Tradition: Hier hatten schon die britischen Kolonialisten ihre Bombayer »Comfort Zone«. Heute sind es vor allem junge
Nepalesinnen, die grell geschminkt und mit weit ausgeschnittenen
Kleidern ihre Körper anbieten. Viele wurden aus ihren Dörfern
verschleppt oder von ihren Familien verkauft und unter falschen

Versprechungen hierher gelockt. Besonders berüchtigt waren in den vergangenen Jahrzehnten die »Käfige«, in denen sich die von ihren Zuhältern streng überwachten Frauen präsentieren mussten. Es gibt diese Käfige noch, hinter deren Gitter sich auf engstem Raum der schnelle Sex abspielt. Aber es sind weniger geworden in letzter Zeit, und nach Untersuchungen von Menschenrechtsorganisationen ist durch intensive Aids-Aufklärungsprogramme im Rotlichtdistrikt auch die Infizierungsrate zurückgegangen. Sozialarbeiter konnten die Frauen überzeugen, bei ihren Freiern auf die Benutzung von Kondomen zu bestehen. Ausgehändigte Billighandys mit einer Notruftaste sollten den Prostituierten einen zusätzlichen Schutz vermitteln.

Die Presse in Bombay hat das als großen Erfolg gewertet – und doch ist der Fortschritt bei näherer Betrachtung ein zweischneidiges Schwert. Denn ausgerechnet die gut gemeinte Handy-Versorgung ist gerade dabei, Aids wieder zu verbreiten. Viele der Prostituierten verabreden sich nämlich inzwischen mit den Männern in Billighotels oder deren Zimmern. Außerhalb des kontrollierten Rotlichtdistrikts aber verlangen die immer häufiger ungeschützten Sex – und die Frauen gehen wegen der höheren Bezahlung auch darauf ein: Mobilität und Moderne führen in diesem Fall zu Rückschritt.

Wenn sich die Kinos geleert haben, nimmt auch das Nachtleben im vornehmen Teil der Stadt Fahrt auf. Beispielsweise im Tryst, untergebracht auf dem ehemaligen Fabrikgelände der Phoenix Mills. »Futuristisches Interieur, Hightech, 16 Millionen Farben, jeder Tisch mit einem eigenen Butler« wirbt der Club; Minimum-Verzehr am »King Table«, in der Mitte des Tanzbereichs und gleichzeitig hoch über ihm gelegen, sind tausend Euro. Auch im Trilogy (Animateure in Federboas und Wassermelonen-Martinis!) oder dem China House (Wi-Fi-Verbindungsstationen an der Bar für die Schüchternen, um die Damen gegenüber anzusprechen!) wird keiner der äußerst betuchten Gäste fürchten müssen, von der Polizei gestört zu werden: Hier haben die Betreiber offensichtlich Deals mit den Parteioberen geschlossen. Aber bei den Clubs in der zweiten Reihe, etwa dem Big Nasty, sind die Zahlen in letzter Zeit ziemlich zurückgegangen. Denn hier führt ein ominöser Polizeiinspektor mit dem Spitznamen »Killjoy« (»Freudentöter«) neuerdings nach Mitternacht häufig Razzien durch – und verlangt Lizenzen, von denen keiner gewusst hat, das man sie braucht. Beispielsweise eine Erlaubnis für die Beschäftigung eines DJ oder ein Drinking Permit für Alkohol. Oder er moniert die fehlende Anzahl von Parkplätzen vor dem Lokal. Das führt immer wieder zu kurzfristigen Schließungen, zu Personalüberprüfungen der Gäste – alles andere als eine gute Werbung für eine Tanznacht. »Aber irgendwann werden wir auch dieses Problem im Griff haben«, sagt einer der Disco-Eigentümer, der ungenannt bleiben will. »Denn es ist alles eine Frage des Preises. Inspektor Killjoy und seine Männer verdienen ja in der Woche nicht mehr, als bei uns vier Drinks an der Bar kosten. Kaum jemand in dieser Stadt kann es sich leisten, nicht bestechlich zu sein.«

Halb drei Uhr morgens. Gearbeitet wird noch im Atomkraftwerk, wo die Techniker die in die Jahre gekommene Anlage überwachen – geplant ist, 300 Kilometer von hier und ausgerechnet in der erdbebengefährdeten Zone von Jaitapur ein neues zu bauen. Es soll das größte AKW der Welt werden. Gearbeitet wird auch noch im Pharmaunternehmen Cipla, wo Experimente für neue Generika-Medikamente laufen – der promovierte Chemiker und Firmenchef Yusuf Hamied ist so etwas wie der Robin Hood der Branche und Schrecken der amerikanischen und europäischen Pharmakonzerne: Er zerlegt die nicht mehr von Patenten geschützten westlichen Medikamente in ihre Bestandteile und bietet dann seinen Landsleuten ein neues Produkt – etwa zur Aidsbekämpfung – für einen Bruchteil des gängigen Preises an. Gearbeitet wird auch noch in Navi-Bombay, der Satellitenstadt am Ostufer des Thane Creek auf dem Festland, wo, durch zwei Brücken mit dem Zentrum verbunden, immer neue Industriebetriebe und mäßig attraktive Appartementblöcke aus dem Boden gestampft werden. Und auch in einigen wenigen Büros ist noch Licht, beispielsweise bei Sandeep Aneja. Der Mittdreißiger, in Bombay geboren und Absolvent der Stanford University, hat einen Private Equity Fund aufgelegt, der in Privatschulen investieren soll – der Mann steht für einen neuen Trend in Bombay: Er hat einige Jahre in den USA gelebt und könnte auch dort ein erfolgreiches Business aufziehen, doch er verspricht sich wie so mancher andere Indien-Rückkehrer größere Geschäftschancen in der boomenden Heimat. Halb drei, das heißt Augenreiben, gegen die Müdigkeit ankämpfen, auch für den dynamischen Jung-Unternehmer Aneja. Ein Glück, dass es die Kaffeemaschine gibt. Die meisten Nachtschwärmer zieht es nun doch nach Hause. Sie zwängen sich in ihre Autos. Sie suchen nach Taxis. Sie umgehen mit geübten Schritten die Menschen, die sich auf den Trottoirs und unter den Brücken in ihre Plastikplanen gehüllt zum Schlafen hingelegt haben. Sie alle trennt viel, aber sie verbindet auch einiges: Bombay ist ihr Magnet, ihre Hoffnung, ihr Trainingslager für eine bessere Zukunft. Die meisten hier sind Fremde, und Fremde sind anpassungsfähig und veränderungsbereit. Die Stadt lebt nicht von Tradition, sondern von dem Drive und den Träumen ihrer Bewohner. Sie stößt viele ab, aber sie weist keinen zurück. Deshalb gehört sie niemandem – und allen.

Bombay kann sich keine Ruhepause gönnen, oder wenn, dann nur eine ganz kurze. Sagen wir: 55 Minuten. Der letzte Zug von der Victoria Station fährt um 2:45 Uhr. Der erste um 3:40 Uhr.

2 SCHANGHAI
Das Labor der Zukunft

Die Großen der westlichen Welt haben sie beschrieben, bespielt, besungen wie kaum eine andere. Aldous Huxley, der Autor der *Schönen neuen Welt*, war von dieser Stadt dermaßen gefesselt, dass er formulierte:»In keinem anderen Ort könnte ich mir einen solchen Morast üppig verflochtenen Lebens vorstellen.« Marlene Dietrich hauchte mit ihrer erotisch tiefen Stimme in Josef von Sternbergs Filmklassiker *Shanghai Express*:»Es brauchte mehr als einen Mann, bis man mich Shanghai Lily nannte.« Und Mick Jagger schwärmte von den fremdartigen, arbeitsamen Mädchen »in a Shanghai Noodle Factory«. Sie alle fühlten sich offensichtlich magisch angezogen, zwangsrekrutiert – »schanghait« sozusagen. Auch dieser Ausdruck spricht doch für die Stadt: Gibt es irgendeine andere, die aus ihrem Namen ein Verb gemacht hätte, ein Wort, das es in die Umgangssprache schaffte, als Synonym für »jemanden gewaltsam zu etwas verpflichten«?

Die Geschichte dieser Region kennt wenig Gewissheiten. Vielleicht wurde hier schon vor 6000 Jahren gesiedelt, während der legendären Ära der Majiabang. Sicher ist nur: Im Mündungsdelta des großen Stroms Jangtse, am Huangpu-Fluss und nahe des Ozeans gelegen, ließ sich der Lebensunterhalt relativ leicht bestreiten. Der Sumpf war Segen und Fluch dieses Ortes, machte ihn fruchtbar und fischreich. Schanghai: eine Sumpfblüte, im wahrsten Sinn des Wortes wie in seiner übertragenen Bedeutung. Immer schon war sie von allen begehrt, umkämpft, der große Preis. Ein großes, attraktives Hinterland, vernetzt durch das System der kaiserlichen Kanäle, machte die Hafenstadt attraktiv nicht nur für heimische Händler, sondern bald auch für Piraten aller Länder. Die Japaner waren die Ersten, viele sollten noch folgen. 1264 wurde die »Stadt überm

Meer« erstmals in den Schriften genannt. Chronisten konstatierten zwei Jahrhunderte später:»Sie ist nicht gerade eine Schönheit, aber die Aussteuer stimmt. Wie die hässliche Tochter eines Herrschers muss sie sich keine Sorgen um Verehrer machen, muss sich vor den ungebetenen sogar schützen.« 1553 erhielt Schanghai die kaiserliche Genehmigung zum Bau einer Stadtmauer. Gegen die aggressiven Kaufleute aus dem Westen half das auf die Dauer nicht. Gegen Männer wie den Schotten William Jardine, die »eisenköpfige Ratte« genannt, die ihre Fregatten bald mit schweren Kanonen bestückten. Die süchtig waren nach Seide und Tee, und skrupellos genug, die Chinesen mit immer neuen Ladungen Opium zu vergiften. Bald überholte die Droge die klassischen Silberbarren als Zahlungsmittel. Das hatte den erwünschten Nebeneffekt, die Asiaten und ihre Widerstandskraft auch körperlich zu schwächen. 1842 setzten die fremden Herren gegen den Willen der gedemütigten Einheimischen die Öffnung Schanghais für den internationalen Handel durch. Franzosen und Amerikaner bauten ihre »Konzessionen« und pferchten die Einheimischen schließlich in einem ummauerten »Chinesenviertel« zusammen.

»Paris des Ostens«, »Paradies der Abenteurer«, »Prostituierte Asiens« – bewundernd und schaudernd, abstoßend und anziehend klingen die Beinamen, die man dieser Stadt gegeben hat. In den Zwanziger- und Dreißigerjahren des vergangenen Jahrhunderts war sie Synonym für Sex und Sünde, für unermesslichen Reichtum wie für schier unfassbare Ausbeutung. Sie wurde zu einem westöstlichen Bastard mit großartigen Bauwerken, modernen Geschäftszentren, Tanzpalästen, Bordellen und Opiumhöhlen. Ein Ort mit vielen Gesichtern – eines davon trägt das Antlitz der Kommunistischen Partei. Am 23. Juli 1921 fanden sich hier, in diesem Meer des Manchester-Kapitalismus und seiner heftigen Ausschweifungen, in einem Hinterzimmer unter Mao Zedongs Führung ein von Moskau entsandter Komintern-Agent und zwölf einheimische Revolutionäre zu einer Geheimsitzung zusammen. Die Linken blieben auch nach ihrer Parteigründung zunächst nur eine verschwindende Minderheit, wurden nach ihren ersten erfolgreichen Streikaufrufen blutig verfolgt, während die fremden Herren und ihre chinesischen

Kollaborateure prassten und herumhurten und das Land in den
Bürgerkrieg trieben. Ein Gangster wie der geheimnisvolle »Pocken-
narben-Huang« wurde in der Französischen Konzession sogar zum
Geheimdienstchef erhoben und sorgte mit seinen Triaden für eine
grausame Ordnung.

Der unumstrittene Boss aller Mafiabosse aber war Du Yuesheng,
wegen seiner eigenwilligen Gesichtszüge auch »Riesenohr-Du«
genannt. Der Aufsteiger aus den Slums schoss sich seinen Weg an
die Verbrecherspitze frei, kontrollierte Prostitution, Glücksspiel
und Opiumhandel. Und war darum auch für die einflussreichen
Ausländer ein wichtiger Geschäftspartner, der heimlich und ganz
im Sinn der Schanghaier Bourgeoisie dem Nationalistengeneral
Chiang Kai-shek bei seinem Kampf gegen die Kommunisten helfen konnte. Im Februar 1927 stürmten Zehntausende Arbeiter die
Polizeiwachen, im März geriet dann ein Großteil der Stadt unter
die Kontrolle der von der KP koordinierten Streikenden. Chiangs
Eliteeinheiten richteten mithilfe britischer und japanischer Streit-
kräfte ein Blutbad unter den Protestierenden an. »Köpfe rollten
durch die Rinnen der Straßen wie reife Pflaumen«, berichtete ein
angewiderter Zeuge.

Das große Schlachten ging als »Schanghai-Massaker« in die
Geschichtsbücher ein. Riesenohr-Du profitierte von der Nacht der
langen Messer. Der Generalissimus Chiang höchstpersönlich beförderte ihn zum »Generalmajor« der Nationalisten und verschaffte
dem Mann aus der Unterwelt, wonach er am meisten gierte: Anerkennung und Respekt. Der Gangster diversifizierte seine Geschäfte.
Er kaufte sich in Banken ein, stiftete Hospitäler und Schulen und
wurde sogar zum Chef des lokalen Roten Kreuzes – ein Mafioso
als guter Mensch von Schanghai. Doch gelegentlich fiel er in alte
Gewohnheiten zurück, vor allem wenn er sich verraten fühlte,
wie im Fall des französischen Generalkonsuls, den er bei einem
gemeinsamen Galadinner vergiften ließ. In seinem Apartmenthaus
mit dem vielsagenden Namen The Happy Times verwöhnte er
anschließend noch ungestörter Lokalgrößen mit Champagner und
den hübschesten Mädchen der Stadt. Schanghai in den Dreißigerjahren: Das war ein brodelnder Vulkan, eine Metropole, zerfres-

sen von Sucht und Gier und gleichzeitig enorm erfolgreich. Ein Paradies für Unternehmer, die hier ungeheure Gewinne machten und immer neue Prachtbauten als Firmenquartiere hochzogen. Ein Eldorado der Möglichkeiten, aber auch ein Ort der schroffen, empörenden Gegensätze. Die Arbeiter schufteten in fensterlosen Fabriken, 14 Stunden am Tag, oft ohne jegliche Sicherheitsvorkehrungen, und auch Kinder standen an den Maschinen. Manche starben an den giftigen Dämpfen, andere wurden von Krankheiten und Erschöpfung dahingerafft. Die durchschnittliche Lebenserwartung lag bei 27 Jahren. Ausgemergelte Kulis strampelten sich zu Tode, während auf der anderen Seite des Boulevards der Dämmerung die Reichen in Samt und Seide defilierten, sich importierten Portwein und Foie Gras gönnten. Das Betreten des Parks am Bund war »Schlitzaugen« untersagt, hier stand das legendäre Schild: »Für Hunde und Chinesen verboten!«

Schanghai konkurrierte mit Rio und Berlin um den Titel der Vergnügungsmetropole der Welt. 668 Bordelle zählte die Stadt in dieser Zeit, was sie zumindest in dieser Statistik zum Spitzenreiter machte – in Berlin prostituierte sich damals eine von 580 Frauen, in Schanghai war es eine von 130. Zwischen all den »Sing-Song-Girls« und »Salzwasser-Schwestern«, oder wie sich die Dirnen sonst noch nannten, soll ein verzweifelter christlicher Missionar damals aufgestöhnt haben: »Wenn Gott dieses Schanghai gewähren lässt, schuldet er Sodom und Gomorrha Abbitte.«

Gott ließ nicht, würden Gläubige sagen. Er bediente sich ausgerechnet der Kommunisten, um die Sündige an die Kandare zu nehmen. Die Revolutionstruppen Mao Zedongs eroberten 1948 die Schanghaier Hochburg der Dekadenz. Junge Bauernburschen, die nie einen Tanzpalast oder ein Bordell von innen gesehen hatten und von denen die allermeisten nicht wussten, was eine Toiletten- spülung ist, befreiten die verzweifelte Stadt von den Nationalisten Chiang Kai-sheks, die nach den japanischen Bombenangriffen von 1937 und der brutalen Besatzung durch die Soldaten des Tenno eine eigene Schreckensherrschaft errichtet hatten. Die Kommunisten enteigneten Geschäfte und Bars, schlossen die Opiumhöhlen und Freudenhäuser, schickten die Drogenabhängigen und Prostitu-

ierten zur Umerziehung aufs Land. Fabrikanten und Großgrundbesitzer, so sie sich nicht rechtzeitig davongemacht hatten, wurden
von den neuen Herrschern exekutiert oder ins Gefängnis geworfen.
Schanghai hatte, wie es schien für immer, seine Tanzschuhe wegge-
worfen. Es war vom Sündenbabel zum Puritanertraum geworden,
ein Exerzierfeld für Mao und seine Ideen vom gleichgeschalteten
»neuen Menschen«. Aber war es zur Durchsetzung einer gerechte-
ren Gesellschaftsordnung wirklich nötig, Menschen zu exekutieren,
gemäß dem Wort des Großen Vorsitzenden: »Eine Revolution ist
kein Deckchensticken, kein Gastmahl, sondern erfordert Blut«?
Glaubten die Schanghaier an die neue Ideologie oder passten sie
sich nur zwangsweise den Vorstellungen der KP an? Verachteten die
mondänen Städter die Bauernrevolutionäre heimlich oder bewunderten sie deren Rigorosität – und sahen sie sich weiter, im Guten
wie im Schlechten, als Avantgarde der Welt?

In den späten Sechziger- und in den Siebzigerjahren tobte dann
die Kulturrevolution in dieser Metropole, womöglich noch schlimmer als anderswo. Lehrer wurden von ihrern Schülern in Narren-
kappen durch die Straßen gezerrt, Pianistinnen wurde wegen ihrer
»frivolen, Ausländer anbetenden« Musik die Finger gebrochen,
Kampfgrillen zu halten – das Lieblingstier der Schanghaier – war
ebenso streng verboten wie das »bourgeoise« Tanzen oder Ballett; außer einem knappen Dutzend revolutionärer Pekingopern
galt Musik insgesamt als frivoler, strafwürdiger Zeitvertreib. Und
selbst noch 1976, als der Große Vorsitzende bereits im Sterben lag,
hatte sich die »linke«, besonders rigorose Viererbande um seine
Frau Jiang Qing Schanghai zu ihrem Hauptquartier gemacht. Sich
in das alte Peace-Hotel eingenistet, es für Gäste gesperrt und zu
ihrem Hauptquartier gemacht: Schanghai, ihr Laboratorium für
die Zukunft, für eine bedürfnislose, freudlose, den neuen Partei-
menschen formende Zukunft. Die Stadt war kaum zugänglich für
Fremde. Jedenfalls nicht aus dem Westen, jedenfalls dann, wenn
sie nicht Abgesandte bestimmter kommunistischer Sympathisan-
tengruppen waren. Und schon gleich off limits für unabhängige
Journalisten, denen regelmäßig Visa verweigert wurden. Wie also
dahinkommen?

Dass ich Schanghai in diesen Tagen besuchen konnte – kurz
nach dem Tod Maos, im Frühjahr 1977 – verdanke ich dem damaligen Botschafter Erwin Wickert, dem Vater des späteren deutschen Fernsehmoderators Ulrich Wickert. Der Diplomat war hoch
angesehen in der Volksrepublik, er sprach fließend Mandarin und
hatte sich mit einer wissenschaftlichen Arbeit über die Taiping-
Revolution (1850–1867) einen hervorragenden Namen gemacht; er
galt als Freund des chinesischen Volkes. Der Grandseigneur, bei seinen Botschaftsangehörigen wegen seiner umfassenden Kenntnisse
ebenso verehrt wie wegen seiner Ansprüche gefürchtet, durfte sich
bei der Pekinger Regierung mehr herausnehmen als andere. Er
konnte beispielsweise, wie ich wusste, persönliche Einladungen
aussprechen. Ich schrieb ihm einen Brief, wir diskutierten über
meine Dissertation (in der es unter anderem um den Einfluss der
Massenmedien auf die Gesellschaft in der Volksrepublik ging),
und er erklärte sich schließlich bereit, meine Reise zu sponsern.
Ich konnte nach Peking reisen und Wickert kennenlernen – und
bekam ein Ticket nach Schanghai. Es war die beste aller journalistischen Welten: Keiner betreute mich beim Abflug von Peking,
keiner erwartete mich bei der Ankunft. Ich war schlichtweg nicht
existent, weil nicht erfasst. Oder von den Behörden als »ungefähr-
lich« dem Umfeld des Chefdiplomaten zugeordnet.

In meiner Erinnerung sehe ich graue Vorortstraßen, grau gekleidete Menschen mit grau gewordenen Gesichtern am heruntergekommenen ehemaligen Prachtboulevard Bund im Zentrum;
primitive gleichförmige Garküchen, um die sich Hungrige drängten; Hunderttausende Fahrräder, die im Morgennebel schemenhaft vorbeizogen. Es herrschte eine gedrückte Stimmung, die nur
in wenigen Momenten aufbrach und in Lebensfreude umschlug.
Beispielsweise als eine Menschenmenge mich, den seltsamen
Gweilo (»Langnase«), an der Uferstraße im Schutz des Abendlichts
einkreiste. Sie wollten, soviel begriff ich, etwas »Typisches« aus
meiner Heimat hören: Volkslieder. Erst sang ich »Am Brunnen vor
dem Tore«. Dann revanchierten sie sich mit »Der Osten ist rot«. So
ging es weiter, bis das Ganze in einen regelrechten Sängerwettstreit
ausartete. Irgendwann näherte sich ein Polizist, schwang drohend

seinen Stock. Blitzschnell löste sich der Straßenchor wieder auf.
In der Hosentasche fand ich später einen zusammengeknüllten
Zettel, die Botschaft eines Einzelnen aus der Menge. »Sagen Sie
der Welt, dass die Partei uns brutal unterdrückt.« Unterschrieben
war er nicht, und doch war die Aktion ein Zeichen ungewöhn-
lichen Mutes. Denn immer noch waren auch flüchtige Kontakte
mit Ausländern anmeldepflichtig, jede auch nur ansatzweise politische Meinungsäußerung führte zu Gefängnis und Arbeitslager.

Aber die Schanghaier, die mir im ersten Moment wie eine gleichförmige Masse, als Ansammlung der sprichwörtlichen »grauen
Ameisen«, vorgekommen waren, ließen sich offensichtlich von
niemandem völlig gleichschalten und ihrer Individualität berauben.
Es war dieser Charakterzug, der mich in den kommenden Jahren
immer wieder nach Schanghai reisen ließ.

1980 wurde ich Fernost-Korrespondent für den *stern* mit Sitz
in Hongkong. Die Chefredaktion wollte als eine meiner ersten
Geschichten einen Bericht über den Prozess gegen die Viererbande,
der gerade in Peking begonnen hatte. Die Mao-Witwe Jiang Qing
hatte mit ihren Getreuen den Machtkampf verloren. Es war das
offenkundige Ende der Kulturrevolution, der Sieg der Gemäßigten um Deng Xiaoping und der Beginn einer dramatischen ökonomischen Kehrtwende. Chinas »pfeffriger Napoleon«, wie sie
den kleinwüchsigen, willensstarken Mann aus Sichuan nannten,
war von Mao verfemt und gedemütigt worden, aber nicht aus
der Partei ausgeschlossen. Im November 1978 hatte er sich beim
Parteitag durchgesetzt und den – vorsichtigen – Start der wirtschaftlichen Liberalisierung eingeleitet. Noch war davon wenig
im Land zu spüren. Und politisch herrschte bei meinem zweiten
China-Besuch immer noch absolute Eiszeit. Ich musste als Tourist
getarnt einreisen, meine Frau hatte sich angeschlossen – es war
unsere Hochzeitsreise. Über den Strafprozess »Chinesisches Volk
contra Viererbande« ließ sich dann nicht nach westlichen Vorstellungen berichten. Wir wenigen ausländischen Beobachter waren
auf Gewährsleute aus dem Gerichtssaal angewiesen. Um die Infor-
manten nicht zu gefährden, trafen wir sie nur nachts, tagsüber
absolvierten wir das offizielle Touristenbesuchsprogramm. Am

Ende wurde die Viererbande dann zum Tod beziehungsweise zu langen Gefängnisstrafen verurteilt; Wandzeitungen der KP hetzten gegen die »Linksabweichler« und stellte sie als Hunde und monströse Putschisten dar, die den Großen Vorsitzenden hintergangen hatten; Mao, der wahre Hauptschuldige für die Exzesse, blieb auch posthum ein Gott. Mit allenfalls kleinen Fehlern.

Immerhin gelang es meiner Frau und mir in Peking mithilfe der deutschen Botschaft, zwei Flüge nach Schanghai zu buchen. Es sollte ein Trip mit vielen Hindernissen werden. Die Maschine der staatlichen Fluggesellschaft CAAC kam verspätet gegen elf Uhr abends an. Am Flughafen von Schanghai gab es weit und breit kein Taxi. Nach langem Warten versuchten wir es auf der Hauptstraße Richtung Innenstadt per Anhalter, der Fahrer eines Treckers lud uns auf seinen Anhänger und brachte uns auf halber Strecke in ein Regierungsgästehaus, wo wir nach einigen Diskussionen von kopfschüttelnden, aber mitleidigen Parteikadern aufgenommen wurden. Am nächsten Morgen schafften wir es dann ins Zentrum, landeten schließlich in der einzigen Herberge im Zentrum, die damals überhaupt zur Aufnahme nicht-offizieller ausländischer Gäste berechtigt war. Das Zimmer war schlicht und funktional: Bett, Schrank, zwei Stühle. Wasserhahn und Toilette funktionierten. Allerdings weckte uns nachts ein Rascheln aus dem Papierkorb. Eine Ratte hatte sich über unsere Kekse hergemacht. Aber immerhin: Ich war zurück in Schanghai.

Es ist noch keine 35 Jahre her, und doch lassen sich die damalige Stadt und die heutige Metropole überhaupt nicht vergleichen. Wohl kein Ort der Welt hat solch eine dramatische Entwicklung mitgemacht. Damals war der Bund noch weitgehend unbeleuchtet, die Hauptstraße Nanjing Lu weitgehend frei von Restaurants und Geschaften (abgesehen vom »Kaufhaus Nummer eins« mit seinen wenigen Basisprodukten). In der Nähe des Jinjiang-Gebäudes, in dem sich einst der Große Vorsitzende und US-Präsident Richard Nixon getroffen und die Aufnahme bilateraler Beziehungen beschlossen hatten, konnten wir die Villa besichtigen, in der die Viererbande ihre Privatgemächer hatte. Zimmer wie Ballsäle, ein 20-Meter-Indoor-Swimmingpool, alles gespenstisch leer. Nach

Pudong, auf die andere Seite des Huangpu-Flusses, fuhr nur alle
Stunde eine verrostete Fähre – wer wollte damals schon nach »drüben«, wo hinter ein paar baufälligen Arbeiterhütten das Brachland
begann. Immerhin war die Stadt im Vergleich zu meinem ersten
Besuch von 1977 nicht mehr ganz so mausgrau. Die Babys durften
1980 schon Farben tragen, Selbstgestricktes, Selbstgehäkeltes, eine
kleine rosarot-hellblaue Revolution.

»Nach dem Sturm erhebt sich der gebeugte Bambus« sagt ein
chinesisches Sprichwort. Und so war es auch mit Schanghai. Jahr
für Jahr, bei jeder meiner Reisen, wurden mehr Veränderungen
sichtbar. Die ersten privaten Fahrradreparaturwerkstätten entstanden, und auf den ersten freien Märkten boten Bauern aus dem
Umland ihre auf eigene Faust angebauten »Nebenprodukte« an – es
gab nach Jahrzehnten wieder Kirschen und Erdbeeren zu kaufen.
Als Nächstes kamen die Hochzeitsgeschäfte, die den Bräuten für
den schönsten Tag im Leben kostbare Kleider ausliehen. Dann
die Fotostudios, die die festlichen Ereignisse für das Familienal-
bum festhielten. Privatfriseure, Privatschlachter, Privatkopierer
von Musikkassetten und Filmen. Die ersten ein, zwei Luxushotels.
Und in ihrer Nähe, was einer Sensation gleichkam, die ersten privat geführten Bars mit verheißungsvoll klingenden Namen wie
»Manhattan« und »Fortune«, nicht viel mehr als Hinterzimmer
an der Straßenecke. Die Schanghaier hatten ihren von der Partei
unterdrückten Unternehmergeist wiedergefunden. Wo immer der
schottische Whisky, der französische Brandy auch herkam, man
musste die Pionierleistung würdigen. Auch wenn die Drinks ein
kleines Vermögen kosteten.

Schanghai stand bis Ende der Achtzigerjahre nicht gerade hoch
in der Gunst der Partei. Die Stadt wurde von den kommunistischen
Kadern misstrauisch beäugt wie ein notorisch gefährdeter Sünder,
ein den Lastern verfallender Delinquent. Sie entwickelte sich zwar
schnell, so wie das ganze Land, aber doch weniger rasend und revolutionär wie die südlichen Metropolen Guangzhou oder Shenzhen
im Perlflussdelta oder Wenzhou, 400 Kilometer vom Jangtse-Delta
entfernt, Dengs bevorzugte Experimentierstädte. Immerhin nahmen die Schanghaier inzwischen ziemlich ungezwungen Kontakt

mit Ausländern auf. Am Bund sprachen uns Schüler an, praktizierten mit unserem Sohn ihr neu erworbenes Englisch, bestanden darauf, uns zu einem Softeis einzuladen, der letzte Schrei. Wir mussten auf jedes Foto der ersten chinesischen Kamerabesitzer. »Ah, Sie kommen aus Hamburg, aus unserer Partnerstadt«, sagten uns manche stolz. Sie wussten, dass sich ihr Schanghai 1986 mit der Hansestadt »verschwestert« hatte und waren stolz auf diese wiedergewonnene Weltläufigkeit. Dann gab es einen furchtbaren politischen Rückschlag. Die Partei ließ am 4. Juni 1989 auf dem Platz des Himmlischen Friedens in Peking Panzer auffahren und die Demonstranten zusammenschießen. Auch in Schanghai setzten die Funktionäre Waffen ein, ließen Protestierende verprügeln und verhaften. Das ganze Land war wie gelähmt, eine solch brutale Machtdemonstration hatten die meisten nicht mehr für möglich gehalten. Doch so rigoros die KP auch in den kommenden Monaten jede grundsätzliche politische Opposition unterdrückte, so wenig konnte und wollte sie die wirtschaftliche Öffnung zurücknehmen. Deng Xiaoping, der Mann, den viele für einen Liberalen gehalten hatten, der aber den Einsatzbefehl gegeben hatte, reiste Anfang 1992 in den Süden des Landes und pries die Sonderwirtschaftszonen. Er gab bei diesem denkwürdigen Trip endlich auch dem Wirtschaftsstandort Schanghai seinen Segen: »Mein Fehler, dass wir dort mit den ökonomischen Reformen so lange so zögerlich waren.«

Die Wirtschaft nahm nun nicht mehr einfach nur zu, die Zahlen explodierten, Jahre mit einem Wachstum von 15, 17, 19 Prozent wurden in Schanghai zur Regel. Die Stadt wurde zum Containerhafen Nummer eins der Welt. Die »alten« Industrien wie etwa die Stahlbranche boomten, aber vor allem profilierte sich die Stadt als Standort für die Entwicklung von Bio-, IT- und Mikroelektronik-Industrien. Mit der Neuen Wirtschaftszone Pudong auf der anderen Seite des Bunds ging es nun atemberaubend schnell aufwärts. Schanghai legte sich ein anderes, ein futuristisches Gesicht zu. Ein ganzer Spargelwald von Hochhäusern schoss um den pompösen Fernsehturm und das Jin-Mao-Gebäude mit dem Grand Hyatt, dem damals höchsten Hotel der Welt, in den Himmel. Ein U-Bahnnetz

entstand und immer neue Hochstraßen zogen sich wie aufge-
bäumte Schlangen durch das Stadtgebiet. Oft so dicht an den oberen Stockwerken von Häusern vorbei, dass die Autofahrer die auf
den Balkonen aufgehängte Wäsche berühren konnten. Auch wer
nach nur sechs Monaten zurückkehrte, hatte Probleme, die Stadt
wiederzuerkennen.

Der Lebensstandard stieg, und Schanghai gab sich wieder einen
internationalen Anstrich. Auf den Märkten tauchten heimlich
gebrannte Musik-CDs und Kopien von Hollywood-Filmen auf,
findige Händler kopierten Designer-Handtaschen und Haute-
Couture-Kleidung und verkauften sie den zunehmend modebe-
wussten Schanghaierinnen zu erschwinglichen Preisen. Aus dem
Fahrradstrom wurde ein Mopedstrom, und bald schon verstopf-
ten die ersten Kleinwagen die Straßen und konkurrierten mit den
behäbigen Kader-Limousinen einheimischer Bauart. Man sah auch
immer mehr Volkswagen auf den Straßen. Schon 1984 hatte VW in
dem Vorort Anting begonnen, den Santana zu produzieren, der als
Bausatz zur Montage importiert wurde. In den Neunzigerjahren,
als die Firma längst zu einem offiziellen Joint Venture mit chinesischer Beteiligung verschmolzen war, hob die Produktion dann mit
dem Passat und dem Polo endgültig ab.

Die alten Tempel und Kirchen, die teilweise geschlossen oder
sogar als Lagerhäuser entfremdet wurden, waren wieder für die
Gläubigen geöffnet, überall konnte man auch die Rückkehr der
privaten Hausaltäre mit ihren Opfergaben beobachten. Doch in
den Schatten gestellt war diese Rückkehr der alten Gebräuche
vom Aufkommen eines neuen Glaubens, und der hieß weder Daoismus noch Buddhismus und schon gleich gar nicht Kommunismus: Es war die Anbetung von Konsum und Kommerz. Immer
mehr Kaufhäuser, Boutiquen und Schnellrestaurants entstanden,
rücksichtslos wurden ganze Stadtgegenden plattgemacht, die alten
Häuser abgerissen. Das jüdische Viertel Hongkou mit der alten
Synagoge hätte eigentlich Stolz dieser Metropole sein müssen.
Denn sie hatte ja nicht nur Glücksritter und Geschäftsleute angelockt, sondern war auch ein Refugium. Ohne Visumszwang oder
Zuzugsauflagen hatten Zehntausende vor osteuropäischen Pogro-

men und den Gräueln der Nazidiktatur hierher flüchten können. Doch auch dieses Hongkou musste jetzt weitgehend Neubauten weichen. Und selbst in die Platanenalleen der Französischen Konzession rückten die Bagger vor. Wer glaubte, dass da nur »Ausländisches« von der Abrissbirne bedroht wäre, musste sich im alten China-Viertel um den Yu-Garten und seine Zickzackbrücke eines Besseren belehren lassen: Den Chinesen, sonst so stolz auf ihr Erbe, schien in ihrem Fortschrittswahn nichts heilig. Wenigstens der Bund entstand im alten Glanz wieder, hauptsächlich durch die Initiative ausländischer Investoren. Die Einheimischen verfolgten die Restaurierungsarbeiten eher kopfschüttelnd: Warum Altes umständlich bewahren, wo man doch auch Wolkenkratzer mit Drehrestaurants bauen konnte?

Schanghai – eine Stadt wie auf Speed, unsentimental bis zur Selbstverleugnung und süchtig nach Superlativen. Vorreiterin für das angeblich zwangsläufig anbrechende »chinesische Jahrhundert«. Der »Kopf des Drachen«, der für den Rest der Nation vordenken und die Nation in die richtigen Bahnen lenken soll. Dass dieses Schanghai wieder zu einer Weltstadt geworden ist, bestätigen auch die ehrfürchtig-euphorischen Urteile des Westens. »Die Metropole der Zukunft, die es mit dem Chic von Paris, der Sophistication von New York und den futuristischen Schwingungen von Tokio aufnimmt«, heißt es überschwänglich im sonst so nüchternen britischen *Economist*. Die »aufregendste Stadt auf dem Planeten« urteilt die *Washington Post*. Und für *Forbes* ist Schanghai nicht mehr und nicht weniger als das »Tor zu den Profiten, für Unternehmer der vielversprechendste Platz der Welt«. Chinas Metropole war um die Jahrtausendwende auch zu einem beliebten Reiseziel geworden. Die *New York Times* fragte: »Warum Sie nach Schanghai fahren sollten? Ganz einfach: Weil Sie dabei einen Blick in unsere Zukunft werfen können.«

2002 folgte dann ein weiterer internationaler Ritterschlag: Heftig beworben von der KP, aber zusätzlich gefördert von Großkonzernen wie Coca-Cola und Alcatel, erhielt Schanghai den Zuschlag für die Weltausstellung. Es war auch das Jahr, in dem der deutsche Transrapid in der chinesischen Ferne einen Triumph feierte: Die

Magnetschwebebahn nahm ihren Betrieb vom Flughafen in die Stadt auf, 30 Kilometer unter acht Minuten, Höchstgeschwindigkeit 430 Stundenkilometer. Die technische Errungenschaft bedeutet im Alltag wenig – der Maglev endet in einem Außenbezirk, der praktischste Weg des Reisenden vom internationalen Flughafen Pudong führt immer noch per Taxi in die Innenstadt; der Betrieb ist selbst nach Eingeständnis chinesischer Behörden defizitär. Aber das Prestigeprojekt zeigte, was in Schanghai eben so geht, und in welchem atemberaubenden Zeitraum: Machbarkeitsstudie im Juni 2000, Projektunterzeichnung Januar 2001, Einweihung und erste Fahrt (mit Ministerpräsident Zhu Rongji und Bundeskanzler Gerhard Schröder) Dezember 2002. Möglich gemacht wurde das alles durch hervorragende Techniker, kompetente Planer – und skrupellose Politiker, die innerhalb weniger Monate alle notwendigen Grundstücke zwangsverkauften und im Weg stehende Häuser zwangsabreißen konnten. Abbruch und Aufbau besorgte bei diesem Großprojekt wie bei ähnlichen Großprojekten im Land ein Heer von Wanderarbeitern, die aus den armen Provinzen der Volksrepublik in die Metropolen strömten. Die billigen, willigen und stets verfügbaren Arbeitskräfte, meist in provisorischen Unterkünften zusammengepfercht, wurden zur Grundlage des Wirtschaftswunders. Eine Arbeiterklasse, die längst nicht mehr die selbstbewusste Vorhut der alten Revolution bildete, sondern das weitgehend rechtlose Treibgut einer neuen Revolution.

Schanghai blieb eine Stadt der Gegensätze, der Parallelwelten und manchmal auch des Déjà-vu: Für fast 300 Millionen Dollar entstand eine Rennstrecke, damit der Formel-1-Zirkus auch hier haltmachen konnte, während an der aufgeputzten Nanjing-Hauptstraße Krüppel in selbst gebastelten Rollstühlen Touristen anbettelten. Vor dem Restaurant Che im neuen Vergnügungszentrum Xintiandi, durch die Restaurierung eines Arbeiterviertels entstanden, warb ein Poster mit dem kubanischen Volkshelden, es zeigte ihn augenzwinkernd: »Schon wieder eine neue Revolution – wir senken die Cocktail-Preise um 30 Prozent!« Im La Maison nebenan hatten die Gäste im dritten Stock den perfekten Blick auf eine Bühne mit leicht bekleideten Showgirls. Im Paulaner servierten

Kellnerinnen im Dirndl deutsches Bier und Würstchen. »Willkommen zu unserer Neueröffnung in luxuriös-plüschigem Ambiente«, warb eine Diskothek. »Jetzt ist es so weit: Die Dekadenz ist zurück in Schanghai!« Im ebenfalls neu eröffneten kommunistischen Museum der Revolution, um die Ecke gelegen, durften Besucher einige lebensechte Wachsfiguren-Revolutionäre bewundern und von deren Entbehrungen hören; im Andenkenladen ließ sich in einem Prägeautomaten ein Mao zum Mitnehmen drucken oder auch eine private Botschaft stanzen: *I love you*. Trotz der vergleichsweise sehr niedrigen Preise – fünf Mao-Münzen für ein Paulaner-Bier – wirkte das Revolutionsmuseum verwaist. Die Jugendlichen drängten sich lieber in den Ferrari-Showroom, kaum einen Steinwurf entfernt, und bestaunten die Boliden.

Die Stadt sei ein Modell, sagte die Partei. Aber wofür soll das Modell Schanghai stehen? Für eine Rückkehr des Manchester-Kapitalismus mit billigen, ausgepressten Arbeitskräften und einer Schicht von Superneureichen? Für einen gemäßigten Sozialismus, der versucht, alle Bewohner gerecht am steigenden Lebensstandard teilhaben zu lassen? Für eine wie auch immer geartete Utopie von einem besseren ›neuen Menschen‹?«

Immerhin: Im Peace-Hotel durfte die Rentnerband jetzt wieder Jazz spielen. Das Durchschnittsalter der sechs Herren war Mitte siebzig und sie trafen nicht immer den richtigen Ton. Doch ihr »Sentimental Journey« erfreute Touristen wie nostalgisch gestimmte Einheimische. Und zwischenzeitlich machte sogar das Paramount wieder auf, der legendäre Art-déco-Tanzpalast aus den Dreißigerjahren in der Nähe des Jiangan-Tempels, festangestellte Gigolos inklusive. Dreimal in der Woche fand sich auch Tang Weihong ein, die geschmeidige alte Dame weit über achtzig, die hier schon als Debütantin übers Parkett geschwebt war, und schnappte sich einen der großgewachsenen Jungen mit Pomade im Haar zum heißen Tango.

Parallel zu der Rückkehr des Klassischen begann sich in Schanghai auch eine Gegenkultur zu entwickeln. So wie sich die Künstler in Manhattan ihr SoHo erschlossen und später die abrissgefährdeten Bauruinen südlich, so besetzten Schanghais bildende Künstler alte, stillgelegte Fabrikgebäude. Doch kaum hatten sie sich notdürftig Ateliers angelegt, kamen die Bauspekulanten oder die Stadtoberen und evakuierten. Mit der Zeit begannen wenigstens einige der Schanghaier Funktionäre umzudenken, fingen an, den Malern und Bildhauern zuzuhören. Die Kompromissbereitschaft war nicht ihre Idee. Die Stadt hatte einen Beraterstab unabhängiger ausländischer Experten eingerichtet, die meisten aus dem Westen, man wollte wissen, wie sie über die Zukunft der Metropole dachten. Die Anregungen der westlichen Fachleute und CEOs – unter anderem Heinrich von Pierer, der damalige Siemens-Chef – kamen für die Schanghai-Funktionäre überraschend und geballt: Schanghai solle sich endlich um den Denkmalschutz bemühen, sein Erbe nicht zerstören, und es sollte der Kultur mehr Raum geben, nur so könne es langfristig Weltstadt bleiben.

Mehr zähneknirschend denn überzeugt eröffnete die Partei daraufhin künstlerische Spielwiesen. Sie gestattete den Malern, in der Moganshan 50 das zum Abriss bestimmte Gelände einer Textilfabrik zu übernehmen. Innerhalb kurzer Zeit entstanden so um das Jahr 2004 primitive Arbeitsräume und zugige Ad-hoc-Galerien. Vieles wirkte auf mich wie ein Vexierbild, vieles schien bald auf kommerziellen westlichen Geschmack ausgerichtet. Eher spielerische Schanghaier Selbstironie als wirklich experimentelle oder gar künstlerisch kraftvolle Selbstreflexion – eine verkaufsträchtige Mischung aus Comic, Werbung und Agitprop. Mao tauchte da auf, gemeinsam mit Micky Maus. Die interessantesten Künstler zeigten ein Schanghai zwischen strahlender Zukunft und grenzenlosem Grauen. Zhong Biao beispielsweise, der Frauengestalten so schön wie Models malte und sie durch eine glückliche Stadt tanzen ließ. Aber auf jedem seiner Werke fielen im Hintergrund auch Menschen von den Dächern, stürzten in den Tod. »Sie leiden an der Schanghai-Krankheit«, erklärte er. »Sie hat noch keinen richtigen Namen, aber sie blendet die Menschen.« Andere wurden deutlicher, politischer: Sie zeichneten wie Lao Fan den Großen Vorsitzenden in wenig vorteilhaften Posen. Der Künstler musste zwischenzeitlich untertauchen, KP-Sittenwächter zogen einige seiner Werke aus dem Verkehr.

Die Grenzen der künstlerischen Freiheit testeten auch die Schriftsteller aus. Sie reklamierten ein Recht auf Rausch, auf Drogen, auf Sex-Exzesse, auf Egomanie – und zeigten in ihren Büchern wie in ihrem Lebensstil deutlich ihre Verachtung für die Partei und den Überwachungsstaat. Es war 2004, quasi Vor-Internet-Zeit. Der Untergrund kannte damals noch keine Blogger und er hatte auch keine festen Treffpunkte. Alles war in Bewegung, alles erlaubt, oder vielmehr: wurde sich erlaubt. Die Chronistin dieser eigenwilligen Szene war die Schriftstellerin und Filmemacherin Wang Shen, bald bekannt unter ihrem Künstlernamen Mian Mian.

Ihr Programm hieß Tabubruch, Nihilismus, nicht demokratische Veränderungen. Immer wenn wir uns trafen, trug sie Schwarz, Chiffon und Seide, Coco-Chanel-Hütchen. Retro-Schick der Dreißigerjahre. Und immer Sonnenbrille, auch wenn in einem Szenetreff wie der Bar YY (für Yin und Yang) kein grelles Licht drohte, sondern nur gnädig abgedunkelte, schummrig-chice Dämmerbeleuchtung. Hielt sie Schanghai für eine künstlerfreundliche, künstlerinspirierende Stadt? »Ach, fuck«, sagte die blass Geschminkte. »Es geht um die Gesamtperspektive, um die Selbstgefälligkeit, den Nihilismus dieser Metropole. Wenn ich schreiben will, dann muss ich erst mal Verletzungen erleben. Diese Stadt fügt sie mir zu, deshalb brauche ich sie. Schanghai ist wie ich: launisch, verwöhnt, selbstbezogen, arrogant – weiblich eben.« Sie sagte solche Sätze bei unseren Treffen ungeschützt, sprach ohne Punkt und Komma, ein hochbegabtes literarisches It-Girl. »Diese Stadt und ich wollen beide das Gleiche, wir wollen reich und berühmt werden, und wir nehmen dafür die Überholspur.« Stillstand oder gar Besinnung, das hieß in ihrer Welt Versagen. Selbstmord wäre eine Variante, hat sie einmal geschrieben; aber Selbstmord hilft dann doch nur den anderen und ist letztlich uncool.

Mian Mian war damals schon berühmt durch ihre Kurzgeschichten. Die Tochter aus einer wohlsituierten Familie – Vater Ingenieur, Mutter Oberschullehrerin – hatte eine Karriere als Schulabgängerin, Stadtstreicherin, Gelegenheitsprostituierte, Heroin-Abhängige hinter sich. Sie war süchtig danach, alle bürgerlichen Regeln zu missachten, auszubrechen aus der Enge, der Spießigkeit ihrer Umwelt,

und alles, was verboten war, reizte sie maßlos. Fast hätte sie sich zu
Tode gespritzt, kam dann in die Psychiatrie, machte schmerzhafte
Entziehungskuren. Ihre Auflehnung und ihre Abstürze schrieb sie
sich in atemlosen Büchern wie *La, la, la* und *Candy* von der Seele,
die zunächst nur im Ausland erscheinen konnten, aber unter der
Hand auch bald in Schanghai Verbreitung fanden. Das Leben als
verzweifelte Selbstinszenierung in einem einzigen Rausch. So
etwas hatte man aus der Volksrepublik noch nie gelesen. Gerne
spielte Mian Mian fürs Publikum in der Lagerhaus-Disco die lau-
nische Subkultur-Diva, die rätselhafte Chronistin des Untergrunds.
Legte Platten auf. Riss die Arme hoch. Dirigierte die Masse. Gab
den Tanzrhythmus vor, Head-Shaking. Früher, sagte sie, hätten
die Chinesen getanzt, als ob sie aufgezogene Puppen seien oder
als ob sie kämpfen würden, Marionetten des Schattenboxens. »Jetzt
haben wir gelernt, frei zu sein, individualistisch.« Sprach sie und
tauchte wieder ein in die gleichförmige Masse aus Tänzern, von
denen die meisten mit Ecstasy vollgepumpt schienen. Mian Mian
hatte damals gerade einen Film abgedreht, *Shanghai Panic* hieß er
und hatte es zu ihrem Kummer nicht durch die Zensur geschafft.
»Es ist zum Kotzen mit den Typen.« Sie spielte sich nach ihrem
eigenen Drehbuch selbst, die Geschichte handelte von Aids und
Angst, Dollarmillionen und Drogen. Auch ihre Freunde hatte sie
alle untergebracht: Casper, dem nach einer wilden Partynacht die
Vorderzähne abhanden gekommen waren, wie auch immer, daran
erinnerte sich keiner; und Coco, den schwulen Jazzsänger, undenk-
bar ohne Federboa. »Scheiße, haben wir um der Freiheit willen
jede Art von Kontrolle über uns verloren?«, fragte er, und es war
so etwas wie das Motto von *Shanghai Panic*.

Der Film gewann dann bei Kunstfestivals im Westen einige
Preise, die Kritiken waren überwiegend freundlich, genau wie
bei Mian Mians nächstem Buch mit dem schönen Titel *Panda Sex*.
Aber es war damals schon klar, dass sich ihre Berühmtheit bald
erschöpfen musste, zu eindimensional waren ihre Themen, zu
wenig variabel letztlich ihre Sprache. Der Provokateurin passierte
das Schlimmstmögliche: Sie geriet in den Mainstream. Sie wurde
fast schon bürgerlich, ging – von *Vogue* und *Cosmopolitan* bezahlt –

mehr zu Modenschauen als in Untergrundkneipen. Sie stand dann anschließend selbst Modell. »Schaff ich es auf den Titel?«, fragte sie beim Shooting für *Harper's Bazaar*. Und sie bekam eine Tochter, die sie Prudence nannte, »Lebensweisheit«.

Aber die größte Umwälzung in der Kunst spielte sich beim Ballett ab. Und diese Revolution war mit einem einzigen Namen verbunden: Jin Xing, die über die Jahre zu einer guten Freundin wurde. 2006 posierte sie für mich vor dem Grand Theatre in Schanghais Stadtmitte am Platz des Volkes, selbstbewusst im körperbetonten roten Rollkragenpulli und in lässigen schwarzen Jeans. Ein überlebensgroßes Plakat mit ihrem Konterfei, grell geschminkt als westöstliches Zwitterwesen, kündigte ihren neuen Auftritt an, als Primaballerina in einer von ihr choreografierten Ballettversion der Orff'schen *Carmina Burana*. Im Hintergrund blitzten die schwungvollen Formen der Oper aus Chrom und Glas, eine architektonische Interpretation des klassischen China. »Das Rechteck steht für die Erde, das Rund für den Himmel – so sind Yan und Yan, das Kalte und das Heiße, das Weibliche und das Männliche in perfektem Zusammenspiel«, erklärte die Diva. Und seufzte: »Wenn es doch diese Harmonie auch in meinem Leben gegeben hätte!«

Jin Xing ist nicht sonderlich religiös, doch dass es einen Gott gibt, stand für sie immer außer Frage. Nur, was hat er sich dabei gedacht, sie damals, bei ihrer Geburt, so »falsch« zu schaffen, sie in einen fremden Körper zu pressen, so vollkommen unvollkommen? Pas de deux zwischen allen Polen: Sie ist eine parteigeduldete Revoluzzerin, eine privat organisierte Staatskünstlerin, eine Avantgardistin mit Sinn für Mainstream – sie achtet darauf, in keine Schublade zu passen. Jin Xing ist einmalig. Das liegt auch daran, dass die damals »wahrscheinlich beste Tänzerin der Welt« (*Die Zeit*) eine ganz und gar ungewöhnliche Lebensgeschichte hat. Die Begnadete war nämlich bis 1995 noch ein Mann. Präziser gesagt: ein Offizier der Befreiungsarmee. »Seit Längerem fungiere ich nun schon als Aushängeschild, aber auch als Alibi der Partei«, sagte mir Jin Xing einmal mit einem ironischen Lächeln in der Opern-Cafeteria. »Wenn ein ausländischer Politiker von den Menschenrechtsverletzungen in der Volksrepublik, von den Hinrichtungsrekorden oder von der kulturellen Zerstörung Tibets spricht, dann antworten unsere Leute: Ja, aber wir haben einen transsexuellen Oberst, dem wir die Geschlechtsumwandlung erlaubt haben und der jetzt als Startänzerin auftritt ...«

Das Kind wird im Jahr des Drachen geboren, am 3. August 1967. Die Eltern geben dem Kleinen einen poetischen Namen: Jin Xing, »Goldener Stern«. Sie sind froh, dass es ein Junge ist, ein Mädchen haben sie schon. Politisch sind die Eltern wegen ihrer koreanischen Wurzeln verdächtig. Zu Jins schlimmen Kindheitserinnerungen gehören die endlosen und demütigenden Verhöre ihrer Mutter durch die Roten Garden. Der Junge sieht mit sechs seinen ersten Tanzfilm und wünscht sich ein Ballettkostüm. Das tun die Eltern als kindliche Marotte ab. Als der kleine »Goldene Stern« dann aber mit neun in den Hungerstreik tritt, weil er damit den Besuch einer Ballettschule erzwingen will, ahnen sie, dass die Begeisterung ihres Sohns für Pirouetten mehr ist als eine Laune. Sie wollen einen »richtigen« Jungen aus ihm machen. Viel Streit, viel Tränen, doch am Ende kommt es zu einem Kompromiss: Jin Xing tritt in die Tanzkompanie der Armee ein; die VBA hat damals, als es auf Geheiß der mächtigen Mao-Gattin nur eine Handvoll revolutionärer Opern zu spielen gilt, die beste aller Balletttruppen. Jin fühlt sich wie ein Operettensoldat, die Uniformen sind viel zu groß, das Gewehr überragt ihn, die Handgranaten gleiten ihm durch die Finger. Doch jenseits der militärischen Grundausbildung glänzt der Junge. Keiner tanzt die Hauptrolle im Revolutionsstück *Der gefleckte Hirsch* so hingebungsvoll und virtuos. Mit 17 gewinnt er seinen ersten nationalen Ballettpreis. Jin Xing gibt sich dabei männlich, weil das von ihm erwartet wird. Doch in seinem Körper regen sich längst andere, weibliche Gefühle. Noch unterdrückt er sie. Spielt in einem militärgesponserten Actionfilm den Motorrad fahrenden Helden, ohne sich vom Stuntman doubeln zu lassen. Aber heimlich träumt er davon, eine Sie zu sein; die Actionheldin, die Tanzkönigin, die Primaballerina.

Der Anpassungsfähige wird schnell befördert. Er ordnet alles seiner Karriere unter, auch seine Selbstachtung. Als sich ein schmieriger Vorgesetzter an ihn heranmachen will, weil er in dem blendend aussehenden »weiblichen« Jüngling einen Schwulen vermutet, lässt Jin ihn nicht nur abblitzen. Er erpresst ihn dazu, ihm ein Auslandsvisum zu verschaffen. Jin kann nach New York reisen, man erkennt dort gleich seine Begabung. Mit einem Stipendium studiert er Modern Dance und lernt, dass nicht nur Virtuosität zählt, sondern auch die Freiheit des künstlerischen Ausdrucks. Bei seinem ersten großen Auftritt gibt es stehende Ovationen. Er will sich keinem Tanzensemble unterordnen, immer weiter experimentieren: Als das Geld knapp wird, jobbt er abends in Bars. Jin Xing setzt sich durch, bekommt ehrenvolle Aufträge als Choreograf und Tänzer in Rom und Brüssel. Sein Ziel bleibt Schanghai.

Die eine Seite seines Lebenstraums, die Sucht nach künstlerischer Perfektion, die Gier nach öffentlicher Anerkennung, beginnt sich zu erfüllen. Doch jenseits der Berufskarriere ist da noch etwas anderes, und das wird immer lebenszentraler: seine Frauwerdung. Jin zieht Erkundigungen über eine Geschlechtsumwandlung ein. Er fährt nach China zurück und bespricht die Operation mit seinen Eltern; sie raten ihm dringend ab. Aber erstaunlicherweise stimmen die chinesischen staatlichen Stellen, die er um Genehmigung bittet, nach längerem Zögern zu. Mitte der Neunzigerjahre möchte sich die KP einen liberalen Anstrich geben, und Jin versäumt nicht, auf die patriotischen Aspekte seiner Tat hinzuweisen: »Ich habe darauf verzichtet, mich im Ausland operieren zu lassen. Nirgendwo anders als in China kann meine Wiedergeburt stattfinden.«

Und so geschah es. Dreimal wird der damals 27-Jährige operiert. Nach Komplikationen sitzt die neue Sie drei Monate im Rollstuhl. Aber Jin Xing ist glücklich, lernt mit ungeheurer Disziplin die Fußspitzen wieder zu bewegen, gewinnt nach und nach körperliche Kraft zurück. »Was will eine kranke Transsexuelle auf unseren Bühnen?«, fragt ein bösartiger Zeitungskolumnist. Aber andere Journalisten und sogar KP-Funktionäre verteidigen sie. Und sie ergreift die Initiative, macht ihre Geschichte öffentlich. Nimmt Jobs als Model und Werbefigur an, saust mit ihrem giftgrünen VW Käfer von Termin zu Termin, von Party zu Party. Immer mit superkurzen Röcken, hochhackigen Pumps, gewagten Ausschnitten: eine Attraktion für sich und andere. »Ich hatte Lust, auf Vampir zu machen – jetzt, da das kleine Versehen Gottes korrigiert war«, vertraute sie mir an.

Ihre Ballettinszenierungen werden extravaganter, technisch anspruchsvoller, lasziver. Die Kritiker liegen ihr zu Füßen. »Ein Stern ist geboren«, schreiben sogar die Parteizeitungen. Doch ganz so glatt geht es dann doch nicht mit der goldenen Zukunft und dem Verhältnis zur großen Politik. Zwar erlaubt ihr die Partei die Gründung eines eigenen Tanzensembles. Doch mit ihrem Jin Xing Dance Theatre gerät sie immer wieder in Konflikt mit den lokalen Offiziellen. »Ich bin doch nicht eure sozialistische Tanzmaschine«, schleudert sie den Funktionären mit ihrer Schmirgelpapierstimme entgegen, die immer so klingt, als wollte sie sich in einem Stadion an die Massen wenden oder einen Parteitag eröffnen. Sie darf dann ihre umstrittene *Carmina-Burana*-Inszenierung 2005 in Schanghai zeigen. Aber nur einen einzigen Abend. Dann zieht sie mit dem Stück weiter nach Paris. »Dort waren wir für Monate ausverkauft«, berichtet sie später stolz. Mit ihrem Programm *Shanghai Tango* feiert sie rauschende Erfolge in Venedig, Stockholm und New York. Ein bisschen ruhiger ist die Umtriebige dann doch geworden. Sie widmete sich der Ausbildung junger Tanztalente. Sie kaufte sich ein schönes altes Haus in Schanghai, heiratete einen Deutschen, adoptierte drei kleine Waisenkinder. »Mein wildes Leben als Femme fatale habe ich weitgehend aufgegeben, ich kümmere mich lieber um Gutenachtlieder für die Kleinen«, sagt sie.

Ende des vergangenen Jahrzehnts begannen sich aber auch in der Politik die Dinge graduell zu verändern – es schien sich eine vorsichtige Öffnung anzudeuten. Und wie so häufig in China hatte sie ihren Ursprung im Bereich der Wirtschaft. China Executive Leadership Academy hieß die neue chinesische Kaderschmiede und wo anders sollte sie stehen als im »Kopf des Drachen«, in Schanghai, genauer gesagt im Zukunftsviertel Pudong. Das Gelände wirkte auf den ersten Blick wie der Campus einer amerikanischen Luxus-Universität, gepflegte Rasenflächen, moderne Architektur aus Chrom und Glas, grau-schwarz mit einigen Akzenten in Rot. Staatspräsident Hu Jintao hatte das CELAP-Institut im März 2005 höchstpersönlich eingeweiht und dabei die für ihn, den bekannten

Reformbremser, doch recht überraschende Maxime ausgegeben, alle Lehrpläne weitgehend freizugeben. Es begann ein Spagat zwischen revolutionär neuem Management und überkommenen Ideologie-Inhalten. Das Durchschnittsalter der 128 CELAP-Lehrkräfte lag um die 35, nicht viel mehr als ein Jahrzehnt unter dem der Elitestudenten. Kurse über »Mao-Zedong-Gedanken« wechselten sich ab mit Vorträgen über die neuesten Trends der Harvard Business School und die Handelsvorstellungen der EU. Ein Drittel des Lehrplans war Feldstudien vorbehalten, sie sollten die Studenten zu Firmen wie General Motors und Siemens in Schanghai führen. »Wir wollen ihnen auch zeigen, wie Multis arbeiten«, wurde der CELAP-Vizechef Xi Jieren zitiert. »Die Zentralregierung möchte, dass wir uns nicht in Routine erschöpfen, wir sollen kreativ sein. Deshalb setzen wir hauptsächlich auf junge Lehrkräfte und nicht auf ältere Berühmtheiten, deren festgelegte Gedankenwelt sich kaum mehr verändern lässt.«

Die Bibliothek der Kaderschmiede zeigte eine merkwürdige Bandbreite: Fachbücher neoliberaler amerikanischer Wirtschaftsgurus wie Jack Welsh, aber auch J. R. R. Tolkiens fantastische Werke und eine wissenschaftliche Abhandlung über den Untergang der *Titanic*. Die Studenten, so hieß es, müssten Kurse in Politikwissenschaft wie in Ökonomie belegen, könnten sich dann aber bei ihrer Abschlussarbeit auf einen der beiden Schwerpunkte konzentrieren. »Führungsqualitäten sind für alle Spitzenplätze der Gesellschaft wichtig«, hieß es in der Broschüre der Führungsakademie. Allerdings müssten die Absolventen »selbstlose Beiträge zur sozialen Stabilisierung des Landes leisten«.

Genau damit haperte es. Jahrzehntelang hatte die Metropole am Huangpu politische Führungskräfte hervorgebracht, die dann auch die Geschicke der Volksrepublik bestimmten. Innerhalb der KP sprach man sogar ehrfürchtig von der »Schanghai Clique«. Jenem schier unerschöpflichen Pool von ZK-Kräften, die sich in der Vorzeigestadt ihre politischen Sporen verdient hatten, bevor sie in die höchsten Ränge aufstiegen. KP-Generalsekretär und Staatspräsident Jiang Zemin (1993–2003) diente ebenso als Bürgermeister der Stadt wie Premier Zhu Rongji. Andere Spitzenpolitiker wie Zeng

Qinghong oder Wu Bangguo waren Top-Parteisekretäre. Wer es in der Stadt zu einem Spitzenrang gebracht hatte, schien unaufhaltsam auf dem Weg nach oben. Und natürlich unantastbar. Das änderte sich allerdings im Jahr 2006 mit einer sensationellen Geschichte. Eines Morgens wachten die Schanghaier auf und glaubten ihren Augen nicht zu trauen – die Zeitungen verkündeten die Verhaftung des wichtigsten Politikers der Stadt. Chen Liangyu, KP-Chef von Schanghai und Mitglied des Politbüros, wurde wegen Korruption angeklagt, und mit ihm noch eine Reihe anderer bedeutender Lokalgrößen. Chen Liangyu, so lautete der ungeheuerliche Vorwurf, habe Hunderte Millionen Dollar öffentlicher Sozialversicherungsgelder umgeleitet und in Grundstückskäufen angelegt. Der Spitzenpolitiker wurde dann zu 18 Jahren Gefängnis verurteilt. Das Gericht hielt es für erwiesen, dass er sein Amt zur persönlichen Bereicherung missbraucht hatte. Ebenso verurteilt und aus der Partei ausgeschlossen wurden der Direktor der städtischen Finanzüberwachungsbehörde, der Leiter des Planungsstabs für die Formel-1-Strecke sowie der Vizechef der Baubehörde.

Nun redete keiner mehr über die Unangreifbarkeit der Schanghai-Clique. Aber gleichzeitig war natürlich auch klar, wie wichtig es für die Partei war, hier im »Kopf des Drachen« einen Mann ihres absoluten Vertrauens zu haben. So beobachteten nicht nur die Schanghaier Bürger mit größter Spannung, wer denn das wichtigste Parteiamt der Stadt übernehmen würde. Die Wahl der Spitzengremien fiel auf Xi Jinping, er trat seinen Posten im März 2007 an. Der Pragmatiker war bemüht, auch nicht den geringsten Anlass für Korruptionsvorwürfe zu geben, zeigte sich als integer, linientreu und bescheiden. Aber da er vor allem darauf achtete, keinen Fehler zu machen, blieben Reformen in der Stadt während seiner Amtszeit völlig aus.

Und dann war sie endlich da, die von vielen in Schanghai so heiß erwartete Weltausstellung 2010. Präzise der Stechschritt, schnittig die beigegrünen Tarnuniformen, die Fäuste entschlossen gen Himmel gereckt. Ein Kampfschrei aus vielen hundert Kehlen: »Wir sind angetreten, unsere Mission zu erfüllen! Wir sind entschlossen, den Kampf zu gewinnen!« Die Männer, die zu einer Spezialeinheit der Staatssicherheit gehörten, leisteten ihren Schwur vor abschussbereiten Maschinengewehren, die auf mobilen Rampen befestigt waren. Nein, es war kein Krieg. Es ging wirklich nur um die Expo, die Welt-Wirtschafts-Show. Die zum Drill angetretene Truppe sollte nur üben, wie man Besucher beschützt. Aber wenn es sich um eine Großveranstaltung handelt, dann ist nationales Prestige im Spiel, dann müssen Rekorde gebrochen, Konkurrenten in den Schatten gestellt werden, dann kann es der Volksrepublik nicht martialisch genug sein. Und insofern war doch Krieg in diesem Frühjahr. Ökonomie ist in der Volksrepublik immer auch eine andere Form der kriegerischen Auseinandersetzung.

Am 1. Mai wurde die Expo mit einem spektakulären Feuerwerk eröffnet, sechs Monate lang lockte sie in- und ausländische Gäste auf das 5,3 Quadratkilometer große Ausstellungsgelände links und rechts des Huangpu. 248 Nationen und internationale Organisationen waren beteiligt, mit einem geschätzten Gesamtetat von drei Milliarden Dollar war die Expo die teuerste aller Zeiten, teurer selbst als die Olympischen Spiele von Peking. Und mit insgesamt 73 Millionen Besuchern wurde sie dann auch zur erfolgreichsten, das ehrgeizige Planziel übertroffen. Über hundert Pavillons variierten das vorgegebene Thema »Bessere Stadt, besseres Leben«. Es war eine prächtige, aufwendige Show. Mancher fühlte sich da an frühere Zeiten erinnert – etwa an die Ära der Ming- und Qing-Dynastien vom 14. bis Anfang des 19. Jahrhunderts, in der die Kaiser fremde Mächte gerne als tributpflichtig erachteten und Geschenke für die Gunst einforderten, mit China Handel zu treiben. Die Expo sollte zeigen: Jetzt war das Land dabei, sich diese Rolle zurückzu- erobern und dies sehr selbstbewusst zu demonstrieren. Die neue Hybris begannen auch europäische Diplomaten zu spüren. Wenn die EU nicht bald ihr Waffenembargo gegenüber der Volksrepublik aufhebe, werde sie das bereuen, hieß es. Politiker formulierten am Rande der Veranstaltung in Schanghai eine ebenso verblüffende wie deutliche Drohung: »Europa wird später dann auch nicht in der Lage sein, Waffen in China kaufen zu dürfen.«

Und doch schien es ein merkwürdig anachronistisches Konzept, mit einer Weltausstellung die Welt beeindrucken zu wollen; die

Expos von Hannover im Jahr 2000 und im japanischen Aichi 2005 waren ja längst vergessen. Auch wenn Schanghai eine Supershow ganz anderen Ausmaßes präsentierte, blieben die grundsätzlichen Fragen: Ob sich die Chinesen mit ihrer Gigantomanie eher als Groß- macht in die Weltgemeinschaft integrieren oder sich im Gegenteil von ihr abheben und eigene Spielregeln aufstellen wollten. Ob es sich bei ihrem rüden Verhalten gegenüber den USA eher um Arro- ganz oder Unsicherheit handelte. Praktizierten sie das klassische *shangwo chouti*– den Gegner aufs Dach holen und ihm dann die Leiter entziehen? Oder hatten sie in Wahrheit gar keine schlüssigen Antworten auf ihre Herausforderungen, auf das Gefälle zwischen Arm und Reich, die Korruption, die zunehmende Unzufriedenheit der Mittelschichten, den fehlenden nationalen Zusammenhalt?

Bezeichnend war jedenfalls, dass sie wieder einmal Schanghai als Laboratorium nutzen, die Stadt ihrer kühnen Ideen, ihrer Expe- rimente. Ihr Laboratorium der Avantgarde, das die besten und die katastrophalsten Epochen der ganzen Nation symbolisierte, und manchmal beides gleichzeitig. Die Stadt stand endgültig wieder in der Sonne der Partei. Und erneut war es wieder dieser beson- dere Typus, der Fortschritt definierte, der China den Weg wies: der Schanghai-Mensch.

Gemeinsam mit meinem Kollegen und ortsansässigen Korres- pondenten Wieland Wagner bin ich in den Expo-Tagen durch die Stadt gezogen, um die interessanten Exemplare dieser Spezies auf- zuspüren und ihre Lebensträume zu schildern. Die Prominenten, die Profiteure, die Unterprivilegierten.

Wer in China etwas gilt, wird zwangsverpflichtet, um die Welt- ausstellung noch strahlender zu machen. Zu diesen offiziellen »Expo-Botschaftern« zählen der Pianist Lang Lang ebenso wie der Turnolympiasieger Li Ning. Und die vielleicht bekannteste Schang- haierin: Yang Lan, milliardenschwere Medienunternehmerin, Fern- sehstar, Talkshow-Moderatorin, eine Art Oprah Winfrey der Volks- republik. Sie betreibt in einem Luxushotel einen Juwelierladen und bewohnt dort eine Dauersuite. Das Fünfsternehotel Hilton ist ihr Heimspiel, dort empfängt sie uns. Eine lächelnde Schönheit Anfang vierzig, modischer Kurzhaarschnitt, glamouröses Designer-Outfit.

»Die Expo ist ein Schaufenster, durch das die Welt China sieht und China die Welt. Wir sollten aber politisch viel mutiger sein, die Regierungsentscheidungen transparenter gestalten, die Medien Missstände aufdecken lassen. Früher oder später wird das die neue Mittelklasse erzwingen, wenn es nicht freiwillig geschieht«, sagt sie. Diese Frau ist auch für die kosmopolitische Metropole eine Ausnahmeerscheinung. Yang Lan hat in Peking und an der New Yorker Columbia University studiert und mit ihrem Mann, einem Unternehmer aus Hongkong, im Jahr 2000 das erfolgreiche Medienunternehmen Sun Television Cybernetworks gegründet. Auch politisch bestens vernetzt, ist sie Abgeordnete der Politischen Konsultativkonferenz des Chinesischen Volkes, eines zwar wenig mächtigen, aber sehr prestigereichen Scheinparlaments. Ihre Wohltätigkeitsveranstaltungen sind schon vor der Expo das Stadtgespräch, die Einladungen hochbegehrt. Die Dame, damals Nummer 207 unter den reichsten Chinesen und Moderatorin der Abschlussfeier bei den Olympischen Spielen von Peking, kann sich ein gewisses Maß an Freiheiten nehmen. Aber sie vergisst nie, im entscheidenden Moment einzustreuen, wie großartig sich das Land »im Prinzip« entwickle. Dass doch der Aufbau eines Sozialstaats mit Krankenversicherung und Altersvorsorge »auf dem Wege sei«. Immer noch aber sieht sie Frauen in Schanghai benachteiligt: »Mao sprach davon, den Frauen gehörte die Hälfte des Himmels. Von der Erde sprach er wohl absichtlich nicht.« Am Schluss unseres Gesprächs kann sich die KP-Milliardärin einen weiteren Seitenhieb auf die Regierenden nicht verkneifen: »Es wäre schön, wenn meine Talkshow nicht mehr zensiert würde. Und wenn ich nach Henry Kissinger, Gerhard Schröder und Bill Clinton endlich auch mal einen hochrangigen chinesischen Politiker interviewen könnte.«

Da hat Yan Yan ganz andere Sorgen. Stotternd springt ihr Moped an, mit dem sie sich durch ihren 18-Stunden-Arbeitstag manövriert. Die Wanderarbeiterin aus Jiangsu, einer Nachbarprovinz von Schanghai, bricht zur Nachtschicht auf. Sie muss in einer Fabrik Plastikgehäuse für Digitalkameras mit Farbe besprühen – ein gefährlicher Job. »Das Material ist ätzend«, sagt Yan, »ich bekomme Kopfschmerzen davon.« Sicherheit am Arbeitsplatz zählt in Schanghai ebenso wenig wie in den Kohlegruben, in denen jährlich tausend Menschen unter skandalösen Umständen ums Leben kommen. Alles in allem aber ist sie froh über ihren Job. Erst kürzlich lebte sie ein halbes Jahr ohne eigenes Einkommen, sie musste ihr Baby stillen. Doch jetzt gibt Yans Schwiegermutter der Kleinen die Flasche und Yan kann den Löwenanteil ihres Verdiensts, etwa 150 Euro im Monat, an die Sippe in der Provinz schicken. Die junge Frau hat sich einen dicken Anorak angezogen. Hier draußen nahe dem Flughafen Pudong weht der kalte Wind direkt vom Meer herüber. Die Fabrik ist nicht geheizt, ebenso wenig wie ihre nahegelegene Wohnung. Die düstere Bleibe besteht aus einem Zimmer für Yan und ihren Mann, der auf dem Bau schuftet. Von der Decke baumelt eine Neonleuchte, ansonsten besteht die Einrichtung aus einem Bett, einem Reiskocher und einem Fernseher.

Yan fährt vorbei an den niedrigen Betonhäusern der Wanderarbeiter, den eigentlichen Machern des chinesischen Wirtschaftswunders, der Job-Verfügungsmasse – allein in Schanghai sind es wohl an die fünf Millionen. Es ist eine eigene dörfliche Welt mit billigen Garküchen, Kramläden und Friseursalons. Zwischen den Häusern liegen ölig schimmernde Teiche, in denen einst Fische gezüchtet wurden. Jetzt sammelt sich dort Plastikmüll, und trotzdem gehen einige Halbwüchsige noch fischen. Vom Zentrum her rücken die Hochhäuser immer näher an die Hütten von Yan und ihren Nachbarn heran – bald sollen auch sie abgerissen werden. Ans Umziehen hat sich Yangs Familie gewöhnt. Sie besitzt keinen *Hukou*, wie die Chinesen das dauerhafte Wohnrechte nennen. Ihre in Schanghai geborene Tochter musste Yan in ihrer Heimatprovinz registrieren lassen, damit sie später die Schule besuchen darf. Das Mädchen wird dorthin zurückkehren müssen, oder die Yans leisten sich teure Privatlehrer.

Die Partei will verhindern, dass an den Rändern von Metropolen wie Schanghai permanente Slums wachsen wie in Mumbai oder Rio. Und deshalb drängt sie die Zugereisten, nach getaner Arbeit wieder die Stadt zu verlassen. Yan und ihre Familie wollen so lange wie möglich bleiben – trotz der unsäglichen Arbeitsbedingungen und all der anderen Schikanen. Sie glauben an eine bessere Zukunft.

Yans Schwiegervater schaffte sich kürzlich bereits seinen zweiten gebrauchten Kleinlaster an, er ist vor 15 Jahren in die Metropole gekommen. Inzwischen transportiert er Stahlträger und Bambuslatten, ein Kleinunternehmer auf dem Weg nach oben. »Was wir wollen, ist Stabilität – und eine faire Aufstiegschance«, sagt Yan Yan.

Wenn es irgendwo einen Goldrausch gibt, musst du dabei sein: So etwa könnte das Lebensmotto von William Zheng lauten. Dass der Mittdreißiger es so perfekt umsetzen konnte, verdankt er seinen Eltern. Beide waren KP-Kader, der Vater Chirurg am Schanghaier Zhongshan-Krankenhaus, die Mutter Universitätsprofessorin. Als sie gemerkt hatten, welche furchtbaren Verwundungen die Partei in China anrichtete, flohen sie mithilfe eines Freundes mit ihrem damals dreijährigen Sohn in die USA, zu neuen Freiheiten. William Zheng machte nach der Schule ein Universitätsexamen in Internationalem Recht und arbeitete lange Zeit als erfolgreicher Anwalt in den USA. Doch als ihm Freunde von den rasanten Fortschritten und den ökonomischen Möglichkeiten in der alten Heimat erzählten, beschloss er 2003 seine Rückkehr in die Geburtsstadt. Bereut hat er diesen Entschluss keine Sekunde, genauso wenig wie die meisten der anderen zahlreichen Schanghai-Heimkehrer. Sie kamen nicht aus sentimentalen Gründen, sondern weil ein ehrgeiziger und gut ausgebildeter Chinese inzwischen mehr Geld in der Volksrepublik machen kann als im Westen.

Zhengs Geschäfte laufen prächtig, wenngleich sich die Prioritäten verändert haben. Während der smarte Aufsteiger früher hauptsächlich amerikanischen Kunden half, den chinesischen Markt zu erschließen, führt er heute Firmen aus Schanghai in die Geheimnisse der westlichen Wirtschaft ein. Immer mehr erfolgreiche chinesische Unternehmen wollen ausländische Firmen kaufen oder in den USA und Europa mit eigenen Fabriken expandieren. New York war gestern: Schanghai lockt inzwischen chinesische Talente gezielt vom Hudson River an den Huangpu. Hier sollen sie an dem nationalen Kraftakt mitwirken, aus der Metropole einen globalen Finanzplatz zu machen. »Ich lebe wahnsinnig gerne in Schanghai. Hier wird die Zukunft gestaltet, hier spielt die Musik«, sagt Herr Zheng.

Das findet auch Michelle Ye, die junge Dame mit der Mannequinfigur und dem Dauerlächeln einer Schönheitskönigin, die gerade dabei ist, alle Konkurrentinnen aus dem Feld zu schlagen. Sie weiß, sie muss für ihren Job gut aussehen, überzeugend argumentieren. Die Mittzwanzigerin verkauft Träume, und die Preisliste hat es in sich. Das beliebte Modell »Sea Stella« beispielsweise kann sie wärmstens empfehlen, es kostet schlappe eineinhalb Millionen Euro. Michelle Ye ist Chefin der Yihong-Yacht-Gesellschaft, ihr Business sind Luxusschiffe. Anders als die italienische Konkurrenz hat die Absolventin der amerikanischen Cornell University auf chinesischen Geschmack zugeschnittene Boote im Programm, mit Karaoke-Anlage und eingebautem Mahjong-Spieltisch. Vier solche Yachten hat sie gerade verkauft, vier weitere wurden bei ihr bestellt. Die meisten Kunden sind Firmen aus Schanghai, aber Privatleute holen stark auf. Und deshalb bietet die Jungunternehmerin, unterstützt von ihrem sehr wohlhabenden und politisch bestens vernetzten Vater aus der Küstenstadt Xiamen, ihren Klienten ganze »Wohlfühlpakete«, bei denen sie sich um nichts mehr kümmern müssen. Da ist dann ein Anlegeplatz in der Schanghai-Marina mit drin, wo sich die Reichen und die Schönen prestigeträchtig tummeln und wo es sich bestens feiern lässt.

»Freizeit-Business ist hier das Business der Zukunft«, schwärmt Ye, zu deren bevorzugten Hobbys das Golfspielen zählt. Der Blick von ihrer provisorischen Firmenzentrale am Fluss geht schräg hinüber aufs Expo-Gelände. Dazwischen liegt an der Waima-Straße noch ein altes Haus, einsam in der Schuttlandschaft eines abgerissenen Armenviertels. Irgendjemand muss vergessen haben, es bei der genau geplanten Verschönerung der Stadt plattzumachen. Nun aber rücken die Bulldozer heran, das Versehen auszubügeln. Einige Bewohner beklagen sich lautstark, aber sie werden von der Polizei abgedrängt. Nach einigen Minuten resignieren sie, und die Abrissbirne verrichtet ihr Zerstörungswerk. Damit die Expo-Besucher das alles nicht zu sehen bekommen und auf dem Weg zu den Prachtpavillons nicht gestört werden, lassen die Stadtväter an der Zufahrtsstraße drei Meter hohe Sichtblenden hochziehen, auf denen grüne Parkanlagen zu sehen sind. Michelle Ye stört es nicht, im Gegenteil. »War ein Schandfleck«, sagt sie. Ihr Apartment liegt in einer restaurierten Villa der ehemaligen Französischen Konzession, feinste Wohngegend. Von Videokameras überwacht.

Eine Welt weiter: An den Eingängen der Wohnanlage im Stadtbezirk Baoshan, fern vom Zentrum im Norden Schanghais, achten Blockwarte in Kontrollhäuschen darüber, dass keine Unbefugten auf das Areal gelangen. Das ist üblich, auch hier in einer Gegend der unteren Mittelschicht. Dennoch passiert hier bisweilen Unerhörtes. Die Gefahr für Ruhe und Ordnung kommt allerdings nicht von außerhalb, sie kommt von innen, von einem der Bewohner.

Die Spuren des jüngsten Zwischenfalls sind noch sichtbar an den grauen Außenwänden des heruntergekommenen Wohnblocks. »Funktionäre der Kommunistischen Partei sind Schweine« stand da an der Wand, und obwohl die Schriftzeichen abgewischt wurden, lässt sich der Spruch noch deutlich erkennen. Der Mann, der die Herren von Schanghai mit seinen Pinselstrichen herausfordert, heißt Zhang Junwei und wohnt gleich rechts im Parterre. Er ist 65 Jahre alt, hat eine silberne Brille und grauweiße Haare – er sieht aus wie irgendein Rentner von nebenan, nicht so, wie man sich einen revolutionären Graffiti-Sprüher normalerweise vorstellt.

Auf eine schwarze Tafel neben die Briefkästen haben die Nachbarn mit Kreide säuberlich den offiziellen Slogan zur Expo geschrieben: »Bessere Stadt, besseres Leben«. Herr Zhang empfindet diesen Spruch als bittere Ironie. Sein Leben jedenfalls, sagt er, werde immer trüber. Seit über einem Jahrzehnt schon kämpft er um eine Entschädigung für seine frühere Wohnung im Zentrum, die modernen Apartments hatte weichen müssen. Ohne jede Reaktion. So malte er seinen Protest an die Wände, immer aggressiver. Eines Tages verlor die Obrigkeit die Geduld, ein Dutzend Polizisten drangen in seine Wohnung ein und führten den Aufsässigen ab. Eine Geschichte des Widerstands, wie sie sich in Schanghai wie auch sonst überall im Boom-Land China fast täglich wiederholt. Stundenlang wurde der Rentner verhört, je vier Beamte nahmen ihn in die Mangel. Er sollte erklären, dass er »psychisch krank« sei.

Zhang verweigerte die Unterschrift, saß einige Wochen in Haft, kam dann wieder nach Hause. Fand seine Frau am Boden liegend. Auch dafür macht er den Staat verantwortlich:»Sie hat sich so aufgeregt.« Seit dem Schlaganfall kann sie sich kaum mehr bewegen, nicht mehr sprechen. Früher arbeiteten beide in einer Waffenfabrik, waren Mitglieder der KP, glaubten an Mao und den Kommunismus. Jetzt müssten sie von 800 Yuan (etwa 80 Euro) Rente im Monat leben, das Geld reiche vorne und hinten nicht. Das zerbrochene Fensterglas hat er schon gar nicht mehr ersetzt, alles nur notdürftig mit Pappe abgedeckt.»Ich will doch nicht die Regierung stürzen, ich will nur mein Recht, das, was mir in der Verfassung garantiert wird«, sagt Zhang Junwei und klopft verzweifelt auf den umgekehrten Bierkasten, der ihm als Ersatztisch dient.»Unser ganzes Leben haben wir der Partei geopfert – und nun das.«

Wie es weitergehen soll mit Schanghai, zeigt eindrucksvoll ein Museum mit dem sperrigen Titel Urban Planning Exhibition Center. Die meisten ausländischen Gäste lassen es links liegen, dabei ist das Gebäude am Platz des Volkes im Zentrum der Stadt eine der Hauptattraktionen. Dort, wo sich in sündigen Zeiten der Rennplatz der Stadt erstreckte, erhebt sich die 43 Meter hohe architektonische Schönheit aus Glas und weißem Aluminium, die Verzierung auf dem zeltartigen Dach – die stilisierte Blüte einer Magnolie, Schanghais Wappenblume – lässt sich allerdings nur aus der Luft sehen.

Im Innern wird auf vier Stockwerken ein Rückblick auf die Geschichte der Metropole gegeben, mal geschönt, mal mit ideologisch verbrämten Auslassungen, gelegentlich auch erstaunlich ehrlich. Aber viel interessanter ist: Im Stadtentwicklungsmuseum wird detailliert gezeigt, wie die politisch Verantwortlichen sich die Zukunft vorstellen. Eine Utopie, die mal schrecklich, mal schön ist, und häufig beides gemeinsam. Ein Raum mit einem 360 Grad runden Bildschirm lässt noch einmal visuell die Weltausstellung vor den Augen des Betrachters passieren und lässt ihn dann im wahrsten Sinn des Wortes durch die Zukunft Schanghais fliegen. Es ist eine durchgestylte, ziemlich grüne, auf jeden Fall aber slumfreie schöne Neue Welt, vielfach überdacht, immer überwacht. Die

Planung mag seelenlos wirken, aber verglichen mit dem Chaos von Mumbai und den eher selektiven Favela-Verbesserungen in Rio dürften sie Inder und Brasilianer für einen Fortschritt halten. Höhepunkt des Exhibition Center ist ein begehbares Riesenmodell von Schanghai. Es wird im Zwölfmonatstakt der Wirklichkeit angepasst, um wenigstens annähernd Schritt zu halten mit den tatsächlichen Veränderungen.

Von einer kleinen Brücke blickt man auf eine urbane Landschaft, in der die Viertel mit den alten, niedrigen Häusern herausstechen wie kleine Inseln im Wolkenkratzer-Meer. Elf Satellitenstädte sind vorgesehen, sie werden sich wie ein Ring um das Zentrum schließen. »Noch 1994 galt Schanghai als die chinesische Megacity mit den wenigsten Grünflächen pro Einwohner. Wir hatten damals die falschen Prioritäten«, erläutert Professor Wu Jiang, der langjährige Stadtplanungschef. »Heute gehören wir, was Parkanlagen angeht, zu der positiven Spitzengruppe unter Chinas Metropolen.« Natürlich sei noch nicht alles optimal in Schanghai, setzt er großzügig hinzu. »Wir müssen die Innenstadt entlasten, und das heißt auch einwohnermäßig entschlacken. Und vor allem den Verkehr müssen wir im Rahmen halten.« Viel sei durch den Ausbau der U-Bahn, die allgegenwärtigen Überführungsstraßen schon geschehen, trotzdem sei die PKW-Dichte viel zu hoch. Deshalb würden die Schanghaier entmutigt, sich Autos anzuschaffen, indem sie eine saftige Anmeldegebühr bezahlen müssten, bevor ihnen Nummernschilder ausgehändigt würden. Sie beläuft sich derzeit auf umgerechnet gut 4000 Euro – die Hälfte des Kaufpreises für einen Kleinwagen. Aber die Strafgebühr hilft wenig, das weiß auch der Stadtplaner. Und natürlich seien auch die sehr hohen Immobilienpreise ein großes Problem. »Wir müssen es wieder möglich machen, dass sich junge Leute eine kleine eigene Wohnung kaufen können«, sagt Wu. Wie genau das gehen soll, weiß er auch nicht. Er weiß nur, dass er weiß, wie alles in dieser Stadt eigentlich sein sollte. Er ist Parteimitglied – da gehört der Glaube an die wohltätige Bevormundung zur Grundvoraussetzung. Dass eine Stadt einen bestimmten Charakter braucht, ihr eigenes Flair, das hält er für kitschigen Humbug. Funktionieren soll sie.

Wie weit in Schanghai Anspruch und Wirklichkeit auseinanderklaffen können, zeigt sich im Februar 2013. An fast jedem dritten
Tag liegt die Luftverschmutzung über den international zulässi-
gen Werten, zum Teil weit über das Zehnfache (und damit fast so
schlimm wie in Peking). Dazu kommt einen Monat später noch
ein handfester Umweltskandal: Im Huangpu, der Schanghai mit
Trinkwasser versorgt, treiben mehr als zehntausend tote Schweine-
kadaver. Sie stammen von Zuchtbetrieben, die flussaufwärts in der
Nähe der Stadt Jiaxing liegen. Die Züchter haben die offensichtlich
an einer Seuche erkrankten Tiere einfach auf diese Weise entsorgt.
Erst als Blogger Bilder von den treibenden Kadavern ins Netz stellen (»Das ist unser Naturschutzgebiet!«), agiert die Polizei. Doch
dem Problem Herr werden kann sie nicht über Nacht, im Trinkwasser werden Viren gefunden. Angeblich nur solche, die Menschen
nicht schädigen können.

Der neue Bürgermeister Yang Xiong fühlt sich immerhin genö-
tigt, mit einer Erklärung an die Öffentlichkeit zu treten. Er beruhigt
alle Schanghaier, man werde die zentralen Fragen wie Umwelt und
Nahrungsmittelsicherheit »mit aller Kraft angehen« und »Unzulänglichkeiten entschieden bekämpfen, das sind wir unseren Mit-
bürgern schuldig«.

Die Schanghaier sind einiges gewöhnt. Manchmal hat auch der
Musiker »Peter« Zhang Junhao, ein Mann um die achtzig mit sehr
präzisem Erinnerungsvermögen, dieses Déjà-vu-Gefühl in seiner
Heimatstadt: Politiker tricksen. Prostituierte stellen sich ungeniert
zur Schau, alles ist möglich und nur eine Preisfrage. Bettler drücken
sich verschämt an Häuserwände. Amerikaner und Europäer feiern
mit einheimischen Neureichen in sündhaft teuren Etablissements,
Türsteher wimmeln »unpassende« Kunden am Eingang ab. Bei
ihrem großen Sprung nach vorn ist die Stadt in mancher Beziehung wieder da angekommen, wo sie zu Zeiten der kolonialen
Herrschaft schon einmal war.

Zhang ist keiner, der sich mutig und konsequent und bis zur
Selbstzerstörung gegen das System aufgelehnt hat. Wie die allermeisten Nicht-Helden in Diktaturen ging er zeitlebens einen anderen, ungefährlicheren Weg, den der kritischen Anpassung. An der

Jesuitenschule von Schanghai lernte er in vorkommunistischer Zeit so gut Englisch, dass er seinen westlichen Spitznamen abbekam. »Peter« glaubte dann an die Revolution, litt aber wie Millionen andere unter ihr. Als Musiker wäre der Beethoven-Fan arbeitslos geworden, hätte er sich nicht im Ensemble der Mao-Gattin verdingt und stumpfe Revolutionsopern intoniert. Er sah sich verurteilt zur »Eintönigkeit«, wie er sagt. Heute genießt er, dass sich die Partei in die Dinge des täglichen Lebens nicht mehr einmischt, und freut sich des Pensionärsdasein mit seinen kleinen Freiheiten. Die Kinder und Enkel sind versorgt, wie fast alle Schanghaier sah er die Ausbildung des Nachwuchses als Priorität in seinem Leben. Jeden Samstag spaziert er durch die Stadt, vorbei am alten Peace, das die kanadische Luxushotelkette Fairmont übernommen hat. Nun glänzt das Symbol wieder und gehört zur Spitzenklasse der Stadt, des Landes. So wie fast alle noblen Etablissements am Bund, die Bar Rouge gegenüber, die Restaurants Lost Heaven und M. Fusion-Küche, Weltküche. An der Uferpromenade treffen sich Liebespaare, Familien fotografieren ihre Kinder mit dem Fernsehturm im Hintergrund. Drüben in Pudong protzt das neue Shanghai World Finance Center, 492 Meter hoch, das zweithöchste Gebäude der Welt nach dem Burj-Khalifa-Turm von Dubai.

Peter Zhang glaubt, man dürfe Schanghai nicht mit anderen Weltstädten vergleichen, schon gleich gar nicht mit denen im Westen. Sondern nur mit seiner Vergangenheit. »Und da muss ich sagen, ist es uns noch nie so gut gegangen wie heute.« Er hat im hohen Alter einen Laienchor gegründet. Samstags trifft man sich zur Probe. Sie üben in der Volksuniversität, unweit der früheren Blood Alley, wo 1927 die chinesischen Widerstandskämpfer niedergemetzelt wurden. Unweit des Ortes, wo fanatisierte Rote Garden während der Kulturrevolution 1967 ihren Lehrern Schmähplakaten umhängten und sie öffentlich bespuckten. Die Mehrzahl der Musikbegeisterten sind pensionierte Ärzte, Diplomingenieure, Lehrer. Peter Zhang gibt als Dirigent den Ton an. Keiner redet den Hobbymusikern heute mehr bei der Auswahl ihrer Lieder hinein. Selbst das politisch eher unkorrekte »America, the beautiful« haben sie schon gesungen. Und neben diversen chinesischen Volksliedern proben sie auch Bing Crosbys Jazzklassiker »Blue Sky«, einen der Alltime-Lieblingssongs von Peter. Der Strenge ist wieder einmal nicht glücklich mit seiner Truppe. Ihm fehlt der Schwung des Originals, die Lebensfreude, die das Lied ausdrückt. »Ihr müsst das verstehen. Da geht es um jemanden, der sich völlig frei fühlt...« Immer wieder lässt er den Anfang neu intonieren, swingt selbst mit, verbessert. Endlich haben es seine Sänger begriffen. Peter wird das Lied in sein Repertoire aufnehmen, mit dem sie in Schulen und bei öffentlichen Veranstaltungen gastieren. Mit einem Anflug von Lächeln packt der Chorleiter seine Sachen zusammen, sieht zum Fenster hinaus. Blue Skys, kein trübendes Wölkchen am Himmel. An einem solchen Tag kann man, muss man denken: Dieses Schanghai hat das Schlimmste nun wirklich hinter sich. Dieses Schanghai hat es geschafft. Aber auf dem Huangpu, nicht einmal zwanzig Kilometer weiter, schwimmen die toten Schweine.

3 RIO DE JANEIRO

Die wunderbarste Katastrophe

Anderswo wäre dieser Platz der Stolz der Stadt, das Aushängeschild, die Attraktion schlechthin. In Rio de Janeiro dagegen ist der Arpoador-Strand in der kleinen, feinsandigen, von Felsen umrahmten Bucht zwischen Ipanema und Copacabana nur ein großartiger Strand von vielen. Das Wasser plätschert hier aquamarin und fast durchsichtig, der Himmel malt in allen nur denkbaren Pastellfarben, Palmen und Wolken, Wellen und Gesteinsformationen sorgen für spektakuläre Schattenrisse. Muskulöse junge Männer, das Handy an die Badehose geklemmt, streicheln liebevoll über ihre Surfbretter und bestellen sich an der kleinen Strandbar einen ersten Caipirinha. Bikini-Schönheiten zupfen sich ihre knappen Tops zurecht und lassen sich ganz langsam und ziemlich lasziv den Kokosnusssaft aus der aufgeschlagenen Frucht in den Mund träufeln. Und dann geht die Sonne in einem spätnachmittäglichen Spektakel unter, nach einem Drehbuch, das kein Regisseur, kein Postkarten-Gestalter eindrucksvoller hätte entwerfen können. Orangefarben, glutrot, mit Nuancen von Rosa bis Violett. Fast unwirklich. Als der letzte Strahl übers Meer fällt, geschieht etwas Sonderbares: Die Cariocas, wie sich die Einwohner von Rio de Janeiro nennen, halten einen Moment inne, stellen alles, was sie in der Hand halten, zur Seite. Und sie klatschen. Nicht laut, aber intensiv. Andächtig fast. Als wollten sie sagen: Tolle Inszenierung, Gott, weiter so.

Das passiert etwa an 300 Tagen im Jahr, immer dann, wenn Er es wettermäßig so richtet. Und es geschieht fast immer hier, nur hier. Ich habe meine Freunde gefragt, keiner wusste, warum gerade an der Praia Arpoadar Beifall gespendet wird. Die anderen Sonnenuntergänge, an den insgesamt über dreißig Kilometer reichenden Stadtstränden von Leme bis Leblon, von São Conrado über Barra da Tijuca bis Grumari, sind doch praktisch genauso eindrucksvoll. Alle zuckten mit den Schultern. Es ist offenbar eine Tradition, die keinen Ursprung kennt. 1974, während der Militärdiktatur, als ich das erste Mal in Brasilien war, klatschten hier die Leute, bei meinem letzten Trip vor einigen Wochen ebenso. Eine Konstante in Rio, unabhängig von den politischen, wirtschaftlichen oder privaten Sorgen. Eine Hommage der Bürger an ihre Stadt, an die »Cidade Marvilhosa«, wie ihr Beiname lautet – die Wunderbare.

Es sind ja nicht nur die Strände, sondern auch der Zuckerhut, Corcovado mit Christusstatue, die Altstadt Santa Teresa mit ihren Villen, die goldene Höhle der Franziskanerkirche Penitência im Zentrum. Und wenn schon die Einheimischen begeistert sind, so gilt das in noch viel stärkerem Maße für Neuankömmlinge, die bei all diesen Wundern kaum aus dem Staunen herauskommen. Stefan Zweig hat nach der Flucht aus Nazideutschland in höchsten Tönen von seiner Neu-Heimat geschwärmt, der Schriftsteller Jiří Hanzelka schrieb eine Elegie auf die Schönheit der Stadt. Vor allem der Zuckerhut, mit einer spektakulären Seilbahn zu erreichen, hat es dem Tschechen angetan: »Der Wächter über die Tore der Stadt und den Schoß des Meeres, der ureigenste Berg Rio de Janeiros. Ein Leuchtturm, auf dem man weder das Kreischen der Bremsen noch den Lärm der Orchester, noch das Weinen der Kinder hört. Eine Insel, nahe genug, um den Atem der Großstadt spüren zu lassen, und weit genug, um ihrem romantischen Zauber zu erliegen.« Nur wenige Kilometer weiter bringt eine Zahnradbahn, die durch einen grünen Dschungel mitten in der Großstadt auf 709 Meter Höhe führt, täglich mehr als fünftausend Menschen zu dem anderen Aussichtspunkt der Stadt, zum Corcovado (»der Bucklige«). Dort breitet ein monumentaler Christus die Arme aus, die Figur wurde im Jahr 1922 errichtet, zur Hundertjahrfeier der brasilianischen Unabhängigkeit. Tagsüber wirkt der Erlöser erdverbunden, scheint die Stadt und ihre Menschen zu beschützen. Nachts, im strahlenden Glanz des Lichts, macht es den Eindruck, als wolle er über Rio schweben und uns alle umarmen.

Meine ersten Eindrücke von Brasilien waren allerdings bestenfalls gemischt. Es war in den Jahren der bleiernen Zeit, in den frühen Siebzigern, als ich Rio kennenlernte. Der Passbeamte musterte mich misstrauisch, der Zöllner filzte mich gründlich, fragte nach Beruf und »Auftrag« – sie hielten offensichtlich jeden für einen potenziellen Feind, für einen möglichen Helfer der Untergrundkämpfer. Überall im Flughafengebäude waren überdimensionale »Wanted«-Poster aufgehängt, mit den Gesichtern tatsächlicher oder vermeintlicher Terroristen. Und als ich dann in die Stadt fuhr, fielen mir sofort die bewaffneten Polizeipatrouillen auf, die an jeder strategischen Straßenkreuzung postiert waren. Ich war überrascht. Zwar wusste ich, dass Rio nicht dieses Samba-Maracanã-Ipanema-Idyll war, welches mir die Botschaft in Bonn und einige der in Deutschland ansässigen Industriekapitäne hatten vorgaukeln wollen. Aber die brasilianische Militärherrschaft galt damals in Europa, verglichen mit den diktatorischen Regimen in Chile und Argentinien, als verhältnismäßig mild.

Schon bald sollte ich erfahren, was für einem Irrtum ich da erlegen war. Journalisten erzählten mir von der umfassenden Zensur und den Kollegen, die über Nacht verschwunden waren. Sie wechselten Treffpunkte, tauschten im letzten Moment Taxis, wählten Hinterhöfe und nächtliche Zeiten für unsere Treffen. Als sie Vertrauen gefasst hatten, brachten sie mich dann mit mehreren Untergrundkämpfern zusammen. Es waren ernsthafte, junge Leute, ob der Repression im Land empörte Intellektuelle, von denen die wenigsten Waffen hatten und für einen Kampf um die Macht prädestiniert schienen. Und sie machten mich mit Gilberto bekannt, dem Folteropfer.

Wir trafen uns um zwei Uhr morgens am Rand eines Slums, der sich Cantagalo nannte, »Hahnenschrei«, und in den Bergen lag. Man konnte von dort aus die Lichter von Ipanema sehen, dem verbarrikadierten Viertel der Reichen und Mächtigen. Es wirkte zum Greifen nah. Aber die Favela auf dem Hügel war eine ganz andere Welt, wie meine Freunde sagten, von Drogenbossen kontrolliert und eigentlich nachts keine Zone, in der man sich aufhalten konnte. Schwer zu sagen, wer für uns die schlimmere Gefahr war: die schießwütigen Kriminellen oder die schwer bewaffneten Militärpatrouillen. Gilberto und seine Freunde aber hatten schon so viel Schlimmes erlebt, dass sie sich längst einen Panzer aus Fatalismus und Zynismus angeeignet hatten. Mörderische Favela – na und? Das ganze Land war mörderisch. Die Rebellen trafen ihre Vorsichtsmaßnahmen, sie wollten ihren Untergang weiß Gott nicht provozieren. Aber sie wussten, die Verhaftung, die Folter oder irgendein anderes grausames Schicksal konnte sie jederzeit und überall ereilen. Und jenseits krimineller Gangs und krimineller Polizei: Die Todesschwadronen, von der Armee eingesetzte Sondereinheiten zur »Oppositionsbekämpfung«, lauerten überall.

Gilberto war 22, Sohn aus gut situiertem Hause, Jurastudent. »Ich habe mich bis vor zwei Jahren nur für Mädchen, Musik und Fußball interessiert«, sagte er mit seiner leisen, rauchigen Stimme. »Aber dann habe ich erlebt, wie sie an der Uni meine Kommilitonen drangsalierten. Wer Flugblätter gegen das Regime verteilte, wurde sofort verhaftet. Manche kamen dann erst nach Monaten wieder, sie waren schlimm zugerichtet, gebrochen. Da wusste ich, dass ich mich dem Widerstand anschließen musste.« Er ging zu den Maoisten, den einzigen, die seiner Meinung nach »konkrete Vorstellungen« von Veränderung hatten. Ja, er befürworte grundsätzlich den bewaffneten Kampf, sagte er. »Aber ich habe nie jemanden erschossen.« Sie hatten ihn verhaftet, vermutlich war er von einem Kommilitonen, den er anwerben wollte, verraten worden. Sie drückten brennende Zigaretten auf seinem Rücken aus, hängten ihn an die Decke, quälten ihn nächtelang mit grellem Lichtstrahl. Gilberto zog das Hemd hoch, zeigte die Narben. »Aber ich habe ihnen keine Namen von meinen Mitstreitern gegeben.« Nach drei Monaten ließen sie ihn frei. Er tauchte sofort unter. »Jetzt bin ich bereit, die Militärs anzugreifen, auch Attentate zu verüben. Ich glaube, nur so können wir die Diktatur stürzen.« Zum Abschied drückte er fest meine Hand und antwortete lapidar auf eine nicht gestellte Frage: »Ich weiß, dass es mich das Leben kosten könnte. Aber das ist es wert.«

Dann verschwand Gilberto lautlos in die Nacht, so unauffällig, wie er gekommen war. Ich habe ihn nie wiedergesehen. Seine Freunde schenkten mir damals als Souvenir eine kleine Nationalflagge. Das Grün, erklärten sie mir, symbolisiere die Urwälder und fruchtbaren Felder des Landes; die gelbe Raute stünde für das Gold und die übrigen Bodenschätze, der blaue Bereich zeige den Sternenhimmel über Rio. Das portugiesische Motto »Ordem e Progresso« aber, das in einem Schriftzug über das Blau gelegt ist, hatten sie leicht abgeändert, mit neuen, verwandten, und wie sie fanden, weit zutreffenderen Begriffen versehen. Nicht für »Ordnung und Fortschritt« stünde ihre Heimat, sondern für »Chaos und Rückständigkeit«. Ich versenkte das subversive Geschenk in den Tiefen meines Koffers. Und wanderte dann, hin- und hergerissen zwischen den auf Hochglanz polierten Boutiquen für die Reichen an den Strandboulevards und den Heerscharen von Bettlern und Zerlumpten durch die Nebenstraßen. Ja, die Dynamik Rios war deutlich zu spüren, dieses Bestreben der hart arbeitenden Mittelklasse, trotz allem, das beste aus den Verhältnissen zu machen. Aber eben auch die Depression.

1985 kehrte die Demokratie nach Brasilien zurück, nach mehr als zwei Jahrzehnten Militärdiktatur. Die autoritären Herrscher wurden nicht durch die Untergrundkämpfer gestürzt, die waren längst umgebracht oder aufgerieben worden. Sondern durch einen evolutionären Prozess, der in einigermaßen freie und faire Wahlen mündete. Ein Gesetz hatte da schon alle Taten der Militärs nachträglich amnestiert, das tragische Schicksal der vermissten oder getöteten Aufständischen blieb lange tabu. Selbst in den beiden Amtszeiten des linksliberalen Staatspräsidenten Lula da Silva, der als überzeugter Gewerkschaftsvertreter während der bleiernen Jahre auch einmal monatelang im Gefängnis gesessen hatte, wurde das Thema verdrängt. Erst die Ex-Guerillera Dilma Rousseff, seit dem 1. Januar 2011 an der Macht, wagte sich an das heikle Thema der Vergangenheitsbewältigung. Sie berief eine Wahrheitskommission nach südafrikanischem Vorbild ein und wurde Ehrenvorsitzende von Bürgerrechtsvereinen. Brasiliens ebenso resolute wie pragmatische Präsidentin, selbst im Gefängnis Opfer schlimmer Übergriffe, getraute sich allerdings nicht, das Amnestiegesetz von 1979 aufzuheben, wie es der Interamerikanische Gerichtshof für Menschenrechte ausdrücklich gefordert hat – zu viele Mächtige haben in diesem Land offensichtlich noch zu viele Leichen im Keller.

Victória Grabois, Präsidentin des Vereins Tortura Nunca Mais (»Nie mehr Folter«) hat deshalb zu Rousseff ein gespaltenes Verhältnis. Was jetzt passiert, hält sie noch für zu wenig, obwohl sie sich der Präsidentin nahe fühlt. »Wir müssen mutiger gegen die Täter vorgehen, die Suche nach den Vermissten intensiver betreiben. Uns läuft die Zeit davon«, sagt sie voller Kampfesmut bei meinem Besuch im kleinen Büro der Organisation im Herbst 2012. Die Alten, glaubt sie, verdrängten noch immer die Schatten der Vergangenheit. Die Jungen lebten nur im Hier und Jetzt, mehr als 80 Prozent wüssten nach einer neuen Umfrage nicht einmal von den schlimmen Notstandsgesetzen, unter denen die Militärschergen damals so brutal und rücksichtslos operiert hätten.

Die Wand des Büros ist von oben bis unten zugepflastert mit vergrößerten Passfotos. Victória Grabois quält sich aus ihrem Sessel, weißhaarig, drahtig, trotz aller Schicksalsschläge nicht gramgebeugt, eine würdige Dame Ende sechzig. »Das hier links ist mein Mann. Er verschwand 1972 mit seinem Vater, sein Bild ist das daneben. Und dann ist da noch mein Bruder, ebenfalls Guerillero, ebenfalls *desaparecido*.« Sie sagt absichtlich »vermisst« und nicht »tot«, obwohl sie weiß, dass es längst keine Hoffnung mehr für ihre Lieben gibt. Aber sie will genau wissen, was geschehen ist, will die Leichen bestatten, die Täter bestraft sehen.

»Die Männer sind damals in den Untergrundkrieg Richtung Araguaia im Amazonas-Gebiet gezogen«, sagt Victória Grabois, »und dort wurden sie, nach allem was man weiß, auch hingerichtet. Ich selbst wäre beim bewaffneten Kampf unserer maoistischen Guerilla gegen die Militärs dabei gewesen, wenn mich die Führung der Bewegung damals gelassen hätte. Aber ich war schwanger und durfte nicht.« So lange ist das alles schon her, mehr als vier Jahrzehnte. Und ihr doch noch so präsent, als wäre es gerade gestern gewesen. Sie muss diese Sache zu Ende bringen, die große Politik nerven, die Justiz anstacheln, bei den Journalisten unbequem sein. Das gibt ihr Kraft, ein Ziel. Nur das hält sie am Leben.

Victória Grabois ist sicher, dass es noch alte Akten gibt, die bis heute zurückgehalten werden. Dass Spuren existieren, die noch nicht verwischt werden konnten, Augenzeugen, Mitschuldige.

Gemeinsam mit den anderen aus der Anti-Folter-Gruppe hat sie schon in den Achtzigerjahren begonnen, bei privat zusammengestellten Expeditionen eigene Recherchen durchzuführen. Die Privatdetektive in eigener Sache konnten sogar einige Fälle mithilfe von aufgefundenen und identifizierten Knochenresten klären. Victória Grabois bereitet gerade eine neue Reise in den Dschungel vor. »Es gibt da eine vielversprechende Aussage …« Nein, von meinem damaligen Interviewpartner Gilberto hat sie nie etwas gehört. »Vielleicht benutzte er einen Tarnnamen? Kennen Sie Verwandte? Soll ich ihn auf meine Liste nehmen?« Aber von einem gespenstischen Treffen weiß sie zu erzählen. Dem Ex-Major Curió alias Sebastião Rodrigues de Moura soll jetzt als erstem mutmaßlich Verantwortlichen für die Massaker der Prozess gemacht werden. Sie war bei einer Vorverhandlung gegen den Mann, von dem sie vermutet, er habe ihren Mann und ihren Vater persönlich auf dem Gewissen. Curió hat sich zu ihr umgedreht, sie hat seinem Blick standgehalten. Er lächelte nur spöttisch, sagte kein Wort. Zurück in ihrem Büro hat sie erst gemerkt, wie sie am ganzen Körper zitterte. Aber sie war stolz darauf, wieder einmal eine Zwischenetappe auf ihrem ganz persönlichen Weg zur Wahrheit, zum Vermächtnis ihrer Verwandten, gefunden zu haben.

»Es scheint, als seien in Brasilien nun endlich neue Zeiten angebrochen«, sagt Victória Grabois heute.

Rio de Janeiro 2013: Das ist weit mehr als Vergangenheitsbewältigung. Das soll nach dem Willen der Stadtverantwortlichen für Aufbruchstimmung stehen. Soll eine glanzvolle Zukunft mit Ereignissen der Sonderklasse verheißen. Soll versprechen: Unsere Metropole wird bald ganz im Mittelpunkt des weltweiten Interesses stehen – und dafür bereit sein, Herz und Seele der südlichen Hemisphäre zu werden. Fußballweltmeisterschaft 2014, Olympische Spiele 2016: Noch nie in der Geschichte hatte eine Stadt in so kurzer Zeit ein solches Programm. »Die Sport-Kapitale der Erde«, lautet der Titel der neuesten Werbebroschüre, »Rio de Janeiro – Goldenes Zeitalter 2.0«. Und die PR-Dichter sparen nicht an Superlativen und Versprechen. »Die Stadt lebt in einer neuen Ära, gekennzeichnet von Hoffnung, Wohlstand und Nachhaltigkeit.

Jahrzehntelang haben wir in einer Wartestellung verharrt und von unserem ikonischen Status als Heimat der großartigsten Szenerie und der freundlichsten Menschen der Welt gelebt. Jetzt haben wir uns zusammengerissen und tun alles, um ein wahrer Global Player in Sachen internationaler Politik, Sport, Business, Kultur, Design und Tourismus zu werden. Wir haben mit einer umfassenden Strategie begonnen, die uns über die gegenwärtige Renaissance der Stadt in die Zukunft hinausträgt und ein Vermächtnis schafft für die verbesserte Lebensqualität aller Bürger Rio de Janeiros. Wir schreiben neue Geschichten – und Geschichte. Willkommen in Rio de Janeiro, der wunderbarsten Stadt, der Stadt auf dem Sprung!«

Womöglich auf dem Sprung ins Chaos? Diesen Eindruck konnte man zumindest Mitte Juni 2013 bei den Demonstrationen während des Confed Cup gewinnen, der Generalprobe zur Fußballweltmeisterschaft.

Es waren die größten Massenproteste seit über zwei Jahrzehnten, und sie verbreiteten sich im ganzen Land wie ein Lauffeuer. Neben São Paulo und Brasília wurde Rio de Janeiro eines der Zentren der Kundgebungen. Vor einem der Länderspiele im Maracanã-Stadion zogen mehr als 200 000 Cariocas durch die Straßen: Alte Männer in gestärkten weißen Hemden marschierten neben jungen Wilden in kurzen Hosen und T-Shirts, Schülerinnen neben Großmüttern. Aber in der Mehrzahl waren nicht die Allerärmsten aus den Favelas, sondern die Mitglieder der alten und neuen Mittelschicht, die Intellektuellen. Auf ihren Protestplakaten prangerten sie die Korruption der Mächtigen an, den miserablen Zustand der meisten Krankenhäuser, Schulen und öffentlichen Verkehrsmittel.»Ich liebe Fußball, aber ich hasse Vetternwirtschaft!« stand auf einem der selbst gemalten Schilder. »Entschuldigt bitte die Störung, wir krempeln gerade Brasilien um!« auf einem anderen. In den ersten Tagen der Sommer-Demonstrationen reagierte die Militärpolizei brutal, schoss mit Gummigeschossen in die Menge, versprühte Tränengas. Wohl auf Wink von oben ließ sie dann die Demonstranten weitgehend gewähren. Den Ausgangspunkt der Proteste – Fahrpreiserhöhungen bei den städtischen Bussen und U-Bahnen von zwanzig Centavos (etwa sieben Cent) – hatten da die meisten schon vergessen, und folglich beeindruckte die Ankündigungen des Bürgermeisters, sie wieder zurückzunehmen, niemanden besonders. Die Anspannung blieb.

Wie berechtigt ist also Rios Gegenwartsselbstlob, wie angemessen der Zukunftsoptimismus? Ist die problematische Schöne wirklich so gut vorbereitet, schon reif für ihre großen internationalen Auftritte – oder haben die Demonstranten recht? Ich bin zurückgefahren in die Favela, in der ich 1974 den jungen Revolutionär getroffen habe. Eine Zeitreise zum »Hahnenschrei«. »Damals war es wirklich ganz schlimm. Aber ehrlich gesagt hat sich auch unter den demokratischen Regierungen hier bei uns im Armenviertel lange, sehr lange nichts gebessert«, sagt der Busfahrer Luiz Bezerra. »Es ist erst einige Monate her, da standen hier an jeder Straßenecke Gangster mit ihren Pumpguns, rücksichtslose Dealer, die mit Crack handelten, im Drogenrausch junge Frauen vergewaltigten und Konkurrenten zu Tode quälten. Jede Form öffentlicher Ordnung wurde von ihren Gewaltorgien erstickt, und für heranwachsende Männer gab es nur eine Karriere – die innerhalb einer Verbrecherbande.« Und dazwischen der Busfahrer, als einer von Hunderten panischen Familienvätern, mit seiner Frau, seinen beiden Töchtern und der bangen Frage: Was für Nachrichten erwarten mich, wenn ich mich die steilen, brüchigen Stufen vom Busdepot in Ipanema heraufquäle, wie überstehen wir die nächste Nacht?

Heute sind es kleine Alltagsträume statt nächtlicher Alpträume, um die sich das Leben von Luiz Bezerra dreht. »Sie finden das sicher wenig aufregend«, sagt der graumelierte Herr, weiße Hose, sorgfältig gebügeltes Hemd, in seinem winzigen Arbeitszimmer. Er sitzt an einem Computer, hinter ihm ist das Miniaturmodell einer Vorzeigewohnung für die Favela aufgebaut, mit Miniaturcouch, Toilette, Einbauküche: eine Puppenstube, die den Aufstieg in die Mittelklasse verspricht. »Langweilig? Sicher. Aber glauben Sie mir, Aufregung hatten wir hier in Cantagalo wirklich genug. Zum ersten Mal spüren wir einfachen Leute von Rio den Boom Brasiliens, schöpfen Hoffnung auf bessere Lebensverhältnisse. Und fast noch wichtiger: Sie fühlen sich nicht mehr wie all die letzten

Jahre als *lixo*, als menschlicher Abfall, sondern haben ihre Würde wiedergewonnen.«

Der Mittsechziger, von den städtischen Verkehrsbetrieben pensioniert, wurde von den Slumbewohnern zum Chef des neuen Bürgervereins gewählt. Er betreut in Absprache mit der Stadtverwaltung und der Polizei die etwa 20 000 Einwohner der Favela. Bezerra organisiert, dass sie ihre Abfälle sammeln und zu festgelegten Stellen bringen, den Plastikmüll aussondern und nicht mehr verbrennen. Hilft dabei, die meist illegal hochgezogenen Häuser zu registrieren und sie für den jetzt regelmäßig kommenden Briefträger mit Nummern zu erschließen. Mahnt seine Nachbarn – »mit noch geringem Erfolg«, wie er gesteht –, doch nicht die Stromleitungen anzuzapfen, sondern die städtischen Dienste regulär zu bezahlen. Nimmt Beschwerden über Diebstähle entgegen und hält mit der Gemeinde Beratungsstunden ab. Gewaltverbrechen sind in Cantagalo selten geworden. »Zwei Morde im vergangenen Jahr, so viele gab es früher hier oft in einer Nacht«, sagt Bezerra stolz, als hätte er den Banditen selbst die Waffen aus der Hand geschlagen.

Wie ein Legoland aus wackligen, eng aneinander geschichteten Klötzchen liegt die Favela unter uns, am steilen Berghang wuchern die Behausungen. In die Form eines Amphitheaters gepresst, geeignet für Tragödien und Komödien zugleich.

Patrouillengang mit der Unidade de Polícia Pacificadora (UPP). Die Sondereinheit zur Slum-Befriedung hat Cantagalo unter Einsatz von massiver Gewalt erobert, ein halbes Dutzend Tote gab es bei dem Shootout. Sie hat die mächtigen Drogendealer vertrieben, die Gewehre und Pistolen eingesammelt. Keiner macht sich Illusionen, die Gangster werden sich irgendwo anders, vermutlich jenseits der Staatsgrenzen von Rio, neu gruppiert haben, neue Drogenkartelle aufziehen. Oder sich in anderen Geschäftszweigen wie dem illegalen Glücksspiel und der Prostitution engagieren. Aber in der Favela »Hahnenschrei« sorgt die Sondereinheit der Polizei mit ihrer 24-Stunden-Präsenz und permanenten Überwachungsgängen für Ruhe. Für eine angespannte Ruhe.

Immer noch ist in den engen Gassen mit den graffitibesprühten Wänden Misstrauen zu spüren. Viele verschwinden in ihren

Hauseingängen, wenn sie die hünenhaften Männer in ihren Uniformen sehen, nur einige ältere Frauen grüßen verhalten, die Augen gesenkt. Die Ordnungshüter werden respektiert, nicht gemocht, Partner auf Bewährung sozusagen. Zu oft haben in der Vergangenheit korrupte Staatsbedienstete mit Gangstern paktiert, als dass man dem Frieden schon ganz trauen würde. »Polizisten haben bei Verbrechen zur Seite geschaut oder womöglich sogar Bestechungsgelder eingesteckt, als sich die Gangs bekriegten. Sie haben auch nichts unternommen, um die *mikrowela* zu stoppen, wie wir das absichtliche Niederbrennen von Häusern nannten«, erzählt uns ein Cantagalo-Bürger, der nicht mit seinem Namen genannt werden will. Die Uniformierten um den UPP-Captain Senna, der aussieht wie eine brasilianische Version des Hollywood-Stars Denzel Washington, wissen um diese Vorwürfe und Bedenken. Sie versuchen deshalb in diesen Tagen, Konflikte mit größtmöglicher Zurückhaltung zu entschärfen.

Sennas Vorbild ist gleichzeitig sein Boss. Von ihm spricht er in höchsten Tönen: José Mariano Beltrame. Wenn der Sicherheitschef der Stadt eine seiner Stippvisten in dem befriedeten Armenviertel macht, stehen er und seine Männer stramm. Dabei ist Beltrame keiner dieser harten Hunde, die allein durch ihr Auftreten oder ihre Stimmlage bei den Untergebenen Eindruck machen. Der Supercop stammt aus der Gaucho-Provinz Rio Grande do Sul. Er hat den singenden, weichen Akzent der Region, und sein sandfarbenes, konservativ geschnittenes Haar und das spießbürgerliche Outfit bis hin zur randlosen kleinen Brille passen eher zu einem Professor als zu einem Polizeichef. 2007 hat der Mann begonnen, die drogenbefallenen, kriminalitätsverpesteten Armenviertel zu »befrieden«; da war er noch in den Vierzigern, hatte Chancen auf Karrieren aller Art, und seine Freunde dachten, er sei lebensmüde. Beltrame war ein Außenseiter in Rio, keiner aus dem Old-Boys-Network, und das war wahrscheinlich seine Chance.

Immer wieder gab es Rückschläge. Beispielsweise 2009, Rio war gerade zur Olympiastadt gekürt worden, schossen Gangster in einer spektakulären Aktion unmittelbar vor der Christusstatue einen Polizeihelikopter ab. Beltrame stellte sich gleich am nächsten Morgen der Presse, forderte von den Politikern mehr Gelder, bessere Waffen – und bekam, was er wollte. Inzwischen ist auch die riesige Favela so gut wie gangsterfrei, die *Traficantes* mit ihren Pumpguns und ihrem Stoff sind aus dem Straßenbild des Complexo de Alemao verschwunden. Eine einfache, aber funktionale Seilbahn verbindet inzwischen die Hügelteile des Armenviertels mit dem Hüttengewirr im Tal. Und zumindest im Ansatz wird das Slum-Problem auch an der Wurzel angefasst: In den Problemgegenden wurden über 150 neue Schulen eingerichtet, die besonderen Wert auf Unterricht in Kunst und Sport legen. Die neuen Favelas haben Vorbildfunktion für all die, die dachten, in Rio würde sich ja doch nie etwas ändern. Sie sind Inseln der Hoffnung, in denen nicht mehr das Gesetz des Dschungels herrscht. Sondern das Gesetz.

Die Mordrate in Rio hat sich seit dem Beginn des Befriedungsprogramms in etwa halbiert; sie liegt aber immer noch höher als in jeder europäischen Großstadt. Die Veränderung in einigen der Favelas ist eindrucksvoll. Positiv betroffen ist aber erst ein Bruchteil der rund zwei Millionen Cariocas, die im Slum leben (von den fast sieben Millionen Einwohnern in Rio): nicht viel mehr als ein Tropfen auf den heißen Stein, als befriedet gilt noch nicht mal ein Zehntel der Favelas. »Wichtig ist nur eines: Es gibt keinen Weg zurück«, sagt José Mariano Beltrame. Auch er weiß, was für eine Herkules-Aufgabe noch vor ihm liegt. Beispielsweise in Sachen Kläranlagen: Es gibt kaum einen Slum, der über eine vernünftige Abwasserbeseitigung verfügt. Am Rande der an die Berghänge geklebten Hütten quillt die Kloake über, rostige Rohre führen die Brühe hinunter zum Strand, hinein ins Meer – was streng verboten ist und dennoch gängige Praxis.

Überall in der Vorzeige-Favela Cantagalo haben jetzt Kioske aufgemacht, oft nur wenige Quadratmeter groß und bis zum Platzen mit Waren gefüllt. Von Getränken über Waschmittel bis zu Kaugummis und Kondomen wird alles für den täglichen Gebrauch angeboten. Die Kaufkraft ist stark angestiegen, seit das landesweite Bolsa Família-Programm greift. Bedürftige Mütter bekommen, je nach Einkommen und Kinderzahl, einen monatlichen Zuschuss von umgerechnet 15 bis 70 Euro – unter sorgfältig geprüften Bedingungen. So müssen sie ihre Kinder zur Schule schicken und sie regelmäßig impfen lassen. Die meisten Eltern halten sich daran. Sie haben begriffen, dass ihre Kinder ohne Bildung keine Chance haben. Und doch wissen alle, wie brüchig der Frieden ist. Erst Ende Mai 2013 wurde in der Favela Rocinha einem deutschen Touristen in den Bauch geschossen. Und die Anzahl der Vergewaltigungen in der Stadt steigt sogar wieder.

Trotz mancher Fortschritte und der Verbesserung des Lebensstandards bleibt Rio eine der Weltstädte mit den gravierendsten und empörendsten Unterschieden zwischen Arm und Reich. Und die zeigen sich gerade zwischen den benachbarten Stadtteilen Ipanema (unten die Reichen) und Cantagalo (oben die Armen).

Und die da unten wollen mit denen da oben in der Regel immer noch nichts zu tun haben, außer sie putzen die Wohnungen oder servieren in den Bars Getränke. Viele der Älteren in den Nobelvierteln haben ihr Leben lang noch keinen Fuß in die Favela gesetzt. Bei den jungen Leuten beginnt sich das zu ändern. Sie machen wenigstens gelegentlich einen Ausflug in eines der neu entstandenen »exotischen« Billigrestaurants am Berg. Die Leute von Ipanema haben ihre Appartements, ihre Einkaufs- und Ausgehplätze alle nahe der vornehmen strandnahen Straßen der Zona Sul. Wenn es denn ein gesellschaftliches Experimentierfeld in Rio gibt, dann ist es Barra im Westen, wo sich der arme Nord- und der wohlhabende Südteil der Stadt vermischen – wenigstens etwas. Aber auch hier rümpfen die Cariocas aus den besseren Kreisen die Nase. Auf der anderen Seite des Tunnels zu wohnen, der die Metropole in mehr als einer Hinsicht teilt, das finden sie eine deprimierende Vorstellung. Und bemühen sich, den Anschluss nicht zu verlieren: vom Strand in die Bar zur Disco. Bloß keine Party, keinen Cocktail auslassen.

Der brasilianische Komponist Antônio Carlos Jobim, der den berühmten Song vom schlanken und zärtlichen Ipanema-Mädchen geschrieben hat, meinte einmal sogar: »Dieses Land wird nicht glücklich sein, solange nicht alle hier in Ipanema wohnen können.« In Wahrheit kann sich kaum das wohlhabendste Promille der Brasilianer hier eine Bleibe leisten – die Strand-Avenue mit den Spitzenrestaurants nebst der Parallelstraße und Einkaufsmeile Rua

Visconde de Pirajá zählen zu den feinsten Adressen Rios. Neben den Schönen und Reichen haben in Copacabana, Ipanema und dem angrenzenden, ebenso hochklassigen Leblon noch zwei besondere Berufsgruppen Konjunktur: die Immobilienmakler und die Investmentbanker.

Die Hauptstraße des westlich an Ipanema angrenzenden Leblon hat die heimische Presse wegen der hohen Dichte von Hedgefonds-Managern und Investmentbankern zur »Wall Street« gekürt. Das ist nicht ganz zutreffend, weil die wichtigste Börse des Landes ja in São Paulo beheimatet ist und nicht hier. Aber tatsächlich haben in Leblon zahlreiche Banker und Privatfinanziers ihre Zelte aufgeschlagen. Viele von ihnen sind »repatriierte« Cariocas, die festgestellt haben, dass sich nun in ihrer alten Heimatstadt Rio mehr Geld machen lässt als in New York oder London. Und die zu der Erkenntnis gekommen sind, dass man hier zudem noch einen anderen, angenehmeren, lässigeren Lebensstil pflegt als an den hektischen westlichen Finanzplätzen. An der Copacabana, in Ipanema oder Leblon mischen sich kaum die gesellschaftlichen Schichten, vom Strand einmal abgesehen. Aber es ist hier wenigstens nicht alles einförmig und geleckt: Im Stadtbild wechseln sich sündhaft teure Sushi-Restaurants mit Pizzerien ab, Straßenverkäufer bieten aus ihren rollenden Wagen mit den grünen Eisboxen Obstsäfte an, und neben der Hermès-Boutique haben sich an einer der Prachtalleen auch noch ein Schlüsseldienst und ein Gemischtwarenladen gehalten.

Schließt man die Augen und hört nur auf die Geräusche, dann lässt sich zumindest einen Augenblick lang die Illusion aufrechterhalten, es könnte sich hier um ein gemütliches Dorf am Meer handeln: das gleichmäßige Rauschen der Wellen, das lebhafte Geschnatter der Strandgängerinnen, der Jubel der Fußballspieler, die werbende Stimme des Kokosnussverkäufers. Aber dann bläst eine schrille Polizeisirene die Stimmung weg. »Eine Razzia?« Der Mann am Getränkekiosk grinst. »Ja, das ist wohl wieder eine dieser ganz besonderen Razzien der Strandkontrolleure, und heute trifft es Gott sei Dank nicht uns. Denn vor denen ist Vorsicht geboten, die verstehen keinen Spaß.« Er schwankt zwischen Verachtung und Verständnis. »Klar hat die Spezialeinheit schon manche

Missstände behoben und nach allem, was man weiß, sind die auch nicht korrupt. Aber andererseits kann sie einem mit ihrer peniblen Ordnungswut auch ganz schön auf den Geist gehen.«

Die schnelle Eingreiftruppe des Amts, die Choque de Ordem, kommt nur in Ausnahmefällen – und wenn sie Anlass für eine besondere Machtdemonstration sieht – mit Blaulicht angefahren. Aber man weiß nie, wann und wo sie zuschlägt. Sie wurde im Jahr 2010 auf Wunsch von Bürgermeister Eduardo Paes gegründet und besteht aus zwei Dutzend Männern und Frauen, die Bermudashorts, blaue Westen und Sonnenbrillen tragen. Walkie-Talkies sind am Gürtel festgemacht. Und Schlagstöcke. Die Gruppe schwärmt Tag für Tag aus, vor allem in den Abendstunden: Sie soll Kleinkriminellen das Handwerk legen, auf Taschendiebe, illegale Parkwächter und freilaufende Kampfhunde achten. Aber vor allem soll sie die »Vorschriften zur Nahrungsmittelaufnahme« überwachen. Denn es ist nicht mehr erlaubt, am Wasser zu grillen, weder Krabben noch Fleisch noch Käsestückchen. Eine sehr einschneidende Maßnahme, da der Strand traditionell das Wohnzimmer der Cariocas ist; hier lernen sie als Kleinkinder krabbeln, hier üben sie als Heranwachsende flirten, hier testen sie ihre Begabung für Ballsport aller Art, hier spielen sie als ältere Herrschaften Schach, Karten oder Domino.

In Brasilien gibt es keinen Privatstrand – ob reich oder arm, ob weiß, mulatto oder schwarz, es spielt keine Rolle: Der Sand, die Wellen und das Meer, sie gehören allen, sie sind in einem in so viele Gruppen und Klassen und Religionen zerfallenden Staat der große demokratische Gleichmacher. Auch wenn es Abschnitte gibt, an denen sich hauptsächlich die Etablierten treffen – eine klare Abgrenzung wie bei den Wohngegenden gibt es beim Baden nicht. Copacabana ist nicht nur eine Verheißung von blauem Meer und weißem Strand, sondern auch der Inbegriff brasilianischer Lebensart, ein Versprechen vom Überwinden sozialer Unterschiede. Der Sehnsuchtsort schlechthin.

Strand hieß immer auch ein wenig Anarchie, man kam, man sah, man aß. Mitgebrachtes gelegentlich, aber viel häufiger das, was die fliegenden Händler anboten und auf ihre mitgebrachten Grills

legten. Ja, es stimmte schon, manchmal war der Strand nach abendlichen Partys mit Essensresten übersät, man konnte über einen
abgenagten Hühnerknochen stolpern oder über ein noch glühen-
des Stückchen Holzkohle, aber die meisten störte das nicht. Dann
rief der Bürgermeister den »Sommer des Neins« aus, angelehnt
an die Zero-Tolerance-Politik seiner amerikanischen Großstadt-
Kollegen – und seither geht es allen an den Kragen, die Gegrilltes
am Strand essen oder ihn sonst irgendwie verschmutzen. Selbst
Kicken ist im Land der Fußballverrückten an der Praia jetzt nur
mehr nach 17 Uhr erlaubt.

Ein bisschen albern wirkt die Organisationswut schon, wenn
sie auch Sonnenschirme reglementiert: Erlaubt sind jetzt nur
noch solche in den Einheitsfarben Rot, Blau und Gelb, Geblüm-
tes geht nicht mehr. Eine »Feuerprobe für die libertinären Cariocas« nannte das die örtliche Presse. Aber der Bürgermeister blieb
hart. Nur in einem Punkt gab er schließlich nach: Er hatte auch
den Verkauf von Kokosnüssen am Strand verbieten lassen, weil
deren große Schalen in keinen Papierkorb passten und die großen
Messer, mit denen die Früchte geöffnet wurden, gefährlich werden könnten. Nun dürfen die Händler wieder, müssen aber dafür
sorgen, dass der Abfall in einer der neu aufgestellten Mülltonnen
entsorgt wird.

Eduardo Paes hat sich durchgesetzt, die Cariocas haben den
Ordnungsschock überlebt – und die Maßnahmen nach der ersten Überraschung sogar gutgeheißen. Nach seiner ersten, knapp
verlaufenen Wahl sprachen ihm die Bürger Ende 2012 mit über
65 Prozent der Stimmen ihr Vertrauen für eine zweite Amtszeit
aus; damit wird Paes noch bis Ende 2016 im Amt sein, Fußball-
WM und Olympische Spiele mitgestalten, und wenn er dann den
obersten Posten der Stadt verlässt, gerade erst 46 Jahre alt sein.
Ein Mann voller Widersprüche. Viermal hat er schon die Partei
gewechselt, ein oft schmerzhaft nüchterner Ordnungsfanatiker, der
selbst bei der in seiner Position obligatorischen Umarmung der
Karnevalstänzerinnen seltsam förmlich bleibt. Und dem für politische Demonstrationen, wie sie im Juni 2013 die Stadt erschütterten,
jedes Verständnis, jedes Gespür fehlt.

Auf nichts ist der Bürgermeister so stolz wie auf sein neues Kontrollzentrum. »Nicht einmal Schanghai hat so etwas, es ist das Modernste vom Modernsten«, sagt er. Nicht weit von der Copacabana entfernt erhebt sich der glasverspiegelte Klotz. Was schon von außen futuristisch anmutet, ist innen ein Stück Mission Control wie aus *Star Wars*. Männer in weißen Overalls überprüfen eine riesige Wand mit Bildschirmen, auf denen ständig neue Daten blinken – ein virtuelles Rio in Echtzeit. 560 Kameras, im gesamten Stadtgebiet installiert, liefern hochauflösende Bilder von Straßenkreuzungen, U-Bahn-Stationen, Marktplätzen, Stränden. Ein Wettersatellit füttert das Kontrollzentrum mit aktuellen Daten über Sturm-Entwicklungen. In den besonders kritischen Hanglagen von 66 Favelas hat die Stadtverwaltung Sirenenanlagen installiert, die rechtzeitig vor Gefahrensituationen warnen können – Erdrutsche sind bei den sintflutartigen Regenfällen nicht selten. 400 Angestellte sind rund um die Uhr im Einsatz, registrieren Verbrechen und Unfälle, Brände und Blackouts und leiten die Daten sofort an Polizei, Krankenwagen und Feuerwehr weiter. Das Zentrum wurde von IBM installiert, elf Millionen Euro hat es gekostet, ein sehr günstiger Preis. Der US-Multi erhofft sich von der Pionieranlage Anschlussaufträge aus anderen Metropolen. Das Projekt war nicht die Idee der Amerikaner, Paes hatte dem Computer-Riesen seine präzisen Wünsche übermittelt.

Der Bürgermeister gibt gerne den Weltmann, reist zu internationalen Konferenzen, empfiehlt sich den Kollegen aus anderen Metropolen als Ratgeber. Manchmal wirkt der studierte Einserjurist dabei gar zu glatt, gar zu bedacht darauf, keine Angriffsflächen zu bieten und jede Form von Kritik niederzubügeln. Ein Showmaster, ein Schönling ohne Ecken und Kanten, sei dieser Paes, behaupten seine Gegner; ein Sohn aus reichem Hause, der nur vorgebe, die Armen verstehen zu können. Das mag er nicht stehen lassen und trommelt bei seiner Pressekonferenz empört mit den Fingern auf den Tisch: »Die Armen haben mich mit großer Mehrheit gewählt. Meine Vision ist es doch, aus Rio eine Metropole mit weit weniger Ungleichheit zu machen. Dazu fehlt uns zwar noch einiges, aber wir sind auf dem richtigen Weg.«

Ist er ein Linker, ein Rechter, ein Grüner, ein Mann ohne wirkliche Eigenschaften? Was sagen seine zahlreichen Parteienwechsel über seine Überzeugungen oder vielmehr deren Mangel? Ideologiedebatten, antwortet er, hätten ihn nie interessiert. Es gehe um praktikable Lösungen für die Menschen. »Eine Partei ist nichts Religiöses und auch keine Ehe, mit einer Partei muss ich nicht ein ganzes Leben lang verheiratet sein.« Natürlich gebe es in Rio immer noch riesige Probleme, sagt er – und will doch viel lieber über die riesigen Chancen, die rosigen Zukunftsaussichten der Stadt sprechen. Die Projekte, die angeschoben wurden: die umfangreiche Hafen-Renovierung am Porto Maravilha, der Ausbau des Maracanã-Stadions und die »Revitalisierung« seiner Umgebung, die Förderung der Filmindustrie, mit dem Ziel aus Rio das »Hollywood des Südens« zu machen.

Paes ist gnadenloser Optimist, er lässt sich weder von Demos der Anwohner noch von Warnungen der UEFA schrecken, der Maracanã-Stadionausbau hinke weit hinter dem Zeitplan her. Er sieht Rio de Janeiro an einem Wendepunkt: »Entweder nutzen Olympische Spiele ihren Austragungsort. Oder der Austragungsort nutzt die Olympischen Spiele.« Nichts sei in Athen vom großen Fest für die nächste Generation übrig geblieben, vieles in Barcelona. »Wir haben alle Möglichkeiten, wir können zum Dreh- und Angelpunkt ganz Lateinamerikas werden. Anknüpfen an unsere große Geschichte. Und wenn wir die Jahrhunderte zurückblicken: Das sind wir dieser Stadt schuldig.«

Es ist eine durchaus wechselhafte Geschichte, und fremde Herren spielen darin eine wichtige, manchmal auch höchst unrühmliche Rolle. Am Anfang war das Holz, das später einem ganzen Land den Namen geben sollte: das »Brazil«. Die Stämme des edlen Tropenbaums galten in Europa als äußerst begehrt, und Südamerika hatte dieses Holz im Überfluss. Eine portugiesische Expedition unter Gaspar de Lemos landete Anfang 1502 und nannte den vorgefundenen Platz »Bucht des Januar« – Rio de Janeiro. Eine andere Kolonialmacht aber wollte dort wenige Jahre später einen eigenen Stützpunkt errichten, und so gab es zwischen den Franzosen und den Portugiesen bald Streit um dieses Stück Land. Den Mannen aus Paris gelang es zunächst, sich mit den örtlichen Tupi-Indianern zu verbünden. Doch lang konnten sie das Territorium nicht halten. 1565 waren die Portugiesen zurück und gründeten im heutigen Morro do Castelo nahe dem Zuckerhut eine Siedlung. Die etwa 150 Kolonisatoren nannten sie São Sebastião do Rio de Janeiro. Bald entstanden auf dem Hügel ein Verwaltungsgebäude, eine Kirche, eine Jesuitenstation und ein Gefängnis – die Grundlagen zur Stadtentwicklung waren gelegt. Etwa um 1700 entwickelte sich Rio zum wichtigsten Hafen der Region, vor allem ausgelöst durch die Goldfunde im nahen Hinterland Minas Gerais. Über den Hafen dampften nun große Schiffe Richtung Lissabon, mit Gold, Diamanten, Zuckerrohr und Tropenholz beladen. Bald kam auch noch Kaffee hinzu, der in riesigen Plantagen von aus Afrika »importierten« Sklaven erarbeitet wurde.

Und Rio gewann weiter an Bedeutung: 1807 entschloss sich der portugiesische Hofstaat, vor einer drohenden Invasion Napoleons hierher zu flüchten – eine einmalige Konstellation, die Kolonialmacht wurde von der Kolonie aus regiert. Für die Entwicklung der Stadt war das ein Segen, denn die Aristokraten aus Europa wollten auf nichts verzichten und führten ihren Lebensstil in der neuen Welt fort. Das verlangte eine Ausweitung des Hafens, den Import von Luxusgütern wie den Zuzug von Bauherren und Künstlern. Rio wurde schick. Und innerhalb weniger Jahre entstanden Einrichtungen, die bis heute zu den Wahrzeichen der Stadt gehören: die Banco do Brasil, der Jardim Botânico, das Teatro São João. Unruhen in Lissabon zwangen dann den Regenten zur Rückkehr, doch sein Sohn Dom Pedro I. blieb in Rio. 1822 erklärte der Brasiliens Unabhängigkeit und ließ sich zum Kaiser krönen.

Sein Nachfolger, der nach dem Tod des Vaters schon mit neun Jahren den Thron besteigen musste, brachte die Stadt in seinen Erwachsenenjahren weiter voran. Er ließ die ersten Straßenbahnen bauen, entwickelte einen Postdienst, ein Eisenbahnnetz entstand. Und Gipfel der Moderne: Rio bekam eine Straßenbeleuchtung. Auch als 1889 Brasilien nach einem Militärputsch Republik wurde, blieb Rio unangefochten Hauptstadt und Brasiliens Metropole der Moderne. Die Stadt hatte zum Beginn des 20. Jahrhunderts bereits eine halbe Million Einwohner, in der Belle Époque war sie Traumziel für Filmstars, Regisseure und Top-Musiker. Rio wurde – in Konkurrenz mit Schanghai am anderen Ende der Welt – zum Spielplatz der internationalen High Society, zahlreiche Nachtclubs und Casinos luden zum Zeitvertreib. 1924 eröffnete dann am Strand das Luxushotel Copacabana Palace, ein weiterer Magnet für Hollywood und Hautevolee (und bis heute erstes Haus am Platz). Zu den Besuchern gehörten Lana Turner, Josephine Baker, Maurice Chevalier und Eva Perón. Orson Welles feierte hier Anfang der Vierzigerjahre legendäre Partys und warf in einem Eifersuchtsanfall einmal Teile seines Suite-Inventars aus dem Fenster – lange bevor so etwas bei Rockstars Mode wurde.

Als die verfolgten europäischen Schriftsteller aus den Kriegswirren des alten Kontinents zu fliehen begannen, etablierte sich Rio de Janeiro endgültig als ein kulturelles Weltzentrum. Durch Landaufschüttung gewann man Platz für Grünflächen wie den Flamengo-Park. Die Innenstadt erlebte eine positive architektonische Verwandlung, der starke Zuzug nach Rio führte dann auch zum baulichen Wildwuchs, zu einer Vielzahl von Favelas. Aber dem lässigen Lebensstil, den die Stadt zumindest für die Besucher ausstrahlte, tat das kaum Abbruch. Schuld daran war auch der Bossa nova, die neue hier in den frühen Fünfzigern erfundene Musikrichtung.

Der Wendepunkt kam 1960, mit dem Projekt Brasília. Die Präsidenten Getúlio Vargas und Juscelino Kubitschek hatten den ehrgeizigen, seit 1891 in der Verfassung verankerten Plan einer neuen Hauptstadt vorangetrieben – sie sollte der Infrastruktur des Binnenlandes dienen und fernab der großen Metropolen liegen. Rio de Janeiro geriet in einen Abwärtssog. Natürlich hatte das nicht ausschließlich mit dem Bedeutungsverlust und dem *brain drain* Richtung Brasília zu tun. Auch als wichtigster Industriestandort wurde Rio durch das aktiv um Unternehmer werbende São Paulo abgelöst. Und dann kam ab 1964 die schreckliche Zeit der Militärdiktatur. Die herrschenden Generale glaubten in einem Anfall von Gigantomanie, das Zentrum Rios durch Wolkenkratzer »verschönern« zu müssen, für ein neues Verwaltungs- und Bankenzentrum mussten viele schöne alte

Gebäude weichen. Die neuen Herrscher lösten Parteien auf, zensierten die Medien, verhafteten Gewerkschaftler. Sie feierten aber auch ökonomische Erfolge, unter ihrem harten Regime begann sich das Agrarland zur Industriemacht aufzuschwingen. Neben Kaffee und Zucker wurden Werkzeugmaschinen und Flugzeuge Exportschlager. Manche Industrielle und korrupte Offiziere wurden sehr reich, die Massen verarmten – das war die Zeit, als ich Rio und seine Repression aus eigener Anschauung kennenlernte.

Nach dem Sieg der Demokratie 1985 atmete die Stadt auf. Doch wirtschaftlich folgten schwere Jahre, die »neue Republik« kämpfte vergeblich gegen den Verfall der Währung, die Inflation lag Anfang der Neunzigerjahre in Rio bei 1000 Prozent. Alles war knapp. Ein Bier bekam nur, wer eine der raren Pfandflaschen mitbringen konnte, die Regale der Supermärkte waren grundsätzlich leer, Telefonanschlüsse waren nur unter der Hand zu ergattern und in Dollar (um die dreitausend), selbst Hörer und Buchsen Mangelware. Die Rettung kam durch einen Carioca. Der Politiker und Finanzfachmann Fernando Henrique Cardoso tat sich mit den besten Ökonomen des Landes zusammen und heckte den »Plano Real« aus. Parallel zum alten Cruzeiro wurde eine neue Währung eingeführt, die an den Dollar gekoppelt war. Die »wirkliche Werteinheit« setzte sich im Alltag immer mehr durch, 1994 wurde daraus der neue Real. Die Inflation sank, der Warenstrom nahm zu, der Real wurde zu einer international geachteten und stabilen Währung. Cardoso, nominell ein Konservativer, von seiner Politik her aber eher ein liberaler Sozialdemokrat, wurde zum Präsidenten gewählt. Da war Eduardo Paes gerade 25 und begann – noch ganz im Geheimen und als politischer Novize – an der Verwirklichung seines Rio-Traums zu arbeiten: ein Bürgermeister in spe. Bei seinem Amtsantritt war er 39.

Paes liebt Großprojekte. Beispielsweise die »Brücke des Wissens«, eines der neuen Wahrzeichen der Stadt. Das spektakuläre Bauwerk spannt sich 780 Meter lang über die Bucht in der Nähe des Flughafens und verbindet unweit der Universität zwei der wichtigsten Autobahnen. Die Brücke wird auch eine Art Bindeglied zwischen dem neuen Olympischen Dorf und dem Flughafen sein und soll die

Wiedergeburt des so lange vernachlässigten Hafenviertels symbolisieren. »Sie schwebt wie eine Harfe, wie eine Gitarre, wie ein Vogel
über der Stadt«, schwärmte eine der lokalen Zeitungen und lobte
den Architekten Alexandre Chan über alles. 20 Millionen Euro hat
die Seilbrücke gekostet, »sie ist schön, sie ist praktisch, sie wird uns
noch Jahrzehnte nach Olympia erfreuen«, sagte der Bürgermeister
bei der Einweihung im Februar 2012.

Weniger gerne hört Paes von Schmiergeldzahlungen in Verbindung mit der »Wissensbrücke« – so etwas kommentiert er nicht.
Aber das futuristische Bauwerk zeigt auch, wie sehr Rio immer
noch mit den Dämonen der Vergangenheit und den Wirren der
Gegenwart zu kämpfen hat. Denn nach Recherchen des Nachrich-
tenmagazins *Veja* musste die ausführende Firma Queiroz Galvão
Gangsterbanden Schutzgelder in Höhe von 40 000 Euro monatlich
bezahlen, insgesamt fast zwei Millionen. Die Erpresser beherrschen
die Favela Complexo da Maré, an der entlang die neue Konstruk-
tion führt. Der riesige Slum mit über hunderttausend Menschen
gehört zu den düstersten Gegenden der Stadt, Drogenbarone kontrollieren die engen Gassen. Complexo da Maré ist eine der Favelas,
in die sich die UPP noch nicht gewagt hat – eine Problemzone,
weit entfernt davon, befriedet zu sein. Hohe Barrikaden sollen das
Armenviertel aus dem Sichtfeld verbannen, wenn Olympioniken
und VIP-Gäste zum großen Sportfest in die Stadt kommen. Das
sei eine Schallschutzwand, behaupten die Behörden, sie diene den
Favelabewohnern. Aber diese Argumentation erntet Kopfschütteln
und zynische Kommentare.

Zwei der prominentesten Publizisten der Stadt plädieren für den
Erhalt und die Renovierung der in Hafennähe gelegenen Favela
Morro da Providência, die nach den Planungen zu über einem
Drittel für Olympia-Bauten niedergewalzt werden soll. Providência
sei von großer historischer Bedeutung, 1897 gegründet von Kriegs-
veteranen und dann von befreiten Sklaven ausgebaut. »Mit ihrem
Blick auf das Ufer, wo Hunderttausende Afrikaner erstmals ihren
Fuß auf brasilianische Erde setzten, ist Providência einer der wich-
tigsten kulturellen Orte der Geschichte, wo die ersten Samba-Lie-
der komponiert wurden, religiöse Traditionen wie Capoeira und

Candomblé blühten. Auch heute noch sind 60 Prozent der Bewohner Afrobrasilianer und Teil dieser großen Tradition«, schreiben Theresa Williamson und Maurício Hora. Anders als von der Stadt behauptet, würden die allerwenigsten Providência-Bewohner von den privaten Investoren überhaupt über ihr Schicksal informiert, geschweige denn ausreichend entschädigt. Dazu komme, dass nur etwa jeder Dritte in den Favelas über ausgewiesene Eigentumsrechte verfüge. »Brutale Vertreibungen der Menschen aus ihren Häusern sind an der Tagesordnung«, behaupten die Bürgerrechtler und unterstellen, die Vertriebenen würden weit außerhalb der Stadt angesiedelt. Dort aber verlören sie ihre sozialen Kontakte und die Nähe zum Arbeitsplatz. Die geplante luxuriöse Schwebebahn, die über das Gebiet führen solle und als Infrastrukturverbesserung gepriesen werde, sei für die in der Favela Verbliebenen uninteressant, da kaum erschwinglich.

Das Fazit der Kritiker: »Im Namen der Zukunft zerstört Rio seine Vergangenheit. Die Stadt ist dabei, ein Spielplatz nur für die Reichen zu werden, Ungleichheit aber fördert Instabilität.« Die Aktivisten machen sich die Stärken der demokratischen Entwicklung Brasiliens zunutze – sie organisieren sich, anders als das etwa in China möglich wäre, ungestört über soziale Netzwerke.

Natürlich widerspricht der Bürgermeister diesem Frontalangriff, obwohl Amnesty International in seinem Jahresbericht 2013 die Zwangsräumungen ebenfalls bestätigt und scharf verurteilt. Härten, sagt er, seien nie auszuschließen. Aber er tue alles, um sie zu vermeiden – der Rundumschlag ist nach seiner Ansicht eine Einzelmeinung. Das stimmt nicht ganz. Auch die Bürgerrechtsbewegung Rio de Paz hat sich der grundsätzlichen Kritik angeschlossen. Ihr Chefdenker Antonio Costa fürchtet: »Am Ende werden wir eine Fläche rund um die Olympia-Schauplätze haben, die Rio von seiner besten Seite zeigt. Die Ober- und Mittelschicht werden jubeln. Die Ärmsten aber werden zahlen für die Spiele, womöglich sogar mit ihrem Blut. Denn die Polizeiaktionen kosten Menschenleben. Mehr noch: Die kriminellen Banden suchen sich neue Reviere in den Stadtvierteln, die wegen Olympia nicht im Fokus der Sicherheitsstrategie stehen.«

Um die Nähe seiner Organisation zu den Unterprivilegierten zu demonstrieren, hat der Chef von Rio de Paz sein Büro in einer der gefährlichsten Zonen der Stadt aufgeschlagen. »Gazastreifen« nennen die Einheimischen das Gebiet. Nicht weniger schlimm ist die Gegend um die Guanabara Bay. Die Meeresbucht an der Westseite der Metropole war einst für ihr kristallklares Wasser und als bevorzugtes Territorium für Tümmler und Delfine bekannt. Lange her. Heute ist Guanabara eine Müllkippe im Meer und steht für eines der Hauptprobleme der Metropole: Nicht einmal jeder zweite Haushalt ist hier an eine Kläranlage angeschlossen. Jede Sekunde fließen zehntausend Liter Abwasser und Fäkalien in die Bucht. Viel Unrat kommt aus den Favelas, wird direkt oder über illegale Rohre ins Wasser geleitet. Aber auch die Industrie ist Großverschmutzer. Immer wieder heißt es, das Milliardenunternehmen Petrobras benutze Guanabara heimlich als Kloake. Das Unternehmen bestreitet das vehement. Fest steht, dass in der Bucht weiter draußen nach Öl gebohrt wird und durch Unfälle und Lecks schon Millionen Liter ausgelaufen sind.

Die Fischer von Guanabara haben sich zur Gewerkschaft Ahomar zusammengeschlossen, 80 Prozent der Bestände seien in den letzten Jahren verloren gegangen, sagen sie und verfolgen ihre Ziele mit aggressiven Kampagnen. Sie leben gefährlich: In den letzten fünf Jahren sind schon vier ihrer Mitglieder von Unbekannten ermordet worden. Der jetzige Ahomar-Chef Alexandre Anderson de Souza hat mit Glück mehrere, bis heute ungeklärte Anschläge überlebt. Zwar sind er und seine Frau in ein staatliches Schutzprogramm aufgenommen worden, aber internationale Menschenrechtsorganisationen wie Amnesty halten die Vorkehrungen für unzureichend und fordern eine intensivere Untersuchung der abenteuerlichen Vorgänge.

Die Behörden haben es versprochen. Der umtriebige US-Investor Donald Trump mischt mit. Und der umstrittene einheimische Milliardär Eike Batista – immer zur Stelle, wenn es um spektakuläre Ansagen geht – will mithelfen, Rios Buchten spätestens bis zu den Spielen 2016 sauber zu kriegen. Rio, meint er, solle sich von Grund auf ändern. Weg vom chaotischen Bombay, dem Rio seiner

Meinung nach heute so sehr ähnelt. Sein Traum gleicht dem des Bürgermeisters: Die Samba-Stadt, die vor einem Jahrzehnt noch so heruntergekommen und kriminell war, dass man Touristen und Geschäftsleute warnen musste, und die heute in manchen Gegenden immer noch eine belagerte Metropole ist, soll Modell für andere Megacities werden, europäischer, deutscher. »Sie haben den Rhein doch auch sauber gekriegt«, sagt Bürgermeister Paes. Als einzige Auszeit bleiben ihm die fünf tollen Tage, die sich auch die gesamte Stadt jedes Jahr nimmt: der Karneval. »Das ist der Zeitpunkt, meine Aufgaben dem großartigen König Momo zu übergeben, damit sich die Stadt unter seiner Regentschaft amüsiert. Mögen Friede und Freude herrschen«, sagte Paes zuletzt im Februar 2013; er trug aus diesem Anlass einen Panamahut und hatte die traditionelle Blumenkette umgelegt. Rio im Ausnahmezustand: Als Zeichen der Hochachtung kniete der Bürgermeister, wie von der Tradition vorgeschrieben, vor dem Karnevalskönig Momo nieder und übergab symbolisch die Stadtschlüssel. Im wahren Leben heißt der 160 Kilo schwere Mann Milton Junior und ist ein Bankangestellter Mitte dreißig. Titel plus Krone trägt er bereits im fünften Jahr. Ebenfalls von den Sambaschulen gewählt, stand dem König diesmal die 19-jährige Evelyn Bastos als Königin zur Seite: Die bildhübsche Studentin punktete neben ihren Tanzkünsten auch mit der Aussage, alles an ihr sei »natürlich«; eine Anspielung auf die von Schönheitschirurgen auf Idealmaß zugeschnittenen, besonders vollbusigen Konkurrentinnen.

Man muss den Fasching à la Rio einmal erlebt haben. Diesen Sinnestaumel, wenn die Luft flimmert, und – im wahrsten Sinn des Wortes wie im übertragenen – der Asphalt kocht. Wenn aus Büroangestellten peitschenschwingende Sklavenhalter werden, aus Sekretärinnen tollwütige Highheels-Hyänen, aus Prokuristen grimmige Teufel. Schon Tage vor dem eigentlichen Höhepunkt im Tempodrom wird geprobt. Die einzelnen Sambaschulen zeigen den nichtgeheimen Teil ihres Programms, wirbeln über die etwas zwielichtige Praça Mauá bis zur Avenida Rio Branco, der alten Hauptstraße mit den Banken und Bürohochhäusern. Und immer wieder wird die Choreografie der Tanzschritte überarbeitet, am Layout der Prachtwagen herumgebastelt, das Trommeln der Musiker optimiert. Denn Karneval in Rio, so unbeschwert er sich auch anfühlt, bedeutet zumindest für die Teilnehmer auch harter Wettbewerb. Jede *Escola de Samba* wählt jährlich ein neues Motiv, entsprechend werden die Kostüme und Rhythmen abgestimmt. Es gibt, vergleichbar dem Fußball, vier Ligen. Man kann aufsteigen und absteigen, in der *Grupo Especial* spielen nur die Teams der Champions League. Alles läuft nach einem festen Ritual ab: Die Reihenfolge der Top-Sambaschulen wird per Los bestimmt, sechs sind es noch am großen Tag. Jede der *Escolas* hat Hunderte Mitwirkende, ihre Darbietungen sind zeitlich limitiert. Ein Punktesystem bewertet die künstlerische Umsetzung des Themas, die dabei gezeigte Phantasie, aber auch die Präzision der Darbietung. Mehr als achtzigtausend Menschen verfolgen das Finale im Sambodrom, zig Millionen sehen sich die Entscheidung bei der Live-Übertragung auf den Bildschirmen an. Wie bei der Schlussfeier einer Fußballweltmeisterschaft oder der Olympischen Spiele gipfelt die Veranstaltung in einem spektakulären Feuerwerk.

Bei aller Kommerzialisierung des Karnevals: Es ist schwer, sich der Magie des Festes zu entziehen. Sie lässt einen begreifen: Dieses brodelnde, überschäumende Fest ist für Rio auch Therapie, Heilmittel gegen Manager-Burnout wie Arbeitslosen-Frust. Es ist Flucht aus dem Alltag, es lässt die sozialen Unterschiede verschwimmen, es stellt die Welt auf den Kopf. Es ist Religionsersatz, nein, mehr noch, es ist Religion. Für manche Liebhaber beginnen mit dem Ende der tollen Tage die Vorbereitungen für die nächsten – man kann in Rio rund um die Uhr Karneval leben, jedenfalls versuchen das manche.

2013 war das deutsche Jahr in Rio, belegt allein schon durch die zahlreichen Karnevalsgäste vom Rhein. Christoph Kuckelkorn, Chef des Rosenmontagszugs in Köln, sah dabei große Parallelen zwischen den Karnevalshochburgen. Das Fest führe die Menschen zusammen, und die Leitsprüche seien auf beiden Seiten während der närrischen Tage doch sehr ähnlich: *So Alegría* (»Nur Freude«) in Rio, »Spaß an der Freud« in der Rhein-Metropole. Was Kuckelkorn dann zu einer wagemutigen Evolutionstheorie verleitet: »Der

Brasilianer von Rio ist eine konsequente Weiterentwicklung des
Kölschen.«

Die Sambaschule Unidos da Tijuca hat sich ein in ihren Augen
besonders exotisches Völkchen vorgeknöpft: die Deutschen. Im
Sambodrom erzählte ein Blitze schleudernder Thor anhand einiger
charakteristischer Figuren eine kleine Geschichte vom Land zwischen Nordsee und Alpen. In den Hauptrollen: die Bremer Stadt-
musikanten, Esel, Katze, Hahn in Masken, von schwarzen Sän-
gern in Kniebundhosen intoniert; Schneewittchen und die sieben
Zwerge, die sich, von leicht bekleideten Tänzerinnen dargestellt, in
Pilze verwandelten; eine mit vielen Violinschlüsseln geschmückte,
ansonsten aber weitgehend unbekleidete Beethoven-Darstellerin;
Doktor-Faustus-Tänzer; und als Höhepunkt ein Wagen mit gespiel-
ten typisch deutschen Delikatessen: eine sexy Schwarzwälder
Kirschtorte, aus der Samba-Prinzessinnen ihre rotbehelmten Köpfe
als Kirschen herausstreckten, sowie sechzig perlende Biergläser,
aus deren Schaum halbnackte Gespielinnen in die Menge winkten.
Das Ensemble erhielt viel Beifall und errang einen beachtlichen
dritten Platz unter den prämierten Sambaschulen.

Rios Karneval ist allerdings gar nicht mehr urbrasilianisch. Jedenfalls nicht, was seine Ausstattung angeht. Zwar sind die meisten
der Kostüme und Masken immer noch vor Ort hergestellt und
handgemacht, aber ohne chinesische Hilfe wäre das größte Fest
nicht mehr denkbar.»Wir produzieren in Brasilien nur mehr
15 Prozent der Rohmaterialien, die wir für das Fest brauchen, den
Rest des synthetischen Materials müssen wir importieren«, sagt
Jonathan Schmidt, Präsident des brasilianischen Textilverbandes.
»Das allermeiste kommt aus der Volksrepublik, wo sie Textilien
um gut 50 Prozent billiger produzieren als wir hier.« China hat
im Jahr 2009 die USA als größten Handelspartner abgelöst und ist
längst auch schon größter Investor in Brasilien, mit einem Han-
delsüberschuss von über elf Milliarden US-Dollar. Solche Zahlen
lassen die Cariocas normalerweise kalt, aber als eine Zeitung die
Kostümstatistik veröffentlichte, schluckten viele: Der »heilige« Karneval – von Schanghai gesponsert, durch Pekinger Federschmuck
fremdgesteuert, mit Guangdong-Plastik aufgepeppt?

Zurück in die Innenstadt, hinauf zum Sundowner in die Kneipe von Bob Nadkarni. Dorthin, wo sich Slumbewohner und Rios Jeunesse dorée zwar nicht mischen, aber wo sie mindestens hautnah aufeinanderstoßen. Nadkarni, Ende sechzig, ist ein Typ à la Bud Spencer, groß, kräftig, lässig. Weltenbummler, Allroundtalent und begnadeter Kneipier in einem. Er steht wie so häufig im Unterhemd an der Theke, eine Havanna im Mundwinkel. Der Sohn eines anglikanischen Priesters und einer Dramaturgin ist in London aufgewachsen und hat dort Bildende Künste studiert. Er gestaltete die Kulissen für Stanley Kubricks Klassiker 2001 – *Odyssee im Weltraum*, drehte zahlreiche Kurzfilme und Werbespots. Für die BBC ging er dann als Kameramann in den Libanesischen Bürgerkrieg und überstand die Gemetzel von Beirut nur knapp. Rastlos zog er weiter durch die Welt, bis er seine Liebe fand – die Tochter eines Arbeitslosen in einer Favela von Rio. Mit der Schönheit zeugte er vier Kinder, baute sich in dem Armenviertel Tavares Bastos erst ein Atelier, dann eine Galerie und eröffnete eine kleine Pension nach eigenen Entwürfen. Nadkarni aber hatte noch einen anderen Traum, den er sich schließlich mit eigenen Händen – und der billigen Arbeitskraft seiner weitläufigen Slum-Verwandtschaft – erfüllen konnte: eine eigene Jazzkneipe. The Maze nannte er die verwinkelte Gaststätte, »Der Irrgarten«.

Inzwischen ist das Lokal mehr als ein Geheimtipp, den Cariocas nur an Freunde weitergeben – im »Irrgarten« trifft sich auch internationale Prominenz, die mal etwas Besonderes jenseits des Copacabana-Ipanema-Luxus sehen will. Charlotte Rampling trank hier einige Caipirinhas, Edward Norton nahm hier seine doppelten Whiskys, als er sich abends von den Dreharbeiten zum dritten Teil von *Hulk* entspannte. Wenig später holte er seine ganze Crew nach, und alle waren sich einig: Grandioser kann eine Aussicht kaum sein. Direkt unter der Kneipe die gerade renovierten Favela-Hütten, dann das Häusermeer der Innenstadt, weiter links das wuchernde Immergrün des Dschungels, der tiefblaue Atlantik in der Ferne und darüber der Zuckerhut. Rio in allen Facetten: attraktiv und abstoßend, amoralisch und anziehend in einem – ein Paradies und ein Schandfleck der Welt. Ort des Protests, Ort der Veränderung: ein permanentes Versuchslabor der Menschheit.

Im »Irrgarten« ist in dieser Samstagnacht Live-Jazz angesagt,
und zu später Stunde greift auch der Hausherr zur Trompete.
15 Euro Eintritt, zwei Drinks inklusive. Die Anwohner respektie-
ren Nadkarni und garantieren seinen Gästen den Weg herauf aus
der Innenstadt, vom »Asphalt«, wie sie die wohlhabendere Unterstadt nennen. Er hat immer dafür gesorgt, dass sie von seinen
Unternehmungen profitieren, hat sogar geholfen, korrupte Polizisten zu überführen. Heute fungiert er als eine Art Mittelsmann
zwischen den Eliteeinheiten, die den weitgehend »pazifizierten«
Slum kontrollieren, und den immer noch gegenüber jeder Polizei
misstrauischen Favela-Bewohnern. Das Konzert ist auch in dieser
Nacht ausgebucht, bis zwei Uhr morgens strömen die Gäste in die
ungewöhnliche Kneipe. Gerade als die Stimmung ihren Höhepunkt
erreicht, bricht die Elektrizität zusammen. »Verdammt, jetzt haben
meine Nachbarn ihre neue Klimaanlage und die Lichter gleichzeitig versucht anzumachen«, flucht Nadkarni.

Er ist, wenn man so will, ein bisschen Opfer seines eigenen
Erfolgs und seines Geschäftsmodells geworden. Seine fairen Gehälter haben zu höheren Ansprüchen und einer Verbesserung des
Lebensstandards in der Favela geführt – die überforderte Infrastruktur kann da nicht immer mithalten. Meist dauert der Blackout nur
einige Minuten. Doch diesmal springt die Elektrizität nicht wieder
an. Was soll's. Bei Kerzenschein wird weitergetanzt, schweißnass
und sexy. Bis zum Morgengrauen. Und dann geht der Wahnsinns-
blick wieder vom Berg hinunter auf die Stadt, die Hügel, das Meer.
Auf diesen Geniestreich der Natur. Oder Geniestreich Gottes, wenn
man denn gläubig ist und Ihm Beifall klatschen will.

Und warum ist dieses Rio de Janeiro so verführerisch, so unwi-
derstehlich, so anbetungswürdig? Ganz einfach, sagen die kul-
turkundigen Cariocas: Weil Rio nicht Stadt ist, sondern Städtin.
»Eine ungeheuerlich weibliche Frau, keine Frau ist so weiblich wie
sie«, hat der Dichter Álvaro Moreyra 1923 Rio in seinem gleichnamigen Buch genannt, eine Hymne geschrieben auf die *Cidade
Mulher*. 1936 entstand daraus der von Humberto Mauro gedrehte
Film mit einem berühmten Lied von Noel Rosa: »Stadt der Liebe
und des Glücks / Süßer als die süßeste Hoffnung / Schöner als das

schönste Lächeln / Herrlicher als das Paradies und besser als jede
Verlockung / Stadt, der niemand widerstehen kann / Köstlich sogar
in ihrer Trauer, in einer sanften Samba«.

Letzte Meldung, keine Literatur, sondern harter Fakt: »Rio de
Janeiro gibt sich einen Ruck und räumt die Zimmer der Sex-Hotels
zur Fußball-WM!« Das heißt nicht, dass alle Bordells geschlossen,
alle Prostituierte »umerzogen« werden, wie in Schanghai nach der
kommunistischen Revolution. Im Gegenteil, Englisch-Sprachkurse
für die Prostituierten erfreuen sich derzeit großer Beliebtheit (auch
bei den von Uni-Kursen abgezogenen Lehrern, wie es heißt). Es geht
nur um die 6500 Zimmer, in denen sich unverheiratete Paare zum
Schäferstündchen zwischendurch verabreden. 3500 dieser Räume
sollen nun nach dem Willen der Stadtväter in »normale« Gästezim-
mer umgewandelt werden. Man hat festgestellt, dass trotz einiger
Hotelneubauten die Bettenanzahl für den vermuteten Besucher-
ansturm zu den sportlichen Großereignissen nicht ausreichen dürfte.
Laut Rio Negócios, dem offiziellen Investment Promotion Board der
Stadt, werden mehr als hundert Millionen US-Dollar an Zuschüssen
für die Umrüstung bereitstehen. Im Shalimar von Leblon, berichtet
die Agentur stolz, seien die roten Teppiche, die Spiegel an der Decke,
die Ketten an der Wand und die Betten im Herzform schon dem
»neuen, minimalistischen Look« gewichen. Auch die Venus-Skulp-
tur im Eingangsbereich wurde diskret entsorgt. »Ich bin sehr froh
darüber«, sagte Sportminister Aldo Rebelo. »Denn in der Vergangenheit, etwa beim Papstbesuch, konnte das sehr peinlich werden.
Wir mussten ausländische Würdenträger kurzfristig in Motels unterbringen und die stießen dann auf die Damen und deren Kunden.«

Rios Ängste, Rios Sorgen, Rios Innovationen – ungewöhnlich
sind sie, wie die Gegensätze, die diese Metropole kennzeichnen. Wird das Experiment gelingen, die Stadt mit der Politik des
»Ordnungsschocks« umzuwandeln? Muss man sich das in allen
Facetten wünschen, muss man den Kleinhändlern ihre Jobs am
Strand verbieten, besteht ein Zwang, die privaten Parkwächter,
die Windschutzscheiben-Wäscher an den Straßenkreuzungen zu
verfolgen? Werden auch die weit wichtigeren sozialen Probleme
effektiv angegangen?

»Freiheit ist schön und gut. Aber sie muss auch Grenzen haben, der Bürgersinn darf darüber nicht vergessen werden«, hat Eduardo Paes einmal gesagt. Sich selbst daran gehalten er sich nicht immer. Sich sogar gerühmt, in seiner Amtszeit keinen Centavo in den öffentlichen Nahverkehr gesteckt zu haben. Und bleibt so eine ambivalente Figur. Noch immer gilt in Brasilien vielen der *Malandro* als Volksheld, der Schlendrian, der sich der Leichtigkeit des Lebens, den Frauen, dem Humor verschrieben hat – alles Eigenschaften, die ziemlich weit entfernt sind von der eingeforderten Disziplin. Und werden in der schönen neuen Stadt wirklich alle Platz haben, die es verdienen, oder müssen wieder einmal diejenigen weichen, die ohnehin am härtesten kämpfen müssen? Und bleibt dann, wenn Rio eines Tages »gesäubert« sein sollte von all seinen Lastern, noch viel übrig vom besonderen Flair?

»Ich will nicht, dass unsere Stadt wie Lausanne oder Zürich wird.« Auch das hat Bürgermeister Eduardo Paes einmal zu Protokoll gegeben. Von dieser Gefahr ist in der überschäumenden, chaotischen, durchtanzten Jazznacht beim Favela-Kneipier wenig zu spüren. Ganz so weit ist es noch nicht gekommen mit den Samba-Preußen, die neuerdings schon mal zu Samba-Rebellen werden.

TEIL II

Machtzentren

4 CHINA

Geheimbund hinter hohen Mauern

Amerika hat das Weiße Haus, Russland den Kreml, Frankreich den Elysée-Palast, Deutschland das Bundeskanzleramt. Die Volksrepublik China hat ein Geheimnis. Die fernöstliche Supermacht wird von einem mysteriösen Ort aus regiert, den nur wenige Ausländer je detailliert von innen gesehen haben, und von den Einheimischen nur die oberste Führungsschicht. Rote hohe Mauern schirmen die Staatslenker ab, an schwer bewachten Eingängen mit poetischen Namen (»Tor des magischen Lichts«) kontrollieren bewaffnete Sicherheitskräfte, versteckte Kameras überwachen jeden Schritt in Richtung des Allerheiligsten. Zhongnanhei (»Mittlerer und Südlicher See«) heißt der fast einen Quadratkilometer große Komplex, im Zentrum Pekings nahe dem Tiananmen, dem »Platz des Himmlischen Friedens«, gelegen. Das Hauptquartier der Kommunistischen Partei wie auch der Regierungssitz befinden sich auf diesem Gelände. Wenn China ein Herz hat, dann schlägt es hier. Auf jeden Fall aber arbeitet hier sein Gehirn. Und während draußen an der nahen Chang'an Jie der Verkehr tobt, soll es nach Berichten von Eingeweihten im Innern des verschwiegenen Zhongnanhei geradezu gespenstisch ruhig sein; ruhig, wie im Auge des Taifuns – und genauso gefährlich, wie es sich gerade wieder vor einigen Monaten gezeigt hat, beim dramatischen Kampf um die Macht im 1,35 Milliarden Menschen zählenden Riesenreich.

Einst gehörte das Gelände zur Verbotenen Stadt, wo früher Kaiser, Konkubinen und Eunuchen ihre höfischen Intrigen spannen. Manche Gebäude stammen noch aus feudalen Zeiten, graue Zweckbauten kamen nach dem Sieg der Kommunisten und dem Ausrufen der Volksrepublik 1949 dazu. Der Revolutionär Mao Zedong war sich sehr wohl der Symbolik des Ortes bewusst, zögerte monatelang, bevor er es sich in den Traditionspalästen heimisch machte. 56 Jahre alt war er damals in der Stunde seines Triumphs, ein abgehärteter, kaum vom Luxus verwöhnter Bauernsohn, Guerilla, Soldat. In den Kammern der Kaiser zu schlafen, hieß, sich den Mantel der absoluten Macht überzustreifen, die Salbung der Götter zu beanspruchen, das Mandat des Himmels. Reizvoll, aber auch gefährlich. Als sich Mao dann zum Einzug entschlossen und die Traditionsgemäuer mit Ostblockmöbeln ummodelliert hatte, da regierte er auch mit der Grausamkeit der alten Herrscher. Vernichtete alle Großgrundbesitzer, zwang 1956 die Bauern in einem wahnwitzigen Experiment in Volkskommunen und ließ sie dort im »Großen Sprung nach vorn« Stahl schmelzen – dreißig Millionen starben an Hunger. Und als er das revolutionäre Feuer der KP erkalten und seine Macht bröckeln sah, hetzte er von seinen Räumen in Zhongnanhai aus in der Kulturrevolution Linke gegen Gemäßigte, Jung gegen Alt aufeinander. Wieder wurden Millionen geopfert. Verzweifelt über die Exzesse nahm sich 1967 Tian Jiaying, Maos aufrechter persönlicher Sekretär, auf dem Zhongnanhai-Gelände das Leben.

Auch Deng Xiaoping, Maos lange verspotteter und verfemter De-facto-Nachfolger, traf im chinesischen Kreml seine wichtigsten Entscheidungen. Egal, ob eine Katze schwarz oder weiß ist, Hauptsache sie fängt Mäuse, lautete sein nüchterner Leitspruch, mit dem er den mörderischen Menschen-Experimenten ein Ende bereitete und wieder privatwirtschaftliche Anreize erlaubte. Aber der Pragmatiker mochte die Macht der Partei nicht eingeschränkt wissen, war alles andere als ein Demokrat. Ausgerechnet im »Palast des tiefen Mitleids« auf dem Regierungsgelände traf er Anfang Juni 1989 die Entscheidung, die studentische Protestbewegung blutig niederzuschlagen.

Bis heute hat sich die Partei nicht getraut, eine offene Diskussion darüber zu führen oder gar eine Neubewertung der damaligen Ereignisse vorzunehmen. Bürgerrechtler, die das beklagten, landeten im Gefängnis oder wurden kaltgestellt. Politisch war in den letzten beiden Jahrzehnten wenig von einer Liberalisierung zu spüren. Unbestritten aber ist der phänomenale wirtschaftliche

Aufstieg der Volksrepublik. China hat sein Bruttoinlandsprodukt in den vergangenen 35 Jahren etwa verdreißigfacht, hat Deutschland wie Japan überholt und wird wohl noch in diesem Jahrzehnt auch an den USA vorbeiziehen und zur Nummer eins werden. Nach einer Erhebung von Forbes hat eine spektakuläre andere ökonomische Wachablösung schon im Frühjahr 2013 stattgefunden: Zwei chinesische Banken überholten die wertvollsten US-Unternehmen JP Morgan Chase, General Electric und Exxon Mobil und setzten sich an die Spitze der führenden Firmen der Welt: die Industrial and Commercial Bank of China eroberte Rang eins, die China Construction Bank Rang zwei (weitere drei chinesische Unternehmen landeten vor dem ersten deutschen, der Volkswagen AG, auf Platz 14). »Noch nie in der Geschichte wurden so viele Menschen in so kurzer Zeit aus der Armut befreit, noch nie ist in so kurzer Zeit so viel Wohlstand entstanden«, meint der in Harvard lehrende Sinologe Roderick MacFarquhar, sonst durchaus KP-kritisch. Und wahr ist auch: Kein Staat hat nur annähernd so viele Devisenreserven aufgehäuft; wenn Peking wollte, könnte es auf einen Schlag alle im Dax gelisteten deutschen Wirtschaftsunternehmen aufkaufen – und müsste dafür nicht mehr als ein Drittel seiner Drei-Billionen-Dollar-Rücklagen aufwenden.

Chinas Herrscher streben allerdings längst nach mehr: Sie wollen ihr Land als Modell gewürdigt wissen, als eine Alternative zum westlichen Regierungssystem, in Konkurrenz vor allem zur anderen Supermacht. Und tatsächlich haben sich in Afrika und Lateinamerika Politiker (und in Europa auch viele Wirtschaftsführer) mit der Idee angefreundet: entfesselter Kapitalismus ohne Wahlen und ohne andere, die Planungssicherheit störenden demokratischen Elemente. Eine gleichsam »milde« Autokratie, eine pragmatische und flexible Einparteienherrschaft, in der sich nach fruchtbaren, auch mal kontroversen Diskussionen um den besten Weg meritokratisch die besten Manager durchsetzen.

Im Politbüro, bestehend aus 24 Männern und einer Frau, herrscht laut US-Diplomaten, deren Pekinger Geheimdepeschen über WikiLeaks veröffentlicht wurden, tatsächlich ein »Konsenssystem, in dem Mitglieder das Recht haben, ein Veto einzulegen«, sich dann aber an den gemeinsamen Beschluss gebunden fühlen. Nichts fürchtet die Partei mehr als *luan*, das Chaos, das zur Auflösung des Riesenreichs von den Rändern her führen könnte; nichts propagiert sie entschiedener als *hexie shehui*, die harmonische Gesellschaft, und neuerdings auch etwas, das sich der »chinesische Traum« nennt. Dafür primär verantwortlich ist der Ständige Ausschuss des Politbüros, der im südlichen Teil des Refugiums Zhongnanhai tagt. Die Top Sieben – seit Kurzem reduziert, lange war es ein Neunergremium – sind die mächtigste Instanz im Reich der Mitte, aus diesem Kreis rekrutieren sich der Präsident und der Premier. Kein Lächeln für die Kameras der Abendnachrichten, gemeinsame Auftritte nur bei sehr besonderen Anlässen und selten länger als ein paar Minuten. Männer in dunklen Anzügen, die Krawatten gedeckt und in ihrem Design so ähnlich, als kauften sie wegen Mengenrabatt en gros, die Haare ganz offensichtlich bei manchen gefärbt, das Durchschnittsalter Anfang siebzig. Durch Charisma fiel bis jetzt keiner auf in dieser Riege stocksteifer Technokraten.

Etwas zugänglicher als das geheimnisumwitterte Zhongnanhai ist das andere Machtzentrum der Volksrepublik, die Große Halle des Volkes, »Renmin Dahuitang«. Sie liegt an der Westseite des riesigen Tiananmen-Platzes, auf dem auch das Mao-Mausoleum steht. Die Große Halle des Volkes dient der chinesischen Führung als Ort für die Parteitage der KP, das alljährliche Treffen des Nationalen Volkskongresses sowie als Empfangsort für Staatsgäste und zur Veranstaltung großer nationaler Feierlichkeiten. Ein monumentales Bauwerk im Stil des sozialistischen Klassizismus, der, wie es die Legende will, nur mithilfe von Freiwilligen hochgezogen wurde, Bauzeit zehn Monate: 170 000 Quadratmeter, über 300 Säle und Büroräume, darunter der Kongresssaal, der über 10 000 Plätze bietet, nebst einem Bankettraum für 5000 Gäste. Am Eingang ragen zwölf je 25 Meter hohe hellgraue Marmorsäulen in den Himmel. Wer die Stufen zum Haupttor hinaufsteigt und das Gebäude unter dem riesigen, alles überwachenden Staatswappen betritt, kann nicht anders als beeindruckt, fast ehrfürchtig sein – diese Haltung jedem Gast aufzuzwingen, dürfte die Absicht der Baumeister gewesen sein.

Vor einigen Jahren war es mir vergönnt, einen Blick hinter diese
Kulissen zu werfen. Ich war eingeladen, ein Interview mit dem chinesischen Außenminister Qian Qichen zu führen. Beeindruckender
fast als das Gespräch mit dem Politiker waren das Procedere und
das Ambiente.

Schon am Eingang stand die stellvertretende Empfangschefin
des Ministeriums, die mich dann nach einem Marsch durch endlose
hohe Gänge in einen riesigen Raum leitete, wo weit hinten, sozusagen am Horizont einer großen Leere, schon die führende Protokolldame und ein Übersetzer warteten. Auf einer leicht erhobenen
Bühne stand ein mit Blumenschmuck verzierter Tisch, aufgestellte
Namenskarten ließen keinen Zweifel daran, wo man sich zu platzie-
ren hatte. Überall waren, säuberlich abgezählt, Kekse und Teetas-
sen platziert. Und über allem leuchtete ein roter Stern. Es war ein
bisschen so, als hätte man das Olympiastadion für sich allein. Aber
man konnte sicher sein, es gab irgendwo aufmerksame Zuschauer
und Zuhörer. Qian Qichen, früherer Botschafter seines Landes in
Moskau und sehr deutschfreundlich, erwies sich dann als ein äußerst
liebenswürdiger Gesprächspartner, der sehr vorsichtig seine Punkte
machte: Es gäbe gemeinsame Interessen mit dem Kreml, aber keine
enge Freundschaft. Die Verschärfung der Weltlage sei im Wesentlichen eine Folge des atomaren Wettlaufs, nur China spreche sich
für eine entscheidende Reduzierung der Nuklearwaffen aus. Wün-
schenswert wäre seiner Meinung nach eine wirklich multipolare
Welt – ein Seitenhieb gegen die USA. Und in der Wirtschaft sei China
bereit, »von gewissen nützlichen Elementen des Kapitalismus zu
lernen«, er halte viel von einer »geplanten Marktwirtschaft, einer
freien Ökonomie mit sozialistischen Charakteristika«. Und wie definiert sich dieser Zwitter? »Nach unserem Gutdünken.« Und was
ist mit der Unzufriedenheit, den Dissidenten im Land? »Wir haben
eine Bevölkerung von über einer Milliarde Menschen, da mag es
eine kleine Minderheit geben, die anders denkt als die KP. Aber wir
haben keine nennenswerte Opposition.«

Nach dem einstündigen Gespräch gab es noch ein freundliches
Händeschütteln, das auch von den zu diesem Zweck in den Saal
geführten chinesischen Medien dokumentiert wurde. Eine adrette

Protokolldame überreichte als symbolisches Geschenk der Volks-republik eine nachgemachte Münze aus der Qing-Dynastie. Dann wurde ich wieder aus dem Saal hinauseskortiert, die Honoratioren zogen sich in die Kulissen zurück. Der freundliche, stets lächelnde Qian Qichen brachte es später dann sogar zum Vizepremier. Er lebt heute, hochbetagt und hochgeehrt, in einer der Kaderwohnungen in einem Kaderbezirk von Peking. Ein Mann als Kontinuum der chinesischen Politik. Die Zeiten aber änderten sich, das kommu-nistische Prestigegebäude mit ihnen – es verlor seine Exklusivität. Teile der heiligen Räume in der Großen Halle des Volkes wurden ganz profan für den Kapitalismus entweiht: Im Jahr 2009 durfte das amerikanische Country-Musik-Trio Lucy Angel hier einen Auftritt feiern, gegen fürstliches Honorar konnten sich auch der US-Auto-bauer Ford und die Fast-Food-Kette Kentucky Fried Chicken mit ihren Festveranstaltungen einmieten.

In einer Atmosphäre gepflegter, aber unspektakulärer Kompe-tenz sollte, nach der professionell durchgezogenen Jubelfeier um den neunzigsten Geburtstag der KP im Oktober 2011, dann Ende 2012 auch der Austausch der Persönlichkeiten an der Staatsspitze stattfinden. Einmal im Jahrzehnt fühlt sich die Partei zum Füh-rungswechsel verpflichtet, da steht die Verjüngung an. Staats- und Parteichef Hu Jintao zog sich ebenso wie Premier Wen Jiabao aus der Führungsspitze zurück. Die beiden, damals schon fast siebzig, wollten Platz machen für Jüngere und dabei ihrem Volk, aber auch aller Welt zeigen: Die Volksrepublik ist ein Vorzeigestaat, in dem solch ein harmonischer Übergang reibungslos gelingt. Heute fällt das zusammen mit einer entscheidenden Weichenstellung, zentral nicht nur für China, sondern für die die gesamte Welt: Wie kommt das Riesenreich mit den sozialen Verwerfungen zurecht, dem skan-dalösen Arm-Reich-Gefälle, der grassierenden Korruption? Soll die Wirtschaft, die gerade erheblich an Fahrt verloren hat, weiter privatisiert, das System insgesamt demokratisiert werden – oder entscheidet sich die KP für ein Weiter-so, gar für ein militärisches Muskelspiel bis hin zu einer kriegerischen Auseinandersetzung mit Japan? Wird sie mit ihren jüngsten Skandalen immer mehr zur Firma mit mafiosen Strukturen?

Und gerade weil dies von so entscheidender Bedeutung für das Selbstverständnis der Pekinger Politiker ist, beobachtete der Westen fassungslos, wie blamabel das Unternehmen misslang. Unabhängige chinesische Blogger überschlugen sich vor Zynismus und Häme, Staatsmedien versuchten verzweifelt, den abenteuerlichen Vorgängen eine positive Seite abzugewinnen – oder verschwiegen sie ganz. Und selbst in den Staaten der Dritten Welt, die bisher dem chinesischen »Modell« durchaus etwas abzugewinnen vermochten, fragten sich nun viele, ob ein von fairem, offenem Streit und funktionierenden Institutionen wie einer unabhängigen Justiz und Pressefreiheit begleiteter Machtwechsel den Pekinger Peinlichkeiten nicht doch vorzuziehen ist.

Im Zentrum des Sturms standen in letzter Zeit zwei der bekanntesten chinesischen Politiker, beide als Mitglieder des Politbüros hochgeachtet und auch international als künftige Führer der Weltmacht anerkannt: Bo Xilai und Xi Jinping. Für das Duo war Anfang 2012 der steile Weg nach oben vorgezeichnet, die letzte Station zum Gipfel der Macht programmiert – alles nur noch Formsache. Bo, 63, sollte zu den Spitzenpolitikern in den Ständigen Ausschuss aufrücken, Xi, 59, war gesetzt, die höchsten Ämter in Staat und Partei zu übernehmen. Bilderbuchkarrieren, so verblüffend parallel verlaufend wie ihre Viten: Beide waren »Prinzlinge«, schon ihre Väter ganz oben in der KP-Hierarchie. Beide hatten in zweiter Ehe eine im ganzen Land bekannte Frau geheiratet. Beide schickten eines ihrer Kinder nach Harvard. Und jeder der Familienclans hat es zu einem erstaunlichen, Hunderte Millionen Dollar zählenden Vermögen gebracht.

Schon wenige Monate später aber klaffen die Schicksale weit auseinander: Bo Xilai verlor alle Parteiämter, er wurde aus der KP geworfen und an einem geheimen Ort unter Hausarrest gestellt. Ihm droht ein Strafprozess, bei dem die Anklage auf Korruption, Landesverrat, sogar auf Mitbeteiligung an einem Mordkomplott lauten könnte. Xi Jinping dagegen erhielt beim Parteitag Mitte November 2012 die höchsten Weihen als KP-Generalsekretär und wurde vier Monate später auch Staatspräsident des Landes. Sein Triumph als unumstrittene Nummer eins der Volksrepublik dürfte allerdings für immer durch die Affäre um seinen Konkurrenten überschattet sein, die so entlarvend und beispielhaft von internen Machtkämpfen erzählt, die es im »brüderlichen« System der KP doch gar nicht geben dürfte. Die Geschichte zeigt zudem, wie dicht auch und gerade in China Karriere und Gefängnis zusammenliegen können. Denn noch weniger als zweieinhalb Jahre zuvor war Xi zu Gast bei dem heute so verfemten Gouverneur Bo in Chongqing gewesen und hatte dessen unkonventionellen Maßnahmen gegen das Verbrechen in der weltgrößten Stadt als »vorbildlich« gepriesen – Bilder und Sätze, die von den Staatsmedien inzwischen gelöscht wurden, aber in Blogs überall auftauchen.

Es bleiben bis heute zentrale, ungelöste Fragen: Wann und wie will Xi Jinping, der Meistertaktierer, auf den Skandal eingehen? Was wird die Sprachregelung sein, mit der sich die neue Nummer eins von den Vergehen des prominenten, ebenso schillernden wie weitgehend populären Parteifreundes distanziert, ohne die KP zu beschädigen? Und droht Bo Xilai die Exekution durch Genickschuss, oder werden manche seiner Vergehen in einem Geheimverfahren unter den Teppich gekehrt, da zu typisch und entlarvend für die Machtelite? Zwei Leben, die Aufstieg und Fall in China symbolisieren. Zwei Leben, die dramatisch zeigen, wie weit Anspruch und Wirklichkeit im Wirtschaftswunderland auch heute noch auseinanderklaffen. Wie dünn der Kitt ist, der China zusammenhält – und wie schwer es sein wird, diesen Staat in den schwierigen Zeiten des fallenden Wirtschaftswachstums, der sozialen Spannungen und der gesellschaftlichen Überalterung zu lenken.

Provinz Shaanxi, Zentralchina, eine in die graugelben Lösshügel hineingegrabene Höhlenwohnung im Dorf Liansgjiahe. Hier hat der künftige Parteichef seine prägenden Jugenderlebnisse, und keiner kennt die besser als sein alter Freund Lü Housheng. Stolz zeigt er vergilbte Fotos: Xi Jinping, Arm in Arm mit ihm. »Er war freundlich, hilfsbereit, aber auch einsam«, sagt Lü. Der Junge aus Peking habe bei Kerzenschein die Nächte durch gelesen, Marx und Mao, »etwas anderes gab es damals ja nicht«. Es ist eine höchst bescheidene, drei mal vier Meter große Bleibe, in der Jinping damals

wohnte, sie dient heute als Rumpelkammer. Der Kadersohn, aufgewachsen in einer privilegierten Pekinger Umgebung, hat schon
in jungen Jahren schmerzlich erleben müssen, wie schnell und tief
man im Mao-Reich fallen konnte. Der Vater, lange Zeit Chef der
Propagandaabteilung der KP, wurde vom Großen Vorsitzenden
wegen »Rechtsabweichung« zur Fabrikarbeit degradiert; da war
Jinping zehn. Er ist 15, als der Vater während der Kulturrevolution
dann sogar ins Gefängnis wandert.

Die Partei verbannt den Jugendlichen aufs Land, er hat bei Bauern
wie Lüs Eltern die Ställe auszumisten. Im Rückblick hat Xi Jinping
über die ungewöhnlich harte körperliche Arbeit gesagt: »Es war eine
Zeit der Experimente, lehrreich für mich, für die Nation insgesamt
ein Fehlschlag.« Die Strenge des Elternhauses auch in privilegierten
Zeiten dürfte ihm geholfen haben, die Entbehrungen zu ertragen: Er
musste daheim die gebrauchte Kleidung seiner Schwestern auftra-
gen, färbte deren rosa Schuhe schwarz, um sich nicht zu blamieren.

Sechs Jahre geht das so mit der ländlichen Arbeitsfron. Er will
raus, Karriere machen, dafür ist er bereit, auch Kompromisse mit
den Peinigern seiner Familie zu machen. Und so schreibt Xi Jinping
Antrag auf Antrag, um in die Partei aufgenommen zu werden.
Nummer elf wird genehmigt. Mit 22 Jahren darf der Ehrgeizige
zurück nach Peking, an der renommierten Tsinghua-Universi-
tät studieren. Chemie, Jura und Marxismus, eine merkwürdige
Mischung. Aber der Abschluss ermöglicht ihm, eine Stelle bei der
Militärkommission zu finden. Bestens vernetzt in der KP wie in der
Armee, kann Xi Jinping weiterplanen. Kompetent, umsichtig, nicht
aneckend. Zu seinem Jugendfreund hat er auch danach Kontakt
gehalten, ließ ihm angeblich sogar Geld für eine Operation zukommen. »Er ist eine treue Seele«, sagt Lü, der sich dafür entschuldigt,
keine sonstigen Details erzählen zu dürfen, strengster Befehl aus
der Hauptstadt. »Er erkundigt sich noch immer regelmäßig nach
mir. Er ist einer, der sich nicht verbiegen lässt.«

Peking, Prominentenstadtteil Haidian, Kaderanstalt »8-1«. Wer
hier zur Schule geht, sagen die Leute in den Fünfzigerjahren ehrfürchtig, lerne »am Hofe Maos«. Bo Xilai, Sohn des legendären

KP-Mitbegründers und Finanzministers Bo Yibo, gehört zu dieser Elite, die in einem nur Funktionärsfamilien vorbehaltenen Swimmingpool baden darf und an knappe Lebensmittel wie Vollmilch, Schokolade und Entenfleisch herankommt. Ob der junge Mann den späteren Konkurrenten Xi Jinping schon damals kennengelernt hat, ist unbekannt. Möglich wäre es, denn der war an der Schule nebenan, vier Klassen unter ihm.

Bo Xilai aber ist ein anderer Typ, kein Austarierer, sondern ein Abenteurer. Als die Kulturrevolution losbricht, ist er 17 und stellt sich begeistert an die Spitze der Roten Garden, die mit Billigung des Großen Vorsitzenden ihre Schulen zerstören und alle Autoritäten niedermachen dürfen. Zeitgenossen berichten, der aufgeputschte junge Mann habe bei einer Massenveranstaltung sogar seinen Vater denunziert. Die Mutter wird von Roten Garden totgeprügelt, der Vater ins Gefängnis geworfen und gefoltert. Bo Xilai nutzt sein Verhalten nichts, er muss für das angeblich unkommunistische »Rechtsabweichen« seiner Sippe mit büßen. Fünf Jahre schmachtet er im Gefängnis und Arbeitslager, danach folgt die Zwangsarbeit in einer Fabrik. Er ist schon 29, als sich die Geschicke wenden, die Familie rehabilitiert wird. Der Vater steigt wieder zum Vizepremier auf und verzeiht offensichtlich seinem Sohn, er protegiert ihn jedenfalls. Bo Xilai darf studieren. Er wählt als Fachgebiet nicht wie so viele andere spätere Spitzenkader Ingenieurwissenschaften, sondern Geschichte und Journalismus. Und er bekommt schon früh einen intimen Blick ins Zentrum der Macht: Sein erster Job führt ihn gleich hinter die Mauern von Zhongnanhai. Bo Xilai arbeitet dort als Sekretär im Büro des Zentralkomitees der Partei. Dem Ort, dem fortan all seine Träume – und all seine halsbrecherischen Winkelzüge – gelten.

Xiamen, reiche Hafenstadt in der Provinz Fujian, von den Ming-Kaisern gegründet, von den Briten in den Opiumkriegen gedemütigt; bei klarer Sicht kann man hinübersehen nach Taiwan, ins andere China. Aus alten Kolonialvillen dringen Klavierklänge, in Xiamen lehren traditionell die besten Pianisten; vom lebhaften Hafen tönen Schiffssirenen. Hier war immer das Geld zu Hause –

und der Schmuggel. Hier wird Xi Jinping mit 35 Jahren Vizebürgermeister, später erster Mann. Ein vielversprechender, aber auch ein gefährlicher Job. Er laviert sich geschickt durch alle drohenden Untiefen. Warnt vor Korruption und fordert Respekt vor der KP, legt sich aber nicht mit der Geschäftswelt an. Die Vetternwirtschaft an der Wurzel zu packen und einschneidende Reformen etwa in Richtung einer unabhängigen Justiz zu fordern, traut er sich nicht: Achtung vor dem Gesetz sei nötig, nichts dürfe dazu führen, dass die Herrschaft der Partei geschwächt werde, lautet sein Credo. Sein rehabilitierter Vater ist da weiter: als Politbüromitglied und Gouverneur von Guangdong treibt er Anfang der Achtzigerjahre den wirtschaftlichen Reformprozess entschiedener voran als der Sohn. Der darf sich allerdings schon frühzeitig einen Eindruck von der Supermacht USA machen. 1985 reist Xi Jinping erstmals als Delegationsmitglied in die USA, wird zu einem Besuch bei einer Farmerfamilie in Iowa eingeladen. Er scheint die Zeit genossen zu haben, war von der Freundlichkeit der Menschen, wie er später Bekannten in der Heimat erzählte, sehr begeistert. Jahre später legt er dann bei einer neuerlichen USA-Reise großen Wert darauf, die Familie wiederzutreffen – eine Geste, die ihm im Westen Sympathie einbringt. Hinweise darauf, dass ihn auch das demokratische System der Vereinigten Staaten besonders beeindruckt hat, sind seinen Äußerungen allerdings nicht zu entnehmen.

Xi Jinping möchte bei seinem Aufstieg im System der Volksrepublik China dann vor allem eins: keine Fehler machen. Er ist bereit für die Ochsentour durch die Provinzen, den KP-klassischen, langen Weg nach oben. Wird Vizeparteichef von Fujian und übersteht dort einen der größten Korruptionsskandale in der Geschichte der Volksrepublik – Waren im Wert von mehr als vier Milliarden Dollar soll ein Geschäftsmann namens Lai Chanping durch die Provinz geschmuggelt haben, ohne dass dies den Autoritäten auffiel. Xi landet schließlich als Gouverneur im ostchinesischen Zhejiang. Auch dort fällt er vor allem dadurch auf, dass er versucht, nicht aufzufallen. In seiner Kolumne im örtlichen Parteiblatt ist zwar viel von »Innvovation« die Rede, aber abgesehen von seiner allgemeinen Sorge um das private Unternehmertum, das er an staatlichen

Großprojekten beteiligt sehen will, treibt ihn nach Aussagen von Zeitzeugen nur eine Sorge um: die Korruption der Funktionäre. »Für kleine Vorteile wie einer Essenseinladung vergessen sie ihre Prinzipien«, schreibt Xi Jinping. »Und beim anschließenden Singen und Tanzen verlieren sie dann ihren Anstand.«

Als wolle ihn die Partei vor einem endgültigen Aufstieg in den Partei-Olymp noch einmal so richtig auf Probe stellen, schickt sie ihn 2007 nach Schanghai. Die Stadt der Sünde hat da gerade wieder ihren zweifelhaften Ruf bestätigt, der Parteiboss stürzte über einen Skandal. Der vorsichtige Herr Xi wittert überall Fallen. Als ihm die Schanghaier eine Dienstvilla in der ehemaligen Französischen Konzession anbieten, lehnt er ab und zieht in ein bescheidenes Apartment. Als sie ihm für einen offiziellen Trip in die Nachbarprovinz einen Sonderzug bereitstellen, entscheidet er sich für die Reise im Minivan. Sieben Monate regiert er die Wirtschaftsmetropole, ein Saubermann, der sich keine Blöße gibt und deshalb auch keine politische Reformen wagt. Ein solider Verwalter, nicht in Versuchung zu führen. Glamourös und schillernd ist an Xi Jinping nur eines – seine zweite Frau. Die attraktive Sopranistin Peng Liyuan hat als Sängerin von Parteiliedern (*Meine Soldatenbrüder*) auf der Bühne und im Fernsehen landesweit Karriere gemacht. Als Mitglied des Tanzensembles der Volksbefreiungsarmee nützt sie ihrem Mann auch politisch – sie besitzt den Rang eines Generalmajors und gehört als Abgeordnete der Politischen Konsultativkonferenz des Volkes an. Tochter Mingze, ihr einziges Kind, schickt das Paar nach Harvard, wo sie sich, anders als der Sohn Bo Xilais, unter einem Pseudonym eingeschrieben hat. Und anders als der nicht durch Eskapaden auffällt.

Dalian, Provinz Liaoning, Hafenstadt im Rostgürtel von Nordostchina; unvermeidlich der hässliche Fernsehturm, typisch auch das dreißigstöckige Hotel mit dem Drehrestaurant, das in den zweitrangigen grauen Städten der Volksrepublik als Zeichen von Fortschritt gilt. Hierher verschlägt es 1993 Bo Xilai als Bürgermeister. Sieben Jahre lang wirkt und wirbelt er in der Stadt, drückt ihr seinen eigenwilligen, seinen individuellen Stempel auf. Dalian wird

herausgeputzt, als solle es einen Wettbewerb um Chinas schönste
Stadt gewinnen: Parks angelegt, Häuser restauriert, Straßen ver-
breitert. Und überall lässt Bo importiertes Ziergras anpflanzen. Er
umwirbt ausländische Investoren, bietet ihnen steuerliche Sonder-
konditionen. Doch gleichzeitig zeigt er sich nationalbewusst, lässt
zur Rückgabe der Kronkolonie Hongkong eine gigantische Mar-
morsäule errichten. Und übt sich in einer Disziplin, die sonst in der
auf äußerliche Bescheidenheit programmierten Partei verpönt ist:
im Personenkult. Bo trägt Maßanzug und chauffiert einen Jaguar.
An der Uferpromenade entsteht ein Messingrelief mit Fußabdrü-
cken Dalianer Bürger. Alle gleich groß, bis auf die des Bürgermeisters. Die sind so bemessen, als besäße der erste Mann der Stadt
Siebenmeilenstiefel. Und ragen golden heraus.

Sein einst verfolgter Vater Bo Yibo ist Ende der Neunzigerjahre
rehabilitiert, zählt wieder zu den »Unsterblichen« der Partei – und
trommelt für die Karriere seines Sohns. »Ein Staatsmann wie Henry
Kissinger, umweltbewusst wie Al Gore, fast so beliebt wie Prinzessin Diana«, dichtet ein von ihm bestallter PR-Berater. Und doch
geht es noch nicht ganz so raketenhaft nach oben, wie der Clan
es sich vorstellt. Langsam wird auch die schöne und erfolgreiche
Frau an seiner Seite ungeduldig: Gu Kailai, Gattin Nummer zwei.
Auch sie sieht sich auf dem Weg zum Superstar. Als Anwältin hat
sie in den USA für Dalianer Unternehmer einen spektakulären
Prozess gewonnen und darüber – unter dem Pseudonym »Horus«,
der ägyptischen Kriegsgöttin – ein Buch geschrieben: »Wie man
in Amerika Recht behält«. Darin steht ein Schlüsselsatz, der sie
bis heute verfolgt: »In Amerika gibt es für Mörder diese endlosen
Aufschübe vor der Hinrichtung, wir in China fackeln nicht lange,
wir richten Mörder hin.«

Immer mehr westliche Geschäftsleute gestehen heute, dass sie
in Dalian nur zum Zug kamen, wenn sie sich auf hohe Provisions-
zahlungen einließen. Die Bürgermeister-Gattin wirkte dabei wie
eine Art Bezahlschranke, sie stellte die juristischen Ampeln fürs Big
Business erst auf Grün, wenn Gelder unter der Hand flossen. Dabei
nutzt sie häufig die Dienste eines vertrauten Mittlers, des in Dalian
ansässigen britischen Geschäftsmanns Neil Heywood. Er hilft dem

Power Couple auch, seinen einzigen Sohn Bo Guagua in den exklusiven Londoner Schulen Papplewick und Harrods unterzubringen. Um ihn zu betreuen, zieht die Mutter mehre Monate mit nach England, geht ein und aus in den teuersten Fünfsternehotels. Kritische Beobachter monieren, der Fortschritt in Dalian sei nur oberflächlich. Aber die Stadt blüht, gewinnt für ihre Umweltpolitik internationale Preise. Bo Xilai wird zum Gouverneur der Provinz Liaoning befördert, 2004 dann zum Handelsminister der Volksrepublik. Doch das sind in seinen Augen, wie er Freunden gesteht, nur Trostpreise: Er will ins Zentrum der Macht. Er ist fest davon überzeugt, beim 17. Parteikongress im Oktober 2007 werde er mindestens zum Vizepremier ernannt. Er schafft es dann zwar ins Komitee der 25 Top-Politiker, aber eben nicht in den entscheidenden Kreis der Neun. Und die Partei will ihn nicht in Zhongnanhai haben, sie schickt ihn noch einmal in die Provinz, fernab des großen nationalen und internationalen Geschehens, in die mittelchinesische Problemstadt Chongqing. Sein Vater, der große Karriere-Unterstützer, ist gerade gestorben, und es sieht so aus, als sei Bo Xilai zu einer politischen Rolle in der zweiten Reihe verdammt, als verglühe sein Stern. Er weiß, dass er ungewöhnliche Taten vollbringen muss, um seinen Traum von der Mao-Nachfolge zu erreichen. Sensationelle Taten. Und da muss er seinen Entschluss gefasst haben, Chongqing zum Gegen-Peking aufzubauen.

Zhongnanhai, Regierungssitz des größten Volkes der Erde, das »Tor zum neuen China«. Auf der traditionellen Geistermauer steht in der Originalhandschrift des Großen Vorsitzenden eingraviert, was so oft (und gerade von ihm) schon verraten wurde: »Dem Volke dienen!« Xi Jinping hat sich da 2007 bereits durchgesetzt, anders als der Energische hat es der Vorsichtige beim Parteikongress in das Komitee der Top Neun geschafft. Er wird zum Cheforganisator der prestigeträchtigen Olympischen Spiele in Peking ernannt. Und dem parteiinternen Ranking zufolge wird bald klar, dass bei der für Herbst 2012 anberaumten Verjüngung der Parteispitze kein Weg an ihm vorbeiführen soll, dass er für die höchsten Weihen gesalbt wurde. China will der westlichen Welt Transparenz zeigen: Seht her, wir sind berechenbarer als ihr, so sieht er aus, unser kommender Führer. 2008 folgt der Aufstieg zum Vizepräsidenten, Auslandsreisen führen Xi nach Lateinamerika, Japan, Europa einschließlich Deutschland. Überall gibt er den verbindlichen, umsichtigen Konsenspolitiker. Er sei kein intellektueller Überflieger, aber »berechnend, selbstbewusst und konzentriert«, heißt es in den US-Botschaftsdepeschen, ein Pragmatiker, der »kalt« zum rechten Zeitpunkt die richtige Karte ausspiele. Kein chinesischer Gorbatschow, demokratischen Reformen stünde er ebenso skeptisch gegenüber wie einer neureichen Klasse, die ihre Würde und den Respekt gegenüber anderen verloren habe.

Xi Jinping soll sich für klassische Kampfsportarten, auch für die Lehren des tibetischen Buddhismus begeistern, den 14. Dalai Lama aber will er, ganz auf Partei-Linie, weiter als »Spalter« bekämpfen – strenger als sein Vater, der eine Schwäche für den sanften Religionsführer hatte, in seinen späten Jahren eine von ihm geschenkte handgefertigte tibetische Uhr am Handgelenk trug. In seiner spärlichen Freizeit sieht Xi Jinping gern Hollywood-Filme mit Action-Helden, etwa Steven Spielbergs Weltkriegs-Epos *Saving Private Ryan*. Aber auch der kritische einheimische Filmemacher Jia Zhangke imponiert ihm, was einen Hauch von Liberalität erhoffen lässt. Ansonsten heißt sein Prinzip: Fehlervermeidung, Harmonieverbreitung. Das gelingt Xi Jinping fast durchgehend. Nur einmal, 2008 auf einer Auslandsreise, als er die Mikrofone der Journalisten ausgeschaltet glaubt, redet er Klartext gegen westliche Kritiker. Gegen »diese gelangweilten Ausländer mit ihren vollen Mägen, die nichts Besseres zu tun haben, als mit dem Finger auf uns zu zeigen. Denen sage ich: Erstens exportieren wir keine Revolution, zweitens tragen wir nicht Hunger und Armut in die Welt hinaus, und drittens verursachen wir durch unsere Aktionen niemandem Kopfschmerzen.«

Und dann ist da noch dieser unselige Trip im Dezember 2010 zum Konkurrenten, zu Bo Xilai in dessen Stadt, sein öffentliches Lob für den Mao-Imitator. Da hätte er sich besser zurückgehalten. Zwar haben sich viele ranghohe Politiker in den vergangenen Jahren zu einem Pilgertrip nach Chongqing aufgemacht, aber Präsident Hu und Premier Wen eben nicht; die erkannten rechtzeitig, dass sich da Bedrohliches zusammenbraute. Dass es um Bo Xilai, seine Frau und deren britischem Berater zu Mord und Totschlag kommen würde, zu einem versuchten Putsch gegen die Parteispitze und zu einem Jahrhundertprozess, der die ganze Nation mitsamt der regierenden Partei durcheinanderwirbelt, können aber auch sie nicht geahnt haben.

Chongqing, am Zusammenfluss zwischen Jangtsekiang und Jialing gelegen, 1500 Kilometer von den prosperierenden Küstenregionen entfernt, 33 Millionen Einwohner, eine Stadtprovinz von der Größe Österreichs.»Schmelzofen« heißt sie im Volksmund, wegen der unerträglich glühenden Sommer und wohl auch wegen der umweltverpestenden Schwerindustrie.»Doppelte Feier« bedeuten die chinesischen Schriftzeichen, dabei hatte dieses Chongqing, 1939 monatelang japanischen Bombardements ausgesetzt und 1945 Ort ergebnisloser Verhandlungen zwischen Generalissimus Chiang Kai-shek und dem Revolutionär Mao, in seiner Geschichte eigentlich nie etwas zu feiern.

In diese Problemstadt also haben sie Bo geschickt, in diesen schwierigen Ort der Bewährung. Vom ersten Moment an agiert er dort wie Mao II. Er hat sich ein geniales Konzept ausgedacht, das ihn gegenüber den ihm wenig wohlgesonnenen Parteioberen immun machen soll: Er pflegt demonstrativ die Rückbesinnung auf den Großen Vorsitzenden, dessen Disziplin, dessen Volksnähe. Er verordnet öffentliche Mao-Lesungen, baut ihm neue Statuen, lässt in den Schulen»rote« Lieder singen, morgens, mittags, abends. Und mischt sich, ganz ungewöhnlich für einen KP-Kader, bei Sprechstunden unter die Bürger, hört sich ihre Nöte an. Klagen kommen vor allem über die schlechte Luft, die Wohnungsnot, fehlende Jobs, das grassierende organisierte Verbrechen. Bo lässt Alleen von Bäumen pflanzen, steckt Hunderte Millionen in den sozialen Wohnungsbau, legt ausländischen Investoren den roten Teppich aus. Vor allem aber gibt er im Anti-Mafia-Kampf den unerbittlichen Saubermann. Dazu holt er sich einen Freund und Polizeiexperten aus Liaoning-Tagen: Wang Lijun, den»Mann mit Eisen im Blut«, wie ihn der Volksmund nennt. Von Bo Xilai angetrieben, greift der rücksichtslos gegen die »schwarzen Übel« wie Erpressung, illegalen Waffenbesitz und Schutzgeldzahlungen durch. Innerhalb von zwei Jahren werden in der Stadt mehr als 5700 Menschen verhaftet und ins Gefängnis gesteckt, Hunderte in Schnellgerichtsverfahren verurteilt und exekutiert.

Die Kampagne mit dem Decknamen »Dahei« (etwa: »Schafft sie weg!«) ist im Volk durchaus populär, auch internationale Politiker wie Henry Kissinger reisen an und lassen sich zu gemeinsamen Auftritten mit Bo hinreißen. Das »Chongqing-Modell« mit seiner brachialen Durchsetzungskraft wird noch 2011 von vielen als möglicher Gegenentwurf zum abgehobenen, graumäusigen Pekinger Partei-Stil gefeiert. Obwohl schwer zu übersehen ist, wie willkürlich der Möchtegern-Mao bei den Verhaftungen vorgeht, wie er mit seiner Kampagne auch einfach nur missliebige politische und wirtschaftliche Rivalen ausschaltet, jeden Hauch von Rechtsstaat außer Kraft setzt. Und immer wieder gibt es auch Gerüchte über sexuelle Ausschweifungen des Parteichefs, über eine ganze Reihe von Konkubinen.

Bo Xilai soll bei Gesprächen mit seinen engsten Freunden kein Hehl daraus gemacht haben, dass er sich selbst als Alternative zu Xi Jinping sieht. Der Charismatische glaubt sich wegen seiner Herkunft als »Prinzling« und wegen seiner »maoistischen« Popularität unantastbar. Das macht die Pekinger Parteispitzen zunehmend nervös. Sie leuchten diskret Bos Umfeld aus – und stoßen auf Dinge, die sie atemlos machen, die sie sogar einen Putsch befürchten lassen. Bo hat bei den Besuchen Pekinger Größen die Hotelzimmer verwanzt und Telefongespräche mitschneiden lassen, darunter – nach Insider-Informationen – eine brisante Unterhaltung zwischen der Pekinger Antikorruptions-Zarin Ma Wen und Parteichef Hu Jintao im August 2011.

Zu dieser Zeit ahnt Bo wohl noch nichts von kommenden politischen Stürmen, ihn beschäftigen familiäre Probleme. Im Internet kursieren Fotos seines Sohnes Guagua, 23, die ihn neben leicht bekleideten Damen halbnackt und offensichtlich betrunken bei Partys zeigen. Oder auch mal in einem Porsche, vor der Haustür eines amerikanischen Luxusapartments – zu einer Monatsmiete, die gut zwei Jahreslöhnen eines chinesischen Wanderarbeiters entspricht, und einem Dreimonatsgehalt seines Vaters. Die Diskussion, wie der Junior das alles finanziert, braucht Bo Xilai nun wirklich nicht. Seine Frau soll Guagua die Leviten lesen. Doch längst schon ist die Anwältin ein Nervenbündel. Das hat offensichtlich mit den Geldern zu tun, die von der Familie ins Ausland verschoben wurden, von mindestens 22 Millionen US-Dollar, möglicherweise aber auch vom Zehnfachen ist die Rede. Gu Kailai hat nach späteren Aussagen ihrer Untergebenen in Chongqing einen regelrechten Hofstaat unterhalten. Sie hat ihre Untergebenen tyrannisiert, auch Geschäftspartner Neil Heywood, dem sie unterstellt, ihrem Sohn mit allen Mitteln schaden zu wollen. Tatsächlich soll der Brite ihr gedroht haben, den Junior »auffliegen« zu lassen, wenn es keine Einigung mit der Anwältin über die »ihm zustehenden« Provisionen aus illegalen Auslandstransfers gebe. Der ausländische Mitwisser wird für die Familie zum Problem. Er ist mehr als ein Störenfried. Ein potenzieller Karrierekiller.

Im November 2011 bestellt Kailai ihn ein, Treffpunkt Lucky Holiday Hotel, auf einem Hügel außerhalb Chongqings. Heywood erzählt Freunden, dass ihm nicht wohl sei bei dem Termin. Aber es ist gleichzeitig der 53. Geburtstag seiner langjährigen Geschäftspartnerin, da kann er nicht absagen. Was sich dann in den leicht heruntergekommenen Räumen mit den senffarbenen Tapeten und den Wasserfall-Fotos an den Wänden abgespielt hat, lässt sich nur als skrupellosen Mord bezeichnen. Chongqings First Lady soll Heywood mithilfe eines Untergebenen betrunken gemacht und ihm einen vorbereiteten Gifttrank eingeflößt haben. Den plötzlichen Tod des 41-Jährigen erklären die Behörden als Herzversagen, die Leiche wird rasch eingeäschert. Das Problem wäre aus der Welt geschafft gewesen, hätte nicht Polizeichef Wang Verdacht geschöpft. Ob der bisher so skrupellose Vertraute des Bürgermeisters moralische Bedenken hat, ob er mit der Bo-Gattin im Streit liegt oder schlicht seinen Boss erpressen will, bleibt unklar: Jedenfalls konfrontiert Wang Anfang 2012 Bo Xilai mit einem Gutachten. Er hat Blutproben von der Leiche nehmen lassen, Zyankali nachgewiesen.

Doch Bo will von einem Mordkomplott nichts wissen. Er schreit seinen Vertrauten zusammen, schlägt ihm in einem Wutanfall sogar ins Gesicht, droht mit Entlassung und Überwachung. Eine KP-interne Intrige hat sich zu einem Mordkomplott gegen einen Ausländer ausgeweitet und wird nun zum größten Skandal der jüngeren chinesischen Geschichte – mit nationalen und sogar internationalen Folgen, die Pekings Führer bis heute nicht ganz in den Griff bekommen haben. Anfang Februar flieht Wang Hals über Kopf mit seinem Privatwagen aus Chongqing. Er weiß, es gibt in der Volksrepublik keine unabhängige staatliche Autorität, der er sich anvertrauen kann. Seine einzige Chance: das nächstgelegene Konsulat der USA, das sich im 250 Kilometer entfernten Chengdu befindet. Er fährt die Nacht durch. Er weiß: Die geheimen Informationen, über die er verfügt, sind so brisant, dass sie das Machtgefüge der zweiten Supermacht erschüttern können: Es geht nicht nur um den Mord, sondern auch um die geheimen Mitschnitte. Im Gegenzug für seine Enthüllungen erwartet er sich politisches Asyl.

Wang wird bitter enttäuscht: Die westliche Supermacht will sich nicht in die chinesischen Interna einmischen. Nur wenige Stunden nach Wangs Auftauchen ist das Konsulat von chinesischen Sicherheitskräften umstellt. Und nur wenige Tage nach diesem 6. Februar 2012 soll Vizepräsident Xi Jinping im Weißen Haus seinen Antrittsbesuch als designierter Parteiführer absolvieren. In hektischen Telefonaten auf höchster Ebene verhindern Washington und Peking, dass sich die Flucht Wangs zu einer handfesten diplomatischen Krise ausweitet. Obama empfängt Xi mit allen Ehren, Wang begibt sich in die Hände der chinesischen Behörden. Am 24. September 2012 verurteilt ein Gericht in Chengdu den so viele Jahre lang als »Super-Polizisten« Gefeierten zu 15 Jahre Haft wegen »Bestechlichkeit« und »Fahnenflucht«.

Bo Xilai macht noch einmal einen letzten, verzweifelten Versuch, die Macht zu ergreifen. Er fliegt nach Kunming, in die Stadt, in der die besten Generalsfreunde seines verstorbenen Vaters leben, und schwört, das »Gedenken an die revolutionären Ahnen« zu pflegen. Doch die höchsten Militärs sind auf die Partei eingeschworen, er kann keine Bataillone hinter sich sammeln, obwohl Peking kurzfristig von Gerüchten schwirrt, ein Putsch stünde bevor. Der Eigen-willige beschließt, auch im Untergang Stil zu bewahren. Fährt Ende Februar 2012 noch einmal zu einer Parlamentssitzung nach Peking, beschuldigt in mehreren öffentlichen Auftritten »reaktionäre aus-ländische Kräfte«, ihn stürzen zu wollen, und nicht näher benannte Feinde im Innern, »Dreck« über ihn auszuschütten. Am 14. März sitzt er noch einmal Seit an Seit mit seinen Politbüro-Kollegen, ein letztes Gruppenfoto. Abwesend wirkt er dabei, nach oben starrend, als erhoffe er sich von dort noch eine späte Zusage für das »Mandat des Himmels«. Da warten in den Flügeln der Großen Halle des Volkes schon diskret die Sicherheitskräfte, um ihn abführen. Weg von dem, was er so fieberhaft angestrebt hat: dem Scheinwerferlicht der Öffentlichkeit. Weg von Zhongnanhai und dem Mao-Erbe.

Chongqing heute, eine schummrige Kneipe in der Innenstadt, Hongge Ting heißt sie immer noch, »Haus der Roten Lieder«. Trot-zig gröhlen sie hier im kleinen Kreis die alten Mao-Weisen, die vor wenigen Monaten noch in aller Munde waren. »Bo lebt für immer in unseren Herzen«, raunt einer der Männer und fügt hastig hinzu, er wolle nicht zitiert werden. Draußen auf den Straßen sind die alten Parolen verschwunden, alles, was an den Bürgermeister erinnern könnte, wurde beseitigt. Im Lucky Holiday Hotel ist die gesamte Belegschaft ausgewechselt, der Ort des Verbrechens – Gebäude 16, Suite 1605 – gesondert gesäubert. Überall Überwachungskameras. Machtmissbrauch, Korruption und »ungehörige sexuelle Beziehun-gen« zu einer Reihe von Frauen wirft man dem Festgenommenen vor. Im Frühjahr 2013 machen Gerüchte die Runde, Bo Xilai habe einen Hungerstreik begonnen, um eine schnelle Entscheidung über sein Schicksal herbeizuzwingen. Das neu besetzte Politbüro äußert sich nicht direkt zum Fall, für die Mitglieder ist der Mann eine Unperson. Nur so viel: »Eine Handvoll Parteimitglieder ist korrupt und degeneriert. Wir werden mit unqualifizierten Mitgliedern in einem angemessenen Zeitraum umgehen.«

Für manche bleibt Bo Xilai ein Held, eine verfolgte Unschuld. »Dabei ist Mitleid mit ihm völlig unangebracht. Er hätte das Land in einen Polizeistaat geführt«, sagt der sonst so verschwiegene Anwalt

Li Zhuang bei einem Treffen mit meinem SPIEGEL-Kollegen, dem damaligen Peking-Korrespondenten Wieland Wagner, und mir in einem Teehaus. Li weiß, wovon er spricht. Er hat in Chongqing Angeklagte vertreten; einem riet er, sein unter Folter erzwungenes Geständnis zu widerrufen. Der Jurist solle solche Aufwiegelung gegen die Staatsgewalt unterlassen, übermittelte ihm Bo. Li aber ließ sich nicht abschrecken – und kam 2009 selbst als Angeklagter vor Gericht. Er wurde zu 18 Monaten Haft verurteilt. »Bos Schergen haben mich im Gefängnis regelmäßig gefoltert, ich bin sicher, sie haben es auf seine ausdrückliche Anweisung getan.« Der Anwalt gilt als unabhängiger Geist, unverdächtig, die offizielle Parteilinie nachzubeten. Er ist heute rehabilitiert und sagt: »Durch Bo Xilais Sturz ist China manches erspart geblieben.«

Hefei, dröge Provinzhauptstadt von Anhui, Geburtsort eines Helden, der hier während der Song-Dynastie im 11. Jahrhundert mit der Korruption aufgeräumt und besonders faire Gerichtsurteile gesprochen haben soll. Aber nicht deshalb, sondern eher wegen seiner großen Entfernung zu Peking und Chongqing und wegen eines ortsansässigen, als besonders gefügig geltenden Generalstaatsanwalts findet hier im Sommer 2012 der mit Hochspannung erwartete Prozess gegen Bo Xilais Ehefrau statt. Wegen der Herkunft des Mordopfers müssen britische Diplomaten zugelassen werden. Internationale Journalisten bleiben ausgesperrt.

Nur sieben Stunden dauert die Farce, keine Beweisaufnahme, keine Zeugen: eine einzige juristische Enttäuschung ist dieser »Nicht-Jahrhundertprozess«, der an kommunistische Schauprozesse erinnert (so der *New Yorker*). Gu Kailai, aufgeschwemmt das Gesicht und in grauer Kluft, zeigt sich voll geständig und nimmt alle Schuld auf sich. Als mildernde Umstände führen ihre staatlich bestellten Anwälte die Sorge um den von Heywood »bedrohten« Sohn an, zeichnen das Bild eines nur sehr eingeschränkt zurechnungsfähigen, nervlichen Wracks. Ihr Mann kommt beim Prozess nicht vor, worum es bei der »geschäftlichen Auseinandersetzung« mit dem Briten gegangen ist, wird nur schemenhaft deutlich. Keine Rede von den millionenschweren Immobilienkäufen im Londoner

Luxusviertel South Kensington, die auf den Britischen Jungfern-
inseln über eine Briefkastenfirma getätigt wurden. Wenige Tage
später wird Kailai, deren Vorname so viel bedeutet wie »die Zukunft
umarmen«, zu einer suspendierten Todesstrafe verurteilt. Ein eher
mildes Verdikt, denn in der Regel bedeutet das nach zwei Jahren
Umwandlung in eine lebenslange Haftstrafe. In ihrem Schlusswort
bedankt sich die Angeklagte artig für die »humanitäre Fürsorge«,
die man ihr zuteilwerden ließ – fröstelnde Anklänge an Prozesse,
wie sie Stalin liebte.

Noch wenige Wochen vor dem intern immer wieder verschobe-
nen Parteitag Ende 2012 zeigt sich die KP hypernervös. Die Pekinger
Internetzensur heizt Spekulationen an, indem sie mit aller Härte
gegen Blogger vorgeht und zwischenzeitlich Begriffe wie »Bo Xilai«,
»Putsch«, »Gewehrfeuer« und sogar »Wahrheit« auf den Index setzt.
Andererseits knicken die KP-Oberen bei fast jedem öffentlichen
Protest sofort ein. Nach Straßendemonstrationen wird der schon
genehmigte Bau von Fabriken in Sichuan und Heilongjiang, die im
Verdacht standen, die Umwelt besonders zu verschmutzen, über
Nacht gestoppt. Die politische Führung sucht nun plötzlich den
Schulterschluss mit dem Volk. Sie hat in der Affäre Bo Xilai eine
schwere Niederlage erlitten, der Mythos von der Überlegenheit des
autoritären chinesischen Systems ist erschüttert. Die Volksrepublik besitzt keine rechtsstaatlichen Mechanismen, um seine Führer
auf friedliche Weise auszutauschen – und hat das gerade gegenüber seinem zunehmend zynischer reagierenden Volk schmerzlich
demonstriert. Der vermeintliche Wettbewerbsvorteil der Einparteienherrschaft könnte langfristig zum größten Unsicherheitsfaktor
werden.

Und noch einmal vor seiner »Krönungsfeier« zeigt sich Xi als
Rätsel-Figur, als wolle er einen weiteren Beleg für die mangelnde
Transparenz des Systems liefern. Er verschwindet über zwei
Wochen lang von der politischen Bildfläche, versetzt die anreisende
amerikanische Außenministerin Hillary Clinton ebenso wie die
Regierungsspitzen von Dänemark und Singapur. Im Fernsehen sind
keine Live-Bilder des Designierten zu sehen. Und schon überschla-
gen sich die Gerüchte: Hatte Xi einen Autounfall erlitten, setzte ihn

ein Herzinfarkt außer Gefecht, gar ein Anschlag? Oder war es eine Sportverletzung, ein »Rückenleiden«, letzterer Verdacht verstärkt durch die Blockierung des Begriffs im Internet? Die Welt wird es nie erfahren. Wahrscheinlich nimmt sich Xi einfach eine Auszeit, bereitet sich in Zhongnanhai, der Trutzburg der Parteistrategen, auf die Machtübernahme vor. Schon vor einigen Jahren hat er allen Weggefährten nahegelegt, sich zu seiner Person in Schweigen zu hüllen. Er will keine Angriffsflächen bieten. Und so wiederholt er in einem internen Partei-Aufruf seine Warnung vor Indiskretionen. »Klemmt gefälligst eure Schwänze zwischen die Beine!«, formuliert das Xi Jinping. Er möchte offensichtlich auf keinen Fall mit Luxus in Verbindung gebracht werden und legt größten Wert darauf, den Eindruck von Nepotismus zu vermeiden.

Der Verdacht, dass sich Spitzenfunktionäre bereichern, ist nicht weit hergeholt. So etwas gilt fast schon als an der Tagesordnung. »Wenn ein Kader aufsteigt, dann kommen auch seine Hühner in den Himmel«, sagt ein chinesisches Sprichwort – ganz einfach, weil es seit jeher viel leichter ist, mit den richtigen *guanxi* (»Verbindungen«) Geschäfte zu machen. Und so ganz scheint das mit der verordneten Bescheidenheit im Xi-Clan denn auch nicht geklappt zu haben. Die *Bloomberg News* verbreiteten eine detaillierte Aufstellung über den Reichtum der Xi-Verwandten, von Firmenbeteiligungen bis zu Villen in Hongkong; allein der Besitz seiner Schwester und deren Mann beläuft sich nach Recherchen des Blattes auf etwa 400 Millionen US-Dollar. Obwohl *Bloomberg* keineswegs behauptet, Xi Jinping selbst habe sich persönlich bereichert, sperrte die Staatszensur in Peking sofort den Zugang zu diesen Informationen. Und später passierte das noch einmal, als dem scheidenden Premierminister Wen Jiabao von der *New York Times* nachgewiesen wurde, dass sein Clan während seiner Amtszeit ein Vermögen von 2,7 Milliarden US-Dollar anhäufte.

Amerikanische Diplomaten nennen Xi Jinping in ihren Geheimdepeschen »unbestechlich«, Schnaps und Affären, der Zeitvertreib so vieler Funktionäre, sei seine Sache nicht. Allerdings sei er fest davon überzeugt, dass nur eine kleine Elite Chinas soziale Stabilität bewahren und das Land zu neuer Größe führen könne, nämlich die Söhne und Enkel der kommunistischen Gründerväter: Die Prinzlinge seien »die legitimen Erben der Macht«, hat er laut diesen Quellen einmal unmissverständlich im kleinen Kreis gesagt. Angela Merkel fand den neuen starken Mann bei ihrem Besuch in Peking »offen und sympathisch«. Viel weiter in seiner positiven Bewertung geht Lee Kuan Yew, der ehemalige Premier von Singapur, ein in China wie im Westen hochgeehrter Elder Statesman: »Er ist ein Politiker in der Klasse von Nelson Mandela, eine Person von enormer emotionaler Stabilität, dem seine persönlichen Rückschläge und Leiden nicht die Urteilsfähigkeit beeinträchtig haben. Mit einem Wort: eindrucksvoll.«

Seine Wahl zum KP-Vorsitzenden im November 2012 ist nach den vorausgegangenen Dramen schließlich ein Nicht-Ereignis, ebenso eine Formalität wie die Abstimmung zum höchsten Amt im Staat. Der Volkskongress macht ihn mit 2952 Ja-Stimmen, drei Enthaltungen und einem Nein zum Staatspräsidenten – die merkwürdige Gegenstimme sorgt im Internet für milden Spott und einen Hauch von Zynismus. »War er das etwa selbst, um Demokratie zu simulieren?«, fragte ein Anonymus, und ein anderer meinte, da müsse einer der »Tattergreise« schon so senil sein, dass er nicht einmal den »richtigen« Knopf drücken könne. Die ersten Reden Xi Jinpings waren vom Stil her bemerkenswert, in der Substanz allerdings widersprüchlich. Immerhin: So einer wie sein steifer Vorgänger Hu Yaobang, ein Apparatschik, den der Volksmund »Roboter« getauft hat und der sich mit roboterähnlichen Funktionären umgab, ist er nicht.

Xi wettert gegen die Verschwendungssucht der Kader und die extravaganten Bankette in teuren Restaurants, »mehr als vier Gänge sind nun wirklich nicht nötig«. Er rät den Spitzenfunktionären bei ihren Besuchen in der Provinz davon ab, in den teuersten Hotels abzusteigen, rote Teppiche zum Empfang werden ausdrücklich verboten. »Gehaltlose und überflüssige Gesprächsprotokolle« sollen ebenso wegfallen wie pompöse Zeremonien mit Bänderdurchschneiden. Motto: dein Politiker, der Staatsdiener – nicht wie so oft zuvor der Am-Staat-Verdiener. Und er weicht von seinem Redemanuskript ab, spricht manchmal frei in die Kamera; er lässt sich mit seiner Führungsmannschaft beim hemdsärmeligen Arbeitstreffen fotografieren. Das gefällt den meisten Chinesen, die noch etwas ungläubig die neue Volksnähe ihrer Regierenden beäugen.

Der Kampf gegen Korruption und bürokratische Auswüchse entscheide über die Zukunft der Partei, sagt der neue KP-Chef und Staatspräsident und kündigt an, alle Kader, die sich bereichern, schwer zu bestrafen. Schnell sind Präzedenzfälle gefunden, ein Provinzfunktionär wird wegen seines Villenbesitzes angeklagt, ein anderer stolpert über ein Sex-Video; es zeigt ihn mit seiner Sekretärin, die ihn, offensichtlich von Fremden beauftragt, zu lukrativen Deals überredet. Im Juli 2013 wird dann sogar ein ehemaliger Minister wegen Korruption zur Todesstrafe auf Bewährung verurteilt, der Ex-Bahnchef Liu Zhijun. Die Casinos von Macao, in denen offensichtlich viel Schwarzgeld vom Festland »gewaschen« wird, müssen künftig bei größeren Beträgen Herkunftsnachweise verlangen. Es sind erste Schritte, aber keine Beweise für einen wirklichen Neustart. Auch schon Mitte der Neunzigerjahre hatte die Partei eine ähnliche Kampagne mit dem Namen »Hart zuschlagen« gestartet; sie war bald verpufft. Immerhin hat Xi Jinping seinen Antikorruptionskampf mit einer wichtigen Botschaft ergänzt. Er will für die strikte Anwendung bestehender Gesetze eintreten: »Wir müssen dafür sorgen, dass die Menschen fair behandelt werden, und uns Mühe geben, dass in jedem einzelnen Fall Gerechtigkeit waltet.« Diesen hehren Vorsatz verband er jedoch nicht mit einer Amnestie für offensichtlich politische Gefangene wie den Friedensnobelpreisträger und Bürgerrechtler Liu Xiaobo; auch dessen Frau wird – ohne jede rechtliche Grundlage – weiter mit täglichen Schikanen überzogen, sein Schwager sieht sich einer sehr konstruiert wirkenden Betrugsanklage ausgesetzt. Es ist den staatlichen Autoritäten weiterhin möglich, unliebsame Personen über Monate in Geheimgefängnissen festzuhalten.

Im April 2013 sterben gleich zwei Insassen in solchen »inoffiziellen« Straflagern – beide sollen nach Aussagen ihrer Familien zu Tode gefoltert worden sein. Und es gibt zwar Bestrebungen der neuen KP-Führung, endlich das unmenschliche System der automatischen Entnahme und Weiterverwendung der Organe Hingerichteter zu beenden, aber die Todesurteile als solche stehen nicht zur Diskussion. Im vergangenen Jahr wurden in der Volksrepublik wieder mehr Menschen exekutiert als im Rest der Welt zusammengenommen.

Viele haben gehofft, dass der neue starke Mann Schluss machen wird mit der Ein-Kind-Politik. Noch immer werden junge Paare in China, wenn sie denn nicht einer Minderheit angehören oder sich in besonders dünn besiedelten Landesteilen niederlassen, staatlich geächtet, wenn sie ein zweites Kind haben wollen. Sie müssen dann hohe Sondersteuern bezahlen. Xi Jinping hat angedeutet, dass man das System überdenken könne. Einen konkreten Politikwechsel in dieser Frage aber hat er noch nicht gewagt – wieder zeigt sich, wie vorsichtig und abwägend er vorangeht, ein Charakteristikum seiner gesamten Karriere. Dass er die Wirtschaft liberalisieren, die Macht der ineffektiven Staatsbetriebe zurückdrehen will, lässt sich immerhin schon erkennen. Gleich nach seiner Wahl ist er, auf den Spuren des Wirtschaftsreformers Deng Xiaoping, zu einer höchst symbolträchtigen Reise in den Süden des Landes aufgebrochen und preist die ökonomische Öffnung des Landes als »unumkehrbar«. Sorgfältig achtet er dabei auch auf die Wirkung der Fernsehbilder: Pomp, Bankette und rote Teppiche waren tabu. Demonstrativ häufig zeigt sich Xi auch mit der neuen Nummer zwei an seiner Seite. Ministerpräsident Li Keqiang, gleichfalls im März 2013 in sein Amt gewählt (drei Gegenstimmen), genießt unter Ökonomen weltweit hohes Ansehen. Der promovierte Wirtschaftswissenschaftler will nach eigenen Worten Reformen vorantreiben und die wachsende Kluft zwischen Arm und Reich, Stadt und Land zu schließen versuchen. Er glaubt, das vor allem mit der Ankurbelung des heimischen Konsums erreichen zu können.

Die bisher so glänzende Bilanz der Volksrepublik hat in den letzten Monaten heftige Kratzer bekommen: Das Wirtschaftswachstum betrug im Jahr 2012 nur 7,8 Prozent, der niedrigste Wert seit Langem. Und für 2013 hat sich die Partei gerade noch 7,5 Prozent als Ziel gesetzt – was fast überall sonst auf der Welt ein Traumwert wäre, gilt in der Volksrepublik als Minimum, um wenigstens einigermaßen ausreichend neue Jobs zu schaffen. Die Banken klagen über eine schlimme Liquiditätskrise.

Ideologisch möchte die neue Führung die Reihen gern geschlossen halten. Xi versammelt als eine seiner ersten Amtshandlungen das gesamte neue Politbüro bei einer Ausstellung mit dem programmatischen Titel »Der Weg zur nationalen Wiedergeburt«. Er wirbt für Harmonie und die Renaissance des »chinesischen Traums«. Der Begriff bleibt schwammig, nur so viel ist klar: Anders als der amerikanische Traum, bei dem es um den individuellen Erfolg geht, steht bei seinem fernöstlichen Widerpart das Kollektive im Vordergrund, der Patriotismus und die nationale Würde. Die Formulierung soll offensichtlich die Größe und Erfindungskraft des klassischen Reichs der Mitte beschwören, Opferbereitschaft und Kreativität in Erinnerung rufen, die so große und bahnbrechende Erfindungen wie den Kompass, die Herstellung von Papier und des Gewehrpulvers ermöglicht haben. Und im chinesischen Traum sollen sich wohl auch abschreckend die chinesischen Traumata widerspiegeln, die Unterdrückung durch westliche Imperialisten und die Demütigung durch japanische Invasoren. So etwas drohe immer und dürfe doch nie wieder passieren, suggeriert der Parteichef und Staatschef in Personalunion. Damit begründet er indirekt auch die Aufrüstung, die gewachsene Rolle des Militärs.

Anders als sein Vorgänger hat Xi Jinping mit seinem Amtsantritt auch gleichzeitig den Vorsitz der Militärkommission übernommen. Er ist bestens vernetzt unter den Generalen, eine große Anzahl hat er in den vergangenen Jahren selbst ernannt. Die Steigerung des Militärhaushalts um stolze 10,7 Prozent, vom Volkskongress Ende 2012 abgesegnet, passt da bestens in Bild (wobei man allerdings wissen muss, dass das US-Militärbudget immer noch fast fünfmal höher ist). Sie geht einher mit einer immer selbstbewussteren chinesischen Außenpolitik. Xi Jinping macht kein Hehl daraus, dass er die zunehmende amerikanische Präsenz im Pazifik mit äußerstem Misstrauen verfolgt, manche in seinem Umfeld sprechen von einer »strategischen Einkreisung« durch die USA. Als Beleg dafür gilt, dass die Navy bis zum Jahr 2020 rund 60 Prozent ihrer Kriegsschiffe im Pazifik stationieren will – weit mehr als im Atlantik und auch im Persischen Golf. Dem gilt es entgegenzuwirken. Im Streit mit Japan um eine möglicherweise erdölreiche Inselgruppe im

Ostchinesischen Meer, die unbewohnten Senkaku-Eilande (chinesisch: Diaoyu), gibt der neue starke Mann von Peking nicht nach, ebenso wenig wie bei den weiter südlich gelegenen Spratly-Inseln, die neben China auch Vietnam und die Philippinen beanspruchen. Der KP-Chef weiß, dass die weltpolitische Rolle der Volksrepublik gewachsen ist, dass in kaum einem »heißen« Konfliktherd der Welt mehr eine Lösung ohne seine Mithilfe möglich ist: Die Volksrepublik ist der einzige Staat, der wesentlichen Einfluss auf das aggressiv-unberechenbare Regime in Nordkorea hat und diesen auch – sehr dosiert – einsetzt. Peking kann auf die Atommacht Pakistan einwirken und zur Befriedung Afghanistans beitragen. Mit seinem Veto im Weltsicherheitsrat vermag Peking wahrscheinlich auch, den Konfliktherd Nahost schlichten zu helfen.

Xi kann die Muskeln spielen lassen. Allerdings sieht sich der chinesische Staatschef trotz der Einweihung eines neuen Flugzeugträgers nicht nur in einer Position der Stärke. Er hält China ganz im Gegenteil für äußerst verwundbar: Die meisten Tanker mit den für das Land überlebenswichtigen Erdöllieferungen kommen durch ein schwer zu sicherndes maritimes Nadelöhr, die Straße von Malakka; und die Herkunftsländer dieser Ressourcen im Nahen Osten befinden sich in einem politischen Aufruhr, der Voraussagen über ihre Zuverlässigkeit schwierig macht. Zudem macht die »Arabellion« der KP-Führung wegen eines möglichen Nachahmungseffekts im eigenen Land große Sorgen. Xi Jinping hat gleich nach seinem Amtsantritt als Staatspräsident mit dem amerikanischen Präsidenten telefoniert und freundliche Worte mit der Bundeskanzlerin gewechselt; um sein Interesse an Europa und eine Überwindung der Währungs- und Finanzkrise zu dokumentieren, schickt er seinen Premier im Mai 2013 nach Deutschland.

Er selbst aber setzt erst einmal andere Prioritäten, und zwar schon binnen der ersten zwei Wochen nach Amtsantritt. Besucht als Erstes den russischen Präsidenten Wladimir Putin und betont die Nähe der gemeinsamen Positionen und Interessenlagen. Reist weiter nach Afrika, wo er zunächst Tansania, dann die Volksrepublik Kongo besucht, zwei alte Freunde Pekings. Und vor allem: Er trifft sich in Durban mit den wichtigsten Politgrößen der anderen BRICS-Staaten: dem indischen Premier Manmohan Singh, der brasilianischen Präsidentin Dilma Rousseff, dem südafrikanischen Gastgeber Jacob Zuma und erneut mit Putin. Schon im Vorfeld der Konferenz wird klar, welchen Stellenwert der Zusammenschluss der wichtigen nicht-westlichen Länder inzwischen hat: Syriens Präsident Baschar al-Assad wendet sich an die Gipfelteilnehmer mit der Bitte um Vermittlung im Bürgerkrieg – der Diktator sieht offensichtlich weder in den USA noch in Europa und auch nicht mehr in den Vereinten Nationen eine einflussreiche Kraft. Aber natürlich sind mit dieser Aufgabe auch die BRICS überfordert. Die Schwellenländer haben viele gemeinsame Interessen und können sich in Durban auch auf die Einrichtung einer eigenen Entwicklungsbank einigen und so ein Ausrufezeichen im Kampf gegen die »etablierten« Mächte des Westens setzen. Gerade beim Werben um den »Schwarzen Kontinent« zeigt sich, dass die gemeinsamen Streiter für eine neue Weltordnung zwar in manchen Bereichen auch Konkurrenten um den großen Kuchen sind, aber dass sie eine eigene, die Hilfe des Westens konterkarierende Süd-Süd-Strategie verfolgen. Anders als etwa Deutschland und die anderen EU-Staaten stellen sie für ihre Projekte keinerlei Vorbedingungen in Sachen Menschenrechte und guter Regierungsführung. Sie arbeiten ganz im Gegenteil besonders gern und gut mit autoritären Regimen wie denen in Simbabwe oder dem Sudan zusammen.

Afrika hat für China traditionell einen besonders hohen Stellenwert, als Energielieferant wie als politische Einflussregion. Wenn es um die historische Nähe zwischen den Kontinenten geht, bemüht die Führung sogar einen muslimischen Eunuchen aus dem frühen 15. Jahrhundert, um das Interesse zu belegen: Der geniale Seefahrer Zheng He landete mit seiner Dschunkenflotte auf verschiedenen Reisen nicht nur in Indien und im Persischen Golf, sondern immer wieder an der Ostküste Afrikas. Der zum Admiral Beförderte brachte von dort unermessliche Goldschätze mit, aber auch Zebras und Giraffen. Revolutionsführer Mao wurde Mitte des 20. Jahrhunderts ebenfalls zum Afrika-Pionier: Er unterstützte als selbsternannter Führer der Dritten Welt Befreiungsbewegungen aller Art und gab großzügige Kredite für Infrastrukturprojekte, wie beispielsweise die 1860 Kilometer lange Tansania-Sambia-Eisenbahn. Heute sind Angola und Sudan neben Saudi-Arabien die Staaten, aus denen Peking das meiste Erdöl bezieht, aber auch Kupfer und Kobalt, Gold und Coltan gelten in Peking als heißbegehrt. Bei allen Rohstoffen außer den für die modernen Elektronikprodukte und Autobauten so wichtigen Seltenen Erden hat China Nachholbedarf und muss sich aus dem Ausland bedienen. Außenpolitik ist deshalb für jeden KP-Führer immer auch Energiepolitik. Xi Jinping demonstriert das mit seiner ersten Auslandsreise noch eindrucksvoller als alle seine Vorgänger. Stolz verweist er in Durban, Daressalam und Brazzaville darauf, dass sich der Handel zwischen Afrika und China in den vergangenen zwölf Jahren verzehnfacht hat. Kein anderer Staat investiert so viel auf dem »Schwarzen Kontinent« wie die Volksrepublik, auf 140 Milliarden US-Dollar beläuft sich inzwischen der Handel, den Peking durchaus auch mit Eigennutz begründet. Europäische Staaten setzen dagegen eher auf Hilfszahlungen und Kredite, die nicht immer nachhaltige Veränderungen bringen. Außerdem fühlen sie sich durch ihre koloniale Vergangenheit gehemmt. Unternehmen zeigen oft wenig Interesse, diesen »Wohlfahrtprogrammen« zu folgen. Während Firmen im Westen den Aufschwung in vielen afrikanischen Ländern verschlafen haben, wird die Region für die Volksrepublik auch als Absatzmarkt interessant.

Ähnlich wie China fühlen sich auch Indien und Brasilien selbst als historische Opfer der Kolonialmächte und haben deshalb kein schlechtes Gewissen, selbstbewusst aufzutreten und Eigeninteressen zu verfolgen. »Außerdem kann China in Afrika durch die Unterlegung von Investitionen mit Staatskapital risikofreudiger auftreten als viele europäische Industriestaaten«, schreibt Sebastian Barnet Fuchs, Entwicklungspolitik-Koordinator bei der Konrad-Adenauer-Stiftung. »Peking arbeitet meist mit sogenannten Greenfield-Projekten«, das sind an neuen Standorten schlüsselfertig gebaute Fabriken, Hotels oder andere Infrastrukturprojekte, die sich im strategisch günstigen Umfeld von Bergbau-Aktivitäten befinden. Die »Hard Power« wird mit »Soft Power« kombiniert, chinesische Medienunternehmen und Konfuzius-Institute bestimmen in Schlüsselstaaten wie Kenia, Nigeria und Südafrika das Bild.

Xi Jinping hat versprochen, Zehntausende Krankenpfleger und andere Fachkräfte vor Ort auszubilden, 18 000 Stipendien werden vergeben: China möchte langfristig strategischen Einfluss auf die afrikanischen Eliten nehmen.

Und wenn es sein muss, agiert man auch zweigleisig: Peking engagiert sich mit 1400 Soldaten an UNO-Friedensmissionen in Afrika, beliefert aber die brutalsten Diktatoren und Kriegstreiber wie Teodoro Obiang in Äquatorialguinea oder Robert Mugabe in Simbabwe mit Waffen.

Das Engagement der Volksrepublik auf dem Kontinent ist keineswegs unumstritten. Immer wieder bemängeln Afrikaner, dass die 1,2 Millionen Chinesen auf dem »Schwarzen Kontinent« weitgehend abgeschottet leben und dass der massive Import chinesischer Arbeitskräfte auf Kosten der einheimischen Beschäftigung gehe. Auch schlechte Bezahlung und mangelnder Arbeitsschutz werden häufig kritisiert und führten beispielsweise in Sambia schon zu Demonstrationen gegen die »gelbe Gefahr«. Mehr noch aber dürfte die neue Führungsspitze in Peking der Kommentar des einflussreichen früheren Zentralbankchefs von Lagos getroffen haben. Lamido Sanusi nannte die Chinesen die »neuen Imperialisten« und beschuldigte sie, im Wesentlichen Rohstoffe aus Afrika herauszuziehen, ohne an einer wirklichen Partnerschaft interessiert zu sein. »Es ist Zeit für die Afrikaner, ihre Romanze mit China an den Realitäten zu messen.«

So wichtig die Erschließung von Ressourcen auf fremden Kontinenten ist, so interessant die neugeschaffenen Verbindungen per Straße und Eisenbahn in die Nachbarstaaten Burma (Myanmar) und Kambodscha, so strategisch bedeutend Staudammprojekte wie das am Mekong in Laos – entscheidend für die neue Führung in Peking wird sein, wie sie die wirtschaftlichen und sozialen Verwerfungen in der Heimat in den Griff bekommt. Dazu bedarf es nicht nur einer guten Politik, sondern strahlender Vorbilder: Helden braucht das Land, die eine Gesellschaft durch ihr Handeln positiv verändern. Das galt schon zu Zeiten des Konfuzius, das gilt aber besonders, seit es im Reich der Mitte eine Kommunistische Partei gibt. Und weil die KP alles kanalisiert, organisiert und überwacht, hat sie bald nach dem Sieg der Revolution 1949 eine »Stiftung für Selbstlosigkeit und Tapferkeit« gegründet, die Chinas Helden auswählt und deren Lebensgeschichte in großangelegten, die Moral und das Gemeinschaftsgefühl stärkenden Kampagnen unters Volk bringt. Ihre unterschiedlichen Entscheidungen in den vergangenen Jahrzehnten liefern ein interessantes Sittengemälde – und zeigen so ziemlich alles an Ratlosigkeit und Fortschrittsglaube, an Spießertum und Avantgarde auf, was man sich nur vorstellen kann.

In den Fünfzigerjahren feierten Pekings Regierende den Modellarbeiter Shi Chuanxiang. Der hatte in den vorkommunistischen Zeiten als Tagelöhner geschuftet, gehungert und sich seiner Ausbeutung geschämt. Erst unter der Partei, so ging die Legende, hat er eine selbstbestimmte Arbeit gefunden: als einer, der im wahrsten Sinn des Wortes Scheiße für den sozialistischen Aufbau sammelte. Der die Transportkapazitäten des Düngemittels von fünfzig auf achtzig Eimer Kot pro Tag steigern konnte. Er nahm, neben Mao in der Großen Halle des Volkes stehend, die Huldigungen der Partei entgegen und starb, hochgeschätzt und von Orden überladen. »Den Geist von Shi atmen« war eine Zeitlang die allgegenwärtige Parole, der man in der Volksrepublik kaum entfliehen konnte.

Bis sie 1963 von dem Hype um den Muster-Menschen Lei Feng abgelöst wurde. Der Soldat der Volksbefreiungsarmee wurde mit 22 Jahren von einem Telefonmast erschlagen, doch er hatte, glaubt man der KP, schon in seinen jungen Jahren unsterblich viel Gutes getan – so viel, dass er zum Vorbild für die ganze Nation taugte. Der Große Vorsitzende höchstpersönlich kalligrafierte: »Lasst uns alle von Lei Feng lernen!« Entscheidend war wohl die Verbindung von Philanthropie und Patriotismus, die den jungen Mann seit frühester Jugend ausgezeichnet haben soll. Das posthum veröffentlichte Tagebuch des Waisenjungen jedenfalls strotzte nur so von selbstlosen Taten: Lei Feng, selbst nicht auf Rosen gebettet, spendete für die Armen und teilte noch die letzte Schüssel Reis mit den Genossen; er stopfte ihnen in der Freizeit die Socken, half Alten und Gebrechlichen über die Straße, prägte sich, wenn andere schon schliefen, im Schein seiner Taschenlampe die »Mao-Zedong-Gedanken« ein.

Er suchte nicht nach individuellem Glück, sondern träumte stets davon, »ein ideales Schräubchen im Räderwerk der Revolution zu sein«. Der 5. März wurde zum »Lei-Feng-Tag« in China ausgerufen. Ende der Siebziger kam dann die wirtschaftliche Liberalisierung, der Heiligenschein des frugalen Helden begann zu verblassen. Tatsächlich ist heute kaum eine Gestalt vorstellbar, die weniger in den karrierebesessenen und markenversessenen chinesischen Kapitalismus passt als Lei Feng – was die Partei-Oberen nicht daran hindert, den Helden im Jahr 2013 aus der Versenkung zu holen. Es gibt neue Lei-Feng-Filme, Lei-Feng-Poster, ein Lei-Feng-Museum – und ein Lei-Feng-Comicbuch, das ihn mit John Lennon und Bruce Lee vergleicht. Offensichtlich glauben hohe Funktionäre, der Selbstlose von damals könnte die ideale Leitfigur für die vorherrschende moralische Krise sein, die überall spürbar ist und sich in mangelnder Hilfsbereitschaft für den Nächsten und in einem allgemeinen Zynismus ausdrückt. Ein gefährlicher Versuch, denn die Moral, die da eingefordert wird, lassen ja gerade viele an der Staatsspitze vermissen. Und so bricht in den sozialen Medien ein Shitstorm über die Partei herein. Ein Blogger namens »Notebook« schreibt auf dem Internetportal *Sina Weibo*, das geschätzt mehr als 300 Millionen Nutzern zugänglich ist: »Ihr schickt eure Kinder ins Ausland und wollt mir weismachen, ich müsste von Lei Feng lernen! Ich habe Krebs, weil ich gepanschte Milch von euren Partei-Unternehmern getrunken habe, und ihr getraut euch, mir Lei Feng als Vorbild hinzustellen!« Der Blog wurde nach ein paar Stunden von den staatlichen Zensoren gelöscht. Aber da war er, wie so häufig im China dieser Tage, schon unendliche Male heruntergeladen und weiterverschickt worden, Beleg für die entstandene Gegenöffentlichkeit, die von der KP nicht mehr eingefangen werden kann.

Wer sich allerdings vorstellt, die Partei sei eine monolithische Organisation, deren Kräfte alle in eine Richtung ziehen, der verkennt die Situation: Auch in der Propagandapolitik zerren die Kräfte in unterschiedliche Richtungen, kämpfen Modernisierer gegen Erzkonservative. Sicher gibt es keine Differenzen darüber, was das oberste Ziel betrifft – den Machterhalt der KP. Aber über den besten

Weg dorthin herrscht sichtbare Uneinigkeit. Denn da gibt es neben dem altbackenen Genossen Lei Feng noch einen anderen Genossen, den die Obrigkeit gerade in den Revolutionshimmel hebt. Fernsehauftritt Duan Wenyin. Ein alerter Endzwanziger, Jungunternehmer und Parteimitglied gibt sich die Ehre. Plaudert unverkrampft und fröhlich über Kommunismus und Karriere. Kein Vorgestriger, sondern ein Hingucker, gerade auch für junge Leute.

Bei unserem Besuch in dem Dorf Beigou, 60 Kilometer nordöstlich von Peking pittoresk in den Bergen gelegen, streicht Herr Duan seinen perfekt sitzenden dunklen Anzug zurecht, die Frisur sitzt, er wählt geschmeidig und geschickt seine Worte. Ein kommender landesweiter Star aus der Provinz. Dazu gehört, sich angesichts des großen Ganzen beredt in Bescheidenheit zu üben. »Nein, ein Held will ich nicht sein«, sagt der Absolvent einer Elite-Universität der Hauptstadt. »Aber ich bin stolz auf mein Land und die Chancen, das es mir bietet. Ich bin ein Patriot.«

Am Eingang des örtlichen Parteigebäudes hängen einträchtig die Porträts von Marx, Lenin, Mao und Deng nebeneinander: *Li dang wei gong* – »Einsatz der Partei für die Allgemeinheit« steht an der Wand, zu der Duan aufblickt. Der Pionier ist dem Rat der Regierung für Studienabgänger gefolgt, zunächst drei Jahre lang als Freiwilliger auf dem Land zu dienen. Er hat das Dorf mit seinen Ideen durcheinandergewirbelt, eine kleine Bibliothek eingerichtet, einen Wettbewerb um die gepflegtesten Häuser veranstaltet, sogar eine parteiinterne Wahl um den Bürgermeisterposten mitorganisiert. Der dynamische Junggeselle machte Beigou zu einer Modellgemeinde, die Touristen anzieht, Geld in die Gemeindekassen spült. Und er kann sich vorstellen, noch länger zu bleiben – als Tourismusunternehmer oder als Kader mit erweiterten Zuständigkeiten. Nach eigenen Aussagen ist die Parteiaufnahme sein ganzer Stolz. »Hunderte aus meinem Studienjahr haben sich beworben, nur wenige wurden erhört«, sagt Duan Wenyin. Das sei für seinen weiteren beruflichen Lebensweg »extrem förderlich«.

Und so macht sich der Jungfunktionär nützlich, schlichtet Streit um die neue Straße und kompensiert die Bauern für die Landnahme »so fair wie möglich«. Er arbeitet sich in die Probleme der

Kastanienernte ein, tadelt, lobt, schafft Anreize, ganz im Sinn der »harmonischen Gesellschaft«, die von der Partei als höchstes Ziel proklamiert wird. Anders als die Helden vergangener Tage muss er sich nicht selbst kasteien: Er darf Initiative zeigen, kapitalistisch handeln, sogar selbst reich werden. Er darf in Verfahrensfragen sogar die Chefs in Peking kritisieren. Nur eines darf er nicht: sich außerhalb des Systems stellen. Muster-Chinese Duan aus seinem Muster-Dorf mit seiner Muster-Karriere fest im Blick hat das auch nicht vor. Er winkt zum Abschied, zufrieden mit sich und seiner Partei, die er nicht liebt, die er aber braucht. Weil mit ihr vielleicht nicht alles geht, aber ohne sie in seinen Augen gar nichts.

Da wäre noch ein mögliches Vorbild für die Nation, jenseits des Nur-Aufopferungsvollen und des Nur-Angepassten: Li Ka-shing, Chinas wohlhabendster Mann, laut der *Forbes*-Rangliste von 2013 die Nummer acht unter den Reichsten der Erde und damit an der Spitze ganz Asiens. Tendenz: steigend. Erst im vergangenen Jahr hat er wieder deutlich an Besitz zugelegt und ist jetzt 31 Milliarden schwer: ein Vorzeige-Unternehmer und Freund der KP, der ein weltweit verzweigtes Geschäftsimperium kontrolliert, mit 260 000 Angestellten in 52 Ländern.

In den Augen der Pekinger Machthaber hat er aber einen Nachteil, der ihn bei aller Bewunderung und Einbeziehung in die Politik der Volksrepublik für immer suspekt macht: Li Ka-shing, heute Mitte achtzig, hat seine Karriere in Hongkong gemacht und einige seiner größten unternehmerischen Erfolge noch unter den britischen Kolonialherren. Genau genommen müsste man ihn mit »Sir« ansprechen, denn die Queen hat ihn geadelt, zum Knight Commander. Und wenn die Partei Hongkong auch als Perle seines Reiches und als Banken- und Börsen-Metropole schätzt, betrachtet sie die Erfolgsstadt, 1997 heimgeholt, immer noch mit einem Hauch von Misstrauen: Nach dem zwischen Maggie Thatcher und Deng Xiaoping ausgehandelten Vertrag genießt der »Duftende Hafen« für eine Periode von fünfzig Jahren nach der Übergabe besondere Freiheiten. »Ein Land, zwei Systeme« heißt die Vereinbarung, sie gilt in Pekinger Augen als Vorbild dafür, was eines nicht allzu fernen Tages auch mit Taiwan passieren soll. Hongkong ist Teil der Volksrepublik, durfte aber sein unabhängiges Rechtssystem und seine Pressefreiheit behalten. Wenngleich längst nicht alles rundläuft, seitdem die Macht gewechselt hat und immer wieder Funktionäre versuchten, die Weltstadt »chinesischer« zu machen, zuletzt mit einem umstrittenen Lehrplan an den Schulen für mehr »Patriotismus«, hielt sich die KP in Peking im Großen und Ganzen an ihre Versprechen. Die Sieben-Millionen-Metropole Hongkong ist – und bleibt wohl auch – das Schaufenster der Volksrepublik, der einzige Ort auf dem Staatsgebiet, an dem man für Falun Gong werben und gegen das Tiananmen-Massaker demonstrieren darf. Und hinter Singapur belegt dieses Hongkong immer wieder einen Spitzenplatz unter den businessfreundlichsten Städten weltweit. Von den derzeit 161 chinesischen Milliardären hat jeder Vierte in dieser Stadt seinen Wohn- und Arbeitsplatz.

Kaum eine der Wirtschaftsgrößen lebt so zurückgezogen und abgeschirmt wie Li Ka-shing, was einerseits an seiner Natur liegt, andererseits an einem dramatischen Entführungsfall. In den Achtzigerjahren ließ der Gangsterboss »Big Spender« einen seiner beiden Söhne entführten, und Victor kam erst nach einigen Tagen und vermutlich gegen ein sehr hohes Lösegeld wieder frei. Der traumatisierte Tycoon hat seitdem seine öffentlichen Auftritte auf ein Minimum beschränkt. Interviews gibt er nach Aussagen seiner Privatsekretärin »exakt eines alle zehn Jahre«. Im Jahr 2000 hatte ich die Ehre. Allerdings erst, nachdem ich ihm ernstes Interesse an seinem Lebensweg nachweisen konnte – es war ein heißer Tipp seiner Vorzimmerdame, die mich zur Vorrecherche in seine 400 Kilometer entfernte Geburtsstadt aufs Festland geschickt und mir so den Vorsprung vor anderen Journalisten verschafft hatte. In der Küstenstadt Shantou in der Provinz Guangdong hatte ich die Li Ka-shing-Universität besucht, die der Sohn der Stadt ebenso mit Millionengeldern unterstützte wie das örtliche Krankenhaus, sein Geburtshaus und den Friedhof, auf dem sich der von allen nur »Superman« Genannte schon lange einen Grabplatz ausgesucht haben soll.

Sein Hauptquartier in Hongkong heißt Cheung Kong Center, der siebzigstöckige Glaspalast liegt mitten in der Glitzermetro-

pole und bietet einen perfekten Rundblick. In Wirklichkeit sind
es nur 62 Etagen, alle mit der im Chinesischen als Unglückszif-
fer bekannten Vier fehlen. Für den traditionsbewussten Chinesen
war es auch selbstverständlich, bei der Architektur des Gebäudes
einen Feng-Shui-Meister zu Rate zu ziehen, einen Geomanten, der
mithilfe seiner geheimnisvollen, Jahrtausende alten Erfahrungen
Wind und Wasser in Einklang brachte – keine Chance mehr für
böse Drachen, die Geschäfte zu stören. Und weil es wichtig ist für
einen traditionsbewussten Chinesen, den Segen seines Clans auch
über Lebzeiten zu besitzen, verneigt sich Li jeden Abend vor dem
Schrein der Ahnen. Er geht auch einmal im Jahr zum traditionellen
»Knochenputzen«, dem Zwiegespräch mit den familiären Verstorbenen, auf den Friedhof.

Im Aufzug zeigt ein Monitor die Börsenkurse weltweit. Schwarze
Kurven nach oben, rote nach unten, und ständig blinken irgendwelche Zahlen. Die Einrichtung im Chefbüro direkt unter dem Himmel aber führt weg von der Tageshektik. Sie ist zeitlos und vom
Feinsten: Sechs massive Kronleuchter erhellen einen opulenten
Konferenzraum mit Ming-Vasen und kostbaren Kalligrafien. Ein
chinesischer Ziergarten lädt zur Kontemplation, ein riesiger Pool,
von einem Wandschirm abgetrennt, zum Entspannen. Li Ka-shing
sagt, der Luxus sei für seine Geschäftspartner, er brauche ihn nicht.
Er bevorzugt billige Plastikschuhe und Anzüge von der Stange. Er
trägt immer eine Seiko-Uhr, deren Kaufpreis unter hundert Euro
liegt. Dass er diese Bescheidenheit betont, ist natürlich auch ein
Stück Berechnung, ein Schutzschild gegenüber Mitarbeitern und
Geschäftspartnern: Seht her, ich bin nie abgehoben, ich mache
Deals nach wie vor per Handschlag, die Details können später die
Anwälte aushandeln.

Die meiste Zeit während des Interviews wirkt er sehr selbst-
sicher. Nur ganz selten, wenn ihn etwas stört oder er einen Moment
nicht weiterweiß, dann nimmt er seine dicke Hornbrille ab und
starrt nachdenklich in die Ferne, wie ein ratloser Handlungsrei-
sender. Jetzt ist so ein Moment. Li hat die Frage nicht verstanden.
»Ob ich jetzt in meinem hohen Alter aufhören soll…?« Pause.
»Offen gesagt, ich habe nicht viele Hobbys. Noch immer läuft es

mir kalt den Rücken hinunter, wenn mir ein richtig gutes Geschäft gelingt. Glück, das heißt für mich, hart zu arbeiten und ordentliche Gewinne zu erzielen.« Aber irgendwie klingt ihm das zu eindimensional, und hastig setzt er hinzu: »Geld spielt nicht die erste Rolle in meinem Leben. Einige sind bereit, für Erfolg im Leben ihr Wertesystem, ihre Integrität zu opfern. Ich gelte als harter Verhandler, aber fragen Sie meine Business-Partner weltweit: Nie ist das auf Kosten der Fairness gegangen. Und wozu macht man eigentlich das ganze Geld, wenn man es nicht für seine Familie einsetzt, und für die Überwindung von Armut und Rückständigkeit.« Tatsächlich gilt der Multimilliardär als einer der großzügigsten Philanthropen weltweit. Er hat hohe Summen nicht nur für seine Heimatstadt gespendet, sondern auch für weniger prestigeträchtige Hilfsprojekte in vielen anderen Ländern.

Li Ka-shing wirkt überlebensgroß, als ein Symbol, eine Ikone, eine Legende. Ein Freund der Kommunisten, ein Vorbild der Kapitalisten. Verklärter und bei manchen auch verhasster Tycoon aller asiatischen Tycoone. Von seinem Penthouse liegt Li Ka-shing die ganze glitzernde Stadt zu Füßen. Er verkörpert Hongkong wie kein anderer: den Aufstieg aus bitterer Armut und dem Sumpf der Sweatshops; den Erfolg als billiges Produktionszentrum; den Übergang zur Handels- und Hafenstadt; den Durchbruch zum Banken- und Dienstleistungszentrum; schließlich die jüngste Inkarnation als Cyberport. Wann immer ein Hongkong-Bürger einen Dollar ausgibt, kassiert Li zehn Cent, heißt hier ein geflügeltes Wort. Er gilt als größter privater Vermieter und verkauft mehr technische Geräte als jeder andere. Er besitzt Supermärkte, Drogerien, Anteile am umschlagkräftigsten aller Containerhäfen und Anteile wichtiger Internetportale. Und selbst wenn in der Weltstadt abends die Lichter angeknipst werden, verdient er kräftig mit: Li Ka-shing hält über seine Firmen ein riesiges Aktienpaket der Stromversorger. Der Unternehmer hat nach Berechnungen mancher Finanzexperten stellenweise über 20 Prozent der Marktkapitalisierung der Hongkonger Börse kontrolliert.

Es war ein langer, steiniger Weg an die Spitze. Li Ka-shing, 1928 geboren, geriet mit seiner Familie in die chinesischen Bürgerkriegswirren. Der Vater musste seine Universitätskarriere abbrechen und sich als Nachhilfelehrer verdingen, mehr als eine Mahlzeit pro Tag waren für den Kleinen und seine beiden Geschwister nicht drin. Hunger und Bomben bestimmten den Alltag in Chaozhou, der »Stadt des Phönix«. Li Ka-shing erlebte mit zehn Jahren, wie die Japaner seinem Heimatort immer näher kamen und schon ganze Häuserzeilen niederbrannten. Da entschloss sich die Familie zur Flucht, wählte, wie so viele in diesen Tagen, Hongkong als vermeintlich sicheren Hafen. Doch als der Vater an Tuberkulose erkrankte und starb, war der Junge auf sich allein gestellt. Er verkaufte auf der Straße Uhrenarmbänder. Er diente sich in einer Klitsche für Seifenschalen hoch. Mit zwanzig managte er die kleine Fabrik, heiratete die Tochter des Besitzers. Er arbeitete, wie er sagt, »16 Stunden am Tag, sieben Tage die Woche«. Nachts brachte er sich aus einem Grammatikbuch noch Englisch bei. Mit seinem ersten zusammengesparten Geld – etwa 8000 US-Dollar – gründete er 1950 seine erste eigene Firma. Cheung Kong, »Langer Fluss«, nannte er sie, nach der altchinesischen Bezeichnung für den Jangtsekiang. Er stellte zunächst Kämme her, erkannte mit seinem Unternehmergespür aber bald, dass ein anderes Produkt größere Marktchancen hatte: Li Ka-shing wurde der »König der Plastikblumen«.

Und dann profitierte der Erzkapitalist erstmals von den Kommunisten. Die Kulturrevolution auf dem Festland trieb Ende der Sechzigerjahre in der britischen Kronkolonie die Preise in den Keller. Kaum einer mochte angesichts der in der Innenstadt Hongkongs randalierenden Rotgardisten an eine blühende Zukunft glauben. Li aber forcierte sein Grundstücksgeschäft. Hatte er einen Deal mit Gewinn abgeschlossen, erwarb er Land oder Apartments in besserer Lage – alles per Handschlag. Was so gentlemanlike aussah, war knallhart kalkuliert: Lis »Leutnants« überprüften im Geheimen, wie kreditwürdig die Käufer waren, und drängten wohl auch die eine oder andere notleidende Familie ultimativ zur Wohnungsaufgabe. 1979 war der Selfmademan bereits der größte private Grundstückseigner in Hongkong, was ihm noch fehlte, war der große gesellschaftliche Durchbruch. Der kam mit einem sensationellen

Coup: Li erwarb 1979 mit geheimen Deals und viel Geschick die Kontrolle von Hutchison Whampoa, einem der großen britischen Handelshäuser Hongkongs – und wurde so über Nacht zum Gegenspieler von Jardine Matheson, den Erben der Opiumhändler. Ein psychologischer Durchbruch, der auch in Peking für Aufsehen sorgte. Deng Xiaoping lud Li ein, der Erfolgreiche aus Hongkong wurde ins Direktorium des volkschinesischen Investment-Unternehmens Citic berufen: Ehre und Verpflichtung zugleich.

Li investierte großzügig in der Volksrepublik, er sei »der Stolz der chinesischen Nation«, schrieb eine Pekinger KP-Zeitung, Parteichef Jiang Zemin nannte ihn einen »wahren Patrioten«. Politisch hielt er sich bedeckt, er war kein Patriot, der für demokratische Umwälzungen eintrat. Als die Partei am 4. Juni 1989 Panzer gegen die demonstrierenden Studenten einsetzte und ein Blutbad anrichtete, duckte er sich weg. »Natürlich hat mich das traurig gemacht«, sagte er im Interview. »Aber China ist meine Heimat. Was immer geschehen ist, ich werde weiter für eine besser Zukunft meines Landes arbeiten.« 1992 erhielt er die Ehrendoktorwürde der Peking-Universität. Im selben Jahr spendete der Tycoon der Konservativen Partei in Großbritannien 100 000 Pfund und wurde zu einem der Initiatoren der Thatcher-Stiftung – von wegen, dass Ost und West nie verschmelzen könnten, wie Rudyard Kipling einmal schrieb: Hongkong, dieser vor Energie berstende Bastard des britischen Löwen und des chinesischen Drachen, widerlegte den Dichter.

Lis Beziehungen zur Volksrepublik wurden noch besser, als er ihr ein Millionengeschenk machte, die Repräsentanz des Pekinger Außenministeriums. Sie wurde 1997 errichtet, im Jahr der Rückgabe der Kronkolonie an China. Es gab nie Zweifel, dass die Wirtschaftsführer in Absprache mit der KP-Führung in Hongkong das Sagen haben würden. Li schlug seinen Geschäftspartner Tung Chee-hwa als ersten Chef der »Sonderverwaltungsregion« vor, einen Schiffsmagnaten, dessen Reederei einmal mit chinesischen Steuergeldern vor dem Bankrott gerettet worden war. Nachdem die Volksrepublik die Stadt »mit der größten Mitgift seit Kleopatra« (so der letzte Gouverneur Chris Patten) übernommen hatte und kurze Zeit danach die Asien-Wirtschaftskrise ausbrach, fielen die Aktienkurse dra-

matisch, mit ihnen auch die für Li so wichtigen Immobilienpreise.
Demonstranten versammelten sich vor dem Li-Hauptquartier und
klagten den »Milliardär der Herzlosigkeit« an; er hatte säumige Woh-
nungskäufer verklagt. Li kündigte an, unter diesen Umständen seine
geplanten Investitionen in Hongkong zu stornieren. Die Warnung
wirkte. Schnell änderte Freund Tung in Absprache mit Peking das
politische Umfeld. Er stützte den Aktienmarkt mit öffentlichen Geldern, gab billig neues Land ab und stellte großzügige Konditionen
für neue Projekte in Aussicht.

Und dann entdeckte Li das Internet. Und hielt trotz eines Rück-
schlags mit tom.com, seiner ersten Firma auf diesem Markt, Kurs.
Stieg zu niedrigen Kursen bei Facebook ein, dann bei Skype, Siri
und dem Musikportal Spotify. »An Li ist unter anderem so cool,
dass er versteht, wohin sich die Welt bewegt«, sagt der Spotify-
Vorstand Daniel Ek, der sein Enkel sein könnte. Nebenbei erweitert
der visionäre Unternehmer auch sein Imperium der »klassischen«
Firmen von Kanada über Ghana und Indonesien bis Australien.
In Großbritannien erwarb er für neun Milliarden US-Dollar die
Firma UK Power Networks und versorgt nun einen großen Teil
der Briten mit Strom. Mit der Firma Northumbrian Water stieg
er auf der Insel auch ins Trinkwassergeschäft ein; in Österreich
kaufte er die drittgrößte Mobilfunkfirma, in Deutschland war er
eine der Schlüsselfiguren bei der umstrittenen Übernahme von
Mannesmann durch Vodafone. Außerdem besitzt er 40 Prozent
Aktienanteile der Drogeriemarktkette Rossmann.

Alles hätte so schön sein können im Leben des chinesischen
Taipan – wenn ihm nicht gerade das Sorgen bereiten müsste, was
ihm nach eigenen Worten am meisten bedeutet: die Familie. Er
hat seine Söhne Victor und Richard seit frühster Jugend an die
Härte des Geschäfts gewöhnt, eher strenger Patriarch als sanfter
Vater. Acht und sechs Jahre waren sie, als er ihnen zum ersten Mal
die First Class eines Flugzeugs zeigte – und sie anschließend in die
Economy verfrachtete: »Das müsst ihr erst mal verdienen.« Zwölf
und zehn waren die beiden, als Li Ka-shing sie regelmäßig zu Auf-
sichtsratssitzungen mitnahm, »dealen statt spielen« hieß das Motto
für die Heranwachsenden. Seine Gattin versuchte ihn immer zu

besänftigen. Aber die Frau,»die mir immer den Rücken freihielt«, wie Li sagte, starb 1990 an Herzversagen. So heißt es jedenfalls in der Familienchronik. Das Hongkonger Magazin *Next* wollte von einem Selbstmord durch eine Überdosis Schlaftabletten erfahren haben, berief sich dabei auf Polizeiprotokolle.

Die beiden Kinder entwickelten sich auseinander: Victor war der zielstrebige Musterknabe, immer darauf aus, seinem Vater nachzueifern und ihm Freude zu bereiten: der offensichtliche Erbe des Imperiums. Richard dagegen liebte den Luxus. Versilberte nach dem Studienabbruch Firmenanteile und ließ zum Geburtstag schon mal Popstars zu einem Ständchen einfliegen. Seine Villa in Hongkong wirkte ebenso großspurig wie sein PS-starkes Motorboot. Aber auch der jüngere Sohn kriegte die Kurve. Richard erwarb das Satellitenfernsehen Star TV und verkaufte es mit großem Gewinn an Rupert Murdoch weiter.

Beide Söhne haben inzwischen die kanadische Staatsbürgerschaft angenommen. Li selbst hat gerade vorsichtig vor einer Immobilienblase auf dem Festland gewarnt,»wir werden das Tempo unseres Grundstückserwerbs drosseln«, sagte er. Wird Li Ka-shing deshalb nicht zum nationalen Vorbild aufgebaut? Oder weil ihm das Parteibuch fehlt? Vielleicht fürchtet das Zentralkomitee aber – trotz aller Patriotismus-Beweise – die Unabhängigkeit des Taipan, der schon mal zu verstehen gibt, dass seiner Meinung nach mutigere wirtschaftliche Reformschritte auf dem Festland nötig seien. Und der erkennen lässt, dass er, zumindest in der Experimentierstadt Hongkong, inzwischen für eine demokratische Regelung eintritt: »Ich bin für *one man, one vote*«, ließ er kürzlich zur Verblüffung aller verlauten. Für jeden eine Stimme – dieses Prinzip können Chinas Führer nicht gutheißen.

Im November 2011 hat die Kommunistische Partei Chinas ihren neunzigsten Geburtstag gefeiert. Sie bediente sich dafür durchaus origineller Methoden. So fanden Zigtausende Pekinger auf ihrem Handy mehrere ihnen zugespielte sozialistische Songs vor, mit der Aufforderung, sie weiterzuleiten. Wer nachweisen konnte, mindestens zehn seiner Bekannten so auf das Großereignis ein-

gestimmt zu haben, nahm an einem Preisausschreiben teil, das
den Gewinnern Gutscheine zum Einkaufen verhieß. Nicht ganz
so populär waren die KP-Kulturwochen zu diesem Anlass.
Der aufwendig produzierte Kinofilm *Die Gründung einer Partei* erwies
sich als Ladenhüter. Mitfinanziert wurde der Streifen übrigens von
General Motors, die amerikanische Autofirma hatte auch sicher-
gestellt, dass den Schauspielern am Set des Rührstücks über die
Entbehrungen der revolutionären Frühzeit immer ihre Cadillacs
zur Verfügung standen.

Die KP Chinas hat fast so viele Mitglieder wie Deutschland
Einwohner, 78 Millionen Genossinnen und Genossen machen
sie zur größten Partei der Welt, zu einer erfolgreichen – zu einer
schrecklich erfolgreichen Partei, sagen viele zwischen Bewunderung und Abscheu hin- und hergerissene westliche Beobachter. Der
Kommunismus der Sowjetunion ist im Mülleimer der Geschichte
gelandet. Die Parteien Nordkoreas und Kubas haben ihre Völker in
den wirtschaftlichen Untergang geführt und gelten als diskreditiert,
KPs standen – und stehen – weltweit für unheilbare Sklerose, ihre
Herrscher gelten als Dinosaurier: Die sozialistische Idee hat hinreichend bewiesen, dass sie in der Praxis nicht funktionieren kann.
Nur in China wirkte dieses Quasi-Naturgesetz wie aufgehoben.
Da prägte Anpassung statt Agonie das Bild – kaum jemals gelang
es einer Gesellschaft, mehr als drei Dekaden lang wirtschaftlich
im Jahresdurchschnitt um über 10 Prozent zu wachsen. Lange
Zeit schien es, als könnte ausgerechnet in China der Spagat über
alle ideologischen Gräben hinweg funktionieren. Es gab eine Art
Sozialkontrakt zwischen Regierenden und Regierten: Wir da oben
schaffen Rahmenbedingungen, in denen ihr eure Lebensverhältnisse verbessern könnt – und ihr da unten haltet politisch still, oder
wenn ihr schon Kritik übt, dann jedenfalls keine grundlegende,
staatsgefährdende.

Was haben Chinas Kader richtig gemacht, welche Signale haben
sie gehört, die anderen Völkern verborgen geblieben sind? Wie
konnten sie lange Zeit wirtschaftlich so flexibel und modern reagieren und warum glaubten sie gleichzeitig, ihren Dissidenten mit
stalinistischer Härte begegnen zu müssen? Vor allem aber: Was

ist passiert, dass Chinas KP jetzt offensichtlich ihr Erfolgsrezept ausgereizt hat, dass sie jedenfalls nicht mehr so ganz sicher ist, wie sie es weiterentwickeln soll? Es sind die entschiedenen Herausforderungen, die Weichenstellungen unserer Zeit. Und einige Staaten in Afrika und Asien haben ja längst aufgehört, die westliche Demokratie für das Maß aller Dinge zu halten. Sie versuchen stattdessen das »Pekinger Modell« mit kapitalistischer Wirtschaft und autoritärer Politik nachzuahmen. Ob sich die Partei des Riesenreichs langfristig an der Spitze der Weltwirtschaft halten kann, ohne sich auch politisch zu öffnen, oder ob die Kommunisten doch irgendwann an ihren Widersprüchen scheitern, die ihr rasanter und von keiner Opposition kontrollierter Aufstieg mit sich gebracht hat, diese Frage spaltet Politiker und Denker weltweit. Auf die Widersprüche in China wies Ende 2011 die damalige amerikanische Außenministerin Hillary Clinton hin, das Auseinanderklaffen zwischen Arm und Reich, Stadt und Land; die grassierende Korruption; die schlimmen Umweltzerstörungen; die brutalen Auseinandersetzungen mit der tibetischen und der uigurischen Minderheit. Einmal ließ sie die vorsichtige Diplomatensprache beiseite und schleuderte zornige Blitze Richtung Peking: »Chinas System ist dem Untergang geweiht. Die KP-Führer versuchen den Gang der Geschichte aufzuhalten. Auf die Dauer wird das eine vergebliche Mühe sein.« Andere waren und sind sich angesichts der schon bewiesenen Flexibilität und Zukunftsorientierung der Kommunisten in China da nicht so sicher. So sind beispielsweise Pekings Ausgaben für Forschung und Entwicklung im vergangenen Jahrzehnt durchschnittlich um 21 Prozent pro Jahr gestiegen, in den USA waren es, von einem zugegeben höheren Niveau, gerade mal 4 Prozent.

Zhou chuqu, frei übersetzt etwa »Schwärmt aus!«, lautet die Parole, mit der die Partei die Wirtschaft ermutigt, im Ausland Know-how zu erwerben und Firmen aufzukaufen. Und oft ist das für die Kommunisten die beste aller Welten: Chinesische Manager dürfen mit Krediten staatlicher Banken auf Shoppingtour gehen. Und im Riesenreich selbst spielt die KP einen »Barbaren« gegen den anderen aus. Wie ein mächtiger Platzwart weist die Partei ausländischen Firmen lokale Partner zu, mit denen sie gemeinsam die Industrie der Volksrepublik zu modernisieren haben. Vom alleinigen politischen Führungsanspruch weicht die Partei dabei keinen Zentimeter ab. China, mahnte der scheidende Parteichef Hu Jintao, »ist und bleibt eine demokratische Diktatur des Volkes«. Die Krakenarme der KP umschließen dabei weit mehr als nur Regierungsfunktionen. Durch ihre »Organisationsabteilung« bestimmt sie so gut wie jede wichtige Position im Land – sie ist mit den Worten eines Professors aus Peking »allgegenwärtig wie Gott«. Sie kontrolliert die Armee, den Geheimdienst, die Presse, die Gerichte; und die Staatsunternehmen, die durchaus privilegiert mit den privaten konkurrieren. Etwa 300 Chinesen, alle hochrangige Parteimitglieder, besitzen die »rote Maschine«, ein Telefonsystem, mit dem die Top-Elite über eine geheime, abhörsichere Leitung untereinander verbunden ist. »Würde Lenin ins Peking des 21. Jahrhundert hineinkatapultiert und könnte er seine Augen von all dem Glitzer der Wolkenkratzer abwenden, er sähe China als Abbild des Systems, das er für die Sieger der bolschewistischen Revolution ausgebaut hat«, schreibt der australische Kommunismus-Forscher Richard McGregor in der US-Fachzeitschrift *Foreign Policy*. Vergleiche mit der untergegangenen UdSSR sind in der Volksrepublik allerdings ebenso unerwünscht wie Verweise auf die arabischen Umwälzungen dieser Tage. Die Aufrufe einzelner Bürgerrechtler übers Internet zu einer chinesischen »Jasmin-Revolution« haben die Machthaber trotz eines eher mäßigen Widerhalls bei der Bevölkerung so nervös gemacht, dass sie das J-Wort auf den Index setzten.

Die roten Kapitalisten schlagen bei ihren Akquisitionen weltweit zu, und sie handeln dabei oft strategisch. Erwerben Agrarland in Mosambik, Kupferminen in Afghanistan, Häfen in Griechenland. China kauft sich die Welt – und sieht gerade jetzt, in Zeiten der europäischen Wirtschaftskrise, besondere Chancen, seine Offensive voranzutreiben. Im ersten Halbjahr 2012 gaben die roten Kapitalisten nach Berechnungen der Finanzagentur PricewaterhouseCoopres 23,9 Milliarden Dollar für ausländische Firmenbeteiligungen aus, dreimal so viel wie im gleichen Zeitraum des Vorjahrs. Etwa

im Rohstoffsektor. Der staatliche Energieriese Sinopec erwarb fast
die Hälfte der Konzessionen des kanadischen Konzerns Talisman
Energy in der Nordsee, und fast zur selben Stunde sicherte sich
CNOOC, ein weiterer chinesischer Energiegigant, die kanadische
Firma Nexen. Auch in der Unterhaltungsindustrie sind Firmen der
Volksrepublik sehr aktiv. Der Konzern Wanda kaufte die amerikanische Kinokette AMC. Und ein bisschen ist selbst Micky Maus
schon ein Chinese, Donald eine Peking Duck: Der Disney-Kon-
zern ebenso wie Steven Spielbergs Animationsfabrik DreamWorks
sahen sich, um den Anschluss an den wichtigen Markt in Fernost
nicht zu verpassen, gezwungen, Partner in Schanghai zu suchen.

Auf dem langen Marsch an die Spitze der globalen Hightech-
Industrie haben Chinas kapitalistische Kommunisten aber besonders ein Ziel im Visier: Deutschland. Während einige rückwärtsgewandte Parteistrategen vor zu viel ideologischem Einfluss des
westlichen Auslands warnen, fordern heimische Vordenker wie
etwa der besonders weltoffene Ökonomieprofessor Li Daokui
die Landsleute offen dazu auf, dem »herausragenden deutschen
Modell« nachzueifern. In den vergangenen Monaten wechselte
gleich eine Handvoll deutscher Autozulieferer in chinesische Hände.
Der Baumaschinenkonzern Shandong Heavy Industry sicherte
sich über eine Tochterfirma den Wiesbadener Gabelstapler-Pro-
duzenten Kion. Und nach langen Debatten haben die Düsseldorfer
Betreiber des Mobilfunknetzanbieters E-Plus den Netzausbau in
Deutschland dem Pekinger Unternehmen ZTE überlassen. Nach
Brancheninformationen unterboten die Chinesen die Angebote der
westlichen Platzhirsche Ericsson und Nokia Siemens Networks um
fast die Hälfte. Aber die strategisch wohl wichtigste Investition
für die Volksrepublik war im Januar 2012 die Übernahme einer
deutschen Traditionsfirma im Werkzeugbau, Weltmarktführer in
seiner Branche. Der Baumaschinengigant Sany erwarb den schwä-
bischen Betonpumpenhersteller Putzmeister in Aichtal bei Stuttgart – zum ersten Mal gelang es den Kaufleuten aus dem Reich
der Mitte damit, einen der »Hidden Champions« des deutschen
Mittelstands zu schlucken. Inklusive Nebenkosten ließen sich die
Chinesen diese Perle rund 500 Millionen Euro kosten.

Der alerte Mittfünfziger Liang Wengen hat den Deal einge-
fädelt. Er ist einer der erfolgreichsten chinesischen Pioniere in
Deutschland und gehört in seiner Heimat mit 7,3 Milliarden Dollar
Vermögen zu den fünf reichsten Männern des Landes. Bevor er
Sany-Boss wurde, hat er sich in einer staatlichen Waffenschmiede
hochgearbeitet. Liang ist ein Liebling der KP-Führung, erhielt
neben der Auszeichnung als »vorbildlicher Privatunternehmer«
auch den Titel »Baumeister des Sozialismus mit chinesischem Charakter«. Als er einmal gefragt wurde, ob es denn nie Interessen-
gegensätze in seinem Tun gebe, hat er geantwortet: »Mein Eigen-
tum, ja mein ganzes Leben gehört der Kommunistischen Partei,
sollte sie das wollen.« Bei seinem Besuch im idyllischen Schwaben-
land wurde der neue Eigentümer dann leicht misstrauisch beäugt
und bestaunt. Das Werk war schön herausgeputzt, alle standen
Spalier, Beifall brandete auf. Ein Gewerkschaftsführer, ehemaliger
DDR-Bürger, sagt im Rückblick: »Es war ein bisschen so wie früher
bei uns, als Erich zu Besuch kam.« Der chinesische Boss machte
klar, dass Sany mit seinem deutschen Ableger Großes vorhat, mit
dem jährlich üblichen Zuwachs von 20 Prozent will man sich nicht
abfinden. Durchaus selbstbewusst formuliert dagegen der deutsche
Geschäftsführer Erwin Scheuch: »Es ist eine kulturelle Aufgabe,
den Chinesen klarzumachen, dass Fünfjahrespläne außerhalb einer
Planwirtschaft nicht funktionieren.«

In der Gesellschaft des geschmeidigen und stets staatstragenden
Sany-Chefs Liang Wengen fühlt sich die Partei-Elite besonders wohl
(er durfte Xi Jinping in die USA begleiten). Hartnäckig halten sich
Gerüchte, der Mann, der 58 Prozent der Sany-Aktien hält, könnte als
erster Privatunternehmer ins Zentralkomitee der Partei einziehen.
Sitz der Firma, die fast 70 000 Mitarbeiter beschäftigt, ist Changsha in
der Provinz Hunan. Die Stadt wurde berühmt, weil Mao hier sechs
Jahre studiert hat und in der Nähe sein Geburtshaus steht. Noch
immer verkaufen hier Dutzende Andenkenläden kleine Abbilder
des Revolutionärs. In der Stadtmitte steht ein überdimensionales
Denkmal des Großen Vorsitzenden. Aber von gleichmacherischen
Gedanken oder Handlungen ist bei der Erfolgsfirma Sany wenig
zu spüren. Auf dem Parkplatz stehen vier Maybach-Limousinen.

Selbstbewusstsein und patriotischer Eifer zeichnen auch Vizechef
Xiang Wenbo aus. Mit einer nationalistischen Internetkampagne hat
er erfolgreich den schon beschlossenen Plan des amerikanischen
Großinvestors Carlyle verhindert, die Mehrheit an seinem chinesischen Wettbewerber Xugong zu übernehmen. »Wir können alles
verkaufen, nur nicht unser Land«, bloggte Xiang damals polemisch.
Und warum, bitte, soll sich Deutschland an China »verkaufen«,
warum liegt der Putzmeister-Deal so anders? Da muss der Herr von
Sany schmunzeln. Er beantwortet die Frage, indem er sie umgeht:
»Ich bin überzeugt davon, dass der deutschen Industrie gar nichts
anderes übrigbleibt, als sich mit chinesischen Großfirmen wie der
unsrigen zusammenzutun.« Deutschland besitze die überlegenen
Technologien, aber China kontrolliere einen Riesenmarkt. Ohne
den könnten europäische Unternehmen nicht im nötigen Ausmaß
expandieren und Gewinne einfahren.

Richtig ist, dass die Volksrepublik für viele deutsche Unternehmen besonders in den weltweiten Rezessionsjahren 2008 und 2009
zum Rettungsanker wurde. Dank der massiven staatlichen Kon-
junkturhilfe blieb China flüssig, Chemieunternehmen wie BASF
und vor allem die Autokonzerne VW, BMW und Daimler steiger-
ten sogar ihren Absatz; längst schon werden im Reich der Mitte
mehr Volkswagen verkauft als in der Heimat. Aber der Erfolg hat
seinen Preis. Peking verlangt von ausländischen Firmen, dass sie
vor Ort produzieren, ihr Know-how mitbringen und sich mit einheimischen Partnern zusammenschließen. Und sehr oft wird dieses
Hightech-Wissen dann in eigene chinesische Firmen »eingespeist«:
Züge, Autos, Werkzeugmaschinen gleichen inzwischen häufig den
Ursprungsprodukten wie ein Ei dem andern. Zuletzt soll die Firma
FAW in Changchun sogar ein komplettes VW-Getriebe nachgebaut
haben. Aus Partnern können so gefährliche Konkurrenten werden –
und das schafft böses Blut.

Ein mindestens ebenso großes Problem für westliche Unternehmen ist das chinesische Dumping: Der Staat fördert einzelne
zukunftsträchtige Branchen so massiv mit Cash und Krediten, dass
diese mit Niedrigstpreisen auf dem Weltmarkt alle verdrängen können. So geschehen etwa im Bereich Solarzellen. Vor zehn Jahren

produzierten die USA noch 27 Prozent solcher Module, die Chinesen ein Prozent. Jetzt liegt der Weltmarktanteil der Amerikaner gerade noch bei 3 Prozent, aus der Volksrepublik stammen etwa 65 Prozent. Und auch dort bekriegen sich die Unternehmen in einem ruinösen Wettbewerb, wahrscheinlich wird die Partei nur drei oder vier große übriglassen. Washington verhängte Sonderzölle, Peking schlug mit eigenen Strafzahlungen gegen US-Produkte in anderen Branchen zurück – ein Handelskrieg auf Sparflamme, der sich jederzeit ausweiten könnte. Auch die lange Zeit so erfolgreichen deutschen Solarfirmen kamen wegen der fernöstlichen Schleuderpreise unter die Räder. Tausende Arbeitskräfte gingen verloren. Aber Kanzlerin Angela Merkel mied bei ihrem Peking-Besuch im August 2012 – dem zweiten innerhalb eines Jahres, begleitet vom halben Kabinett – jede scharfe Kritik an dem Handelspartner, bei Wirtschaftsproblemen wie auch bei Menschenrechtsfragen. Man solle den Solarstreit durch Verhandlungen lösen, schlug sie vor, und wie so häufig zeigte sich auch die mitgereiste große Delegation von Wirtschaftsführern zaghaft und zahm.

Bald wurde klar, wie isoliert die Kanzlerin mit ihrem Kuschelkurs ist. Sebastian Bersick, Professor für Internationale Beziehungen an der Schanghaier Fudan-Universität, meint: »Es wäre nicht klug, wenn Deutschland seine bilateralen Beziehungen mit China so weit ausdehnt, dass andere EU-Staaten entfremdet werden.« Die Berliner Regierung müsse ihren »sinozentrierten Ansatz« überdenken, ihre Interessen diversifizieren. Und auch die *New York Times* kommentierte, die Partnerschaft zwischen Peking und Berlin sei inzwischen »so eng, dass es ungemütlich wird«. Die EU verhängte trotz Berliner Proteste Stafzölle. Im Juli einigte man sich mit den Chinesen – wohl nur vorübergehend.

Derzeit expandieren deutsche Unternehmen mit Pekings Einwilligung in China mehr denn je. Der Chemieproduzent Lanxess hat 2012 in Changzhou sein neues Investment gefeiert, 235 Millionen ließ er sich seine Anlage für synthetischen Kautschuk kosten. VW kündigte im Frühjahr 2013 an, in den kommenden Jahren sogar sieben neue Werke in China zu bauen. Doch so ganz wohl ist es derzeit nicht allen Dax-Unternehmen bei ihren Geschäften mit der

Volksrepublik. Die neuen BASF-Zahlen etwa sollen enttäuschend sein, die Stimmung wirkt gedrückt. Alle hoffen auf mehr Transparenz durch die neue Pekinger Führung – und auf ein Ende der gezielten Cyberattacken und der mit ihnen verbundenen Werkspionage. Da half auch wenig, dass Martin Winterkorn, VW-Chef und bestbezahlter deutscher Manager, im Sommer 2013 von der KP offiziell zu einem der 14 internationalen »Berater« für die VR China ernannt wurde.

Ein ungebrochener, sich sogar verstärkender Expansionsdrang und eine Marktentwicklung auf ausländische Investoren – das ist die eine Seite der chinesischen Ökonomie. Die andere Seite ist die Wirtschaft in der Heimat: Da läuft es derzeit lange nicht so gut. Manche sprechen sogar von einer Blase, die platzen könnte, sehen die »chinesische Party« zu Ende gehen. Auch all die Experten, die das für Panikmache halten, müssen zugeben: Chinas Motor ist ins Stocken geraten. Die Börse sank zwischenzeitlich auf ein Dreijahrestief, der Anstieg der Industrieproduktion bleibt unter den Erwartungen. Ganze Branchen leiden unter geringer Nachfrage – der Bau von Schiffen und das Zusammenbasteln von Weihnachtsschmuck rechnen sich bei den gestiegenen Lohnkosten nicht mehr. Und so erlebt die Volksrepublik eine Zweiteilung: Ihre Spitzenunternehmen wie Lenovo (Computer), Sany (Maschinenbau) und Huawei, das gerade als Netzwerkausrüster Ericsson überholt und zum Weltmarktführer geworden ist, feiern Triumphe. Die übrige Industrie aber muss sich in einem schmerzhaften Prozess weitgehend neu erfinden. Schluss mit der Werkbank der Welt, hin zu einer höheren technologischen Entwicklungsstufe, fordern deshalb Experten: Chinas derzeitiges Wirtschaftsmodell müsse »dringend geändert« werden, heißt es in einem – erstaunlicherweise von der Regierung in Peking mitherausgegebenen – höchst kritischen Bericht der Weltbank vom März 2012. Ohne grundlegende Reformen setze China seine bisherigen Reformen aufs Spiel. Es gelte, den monopolartigen Einfluss der Staatsbetriebe einzudämmen, die Macht jener Interessengruppen zu beschneiden, die von den »speziellen Beziehungen mit Entscheidungsträgern profitieren«. Kernsatz der Studie: »China steht an einem Wendepunkt.«

Was in diesem Land schiefläuft, zeigt sich eindrucksvoll in Dongguan, der Millionenstadt im Perlflussdelta, Heimat des größten Kaufhauses der Welt. Auf den 660 000 Quadratmetern verlieren sich nur wenige Konsumenten, mehr als 90 Prozent der neuen Läden am zentralen »Canal Grande« haben dichtgemacht, auch an der »San Francisco Bridge« sind die Boutiquen verwaist. Die Mall ist vorbeigeplant worden an den wahren Bedürfnissen der Menschen. Nun muss nachjustiert werden, Spezialisierung statt Größenwahn ist angesagt – wie in ganz Dongguan, das lange hinter Schanghai und Shenzhen drittgrößte Exportstadt der Volksrepublik war. Heerscharen von Wanderarbeiter produzierten hier vor Kurzem noch alles im Überfluss, was Europa und die USA billig konsumieren mochten, von Billiguhren bis Billighandys. Wie ein gigantisches Dickicht wucherte die Ansammlung von Werkhallen und Wanderarbeiterunterkünften in der südchinesischen Exportprovinz nahe Hongkong. Doch jetzt ist dieses Dongguan dabei, ein Auslaufmodell zu werden. Das liegt an der mangelnden Kauflust der krisengeplagten Westler, aber auch daran, dass sich China, ähnlich wie einst Japan und Südkorea, mit Riesenschritten zu einer reiferen und auch schneller alternden Industriegesellschaft wandelt. Die Folgen: steigende Löhne und höhere Kosten sowie strengere Arbeitsschutz- und Umweltauflagen. Viele Hersteller von Spielzeug und Schuhen sind bereits in noch preisgünstigere Länder abgewandert, etwa nach Kambodscha.

Für Chinas Vordenker gilt es, in Sachen Zukunftssicherung Berge zu versetzen – und das tun sie, im wahrsten Sinne des Wortes. Ein riesiges rotbraunes Areal, das derzeit am Rand Dongguans auf abgetragenem Erdreich entsteht, soll eine »Startrampe in das hochtechnologische Zeitalter der Volksrepublik werden« und den Namen Dongguan »weltweit zu einem Begriff auch für Nobelpreisträger machen«, sagt Kernforscher Zhang Bingyun, der Prophet einer neuen Ära. In fünf Jahren will er hier mit Hunderten Kollegen Chinas erste Spallations-Neutronenquelle in Betrieb nehmen. Derzeit existieren weltweit nur vier derartige Anlagen. »Wir werden gewaltige Fortschritte bei der Entwicklung neuer Werkstoffe machen, aber auch in der Biotechnologie und der Genetik«, sagt der

Wissenschaftler. In Dongguan, so hofft er, könnten sich dann private Hightech-Firmen ansiedeln und Produkte weiterentwickeln. Zunächst aber ist es eben wieder der Staat, der hier baut. Mit ihrer Investition wollen die KP-Planer die vielbeschworene »heimische Innovation« vorantreiben, Kreativität auf Befehl. Und somit ist auch diese Baustelle zum Schlachtfeld der Ideologen geworden: Braucht das Land mehr gut zu regulierenden Staatskapitalismus und Arbeitermassen, vom Land in die Städte geschickt, um immer effektiver für den Rest der Welt zu produzieren – wie die sogenannten Konservativen meinen? Oder mehr Privatunternehmen mit Hightech-Potenzial, die aber auch leicht zu politischen Unruheherden werden, den Absolutheitsanspruch der KP untergraben könnten – wie die sogenannten Liberalen denken?

Der politisch-ökonomische Mix, der Chinas Wirtschaftswunder der vergangenen drei Jahrzehnte gefördert hat, war ideal dafür, eine arme, unterentwickelte Nation nach vorn zu katapultieren. Er eignet sich nicht, um ein zunehmend reiches und industrialisiertes Land weiterzuentwickeln. Ein grundlegender Mangel des bisherigen Modells liegt darin, dass die Bürokraten den Geldfluss manipulieren und die entscheidenden Preise festlegen – die Zinsrate etwa oder den Außenwert der Währung – und nach Gutdünken billiges Geld in die Wirtschaft pumpen. Das mag kurzfristig eine notwendige und richtige Entscheidung sein. Aber grundsätzlich werden so auch Staatsbetriebe am Leben gehalten, die längst hätten bankrottgehen müssen. Private Haushalte horten Geld, statt Konsum im Land zu stützen, ein bisher nur mangelndes Gesundheits- und Pensionssystem zwingt sie zur Vorsicht.

Unter der Hand geben manche Funktionäre diese Mängel zu. Sie verweisen darauf, dass ja schon manches geschehen sei, ein Großteil der Bevölkerung erhalte inzwischen immerhin 50 Prozent der Arztrechnungen erstattet, eine Mehrheit in den Städten könne auch mit einer Rente rechnen. Es existierten inzwischen Zehntausende Anwälte, die man bei Beschwerden gegen die Staatsgewalt anlaufen könne, lokale Demonstrationen würden in der Regel nicht mehr niedergeschlagen, eine Zivilgesellschaft sei im Entstehen. Aber die Ehrlicheren unter ihnen geben zu, dass es bei allen Bemühungen bis zu demokratischen Grundrechten und einer einigermaßen befriedigenden Grundversorgung der Bevölkerung noch ein langer, steiniger Weg ist. Immer noch muss in China jeder Vierte mit weniger als zwei Dollar pro Tag auskommen. Andererseits wird das Land schon im Jahr 2015 der größte Markt für Luxusgüter weltweit sein.

Nur wenige chinesische Politiker wagen es, sich offen auf die liberale Seite zu stellen – ihre größte Hoffnung heißt Wang Yang, der bis vor Kurzem Parteichef der Provinz Guangdong war und jetzt zu einem der vier Vizepremiers aufgestiegen ist. Der Mittfünfziger fordert, Chinas Ökonomie mehr in Richtung Privatwirtschaft zu öffnen. Er will dafür durchaus unkonventionell und auch personell mutig vorgehen, in seinen Worten:»den Käfig leeren und die Vögel austauschen«. Wang will weg von einer rein exportgetriebenen Wirtschaft und plant dazu, den innerchinesischen Konsum anzukurbeln (was im ersten Quartal 2013 immerhin erste Erfolge zeigte, mehr als die Hälfte des Wachstums beruht nunmehr auf *consumer spending*). Er hat in den Fünfjahresplan seiner Provinz ganz amerikanisch das Streben nach Glück aufgenommen, einige Bürgerproteste im Sinne der Demonstranten geschlichtet. Er befürwortet auf Kreisebene Wahlen zwischen Kandidaten unterschiedlicher Couleur, auch von Nicht-Parteimitgliedern. Ob solche Entwicklungen eines Tages auch das Monopol der KP beenden könnten, dazu schweigt der tatkräftige Herr Wang – wegen seines Wuchses und seiner schnarrenden Befehlsstimme»Kleiner Marschall«genannt – allerdings eisern. Wer sich zu weit vorwagt, das weiß der Reformer, kann seine Aufstiegschancen gefährden, möglicherweise auch ganz ins politische Abseits geraten. Wang Yang verkörpert das Gegenprogramm zu Bo Xilai, dem Ex-Parteiboss von Chongqing, der mehr Staat und eine Wiederbelebung des Marxismus-Maoismus gefordert hatte. Wang war ironischerweise der Vorgänger des heute Verfemten in der Provinz Chongqing.

Und irgendwo in der Mitte steht die neue Nummer eins, der »Führer der unfreien Welt« (*Time*), der mächtigste Mann auf unserem Planeten neben Barack Obama. Xi Jinping, der neue und doch schon so erfahrene KP-Chef und Staatspräsident, hat noch nicht erkennen lassen, welche Risiken er eingehen, wie entschieden er einen Reformprozess einleiten will. Dass er sich mit seinem unprätentiösen Stil von seinen Vorgängern unterscheidet und den Funktionären Genügsamkeit und Kampf gegen die Korruption verordnet hat, macht noch keine »Xi-Doktrin«. Immerhin hat er im Frühjahr 2013 die Zahl der Kabinettsposten verkleinert, das Eisenbahnministerium abgeschafft und so gezeigt, dass er bei der Beschneidung der Bürokratie auch unbequeme Schritte wagt. Auf jeden Fall ist für ihn und seine Spitzengenossen – die vierte Generation nach Mao – das Durchregieren schwer geworden. Heute haben selbst gut ausgebildete junge Chinesen keine Garantie mehr, einen lukrativen Job zu finden. Sie können somit auch nicht ihren Eltern, die ihnen unter persönlichen Entbehrungen das Studium ermöglicht haben, den Lebensabend sichern. Die 200 Millionen Wanderarbeiter im Land, lange Zeit der ideale, überall einsetzbare Puffer, werden künftig eher zu einer Belastung für den Staat – Chinas Aufstieg durch immer neue, teurere Infrastrukturprojekte stößt längst an seine Grenzen.

Atrophy and Adaptation heißt der Untertitel des neuen Buchs, das der amerikanische Politikwissenschaftler David Shambaugh über Chinas KP geschrieben hat. Das Verblüffende ist seiner Meinung nach: Die Auszehrung und die Anpassungskunst der Partei, zwei gegensätzliche Tendenzen, schreiten gleichzeitig voran. »Manche Beobachter sagen langfristig einen Kollaps des Systems voraus, einige prophezeien eine längere Stagnation, wieder andere glauben, Zeichen eines echten Reformprozesses zu sehen.« Ein erfolgreiches Durchlavieren der chinesischen KP erscheint als die wahrscheinlichste Zukunftsentwicklung.

Wenig deutet darauf hin, dass die Führung der Volksrepublik Patentrezepte für die Zukunft hat oder auch nur besonders gut für die kommenden Herausforderungen gewappnet ist. Aber die Skeptiker, die der KP Chinas das Unmögliche nie zutrauten, haben sich bis jetzt immer eines Besseren belehren lassen müssen. Die Partei-Bosse schafften fast noch jede abenteuerliche Volte, und wenn es denn Mao-paradox sein musste: Der Große Vorsitzende wurde von manchen einfach umfunktioniert, zum Vorbild der Globalisierung, zum Großen Vorstandsvorsitzenden.

Womit also lässt sich diese seltsame Partei, diese bewundernswerte, hassenswerte Institution mit quasi religiösem Anspruch, teils verknöchert, teils reformwillig, zwischen Repression und Anerkennung von Pluralismus schwankend, denn überhaupt vergleichen?

Am ehesten mit der katholischen Kirche, fand ein inoffizieller Abgesandter der chinesischen KP bei seinem Besuch im Vatikan heraus (so wird es jedenfalls von dem stets gut unterrichteten China-Kenner Richard McGregor kolportiert). »Wir haben die Propagandaabteilung, und ihr habt die Verkünder des Evangeliums. Wir haben unsere Organisationsabteilung, ihr das Kardinalskollegium.« Worin er denn die Unterschiede sehe, fragte der Vatikan-Vertreter dann den KP-Mann. Der entgegnete zur allgemeinen Verblüffung und Heiterkeit: »Euch hat Gott geschickt, uns der Teufel.«

Meine Erinnerungen an Peking reichen in die späten Siebzigerjahre zurück, und sie kreisen häufig um zwei ganz besondere Parteimitglieder, die ich damals – beide hochbetagt – kennenlernen durfte, Zeugen eines anderen, alten China und auch Repräsentanten des dramatischen Wandels, den dieses Land durchgemacht hat. Der eine wäre mal fast Kaiser geworden, der andere diente dem alten Reich als Eunuch. Beide kannten die große Ansammlung von Palästen und Pavillons im Zentrum schon von innen, als die »Verbotene Stadt« noch verboten war. Als dort regiert und Geschichte geschrieben wurde.

Genosse Pu Jie war bei meinen Besuchen trotz seiner weit über siebzig Jahren noch sehr rüstig. Er wohnte in einem dieser engen Hutongs, wie die traditionellen Gässchen mit ihren Siheyuan-Innenhöfen heißen. Eine bescheidene Bleibe im Westen der Stadt, wo sich die genormten Wohnblocks damals noch nicht vorgefressen hatten. Aber Pu Jie hätte sich niemals beklagt. Das lag in seinem Naturell – oder an seiner anerzogenen politischen Geschmeidigkeit. Er liebte es, mit seiner wuscheligen Katze zu spielen und sich von seiner Frau mit Tee und Plätzchen verwöhnen zu lassen, kurz: das kleine private Glück zu genießen. Als Spross der kaiser-

lichen Familie hatte er ein sehr bewegtes, manchmal auch sehr
öffentliches Leben hinter sich. Seinen ein Jahr älteren Bruder Pu
Yi hat er von 1908 bis 1911 noch auf dem Thron der Mandschus
erlebt. Trotz dessen formeller Abdankung konnten sie bis 1924
im Palast bleiben. Nach der Flucht begannen sie dann mehr oder
weniger notgedrungen mit den Japanern zu kollaborieren. Pu Jie
wäre Mitte der Dreißigerjahre fast selbst Herrscher von Japans
Gnaden geworden, in dem Marionettenstaat Mandschukuo. 1945
geriet er mit seinem Bruder in russische Gefangenschaft, 1950
wurde er an das revolutionäre China ausgeliefert, befürchtete,
hingerichtet zu werden. Doch Mao wollte »die Krankheit bekämpfen, um den Patienten zu retten«. Er begnadigte die beiden. Elf
Jahre blieb Pu Jie in einem Umerziehungslager. Dann kam er frei.
Er war vorgesehen als Propagandawerkzeug, sollte von der Großzügigkeit der neuen Herren und der Überlegenheit des neuen
Systems erzählen.

Pu Jie zupfte das Spitzendeckchen über dem neuen Fernseher
zurecht, er hatte viele Jahre nach seiner Entlassung aus dem Gefäng-
nis in einem öffentlichen Park Unkraut gejätet, bevor ihm jetzt eine
Position als »Historiker« zugewiesen worden war. Er verfügte über
eine Hausangestellte und einen Koch, sogar einen Dienstwagen.
Wir gingen dann aber zu Fuß in sein ehemaliges Reich, schlen-
derten durch den Palastbezirk. Er kaufte sich an einem Stand ein
Eis, keiner erkannte Pu Jie, den kaiserlichen Spross im schlichten
Mao-Anzug. »Hier auf dem Marmor sind mein Bruder und ich
Fahrrad gefahren. Da hinten waren die Quartiere der Eunuchen,
Mann, haben wir die immer geärgert. Fresst den Dreck, sagte mein
Bruder, dieses verzogene und arrogante Kind, wenn er schlechte
Laune hatte, und dann mussten sie die Blumenerde hinunterwür-
gen und sich noch für die Gunst bedanken.« Dann schlenderten
wir wieder zurück. Mit schwungvoller Schrift widmete mir Pu Jie
sein Buch und drückte den Familienstempel hinein. Ein ganz und
gar ungewöhnlicher Parteigenosse, der später sogar Abgeordneter im Volkskongress wurde und Bernardo Bertolucci 1987 bei der
Verfilmung von *Der letzte Kaiser* als »wissenschaftlicher Ratgeber«
zur Seite stehen durfte. 1994 starb er.

Sun Yaoting erinnerte sich bei unserem Treffen an Pu Yi und Pu Jie, die »Horrorkinder«, wie er sie nannte. »Ich weiß gar nicht mehr, wer schlimmer war«, sagt er mit dieser charakteristisch hohen Fistelstimme, die sozusagen als seine »Berufskrankheit« galt. Sun war bei meinem Interview Anfang der Achtzigerjahre der letzte noch lebende Eunuch. Einer von der anderen Seite des Palasts, kein Herrschender, ein Dienender der Kaiserzeit. »Es war eine Zeit der Demütigungen«, sagte mir der gebrechliche Greis. »Ich sah überall in der Verbotenen Stadt Vorzeichen des Verfalls. Ich hatte immer das Gefühl, dass sich das Ende der Welt näherte.« Er war als Knabe von acht Jahren durch den eigenen Vater in den Kreis der Entmannten befördert worden – damals eine der ganz wenigen Möglichkeiten für die Kinder armer Leute, Karriere zu machen, und die einzige, an den Hof zu kommen. Eunuch zu werden galt als schändlich, und doch wählten aus Verzweiflung viele diese Variante. Es gab ein Überangebot, und Sun konnte von Glück sagen, dass er dann mit 15 Jahren in die »Verbotene Stadt« berufen wurde. Eunuchen banden dem Kaiser die Schuhe und schleppten bei dessen Ausflügen den Nachttopf hinterher. Sie schrubbten Böden, hüteten Schätze, fütterten Haustiere, lasen Geschichten vor und verbrannten Weihrauch. 1924 wurden die Eunuchen gemeinsam mit der kaiserlichen Familie aus dem Palast gejagt. Sun und seine Kollegen kamen in eine Welt, in der sie keine Rolle und keinen Platz hatten. Sie wurden herumgestoßen und gehänselt, gingen betteln, versteckten sich in Tempeln. Das blieb so bis zum Sieg der Revolution: Mao ließ die dreißig noch lebenden Eunuchen sozusagen unter Denkmalschutz stellen.

Auch mit Sun bin ich durch die alten Paläste gewandert. Fasziniert schaute er, wie gewöhnliche Sterbliche jetzt in den kaiserlichen Gärten Picknick machten, wie Kinder auf den kaiserlichen Höfen spielten, wie Soldaten der Volksbefreiungsarmee für Fotos posierten. »Ich kann es immer noch nicht so ganz fassen, dass die keiner vertreibt«, sagte er. Sun Yaoting hat dann noch bis 1994 gelebt, wurde weit über neunzig Jahre alt. Ein kleiner, finaler Triumph: Er hat den letzten Kaiser und dessen Bruder überlebt, und übrigens auch Mao Zedong, den sie den »neuen Kaiser« nannten.

Wenn ich in diesen Tagen durch Peking gehe und das Leben dort mit den Verhältnissen vor vierzig Jahren vergleiche, fällt mir vor allem der Fortschritt auf. Der Reichtum der Stadt mit ihren Boutiquen, Einkaufszentren, Cafés. Fast alle meine früheren Freunde haben Karriere gemacht, einige sind sehr reich geworden, die meisten aufgestiegen in die neue Mittelklasse. Sie können sich etwas leisten, und sie genießen das auch. Früher haben sie sich darüber beschwert, dass ihnen im Privatleben die Luft zum Atmen abgeschnürt werde und sie sich an idiotischen politischen Kampagnen wie dem Kampf gegen Spatzen beteiligen mussten (Siebzigerjahre); dass es kaum irgendwo Nutella, Bananen oder Coca-Cola gab (Achtzigerjahre); dass ihre alten Häuser ohne nennenswerte Entschädigung Wolkenkratzern weichen mussten (Neunzigerjahre); dass die Nummernschilder für die Autos von korrupten Beamten unter der Hand versteigert wurden (Nullerjahre). Heute stehen ganz andere Dinge im Vordergrund, und sie betreffen nicht mehr so sehr die »klassischen« Probleme des sozialen Aufstiegs wie den neuen Kleinwagen, die Wohnung, die Kleidung. Es geht um nichts weniger Essenzielles: das gesunde Leben.

Im Februar 2013 sah die Hauptstadt des Boom-Staates China über Wochen so aus wie die Kulisse eines Films über den Untergang der Welt. In Peking ging wegen der extremen Luftverschmutzung gar nichts mehr. Die Feinstaubbelastung stieg auf absurde tausend Mikrogramm pro Kubikmeter, das Vierzigfache dessen, was die Weltgesundheitsorganisation gerade noch für vertretbar hält. An vielen Tagen wurde den Kindern der Sportunterricht im Freien verboten, an manchen schlossen die Schulen ganz. Elite-Institute wie das Dulwich College errichteten für ihre Zöglinge über ihren Tennisplätzen sogenannte »Sport-Dome«, abgeschlossene Räume mit künstlich frischer Luft. Plötzlich waren nicht mehr Gucci und Prada die erstrebenswertesten Luxusgüter, sondern »Purifier«; die Schweizer Firma IQAir stellte die Säuberungsgeräte in ihrem Showroom aus wie Schmuckstücke, im Preis lagen sie ähnlich: 3000 US-Dollar für ein Gerät der gehobenen Klasse. Gesichtsmasken wurden zum Teil des städtischen Dresscode. Eine von den Pekinger Behörden unterdrückte Studie kam zu dem Ergebnis, dass in China derzeit 1,2 Millionen Todesfälle pro Jahr allein auf die extreme Luftverschmutzung zurückzuführen seien. Eine Untersuchung der Deutschen Bank in Peking sagte »bei den gegenwärtigen Trends des Kohleverbrauchs und der Auto-Emissionen« eine weitere Verschlechterung der Luftqualität um 70 Prozent voraus. Die Website der US-Botschaft in Peking, die unabhängige eigene Messwerte veröffentlichte – sie lagen regelmäßig höher als die offiziellen chinesischen –, wurde zur populärsten Informationsquelle der Pekinger: Wer konnte, begann den Tag mit einem Blick auf die neuesten Zahlen.

Viele Flüsse und Seen in der Volksrepublik sind so vergiftet, dass die Behörden die Ufer weiträumig sperren müssen. Obst und Gemüse, das auf den verseuchten und überdüngten Böden der Volksrepublik gezogen wird, enthält gefährliche Schadstoffe. Viele meiner Freunde in Peking kaufen nur noch in Bioläden und essen in teuren Biorestaurants, weil sie glauben, ihren Familien die »normalen« Lebensmittel nicht mehr zumuten zu können. Dazu kommen immer wieder Ausbrüche von gefährlichen Seuchen wie der Vogelgrippe, die offensichtlich durch extrem unhygienische Tierhaltung ausgelöst oder zumindest beschleunigt werden. Als in Schanghai im Frühjahr 2013 Tausende von Schweinekadavern in einem Fluss entsorgt wurden, der auch als Trinkwasserquelle fungierte, überraschte das schon fast keinen mehr.

Auch bei der Kindernahrung droht permanent eine Verschmutzung. Schlimmer noch: Kriminelle Hersteller haben schon mehrfach Babymilch gepanscht und so schwere Erkrankungen von Zigtausenden Kindern in Kauf genommen. Chinesische Eltern haben offenbar jedes Vertrauen in die chinesischen Autoritäten verloren, solcher Machenschaften Herr zu werden. Sie kaufen die Gläschen im Ausland oder schicken ihre Bekannten mit dem Auftrag los. Das hat dazu geführt, dass beispielsweise in Australien zeitweise Babynahrung komplett ausverkauft war und nach Beschaffung von Nachschub rationiert werden musste. Selbst in Berlin wurde im April 2013 wegen der großen chinesischen Nachfrage Babynahrung nur noch in geringen Einzelmengen ausgegeben.

Grundsätzlich hat die Partei das Umweltproblem erkannt. Die Leistung regionaler Parteichefs soll künftig nicht mehr nur am

Wachstum und den Investitionen gemessen werden, sondern auch an Öko-Standards. Die KP will mit Milliarden den Ausbau alternativer Energien fördern, manche sprechen sogar schon von einer »grünen Revolution« im Reich der Mitte. Die Zahlen sprechen eher dagegen: Noch immer wächst die Umweltverschmutzung schneller als die Wirtschaft. Nach Berechnungen von Experten müsste die Volksrepublik 3 Prozent ihres Bruttoinlandsprodukts ausgeben, um die bestehende Verunreinigung allmählich abzubauen. Doch nach den jüngst bekanntgewordenen Zahlen des nächsten Fünfjahresplans sind nur 1,4 Prozent des BIP an Ausgaben vorgesehen.

Wer es sich leisten kann und auf der Vermögensleiter ganz oben angekommen ist, denkt in Peking an etwas anderes. Vergnügt sich, so lange es noch geht. Und dreht am ganz großen Rad. Jedes Wochenende treffen sich in einer vornehmen Lounge nahe dem Fußballstadion die Mitglieder des Beijing Sports Car Club, gegründet 2009. Da wird gern gezeigt, was man hat. Auf einem gut gesicherten Parkplatz wetteifern Lamborghinis und Ferraris um Aufmerksamkeit. Und Zhang Kuan, Anfang dreißig und Chef des Clubs, protzt mit einem dunkelgrauen McLaren MP4-12C (Kaufpreis um die 300 000 US-Dollar), den er sich im Sommer 2012 eigenhändig aus dem Zollhafen von Tianjin abgeholt hat. Für die 700 Mitglieder werden auch Luxustrips nach Las Vegas und London organisiert. Man bleibt unter sich, und wenn man nachts Rennen fährt, dann eigentlich nur gegeneinander. Tagsüber zeigt man sich gern mit den Model-Freundinnen im Arm. Seinen ersten Wagen hat Zhang 1999 erworben, einen Volkswagen Santana. Dann ging es für ihn schnell aufwärts und er machte ein Vermögen mit »Investments, Immobilien und Versicherungen«, wie er gegenüber der *Time* etwas vage formulierte. Jetzt nennt Zhang, auch politisch gut vernetzt, neben dem Lotus noch mehrere andere Sportwagen sein Eigen, er sammelt nebenbei auch Luxusuhren. »Die Generation meines Vaters ist nicht so scharf auf die Dinge, die mich umtreiben«, sagt er. »Für ihn heißt Luxus, wenn die ganze Familie sich trifft. Für meine Altersgenossen zählt dagegen immer nur das neueste Spielzeug. So drücken wir uns aus, so leben wir unsere Träume.«

Kennt er zufällig die Provinz Guizhou? Der Chef des vornehmen Sportwagen-Clubs schüttelt den Kopf. »Ist irgendwo im Süden, eine ziemliche Armenprovinz oder nicht?« Nicht schlecht geraten. Guizhou ist statistisch gesehen sogar die ärmste aller chinesischen Provinzen, eine karstige, immer feuchte, wenig fruchtbare und schwer zugängliche Region. Nach einem alten chinesischen Spruch gibt es hier »keine drei Fuß flachen Landes, keine drei Tagen ohne Regen und keinen Menschen mit drei Yuan«. In Guizhou habe ich bei meinen Besuchen auf dem weiten Land in den vergangenen Jahrzehnten immer wieder beobachtet, wie wenig sich bei den Ärmsten in den Dörfern verändert hat, eine lähmende, unchinesische Stagnation. Menschen lebten und starben in Müllcontainern.

Chinas neuer starker Mann ist nicht zu beneiden. Er soll die stockende Wirtschaft wieder ankurbeln und von Hemmnissen befreien. Er soll seine Generale im Zaum halten und weltweit Frieden stiften. Er soll die Korruption effektiv bekämpfen und erwirken, dass soziale Unruhen vermieden werden. Er soll dafür sorgen, dass die Schere zwischen Arm und Reich, Stadt und Land, Küstenprovinzen und Armenregionen im Landesinneren zugeht. Er soll die aufmüpfigen ethnischen Minderheiten wieder mit der Zentralgewalt versöhnen. Eigentlich ein Programm für einen Außerirdischen. Für einen wie ET, diesen anderen Filmhelden von Steven Spielberg neben dem tapferen Soldaten Ryan, den Xi Jinping so liebt.

5 INDIEN
Mythos und Moderne

In Indien gibt es mehr politische Parteien als Automodelle oder Eiscreme-Sorten: Derzeit bemühen sich 364 Parteien um die Wähler. Darunter sind Faschistoide, die sich speziell an die Hindus richten und ein »rassisch und religiös reines« Reich anstreben, ebenso wie Ultralinke. Muslime, Sikhs und Christen werden von speziellen politischen Gruppierungen umworben, gleich mehrere kommunistische Parteien, Marx- oder Mao-treu, kämpfen um die Wählergunst. Dann sind da die Parteien für besondere Berufs- und Interessengruppen, etwa die Großgrundbesitzer oder die Zuckerrohrfarmer, die neue städtische Mittelklasse. Religiöses vertreten die Brahmanen-Gruppierungen auf der obersten Stufe der Kasten-Leiter, die Interessenvertretungen reichen bis ganz hinunter zu den Dalits, wie die »Unberührbaren« heute heißen. Filmschauspieler gründen Parteien für Film-Freaks, Agnostiker versammeln sich unter dem Banner des Anti-Religiösen zu einer Atheisten-Partei, Waffenfans machen sich in militärisch orientierten Gruppen gemein, Sternengläubige in Astrologen-Zusammenschlüssen. Gleich zwei Parteien verschreiben sich den sehr spezifischen Anliegen der Eunuchen; andere behaupten, mit Yoga oder Ayurveda die Welt zu erlösen. Und alle, wirklich alle, wollen sich um die Interessen der Armen kümmern, was daran liegt, dass die Unterprivilegierten auf dem Subkontinent so zahlreich sind und auch so zahlreich zur Wahl gehen: Sie stellen das größte Potenzial für einen Erfolg an den Urnen. In Indiens politischer Landschaft gibt es nichts, was es nicht gibt – sieht man einmal davon ab, dass eine spezielle Interessenvertretung für Frauen fehlt.

Dennoch existieren nur sechs wirklich große, nationale Parteien, die in allen Bundesstaaten antreten – und nur zwei, die es in der Vergangenheit schafften, den Premier zu stellen: die Bharatiya Janata Party (BJP), konservativ und hinduistisch-patriotisch, und den Indian National Congress (INC), der in den allermeisten Jahren seit der Unabhängigkeit regiert hat. Wofür der Kongress steht außer für Machterhalt, weiß so recht keiner. Am ehesten lässt sich die Regierungspartei wohl noch als Gruppierung links neben der Mitte einordnen. Wahlen finden turnusmäßig alle fünf Jahre statt, die nächsten sind für den Sommer 2014 angesetzt. Beim letzten Urnengang umfasste das Elektorat 714 Millionen Menschen, weit mehr Wahlberechtigte als in den USA und der Europäischen Union gemeinsam. Weil immer noch fast jeder Dritte weder lesen noch schreiben kann, spielen die Partei-Symbole eine besondere Rolle – fast jeder Inder weiß, dass die ausgestreckte Hand für den Kongress steht, die Lotusblüte für die BJP; Hammer und Sichel beziehungsweise Sichel und Ähre kennzeichnen die beiden wichtigsten kommunistischen Gruppierungen. Schon weniger bekannt ist, wen der Elefant, das Fahrrad, Pfeil und Bogen oder eine aufgestellte Leiter repräsentiert.

Wer einmal einen Wahltag in der größte Demokratie der Erde gesehen hat (genauer gesagt einen der jeweils vier oder fünf, gewählt wird aus logistischen Gründen in Etappen), wird dieses Erlebnis so schnell nicht vergessen. An den Wahllokalen bilden sich lange Schlangen, in den Städten eilen die Banker in ihren Maßanzügen vorbei, Millionäre geben in manchen Stadtgegenden gleich hinter den in die Gegend zugezogenen Arbeitern die Stimme ab, Bettler treffen auf Beamte, Polizisten reihen sich hinter Pflegerinnen ein. Auf dem weiten Land sind die Eindrücke noch intensiver. Da treffen sich feuerfarbige Sari-Trägerinnen mit halbnackten Sadhus, alte Männer mit ihren gezwirbelten Bärten mit verschleierten Musliminnen. Auffallend ist die große Ernsthaftigkeit, mit der sie ihr Kreuzchen machen oder ihren Fingerabdruck abgeben – Indiens Wähler sind sich ihrer Macht durchaus bewusst. Die Stimmabgabe ist für sie ein Ventil, das einzige, mit dem sie ihren Willen ausdrücken können. Und schon mehrmals wurden gegen alle Erwartungen Regierungen aus dem Amt katapultiert, die ihren Ankündigungen keine Taten hatten folgen lassen. Es gibt viele Gründe, angesichts der politischen Verhältnisse auf dem Subkontinent zynisch zu sein: Fast jeder fünfte der indischen Parlamentarier hat eine Vorstrafe, in den Regionalparlamenten sind es noch mehr, viele Menschen sind anfällig für Wahlgeschenke und uferlose Versprechungen. Scharlatane machen sich das zunutze und schaffen es immer wieder, ein Mandat zu ergattern. Andere buhlen mit merkwürdigen Namen um Aufmerksamkeit. Im nordöstlichen Bundesstaat Meghalaya etwa begeisterten sich beim letzten Urnengang viele für einen großsprecherischen Kandidaten namens »Adolf Lu Hitler«. Aber es wäre ungerecht, Indiens demokratische Wahl auf eine Freak-Show zu reduzieren. Genauso wenig wie das Parlament eine Lachnummer ist – und das, obwohl es mit all seinen Auswüchsen den Anstrich des Unseriösen manchmal geradezu zu suchen scheint.

»Die Demokratie ist für Indien so ungeeignet wie das Tragen von Pelzmänteln im heißen indischen Sommer«, sagte während der Kolonialzeit einmal der britische Staatsminister Lord Morley und bezog sich auf die hohe Analphabetenrate, die archaischen Kasten-Strukturen auf dem Land, die angeblich von der Hindu-Religion ausgelöste »Rückständigkeit«. Viele Intellektuelle auf dem Subkontinent würden vielleicht nicht seiner Wortwahl zustimmen, aber sie betrachteten die komplexe Bürokratie mit all ihren Freiheiten ähnlich wie Morley als Entwicklungshemmnis. Andere sahen – und sehen – in der indischen Demokratie mit ihrer nach Westminster-Vorbild gestalteten Gewaltenteilung, den weitgehend unabhängigen Gerichten, der Presse- und Versammlungsfreiheit das Allheilmittel. Die Wahrheit ist komplexer: Indiens Demokratie rettet und behindert dieses Land, und zwar beides gleichzeitig. Sie bedeutet Mitsprache, Grundrechte für jeden und Abwesenheit staatlicher Willkür – all das wird auf dem Subkontinent garantiert. Aber Demokratie sollte auch zu Good Governance führen, sie muss ein Mindestmaß an sozialer Gerechtigkeit, Altersvorsorge, Krankenversicherung und Aufstiegschancen für jedermann durchsetzen – und da hat Indiens Regierungsform bisher weitgehend versagt. Neu-Delhi liegt in der Korruptionsstatistik von Transparency International auf Rang 94. Die Skandale, bei denen sich gerade auch Parlamentarier die Taschen vollgestopft haben, häuften sich in den letzten Jahren in einem deprimierenden und fast staatszersetzenden Ausmaß. Sansad Bhavan heißt das Parlamentsgebäude von Neu-Delhi. Es ist ein eindrucksvolles, riesiges Rundgebäude aus Sandstein mit 144 Säulen und einer Kuppel, errichtet im Jahr 1920 als Monument des britischen Empire. Im Innern befinden sich runde Plenarsäle; einer beherbergt das Oberhaus, die Rajya Sabha, Vertretung der indischen Bundesstaaten. Nominell ist es mit dem Unterhaus, der Lok Sabha, gleichgestellt, dem 552 direkt gewählte Abgeordnete angehören – bezogen auf die Bevölkerung ist es damit das kleinste Parlament der Welt, nirgendwo sonst vertritt ein einzelner Volksvertreter durchschnittlich so viele Wähler wie in Indien. Wenn es ums Geld geht, beim Aufstellen des Haushalts, hat die Lok Sabha die alleinige Macht und gilt deshalb als das bei Weitem einflussreichere der beiden Staatsorgane. Und als das lebhaftere, kontroversere, chaotischere. Oft wird in der Sache sehr ernsthaft, intellektuell anspruchsvoll und sprachlich brillant diskutiert. Die Fähigkeit zur freien Rede ist verbreiteter als etwa im deutschen Bundestag, die Lok Sabha erlebte schon regelrechte Glanzstunden. Aber gelegentlich erinnert die Volksvertretung auch an die unterirdischen Umgangsformen der Parlamente von Papua-Neuguinea oder der Ukraine. Vor einigen Jahren etwa sprang nach einem verbalen Angriff unter die Gürtellinie einer der Abgeordneten einem Minister an die Kehle, daraus resultierte ein Faustkampf mehrerer Parlamentarier, die sich so ineinander verkeilten, dass die Sitzung abgebrochen werden musste. Mehrfach vorgekommen ist auch schon, dass einzelne Volksvertreter ihre Schuhe aufeinander geworfen haben, fast schon an der Tagesordnung ist der Auszug einer ganzen Fraktion aus dem Hohen Haus.

Und immer wieder werden entscheidende Fragen vertagt, Reformen bleiben aus oder werden zerredet, die Ineffizienz des Regierungsapparats ist schon sprichwörtlich. Und so wirkt Indiens Volksvertretung im Guten wie im Schlechten wie das krasse Gegenteil des volkschinesischen (Schein-)Parlaments. Während man sich im Nationalen Volkskongress von Peking nur zum Abnicken längst im kleineren Kreis des ZK besprochener Entscheidungen zusammenfindet und die Langweile der Sitzungen immer wieder dazu führt, dass den Delegierten die Augen zufallen, gibt es in Neu-Delhi fast schon zu viel Action, und die ist eben oft auch unseriös. Der chinesischen Einparteienherrschaft steht die indische Vielparteienherrschaft gegenüber, die zu Koalitionen unterschiedlichster Interessengruppen zwingt und damit oft auch zu einem quälend langwierigen, in der Sache verwässerten Entscheidungsprozess. Hierarchie- und Harmoniestreben konkurrieren mit einer stolzen Tradition des Pluralismus. Indische Bürger können, anders als chinesische in der Volksrepublik, von ihren Repräsentanten Rechenschaft fordern und sie bei Versagen in die politische Wüste schicken. Der »Right of Information Act«, einer der Glanzpunkte der indischen Verfassung (und erst 2005 dort aufgenommen), zwingt die Behörden, jedem Antragsteller über öffentliche Vorgänge Auskunft zu geben. Das ist eine der wesentlichen Quellen für die kritische indische Presse.

Und es existiert jenseits aller Institutionen auch ein inoffizieller »Auslauf« für den öffentlichen Protest in dieser brodelnden Demokratie: Jantar Mantar heißt der überdimensionale Hyde Park Corner, in der Nähe der gleichnamigen Sternwarten aus dem 18. Jahrhundert gelegen, schmutziger und bevölkerter als das Londoner Original. An einem Sommertag 2013 protestieren da verschiedene Gruppen: Junge Frauen malen Plakate, auf denen sie die »verschleppten Prozesse gegen Vergewaltiger« anprangern. Grimmig dreinblickende junge Muslime beklagen den »Polizeiterror in Kaschmir«. Und eine Gruppe Jugendlicher beklagt mit Schüsseln voller schmutziger Brühe den »skandalösen Mangel an Trinkwasser«. Und wer für eine Demo noch weitere Protestierer braucht, kann sie für ein paar Rupien anheuern, »bereit zum Kampf für jede gute Sache« steht auf dem Schild eines Bettlers. Selbst für oder gegen Jantar Mantar lassen sich Umzüge organisieren. »Das hier ist doch nur ein Placebo der Regierung, die wollen den Protest kanalisieren«, sagt einer; ein anderer meint, die Straße sei ein »Tempel der Demokratie« und der müsse dringend auf umliegende Gassen ausgeweitet werden.

Wie früh die Demokratie in Indien Wurzeln gefasst hat oder ob sie gar hier auf dem Subkontinent, und nicht etwa von den Griechen, erfunden wurde, bleibt unter Historikern umstritten.

Unbestritten ist, dass es in der Sangha, der Gemeinschaft von Buddhismus-Praktizierenden, demokratische Willensbildung gab und in den Hindu-Schriften die Rede von einem »Platz des Ärger-Herauslassens« die Rede ist, wohin sich die schmollenden Untertanen des Königs zurückzogen. Auch am Hof der muslimischen Moghulen gab es im Ansatz Mitbestimmung, den *Rahi Akal*, den »Weg der Vernunftfindung«. Die Saat der heutigen indischen *Checks and Balances* aber haben eindeutig die Briten gelegt, auch wenn viele der Kolonialherren den »nackten Fakiren« niemals zutrauten, Institutionen wie ein unabhängiges Gericht oder ein Parlament mit wirklichem Leben zu füllen. Sie verachteten Indien, das nach Winston Churchills herabwürdigenden Worten »nur ein geografischer Ausdruck« war, »so wenig ein Land wie der Äquator«. Und von dem doch der britische Historiker E. P. Thompson sagte, es sei das »wichtigste für die Zukunft der Welt«, ein Schnittpunkt der wichtigsten Debatten, wie der indische Politiker und Schriftsteller Shashi Tharoor mir gegenüber einmal meinte: »Dirigismus oder Freiheit, Zentralisierung oder Föderalismus, Pluralität gegen Fundamentalismus, Coca-Kolonisierung, Globalisierung oder Rückzug auf die Selbstständigkeit.«

Indien – mehr als die Summe seiner Gegensätze?

Um Mitternacht die Freiheit: Am 14. August 1947, wenige Minuten bevor es zur Geisterstunde schlug, hielt ein indischer Politiker die wohl für ein ganzes Zeitalter berühmteste Rede an die Nation. »Vor vielen Jahren haben wir eine Abmachung mit dem Schicksal getroffen und jetzt ist es an der Zeit, sie einzulösen … Es kommt ein Moment, der selten ist in der Geschichte: Wir gehen aus dem Alten ins Neue, ein Zeitalter endet und die Seele einer Nation, die lange unterdrückt war, entfaltet sich. Wir müssen jetzt darangehen, den herrlichen Bau des freien Indien zu errichten, in dem alle Kinder des Landes wohnen sollen.« Jawaharlal Nehru sprach diese poetischen Worte bei der Verfassunggebenden Versammlung im späteren Parlamentsgebäude von Neu-Delhi. Die blutige Teilung des Subkontinents hat der Mann mit dem Ehrentitel *Pandit* (»Weiser Lehrer«) und Schüler des Mahatma Gandhi nicht verhindern können, aber als erster demokratischer Premier verschaffte er sich große Verdienste. Er führte Indien in die Blockfreien-Bewegung, er bekämpfte das Kastenwesen und focht an der Seite der Ärmsten für Bildungschancen und Steigerung des Lebensstandards. Allerdings steht Nehru, der unter der Kolonialmacht lange inhaftiert war und sich nie für privatwirtschaftliche Anreize hat erwärmen können, auch für ein sozialistisches System, das ökonomisch zum Scheitern verurteilt war. Sein Glaube an die allein selig machende Kraft des Staates führte zudem zu einem aufgeblähten Beamtenapparat. Er schuf in einer zentralen Planwirtschaft Staatsbetriebe, in denen sich alle ohne Furcht vor Konkurrenz bequem einrichten konnten. Aus der verständlichen Furcht vor einer Rückkehr der ausbeuterischen Kolonialisten wollte Nehru sein Land auch möglichst autark machen. Er setzte hohe Zölle und Handelsschranken durch. Sein Misstrauen gegenüber dem Westen ließ ihn gegenüber dem maoistischen China gar zu gutgläubig, ja blauäugig werden. Er hielt es für ausgeschlossen, dass die Chinesen einen Grenzkonflikt zu einer kriegerischen Auseinandersetzung eskalieren lassen könnten. Doch im Oktober 1962 griffen Pekings Truppen an, die kurzen Kampfhandlungen führten zu einer demütigenden Niederlage für Indien.

Indiens Vater der Nation war in der Politik seines Landes eine alles dominierende Kraft, ein riesiger Banyan-Baum, in dessen Schatten keine andere Pflanze gedeihen konnte, keine alternative Idee, kein Konkurrent. Seine Kongress-Partei war ihm eine Familienangelegenheit, und wenn er überhaupt jemanden förderte, war es seine Tochter Indira. Als Nehru dann am 27. Mai 1964 in Neu-Delhi starb, war das der Anfang einer weiteren wenig gesunden politischen Entwicklung, der Beginn einer dynastischen Entwicklung an der Spitze des Staates. Nach zwei Übergangsjahren mit dem glücklosen Premier Lal Shastri, der sich von den Pakistanern in einen blutigen Krieg hatte hineinziehen lassen, übernahm Indira Gandhi die Führung der Kongress-Partei und kam somit fast automatisch an die Macht. Beginn der Nehru-Gandhi-Dynastie.

Ich habe Indira Gandhi bei meinen Indien-Reisen ein halbes Dutzend Mal getroffen, habe sie im Amtssitz und in ihrer privaten Residenz interviewt und erlebte sie bei mehreren Wahlkämpfen. Selten habe ich eine Persönlichkeit erlebt, die so eindrucksvoll wie zwiespältig war, so charismatisch wie geheimnisvoll. Eine stählerne Lady, die wie auf Knopfdruck ein Lächeln anknipsen konnte, immer misstrauisch, selbst im Kreise von engen Freunden und Familienmitgliedern selten entspannt. So, als wittere sie überall Gegner, die ihr Übles wollten. Nur einmal plauderte sie über ein persönliches Erlebnis, und auch dabei zeigte sich, wie die große Politik schon frühzeitig ihr Leben bestimmt hat. Sie blickte auf das Jahr 1931 zurück, erinnerte sich daran, wie ein Besucher die Familienresidenz aufsuchte – und die damals 13-Jährige allein vorfand, was sie ihm so erklärte:»Tut mir leid, dass Sie nur mich antreffen. Aber mein Opa, mein Vater und meine Mama sitzen derzeit wieder einmal alle im britischen Gefängnis.«

Indira Gandhi wollte der Erzählung damals eine heitere Note geben, aber es gelang ihr nicht. Wie so oft merkte man ihr eine unterschwellige Verbitterung über ihre gestohlene Kindheit, ihr fremdbestimmtes Leben an. Sie hatte nie viel von ihrem Vater. Der bemühte sich zwar um sie und schrieb aus der Zelle rührende Briefe. Aber seine Ehe stand nur auf dem Papier, erst kam die Nation, dann die Familie; Indiras Mutter Kamala und bald auch Indira selbst litten unter Depressionen. Sie kam nach dem Tod der Mutter in europäische Internate, lebte in Genf, Paris, London, auch im Schwarzwald. Nach einer Tuberkulose-Erkrankung musste sie viele Monate in einem Schweizer Sanatorium verbringen – isoliert von ihrer Sippe, ihren indischen Bekannten. Sie fing sich. Im April 1941 kehrte Indira nach Indien zurück und heiratete mit 25 Jahren den parsischen Geschäftsmann Feroze Gandhi (keine Verwandtschaft mit dem Mahatma). Sie bekamen zwei Söhne, Rajiv und Sanjay, aber die Ehe ging nicht gut. Denn Indira widmete sich, vom Vater ermutigt und vom eigenen Ehrgeiz getrieben, ganz der Politik. Sie wurde seine engste Vertraute, Büroleiterin und Gastgeberin bei Empfängen für anreisende Weltgrößen wie Chruschtschow, Eisenhower, Tito und Nasser. Einem Biografen, der sie vorsichtig nach der möglichen Vernachlässigung ihres Gatten fragte, sagte sie kühl:»Mein Vater machte nun einmal wichtigere Arbeit als mein Mann.«

Als Feroze Gandhi nach der Scheidung einsam starb, hat Indira – wie Freunde erzählten – eine kurze Zeit lang Schuldgefühle empfunden. Aber die waren spätestens dann weg, als ihr Vater starb. Erst übernahm sie das Rundfunkministerium, zum politischen »Warmlaufen« sozusagen, dann die Macht. Sie erwies sich bald als eine klug und kühl taktierende Meisterpolitikerin. In der Innen- und Wirtschaftspolitik behielt sie die Linie ihres Vaters bei, ohne dass die Fünfjahrespläne effektiver geworden wären. Ihren großen Triumph hatte sie in der Außenpolitik: Sie gewann den großen Krieg gegen den Erzfeind Pakistan innerhalb von zwei Wochen und war klug genug, die Geschlagenen nicht auch noch zu demütigen. Sie ordnete gegen den Willen ihres Verteidigungsministers einen Waffenstillstand an und verhinderte so auch ein Eingreifen Chinas an der Seite der pakistanischen Verbündeten. Mit der Abtrennung Ostpakistans, aus dem der neue, Indien-freundliche Staat Bangladesch wurde, hatte sie ohnehin die wesentlichen Kriegsziele schon erreicht. Bei den Wahlen 1972 errang sie mit ihrer Partei 70 Prozent der Sitze in der Lok Sabha. Ein Rekordergebnis.

Aber auf dem Gipfel der Macht angelangt, zeigte Indira Gandhi sich arrogant und beratungsresistent und bewies letztlich mit ihrer Haltung, dass sie demokratische Institutionen verachtete. Das Oberste Gericht hatte die Premierministerin verurteilt, weil sie eine Staatsangestellte, die schon ihr Ausscheiden aus dem Amt eingeleitete hatte, zu früh für Wahlkampfzwecke eingespannt hatte. Statt das Verdikt zu akzeptieren, das aller Wahrscheinlichkeit nach nicht zu einem Amtsenthebungsverfahren geführt hätte, traf Indira Gandhi in einer Mischung aus Arroganz und Paranoia eine ungeheuerliche Entscheidung: Sie rief am 26. Juni 1975 die »National Emergency« aus. Über Nacht wurden 600 politische Gegner, darunter wichtige Oppositionsführer, verhaftet, den Zeitungsredaktionen wurde der Strom abgestellt, das Fernsehen gleichgeschaltet, es galt ein Versammlungsverbot. Die Demokratie war zugunsten einer autoritären Regierungsform aufgehoben, zumindest auf Zeit. Und das war, besonders in den ersten Tagen und auf dem weiten Land, durchaus populär.

Vor lauter Angst erschienen Beamte plötzlich pünktlich zum Dienst, die Züge verkehrten auf die Minute, Polizisten zögerten, Bestechungsgelder einzufordern. Aber schnell bemerkte die indische Bevölkerung, welche Nachteile der Entzug von Freiheiten bedeutete, wie schnell absolute Macht in absolute Willkür umschlagen konnte. Und in Dynastie-Denken.

Indira Gandhi hatte ihre beiden Söhne nach England zum Studium geschickt, Rajiv interessierte sich zu ihrer großen Enttäuschung nicht besonders für politische Ämter, aber Sanjay gierte geradezu nach Macht. Indira Gandhi hatte ihn mit der Produktion eines Volksautos beauftragt, doch mit diesem Maruti ging es nicht so recht voran. Der Ausnahmezustand war dann ganz nach dem Geschmack des Möchtegern-Diktators, der immer mehr Einfluss über seine Mutter erlangte. Ohne ein offizielles Amt zu bekleiden, regierte er in Ministerien hinein; ließ Slums in Delhi gewaltsam räumen; setzte seine eigene, rigorose Politik der Familienplanung durch. Männer mit zwei Kindern oder mehr sollten sich einer Vasektomie unterziehen, auf eine so einschneidende Idee waren nicht einmal die KP-Führer in Peking gekommen. Und Sanjay verlangte von den Parteikomitees in den Provinzen Belege für die Durchführung der Politik. Zwangssterilisationen waren die Folge, oft unter höchst unhygienischen Bedingungen durchgeführt; sie brachten unendliches Leid über viele Familien. Indira Gandhi aber wirkte Sanjay gegenüber fast wie hörig, Gerüchte machten die Runde, er hätte sie im Whisky-Rausch sogar geschlagen. Sie hätte ihm dennoch freie Hand für jede seiner politischen Extravaganzen gegeben. 1977 aber setzte sie sich gegen ihren Sohn durch, beendete nach 19 schrecklichen Monaten den Ausnahmezustand und schrieb gegen seinen Rat freie Wahlen aus. Kritische Berater hatte sie längst keine mehr. Die *Chamchas* (»Löffelchen«) aus ihrer Partei, die sie umschmeichelten, redeten ihr ein, sie stehe vor einem Kantersieg. Sie verlor zu ihrer Verblüffung haushoch – die Inder hatten Indira Gandhi ihren Flirt mit der Diktatur mehrheitlich sehr übelgenommen. Die konservative BJP kam über Nacht an die Macht, offensichtlich auch zu ihrer eigenen Verblüffung. Die Hinduisten hatten keine Konzepte und waren bald schon abgewirtschaftet.

Bei der Vorbereitung zur Neuwahl ging die Stählerne dann geradezu generalstabsmäßig vor. Sie hatte ihr Abgeordnetenmandat verloren und war zwischenzeitlich sogar verhaftet worden. Sie galt als verfemt. Also pilgerte sie, die nie durch eine besondere Vorliebe für Religiöses aufgefallen war, zu Vinoba Bahve, einem einflussreichen und allseits anerkannten heiligen Mann, und holte sich demütig seinen Segen. Sie trennte sich von ihren Kritikern und spaltete ihre Partei; mit dem Kongress (I) – der Buchstabe stand für Indira wie für Indien, in ihren Augen ohnehin ein Synonym – versuchte sie dann einen Neustart. Ich begleitete ihren Wahlkampf und fuhr mit ihr Tausende Kilometer über Land. Kaum jemand gab ihr eine Chance. Doch nach einer Woche war meinem mitreisenden *stern*-Kollegen Jay Ullal und mir klar: Sie stand vor einem Comeback, vor einer Wiederauferstehung, wie sie nicht vielen außer Lazarus gelungen war. »Dem Sieger laufen in Indien alle hinterher«, sagte sie. »Der Verlierer hat nur Staub auf den Schuhen.«

Sie hasste den Staub der Straße, sie verabscheute allzu große Nähe zu den Volksmassen. Sie hasste Parfüm und den schweren Duft der Blumengirlanden, die ihr ständig umgehängt wurden. Sie hasste die Schreie der Menge, die ihren Weg begleiteten, und stopfte sich Wattebäusche in die Ohren. Und dennoch drückte die Aristokratin mit Sinn für stilvolles Ambiente vor Schmutz starrende Kinder an ihre Brust und aß, auf dem Boden hockend, aus den Reisschalen der Dorfbewohner. Und sie konnte dabei immer ihr Lächeln abrufen, ein Lächeln, das sie als junges Mädchen wochenlang vor dem Spiegel eingeübt hatte, auch und gerade, als es ihr schlecht ging. 62 Jahre war sie damals schon, grauhaarig, nur ein Meter sechzig groß und kaum über 50 Kilo schwer, und sie schien wie aus einem Jungbrunnen entstiegen.

Manchmal dauerte ein Wahlkampftag 18 Stunden. Einmal hatten wir uns in tiefer Nacht irgendwo in Madhya Pradesh verfahren und konnten den Weg zum nächsten Dorf und der letzten Veranstaltung nicht finden. Ich saß im Minibus mit zwei Wahlkampfhelfern hinten, sie vorn auf dem Beifahrersitz, eingeklemmt zwischen dem

Fahrzeuglenker und dem Leibwächter. Es waren kaum Menschen unterwegs. Tauchte aber doch einmal einer unverhofft im Scheinwerfer auf, dann brachte sich Indira Gandhi in Positur, rückte das Kopftuch zurecht und knipste ihre Taschenlampe an, die ihren Kopf in ein grünlich phosphorisierendes Licht rückte. Es machte ihr nichts aus, dass das geisterhafte Leuchten ihre Gesichtszüge verfremdete. Sie beugte sich zu mir nach hinten. »Solange die Leute noch wissen, wer da über die Landstraße fährt, ist alles in Ordnung«, sagte sie, die sonst so eitel sein konnte und kaum einen Sari zweimal trug.

Nicht ihre eher einfach gehaltenen Reden, die sie mit leiser Stimme vortrug und die eine sorgfältig dosierte Menge Selbstkritik enthielten, begeisterten die Menschen. Es war ihr kämpferischer Elan, mit dem sie neuen Wind nach der »Selbstzerfleischung meiner politischen Gegner« versprach und die Makel der Vergangenheit einfach wegwischte. »Madam, Sie werden gewinnen«, sagte ich, und sie strahlte. Sie wusste es. Sie war überzeugt von ihrer Mission, ihrer Berufung als *Bharat Mata*, als »Mutter Indiens«. Sie kehrte Anfang Januar 1980 mit einer überzeugenden Mehrheit der Stimmen ins Amt zurück. Wenig später ereilte sie ein Schicksalsschlag: Ihr Sohn Sanjay kam bei einem waghalsigen Flugversuch ums Leben. Die persönliche Tragödie war für Indiens Politik vermutlich ein Segen. Indira Gandhi musste nun allerdings einen neuen Nachfolger aufbauen – für sie kam da nur ihr zweiter Sohn Rajiv infrage. Der war inzwischen Pilot bei der staatlichen Indian Airline und glücklich mit der Italienerin Sonia verheiratet. Aber Privatleben, das machte ihm die Mutter klar, konnte für einen aus dieser Sippe keine Priorität haben.

Indira Gandhi hätte mit ihrer komfortablen Parlamentsmehrheit in aller Ruhe darangehen können, die verfahrene Wirtschafts- und Finanzpolitik des Landes zu ordnen. Doch stattdessen verstrickte sie sich in ein Netz von Intrigen und Rachefeldzügen, die Anlässe für blutige Aufstände lieferten und Indien an den Rand des Chaos brachten. Gewalt, die sie gerufen hatte, provozierte schließlich die größte Katastrophe Indiens seit der Ermordung des Mahatma 1948. »Madams größter Fehler ist, dass sie nicht vergessen und vergeben

kann, sie hat das scharfe Gedächtnis einer Kobra«, hat uns nach
dem Wahlsieg einer ihrer Leibwächter gesagt. Sie nutzte es, um
Vergeltung für alle Demütigungen zu üben, die sie während der
Zeit ihrer Machtlosigkeit erlitten hatte. Auf Kritik, auch auf kon-
struktive, sachlich begründete, reagierte sie äußerst empfindlich.
Sie sah darin einen Akt der Unbotmäßigkeit, einen persönlichen
Angriff und schasste jeden Minister, der nicht in ihrem Sinne spurte.
So war sie bald wieder von Hofschranzen umgeben, die ihr nach
dem Mund redeten und sie nicht vor Gefahren warnten. Beispielsweise in der Regionalpolitik. Mehrere Bundesstaaten wie Assam,
Punjab und Kaschmir drängten auf größere kulturelle Selbstständigkeit und mehr Selbstverwaltung. Doch statt ihnen wenigstens in
einigen Punkten nachzugeben, setzte sie auf Konfrontation. Und
sie umgab sich zunehmend mit dubiosen Beratern. Besonders häufig an ihrer Seite: Dhirendra Brahmachari, ein bärtiger und stets in
blütenweißem Leinen gekleideter Yoga-Lehrer. Er wurde zu ihrem
Vertrauten in allen Lebenslagen, und die Gerüchte wollten nicht
verstummen, dass er auch Koffer voller Geld in die Privatgemächer
der Lady transportierte, Provisionen großer ausländischer Firmen
für staatliche Waffenkäufe.

Ich hatte eine besondere Erfahrung mit Frau Gandhis Lieblings-
guru: Nach einem Besuch in seinem Ashram im Himalaja-Vorge-
birge flog er mich in seiner kleinen Privatmaschine zurück nach Neu-
Delhi. Wir mussten nach einem Motorausfall 200 Kilometer vor der
Hauptstadt notlanden.»Ich habe für Sie gebetet«, sagte er nonchalant
nach seinem gefährlichen Sturzflugmanöver und dem unsanften
Aufsetzen auf einem Acker. Drei Jahre später prallte Brahmachari
mit der gleichen Cessna gegen einen Berg und starb. Ein Pilotenfehler,
Selbstmord, Sabotageakt? Das bleibt bis heute ungeklärt.

Indira Gandhi ereilte ihr Schicksal aus der Hand von langjährigen
Vertrauten. Sie hatte den Tempel der Sikhs in Amritsar stürmen lassen, in dem höchsten Heiligtum der Glaubensgemeinschaft waren
Aufständische verschanzt. Zwei Sikh-Leibwächter rächten das auf
blutige Weise. Schon wenige Stunden nach der Ermordung der
Ministerpräsidentin wurde Anfang November 1984 Rajiv Gandhi
als ihr Nachfolger vereidigt. Im blutigen Chaos, das in Pogromen

gegen Sikhs im ganzen Land ausartete, zeigte sich immerhin auch
die Stärke des Systems: Indien zerfiel nicht in seine Einzelteile; und,
anders als im Nachbarstaat Pakistan, blieb das Militär in den Kasernen und putschte nicht. Das ist wohl das wichtigste Vermächtnis
der »Madam G.«: Sie hat, trotz Ausrufen des Ausnahmezustands,
die demokratischen Institutionen und die Zivilgesellschaft nicht
nachhaltig beschädigt, sie hat ihre Generale auf Abstand gehalten
und ihrem Land eine neutrale, international geachtete Stellung
gesichert. Sie hat auch die Probleme des Analphabetismus und
der Armut auf dem Land erkannt und bekämpft, aber in der Wirtschaftspolitik war sie gefangen in den pseudo-sozialistischen Ideen
ihres Vaters. Die Ökonomie blieb weitgehend gelähmt. Spötter
erfanden das Wort von der »Hindu-Wachstumsrate«, wahlweise
auch »Rikscha-Wachstumsrate« – ein Plus pro Jahr, weit unter
5 Prozent. Und das blieb so in den späten Achtzigerjahren, in Zeiten,
da die Volksrepublik China dank der Öffnung Richtung Privatwirtschaft regelmäßig zweistellig wuchs.

Rajiv Gandhi gab sich als unbestechlicher Modernisierer (»Mister
Clean« war sein Spitzname), als liberal in der Innenpolitik, gemäßigt nach außen, aber entscheidende Weichenstellungen konnte er
nicht vornehmen. Am 21. Mai 1991 fiel auch er einem Attentat zum
Opfer. Die südindischen Terroristen wollten seinen Versöhnungs-
kurs mit Sri Lanka torpedieren. Sonia Gandhi, die ihrem Mann
oft beratend zur Seite gestanden hatte, zog sich ganz aus der Politik zurück, sie brauchte Zeit zum Nachdenken über ihre künftige
Rolle. Sie wusste, dass ihr fehlerhaftes Hindi von vielen verspottet
wurde, dass sie als »Ausländerin« manchen suspekt war – und Sohn
Rahul wie Tochter Priyanka waren ohnehin noch zu jung, um die
Dynastie fortführen zu können.

Als Übergangspremier kam Narasimha Rao an die Macht, ein
über siebzigjähriger blasser Parteisoldat, der mehrfache Bypass-
Operationen hinter sich hatte. Indien stöhnte auf. Keiner erwartete
von dem neuen Alten irgendwelche entscheidenden Fortschritte.
Doch Rao holte sich einen ebenso brillanten wie sachkundigen
und uncharismatischen Finanzminister ins Kabinett, der schon
bald Indiens Wirtschaftssystem entscheidend umkrempeln sollte.

Manmohan Singh, der heutige Premier, leistete Sensationelles.
Seine Wirtschaftsreformen sind in der Tragweite nur mit denen
von Deng Xiaoping in China zu vergleichen (kamen allerdings über
ein Jahrzehnt später). Die Wahrheit ist aber auch: Er hatte gar keine
Wahl. Im Sommer 1991 war das Land de facto pleite, es drohten
im wahrsten Sinne des Wortes die Lichter auszugehen. Die Inflation lag bei 17 Prozent, auf dem Schwarzmarkt war die Rupie um
ein Viertel gegenüber dem Dollar gefallen, die Devisen reichten
gerade noch für die Importe von zwei Wochen. Nur gegen die
Verpfändung der indischen Goldreserven waren westliche Kredit-
geber überhaupt bereit, dringend benötigte Kredite zu vergeben.
Sie bestanden darauf, dass das Edelmetall nach London ausgeflo-
gen wurde. Bei der Nacht-und-Nebel-Aktion blieben dann auch
noch die Goldtransporter auf offener Straße liegen – nichts hätte
treffender den drohenden Untergang symbolisieren können. Singh
senkte die Zölle drastisch und erlaubte ausländischen Investoren
in fast allen Bereichen – mit der Ausnahme einiger weniger Schlüs-
selindustrien –, Aktienmehrheiten von Firmen zu erwerben. Die
Rupie wurde abgewertet und für Handelstransaktionen konvertibel
gemacht. Der Regulierungswahn wurde zurückgefahren, die Börse
durfte sich dem internationalen Computerhandel öffnen.

Die Folgen waren dramatisch. Innerhalb weniger Monate ging
es bergauf. Ausländisches Kapital strömte ins Land, die Industrieproduktion stieg rapide, die Devisenreserven nahmen innerhalb
von zwei Jahren von knapp einer Milliarde Dollar auf 20 Milliarden
zu. Dennoch waren manche westliche Ökonomen der Meinung,
die Reformen seien nicht weitreichend genug gewesen. Sie über-
sahen, dass Rao und Singh damals ihrem Land keine neoliberale
Schocktherapie verordnen wollten. Sie achteten vielmehr darauf,
die Preise für Grundgüter wie Lebensmittel, Speiseöl und Petro-
leumprodukte weiterhin zu kontrollieren. Schon aus Eigennutz,
um die Wähler nicht zu sehr zu verschrecken; wohl aber auch aus
Überzeugung, um Massenentlassungen zu verhindern und menschliches Leid unter den Ärmsten zu lindern. Das war und ist in Indien
immer eine Gratwanderung. In zwei entscheidenden Bereichen
aber passierte so gut wie gar nichts: im maroden Gesundheits- und

Bildungssystem. Und politisch läutete Rao das indische Zeitalter der Koalitionsregierungen ein, eine zunehmende Zersplitterung und Regionalisierung, die der Korruption mehr Tore öffnen sollte als je zuvor.

Aber über Jahre sah es so aus, als könnten Wunder geschehen, als seien Kräfte frei geworden, die das Land in eine rosige Zukunft katapultieren könnten. Indien begab sich auf eine Aufholjagd und erwirtschaftete Zuwachsraten, die an die der Volksrepublik China herankamen. Und gerade weil nun das private Unternehmertum entfesselt war, konnte sich das erfinderische Potenzial entfalten. Fast aus dem Nichts entstanden Weltfirmen. Die Computeringenieure kommunizierten über Datenautobahnen, die miserable »klassische« Infrastruktur des Landes mit ihren holprigen Straßen, den maroden Flughäfen, den unpünktlichen Zügen fiel nicht mehr so ins Gewicht. Städte wie Bangalore und Hyderabad verwandelten sich binnen weniger Jahre zu Hightech-Zentren: Software statt Spinnrad, Bill Gates statt Mahatma Gandhi. Und bei der Entwicklung ihrer Weltklassefirmen brauchten die »neuen Maharadschas« noch nicht einmal westliches Kapital, sie konnten die Finanzmärkte in New York und London ignorieren.

Zwei der Erfolgsunternehmer ragten besonders heraus: Zum einen der Studienabbrecher Azim Premji, der die kleine Klitsche seines Vaters – er handelte mit Speiseöl – auf Softwareprodukte umstellte und die Wipro Corporation mit seinen hochmotivierten und bestens ausgebildeten Ingenieuren an die internationale Spitze führte. Die Kurse des börsennotierten Unternehmens stiegen in so abenteuerliche Höhen, dass *Forbes* Premji um die Jahrtausendwende auf Platz drei der reichsten Männer der Welt führte (hinter Bill Gates und Warren Buffett, aber vor allen Europäern, Lateinamerikanern und Chinesen). Der Spross einer muslimischen Mittelschichtsfamilie sah sich aber immer auch in der sozialen Pflicht. Er wollte etwas von seinem Reichtum abgeben, in die Zukunft des Landes zu investieren. Der Schlüssel lag seiner Meinung nach in der Bildung, in den Aufstiegschancen für junge Menschen. Premji sorgte für zahlreiche Stipendien und gründete eine eigene Universität; kürzlich unterzeichnete er das von Warren Buffett und

Bill Gates angeregte »The Giving Pledge«, mit dem Milliardäre versprechen, sich zugunsten von Hilfsprojekten nach Möglichkeit von mindestens der Hälfte ihres Vermögens zu trennen.

Der andere Unternehmer, für mich bei meinen Indien-Besuchen als Person noch eindrucksvoller, ist der frühere Marxist und Computeringenieur Narayana Murthy. Premji und er haben sich in Bombay kennengelernt und gemeinsam beobachtet, wie IBM den indischen Markt mit minderwertigen elektronischen Massenwaren zuschüttete, die der US-Multi anderswo nicht mehr losschlagen konnte; 1988 wurde IBM von der Regierung in Neu-Delhi des Landes verwiesen. »Es entstand eine Lücke, die wir zu füllen gedachten«, sagt Murthy schlicht.

Anfangs wollte er gemeinsam mit seinem Freund Premji in einer Firma den Markt aufrollen, dann aber ging jeder seinen eigenen Weg – mit dem gegenseitigen Versprechen, sich einmal monatlich zu treffen und auszutauschen, was immer auch passierte. 1981 gründete Murthy mit 3000 Dollar Startkapital, von seiner Frau und sechs Freunden geliehen, die IT-Firma Infosys, da war er gerade 35 Jahre alt geworden. Die ersten Jahre waren hart. Die Bürokratie warf den Jungunternehmern Knüppel in den Weg, wo sie nur konnte. Jede Geschäftsreise ins Ausland bedurfte einer Genehmigung, an Devisen für einen Technologietransfer war nicht zu denken. Auf nationalem Niveau feierte Murthys Firma kleine Erfolge, 1991 zählte sie 170 Mitarbeiter. Aber erst als sich in jenem Jahr die Wirtschaft öffnete, ging es wirklich steil bergauf. Murthy konnte nun für Firmen in den USA und Europa Programme entwerfen und sich mit seinen hervorragend ausgebildeten indischen Softwarespezialisten als Dienstleister anbieten. Binnen weniger Jahre wurde Infosys zu einem Weltunternehmen und an der New Yorker Technologiebörse Nasdaq gehandelt. Auch Murthy war auf dem Papier bald Dollarmilliardär. Dass sein Privatvermögen nicht ganz die Größenordnung seines Kumpels und Konkurrenten Premji erreichte, lag daran, dass er gern andere am Erfolg teilhaben ließ: der Chef als Philanthrop. Er begrenzte den Anteil seiner familiären Firmenaktien auf 8 Prozent. Gut 20 Prozent der Aktien verteilte er an seine Firmenmitarbeiter, deren Durchschnittsalter unter dreißig Jahren lag, vom Prokuristen bis zum Büroboten. Zu bestimmten Börsen-Hochzeiten wurde jeder, der verkaufte, zum Millionär. Trotzdem blieben fast alle der Firma treu, fühlten sich als Teil einer Erfolgsfamilie.

Murthy hat etwas von einem hinduistischen Asketen, von einem Sadhu: stählerne, durchdringende Augen, strenge Brille, noch strengerer Scheitel. Seine Hose sieht aus wie selbst genäht und ist so lang, dass er sie immer wieder über die Taille hochziehen muss. Wenn er Sätze formuliert, beginnen sie mit »erstens« und enden frühestens mit »viertens« – fein ziselierte Weisheiten zum Lauf der Welt und der Zukunft Indiens, die wie selbst gemachte Gesetze klingen. Sein Lehrer-Vater und die heimische Großfamilie hatten dem jungen Mann kommunistische Ideale anerzogen. An ein Auslandsstudium war bei der angespannten Finanzlage der Eltern nicht zu denken gewesen. Der Junge ging in indische Schulen (in seiner Heimatstadt Mysore nahe Bangalore), machte an indischen Universitäten (in Kanpur und Ahmedabad) seinen Abschluss als Computeringenieur. Er nahm einen Job in Paris an, trampte durch Osteuropa – und wurde in Sofia wegen einiger kritischer Bemerkungen zur maroden Wirtschaft Bulgariens ins Gefängnis geworfen. »Ich begriff, dass freie Meinungsäußerung ein hohes Gut ist. Und dass man Wohlstand erst schaffen muss, bevor man ihn verteilen kann.« Seine Firma, erzählte er mir bei einem Interview vor einigen Jahren, solle eine Meritokratie sein. Tochter und Sohn wolle er von Infosys fernhalten, »die müssen sich anderswo durchsetzen«.

Der Milliardär Murthy, mit einer Sozialarbeiterin verheiratet, blieb tief in seinem Herzen ein Missionar. Das amerikanische Streben nach Shareholder-Value um jeden Preis ist ihm fremd. Er träumt von einem »Kapitalismus mit menschlichem Antlitz« und schwärmt vom »sozialdemokratischen Modell«, das er in der Bundesrepublik und in Skandinavien kennengelernt hat. »Ich sehe nicht, warum man einen Gegensatz zwischen Bill Gates und Mahatma Gandhi konstruieren müsste«, sagt der Unternehmer. Und er glaubt, dass man seine Ideale vorleben muss, die Bodenhaftung auch im Erfolg nicht verlieren darf. Er fliege deshalb grundsätzlich nur Economy, erzählt Murthy. Und er reinige jeden Morgen selbst die Familientoilette – eine symbolische Geste, denn für solche Arbeiten sind in der kastengeprägten indischen Gesellschaft normalerweise die vielfach verachteten »Unberührbaren« verantwortlich.

Manche der Computerfachleute, die im amerikanischen Silicon Valley angeheuert hatten, konnte er zu Beginn des neuen Jahrtausends zur Rückkehr in die Heimat bewegen – dort ließ sich trotz viel niedrigerer Grundgehälter mehr Geld machen als in den USA. Abwerbungsversuche aus Deutschland sah er gelassen. »So sehr uns das Angebot Ihrer Regierung ehrt, Softwarefachleute nach Berlin abzustellen, für einen Programmierer von Infosys scheinen mir die deutschen Gehälter kein Anreiz«, sagte mir Murthy höflich. 21 Jahre lang hat er als Vorstandsvorsitzender von Infosys gewirkt, 2011 ist er ganz aus der Firma ausgestiegen. Heute arbeitet der mit zwei Dutzend Ehrendoktortiteln und zahlreichen anderen Ehrungen Ausgezeichnete als IT-Berater verschiedener asiatischer Regierungen. Das US-Wirtschaftsmagazin *Fortune* nahm ihn auf in die Liste der »zwölf weltweit größten Unternehmerpersönlichkeiten unserer Zeit«. Immer wieder prangert er in Vorträgen Indiens Korruption, Kommunalismus und Rückständigkeit an. Um der Gesellschaft etwas zurückgeben, hat er Dutzende Volksschulen in besonders verarmten, abgelegenen Regionen gegründet – und damit gleichzeitig dem Staat, der das nicht schaffte, ein Armutszeugnis ausgestellt.

So eindrucksvoll diese Erfolge der indischen IT-Industrie auch waren (und trotz einer deutlichen Abschwächung der Börsenkurse, besonders bei Infosys, immer noch sind), es handelt sich dabei nur um eine kleine Enklave in der Wirtschaft des Subkontinents, eine winzige Insel der Seligen: Das Softwarebusiness beschäftigt nicht einmal drei Millionen Menschen. Auch andere Bereiche der indischen Zukunftsindustrien – Biotechnologie, Weltraumindustrie, Arzneimittelherstellung, erneuerbare Energien – sind nicht unbedingt arbeitsintensiv. Gemeinsam ist ihnen und den großen Konglomeraten wie Tata oder Reliance, dass sie eindeutig zu den Globalisierungsgewinnern gehören und sich, anders als ihre chinesischen Konkurrenten, nach der Liberalisierung 1991 weitgehend ohne staatliche Hilfen in einem harten Konkurrenzkampf bewähren mussten. »Das hat uns gestählt«, sagte Babasaheb Kalyani, lange Jahre Mehrheitseigner des Schmiedekonzerns Bharat Forge, Nummer zwei weltweit hinter ThyssenKrupp. »Die Manager, denen zu Hause die Modernisierung ihrer Firmen gelungen war, packte der Ehrgeiz, ihren Erfolg im Weltmaßstab zu wiederholen oder zu untermauern.« Neben Kostenvorteilen und einem boomenden Heimatmarkt mit einer wachsenden Mittelschicht profitieren Inder seiner Meinung nach auch von ihren »besonders kreativen Geschäftsansätzen«.

Indische Unternehmen gingen auf Einkaufstour in Europa und beließen es dabei nicht nur bei prestigereichen Erwerbungen wie Tata mit den britischen Firmen Landrover und Jaguar oder Videocon mit der Übernahme des französischen Fernsehgeschäfts Thomson. Der Windturbinenhersteller Suzlon beispielsweise, Nummer fünf auf der Welt, ging ganz pragmatisch-strategisch vor und erwarb im Jahr 2007 für 1,35 Milliarden Euro das Hamburger Unternehmen RePower, das in sein Portfolio passt. Während in Hamburg um die hundert neue Arbeitsplätze entstanden, wanderten nach dem Verkauf der Polyester-Abteilung von Trevira an den indischen Reliance-Konzern viele Jobs von Hattersheim nach Indien. Irgendwelche ideologischen Vorbehalte scheinen weder der indische Staat noch die indische Industrie zu kennen. Indien ist inzwischen der größte Waffenimporteur der Welt und kauft hauptsächlich von Russland, aber ebenso in den USA und Europa. Auch im Handel mit der Volksrepublik China gibt es kaum Berührungsängste, und das gilt für beide Seiten: So hat sich der Bombayer Nutzwagenhersteller Mahindra & Mahindra in Nanchang eingekauft, der Technologieriese Huawei eröffnete Forschungslaboratorien in Bangalore und kaufte Spitzeningenieure der indischen Softwarebranche ein.

Der Aufschwung Indiens, so spürbar für die neue Mittelschicht in den Städten, so profitabel für Unternehmer und Aktionäre, konnte allerdings einige sehr unangenehme Wahrheiten nicht überdecken: Er ging an der Bevölkerung in den Dörfern, wo immer noch gut 60 Prozent der 1,2 Milliarden Inder leben, weitgehend vorbei. Er verstärkte, da es nun viel mehr zu verteilen gab und die politische

Klasse an dem Geldsegen teilhaben wollte, sogar die Korruption.
Und der Aufschwung beförderte die Arroganz der Herrschenden.
Beispielhaft führte mir das bei einem Interview Ende der Neunzigerjahre in Ahmadabad der neue starke Mann Indiens vor. BJP-
Chef Atal Bihari Vajpayee erklärte Indien kurzerhand zum Vorbild
für die Welt, zum »Guru der Nationen«. Die Zukunft sei »strah-
lend«, ausländische Investoren dürften sich anstellen, um an dem
Erfolg Delhis teilzuhaben. Vajpayee war einige Wochen im Jahr
1996 und dann von 1998 bis 2004 Premierminister. In seine Amts-
zeit fiel ein Atomwaffentest, dem Pakistan prompt seine eigene
Nuklearexplosion folgen ließ. Einen Angriff pakistanischer Militan-
ter, unterstützt wohl auch von der Führung in Islamabad, schlug
Indien erfolgreich zurück. Dieser außenpolitische Triumph sowie
Vajpayees unbestreitbaren ökonomischen Erfolge in den Groß-
städten schienen ihm seine Wiederwahl zu garantieren. »Shining
India« – Glänzendes Indien – hieß der Wahlkampfslogan der BJP,
Meinungsumfragen sahen die Hindu-Partei klar vorn. Doch wieder
einmal machten die Wähler einem Favoriten einen Strich durch die
Rechnung: Die Landbevölkerung senkte den Daumen über eine
Regierung, die ihr keine spürbare Verbesserung des Lebensstandards gebracht hatte. Die Niederlage der BJP bedeutete im Jahr 2004
auch das Comeback einer Dynastie, der Kongress mit Sonia Gandhi
war nun wieder am Ruder. Doch die Frau, die ihre Schwiegermutter und ihren Ehemann der Politik geopfert hatte, zögerte. Obwohl
sie von allen bedrängt wurde, verzichtete sie auf das wichtigste
politische Amt im Land. Sie suchte einen Stellvertreter, vielleicht
auch nur den Zeitgewinn, bis eines ihrer Kinder so weit war. Ihrer
Partei schlug sie den Ex-Finanzminister und Vater der Wirtschafts-
liberalisierung als neuen Premier vor. Manmohan Singh nahm an.
Sonia Gandhi, von vielen unterschätzt, behielt alle Fäden in der
Hand. Bis heute ist sie die graue Eminenz, ohne die in Neu-Delhi
gar nichts läuft.

Zunächst schien Singh den Höhenflug fortsetzen, ja noch inten-
sivieren zu können. Kreatives indisches Chaos mit einer lebendi-
gen Zivilgesellschaft gegen staatlich verordneten Fortschritt in
einem chinesischen Unterdrückungsstaat – die Sympathien der

USA und Europas beim Wettbewerb der Systems waren klar verteilt. Washington lobte die »besondere strategische Partnerschaft«. Auch die deutsche Politik bemühte sich um besondere Nähe. So lud Bundeskanzlerin Merkel das indische Kabinett zu Konsultationen der beiden Regierungen ein, ein Privileg, das nur wenigen anderen befreundeten Nationen wie Frankreich, Polen und Israel (und neuerdings der VR China) vorbehalten ist. Da war dann auch ein Ausrutscher wie der unsägliche Wahlkampfspruch des CDU-Politikers Jürgen Rüttgers (»Kinder statt Inder«) schnell vergessen. Die durchaus robuste indische Außenpolitik stieß in Europa und den USA auf erstaunliches Wohlwollen. Indien dachte gar nicht daran, dem Atomwaffensperrvertrag beizutreten und baute sein Arsenal an Sprengköpfen aus. Es schickte Spionagesatelliten ins All und will in den nächsten beiden Jahrzehnten für rund 45 Milliarden Dollar 103 neue Kriegsschiffe anschaffen (und für die maritime Ausrüstung 20 Milliarden mehr ausgeben als die Volksrepublik China). In der Kaschmir-Frage verweigert Indien die schon vor Jahrzehnten von den Vereinten Nationen geforderte Volksabstimmung. Und bei internationalen Streitfragen vom Klimaschutz bis zur Iran-Sanktionierung geht das Land seinen Weg an der Seite der BRICS-Staaten, brüskiert den Westen und blockiert auch stur und selbstbewusst Konferenzen zum Welthandel. In Afrika hat sich das Land auf einen Dreikampf mit China und Brasilien eingelassen – manchmal kooperieren die neuen Mächte auf dem Kontinent, öfter stehen sie sich aber auch als Rivalen um Rohstoffe gegenüber. Dabei geht es nicht nur um Erdöl, Gas, Kupfer und Gold, sondern auch um Agrarland. In Äthiopien beispielsweise haben sich indische Unternehmen riesige fruchtbare Flächen gesichert, die bei steigenden Nahrungsmittelpreisen weltweit Reserven schaffen sollen – ohne jede Rücksicht auf die Interessen der einheimischen Bevölkerung. »Indien löst die größten Kopfschmerzen aus, mehr noch als diese andere asiatische Großmacht«, schrieb die *Foreign Policy* in einem polemischen Artikel. Experten des *Economist* beklagten dagegen die fehlende Strategie der indischen Politik, den fehlenden Willen, eine entscheidende Rolle als friedliche Ordnungsmacht in der Region einzunehmen. Tatsächlich spart kaum ein Land so sehr an seinen Botschaftsvertretungen wie Indien: Weltweit arbeiten für den diplomatischen Dienst der Milliarden-Großmacht etwa genauso viele Gesandte wie für den Fünf-Millionen-Einwohnerstaat Singapur. Peking schickt achtmal so viele Gesandte aus, Brasilien viermal so viele. Manchmal scheint man in Delhi selbst nicht so recht zu wissen, was man sein will: eine überdimensionierte Schweiz mit möglichst wenig internationalen Verpflichtungen oder eine aggressive Weltmacht. An UNO-Friedensmissionen arbeitet Indien jedenfalls vorbildlich mit und stellt eines der größten Kontingente. Dass dem Land ein permanenter Sitz im Weltsicherheitsrat zustünde, ist eine der wenigen gemeinsamen Grundüberzeugungen aller indischen Parteien.

Premier Singh erlebte dann 2006 vielleicht sein schönstes Jahr: Das Land ist auf dem Höhepunkt der Erwartungen im Inneren, der Anerkennung von außen. »India Everywhere« nennen die Politik- und Wirtschaftsführer ihren Auftritt beim Weltwirtschaftsforum in Davos selbstbewusst, und tatsächlich konnte man den Eindruck bekommen, Indien sei allgegenwärtig. In Dutzenden Veranstaltungen präsentierte sich das Land als Zukunftsmodell und versuchte Investoren klarzumachen, dass jeder bei diesem Boom dabei sein musste. Gäste bei den Promotion-Treffen wurden großzügig bedacht, als Geschenke gab es iPods in den Nationalfarben und mit Sitarmusik, dazu Paschmina-Tücher, »von uns im Himalaja, damit es Ihnen in den Alpen nicht kalt wird«.

Indien erreicht eine wirtschaftliche Wachstumsrate von 10,1 Prozent. Aber Singh gelingt es nicht, die Aufbruchsstimmung seiner Ministerjahre auf seine Amtszeit als Premier zu übertragen – er hat es mit einer komplizierten Koalition divergierender Interessen zu tun. Im Hintergrund verhindert Sonia Gandhi jede möglicherweise unpopuläre und schmerzhafte Weichenstellung, auch wenn sie notwendig gewesen wäre. Und dann kommt noch die Weltwirtschaftskrise von 2008 dazu, die auch Indien mit ziemlicher Wucht trifft. Die internationale Finanzwelt beginnt kritischer auf den Subkontinent zu schauen. Und die Inder selbst tun das auch. Was sie sehen, ist eine Abfolge von Skandalen, wie sie sich so in einer Demokratie wohl noch nie abgespielt haben: Ein früherer Telekommunikationsminister muss ins Gefängnis, weil er

Mobilfrequenzen weit unter Marktwert an befreundete Anbieter verscherbelt haben soll, Schaden für den Staat: 38 Milliarden US-Dollar. Rechte für Kohleschürfung werden ohne einen transparenten Bieterprozess ebenfalls weit unter Wert verscherbelt, Schaden für den Staat: 33 Milliarden Dollar. Die Offiziellen, die 2010 die Commonwealth-Spiele in Delhi ausrichten, ertappt man bei Betrug in großem Stil, unter anderem lassen sie befreundete Unternehmer Toilettenpapierrollen zu achtzig Dollar das Stück abrechnen; das Sportereignis wird 22-mal so teuer als geplant.

Das Land ist in der internationalen Politik so wichtig geworden, dass 2010 und 2011 so ziemlich alle mächtigen Politiker der Welt zum Staatsbesuch nach Neu-Delhi aufbrechen, Barack Obama und Wen Jiabao, David Cameron und Nicolas Sarkozy ebenso wie Angela Merkel. Aber Indien hat im Inneren einen Siedepunkt erreicht. Die Menschen sind nicht mehr bereit, sich mit jeder Form der Vetternwirtschaft abzufinden. Dass im Alltag nichts geht ohne Schmiergelder, sind sie gewohnt. Aber inzwischen wuchert das System, und diejenigen, die ihre Hände aufhalten, werden immer zahlreicher und unverschämter. In der Hauptstadt kursiert eine inoffizielle Liste, wonach etwa bei der einigermaßen zügigen Ausstellung eines Führerscheins bis zu hundert Dollar extra, bei der Zulassung eines Privat-Pkw bis zu tausend Dollar verlangt werden. Und angesichts der exorbitanten Bestechungssummen, die in der Presse kolportiert werden, verdoppeln auch Ärzte und Polizisten ihre »Sondergebühren«.

Wie so oft in der indischen Politik bedarf es eines zündenden Funkens, eines charismatischen Führers, um den Unwillen zu bündeln und Veränderungen zu erreichen. Im Frühjahr 2011 betritt wie aus dem Nichts Kisan Baburao Hazare die indische Bühne, Sozialaktivist und schon weit in seinen Siebzigern; *Anna* (»Großer Bruder«) wird er respektvoll von seinen Anhängern genannt. Er bricht mit einer Handvoll Anhänger aus seinem Dorf in Maharashtra Richtung Hauptstadt auf. In Neu-Delhi will er auf einem öffentlichen Platz einen Hungerstreik abhalten, um gegen den Nepotismus im Land zu protestieren und die Politiker zu konkreten Antikorruptionsmaßnahmen zu zwingen. Es klingt naiv, unwahrscheinlich, chancenlos – so wie es die ersten Aktionen des Mahatma Gandhi waren, den Hazare als Vorbild nennt. Tatsächlich zeigt sich schnell, dass der »Große Bruder« einen Nerv getroffen hat. Die indischen Fernsehstationen – heute können die Zuschauer unter mehr als 300 privaten Stationen wählen – berichten live über das Fasten. Meinungsumfragen zeigen, dass über 95 Prozent der Inder mit dem seltsamen Heiligen aus der Provinz sympathisieren. Nach 96 Stunden sieht es so aus, als wolle die Regierung einlenken, sie verspricht jedenfalls, binnen einiger Monate ein scharfes Antikorruptionsgesetz einzubringen. Als bis Juli nur ein äußerst verwässerter Entwurf vorliegt, macht Hazare ernst. Diesmal will er nicht aufhören zu hungern, bis Entscheidendes passiert. Und er wählt den Ramlila Maidan, den zentralen Platz vor dem Roten Fort in der Hauptstadt, für sein »Fasten bis zum Tod«. Seine Anhänger bauen öffentlichkeitswirksam eine Bühne auf, Hazare legt sich auf ein einfaches Bettgestell, bald sind es Zehntausende, die zu dem Demonstrationsort strömen.

Noch immer reagiert die große Politik nicht. Anstatt dass Sonia Gandhis Regierungspartei ihren Premier mit einer flammenden Rede nach vorn schickt oder den von ihr als künftigen Regierungschef bestimmten Sohn Rahul dazu auffordert, ist da nur ratloses Schweigen. Und je länger es geht, desto populärer wird das große Hungern. Natürlich sind auch Bettler unter den Demonstranten, aber das Erstaunliche ist: Zum ersten Mal stellt die ansonsten als eher materialistisch und apolitisch verschriene Mittelschicht das Gros der Unterstützer; Beamte und Bankangestellte, Krankenhausärzte und Computeringenieure, Boutiquenbesitzer und Prokuristen. Und erstaunlich viele junge Leute sind unter den Hazare-Sympathisanten, Studenten und Schüler. Ein bisschen erinnert das, was da im Sommer 2011 passiert, an die Ereignisse auf dem Tiananmen-Platz in der chinesischen Hauptstadt 1989. Doch die Gewalt, für die sich Chinas Machthaber damals entschieden haben, kann für Indiens Machthaber keine Option sein – so zeigt die Demokratie selbst in den Tagen der Schwäche ihre Überlegenheit.

Nach zwölf Tagen des Hungerstreiks beugen sich die Regierenden den Forderungen des Bürgerrechtlers und versprechen die zügige Verabschiedung eines umfassenden Antikorruptionsgesetzes, einschließlich eines unabhängigen Ombudsmann-Gremiums. Hazare nimmt ein bisschen Honig und Kokosmilch zu sich, verabschiedet sich von der Hauptstadttribüne im Triumphzug und kehrt in sein Dorf zurück. Im Dezember 2011 beschloss zunächst das Unterhaus die entsprechenden Gesetzmaßnahmen, das Oberhaus schob sie dann wieder auf die lange Bank. Wie immer man diesen (Teil-)Erfolg des Aktivisten bewerten mag, es bleiben doch entscheidende Fragen: Ist seine Volksbewegung wirklich die Geburtsstunde einer neuen, machtvolleren Zivilgesellschaft, wie seine Anhänger frohlockten? Oder beschädigt sie im Gegenteil die demokratischen Institutionen, trat »der große Fluss der Bewegung über die Ufer der Verfassung und zeigte Schattenseiten der Anarchie«, wie das indische Nachrichtenmagazin Outlook warnte? Ein Besuch bei Hazare zu Haus soll Aufschluss darüber geben.

Fünf Stunden sind es von Bombay, der Weg führt auf den letzten hundert Kilometern durch eine verdorrte Landschaft. Holprige Wege mit Kamelen am Straßenrand, vorbei an schmutzstarrenden Teestuben, machen den Wutausbruch des Bundesministers für ländliche Entwicklung verständlich. »Wir sind das dreckigste Land der Erde«, brach es kürzlich aus Jairam Ramesh heraus, einem der wenigen Politiker in Indien, die Klartext reden. Aber sobald der Wagen nach Ralegan Siddhi einbiegt, sieht alles ganz anders aus. Da fallen die sauber gefegten Straße, die propere Schule mit dem angeschlossenen Computerzimmer, das Bewässerungsprojekt, das für die reichlich Früchte tragenden Felder sorgt, sofort ins Auge. All das unterscheidet dieses Dorf von den anderen in der Gegend.

Der Sozialaktivist Hazare, inoffizieller Bürgermeister, ist stolz darauf, was er hier erreicht hat. Er besteht darauf, vor der Beantwortung von nationalen Fragen durch sein 3000 Einwohner zählendes Dorf zu führen. »Mein Geburtsort Ralegan Siddhi soll ein Modell sein, ich will, dass es hundertfach in Indien kopiert wird«, sagt er mit dem Selbstbewusstsein eines erfolgreichen Kriegers. Er trägt ein blütenweißes Gandhi-Schiffchen auf dem Kopf, den typischen Baumwollschurz des Mahatma. Auf dem Dorfplatz steht eine riesige Gandhi-Büste, daneben, in einem bescheidenen Ashram, bewohnt Hazare, Junggeselle wie sein Idol, ein mit Büchern vollgestopftes Zimmer.

Mit zwölf brach er die Schule ab, verkaufte für den Rest seiner Jugend auf den Straßen von Bombay Blumengirlanden, lebte ohne feste Unterkunft. Trat 1963 als glühender Patriot in die Armee ein. Während des Krieges gegen Pakistan 1965 war er dann an seinem Grenzposten der einzige Überlebende eines feindlichen Luftschlags. Dankbar und überzeugt von einem göttlichen Auftrag, beschloss er, auf eine Militärkarriere zu verzichten und sein Land umzukrempeln.»Ralegan Siddhi lag am Boden. Die meisten Männer lebten vom illegalen Schnapsbrennen und waren selbst Alkoholiker geworden«, erzählt Hazare.»Mit Überzeugungsarbeit und, wenn es sein musste, auch mit Härte habe ich den Wandel im Dorf herbeigeführt.« Pause.»Wen ich nach dreimaliger Warnung immer noch mit Alkohol erwischte, der wurde an einen Pfosten gebunden und ausgepeitscht.« Bis heute sind im Dorf Alkohol und Zigaretten verboten, wer es wagte, würde von Hazare geächtet. Auch bei seinen sozialen Kämpfen blieb Hazare seinem fanatischen Willen zur Verbesserung der Nation und der Lebensverhältnisse treu.

Schon 1991 hatte Hazare in der Vetternwirtschaft das Grundübel der indischen Gesellschaft erkannt.»Unsere Eliten haben das Land gründlicher ausgeplündert als die Kolonialherren«, sagt er. Der »Große Bruder« gründete eine »Volksbewegung gegen Korruption«, die damals allerdings nur regional wahrgenommen wurde.»Jetzt aber ist die Zeit für einen Aufstand in ganz Indien gekommen.« Beim Lokaltermin in seinem Dorf zeigt sich, wie weit Hazare inzwischen zum bedeutenden Mitspieler der indischen Politik wurde. Es ist ein bisschen wie bei Hofe: Angereiste Abgeordnete aller Parteien belauern sich in dem winzigen Aktionszentrum des Ortes, immer die geschlossene Tür zum Allerheiligsten im Blick. Kaum macht Hazare einen Schritt nach vorn, stürzen sie sich auf ihn, tragen ihm ihre Anliegen vor, berühren ihn, wollen – im wahrsten Sinn des Wortes – einen Rockzipfel der neuen Macht erhaschen. Manche winkt der Hausherr weg wie lästige Fliegen, anderen schenkt er sein Ohr. Und gelegentlich lässt er sich auch einen altertümlichen Telefonhörer reichen und nimmt huldvoll die Angebote freiwilliger Helfer aus dem ganzen Land entgegen. Draußen am Tempelplatz schwenken Pilger aus allen Teilen des Landes ihre »Auch ich bin Anna«-Fähnchen und »Anna ist Indien, Indien ist Anna«-Käppchen. Bedeutet repräsentative Demokratie nicht auch, dass das Volk die Macht an die gewählten Volksvertreter abgibt? Wer hat den Guru Hazare legitimiert?

Er hört das nicht gern. »Manchmal muss die Opposition außerparlamentarisch sein!«, ruft er empört aus. »Das ganze Land hat sich doch in den Kampf gegen die endemische Korruption, gegen dieses Krebsgeschwür, gestürzt!« Und dann setzt der Autodidakt, wieder gefasst und etwas pompös, hinzu: »Ich werde Politikern, die sich benehmen, als wären sie die Eigentümer dieses Landes, auch weiter auf die Finger schauen. Es geht um unsere nationale Würde. Die wird uns geraubt von Leuten wie dem für die Verhandlungen zum Antikorruptionsgesetz zuständigen Minister Sibal, einem im Ausland ausgebildeten Juristen, der längst den Kontakt zur indischen Wirklichkeit verloren hat. Sagen Sie ihm das, wenn Sie ihn treffen!«

Zurück in Neu-Delhi, im Büro des Ministers. Kapil Sibal, Mitte sechzig, wird jetzt immer mal wieder als einer derjenigen genannt, die es – als Übergangslösung – zum nächsten Premier bringen könnten. Gegensätzlicher als Hazare und er können zwei in der Öffentlichkeit stehende Menschen kaum sein: Der Abgeordnete der regierenden Kongress-Partei trägt Maßanzug und Krawatte, sein mit schweren Eichenmöbeln ausgestattetes Büro ist erst nach diversen Kontrollen und langwierigen Terminabsprachen zu erreichen, im Vorzimmer herrscht distinguierte Ruhe. Sibal hat an der Harvard Law School studiert, eine klassische Politkarriere hingelegt: Chef der Anwaltskammer des Obersten Gerichtshofs, Mitvorsitzender des indisch-amerikanischen Parlamentskomitees, Repräsentant seines Landes beim Weltwirtschaftsforum von Davos. Sein offizieller Titel 2012 lautet »Minister für Menschliche Ressourcen und Kommunikations- sowie Informations-Technologie«. Ein Mann für alle Jahreszeiten, verwendbar für alle höheren Staatsaufgaben, dessen Büro mit dem des Dorfaktivisten nur eines gemeinsam hat: das Foto von Mahatma Gandhi an der Wand.

Sibal sieht Hazares Kampagne als demokratiegefährdend, von
nationalistischen Hindus gesteuert. »Der Mann ist alles andere als
ein Gandhianer, und dass er uns im Kabinett durch die Bank Vetternwirtschaft unterstellt, ist eine Unverschämtheit.« Natürlich sei
Korruption ein Problem, so wie sie auch während der vergleichbaren wirtschaftlichen Entwicklungsstufen in Europa und in den
USA im 20. Jahrhundert ein Problem gewesen sei. Die Regierung
habe das erkannt und sei zum Handeln bereit. »Aber dieses Land mit
seinen großen Erfolgen in der Wirtschaft lässt sich doch nicht auf
so etwas reduzieren. Wir haben unsere Analphabetenrate erheblich
reduziert und Hunderte Millionen von der Armut in die Mittelklasse
geführt.« Ist Konkurrent China nicht in jeder Beziehung weiter? »Ich
vergleiche die beiden Staaten nicht«, sagt er – und tut es dann doch.
»Das sind zwei gänzlich unterschiedliche Entwicklungsmodelle.
Demokratie ist ein Prozess, durch den man einen Konsens bildet,
wie es weitergehen soll. Das mag bei uns ein wenig langsamer sein,
natürlich kann die KP in Peking für Bauprojekte Grund und Boden
anders akquirieren. Aber wenn etwas rechtsstaatlich legitimiert ist,
wird es letztlich auch nachhaltiger sein.«

Der Minister möchte nicht über indische Defizite sprechen, über
die Unterernährung der Kinder, die immer noch hohe Säuglings-
sterblichkeit, die mangelnden Bildungschancen. Sondern über
Erfolge. »Natürlich bin ich nie zufrieden«, sagt der distinguierte
Herr Sibal, dessen Vater ebenfalls ein hoch angesehener Jurist war,
und dessen beide Söhne ebenfalls in Top-Anwaltsfirmen prak-
tizieren. »Aber schauen Sie, was wir beispielsweise mit unserer
Breitbandverkabelung auf dem Land machen. 250 000 Dörfer sind
schon vernetzt, und darüber hinaus verfolgen wir unser Projekt
mit dem revolutionären Tablet-Computer für die Massen, er wird
das Leben von zig Millionen verändern.« Unter 50 Dollar soll der
»Aakash« (»Himmel«) kosten, das Projekt begeistert Technologie-
gläubige weltweit. Das Billig-Tablet mit einem Sieben-Zoll-Bild-
schirm, zwei USB-Anschlüssen und drei Stunden Akkulaufzeit wird
nach Regierungsplan zunächst in hunderttausend Exemplaren an
Schulen verteilt, später, wenn der Preis von den indischen Software-
Ingenieuren in der produzierenden Firma von Hyderabad noch

Chinas Stolz:
Platz des Himmlischen Friedens in Peking

Indiens Erbe:
Taj-Mahal-Hotel und Triumphbogen in Bombay

Brasiliens Schönheit:
Corcovado und Zuckerhut in Rio

Das Comeback einer Weltstadt:
die Skyline von Schanghai

Der neue Führer und sein
ungeduldiges Milliardenvolk: Xi Jinping,
KP-Chef und Präsident, bei einer
Grundsatzrede (links); Studenten
bei einer Job-Messe in Peking (Mitte)

Bedrohung der Nation, Vorbild des Volkes: der Autor mit dem »Separatisten« Dalai Lama in dessen indischem Exil (links) und mit dem KP-nahen Multimilliardär Li Ka-shing in Hongkong (unten)

Todesfalle Umweltver- schmutzung: Fußgänger im Pekinger Smog (links); Kohle- Transporteur in einem Vorort der Hauptstadt (rechts)

Bad im heiligen Fluss:
gläubige Hindus bei der Morgenandacht im Ganges

Orientierung am Vorbild Mahatma Gandhi:
der Autor mit Premierministerin Indira Gandhi 1978 in ihrem Amtssitz
in Neu-Delhi (links oben) und mit Bürgerrechtler Anna Hazare 2012 in
seinem Heimatdorf Ralegan Siddhi (rechts oben)

Hoffnung auf Tradition und Veränderung:
In Bombay tragen Gläubige zum Ganesh-Festival eine Figur
des Elefantengottes ins Meer (links unten); auf dem Land bilden
sich lange Schlangen vor Wahllokalen (rechts unten).

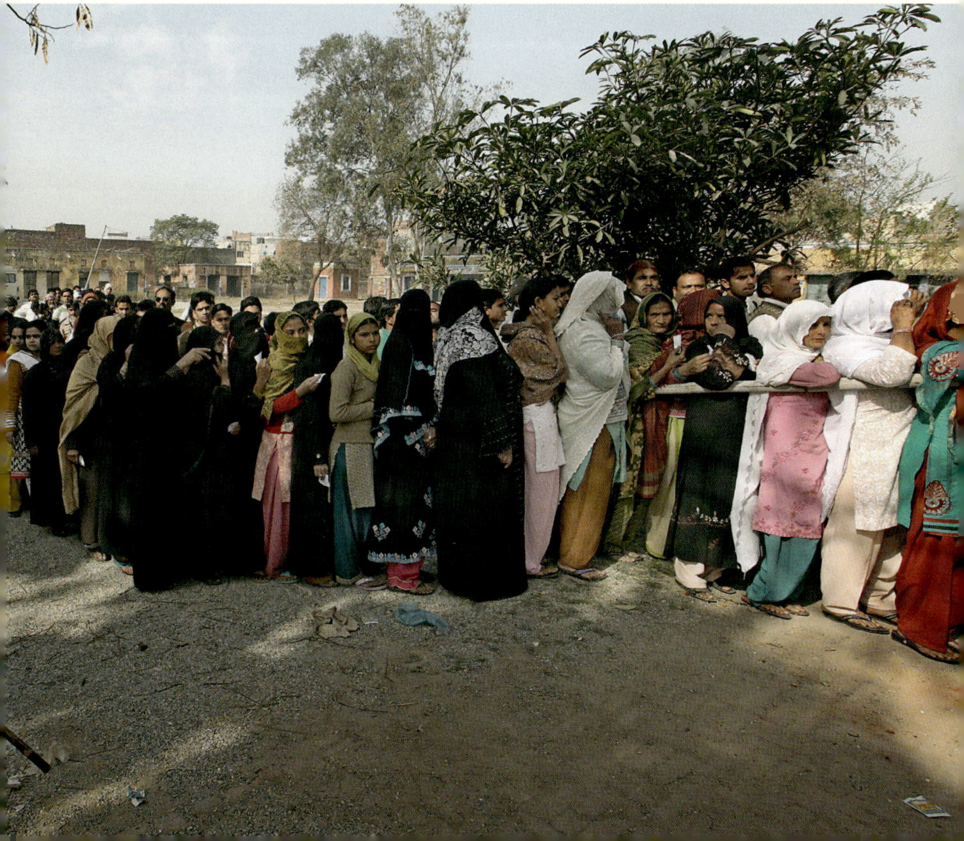

Indien zwischen
Frauen-Verehrung
und Frauen-Verach-
tung: Mit dem Taj
Mahal in Agra (links)
setzte ein Herrscher
seiner Gemahlin ein
Denkmal; Proteste
gegen Politiker und
die heutige Diskrimi-
nierung von Frauen
(rechts oben/Mitte).

Wohn-Ghetto der
neuen Mittelklasse
in Hyderabad

Brasilianische Entspannung: Nonnen und Bikini-Schönheiten beim Weltjugendtag 2013 an der Copacabana

Brasilien am Scheide-
weg: der Autor mit
Ex-Präsident Lula da
Silva 2013 (oben)
und – gemeinsam
mit SPIEGEL-Kor-
respondent Jens
Glüsing – beim
Interview mit dem
Befreiungstheologen
Leonardo Boff 2012
in Petrópolis (Mitte)

Begeisterung für den Papst, Protest gegen die politische Klasse: Franziskus bei seinem Triumphzug durch Rio Ende Juli 2013 (oben); Präsidentin Dilma Rousseff (Mitte), konfrontiert mit wütenden Demonstranten in Brasília (unten)

Gemeinsam gegen den Westen: Gipfeltreffen der BRICS-Führer 2012
mit Dilma Rousseff (Brasilien), Wladimir Putin (Russland), Manmohan
Singh (Indien), Xi Jinping (China) und Jacob Zuma (Südafrika)

gedrückt werden kann, sollen landesweit mehr als zehn Millionen Nutzer an die himmlische Internetverbindung herankommen. Wie so oft in Indien aber droht auch dieser wohl durchdachte und innovative Plan an der Wirklichkeit zu scheitern, jedenfalls hinkt die Realisierung des »Aakash« dem ursprünglichen Zeitplan weit hinterher. Zum Abschluss des Interviews wagt der Minister noch eine Prognose zur dörflichen Antikorruptionsbewegung: »Der Stern des Anna Hazare und seiner Apo-Bewegung wird so schnell verglühen, wie er aufgegangen ist.«

Ein gutes Jahr später – Mitte 2013 – zeigt sich, dass Sibal zumindest teilweise recht behalten könnte. Der »Große Bruder« aus dem kleinen Dorf kommt mit seiner Rolle als neuer Hoffnungsträger Indiens nicht zurecht, wirkt überfordert, in Widersprüche verstrickt. Zwischenzeitlich forderte er sogar die Todesstrafe für korrupte Politiker. Doch die Antikorruptionsbewegung insgesamt hat das kaum geschwächt. Einer seiner Mitarbeiter, der frühere Steuerbeamte Avind Kejrival, trennte sich nach einem Streit von Hazare und beschloss, einen neuen Weg zu gehen: Er gründete eine Partei mit Namen Aam Aadmi (»Partei des kleinen Mannes«), will nun das System von innen verändern. Dem charismatischen und dynamischen Kejrival, erst Anfang vierzig, trauen die indischen Medien zu, dass er die indische Politik zumindest ein wenig aufmischen könnte.

Inzwischen hat die Anti-Establishment-Bewegung ein neues, vereinendes Thema gefunden: die Gewalt gegen Frauen. Besonders ein Fall erschütterte die Nation: die Vergewaltigung der 23-jährigen Physiotherapie-Studentin Jyoti Singh Pandey, die in Neu-Delhi von fünf Männern in einem öffentlichen Bus so brutal missbraucht wurde, dass sie 13 Tage später ihren Verletzungen erlag. Die junge Frau stand für alles, was aufgeschlossene, weltoffene Inder an ihrem Land so gut finden, wessen sie sich rühmen: Sie kam aus einem verarmten Kaff, wagte sich mutig in die Großstadt, wo sie Aufstiegschancen sah, war dabei, durch Begabung und Fleiß an der Seite ihres Freundes den Weg nach oben zu schaffen. Sie schminkte sich, sie kleidete sich westlich, gab sich selbstbewusst – eine Aufsteigerin, wie es sie inzwischen millionenfach in den Metropolen gibt, eine Herausforderung für die jungen Männer, die das alles nicht schaffen. Und wie es im Widerspruch zur traditionellen Rolle der Frau steht: Mädchen gelten da größtenteils als Belastung für die Familie. Bis zu zwölf Millionen Mädchen-Föten wurden nach Schätzungen unabhängiger internationaler Organisationen in Indien während der letzten dreißig Jahre abgetrieben; 47 Prozent aller Inderinnen heiraten, bevor sie volljährig sind, je jünger die Braut, desto weniger müssen die Eltern normalerweise für die Mitgift bezahlen.

Sexuelle Gewalt gegen Frauen galt in dem Land lange als Kavaliersdelikt. Bei den meisten Vergewaltigungen kam es nicht zu juristischen Konsequenzen, weil der soziale Druck auf die Familien der Opfer so immens war. Die Folge: Bei knapp 90 Prozent der im Jahr 2011 erfassten Gewaltdelikte in Indien waren eine oder mehrere Frauen das Opfer, alle 18 Stunden fand zuletzt in der Hauptstadt eine Vergewaltigung statt. Und auch im Fall der Studentin zeigte sich die politische Klasse zunächst eher achselzuckend desinteressiert. Als ihre Kommilitoninnen auf die Straße gingen, mussten sie sich von Abhijit Mukherjee, dem Sohn des Präsidenten, zunächst sogar verspotten lassen: Die seien doch »ausgestopft und angemalt«, befand er, und suchten nur die Aufmerksamkeit der Medien. Doch dann strömten immer mehr Menschen auf die Straßen, zündeten Kerzen an, gedachten des Opfers – und verlangten ultimativ eine harte Bestrafung sowie neue Gesetze und ein Umdenken der Gesellschaft. Als die Zahl der Demonstranten in die Hunderttausende ging, reagierte zumindest die Justiz und trieb den Prozess gegen die mutmaßlichen Täter voran, versprach besseren Schutz vor Übergriffen. Die Regierung schwieg noch immer. Rahul Gandhi verpasste eine Chance mehr, sich mit einer entscheidenden Rede als künftiger Führer des Landes zu positionieren. Premier Singh, inzwischen über achtzig, wirkte kraftlos, ausgelaugt. Und spät, sehr spät erst, fand Sonia Gandhi, die Chefin der Kongress-Partei, die richtigen Worte: »Als Frau und Mutter werde ich mit aller Macht der Gesetze für die Sicherheit der Frauen im Land kämpfen.« Andere nahmen das Recht in die eigenen Hände. Im nordöstlichen Bundesstaat Assam verprügelten Dorfbewohnerinnen eigenhändig einen lokalen Politiker, der sich an einem Mädchen vergriffen hatte, und schleppten ihn dann zur Polizei. In einem der rückständigsten Teile des Landes, der Region Bundelkhand in Zentralindien, stellte die nach ihren rosaroten Saris benannte »Pink Gang« Vergewaltiger bloß und führte Kontrollgänge durch. Gegründet wurde die Gruppe von einer jungen Frau, die mit 13 verheiratet wurde, mit 15 ihr erstes Kind bekam.

Bis heute bleibt unklar, ob sich die Einstellung der Inder zur Rolle der Frau schon grundsätzlich geändert hat. Oder ob weiterhin gilt, was die Autorin Sagarika Ghose schrieb: »In Indien herrscht aufgrund unserer althergebrachten Vorstellungen eine tief empfundene Furcht und ein fast pathologischer Hass gegenüber Frauen, die mehr sein wollen als nur Mutter und Ehefrau.« Indira Gandhi und Sonia Gandhi werden dabei offensichtlich ausgenommen. Könnte künftig Priyanka Gandhi, Studentin des Buddhismus, Ehefrau eines Geschäftsmanns und Mutter zweier kleiner Kinder, eine ähnlich wichtige Rolle in der Politik spielen?

Eine Weile sieht es so aus, als setze die Kongress-Führerin auf ihre Tochter. Viele im Land halten sie und nicht Sohn Rahul für das *political animal* in der Familie, und Priyanka organisierte auch schon mehrere Parteikampagnen. Doch ein hohes Amt passt derzeit nicht in ihre Lebensplanung. Und so entscheidet sich Sonia Gandhi, im Herbst 2011 von einer schweren Krebsoperation genesen, für den Sohn. Von der Partei und dem Premierminister wird ihm ein Kabinettsposten seiner Wahl angetragen. Aber Rahul zögert. Er will zunächst einmal bei einer Regionalwahl seine Popularität testen, ausgerechnet in Uttar Pradesh, dem bevölkerungsreichsten und wichtigsten Gliedstaat, in dem der Kongress schon mehrfach eine Abreibung bekommen hat. Gegen den Rat der Freunde – und wohl auch der Familie – stürzt er sich im Frühjahr 2012 in den Wahlkampf. Wirbt für mehr soziale Gerechtigkeit, verspricht höhere Löhne, 211 Veranstaltungen in 48 Tagen, mit Helikopter und Tourbus. Überall schlägt dem ernsthaften, aber eher hölzern wirkenden Mann Anfang vierzig höfliches Interesse entgegen, Begeisterung vermag er nicht zu wecken. Zwar wird am Ende die korrupte Regionalchefin, die bisher die meisten Stimmen innehatte, mit großer Mehrheit abgewählt. Aber der Sieger heißt nicht Rahul Gandhi. Er kommt nur auf Platz vier, kann den Anteil der Abgeordneten nur von 22 auf 28 steigern, bei einer Gesamtzahl von über 400. Nach dem sehr mäßigen Abschneiden in der Provinz, für das er immerhin mannhaft die volle Verantwortung übernahm, glaubten viele, Rahul Gandhi werfe das Handtuch und ziehe sich aus der großen Politik zurück. »Ist er eine politische Null?«, fragte *Outlook* provozierend. Ausgerechnet Rahul hat sich dann in mehreren Interviews gegen »Erbhöfe« in der Politik ausgesprochen und seiner Partei geraten, sich »zu demokratisieren«. Dem starken Druck der Mutter vermag er sich dann aber doch nicht zu entziehen. Im Januar 2013 lässt er sich zum Vizepräsident des Kongresses ernennen, zur Nummer zwei hinter ihr. Eine Selbstbeförderung, die eigentlich nur Sinn ergibt, wenn er 2014 auch den ganz großen Sprung wagt, die Spitzenkandidatur seiner Partei übernimmt und das Amt des Premiers anstrebt. Nach seinem Urgroßvater Pandit Nehru, seiner Großmutter Indira Gandhi und seinem Vater Rajiv Gandhi wäre er der Vierte aus der Familie in diesem Job – weltweit einmalig für eine Demokratie.

Aber kann der große Name es noch einmal richten, kann der Mythos der indischen Kennedys Rahul ins Amt tragen? So wenig er einen innerparteilichen Widersacher fürchten muss, so unklar sind seine Wahlchancen. Meinungsumfragen zeigen einen anderen als populärsten Politiker des Landes: seinen Gegenspieler Narendra Modi von der größten Oppositionspartei BJP, ihm werden die meisten Chancen auf das Amt des Ministerpräsidenten eingeräumt. Der Hindu-Nationalist hat dreimal hintereinander die Wahlen im Bundesstaat Gujarat gewonnen. Er wurde wegen seiner industriefreundlichen und effektiven Politik von *India Today* mehrfach zum besten Chief Minister des Landes gewählt. Investoren drängen sich geradezu in den indischen Nordwesten, Modi rollt ihnen den roten Teppich aus. Dass er auch noch der witzigere und schlagfertige Redner ist als Rahul Gandhi, könnte dem weißbärtigen Mittsechziger weitere entscheidende Pluspunkte bringen. Und noch ein Pluspunkt: Der BJP-Kandidat wurde nicht mit einem silbernen Löffel im Mund geboren wie sein Konkurrent mit dem großen Namen: Der Sohn eines kleinen Angestellten aus einer niedrigen Kaste hat sich mit eigener Kraft nach oben gearbeitet, hat in Kantinen als Aushilfskraft geschuftet, bevor ihn die Parteikarriere nach oben trug. Doch es gibt eine dunkle, eine sehr dunkle Seite im Leben des Narendra Modi. Bei vielen Nicht-Hindus steht er im Verdacht, ein gefährlicher Rassist zu sein. Und dafür gibt es Anhaltspunkte, etwa weil er sich als Jugendlicher im berüchtigten und scharfmacherischen Rashtriya Swayamsevak Sangh (RSS) aktiv engagierte. Besonders aber wegen der Vorgänge im Jahr 2002, als er schon Chefminister Gujarats war. Damals brachen in der Provinz blutige Unruhen aus. Ein Feuer in einem Zug hatte 59 hinduistischen Pilgern das Leben gekostet, der Tatverdacht fiel auf muslimische Terroristen. Die Rache war grausam, wahllos schlug die Mehrheit gegen die Minderheit zurück. Mehr als tausend Menschen – überwiegend Muslime – kamen bei den tagelangen Pogromen ums Leben. Der sonst so effektive Modi ließ den Mob gewähren, manche behaupten sogar, er hätte ihn über seine Helfer und deren Hetzparolen angefacht. Im Jahr 2005 verweigerten die amerikanischen Behörden dem indischen Politiker die Einreise, wegen seiner »Verantwortung für schwere Verletzungen der Religionsfreiheit«.

Narendra Modi gilt jetzt landesweit als Favorit. Aber selbst in konservativen Kreisen überlegen sich noch einige, ob er der Richtige sein kann. »Wir brauchen einen wirklich säkularen Kandidaten«, sagt spitz Nitish Kumar, der einflussreiche Chefminister von Bihar, der mit seiner Janata-Dal-Partei der BJP nahesteht und als möglicher Verbündeter gilt. Koalitionspartner aber wird jeder Wahlsieger 2014 brauchen, ob er Gandhi oder Modi heißt, oder ob es einen anderen, dann allerdings sehr überraschenden Triumphator gibt: Die indische Politik gilt inzwischen als so zersplittert, dass sich vermutlich gleich ein halbes Dutzend Parteien in einer Regierung zusammenfinden müssen. Und damit auch divergierende Interessen, die einen Aufbruch, neue, mutige Reformen unwahrscheinlich machen.

Ob ein sanfter, kompromissbereiter Zauderer oder ein brachialer, kontroverser Machtmensch die Zukunft Indiens gestalten wird, dürfte sich an den Schnittstellen der indischen Gesellschaft entscheiden. Dort, wo starke muslimische Minderheiten auf Hindu-

Mehrheiten treffen, wo neue Stadtgebiete und Top-Universitäten den Ausgebildeten Chancen verheißen und eine neue Mittelschicht sich gegenüber den Zurückgebliebenen abgrenzt, wo die Gegensätze zwischen Fortschritt und dem Beharrungsvermögen des Ewiggestrigen besonders nahe aufeinanderprallen. Das trifft auf manche Teile Indiens zu. Aber vielleicht auf keinen so wie auf den Bundesstaat Andhra Pradesh mit seiner modernen Hauptstadt Hyderabad und seinen nahegelegenen, schmerzlich rückständigen ländlichen Regionen.

Hyderabad war bis zur indischen Unabhängigkeit über 220 Jahre lang ein Fürstenstaat, regiert von einem der reichsten Männer der Welt. Als legendär galten die Diamanten der muslimischen Nizam, wie sich das Herrschergeschlecht nannte. Der berühmteste aller Edelsteine, angeblich 400 Karat schwer, diente als Briefbeschwerer und soll während des Kampfes gegen die britischen Kolonialherren verloren gegangen sein. Was von den anderen Schätzen übrig war, mussten die Nachfolger des Fürsten später zum großen Teil dem indischen Staat zu einem Spottpreis verkaufen. Geblieben sind neben den Legenden geheimnisvolle Bauwerke, die zum Weltkulturerbe zählen: die mächtige Golkonda-Festung, das Charminar-Denkmal mit seinen vier Minaretten in der Altstadt. Aber fragt man einen Taxifahrer nach dem Zentrum, wird er nicht zum Gewirr der quirligen Straßen fahren, die sich wie Spinnweben um den Charminar-Platz ausbreiten, sondern unweigerlich in das neue Viertel. Zu den Shopping Malls, den IT-Firmensitzen, den Bio- und Gen-Laboratorien und Hochschulen. Hyderabad, die Sieben-Millionen-Metropole im Zentrum des Landes, heißt im Volksmund längst »Cyberabad« – es ist neben Bangalore die Hightech-Kapitale des Landes. Hier befindet sich auch die Universität, die in Umfragen regelmäßig zur Nummer eins der auf Wirtschaft spezialisierten indischen Institute gewählt wird. Das Institut, das nach einer von der *Financial Times* erstellten Rangfolge weltweit zur Top Twenty gehört: die Indian School of Business (ISB), das neue Juwel von Hyderabad, sozusagen.

Der Campus mit seinen luftigen rosaroten Gebäuden, eingebettet in eine sorgfältig gepflegte Parklandschaft und durch Tore von der Außenwelt abgeschirmt, wirkt wie eine Insel im sonstigen Gewimmel der Stadt. »Diese heitere Gelassenheit ist beabsichtigt, wir sehen uns gern als ein Tempel des Lernens«, sagt Dekan Ajit Rangnekar, der vorher über ein Jahrzehnt lang in Hongkong gearbeitet hat. »Aber lassen Sie sich nicht täuschen. Hier wird extrem hart gearbeitet. 16-Stunden-Tage sind für unsere Studenten normal.« Dass hier nur die absolute Elite zum Zug kommt, stellen die schwierigen Aufnahmeprüfungen und auch die Gebühren sicher: 40 000 US-Dollar kostet das Jahr an der ISB. Und eine Chance hat ohnehin nur, wer ein abgeschlossenes anderes Studium vorweisen kann und auch schon Berufserfahrung gesammelt hat. Alle Studenten müssen auf dem Campus leben, es gibt Sportprogramme zur Entspannung auf dem Gelände, auch mal eine Weinprobe. Ablenkung allerdings ist unter den Supermotivierten kaum gefragt. Hier zählen nur die Lehrer, das Programm, der Konkurrenzkampf mit den Kommilitonen. Die rund 800 Studenten der ISB sind eine Zweckgemeinschaft auf Zeit, eingeschworen auf den Erfolg, zusammengeschweißt in einer Kaderschmiede. Verglichen mit Oxford oder Harvard steckt diese Uni noch in den Kinderschuhen. Ins Leben gerufen wurde sie 1996 von indischen Wirtschaftsfachleuten der internationalen Consulting-Firma McKinsey »in Kooperation mit dem indischen Staat«, wie es in der ISB-Broschüre heißt. Die ersten Studenten kamen 2001. Bis heute wird das Institut weitgehend mit Geldern von Privatunternehmern finanziert und konnte seinen Ruf als Top-Universität ausbauen; einer der Gründerväter musste sich inzwischen wegen dubioser Geschäfte verabschieden. Man achtet hier sehr auf Skandalferne.

Die Studenten haben schon jetzt enge Kontakte zu den besten Firmen des Landes, deren Chefs kommen als Vortragende und Werbende. Die ISB-Zöglinge besitzen das größtmögliche Spektrum an Chancen. Was aber wollen die Auserwählten? Glauben sie an Indien und seine Weltmacht-Chancen, inwieweit fühlen sie sich noch den zwei Dritteln ihrer Landsleute verbunden, die als Bauern oder Wanderarbeiter täglich um ihre Existenz kämpfen müssen?

Für die Leistungen und Fähigkeiten der Regierenden in Neu-Delhi haben sie nur Verachtung und Zynismus übrig. Korruption und Vetternwirtschaft sind in ihren Augen »endemisch«. Parteien und ihre Vertreter sehen die jungen Leute nur als geschäftehemmendes Hindernis. »Wenn in Indien etwas klappt, dann nicht wegen der Politik, sondern trotz der Politik«, sagt Kumar. Aber auf die Stimmabgabe ganz verzichten, ist für ihn keine Option. Wie alle der Befragten geht auch er regelmäßig zur Wahl. Die meisten Studenten wollen bei großen Firmen anfangen, einige sich als Unternehmer versuchen. Die IT-Branche lockt. »Wir haben Vorteile durch unseren Pool gut ausgebildeter, innovativer Fachkräfte und außerdem durch die Demografie – unsere Gesellschaft altert nicht so schnell wie die in China und im Westen«, meint Student Sunil. Und die Inder hätten noch einige Pluspunkte mehr: Europäische und chinesische Studenten gehen seiner Meinung nach zwar methodischer an Problemstellungen heran, seien aber bei unerwarteten Wendungen im Nachteil. »Wir sind gewohnt zu improvisieren, wir müssen das im Alltag lernen. Bei uns kommt von Stromausfällen bis zu wilden Streiks immer etwas dazwischen«, ergänzt Kommilitone Rajnee. Tatsächlich führen nach einer Studie 81 Prozent aller indischen Geschäftsleute ihren Erfolg auf *jugaar* zurück, auf die Fähigkeit, sich kreativ durchzuwursteln. Ob das freilich reicht, gegen die Konkurrenz auf Dauer zu bestehen und im weltweiten Kampf der Mächte entscheidend aufzuholen, da sind sich die Elitestudenten nicht sicher. Etwa die Hälfte ist sehr optimistisch, die andere gibt sich eher skeptisch. Und in dieser zweiten Gruppe sind auch die meisten der Auswanderungswilligen zu finden. Als Ziele nennen wenige den Westen, sie sehen ihre Zukunft eher in Dubai, Schanghai und São Paulo.

Die künftigen Business-Profis zeigen sich bei den Spontaninterviews in der Cafeteria schlagfertig, witzig, weltgewandt. Nur auf die Frage, wofür »Red Sorghum« (»rote Hirse«) steht, weiß keiner eine Antwort. Und »Protex«? Wieder allgemeines Kopfschütteln. Es sind Begriffe aus einer anderen Welt, mit der die ISB-Absolventen wohl nie konfrontiert werden dürften. Sie werden bald zur Spitze der Gesellschaft oder doch mindestens zur oberen Mittelklasse gehören, zu den Kreisen, die sich im indischen Alltag vollkommen von dem Rest des Landes abschotten. Sie werden Fahrer haben und

Autos mit Klimaanlage, Torwächter in den Häusern ihrer überwachten Wohngebiete. Sie werden dort ihren Tee mit Mineralwas-
ser aufkochen, um der verseuchten Brühe aus dem Wasserhahn
zu entgehen, und über eigene Generatoren verfügen, die im Fall
eines Stromausfalls sofort anspringen. »Hier beneiden die Götter
die Menschen«, wirbt eine dieser *Gated Communities* in großen Let-
tern an Hyderabads Stadtautobahn.

Für Menschen, die hundert Kilometer nördlich und östlich von
Hyderabad arbeiten, Bürger desselben Bundesstaates Andhra Pradesh, sind »Red Sorghum« und »Protex« Begriffe aus ihrem täglichen Existenzkampf. Sie leben im anderen Indien. Sie schuften als
weitgehend rechtlose Wanderarbeiter in chemischen Fabriken und
in Stahlwerken, meist ohne Schutzkleidung. Nicht einmal China
hat eine so horrende Zahl an Unfällen, auf Baustellen traf es zuletzt
165 von 1000 Arbeitern. Oder sie beackern die kargen Böden und
wissen oft nicht, ob sie ihren Frauen und Kindern in den nächsten
Wochen noch etwas Essbares auf den Tisch stellen können. Jede
Fahrt über das weite indische Land ist eine Zeitreise – zurück in
eine Epoche von Schuldknechtschaft und Manchester-Kapitalismus.

Zum Beispiel Nizambad, zweieinhalb Autostunden von Hyderabad entfernt. Da haben die Bauern wie in so vielen Landesteilen mit
Saatgut experimentiert, das ihnen von internationalen Konzernen
anfangs zu Billigstpreisen überlassen worden war. »Rote Hirse« und
das gleichzeitig als Pestizid ausgebrachte »Protex« galten wegen
der anfangs guten Erträge als Zaubermittel. Heute betrachten die
Dorfbewohner sie als Fluch. Die Böden sind nach drei bis vier
Ernten ausgelaugt und brauchen immer mehr Düngemittel. Den
höheren Ertrag haben die Zwischenhändler abgeschöpft, die künstlich die Hirse-Preise drückten und so die Bauern zu immer höheren
Schulden zwangen. Tausende Bauern nahmen sich in Indien in
ihrer Verzweiflung schon das Leben, mehrere hundert auch hier in
Andhra Pradesh. Für viele war es ein besonders qualvoller Tod: Sie
tranken das hochgiftige Mittel, von dem sie sich ihren wirtschaftlichen Aufstieg erhofft hatten.

Eine Reise aufs Land rückt auch andere Größenordnungen
zurecht: Mehr als 400 Millionen Inder, die Hälfte der Erwerbs-

tätigen, arbeiten auf den Feldern und erwirtschaften nicht einmal 15 Prozent des Bruttoinlandsprodukts; weniger als drei Millionen Inder arbeiten in der Informationstechnologie und erwirtschaften gut 6 Prozent der gesamten Wirtschaftsleistung. »Wir versuchen unsere Kinder in die Stadt zu schicken, jeder Job ist besser als das hier«, sagt in Nizambad, Ortsteil Hasakothur, Bauer Kiran und bittet in seine kleine Hütte zu einer Tasse Tee – eine Geste, die kein Gast abschlagen darf, auch wenn er das Opfer ahnt, das ihm gebracht ist, und ihm auch selbst gar nicht daran gelegen ist, beim kostbaren Zucker zuzulangen. Es ist eine sehr bescheidene Bleibe. Der Dung, den der Familienvater sammelt, hat zahlreiche Fliegen angelockt, die sich auf die Gesichter der schlafenden Kinder setzen. Unter dem Holzbett hängt, einziger Schmuck im Raum, ein Kalenderblatt mit dem Abbild Lakshmis, der hinduistischen Göttin des Glücks.

Kiran glaubt, er sei so um die sechzig, genau weiß er sein Alter nicht. Er wirkt mit seinem fast zahnlosen Gebiss, den grauen Haaren und seinem ausgemergelten Körper wie ein Greis. Wie alle im Dorf steht er bei seinem Zwischenhändler in der Kreide, die Erträge werden von den Schuldzinsen aufgefressen. »Es ist wie ein Rennen gegen eine Uhr, die schneller tickt als du«, sagt er. Und dass Neu-Delhi indischen Großkonzernen erlaubt, in Afrika riesige Ländereien aufzukaufen, schadet Bauern wie ihm zusätzlich. Es ist ja nicht so, dass sie das Land nicht ernähren könnten; es fehlt nur an genügend Speichern, sodass sie, wenn es einmal eine Rekordernte gibt, alles verkaufen und nur noch Spottpreise erzielen können. Und deshalb gibt es kein Land der Erde, in dem so viele Kinder unterernährt sind, und so viele trotz des relativen Überflusses am Hungertod sterben. 1,7 Millionen sind es nach den jüngsten Statistiken pro Jahr. Kiran hat nie Schreiben und Lesen gelernt. Aber zur Wahl ist er immer gegangen. Als Indira Gandhi sich nach der Ausrufung des Ausnahmezustands und monatelanger De-facto-Diktatur wiederwählen lassen wollte, hat er ihr 1977 – wie so viele andere – einen Denkzettel verpasst. Die Siegesgewisse musste in die Opposition. Als dann die regierende BJP stolz ihren Wahlslogan vom »glänzenden Indien« verkündete, aber im Dorf keiner was von Fortschritt merkte, hat er auch sie abgewählt. Er ist stolz auf seine demokratischen Rechte und übt sie aus. Er weiß aber auch: Demokratie heißt nicht unbedingt, gut und kompetent regiert zu werden. Und hohes Wirtschaftswachstum bedeutet nicht automatisch, dass es ihm und Millionen Kleinbauern deshalb auch nur einen Deut besser ginge. In den Nachbardörfern haben sich einige der Untergrundbewegung der Naxaliten angeschlossen. Die maoistisch geprägten Untergrundkämpfer, die auch mit Gewalt gegen Großgrundbesitzer und Großindustrie kämpfen, sind derzeit fast in einem Dutzend der 28 Bundesstaaten aktiv. Vom Norden bis nach Andhra Pradesh zieht sich ein »roter Korridor«, in dem die Aufständischen immer wieder Polizisten angreifen und ermorden. Jeweils mehr als 700 Menschen sind in den vergangenen Jahren bei Feuergefechten und blutigen Entführungen gestorben. Es gehört zur Ironie der Geschichte, dass der Revolutionär Mao Zedong im demokratischen Indien des 21. Jahrhunderts vielleicht mehr Anhänger hat als im kommunistischen China.

Zum Abschied aus Nizambad winken Kiran und die anderen aus dem Dorf, ein knappes Dutzend spindeldürrer Gestalten an einem alten Bahnübergang, die Köpfe in Plastiktüten gehüllt vor dem einsetzenden Platzregen. Halbnackte Kinder balgen sich in den ersten entstehenden Pfützen, die Frauen sind schon in der Ferne auf den Feldern, gebückt zur Aussaat oder um irgendwelche kümmerlichen Früchte abzuernten, bevor alles wegschwimmt: Sie sind die Verlierer des indischen Fortschrittsrausches.

Und einige wenige Kilometer außerhalb von Hyderabad in die andere Richtung, hinüber nach Kothur, was so viel heißt wie »neuer Ort«, leben die anderen Verlierer: die Fabrikmigranten. Mitten im Niemandsland am Rande eines neuen, noch nicht ganz fertigen Highways wächst ein Industriegebiet, das in den Himmel stinkt. Mehrere Dutzend Fabriken blasen dort ihre Schadstoffe in die Luft oder pumpen sie in einen nahegelegenen Bach, der bereits giftig-violett angelaufen ist. Es sind Wanderarbeiter, die hier Chemikalien, Stahlrohre und primitive Lederprodukte herstellen. Oft die Söhne der Bauern, die keine Zukunft mehr in der Landwirtschaft sehen, oft auch von weither im verarmten Nordosten Angereiste. Die meisten leben in primitiven Hütten, die um die Klitschen herum entstanden sind, ohne Toiletten, zu mehreren in Zimmern ohne fließendes Wasser, nur mit einigen Stunden Elektrizität pro Tag. Sie klagen über schlechte Bezahlung, aber nur hinter vorgehaltener Hand. Viele schicken praktisch ihren gesamten Verdienst nach Hause (umgerechnet etwa 25 Euro monatlich), einfaches Essen wird zwischen den Schichten serviert. Bei Arbeitsunfällen allerdings gibt es keine Zahlungen, »die sind immer selbstverschuldet«, sagt einer bitter. Und manche bezahlen auch noch an die Schlepper, die sie hierhergelotst haben, denen sie ihren miserablen Job verdanken.

Es ist nicht so, als gäbe es in diesem Staat keine fortschrittlichen Sozialprogramme. Im Jahr 2005 schon wurde das vielleicht ambitionierteste aller dieser Programme weltweit in Neu-Delhi konzipiert. Es heißt, umständlich wie so oft in Indien, »Mahatma Gandhi National Rural Employment Guarantee Act«, abgekürzt MGNREGA. Jedem ländlichen Haushalt wird nach dieser Verordnung eine staatlich bezahlte Arbeit für eines seiner Mitglieder garantiert. 100 Tage im Jahr, pro Tag 130 Rupien; das ist nicht viel – etwa zwei Euro –, aber für die meisten schon ein Fortschritt. Und so sieht man täglich zwischen Kerala und Kaschmir Millionen von Teilzeitstaatsarbeitern an Straßen und Brunnen arbeiten. Im vergangenen Jahr sollen 50 Millionen – jeder vierte ländliche Haushalt in Indien – an dem Programm teilgenommen haben. Was aber ist mit den anderen drei Vierteln? Und ist das MGNREGA mehr als ein Tropfen auf den heißen Stein, funktioniert die Bezahlung?

Sehr unterschiedlich war die Beurteilung, als Medien bei den Bauern Stichproben machten. In manchen Regionen half die Initiative den Ärmsten. Es klappte auch einigermaßen mit der versprochenen Entlohnung, die absolute Armut und der Zwang zur Kinderarbeit wurden etwas gelindert. In anderen Regionen erzählten die Betroffenen empört, sie verbrächten genauso viel Zeit mit dem Eintreiben der Gelder, wie sie arbeiten, die Bürokraten vor Ort hielten den Lohn einfach zurück, zahlten ihn auf eigene Konten ein. Und dann gibt es Bundesstaaten, in denen noch keiner so richtig von MGNREGA gehört hatte und in denen die entsprechenden Beamten aus Neu-Delhi sich nicht als Arbeitsplatzbeschaffer, sondern als Verhinderer begriffen. Eine wirksame Kontrolle scheint jedenfalls nicht stattzufinden. Und so versickert die MGNREGA-Initiative vielfach im Sand, ähnlich wie bei anderen theoretisch Erfolg versprechenden Sozialprojekten.

Auf dem Papier und in der Theorie ist in Indien vieles großartig und gut durchdacht, in der Praxis aber scheitert es an Korruption und bürokratischen Hemmnissen, an Nepotismus und fehlendem Gemeinsinn. Besonders auffällig ist der Unterschied zwischen den teilweise hocheffizienten, innovativen und brillant geführten privaten Unternehmen und der lethargischen, uneffizienten öffentlichen Hand. Und dabei ist die grundsätzliche Frage, ob die indischen Sozialprogramme denjenigen, die von ihnen profitieren sollen, wirklich nachhaltige Werkzeuge zur Verbesserung ihrer Lebensbedingungen in die Hand geben, noch gar nicht gestellt. Die staatlichen Gelder für Schulbildung und Gesundheitsfürsorge sind nur in bescheidenem Ausmaß gestiegen, wenn auch die Analphabetenrate innerhalb eines Jahrzehnts von 48 Prozent auf etwa 30 Prozent gefallen ist – allerdings können immer noch wesentlich weniger Mädchen als Jungs schreiben und lesen, ein Beweis ihrer Vernachlässigung. Viele der schlecht bezahlten Lehrer kommen nur ein-, zweimal in der Woche zu ihrem Job, sie müssen oftmals anderweitig arbeiten.

Die Eltern sind oft weiter als die Regierung – sie haben begriffen, dass Fortschritt an einer besseren Ausbildung hängt. Wer immer es sich leisten kann, schickt sein Kind in eine der privaten Schulen oder bezahlt die staatlichen Lehrer wenigstens für private Nachhilfe. Jobs wären da: Eine neue staatliche Studie zeigt, dass es Indien schon heute an Fachkräften mangelt. Das Land verfügt demnach über etwa 500 000 ausgebildete Ingenieure, bräuchte aber vier Millionen.

Der Haushaltsentwurf für das Jahr 2013 sorgte immerhin dafür, dass die internationalen Ratingagenturen davon Abstand nahmen, die Kreditwürdigkeit des Landes wie gedroht weiter herabzustufen. Große Reformschritte würden ein Umdenken bedeuten: Einen wirklichen Kampf gegen die Korruption durch die politischen Eliten, neue gesellschaftliche Weichenstellungen im Umgang mit

Frauen, eine Generalüberholung der investitionshemmenden
Bürokratie, mehr Transparenz. In dem »Doing Business«-Bericht
der Weltbank, der das Geschäftsklima in 180 Staaten beurteilt,
liegt Indien auf Rang 134 – weit hinter den vergleichbaren Konkurrenten China und Brasilien. Als eine freie oder gar soziale
Marktwirtschaft lässt sich das Land kaum bezeichnen, dazu sind
die Aufstiegschancen zu ungleich verteilt. Und einzelne Indust-
riezweige bleiben de facto Staatsmonopol, wie etwa die für den
Elektrizitätsengpass wesentlich verantwortliche Kohleförderung.
60 Prozent des Stroms in Indien werden durch Wärmekraftwerke
generiert. Sie sind so schlecht geführt, dass sie es nicht schaffen,
genug zu fördern, obwohl Indien über eines der größten Kohlevor-
kommen weltweit verfügt. Die Energiebeschaffung bleibt ohnehin
die große Achillesferse des Landes. Selbst wenn es gelingen sollte,
gegen den Widerstand breiter Bevölkerungsschichten mehr Atom-
kraftwerke zu bauen, wird der Zwang zu mehr Importen stark
steigen. Nach der BP-Studie »Energy Outlook 2030« wird Indiens
Energieverbrauch in den nächsten 15 Jahren mit plus 115 Prozent
noch stärker steigen als der anderer BRICS-Staaten wie China (plus
72 Prozent) und Brasilien (plus 57 Prozent).

Dennoch sind – jenseits der hausgemachten Probleme – die
Aussichten nicht durchgehend negativ, auch wenn das Jahr 2013
ökonomisch sehr enttäuschend verläuft. »Der Pessimismus, den
viele Kommentatoren gegenwärtig in Sachen Indien verbreiten, ist
fehl am Platz«, stellt der international renommierte Wirtschaftswissenschaftler Jagdish Bhagwati von der New Yorker Columbia
University fest. Da Neu-Delhi von Exporten nicht so stark abhängig
sei wie Peking, könnte es, von einem starken Binnenmarkt und
einer hohen Sparquote getragen, längerfristig wenig beeindruckt
von äußeren Einflüssen konstant wachsen.

Viel spricht nach Ansicht von Experten dafür, dass liquide indische Unternehmer wieder verstärkt in Deutschland auf Beutezug
gehen. In der zurückliegenden Dekade gab es 69 Transaktionen, bei
denen Konzerne vom Subkontinent deutsche Mittelständler übernommen haben – das sind sogar zehn Deals mehr als vergleichbare
chinesische Erwerbungen auf unserem Markt (die allerdings waren

vom Gesamtvolumen her eindrucksvoller). Während Firmen aus der Volksrepublik hauptsächlich an deutschen Maschinenbauern interessiert sind, stehen in Indien deutsche Autozulieferer, IT-Firmen und Pharmahersteller hoch im Kurs. Ein lange angepeiltes Freihandelsabkommen könnte dem bilateralen Business nun bald zusätzlichen Schwung verleihen.

Und noch etwas scheint für Neu-Delhi zu sprechen: die demografische Entwicklung. Etwa im Jahr 2030 wird es genauso viele Inder wie Chinesen geben (etwa 1,45 Milliarden), danach wird Indien seinen Vorsprung in Sachen Bevölkerung immer weiter ausbauen. Lange Zeit hielt man die höhere Geburtenrate auf dem Subkontinent für einen Nachteil, doch heute sprechen Experten von einer »demografischen Dividende« zugunsten Indiens. Anders als in China (und in Europa) überaltert hier die Gesellschaft nicht, die anfallenden Kosten für Pensionen und Gesundheitsfürsorge können auf mehr Schultern verteilt werden. Heute ist etwa die Hälfte aller Inder unter 25. In 15 Jahren dürften schätzungsweise 68 Prozent der Bevölkerung das arbeitsfähige Alter erreicht haben, eine potenzielle Belegschaft von 980 Millionen im Gegensatz zu etwa 450 Millionen heute. Normalerweise hilft eine solche demografische Entwicklung einer Nation beim Wirtschaftswachstum – wenn es denn gelingt, die nachwachsende Generation gut auszubilden und ihr adäquate Jobs anzubieten. Um das zu erreichen, muss Indien aufhören, Krieg mit sich selbst zu führen; muss eine politische Führungsschicht abschütteln, die nur an sich selbst denkt; muss einen genauen Blick auf Probleme und Zahlen besitzen. In einem kühnen Schritt hat die Regierung jetzt immerhin begonnen, jeden der 1,2 Milliarden Inder elektronisch zu erfassen. Sie ist mit hochmodernen Iris-Scannern bis in die letzten Winkel zwischen den eisigen Höhen des Himalaja im Norden und den Palmenstränden im südlichen Kerala, von den Dschungeln der Andamanen-Inseln im Osten bis zur Wüster Thar im Nordwesten vorgedrungen. Keine technische Spielerei, sondern die Voraussetzung für eine besser geplante Politik.

Indien besitzt eine bemerkenswert moderne Verwaltungsstruktur – in der Theorie. Indien hat unabhängige Gerichte und eine alle Bürger gleich behandelnde Polizei – auf dem Papier. Indien verfügt über brillante Schulen, Universitäten und Weltklasse-Hightech-Firmen, zu denen jedermann Zugang hat – wenn er denn die nötigen Verbindungen hat. Die indische Zivilgesellschaft strotzt vor Kraft, der Pluralismus vibriert, die Demokratie lebt. Und doch bleibt dieses Indien das Ja-Aber-Land. Ja, langfristig wird sich zeigen, dass hier der Fortschritt nachhaltiger ist als in einem autoritären System. Aber was heißt langfristig, und wie kann man die Wartezeit bis zu der angeblich zwangsweise kommenden goldenen Ära sinnvoll überbrücken, sie verkürzen?

Hunderte Millionen auf dem Subkontinent stellen sich diese Fragen gar nicht. Sie tun etwas. Sie versuchen, mit Optimismus und Tatkraft ihr Schicksal in die eigenen Hände zu nehmen, und darunter sind besonders viele junge Frauen. Sie arbeiten beispielsweise in den Call-Centern, die überall am Rand der großen Städte in Sonderwirtschaftszonen entstanden sind. Sie machen aus dem »Oh-Kalkutta«, aus der angeblich niederschmetternden und hoffnungslosen Katastrophen-Metropole, ein »E-Kalkutta«, jedenfalls ein bisschen. Und hier lassen sich auch die tektonischen Veränderungen der Weltpolitik am besten beobachten. Die Hoffnung verstehen, von der Helmut Schmidt spricht: »Indien kann eine Weltmacht werden«, und das Credo des *New Scientist* mit seiner Aussage von der »kommenden Superpower des Wissens«.

Ausgerechnet Kalkutta. Der französische Anthropologe Claude Lévi-Strauss nannte diese Stadt »den Schauplatz all dessen, was wir auf der Welt hassen«. Für den amerikanischen Filmemacher Woody Allen war sie Heimat von hundert Krankheiten, die noch nicht einmal einen Namen tragen. Literaturnobelpreisträger V. S. Naipaul disqualifizierte sie als den »deprimierendsten aller Orte«. Seinem deutschen Schriftstellerkollegen Günter Grass blieb es überlassen, nach monatelangem Aufenthalt vor Ort die schlimmste aller Kränkungen zu finden: »Ein Haufen Scheiße, wie Gott ihn fallen ließ.« Für die zwanzigjährige Arundhati ist dieser fiebrige, lepröse, angeblich zur Vorsintfluthaftigkeit verdammte Moloch Heimat – und ihre Aufstiegschance.

Sie arbeitet im Industriepark Infinity in einem großen, gerade erst fertiggestellten Hochhaus, dort, wohin große westliche Firmen ihre Dienstleistungen ausgelagert haben. Arundhati geht in der Freizeit gern shoppen, »westliche Markenartikel und so«, sagt sie. Aber meist arbeitet die College-Absolventin und Hobby-Tennisspielerin. Sie hat sich ihren ersten Kleinwagen gekauft und so den Aufstieg in die Mittelschicht geschafft. Im Auftrag einer großen Bank mahnt sie telefonisch gerade deren amerikanische Kunden, die offensichtlich aus der Mittelschicht absteigen, doch bloß nicht wieder die Ratenzahlungen fürs Haus zu vernachlässigen. »Sonst müssen wir pfänden«, sagt Arundhati streng, immer das Kärtchen mit dem vorgeschriebenen Text vor sich. »Ich mache das wirklich nicht gern«, seufzt sie. »Und ich habe gerade eine Sonderausbildung begonnen, damit ich Krankenhausabrechnungen aus Chicago überprüfen und Steuererklärungen aus Manchester machen kann.« Noch zwei Stunden, dann übernimmt die »Australien-Schicht«, dann kommt Kalifornien, dank der Zeitverschiebung ist das Call-Center 24 Stunden im Einsatz. Von hier aus wird die Welt bedient, mit Serviceleistungen aller Art. Auf nagelneuen Sesseln, deren Plastiküberzüge noch nicht einmal abgenommen sind, sitzen junge Leute mit Jeans und hochgekrempelten Hemden. Jeder in seinem mit Wandschirmen abgetrennten zwei Quadratmeter großen Block, Telefonanlage zugeschaltet, Blick auf den Bildschirm. Die Flut der Anrufe stoppt nie. Der Computer schaltet nach nur wenigen Sekunden Erholungspause digital eine neue Nummer zu.

»Good Morning, Madam, wir möchten Ihnen ein besonderes Flatrate-Angebot der Telekom Melbourne nahebringen.« – »Sir, natürlich können Sie Ihre Kreditkarte in San Francisco sofort ersetzt bekommen. Sie gehen zur Union Square und dann ...« – »Hello, Kansas. Was meinen Sie damit, Ihr PC entwickelt ein bösartiges Eigenleben? Lassen Sie uns gemeinsam versuchen, ihn wieder vernünftig zu machen.« – »Gnädige Frau, auch für Sie in Glasgow gelten unsere allgemeinen Kreditrichtlinien. Leider müssen wir Ihnen sagen ...« – »Nein, Sir, ich kann nicht noch mal schnell in Ihrer Wohnung im Londoner Westend vorbeikommen. Aber was das Ausfüllen Ihrer Versicherungsunterlagen betrifft ...«

Wohl schon mehr als eine Million Inderinnen und Inder arbeiten in der Outsourcing-Branche. Sie geben Kundendiensttipps, treiben Rechnungen ein, spüren verlorenes Airline-Gepäck auf. Sie machen all das, was eine Dienstleistungswelt am Telefon erledigen kann. Und sie machen es billiger, viel billiger, als es Amerikaner oder Engländer je könnten. Und mit Sonderkenntnissen, wie sie jetzt auch die junge Dame aus Kalkutta anstrebt, könnten bald ganze Berufsgruppen im Westen in Bedrängnis geraten, etwa Steuerberater. Arundhati Kumar weiß, dass die Call-Center-Branche in Indien trotz all ihrer Erfolge an Grenzen stößt. Sie betrachtet den anstrengenden Telefon-Job nur als Berufseinstieg und als eine Übergangslösung. Die Ehrgeizige, die zu Hause ausgezogen ist und sich jetzt mit drei Freundinnen eine kleine Wohnung teilt, träumt von einer eigenen Firma oder einem Angebot von einem Weltklassekonzern. »Ich will die Leiter hinaufklettern, so wie alle meine Bekannten, so wie das ganze Land«, sagt sie.

6 BRASILIEN
Die Samba-Rebellen

Brasília ist etwas für Liebhaber. Der Schutzpatron der Stadt heißt Don Bosco, ein Heiliger vor dem Herrn, der für die Armen kämpfte und in einer Prophezeiung 1883 von einem Ort sprach, der ihm erschienen sei und»in dem Milch und Honig fließen«; dort liege die»Quelle einer neuen Zivilisation«, und auch die»Koordinaten zwischen den Breitengraden 15 und 20« seien ihm in der göttlichen Mitteilung offenbart worden. Darauf nahmen die Städtebauer Bezug, als 1891 die Regierung beschloss, zur Förderung des Binnenlandes eine neue Hauptstadt im Landesinneren zu errichten. 1893 grenzte man das Areal ein, 1922 fand die Grundsteinlegung statt. 1956 wurde als erstes Gebäude ein provisorischer Regierungspalast fertiggestellt, 1960 wurde die Kapitale eingeweiht. Oscar Niemeyer entwarf die öffentlichen Gebäude, die Planung oblag dem brasilianischen Architekten Lúcio Costa. Als Grundriss wählte er ursprünglich die Form eines Kreuzes. Wegen der Ähnlichkeit der Stadtanlage mit der Form eines Flugzeugs und der Bezeichnung *plano piloto* denken die meisten allerdings bis heute, es handle sich bei dem Entwurf um ein Riesenflugzeug. Und tatsächlich kann man sich beim Blick vom Fernsehturm dieses Eindrucks nicht erwehren: der Platz der Drei Gewalten mit dem Nationalkongress ist das Cockpit, den Körper bildet die Eixo Monumental, die Straße der Ministerien, und die Flügel sind die Wohngebiete.

Seit 1987 ist diese Brasília Weltkulturerbe. Und doch wirkt die Hauptstadt für dieses brodelnde, lebenslustige Land seltsam steril, artifiziell, betonburgig, reißbrettgeprägt. Noch immer verlassen sehr viele Beamte Brasília am Wochenende, weil sie einfach nicht warm werden mit diesem Ort.»Das Experiment war nicht erfolgreich«, meinte selbstkritisch sogar der Gründervater Niemeyer, der immer seine Wohnung in Ipanema behielt und gar nicht daran dachte, in seinen Retortenort umzuziehen. Die »Stadt des dritten Jahrtausends« (Eigenwerbung) wirkt heute eher wie das missglückte Denkmal einer Utopie, die sich nicht primär an den Bedürfnissen der Menschen orientiert hat. Eine Stadt, die soziales Gefälle eher betont als einreißt: Unter Brücken warten Hausangestellte auf den selten kommenden Bus, der sie in Plattenbauvororte bringen soll. Oben an der Kreuzung rauscht der Verkehr der Dienstlimousinen, die die Reichen in propere Häuschen mit Vorgärten bringen. Keine Stadt in diesem Land hat ein höheres Prokopfeinkommen. Glitzernde Einkaufszentren, Luxusrestaurants, Golfplätze – alles vorhanden. Das Betonmonster hat sich, zumindest statistisch, zur Boomtown gemausert. Wenn man auf Atmosphäre keinen Wert legt, kann man für Lebensqualität halten, was hier geboten wird.

Ja, Brasília ist wirklich etwas für Liebhaber. Für Liebhaber der abstrakten Architektur. Für Bürokraten, die nichts mehr als Übersichtlichkeit schätzen. Für Fans von strikten Fünfjahresplänen. Und damit würde Brasília viel besser als Hauptstadt einer autoritären, einparteiengesteuerten, wohlorganisierten Großmacht taugen – sagen wir, als Kapitale der Volksrepublik China. Es ist ein kühles Raumschiff, ein funktionales Flugzeug, das sich in die dampfenden, chaotischen Tropen verirrt hat. Motorschaden in der Steppe, 1150 Meter über dem Meer und nur wenige Kilometer südlich des Äquators, im Hochlandherz Brasiliens, wohin sich früher nur Fallensteller, Goldsucher und Nomaden verlaufen haben. Kein Wunder, dass die Bürokraten, die hierher umziehen mussten, Brasília für eine Strafkolonie im Niemandsland hielten und sich den bitteren Umzug mit üppigen Zuschlägen versüßen ließen.

Die Hausherrin des Präsidentenpalasts hat sich nie dazu geäußert, wie sie dieses Brasília findet. Womöglich vermisst sie Belo Horizonte, wo sie aufgewachsen ist, gar nicht so sehr: Auch ihre Geburtsstadt ist weitgehend auf dem Reißbrett entstanden, schachbrettförmig angelegt, ordentlich; wenn irgendeine Stadt im Land Brasília gleicht, dann Belo Horizonte. Aber sie neigt ohnehin nicht zur Sentimentalität, gilt als kühle, ganz und gar kopfgesteuerte Politikerin. Sie schirmt ihr Privatleben von der Öffentlichkeit ab, lebt mit ihrer Mutter, einer Tante und einem schwarzen Labrador in der offiziellen Residenz, dem zweiten Stock des großzügigen Alvorado-Palastes. Dieser »Palast der Morgendämmerung« liegt auf einer Halbinsel im Paranoá-See. Im ersten Stock sind die Empfangsräume für Staatsgäste mit einem Speisesaal, den Chippendale-Stühle und Porzellan der East India Company zieren, eine Bibliothek, ein Musikzimmer mit einem deutschen Piano. Das obere Stockwerk ist den Privaträumen vorbehalten. Gelegentlich kommt Dilma Rousseffs geschiedener Mann Carlos Araújo, ein alter Weggefährte aus Guerilla-Tagen, vorbei; selten auch Paula, die einzige Tochter des Paares, die als Staatsanwältin arbeitet. Nur einmal, am Rand des Nationalfeiertages 2011, sah man die Regierungschefin kurz mit ihrem einjährigen Enkelsohn auf dem Schoß. Ansonsten pflegt Dilma Rousseff das Image der einsamen Wölfin. Sie wirkt hart gegenüber anderen wie gegenüber sich selbst – eine Kämpferin, die es alles andere als leicht gehabt hat. Und die ihr Leben vor allem eins gelehrt hat: Man kann alles schaffen, alle Widrigkeiten überwinden, selbst die erlittene Folter verarbeiten. Man muss nur an sich selbst glauben. Und sich auf möglichst wenige andere verlassen. Aber ihre Geschichte hat sie auch einsam gemacht, weitgehend unfähig, Strömungen im Volk wahrzunehmen und auf sie zu reagieren.

Rousseff ist – nach 35 männlichen Kollegen — die erste Frau im brasilianischen Präsidentenamt. Sie kommt nicht von ganz oben in der sozialen Hierarchie wie so viele ihrer Vorgänger, die in die reichsten Familien des Landes hineingeboren wurden. Sie kommt aber auch nicht von ganz unten wie ihr charismatischer Vorgänger und Förderer Luiz Inácio Lula da Silva. Sie ist ein Kind der gehobenen Mittelklasse, aufgewachsen in einem geordneten und gut situierten Immigrantenhaushalt. Ihr Vater stammt aus Bulgarien und war dort in den Zwanzigerjahren ein prominenter Kommunist. Politisch verfolgt, floh er nach Frankreich und dann weiter nach Argentinien und Brasilien. Seine erste Frau war schon in Europa verstorben, sodass er sich eine neue private und berufliche Existenz aufbauen musste. Er heiratete eine viel jüngere Lehrerin und machte nach einem Zwischenstopp in São Paulo schließlich in Belo Horizonte Karriere, wo er als leitender Angestellter für die deutsche Stahlfirma Mannesmann arbeitete und nebenbei auch noch erfolgreich ins Grundstücksgeschäft einstieg. Die Familie bewohnte ein großes Haus in Innenstadtnähe, drei Hausangestellte machten die Besorgungen, politische Honoratioren gingen ein und aus. Man war – vorsichtig – links, eher sozialdemokratisch denn kommunistisch, schließlich hatte sich der Vater ja zum Unternehmer gewandelt. Dilma, geboren am 4. Dezember 1947, hatte noch zwei Geschwister; Zana Lucia verstarb früh, ihr Bruder Igor wurde zu einem erfolgreichen Anwalt.

Man darf sich Dilma Rousseffs Jugend als weitgehend sorgenfrei und sehr europäisch angehaucht vorstellen: Der strenge Vater legt großen Wert auf klassische Erziehung, sie erhält Privatunterricht in Geschichte, Französisch und am Piano. Dilma kommt an eine elitäre Boarding School, die von Nonnen geleitet wird. Mit 17 rebelliert sie gegen die Institution, die ihr zu konservativ, zu verknöchert erscheint. Der Vater war kurz zuvor gestorben, sie sucht nun einen eigenen Weg im Leben. Sie wählt die Central State Highschool aus, eine öffentliche Einrichtung mit Kindern aus allen sozialen Schichten. Es ist die Zeit ihrer endgültigen Politisierung. Sie richtet sich gegen die Militärdiktatoren, die 1964 das Land übernommen haben. Dilma Rousseff erzählt bis heute wenig über ihre Vergangenheit. »Es war keine Zeit für Debütantinnenbälle«, formuliert sie einmal in einem Interview, in ihrer typisch lakonischen Art.

Sie schließt sich mit 19 dem kommunistischen Untergrund an. Genauer gesagt der Val-Pamares, einer extrem linken Gruppe, die sich den Sturz der Militärs auf die Fahnen geschrieben hat, und der dazu fast jedes Mittel recht ist. Dilma Rousseff legt Wert auf die Tatsache, dass sie nie selbst zum Gewehr gegriffen oder sonstwie Gewalt angewendet habe. Unbestritten ist, dass sie an dem Transport von Waffen beteiligt war und an der logistischen Planung eines spektakulären Bankraubs. Im Jahr 2003 hat sie der brasilianischen Zeitung *Folha de São Paulo* einen Einblick in das Guerilla-Leben von damals gegeben: »Ich weiß noch, einmal trugen Celeste (eine Mitstreiterin) und ich einen ganzen Eimer voller Sprengstoff im

linken Arm und Waffen, die wir unter Baumwolltüchern verborgen
hatten, im rechten Arm zu unserem Studentenheim und versteckten das alles unter unseren Betten. Wir schliefen förmlich auf den
Gewehren, und ich erinnere mich, es war sehr unbequem, weil wir
das Bettgestell hatten höher stellen müssen. Es klingt, wenn ich
heute darüber spreche, so unwirklich, als handelte es sich nicht um
mich, sondern um einen anderen Menschen.« Sie heiratet einen
ihrer Freunde aus dem Untergrund, trennt sich aber von ihm, als
sie Carlos Araújo kennenlernt. Im Februar 1979, während der dun-
kelsten Tage der Diktatur, geht Dilma Rousseff den Häschern des
Regimes ins Netz. Sie wird in São Paulo verhaftet.

Es folgen drei schlimme Jahre im Operação Bandeirante und
in Tiradentes, den beiden berüchtigten Folterzentren. Die junge
Frau aus Zelle sechs spricht mit ihren Mithäftlingen nie über die
Qualen. Das ist auch nicht nötig. Alle dort wissen, was passiert,
wenn die schweren Schritte der Wächter näher kommen, wenn
der Eisenschlüssel in der Tür knarrt, man zu »Verhören« abgeführt
wird. Alle haben schon an der »Affenschaukel« gelitten, so nennt
sich die Eisenstange, an der die Opfer wie ein Stück Fleisch stundenlang nackt aufgehängt werden. Und am »Drachenstuhl«, wo
Elektrokabel an die Brustwarzen angeschlossen werden.

»Dilma war körperlich mitgenommen, aber ihr Wille war unge-
brochen«, erinnert sich Cida Costa, die mit ihr eine Zelle geteilt
hat. Die beiden Frauen freunden sich an, rund fünfzig weibliche
politische Gefangene sitzen zwischenzeitlich im »Turm der Jung-
frauen«, wie sie den runden, mehrstöckigen Bau nennen. »Eine
verschworene Gemeinschaft«, sagt Cida Costa im Rückblick. Sie
studiert nach ihrer Entlassung Jura und arbeitet heute als Staatsanwältin. Im Dezember 1972 ist es dann auch bei Dilma Rousseff
so weit. 22 Pfund hat sie abgenommen, ihre Schilddrüse ist zerstört, vielleicht ein Vorbote der späteren Krebserkrankung. Doch
Rousseff will leben. Will kämpfen. Will ihr Land gestalten. Sie ist
am Tag ihrer neuen Freiheit ja gerade erst 25 Jahre alt.

Sie schließt ihr Studium der Wirtschaftswissenschaften ab und
geht nach Porto Alegre in den Süden des Landes, wo sie sich nach
dem Sturz der Diktatur als Verwaltungsexpertin einen Namen

macht. Schnell spricht sich herum, dass sie eine extrem ehrgeizige und fähige Organisatorin ist. Im Bundesstaat Rio Grande do Sul wird sie Bergbauministerin. Sorgfältig beobachtet sie die Veränderungen in der großen Politik. Verlässt nach einem Streit ihre kleine Partei und schließt sich der Partido dos Trabalhadores (PT) an, der mächtigen, gemäßigt linken Arbeiterpartei. Sie ist immer noch stolz auf ihre radikalen Wurzeln, aber sie ist pragmatisch genug geworden, um zu erkennen, was in der politischen Praxis funktioniert und was nicht. Und mit welchen Mächtigen man Koalitionen schmieden muss.

Die Militärdiktatoren sind aus dem Amt gejagt, eine große Erleichterung. Das Land hat aufgeatmet. Aber zu einer Verbesserung der Lebensbedingungen führt der Sieg der Demokratie zunächst nicht. Anfang der Neunzigerjahre liegt Brasiliens Wirtschaft noch am Boden. Die Gewaltverbrechen in den Großstädten sind zum Alptraum geworden, Banden kontrollieren den Raubbau in den Urwäldern, und während manche unverschämt reich werden, sterben die Babys in den Slums an Unterernährung. Der Staat liefert damals nicht einmal die rudimentärsten Dienstleistungen, die Hyperinflation frisst weit mehr auf als das, was an Gehaltserhöhungen gezahlt wird. Eigentlich eine Blütezeit für die Linke. Aber auch zu Dilma Rousseffs Verblüffung schafft dann ausgerechnet ein eher konservativer Politiker die Wende. Fernando Henrique Cardoso holt 1993 die besten Köpfe des Landes zusammen, das Team schafft mit dem Real eine neue Währung, wertet ihn in einer schmerzhaften Aktion gegenüber dem Dollar ab. Er öffnet die Zollschranken und setzt die heimische Industrie der internationalen Konkurrenz aus. Manche der bis dahin künstlich beschützten Betriebe überstehen die Rosskur nicht. Aber die flexiblen, die innovativen gehen gestärkt aus den Umwälzungen hervor. Das Vertrauen in die Wirtschaft kehrt zurück, der Konsum steigt. Und Cardoso wird belohnt – er gewinnt 1994 die Wahlen. Vier Jahre später kann er seinen Erfolg wiederholen, obwohl schon damals klar ist, dass er an einer großen Aufgabe scheitern wird: der einigermaßen gerechten Verteilung des Reichtums im Land.

Der Neue schafft es erst im vierten Anlauf 2002 ins höchste Staatsamt: Luiz Inácio Lula da Silva – im Volk und von der Presse nur »Lula« genannt – kommt von ganz links und von ganz unten. Der frühere Schuhputzer, Metallarbeiter und Gewerkschaftsführer erlebt Brasiliens empörende Ungerechtigkeiten in seinem engsten Umfeld: Seine Frau Maria und ihr gemeinsames ungeborenes Kind sterben, weil sich die Familie keine ausreichende medizinische Versorgung leisten konnte. Solche frühen Erlebnisse prägen Lula, lange hält er einen orthodoxen Marxismus für die Antwort auf die Probleme des Landes. Vielen gilt er als Bürgerschreck, sie verweisen auf seine zahlreichen Haftstrafen wegen der Organisation illegaler Streiks. Aber sie haben nicht bemerkt, wie Lula sich nach und nach den Realitäten angepasst hat, und wie er begriffen hat, dass er auch mit den Wirtschaftsführern zurechtkommen muss, wenn er das Land ökonomisch nach vorn bringen will.

Er erweist sich im Präsidentenamt schnell als erstaunlich pragmatisch und unternehmerfreundlich. Er wandelt auf einem schmalen Grat, um sich bei allen Veränderungen in seinen wesentlichen Grundüberzeugungen treu zu bleiben. Reist innerhalb weniger Tage zu den großen Wirtschaftsführern der Welt nach Davos wie zum Gegenprogramm der Alternativen nach Porto Alegre. »Ich hielt an beiden Orten dieselbe Ansprache über Hunger und seine Bekämpfung«, sagt er im Rückblick stolz. Und noch etwas fällt an Lula bald positiv auf – er hat einen guten Riecher für kompetente Mitarbeiter. Als Energieministerin und später als seine Kabinettschefin holt er sich Dilma Rousseff. Ihm hat imponiert, wie sie es in ihrem südlichen Bundesstaat geschafft hat, die Stromversorgung zu sichern und Blackouts weitgehend zu vermeiden. Sie ist von seinem Charisma und Charme ebenso wie von seiner Zielstrebigkeit und politischen Weitsicht tief beeindruckt.

US-Präsident Barack Obama umschmeichelt ihn als den »populärsten Politiker der Welt«, die *Time* ernennt ihn 2008 gar zum einflussreichsten aller Staatsführer. Lula schafft es, gute Beziehungen mit Washington zu pflegen und gleichzeitig mit den Verfemten der Weltpolitik im Gespräch zu bleiben. Brasilien wird so zu einer außenpolitischen Fast-Großmacht. Lula besucht den Altrevolutio-

när Fidel Castro in Kuba, nennt den Autokraten Hugo Chávez
»den besten Präsidenten Venezuelas der letzten hundert Jahre«, und
sogar mit dem Holocaust-Leugner Mahmud Ahmadinedschad in
Teheran findet er so viele Gemeinsamkeiten, dass er glaubt, im
Atomstreit »zu 99 Prozent« eine Verhandlungslösung möglich
gemacht zu haben. Doch so erfolgreich »Lula Superstar« sonst ist,
da täuscht er sich: Das gemeinsam mit der Türkei erarbeitete Kom-
promisspapier erweist sich schon bald als Luftnummer.

Ein Freund des Kleingedruckten ist der Volkstribun nicht, ganz
im Gegensatz zu Dilma Rousseff; seine Meisterschaft liegt in der
mitreißenden Rede, im Aufzeichnen großer Linien. Innenpolitisch
hilft er mit, die Not der Unterprivilegierten mit den Sozialpro-
grammen »Bolsa Familia« und »Fome Zero« (»Null Hunger«) zu
lindern, gut dreißig Millionen Menschen von der Unterschicht in
die Mittelschicht zu führen. In der Außenpolitik ist er ein engagier-
ter Verfechter einer multipolaren Welt mit engen Kontakten zu den
»Gringos« in Nordamerika wie zu den Europäern. Aber womöglich
noch wichtiger sind ihm als selbsternannten »Führer des Südens«
beste Beziehungen zu Staaten in Nahost und Afrika – und zu den
BRICs, zu Indien, Russland, China. Noch in seiner Amtszeit löst die
Volksrepublik im Fernen Osten den amerikanischen Nachbarn im
Norden als größten Handelspartner Brasiliens ab.

Der äußerst populäre Lula hat es geschafft, seinem Volk den
tief verwurzelten Minderwertigkeitskomplex auszutreiben und
den Glauben an sich selbst zurückzugeben. Er wäre wohl auch
problemlos in eine dritte Amtszeit gewählt worden. Doch das
Gesetz lässt nur zwei Perioden an der Macht zu. Also musste sich
der Charismatische einen Nachfolger aufbauen. Er entschied sich
für Dilma Rousseff – trotz oder vielleicht gerade weil sie so etwas
wie ein politischer Gegenentwurf zu ihm selbst ist: nüchtern,
detailversessen, arbeitswillig. Die so Gesalbte musste zwar in die
Verlängerung, weil sie in der ersten Runde die absolute Mehrheit
von 50 Prozent knapp verfehlte. Aber sie gewann dann im zweiten
Wahlgang recht problemlos: Die erste Lateinamerikanerin aus der
Generation der Guerillakämpfer der Sechzigerjahre, die es bis ganz
nach oben geschafft hat. Amtsantritt ist der 1. Januar 2011.

Vom ersten Tag an macht die neue Präsidentin klar, dass ihr Arbeitspensum enorm ist und dass sie auch von anderen einen Einsatz rund um die Uhr erwartet: Sie setzt Kabinettssitzungen am späten Freitagnachmittag an, wenn praktisch das ganze Land schon im Wochenende ist. Sie fordert Powerpoint-Präsentationen ihrer Minister schon montagsfrüh um halb acht. Die Redewendungen »geht nicht« und »vielleicht morgen« setzt sie, wie Kabinettskollegen erzählen, auf den Index. Sie wirkt äußerst angespannt, aber vital. Die Strahlentherapie gegen Krebs, der sie sich 2010 unterziehen musste, hat offensichtlich angeschlagen, auch ihre dichten Haare sind nachgewachsen.

Dilma Rousseff geht der Ruf voraus, lieber mit Frauen als mit Männern zusammenzuarbeiten. Sie sagt, es gehe ihr »nur um Kompetenz«. Aber richtig ist, dass sie mehr als ein Drittel aller Ministerposten mit Frauen besetzt. Kabinettschefin wird Gleisi Hoffmann, eine kühl kalkulierende deutschstämmige Managerin. Am Anfang meinen noch manche, die Blondine als »Dilmas Barbie« verspotten zu können, intern wird sie überall ehrfürchtig »die Preußin« genannt. Das Planungsministerium leitet Miriam Belchior, für die Beziehungen zwischen Regierung und Kongress zuständig ist Ideli Salvatti, als Pressechefin fungiert Helena Chagas. Die offizielle Quotenregelung, die Frauen 30 Prozent aller Abgeordneten-, Gouverneurs- und Bürgermeisterstellen sichert, wird in der Regierung mit zehn Ministerinnen überschritten.

Im inneren Zirkel der Macht ist Präsidialamtschef Gilberto Carvalho der einzige Mann. Er hat schon acht Jahre unter ihrem Vorgänger Lula gedient und kennt sich bestens aus im Labyrinth der Macht. Für Rousseffs Damenriege ist er eine Art großer Bruder. Zu ihm kommen sie, wenn sie sich von der Chefin zu Unrecht gerüffelt fühlen und Trost brauchen. »Ich bin für den klassischen weiblichen Part in der Regierung zuständig«, sagt er mit einem Augenzwinkern. Der Lula-Vertraute hat sich nach anfänglichem Misstrauen dem Dilma-Fanclub angeschlossen – zumindest äußerlich. Manche glauben, das sei kalkuliert, seine politische Überlebensstrategie. Er sehe manches an der Regierungschefin auch sehr kritisch: ihre oft beleidigende kurz angebundene Art, der arrogante Glauben, immer auf dem richtigen Weg zu sein, das Abbürsten gegenteiliger Meinungen. Rousseff hat jedenfalls aus dem lateinamerikanischen Macho-Land fast schon ein Matriarchat gemacht. Ende 2011 wählt die brasilianische Presse Dilma Rousseff voller Bewunderung zum »Mann des Jahres« – kaum vorstellbar, dass es schon 18 Monate später zu Massenprotesten im Land kommt.

»Wenn sie die Wahl hat zwischen zwei gleich qualifizierten Personen, zieht sie immer die Frau vor«, hat ihr Kabinettschef einmal gesagt. Aber sie kann sehr wohl auch Männern zum Karrieresprung verhelfen, wenn sie das denn richtig findet und für ihr Land als nützlich erachtet. So geschehen bei der Neubesetzung des wichtigen Chefpostens bei der Welthandelsorganisation (WTO) im Mai 2013. Brasiliens Präsidentin tat alles, um ihren Landsmann Roberto Carvalho de Azevêdo gegen den Willen der USA und der EU durchzusetzen – und schaffte das nach langem Ringen auch.

Dabei zeigten sich die neuen Allianzen, die künftig immer mehr die Weltpolitik bestimmen werden: Brasília konnte die Mehrzahl der afrikanischen Staaten hinter sich bringen, vor allem aber China, Indien und Russland, ihre einflussreichen Mitstreiter in der BRICS-Gemeinschaft. Washington, Brüssel, Berlin, London und Paris hatten sich vehement für den ihnen genehmen mexikanischen Gegenkandidaten ausgesprochen – ihr Scheitern ist ein Beleg mehr für die schwindende Dominanz der »alten« Industriestaaten, das Aufkommen der Schwellenländer und neuen Großmächte. Rousseff nahm die Ernennung des 55-jährigen Karrierediplomaten Azevêdo »mit Genugtuung« auf, sagte, die Welthandelsorganisation als solche habe gewonnen. Ihr Außenminister Antonio Patriota konnte es sich aber nicht verkneifen, von einem »Sieg für Brasilien« zu sprechen. Die WTO dürfte in den nächsten Jahren wichtige Weichen für den internationalen Geschäftsverkehr stellen, sie soll über dessen Regeln bestimmen und sie überwachen. In einigen Bereichen hat sich der Neue klar für eine Liberalisierung ausgesprochen – etwa wenn er gegen US-amerikanische Subventionen für Baumwolle oder EU-Agrarhilfen für Zuckerproduzenten wettert. Wenn es um die brasilianische Wirtschaft geht, hat Azevêdo allerdings auch schon protektionistische Maßnahmen befürwortet. Nun fühlt er sich nach eigenen Worten »zur Neutralität verpflichtet« und will neuen Schwung in die Doha-Runde zur Liberalisierung des Welthandels bringen, die nicht zuletzt an den Vetowünschen Indiens gescheitert waren. Eine gewaltige Aufgabe, da doch die USA und Europa begonnen haben, auf bilaterale Abkommen zu setzen und die WTO zur Seite zu drängen.

Für Brasilien war Azevêdos Ernennung schon der zweite große internationale diplomatische Triumph innerhalb relativ kurzer Zeit: José Graziano da Silva leitet seit Januar 2012 die UNO-Ernährungs- und Landwirtschaftsorganisation in Rom. In Zeiten der weltweiten Verknappung von Lebensmitteln und der finanziellen Spekulationen mit ihnen ist das eine enorm wichtige Funktion. Es sei eben wichtig, mit allen Nationen einen guten Gesprächskontakt zu haben, mit Washington wie mit Peking, mit Schwellen- wie mit Entwicklungsländern, sagte die Präsidentin. Sie wollte damit wohl ausdrücken: Seht her, ihr in den USA und Europa, ihr seid mit eurer Politik »verdächtig«, ihr habt das nicht. Dennoch wird man Rousseff nicht eine beliebige Außenpolitik oder gar Liebedienerei vorwerfen können. Sie handelt in dieser Beziehung auch nüchterner als ihr von der eigenen Bedeutung manchmal allzu überzeugter Vorgänger. Sie glaubt nicht wie Lula, Iran durch die Macht der brasilianischen Diplomatie vom Bau der Bombe abbringen zu können. Als Präsident Mahmud Ahmadinedschad im Jahr 2012 seine Südamerika-Reise antrat, gewährte sie dem Provokateur der internationalen Politik nicht einmal einen Termin. Aber sie zeigte auch mit unübersehbaren Gesten, wie sehr sich in ihren Augen die Prioritäten Brasiliens und die Machtverhältnisse in der Welt geändert haben: Ihr erster Auslandsbesuch als Präsidentin führte sie in die Volksrepublik China, nicht in die Vereinigten Staaten. Und Rousseff hielt es für selbstverständlich, dass US-Präsident Barack Obama zuerst seine Aufwartung in Brasília machte, bevor sie dann zum Gegenbesuch nach Washington aufbrach.

Den einzigen Hauch von Sentimentalität, den sich die Präsidentin bisher gegönnt hat, war ein Trip nach Bulgarien, in das Land ihrer Ahnen. Sie reiste auch nach Gabrowo, in die Geburtsstadt ihres Vaters. Die sonst so nüchterne Politikerin musste sich bei der Reise zu ihren Wurzeln tatsächlich einmal die Tränen aus den Augen wischen. Sie fasste sich aber rasch wieder und strich aus dem Gesprächsprotokoll mit den lokalen Politikern einen Satz der Rührung (»Seit ich hier bin, fühle ich mich von Liebe umgeben«). Emotionen sind ihr unangenehm, sie betrachtet so etwas offensichtlich als Zeichen der Schwäche. Ihr altes Foltergefängnis in São Paulo, inzwischen zu einem mahnenden Museum umgebaut, hat sie nie besucht.

Einen besonderen Schwerpunkt in der Außenpolitik legt Brasiliens Staatschefin auf Afrika. Sie kämpft da teilweise an der Seite der BRICS-Partner China und Indien gegen eine jahrzehntelange Vorherrschaft des Westens, teilweise auch in Konkurrenz mit den anderen neuen Weltmächten. Und sie glaubt, Brasilien könnte auf dem »Schwarzen Kontinent« zum Vorreiter werden, den Wettlauf gegen alle anderen gewinnen – aus historischen, kulturellen und wirtschaftlichen Gründen. Sie will eine Brückenbauerin sein über den Atlantik.

China argumentiert in Afrika mit seiner Vorgeschichte aus dem Jahr 1400, als Admiral Zheng He mit seiner Flotte vom Reich der Mitte aufbrach und sich mit dem Austausch von Handelsgütern Freunde an der afrikanischen Ostküste machte. Politiker in Neu-Delhi betonen gerne, dass die Inder nicht wie die Europäer als Eroberer und Kolonisatoren kamen, sondern als »Gastarbeiter« und Kaufleute, und dass Mahatma Gandhi, der große Freiheitsheld, durch seine jahrelangen Erfahrungen Ende des 19. Jahrhunderts in Südafrika wesentlich geprägt worden sei. Brasilien kann diese Vorgeschichten mühelos übertrumpfen. Einige Millionen Jahre hing man ja – im wahrsten Sinn des Wortes – zusammen, bis die Kontinentalverschiebung einsetzte. Und was das Mittelalter betrifft, hätte der Austausch zwischen Afrika und Südamerika kaum intensiver, allerdings auch kaum trauriger sein können. Brasilien wurde wesentlich durch den Sklavenhandel zwischen dem 16. und 19. Jahrhundert geprägt, nicht einmal nach Nordamerika wurden so viele Sklaven verschleppt. Bis heute leben – mit der Ausnahme von Nigeria – in keinem Staat der Erde so viele Schwarze wie in Brasilien. Erst 1888 hat das Land die Sklaverei abgeschafft, die Nachfahren der

Verschleppten prägen das größte Land Lateinamerikas wie keine andere Bevölkerungsgruppe. George W. Bush verblüffte den brasilianischen Präsidenten Fernando Cardoso bei einem Dinner im Weißen Haus 2001 mit der Frage:»Gibt es Schwarze in Brasilien?« Aber afrikanische Politiker wissen das, und es nimmt sie für die »Brüder« in Lateinamerika ein.

Lange Zeit vernachlässigte die politische Elite in Brasília den Kontinent auf der anderen Seite des Atlantiks. Erst Lula hielt es für nötig, die Beziehungen zu pflegen; zwölfmal reiste er in seinen Amtsjahren nach Afrika, besuchte dort 21 Staaten. Der linke Gewerkschaftsführer wirkte glaubhaft, wenn er von der »historischen Schuld« sprach, die Kolonisatoren auch im Namen Brasiliens auf sich geladen hätten. Seinen Bestrebungen, Afrika als Absatzmarkt für heimische Güter zu erschließen, haftete nichts Anrüchiges an. Dilma Rousseff hat diese Vorstöße intensiviert, diplomatisch wie ökonomisch. Brasilien unterhält auf dem »Schwarzen Kontinent« 37 Botschaften, mehr als etwa Großbritannien oder Indien, und fast ebenso viele wie die Volksrepublik China. Nirgendwo außer in Washington sind so viele afrikanische Diplomaten akkreditiert wie in Brasília.

Rousseff hat gegenüber Europäern und auch ihren BRICS-Partnern noch einen weiteren großen Vorteil: Ihr Land steht nicht im Verdacht, sich in Afrika nur Rohstoffe sichern zu wollen. Brasilien besitzt selbst genug Ressourcen, es will nicht primär Bodenschätze importieren, sondern Landmaschinen, Biokraftstoffe und Soja exportieren; außerdem gilt das südamerikanische Land als Weltmarktführer bei der Entwicklung besonders vielversprechenden Saatguts. Brasilien hat auch wenig Interesse daran, den Afrikanern ein politisches System aufzudrängen wie China, oder die Zusammenarbeit an demokratische Fortschritte zu knüpfen wie Europa. Und weil Präsidentin Rousseff keine politischen Berührungsängste zu irgendeinem afrikanischen Staat kennt, kann sie auch mit deren Stimmen bei der Besetzung wichtiger internationaler Ämter rechnen. Sie dürfte dabei auch im Hinterkopf haben, dass Brasilien den angestrebten Aufstieg in den Weltsicherheitsrat nur auf diese Weise erreichen kann.

Die Präsidentin brach wenige Monate nach ihrem Amtsantritt zu ihrer ersten Afrika-Reise auf. Bei ihrer Ansprache vor dem Parlament in der angolanischen Hauptstadt Luanda forderte sie unverblümt eine Transformation der internationalen Beziehungen. Die Machtkonzentration der Industrieländer in den internationalen Organisationen sei anachronistisch. »Dadurch wird eine internationale Ordnung repräsentiert, die so nicht mehr existiert«, rief sie unter stürmischem Beifall aus. Und sprach davon, es müsse ein ganz neues Entwicklungshilfesystem geben, weg von den klassischen westlichen Mustern.

Brasilien ist seit Längerem ein Geberland, es zahlt beispielsweise Hunderte Millionen Dollar in den Internationalen Währungsfonds ein. Rousseff deutete schon mehrfach an, man könne auch den klammen Europäern mit Finanzmitteln aus der Krise helfen. Für viele Portugiesen ist in den Zeiten der Krise die einstige rückständige Kolonie inzwischen zum Hoffnungsland geworden; sie wandern nach São Paulo, Rio und Belo Horizonte aus, auf der Suche nach guten Jobs, die es zu Hause nicht mehr gibt.

»Im Mittelpunkt der brasilianischen Hilfsprogramme steht mittlerweile Afrika«, sagt Oliver Stuenkel, Professor für Internationale Beziehungen an der brasilianischen Universität Fundação Getulio Vargas. »Ähnlich wie Indien oder China bemüht sich auch Brasilien, die traditionelle Rollenverteilung zwischen Geber und Empfänger zu überwinden, und strebt einen Austausch auf Augenhöhe mit wechselseitigen Vorteilen und Verantwortungen an.« Dabei geht es nicht nur um Schulspeisungen wie in São Tomé oder um die Lieferung billiger Generika-Medikamente nach Sambia. Die Afrikaner interessiert auch, wie es Brasilien als einziges der großen Schwellenländer, ja als einer der wenigen Staaten weltweit überhaupt schafft, die Lücke zwischen Arm und Reich wenigstens etwas zu schließen. Das Bauunternehmen Odebracht mit Stammsitz in Salvador de Bahia gilt da als Vorbild: Es ist inzwischen der größte Arbeitgeber in Angola. Brasilien zieht innerhalb der BRICS-Organisation mit den Chinesen an einem Strang, setzt sich aber auch von der fernöstlichen Großmacht ab, wenn es den eigenen Interessen dient. Deshalb forciert Rousseff das IBSA-Dialogforum, in dem sie speziell die Zusammenarbeit mit den Indern und Südafrikanern sucht – ohne die Volksrepublik. Gegen die oft als arrogant empfundenen Chinesen und Inder gibt es in Afrika immer wieder Proteste. Brasilien bleiben solche Vorwürfe weitgehend erspart. Nur manche beklagen, dass sich Rousseff & Co. nicht wirklich um die Entwicklung einer afrikanischen Zivilgesellschaft kümmern. Linke und liberale Afrikaner verweisen darauf, dass ja nur wenige Schwarze in Brasilien zur Oberschicht gehören und das Land für sie weniger durchlässig sei, als es sich nach außen präsentiere. Brasilianer bestreiten das gern und sind in dieser Beziehung sehr sensibel – sie empfinden ihrer Gesellschaft nicht einmal im Ansatz als rassistisch. Schwarze werden in der Tat nicht per Gesetz diskriminiert. Doch Zahlen belegen, dass Weiße »gleicher« sind als die anderen. Dunkelhäutige verdienen durchschnittlich nicht viel mehr als die Hälfte, ihre Wahrscheinlichkeit, einem Gewaltverbrechen zum Opfer zu fallen, ist doppelt so hoch; zwei Drittel der Brasilianer, die unter der Armutsgrenze leben, sind schwarz. »Brasilien lebt mit dem Vorurteil, keine Vorurteile zu haben«, urteilt der Soziologe Florestan Fernandes.

Es kann auch keine Rede davon sein, die brasilianische Politik habe sich als eine Art wohlmeinender demokratischer Riese den Pazifismus auf die Fahnen geschrieben. Rousseff verfolgt wie ihre Vorgänger eine durchaus robuste Militärpolitik. Auch dabei spielt Afrika eine wichtige Rolle. Im Amazonas-Dschungel unterhält Brasiliens Armee besondere Ausbildungslager für Spezialkräfte aus afrikanischen Staaten, vor allem Senegalesen und Angolaner werden da unter Extrembedingungen fit für den Kampf gegen Aufständische gemacht. Anfang 2012 reiste der Verteidigungsminister nach Kap Verde, um Brasiliens starkes Interesse an einem Ausbau der gegenseitigen militärischen Zusammenarbeit zu bekunden. Offiziell geht es dabei nur um Drogenrouten, die Brasília in Westafrika ebenso wie in Ostafrika kontrollieren will. Aber natürlich spielt auch die grundsätzliche Kontrolle der Meere eine Rolle.

Das fünftgrößte Land der Erde hat eine entsprechend große und schlagkräftige Streitmacht. Die Luftwaffe verfügt über zwölf Mirage 2000 und fünfzig F-5 Tiger-Jagdflugzeuge. Das Glanzstück aber ist die Marine mit ihrem Flugzeugträger »São Paulo« und mehreren größeren Kampfschiffen. Durch die Entwicklung atomangetriebener U-Boote will sich Brasilien offensichtlich einen eigenen Sicherheitsraum im Atlantik schaffen – und ist damit auch militärisch auf dem Weg zum Global Player. Strebt Brasilien womöglich noch nach mehr, will die Führung eine Atombombe bauen?

Während der Militärdiktatur von 1964 bis 1985 unterhielt das Land ein langjähriges klandestines Kernwaffenprojekt, wobei ihm wahrscheinlich auch deutsche Fachleute halfen. Die Generale ließen einen Geheimplan für die unterirdische Testzündung eines nuklearen Sprengsatzes im Regenwald des Amazonas entwickeln. Einen 300 Meter tiefen Schacht für eine *peaceful nuclear explosion* nach indischem Vorbild hatte man auch schon gebaut. Nach Aussage des früheren Präsidenten der Nationalen Kommission für Nuklearfragen stand das Militär Mitte der Achtzigerjahre kurz vor dem Bau der Bombe. Im Zuge der Demokratisierung wurde das Programm dann aber eingestellt, 1988 gab sich Brasilien eine Verfassung, die nukleare Aktivitäten nur noch auf friedliche Zwecke beschränkt, 1998 trat das Land dem Atomwaffensperrvertrag bei. Die Präsidenten des größten lateinamerikanischen Staates unterschrieben aber nie das Zusatzprotokoll zu diesem Vertrag, das den UNO-Inspekteuren von der Internationalen Atomenergiebehörde (IAEA) in Wien Inspektionen ohne Vorankündigung erlauben würde. Mehrfach haben die IAEA-Experten ihrem Ärger darüber Ausdruck gegeben; sie gaben zu Protokoll, dass Brasilien sich nicht wie andere vergleichbare Staaten Kontrollen unterziehen wollte.

Hans Rühle, von 1982 bis 1988 Leiter des Planungsstabs im Bundesverteidigungsministerium, äußerte in einem aufsehenerregenden Meinungsbeitrag für den SPIEGEL im Frühjahr 2010 den Verdacht, Brasília habe sein Kernwaffenprogramm wieder aufgenommen, und dafür gäbe es seiner Meinung nach nur eine logische Erklärung: »Das Land entwickelt mit hoher Wahrscheinlichkeit Atombomben.« Einen Beweis für seine These blieb er freilich schuldig. Ebenfalls im SPIEGEL widersprach dann der Strategieminister Pinheiro Guimarães wenige Wochen später vehement. Brasilien habe »kein Motiv« für den Bau einer solchen Waffe, und seine Verfassung schreibe »als einzige auf der ganzen Welt« eine ausschließlich zivile Nutzung der Atomkraft vor..Allerdings habe sein Land »die modernsten Zentrifugen der Welt« entwickelt und sehe keinen Grund, diesen Technologievorsprung mit den UNO-Inspektoren zu teilen. Der Minister, der einmal behauptet hat, es sei ein Fehler Brasiliens gewesen, überhaupt dem Atomwaffensperrvertrag beizutreten, bekräftigte seine Kritik an dem Abkommen. »Wir erfüllen unsere Verpflichtungen. Aber der Vertrag ist asymmetrisch, er bevorzugt die Atommächte. Sie reden immer nur von der Nichtverbreitungsklausel, nicht von dem Abrüstungsgebot. Aber wo ist denn ein Atomkrieg möglich? Doch nur da, wo es Waffen gibt.« Und dann verteidigte er die Entwicklung der atomgetriebenen U-Boote durch das brasilianische Militär. Dabei gehe es ja nicht um Angriffswaffen. »Wir haben eine riesige Küste, die es zu überwachen gilt. Unter dem Meeresgrund liegen riesige Ölvorkommen. Wir brauchen eine schlagkräftige Verteidigung. Ein U-Boot mit Nuklearantrieb kann nun mal viel länger unter Wasser bleiben als ein konventionelles.«

Dass sich die Welt so viel weniger Sorgen um Brasilien macht als um Iran, liegt an der funktionierenden Demokratie im größten südamerikanischen Land, an den wirtschaftlichen und sozialen Erfolgen. Und an der Macht, die Brasilien im Windschatten der Globalisierung als Global Player gewonnen hat. Der Lateinamerika-Experte Nicholas Lemann findet im New Yorker im Dezember 2011 dafür geradezu hymnische Worte. »Unter den großen Wirtschaftsmächten hat Brasilien lange Zeit etwas ganz Seltenes geschafft, ein Dreifachwunder: hohes Wirtschaftswachstum (anders als die USA und Europa), politische Freiheit (anders als China) und einen Rückgang der Ungleichheit zwischen den Bevölkerungsgruppen (anders als praktisch überall sonst).«

Auf die Frage eines Reporters, ob sie eine ungefähre Ahnung habe, wie viele neue Arbeitsplätze im ersten Halbjahr ihrer Präsidentschaft zusätzlich entstanden seien, sagt die Präsidentin: »Eine Millionfünfhundertdreiundneunzigtausendundfünfhundertsiebenundzwanzig.« Wo ihr Vorgänger lieber in der Menge badete (oder mit politischen Kumpels biertrinkend kungelte), da vertieft sie sich in Sachbücher wie Karl Kautskys *Die Sozialisierung der Land-wirtschaft*. Begeistert sich für Belletristik – ihr literarisches Lieb-lingswerk ist T. S. Eliots »Aschermittwoch« – und, seit Jugendjahren, für die griechische Mythologie. In den Neunzigerjahren hat sie sich einmal sogar in einen Kurs über die griechische Tragödie einge-schrieben – vielleicht auch ein Stück Aufarbeitung ihrer eigenen Lebensgeschichte und der ihrer gefolterten Genossen, die es nicht geschafft haben. Sie kann sich sehr gut in ihren Kokon zurückzie-hen, sagen Freunde. Und verbergen, wie verletzlich sie ist. Und wie abgehoben und auch beratungsresistent. Deshalb wohl wirkt sie bei der Protestwelle im Sommer 2013 so hilflos.

Nach außen freilich ist sie eher »Dilma der Traktor«. So lautet der nicht besonders charmante Spitzname, den das politische Umfeld ihr gegeben hat. Er soll für Durchsetzungsvermögen stehen, für das Beseitigen aller in den Weg geworfenen Hindernisse. Für das fruchtbare Ackern und Bestellen des Bodens. So in etwa tritt Dilma Rousseff auch vor der Vollversammlung der Vereinten Nationen auf. Es ist die 66. Sitzung des Weltgremiums, und sie ist die erste Frau in der Geschichte, die im Oktober 2011 ein solches Gremium eröffnen darf. Es ist auch ein symbolischer Auftritt: Brasilien nimmt seinen wichtigen Platz unter den Nationen ein. Man hört diesem Land und seiner Präsidentin aufmerksam zu. Sie spricht über die gängigen Themen, Klimawandel, Finanzkrise, Energiesicherheit. Nichts Sensationelles. Sie betont auch besonders das Selbstbestim-mungsrecht der Völker und setzt sich ausdrücklich für die Rechte der Palästinenser ein, konkret für eine Vollmitgliedschaft. Das ist nicht die Position Washingtons, Londons und Berlins. Aber darauf muss Brasiliens Präsidentin keine Rücksicht nehmen. Sie ist die Sprecherin der BRICS, der neuen Mächte. Verfechterin einer ande-ren Weltordnung, gewichtige Repräsentantin einer multipolaren Welt. Und da werden die Akzente anders gesetzt – an der Seite Chinas und Indiens ist Brasilien strikt gegen jede Intervention auf das Territorium souveräner Staaten. So war es im Fall Libyen, so ist es jetzt in Syrien, wo Rousseff die Sanktionen gegen das mörde-rische Assad-Regime nicht mitgetragen hat und sich ausdrücklich gegen ein Eingreifen aussprach.

»Wir sind in außenpolitischen Fragen recht promisk. Wir setzen uns an jeden Tisch, der uns angeboten wird«, formuliert es Tovar Nunes, Erster Sekretär im Außenministerium. Das heißt im Umkehrschluss allerdings auch, dass für Brasilien nur verhandelte Lösungen infrage kommen. Das Prinzip der Schutzverantwortung (»Responsibility to protect«), das der Westen verficht und das verpflichtet, bei Völkermord, ethnischen Säuberungen und Kriegsverbrechen einzugreifen, wird von allen BRICS-Staaten strikt bekämpft.

»Man darf sich keinen Illusionen hingeben, da gibt es fundamentale Unterschiede zwischen den neuen Mächten auf der einen Seite und den USA und Europa auf der anderen Seite«, sagt der Menschenrechtsexperte und Politikprofessor Michail Ignatieff, der an der Harvard University lehrt. Die Ablehnung von Interventionen hat in China und Indien ganz banale Gründe – die führenden Politiker dort sehen die Gefahr, dass sich eines Tages in Tibet oder Kaschmir solche Rufe auch gegen sie selbst richten könnten. In Brasilien taucht zwar gelegentlich ein Alptraumszenario auf, das von den Begehrlichkeiten fremder Mächte auf das Amazonas-Delta ausgeht, aber diese absurde Angst dürfte von Rousseff nicht geteilt werden. Für sie sind eher antiimperialistische Reflexe entscheidend: Sie hat nicht vergessen, wie sehr die CIA nach Lateinamerika hineinregiert hat, manchmal auch unter Berufung auf humanitäre Aspekte.

Brasiliens Präsidentin kommt bestens mit ihren BRICS-Partnern Xi Jinping, Manmohan Singh, Wladimir Putin und Jacob Zuma aus. Sie hat bei der Konferenz von Durban im Februar 2013 dem Konzept einer eigenen Entwicklungsbank dieser Staaten als Gegengewicht zum IWF zugestimmt, obwohl sie gleichzeitig beim internationalen Währungsfonds selbst um einflussreiche Posten feilscht. Sie sichert sich gerne ab. Auch mit Barack Obama und François Hollande kann sie gut. Nur mit Angela Merkel nicht.

Wer sie zusammen gesehen hat, sieht sofort, dass zwischen den beiden die Chemie nicht stimmt. Zum Beispiel in Hannover bei der Computermesse Cebit, wo Brasilien 2012 als Gastland geladen war. Da kam es zum Schlagabtausch: Die Brasilianerin beklagte sich in undiplomatisch scharfen Worten über das billige Geld, das die Europäische Zentralbank mit deutscher Zustimmung in die

Märkte pumpte. »Die EU entwertet gezielt und künstlich ihre Währung«, sagte sie bei der Pressekonferenz. Bei internen Gesprächen hatte sie sogar von einem »Handelskrieg« gesprochen. Die Bundeskanzlerin nannte das Ganze eine »temporäre Maßnahme«, teilte ihrerseits Richtung Brasília aus und warnte »die Schwellenländer« davor, im Gegenzug Handelshemmnisse aufzubauen. Sie schlichen aneinander vorbei, zwangen sich allenfalls ein gequältes Lächeln ab, drehten sich voneinander weg, wann immer es auch nur ging. Fotos zeigen die beiden wie entfernte Verwandte, die gerade einen Erbschaftsstreit ausfechten und einander nicht in die Augen sehen wollen.

Nicht viel besser war die Stimmung beim EU-Lateinamerika-Gipfel in Santiago de Chile Anfang 2013. Angela Merkel saß nicht neben ihrer brasilianischen Kollegin, sondern neben der argentinischen Präsidentin Cristina Kirchner, die weitaus weniger wichtige Gipfelteilnehmerin. Rousseffs Nerven waren durch die furchtbare Tragödie von Santa Maria in ihrer südbrasilianischen Heimat ohnehin zum Zerreißen gespannt. Dort waren bei einem Feuer in einem Nachtclub gerade 234 junge Leute gestorben; verantwortlich dafür waren auch die Schlampereien der Behörden, die sämtliche Schutzvorschriften umgangen hatten. Rousseff empfand formale Kondolenzbekundungen zur Katastrophe als wenig warmherzig, die mahnenden Worte der Deutschen zum Freihandel als besserwisserische Bevormundung. Außerdem war die Präsidentin darüber verstimmt, dass Merkel auf die brasilianische Einladung zu einem Staatsbesuch so verhalten reagierte. Sie könne keinen Termin finden, deshalb komme im Mai 2013 zunächst einmal der Bundespräsident, hieß es aus ihrer Entourage. Rousseff verstand das offensichtlich als Affront gegenüber der kommenden Weltmacht. Und gegen sich persönlich.

Seit Hillary Clinton sich – zumindest vorläufig – aus der großen Politik zurückgezogen hat, landen die Brasilianerin und die Deutsche regelmäßig auf Platz eins und zwei auf den einschlägigen Listen der mächtigsten Frauen der Welt, mal ist die eine vorn, mal die andere. Daraus eine Rivalität zu konstruieren oder gar Neid, wäre sicher abwegig. Und es spricht ja eigentlich viel dafür, dass sich

die zwei wichtigsten Politikerinnen der Welt gut verstehen: Beide
sind durch eine Jugend in autoritären Systemen geprägt. Beide
haben sich gegen alle Wahrscheinlichkeiten durch ihr Können,
ihren Ehrgeiz und ihre politischen Instinkte an die Spitze gearbeitet – und männlichen Mentoren einiges zu verdanken. Beide sind
Wissenschaftlerinnen, nüchterne, abwägende Realpolitikerinnen,
die nicht zu übermäßiger Spontaneität neigen und weniger aus
dem Bauch heraus entscheiden als vom Kopf her. Beide haben
bewiesen, dass sie mit hohem Geschick und Machtbewusstsein
Konkurrenten ausschalten können. Warum also diese seltsame
Distanz? Warum empfinden die beiden demokratisch gewählten
Führerinnen den Umgang mit einem autoritären Herrscher wie
dem chinesischen KP-Chef Xi Jinping offensichtlich leichter als den
Umgang miteinander?

Vielleicht liegt ein Schlüssel der Erklärung in dem unterschiedlichen Umgang der beiden mit der staatlichen Gewalt, die ihre
Jugend geprägt hat. Die DDR war ein spießiger Unrechtsstaat,
keine blutrünstige Militärdiktatur wie Brasilien. In Ostdeutsch-
land konnte man Dinge verändern, ohne sich in Lebensgefahr
bringen zu müssen oder langjährige Gefängnisstrafen zu riskieren
(obwohl das entschiedene Regimegegner taten). Merkel hat das
DDR-System eher vorsichtig und von innen heraus zu kritisieren
als es zu revolutionieren versucht, hat in der FDJ mitgearbeitet. Ihr
Widerstand zeigte sich allenfalls beim frechen Umdichten eines
KP-konformen Lieds (Eintrag ins Klassenbuch) und dem privaten
Schmuggel eines Solidarność-Aufrufs aus Polen (ohne Folgen). Ihr
oberstes Credo in der DDR-Zeit glich dem von Millionen anderer:
ein anständiges Leben führen, ohne jemandem zu schaden. Sie
behauptete nie, eine Dissidentin gewesen zu sein, die für ihre Auffassungen die Karriere oder gar noch mehr riskierte. Später hat sie
sich in oppositionellen Kirchenkreisen engagiert und 1989 beim
»Demokratischen Aufbruch« mitgemacht. Das erforderte eine aufrechte Haltung, eröffnete aber auch die Möglichkeit eines Kampfs
für Bürgerrechte ohne Risiko für Leib und Leben.

Rousseff hatte die Wahl eines relativ risikolosen Dissiden-
tentums, einer oppositionellen Nischensuche nie. Für sie gab es

keine Zwischenstufen des Widerstands. Aufrechte Haltung in ihrer Heimat bedeutete das Abbrechen von Brücken. Den Gang in den Untergrund, verbunden mit allen existenziellen moralischen Fragen, nicht nur für sich selbst, sondern auch für den Umgang mit anderen: Ist der Gebrauch von Waffen erlaubt, und wenn ja, gegen alle Repräsentanten des Regimes bis hin zum einfachen Polizisten und Soldaten? Und auch wenn ich nicht selbst abdrücke und Gewehre nur weiterschmuggle, bin ich nicht verantwortlich für deren späteren Einsatz und die Folgen? Rousseff brauchte Waghalsigkeit und Leidenschaft, um zur Guerillera zu werden. Sie musste mit dem Tod anderer, dem Leid, das sie ihrer Familie – und sich selbst – zufügte, leben. Sie musste sich ständig fragen, wie sie unter Folter wohl reagieren würde, was ein möglicher Verrat an Freunden anrichten könnte. Der Lieblingsfilm der Brasilianerin war und ist *Antigone*, die tragische Geschichte der Eingemauerten. In Schwarzweiß. Der Lieblingsfilm der Deutschen war und ist *Die Legende von Paul und Paula*, das bittersüße Beziehungsdrama einer Fast-Ausbrechenden. In Bonbonfarben.

Angela Merkel konnte viele ihrer während 35 Lebensjahren in der DDR erworbenen Fähigkeiten für ihr neues Leben einsetzen: Planung, Struktur, Ordnung waren auch in der Bundesrepublik von Nutzen. Preußisches Pflichtgefühl und calvinistische Arbeitsethik kamen hinzu. Sie bewundert andererseits Menschen für Fähigkeiten, über die selbst nicht verfügt. »Merkel analysiert sich ihr Weltbild zurecht. Sie wägt Argumente, sammelt bienenfleißig Fakten, tariert aus. Das Problem bei dieser dialektischen Veranlagung: Merkel moderiert lieber, sie meint nicht so gern. Sie ist die Antithese zu jedem Impulspolitiker und Ideologen«, schreibt ihr Biograf und journalistischer Begleiter in der Außenpolitik, Stefan Kornelius in seinem Buch über *Die Kanzlerin und ihre Welt*. Dies führt zu einer Vorliebe für distanzierte, ruhige, höfliche und zuhörungsbereite Partner wie Manmohan Singh oder Xi Jinping. Die brasilianische Präsidentin ist in mancher Beziehung dazu ein Gegenentwurf: zwar auch analytisch, aber häufig dozierend und aufbrausend.

Auf einer Skala der von Merkel besonders geschätzten Eigenschaften steht eine ganz weit oben: der Mut. Rousseff besitzt diese

Eigenschaft, vielleicht nach Meinung der Deutschen sogar im Übermaß. Denn diese Art von existenzgefährdender Tapferkeit ist nicht die Sache der Kanzlerin, die stets die Dinge gerne ausbalanciert, abwägt, die mit sich und ihrer Vergangenheit im Reinen ist. Andererseits weiß Rousseff durchaus um ihre eigenen Defizite, um ihre mangelnde Dialogbereitschaft, ihr Aufbrausen, ihr Mangel an taktischer Geduld. Sie hadert mit sich und ihrer Vergangenheit, sagen Vertraute. Weil da vielleicht doch irgendetwas gewesen sein könnte, ein Verrat damals in der Zelle während ihrer Alptraumnächte, eine Schwäche in den Folterstunden. – Es könnte sein, dass sich die beiden Politikerinnen vielleicht deshalb nicht mögen, weil sie gern etwas von den bewunderten Fähigkeiten des jeweils andern hätten.

Dilma Rousseff hat den Bundespräsidenten Joachim Gauck mit Ehren empfangen lassen und ihn zum Start des deutsch-brasilianischen Jahres Mitte Mai 2013 herzlich in São Paulo begrüßt. Sie hegt keinen Groll gegenüber Deutschland, weiß um die große Bedeutung der Wirtschaftsbeziehungen (obwohl sie denkt, dass die Deutschen immer noch die Investitionsmöglichkeiten in ihrem Land unterschätzen, Lateinamerika im Vergleich zu Asien stiefmütterlich behandeln). Kaum etwas liegt ihr mehr am Herzen als die Ankurbelung der brasilianischen Ökonomie, die nach langen Boom-Jahren sehr enttäuschende Monate erlebt. Nur zwei Themen genießen eine ähnlich hohe Priorität: die Bekämpfung der Korruption in der Politik und die Aufarbeitung der diktatorischen Vergangenheit in ihrer Heimat.

Sie hat ihren Feldzug gegen die Vetternwirtschaft mit Verve begonnen. Seit ihrem Amtsantritt im Januar 2011 hat sie schon sechs Kabinettsmitglieder wegen Korruptionsvorwürfen vor die Tür gesetzt, darunter die Minister für Arbeit, Tourismus und Sport. Doch Rousseff wird von dem Problem immer wieder eingeholt. Und was die Sache so unangenehm für sie macht: Die Affäre rückt immer näher an ihre eigene Partei heran – sogar bis zu ihrem verehrten Gönner, ihrem politischen Ziehvater und Vorgänger im Amt, Lula da Silva.

Seine Anfänge hat der Skandal im Jahr 2005, das ganze Land kennt ihn nur unter dem Stichwort *Mensalão*. Das bedeutet etwa

»großer zusätzlicher Monatslohn« und umschreibt die umfassende Bestechung von Abgeordneten, um so Abstimmungsmehrheiten zu sichern. Dieses Verfahren gab es wohl schon, bevor die Arbeiterpartei an die Macht kam, es ist eine Art Spezialität der brasilianischen Politik. Man nennt das in Südamerika *Clientelismo*, Abgeordnete wechseln während einer Legislaturperiode gern die Partei, manchmal sogar mehrfach. Neue Konstellationen erfordern neue Hinterzimmer-Deals. Für die als Saubermänner auftretenden Linksliberalen von der PT ist es aber besonders peinlich, mitgemacht zu haben.

Dilma Rousseffs gebührt das Verdienst, die Aufklärung nicht verhindert, sondern entschieden vorangetrieben zu haben, obwohl das die eigenen Reihen schwächt. Verantwortlich für die ungewöhnlich konsequente Strafverfolgung zeichnet Joaquim Barbosa, der Vorsitzende des Obersten Gerichtshofs. Barbosa ist derzeit neben Ex-Präsident Lula wohl die populärste öffentliche Figur in Brasilien. Der Schwarze, Sohn eines Maurers, aufgewachsen mit sieben Geschwistern in einem Slum, hat sich das Studium mit nächtlichen Putzarbeiten und als Schriftsetzer verdient, bevor ihn ein Stipendium an die Columbia University und an die Pariser Sorbonne brachte, und im Anschluss daran bis an die Spitze der Juristen seines Landes. Präsident Lula hat ihn ins Amt berufen. Aber das hat Barbosa, heute Ende fünfzig, nicht zu falscher Dankbarkeit verführt – seine Staatsanwälte ermitteln bis in die höchsten Regierungsämter. Sogar Lula selbst muss damit rechnen, dass seine Rolle bei den Bestechungszahlungen untersucht wird. (Sein Umfeld bestreitet jedes Fehlverhalten Lulas vehement, Beweise einer Verwicklung existieren nicht.) Die Medien sprechen vom »Prozess des Jahrhunderts«, der Fernsehkanal TV Justiça überträgt original.

Erste Urteile sind gefällt. Obwohl kein Politiker bisher physisch hinter Gittern gelandet ist, steht schon jetzt fest: Das Land, dem einst Frankreichs Präsident Charles de Gaulle öffentlich »jede Ernsthaftigkeit« abgesprochen hat, ist ein seriöser Staat geworden, ein Gemeinwesen, in dem niemand über dem Gesetz steht. Nimmt man das als Maßstab, dürfen sich Mandatsträger hier künftig weni-

ger erlauben als in den meisten anderen Demokratien. Wie sehr das
die Menschen schätzen, lässt sich an der Popularität des Gerichts-
präsidenten ablesen: Barbosa wurde die höchste Ehre zuteil, die
man hierzulande kennt, und die ansonsten nur Filmstars und
Fußballgöttern vergönnt ist: Die Karnevalisten machten ihn zu
ihrer Lieblingsfigur, zum Volkshelden. Barbosa-Masken sind der
Schlager: Die Cariocas zogen sich kein anderes Gesicht so gern
über wie seines.

Und noch etwas zeigte sich: Die Wähler lasteten die bisherigen
Korruptionspraktiken nicht einer bestimmten Partei an, sondern
hielten sie für ein allgemeinpolitisches Phänomen. In São Paulo
und Niterói gaben sich Ende 2012 die jeweiligen Konkurrenten der
PT alle Mühe, eine direkte Verbindung zwischen den Bürgermeis-
terschaftskandidaten der Arbeiterpartei und den schuldig gespro-
chenen Ex-Parteifunktionären zu belegen. Das Thema zog nicht.
Die Arbeiterpartei siegte; landesweit setzten sich in 71 Kommunen
mehr PT-Kandidaten als bei der letzten Wahl durch.

Die Prominentesten unter den 25 Verurteilten im Mensalão-
Prozess gehen mit dem Richterspruch unterschiedlich um. Lulas
Stabschef José Dirceu (zehn Jahre und zehn Monate Haftstrafe)
lässt nur seine Anwälte sprechen und hat sich ganz zurückgezogen.
Der ehemalige Schatzmeister der PT, Delúbio Soares (neun Jahre),
beklagt sich lautstark über die von ihm vermutete »Unfairness«
und geht selbstverständlich wie alle anderen auch in die Berufung.
Ein ganz besonderer Fall ist José Genoíno, der ehemalige Präsident
der Arbeiterpartei, der für sechs Jahre und elf Monate in den Knast
soll – ihn habe ich im Herbst 2012 bei einem Besuch in seinem Haus
in São Paulo selbst kennengelernt.

Genoíno, grauer Bart, Pullover über Jeans, gibt sich ganz jovial:
»Darf es Kaffee oder Tee sein?«, fragt er mehr als einmal, »und
ja, natürlich führe ich Sie gern durch mein bescheidenes Häuschen.« Nur manchmal verraten ihn seine Augen. Die wandern
misstrauisch in alle Richtungen, als müsse er jederzeit mit uner-
wünschten Besuchern rechnen. Er dürfe sich wegen der laufenden
Ereignisse und den Anweisungen seiner Anwälte nicht auf detaillierte Diskussionen des Mensalão-Verfahrens einlassen, »obwohl

ich das sehr gern täte«. Ganz generell: Er halte die Anklage für eine Schikane. Er sei völlig unschuldig. Er habe nie irgendwelche Gelder veruntreut oder sich gar persönlich bereichert. »Schauen Sie sich doch meine beengten Wohnverhältnisse an!« Nur – um Abkassieren in eigener Sache geht es in dem Verfahren ja gar nicht, sondern um systematische politische Bestechung. Solche feinen Unterschiede mag er nicht gelten lassen. Seine japanischstämmige Frau bestätigt ihn in seiner Argumentation und klatscht in die Hände, als er sagt: »Sie können sicher sein, ich werde nicht ins Gefängnis gehen müssen.«

Genoíno hat eine faszinierende Lebens- und Leidensgeschichte. Ähnlich wie beim Arbeiterführer Lula da Silva, den er zwei Jahrzehnte als enger Vertrauter von seiner Wahlniederlage Anfang der Achtzigerjahre bis zum Triumph 2003 begleitete, überschneiden sich bei ihm die großen Linien der brasilianischen Geschichte und Politik; steht er für die Querverbindungen von Militärdiktatur und Widerstand, Demokratie und Selbstverwirklichung. Und dieser José Genoíno spielt auch eine wichtige Rolle bei der anderen zentralen Aufgabe, die sich die Präsidentin neben der Bekämpfung der Korruption gestellt hat: bei der Aufarbeitung der brasilianischen Diktatur.

Er kommt nicht wie Rousseff aus der Mittelklasse, sondern wie Lula von ganz unten. Ein Arbeiterkind aus der tiefsten Provinz. Fünfzehn war er, als er zum ersten Mal ein paar Schuhe trug. Ein Wissbegieriger, der Bücher aus Geschäften klaute, alle, die er kriegen konnte. Der die Mao-Schriften verschlang und die Welt verändern wollte. Der während der grausamen Zeiten der Militärdiktatur Kontakte zum Untergrund suchte. Und als Student dann, gerade Anfang zwanzig, den entscheidenden Tipp von seinen maoistisch-kommunistischen Freunden bekam: Man musste die Diktatur nicht primär in den Städten, sondern vom weiten Land her bekämpfen. Mithilfe der Bevölkerung im Amazonas-Gebiet. Wenn die Guerilleros dort nach einem Wort des Großen Vorsitzenden »wie Fische im Wasser schwammen«, hätten sie alle Möglichkeiten zur Machtübernahme. Eine chinesische Revolution auf brasilianisch, so die Theorie – die Praxis sah ganz anders aus.

Der junge Intellektuelle landet in einem Umfeld, das ihn und seine vier bis fünf Dutzend Mitstreiter völlig überfordert. Die Region Araguaia (»Papageienschnabel«) ist dünn besiedelt, dichter Urwald umschließt die Dörfer. Die Kleinbauern, Holzfäller und Fischer kämpfen um ihre tägliche Existenz und sind schwer für eine Auseinandersetzung mit den Militärs zu rekrutieren. »Viel mehr als dreißig bis vierzig Sympathisanten konnten wir nicht für den bewaffneten Kampf gewinnen«, sagt Genoíno im Rückblick. Die meisten seiner in den Urwald entsandten Mitstreiter waren »Paulistas« aus Brasiliens Großstadt-Dschungel São Paulo.

Sie sind bei ihrem Einsatz ständig von Tropenkrankheiten bedroht, der Waffen-Nachschub ist erratisch. Einmal die Woche hört man mit den Tranistorradios »Radio Tirana« und erhofft sich über Codewörter genauere Anweisungen, wo es gegen die Militärs zuzuschlagen gilt. Genoíno erweist sich für Sprengstoffanschläge und den Einsatz am Gewehr als wenig tauglich. Er wird mit Botengängen betraut, soll die versprengten Kämpfer mit Kassibern auf dem Laufenden halten. Es dauert nur wenige Monate, bis er in eine Falle tappt; oder von einem seiner Mitstreiter verraten wird – im Nachhinein lässt sich das nicht mehr genau entschlüsseln. Die Militärs bringen ihren Gefangenen in die Hauptstadt, dort foltert man ihn. Das ganze Programm. Genoíno gibt nicht einmal vor, ein Held gewesen zu sein. Ja, er habe – anders wohl als Dilma Rousseff – unter schlimmsten Qualen Namen und Daten verraten. »Aber nicht so, dass sie damit viel hätten anfangen können, glaube ich jedenfalls«, sagt er vorsichtig.

Drei Jahre sitzt er im Gefängnis, glaubt schon gar nicht mehr an die Freiheit und einen Neuanfang. Dann gehen eines Tages die Gefängnistore auf. Ganz wörtlich für ihn, und im übertragenen Sinn auch für die ganze Nation: Brasilien befreit sich nach zwei Jahrzehnten von der Militärdiktatur. Genoíno wird wieder politisch aktiv. Mit den Kommunisten hat er gebrochen, seine neue Heimat sieht er bei der Arbeiterpartei. Und dort schafft er dann über ein Abgeordnetenmandat und die Protektion von PT-Chef Lula schnell den Aufstieg.

Genoíno ist geradezu besessen von der Guerilla-Zeit. Er zeigt dem SPIEGEL-Korrespondenten Jens Glüsing und mir bei unserem Besuch in seinem Häuschen in einer Mittelklassegegend von São Paulo auch sein Arbeitszimmer, jenseits eines kleinen Innenhofs gelegen. Es ist vollgepfropft mit Büchern und Zeitungsausschnitten, die den Kampf am Amazonas-Nebenfluss in allen Details beschreiben. Er ist wohl nie richtig von den Guerillatagen weggekommen, nie ganz in der Demokratie angekommen: einer, der immer noch seinen Weg sucht. Was keinesfalls heißt, dass der ehemalige Parteivorsitzende nicht ein geschickter und wenig zimperlicher Taktierer geblieben wäre: Als im Januar 2013 ein Platz im Abgeordnetenhaus frei wird, bewirbt er sich als Nachrücker – und schafft es in die hohen Hallen der Demokratie. Formal ist das in Ordnung, moralisch aber doch höchst fragwürdig.

Genoíno steckt die Kritik an seiner Person anscheinend unbeeindruckt weg. Er hat immer nur nach seinen Regeln gespielt. In dieser Beziehung ist er wohl keinem so ähnlich wie seinem Erzfeind, dem Mann, der ihn am großen Fluss gejagt hat und dem er später unter erstaunlichen Umständen auch in der Politik wiederbegegnen sollte: Genoínos Nemesis. Der Kämpfer von der anderen Seite, der Seite des Militärs. Der Offizier, der folterte, tötete und Rebellen die Köpfe abschlug, ein ungeheuer grausamer, rücksichtsloser Fürst der Finsternis. Er hat dem gefangenen Guerillero damals persönlich die Handschellen angelegt. Fast vierzig Jahre nach dem großen Schlachten soll dieser Sebastião de Moura alias »Curió« nun vor Gericht. Auch seine Geschichte gehört zu denen, die man kennen muss, will man Brasilien begreifen.

Der Curió ist dort beheimatet, wo sich die Amazonas-Wälder öffnen und ein wenig ihre Undurchdringlichkeit verlieren. Schwarz ist sein Rücken, haselnussbraun sein Gefieder; mal hell und glockengleich, mal düster und klagend klingt sein Gesang. Die Urwaldbewohner fangen ihn gern, weil der Curió nie langweilt und auch in der Gefangenschaft so aggressiv reagiert, dass man ihn in einem Käfig gegen seinesgleichen antreten lassen kann. Der Curió, darauf lässt sich wetten, kämpft bis zur Erschöpfung, bis zum Tod. »Menschenfreund« bedeutet sein Name in der Sprache der Waldbewohner. Ein schräger Vogel, weiß Gott, ein schräger Vogel.

Der Mann, dem sie diesen Spitznamen gegeben haben, hat auch ein loses Mundwerk. Und alle, die ihn kennen, sind sich einig, dass er rücksichtslos und brutal vorgeht. Auf nichts und niemanden Rücksicht nimmt, auch nicht auf sich selbst. Aber Oberst Sebastião Rodrigues de Moura, genannt Major Curió, ein Menschenfreund? Da schütteln Freunde wie Feinde nur den Kopf. »Er ist keiner, der irgendwelche Empfindungen kennt«, sagt schaudernd sein Weggefährte Licio Maciel. Wenn man den brasilianischen Offizier a. D. mit irgendjemand vergleichen könnte, dann nur mit einer fiktiven Gestalt: mit Major Kurtz, den Francis Ford Coppola in *Apocalypse Now* mordend durch die Dschungel am Mekong jagte, ein Größenwahnsinniger, der sich sein eigenes Reich auf Erden schuf, ein Gottvater des Grauens. Aber die Ereignisse und Personen, um die es hier geht, sind real. Die Geschichte handelt von Mord und Vergeltung, von Politik und privater Rache. Von Schuld, die nie verjährt.

Sie beginnt in den Zeiten der Militärdiktatur: Ende der Sechzigerjahre nisten sich kommunistische Kämpfer am Rio Araguaia ein. Männer wie José Genoíno, der spätere PT-Parteichef, und André Grabois, einer der später Verschollenen und höchstwahrscheinlich Hingerichteten, dessen Witwe in Rio de Janeiro Jahrzehnte nach den Ereignissen im Urwald die Organisation »Nie wieder Folter« gegründet hat. Die maoistische Guerilla versucht von ihren kümmerlichen Brückenköpfen am Fluss aus, die große Revolution zu entfachen. Der schlecht ausgerüstete Haufen hat kaum Erfolge und wird nicht zu einer ernsthaften Bedrohung der Mächtigen. Doch die Generale in Brasília möchten jeden Widerstand im Keim ersticken, sie wollen die Widerstandsnester ausräuchern, die Dissidenten auslöschen. Als sie 1969 die ersten Regimegegner in der Region dingfest machen können und von ihnen unter schlimmster Gewaltanwendung Informationen erpressen, suchen die Militärs jemanden, der im Amazonas-Gebiet aufräumen kann. Einen Mann voller Tatkraft und ohne Skrupel. Sie finden ihn in ihren eigenen Reihen, einen Agenten, der gerade eine Dschungelausbildung der Armee mitgemacht hat.

Sebastião de Moura stammt aus einfachen Verhältnissen. Der Sohn eines Friseurs und einer Hausmeisterin, geboren in einer Kleinstadt im südostbrasilianischen Bundesstaat Minas Gerais, erlebt eine unspektakuläre Kindheit. Sein Ehrgeiz wird erst geweckt, als ein Cousin, der im Zweiten Weltkrieg für das brasilianische Expeditionscorps an der Seite der Italiener gekämpft hat, im Triumphzug durch die Straßen getragen wird. Da weiß Sebastião: So ein Held will er auch einmal sein, Großes leisten für den Ruhm der Nation und natürlich auch für den eigenen.

Er schafft die Prüfungen zur Militärakademie, tut sich durch Fleiß und Gehorsam hervor. Steigt in seiner Freizeit als Preisboxer in den Ring, um sein kümmerliches Salär aufzubessern. Obwohl weder besonders groß noch kräftig gebaut, gewinnt er fast jeden Fight. Sein Spitzname stammt aus dieser Zeit. Curió erweist sich für das Regime im Amazonas-Dschungel dann als Volltreffer. Unter falschem Namen und mit allen Freiheiten ausgestattet, kreist er mit seinen Helikoptern über den vermuteten Verstecken der Rebellen, verfolgt sie mit Jeeps über Buschpfade, mit Booten über den Fluss. Und er ist bald berüchtigt dafür, keine Gefangenen zu machen. Grausame Geschichten kursieren: Curió lasse Köpfe abhacken, überwache persönlich die schlimmsten aller Folterungen. Tatsache ist: Die Guerillatruppe wird zerschlagen, Spuren werden verwischt. Von mehr als sechzig Toten oder Vermissten ist die Rede. Und von »Kollateralschäden«: Auch unter der Landbevölkerung, die mit den Aufständischen sympathisierte, soll es Tote gegeben haben.

Der Offizier macht während der Militärdiktatur weiter Karriere. Er leitet ab 1980 die größte Goldmine des Landes, säubert sie von seiner Meinung nach »unerfreulichen Elementen«, gründet um ein Bordell herum eine ganze Stadt. Und auch als 1985 die Militärs entmachtet werden, bleibt der Mann obenauf, zieht als Abgeordneter ins Parlament ein, wird Bürgermeister der Stadt, die seinen Namen trägt: Curiópolis. An die Übergriffe der Militärs mag in Brasilien lange keiner rühren, man setzt aufs Vergessen. Ein Amnestiegesetz legt fest, dass Verbrechen währen der Diktatur nicht verfolgt werden sollen. Erst als die Ex-Guerillera Rousseff, selbst gefoltert von den Schergen der Generale, 2011 Präsidentin wird, ändert sich das:

Sie richtet eine Wahrheitskommission ein, die alle politisch moti-
vierten Verbrechen klären soll. Und auch die Familienangehörigen
der Vermissten haben nicht lockergelassen. Auf ihre Initiative hin
befasste sich der Interamerikanische Gerichtshof für Menschenrechte mit dem Problem – und fällte ein bahnbrechendes Urteil: Er
erklärte die brasilianische Amnestie für ungültig und forderte eine
neue juristische Aufarbeitung. Jetzt versucht eine Gruppe junger
Staatsanwälte, die Verantwortlichen endlich vor Gericht zu bringen.
Der Erste, gegen den vermutlich ein Verfahren eingeleitet wird, ist
Curió. Der Beschuldigte, inzwischen Ende siebzig, schweigt eisern.
Und es stellen sich Fragen: Können ihm Taten, begangen vor fast
vierzig Jahren, wirklich noch mit Zeugenaussagen nachgewiesen
werden? Und wie mächtig sind noch die alten Seilschaften, die jedes
Interesse daran haben, dass kein Staub aufgewirbelt wird, in den
Korridoren der Macht von Brasília?

Sie graben vor unseren Augen. Sie graben unverdrossen. Bedrohlich dunkel treiben derweil die Wolken über den breiten, trägen
Fluss ganz in der Nähe. Noch brennt die Sonne erbarmungslos,
alles versengend, Moskitos schwirren, der nachmittägliche Tro-
pensturm mit dem Platzregen wird bald einsetzen. Aber die Männer graben weiter. Einen Meter durch das Erdreich, noch tiefer.
Marco Guimaraes kniet in der Grube, sein schwarzes Hemd ist
durchgeschwitzt. Triumphierend hebt er etwas hoch. »Ein Men-
schenschädel«, ruft der Gerichtsmediziner aus Brasília nach oben
und bläst vorsichtig den Sand von den Knochen. »Wenn man die
Größe des Kiefers betrachtet, wahrscheinlich die Überreste eines
erwachsenen Mannes.« Ein ermordeter Guerillakämpfer?

»Der Mann wurde ohne Sarg verscharrt. Der Körper lag nicht
Richtung Westen, wie in der Region üblich. Um den Hals sind Reste
eines Seils geschlungen«, diktiert der Experte. »Alle Indizien deuten
auf einen Guerillero.« Genaueres wird erst der Vergleich mit der
DNA von Verwandten ergeben, die ihre Angehörigen als vermisst
gemeldet und genetisches Material zur Verfügung gestellt haben.
Ganz sicher sind sich die ermittelnden Forensiker erst bei zwei
Exhumierten. Sie wurden nach Hinweisen von Dorfbewohnern
gefunden, die sich an den Ort der Exekutionen erinnerten. Die

Suche geht weiter an der anderen Seite des Flusses, eine rostige
Fähre tuckert durch die graubraunen Wassermassen. Xambioá ist
eines dieser typischen Flussdörfer, verwaschene Steinhäuser, chao-
tische Gemischtwarenläden, einfache Fischrestaurants. Und am
Rande des Ortes, nahe der schmucken katholischen Kirche, liegt
der Friedhof. Auch hier wird exhumiert, kategorisiert. Die Toten
des Amazonas erzählen Geschichten. Man muss sie nur entschlüsseln und verstehen können.

Manuel Cajueiro ist der Zeuge, auf den die Ermittler setzen. Er
sitzt auf einer der weißen Grabplatten des Gottesackers, eingefal-
lene Wangen, von Krankheiten gezeichneter Körper, ein Männchen
am Ende des Lebens. Er möchte helfen. Ihn plagt noch immer
das schlechte Gewissen wegen damals, als er auf der falschen
Seite stand.»Andererseits, was hätte ich schon machen sollen, ich
konnte mich nicht gegen die Übermächtigen auflehnen«, flüstert
er kaum hörbar, so, als erwarte er von den Fremden Absolution.
Cajueiro wurde damals gezwungen, die Jagd auf flüchtende Rebellen voranzutreiben.»Curió war das Gesetz«, sagt der Alte.»Nein,
mehr noch. Er war Gott.« Manchmal ließ er nach Aussagen des
Augenzeugen Leichen an Wegkreuzungen im Dschungel zurück,
als eine Art Köder für die Aufständischen, die ihre Toten immer zu
bergen versuchten und so in den Hinterhalt gerieten. Er befahl, die
abgehackten Köpfe als Beweisstücke zur Militärbasis transportieren. Curió hatte neben dem Job nur wenige Leidenschaften. Dazu
gehörte das Fischen.»Einmal kam Major Curió mit einem General im Helikopter angerauscht, schrie aus dem Cockpit: Packt die
Toten zusammen, ich hol sie auf dem Rückweg ab! Wir wollen
jetzt erstmal zum Angeln!«

Der Major hat seine Gefangenen eigenhändig gequält, mit Eisen-
stangen, mit Schlägen, immer emotionslos, versteinert die Miene;
ein systematischer Folterer sei er gewesen, einer, der»Resultate
sehen« wollte. Einmal war Cajueiro auch bei einem Mord seines
Chefs dabei.»Wir hatten im Dschungel mehrere Kämpfer aufge-
spürt, sie waren bereits entwaffnet und gefesselt. Curió fragte eine
junge Rebellin, wie sie heiße. Sie sah ihn nur voller Verachtung an
und sagte: Eine Guerillera hat keinen Namen. Da drehte er sich

zu ihr, zog seine Pistole und schoss ihr in den Kopf. Einfach so, in den Kopf.«

Und dann war irgendwann der Job erledigt. Es gab keine Aufständischen mehr in der Amazonas-Region. Aber im Brasilien der Militärdiktatur war für einen, der durchgreifen konnte, der sich mit der rücksichtslosen Niederschlagung von Störenfrieden bewährt hatte, immer was zu tun. Anfang der Achtzigerjahre drohten die Unruhen um die Goldmine Serra Pelada aus dem Ruder zu laufen. Es bedurfte einer Ordnungsmacht. Die Militärs riefen Major Curió, und der kam gern.

Selbst heute noch trauern ihm manche nach, Hinrichtungen hin oder her. »Er war der effektivste, den wir je in der Stadt hatten«, sagt uns Fernanso Lopez, der alte Gewerkschaftsführer, nahe der alten Curió-Villa, die seit Monaten von arbeitslosen Goldsuchern besetzt ist. »Seine Methoden waren fragwürdig, aber bei ihm herrschte Disziplin.« Die Menschen von Curiónopolis sind verbittert. Ihre frühere Mine ist heute weitgehend verlassen, in einem Krater zwischen den zerfressenen Hügeln hat sich ein giftgrün schimmernder See gebildet. Auf der anderen Seite des kleinen Bergs beginnt ein Sperrgebiet. Eine kanadische Firma hat sich mit modernsten Maschinen ins Erdreich gefressen; angeblich finden sie jede Menge Gold und transportieren es nachts mit Lastwagen in weit entfernte, sichere Lagerhallen.

Curió lebt heute in Brasília. Er lässt sich dort von einem Staranwalt vertreten. Adelino Tucunduva steht auf der in edlem Schwarz gedruckten Visitenkarte, und ähnlich pompös ist auch sein Auftritt bei unserem Interview in einem Luxushotel. Der Jurist wischt die Ankläger weg wie lästige Fliegen. Denen dürfe man wenig glauben, sagt er, und die Staatsanwaltschaft könne sich nur blamieren: »Es gibt keinen Fall Curió.« Er kenne seinen Mandanten seit vielen Jahren gut, er sei sein bester Freund. Der Major hat seiner Meinung nach immer korrekt gehandelt, ja geradezu vorbildlich. »Es existiert nichts, was er bereuen müsste, in meinen Augen ist er ein Held, der uns alle von großen Übeln befreit hat«, sagt der 71-jährige Advokat. »Jede Regierung hat doch ihre eigene Philosophie, jede braucht ihren Sündenbock – jetzt ist es eben Curió.«

Der Beschuldigte lebt in einem gehobenen Mittelklassevorort. Interviews darf er auf Anweisung seines Anwalts nicht geben, das könnte nach dessen Meinung zu einer juristischen Blöße führen. Sollte es zu einem Prozess kommen, wird Curió wohl von seinem Recht zu schweigen Gebrauch machen. Nur folgende Sätze des mutmaßlichen Mörders dürfen zitiert werden. Curió zu seiner damaligen Aufgabe:»Es ging darum, die Integrität der Nation zu schützen, und zwar um jeden Preis.« Curió zum Vorwurf der Folter:»Ich habe Befragungen geleitet, und dabei serviert man nun mal keine Kekse. Es gibt eine Frist, um wichtige Informationen aus dem gefangenen Feind herauszubekommen. Solche Verhöre dürfen nicht zu weich sein, müssen den Umständen angemessen sein.« Curió zu den Verbrechen der Militärdiktatur:»Wenn es Auswüchse gab, dann sind sie jedenfalls nichts im Vergleich zu den Übergriffen, die sich kommunistische Regierungen anderswo geleistet haben.« Zwei Betroffene von früher sahen sich zwischenzeitlich mit dem Mann konfrontiert, der ihr Leben so wesentlich mitbestimmte: Victória Grabois, die ihren Mann, Sohn und Bruder im Araguaia-Dschungel verlor, hat Curió bei einer Vorverhandlung getroffen. José Genoíno, der von Curió verhaftet und in die Folterzelle verfrachtet worden ist, hat ihn im Senat wiedergesehen. Der eine Volksvertreter ist dem anderen Volksvertreter aus dem Weg gegangen – nun droht ihnen beiden aus unterschiedlichen Gründen, und beinahe gleichzeitig, eine lange Gefängnisstrafe.

In Brasília kann man jeden Morgen sehen, wie der Bürger Sebastião Rodrigues de Moura, genannt Curió, einkaufen geht, um zwölf macht er ein Schläfchen, nachmittags besucht er gern einen seiner drei Söhne. Abends gönnt sich der rüstige ältere Herr zu Kartoffelchips und einem Bier manchmal eine der Telenovelas, die das brasilianische Fernsehprogramm bestimmen. Wenn man seinem Anwalt glaubt, schaltet er aber meist wieder um, auf der Suche nach etwas Härterem. Nach Kriegsfilmen. Der Oberst a. D., Rente umgerechnet 2500 Euro, genießt seinen Lebensabend. Er holt sich Bestätigung bei den alten Kameraden, jenen unbelehrbaren Ex-Offizieren, die bei ihrem jährlichen Treffen in aller Offenheit die Zeiten der Militärherrschaft hochleben lassen. Es werden immer weniger, aber sie sind noch da, und sie haben hinter den Kulissen des Verteidigungsministeriums noch so viel Einfluss, dass man nicht sicher sein kann, ob es wirklich noch zu einer effektiven Auseinandersetzung mit den früheren Verbrechen kommt. Curió ist da schon weiter. Er verzeiht sogar seinen Opfern. Er habe, lässt er mitteilen, inzwischen akzeptiert, dass die jungen Aufständischen am Araguaia »wohl Idealisten waren, von einem ähnlichen Geist wie wir durchdrungen. Aber ihr Weg führte in die eine Richtung, meiner in die andere«.

Die Aufarbeitung der Vergangenheit, das Austrocknen des Korruptionssumpfs sind wichtige Themen für Dilma Rousseff. Mit beiden dürfte sie die Mehrheit der Brasilianer auf ihrer Seite finden. Aber es sind keine Themen, die über ihre Amtszeit, über ihre Wiederwahl, über ihr Vermächtnis entscheiden. Da zählt nur eins: Wie es ihr gelingt, die wirtschaftlichen Probleme des Landes in den Griff zu bekommen, die große Mehrheit der Brasilianer in eine bessere Zukunft zu führen, Bildungschancen und Altersvorsorge entscheidend zu verbessern. Nur eins könnte einen Sieg der Präsidentin bei der nationalen Wahl Ende 2014 verhindern, pflegten meine brasilianischen Freunde noch bis vor Kurzem zu sagen – wenn die Nationalmannschaft bei der Fußball-WM in der Vorrunde ausscheide. Eine solche nationale Tragödie würde zu tiefen Depressionen führen und irgendwie auch an der Regierungschefin hängen bleiben. Aber inzwischen ist noch nicht einmal mehr ganz sicher, ob ein sportlicher Erfolg Rousseff einen neuen Triumph an den Urnen garantiert.

In Brasilien, das den meisten internationalen Beobachtern noch im Frühjahr 2013 als Erfolgsgeschichte mit allenfalls kleinen Dellen gegolten hatte, braute sich ein Proteststurm zusammen, »innerhalb weniger Tage, quasi aus dem Nichts«, wie selbst Peter Burghardt, der langjährige Südamerika-Korrespondent der *Süddeutschen Zeitung*, staunend feststellte. Zuerst gingen die Menschen gegen die Erhöhung von U-Bahn- und Busgebühren auf die Straße, vor allem in São Paulo, wo die öffentlichen Verkehrsmittel noch überfüllter, schmutziger und unzuverlässiger sind als anderswo, und wo die Staus regelmäßig weltrekordverdächtige Längen erreichen, zuletzt zählte man einmal eine Blechlawine von 290 Kilometern am Stück. Aber schnell kamen bei den Demonstranten grundsätzlichere Klagen hinzu: gegen die Vetternwirtschaft der Politiker, von denen trotz einschlägiger Gerichtsurteile kein einziger hinter Gittern sitzt; gegen die sagenhafte Geldverschwendung für die Fußball-WM, die den Steuerzahler elf Milliarden Euro kosten soll, mehr als dreimal so viel wie das Turnier in Deutschland, und bei der sich die *Cartolas*, die erkennbar korrupten brasilianischen Sportfunktionäre, nach allgemeiner Ansicht über abgezweigte Prozente die Taschen vollstopfen; gegen die hohen Lebenshaltungskosten mit einer Inflation von 6,5 Prozent, die kaum mehr erschwinglichen Mieten, die teuren Hospitäler und kläglich ausgestatteten Kindergärten. »Fußball ist wichtig, aber noch wichtiger sind Schulen und Krankenhäuser«, stand auf den Plakaten der Protestierenden.

Es war wie ein Paradigmenwechsel – die Brasilianer mochten sich nicht mehr mit Brot und Spielen abspeisen lassen. Es sollten sich nicht mehr alle Verfehlungen »im Samba auflösen«, wie es in dem so lange gültigen, zynisch-resignativen Sprichwort heißt. Zehntausende, Hunderttausende und schließlich mehr als zwei Millionen gingen Mitte Juni landesweit auf die Straße, um eine grundsätzliche Mentalitätsänderung ihrer Führung zu verlangen. *O gigante acordou*, »der Riese ist erwacht«, wurde zum Schlagwort der Bewegung. Die Protestierenden waren ein bunter Haufen. Manche kamen aus der politischen Linken und hatten sich die Anonymous-Masken der Globalisierungsgegner übergezogen. Andere outeten sich als Kämpfer für die Umwelt und forderten mehr Rechte für die Indios und ein Ende des Raubbaus an der Natur. Auffallend viele junge Leute waren dabei, auffallend viele gut Gekleidete, auffallend wenig Bettler oder unterprivilegierte Favela-Bewohner. Was Brasilien da am Rand des Confed Cup erlebte, war ein Aufstand im (relativen) Wohlstand. Er richtete sich eher gegen die Prioritäten der politischen Elite allgemein als direkt gegen die Staatspräsidentin. Aber die sonst von Umfragewerten so verwöhnte Rousseff musste schon erleben, wie ihre Spitzenwerte rapide fielen, auf nur noch 40 Prozent Zustimmung.

Das Aufbegehren auf den Straßen traf die Präsidentin und ihr Team offensichtlich völlig unvorbereitet. Beim Eröffnungsspiel zur WM-Generalprobe wurde sie von den Fans ausgepfiffen. Zum Finale, das die Seleçao so glanzvoll gegen Spanien gewann, getraute sie sich gar nicht mehr ins Stadion und sagte auch eine Reise nach Japan ab. Der Protest rückte sehr nahe an ihren Amtssitz heran. In der Hauptstadt stürmten die Demonstranten das Gebäude des Nationalkongresses und drangen auf das Dach des Senats vor, das sie stundenlang besetzt hielten.

Die Präsidentin trat nach quälend langen Tagen des Schweigens die Flucht nach vorn an und wandte sich in einer Ansprache ans Volk: »Die friedlichen Proteste sind legitim, diese Stimmen müssen gehört werden«, sagte sie. Rousseff ließ die Fahrpreiserhöhungen zurücknehmen, sagte tiefgreifende Reformen für das Bildungssystem, das Gesundheitswesen und den öffentlichen Nahverkehr zu. Die Verwaltung müsse und werde »wesentlich effizienter« als bisher arbeiten. Außerdem versprach sie eine – in der Verfassung Brasiliens freilich gar nicht vorgesehene – Volksabstimmung. Zumindest vorübergehend gelang es ihr so, die Situation zu beruhigen. Als einen Monat nach Ende des Confed Cup die Gewerkschaften zu einem Generalstreik aufriefen, folgten nur wenige Tausende. Die junge Elite, eher spontan unterwegs und über soziale Netzwerke verbunden, schien auf Abwarten zu setzen. Aber die meisten fanden Rousseffs Reaktion zu zögerlich, zu wenig durchdacht. Sie sehnten sich nach dem Charismatiker Lula und dessen Fähigkeit zu wirklich innovativer Politik und einem echten Dialog mit dem Volk zurück.

Das Geld für die teuren Sozialleistungen sei da, auch die zu erwartenden Einnahmen aus versteigerten neuen Erdölfeldern würden zur Finanzierung herangezogen, sagte die Präsidentin. Nicht alle teilten ihren Optimismus. 2010 war zwar noch ein sehr gutes Wirtschaftsjahr, ganz in der Tradition des vorangegangenen lang anhaltenden Aufschwungs. Plus 7,5 Prozent. 2011 war dann für die Ansprüche der lateinamerikanischen Führungsnation schon eher bescheiden, plus 3 Prozent. Und 2012 war das Wirtschaftswachstum für ein aufstrebendes Schwellenland mit Großmachtambitionen dann schon sehr mager – nur mehr plus 0,9 Prozent. War nur eine Delle, sagen die Optimisten unter den Ökonomen, es geht ja schon wieder aufwärts, und verweisen auf den für das Jahr 2013 prophezeiten 2,5-Prozent-Aufschwung. Vorsicht, sagen die Pessimisten der Branche: So lange die Investitionen der brasilianischen Konzerne im Land nicht wieder anspringen, bleibt die Lage prekär. Und die stagnieren, vor allem in so wichtigen Bereichen wie der Energieversorgung und der Beseitigung der Infrastrukturmängel. Die Kapitalrendite sei zu niedrig, die Reglementierungswut zu ausgeprägt, klagen die einheimischen Unternehmen. Es lohne sich einfach nicht, Geld in Raffinerien und Thermokraftwerke zu stecken. Anders sehen das ausländische Firmen. Vor allem Konzerne aus Europa investieren riesige Summen in neue Fabriken und Firmenübernahmen. Im Jahr 2012 flossen so 60 Milliarden US-Dollar nach Brasilien, mehr als in jeden anderen Staat außer die USA und China. Doch es kamen vor allem Unternehmen, die Konsumartikel herstellen oder verkaufen wollen, von Kosmetika bis Handys und Autos.

ThyssenKrupp beispielsweise leistete sich mit seiner 5,2 Milliarden teuren Stahlhütte in Brasilien einen Megaflop. Das Essener Werk machte so ziemlich alles falsch, was man falsch machen konnte, setzte beim Bau auf günstiges Material aus China, das sich als Schrott erwies und komplett ersetzt werden musste. Aber die meisten deutschen Firmen stürzten sich nicht so leichtsinnig ins brasilianische Abenteuer. Bayer und die Deutsche Bank machen im größten Land Südamerikas schon seit über hundert Jahren gute Geschäfte; auch Siemens, allerdings musste die Münchner Firma wegen korrupter Praktiken im Sommer 2013 zur Selbstanzeige greifen. BMW will ab 2014 in einem neuen Werk im Süden des Landes Autos bauen, 30 000 pro Jahr. Mehr als tausend Arbeitsplätze entstehen, die Bayern nehmen dafür 200 Millionen Euro in die Hand. Sie glauben daran, dass der viertgrößte Automarkt der Welt rasant weiterwachsen wird. Und die brasilianischen Töchter deutscher Konzerne erwirtschaften schon heute 10 Prozent der gesamten hiesigen Industrieleistung. Auch bei der Förderung heimischer Start-up-Firmen sind Berliner Geldgeber mit vorn dabei. »São Paulo ist der größte deutsche Industriestandort außerhalb Deutschlands«,

schreibt die *Wirtschaftswoche*. Und mit keinem anderen Staat der
Welt hat Deutschland so viele Forschungsabkommen geschlossen
wie mit Brasilien, was Hamburgs Ersten Bürgermeister Olaf Scholz
bei seinem Besuch vor einigen Monaten im kleinen Kreis zu dem
euphorischen Ausruf bewegte: »Hier gibt es für uns ja noch mehr
Zukunftsperspektiven als in China!«

Sieht man sich die vorliegenden Zahlen nüchtern an, spielt
Deutschland allerdings keine so überragende Rolle. Es liegt bei
den Lieferländern auf Platz fünf, bei den brasilianischen Import-
ländern auf Rang vier. Und Paris hat Berlin längst den Rang als
engster politischer Partner unter den Großen in Europa abgelaufen. Während sich die Deutschen bisher weitgehend auf Fernost
konzentriert haben, kümmerten sich die Franzosen intensiv um
Lateinamerika. Nicolas Sarkozy war während seiner Amtszeit
als Präsident fast ein Dutzendmal in Brasilien, sein Nachfolger
François Hollande besuchte Dilma Rousseff schon in den ersten
Wochen nach seiner Wahl. Französischen Konzernen bescherte
das Antichambrieren Milliardenaufträge. In Rio und Brasília wird
genau registriert, wie oft die Kanzlerin während ihrer Dienstjahre
schon in China war (achtmal). Und dass sie es bis Ende 2013 erst ein
einziges Mal für nötig hielt, Brasilien zu besuchen, und das auch
nur im Rahmen einer Lateinamerika-Rundreise, während der sie
gerade mal 36 Stunden im Land verweilte.

Auch wer Brasiliens gegenwärtiges Wachstum enttäuschend findet, wird zugeben müssen: Die wirtschaftlichen Grunddaten des
Landes sind gesund, und das ist umso erstaunlicher, da Brasilien
trotz der Reformen des Präsidenten Cardoso Mitte 2002 noch einmal vor einer schweren Krise stand. Nur ein Kredit des Internationalen Währungsfonds verhinderte die Zahlungsunfähigkeit und
damit einen Weg, wie ihn das Nachbarland Argentinien beschreiten
musste. Heute besitzt Südamerikas Vorzeigeland einen fast ausge-
glichenen Staatshaushalt, geringe Schulden, eine extrem niedrige
Arbeitslosigkeit (unter 5 Prozent) und ordentliche Dollarreserven
in Höhe von 370 Millionen. Brasilien hat neben China und wohl
noch vor Indien am meisten von der Neuverteilung der Gewichte,
der neuen Arbeitsteilung in der Ökonomie profitiert. Wenn in

Peking die Werkhalle der Welt steht, in Neu-Delhi die Kommu-
nikationsfabrik Informationen verteilt, dann betreibt Brasília das
Rohstofflager der Erde – und die Speisekammer. Brasilien verdankt
seinen Aufstieg zur wirtschaftlichen und politischen Großmacht
seinen riesigen Energievorkommen und seinen fruchtbaren Böden.
Aber das war nur der Ausgangspunkt für den Aufstieg: Ohne die
Innovationskraft seiner Wissenschaftler und Ingenieure wäre der
lateinamerikanische Staat nicht so nahe an die Weltspitze gerückt.
Will Brasilien dort bleiben oder gar noch weiter vorrücken, wird
es von dieser schöpferischen Dynamik allerdings noch weit mehr
brauchen. Im Moment herrscht eher Flaute.

Mit dem Erdöl- und Erdgaskonzern Petrobras und dem Bergbau-
konglomerat Vale besitzt Brasilien zwei der bedeutendsten Ener-
giefirmen der Erde. Petrobras hat enttäuschende Monate hinter
sich, aber die mittel- und langfristigen Aussichten sind durch die
Funde vor der Küste weiterhin recht positiv. Ähnliches gilt für den
Stahlkonzern Gerdau. Der Mischkonzern Odebrecht baut in den
USA Dämme, in Venezuela eine U-Bahn und in Portugal Brücken.
Das Autobus-Karossenwerk Marcopolo hat begonnen, gemeinsam
mit dem indischen Marktführer Tata ein Werk zu errichten, das
in seiner Branche das weltgrößte werden soll. Embraer ist nach
Boeing und Airbus zum drittgrößten Flugzeughersteller der Erde
aufgestiegen. Bei den Biotreibstoffen Ethanol und Biodiesel ist das
Land neben den USA der wichtigste Produzent und Verbraucher.

Tonnen von Mais, Kaffee, Orangensaft und Hunderttausende
exportierter Rinder machen das Land zum führenden Ernährer
der Menschheit. Die weltweite Spitzenstellung seiner Landwirtschaft verdankt Brasilien nicht nur den immer weiter erschlosse-
nen Anbauflächen mitsamt dem höchst problematischen Niederbrennen der Urwälder in der Amazonas-Region. Sondern auch
seinen Forschungseinrichtungen, allen voran der Embrapa. 1973
gegründet, ist sie heute die international wichtigste Denkfabrik
für tropische Landwirtschaft. Sie liefert mit ihren 38 spezialisierten
Instituten die Kenntnisse für immer effektivere Anbaumethoden.

Dilma Rousseff hat immer an die lenkende Wirkung des Staats
geglaubt und die neoliberale Ansicht von der allein seligmachen-

den Macht des Marktes verdammt. Durch das Familienförderungs-
programm und Zuschüsse für den Arbeitsmarkt führten sie gut
vierzig Millionen Brasilianer aus der Armut und machten das
Land mehr als nur im Ansatz zu einer Mittelschichtsgesellschaft.
Vergleicht man diese Zahlen mit China und setzt sie in Verhältnis zur Bevölkerungsdichte, so ist Brasiliens Leistung mindestens
genauso eindrucksvoll – und bemerkenswerter als das Anwachsen
der indischen Mittelschicht. Die Kaufkraft der Menschen in Brasilien ist heute im Durchschnitt in etwa doppelt so hoch wie die der
Chinesen und achtmal so hoch wie der Inder. Wie weit sich die
Gesundheitsfürsorge positiv gegenüber den Freunden und Konkurrenten in Asien abhebt, sieht man an absoluten Zahlen ebenso wie
am relativen Zuwachs der Ausgaben. Im südamerikanischen Staat
sind es pro Kopf etwa 990 Dollar, mehr als eine Vervierfachung im
letzten Jahrzehnt; in China 221 Dollar, ebenfalls gut viermal so viel;
in Indien 54 US-Dollar, die mit Abstand geringste Zahl der neuen
Mächte – und auch prozentual wenig überzeugend, nicht viel mehr
als eine Verdoppelung innerhalb der vergangenen Dekade.

Allerdings hat Präsidentin Rousseff fast ausschließlich auf eine
staatliche Industriepolitik gesetzt. Das erwies sich als allzu optimistisch. Brasilien wurde nicht nur mit sinnvollen Auslandsinvestitio-
nen bedacht, sondern auch mit Spekulationsgeldern überschüttet.
Die Krisenstrategie der Regierung, den Binnenkonsum der Wirtschaft in Fahrt zu halten und das Ganze mit den Rohstoffeinnah-
men zu finanzieren, funktionierte irgendwann nicht mehr. Die
Brasilianer sind heute durchschnittlich zu hoch verschuldet, als
dass sie noch Kredite aufnähmen, um ihren Konsum zu steigern.

Bei den Unternehmerpersönlichkeiten des Landes ragen zwei
besonders heraus, die vom Typ her kaum unterschiedlicher sein
könnten. Möglich, dass sie sich für die Präsidentin wie für ganz
Brasilien als hilfreich beim Kampf um den Fortschritt erweisen.
Aber vielleicht – und das ist wahrscheinlicher – auch als gefährliches
Hemmnis. Die Rede ist von den schillernden Finanzjongleuren und
Multimilliardären Eike Batista und Blairo Maggi. Der eine bis vor
Kurzem noch unter den Top Ten der Reichsten weltweit, wohl-
habendster Mann in ganz Südamerika und unumstrittener Lenker

eines industriellen Mischkonzerns; der andere der Supermann der Landwirtschaft, allgemein bekannt als »Sojakönig«.

Im Mato Grosso, dem »Großen Urwald« in den Weiten des brasilianischen Westens, liegt Herrn Maggis Reich. Hier bewirtschaftet der Sohn einer italienischen Einwandererfamilie eine Farm von 400 000 Hektar. Cuiabá ist die Hauptstadt seiner Region, vor ein paar Jahrzehnten noch ein Nest im Niemandsland, ziemlich genau in der Mitte des Kontinents und 2500 Kilometer von der Küste entfernt. Jetzt ist es ein aufstrebender Ort mit einem blitzblanken Flughafen. Schmucke Häuser, teure Restaurants, keine Favelas. Hemdsärmelig und trotz seiner über 55 Jahre immer noch jungenhaft, erklärt der Rotschopf Maggi Journalisten gern, was er da so anbaut. »Die Sojabohne hat zu Unrecht eine schlechte Presse«, sagt er. »In Wahrheit sind wir alle davon abhängig. Soja liefert die billigsten und besten Proteine, ohne diese Hülsenfrucht würden Millionen auf der Welt Hunger leiden. Soja dient als Futtermittel für Tiere, Soja ist als Milch bekömmlich, es gehört in Schokolade, Speiseeis, in Öle, eigentlich in fast alles.« Eine Milliarde Dollar setzt seine Armaggi Group in einem guten Jahr mit ihren 1800 Mitarbeitern um, der Mann gilt als größter Sojabohnenproduzent der Welt. Aber der Fortschritt hat einen hohen Preis. Der Urwald musste für die Anpflanzungen im großen Stil abgeholzt, das Feuchtbiotop Pantanal trockengelegt werden. Das fünftgrößte Land der Erde ist beim Ausstoß von Treibhausgasen die Nummer vier, das meiste geht auf Brandrodungen zurück. Greenpeace verlieh dem Unternehmer den Preis als schlimmster Schädling der Umwelt: die »Goldene Kettensäge«. Das war 2005, und damals sagte Maggi noch Sachen wie: »Das kümmert mich alles überhaupt nicht. Das Problem wird grotesk überschätzt, und außerdem will der Markt es so. Ich habe nicht einmal den Hauch von schlechtem Gewissen.« Inzwischen hat der Unternehmer eine 180 Grad-Wende vollzogen, aus dem skrupellosen Zerstörer ist ein Möchtegern-Bewahrer geworden. Keine Rodungen mehr, strengste Umweltauflagen auf seinen Besitzungen, ein Unbedenklichkeitssiegel für jede Sojalieferung. Und der Chef überprüft das angeblich alles selbst.

Brasilien liebt solche Geschichten. Aber wie glaubhaft ist die seltsame Wandlung des Blairo Maggi zum Vorzeige-Grünen? Vielleicht ist es weniger die Überzeugung als der Geschäftssinn, die sein Umdenken veranlasst hat. Denn in der internationalen Wirtschaft hat durch die Umweltbewegung und eine neue Verbrauchersensibilität ein Wandel eingesetzt, und den hat nicht die einzelne Verleihung einer »Goldenen Kettensäge« bewirkt. Große Anzeigenkampagnen von Organisationen wie Greenpeace zeigten Ende des vergangenen Jahrzehnts plakativ, wie Soja von abgebrannten Urwaldflächen über Zwischenhändler als Futter in Tierställe und von dort direkt in die McDonald's-Burger kam. So hatte der Verbraucher das noch nie gesehen. Boykotte drohten. Die Großen der Branche reagierten und schworen, Brasilien keine Bohne mehr abzunehmen, die von neuen Rodungsflächen stamme. Die Beweislast lag plötzlich beim Produzenten. Unter der Führung des Sojakönigs lenkte die Branche ein, Maggi & Co. kündigten ein »freiwilliges Moratorium« an, mit dem alle Auflagen erfüllt werden sollten. Ob das wirklich alles umgesetzt wird – Zweifel sind angebracht.

Nach einigen Jahren als Gouverneur des Bundesstaates Mato Grosso zog Blairo Maggi 2010 als Senator in die Hauptstadt um und mischt dort in der großen Politik mit. Selbst als er im Februar 2013 zum Präsidenten der Umweltkommission gewählt wurde, gab es kaum noch Proteste. Im brasilianischen Kongress darf sich sogar der Dubiose noch zu den Seriösen zählen.

Ein Drittel des Kongresses – und damit fast ein Drittel der Senatoren – sind derzeit vor Gericht angeklagt. Die Fälle rangieren von eher schon alltäglichen Vergehen wie dem »Umleiten« staatlicher Gelder in die eigene Tasche bis hin zu schweren Verbrechen. So wird beispielsweise João Ribeiro aus dem nördlichen Bundesstaat Tocantins beschuldigt, auf seiner Ranch Arbeiter wie Sklaven gehalten zu haben; Paulo César Quartiero, Vertreter von Roraima, wird von der Staatsanwaltschaft vorgeworfen, nach einem Streit um Land am Amazonas drei römisch-katholische Priester entführt zu haben. Ein weiterer Senator wird von Interpol gesucht, weil er zehn Millionen Dollar Schmiergelder in einem Konto auf den

Cayman Islands »gewaschen« haben soll. Diese Fälle sind noch vor Gericht anhängig. Den Vogel an unfassbaren Verbrechen abgeschossen hat aber Hildebrando Pascoal aus Motoserra, Spitzname: »Chainsaw Congressman«; er erhielt 18 Jahre Gefängnis dafür, dass er an Morden beteiligt war, bei denen die Opfer in eine Lauge geworfen und anschließend zerstückelt wurden. »Der Kongress ist ohne Zweifel die verhassteste Institution in Brasilien«, sagt Mauricio Santoro, Politikwissenschaftler in Rio de Janeiro. »Zwar werden viele Politiker angeklagt und manche auch verurteilt. Aber ins Gefängnis gehen die wenigsten. Und fast alle haben sie ihre schmutzigen Finger in kriminellen Machenschaften um das Niederbrennen von Land und die skrupellose Ausbeutung nationaler Ressourcen.«

Dilma Rousseffs Regierung hat bisher wenig gegen den Raubbau der Natur unternommen. Die Vernichtung von Regenwaldflächen hat in den vergangenen zwei Jahren wieder zugenommen. In der Region des südlichen Amazonas-Gebietes vertreiben Großgrundbesitzer Kleinbauern und Landlose wie eh und je. Sie dringen auch in Gegenden von Urvölkern vor und nehmen dort, weil die Staatsgewalt weit ist, das Recht in die eigene Hand. Das brasilianische Parlament hat im Frühjahr 2012 sogar ein neues Waldgesetz verabschiedet, das bisherige Sünder amnestiert. Rousseff hat dagegen ihr Veto eingelegt, aber zur Enttäuschung der Umweltschützer keinen eigenen überzeugenden Alternativplan formuliert. Der Flirt mit dem schillernden Blairo Maggi, so meinen nicht nur Brasiliens Grüne, könne dafür ja kein Ersatz sein.

Und dann ist da noch so ein problematischer Alleskönner, ein unideologischer Superunternehmer, möglicher Freund, möglicher Feind der Präsidentin, ein Mann, von dem sie nicht so recht wissen kann, wie nahe sie ihm politisch kommen soll. Der deutschstämmige Eike Batista hat auf die Frage, ob denn Brasilien ein Vorbild brauche, einmal geantwortet: »Ja. Mich.« Das war 2008, da gehörte er schon zu den ganz Reichen im Land, war aber noch nicht Spitze. »In fünf Jahren werde ich der reichste Mann der Welt sein«, sagte er damals jedem Reporter, der ihm zuhören wollte. 2010 war er die Nummer sieben, mehr als 35 Milliarden US-Dollar

schwer. Doch im Jahr 2013 stürzte keiner auf der *Forbes*-Liste so
wie Batista, nur noch Nummer hundert unter den Wohlhabends-
ten, und am schlimmsten, auch zwei Brasilianer waren an dem
innovativen Emporkömmling vorbeigezogen. Zwei mit ganz
soliden Investments, Unternehmer alter Schule mit Schwerpunkt
Bierfabriken und Banken, zwei aus der Reihe der Diskreten und
Zurückhaltenden: Jorge Paulo Lemann (InBev-Gruppe) und Joseph
Safra (Banco Safra). Und Eike Batistas Aktien drohen weiter zu
fallen. »Unser klammer Milliardär«, dichtete spöttisch Brasiliens
Presse, die dem Erfolgsverwöhnten beim Weg nach oben noch
mit Homestorys (»Ein silberner McLaren parkt in seinem Wohnzimmer, direkt neben Original-Louis-Quinze-Möbeln«) gehuldigt
hatte. Erst belächelt, dann bewundert, jetzt fast schon abgeschrie-
ben – kann Eike Batista, der das große Rad stets zu drehen wusste,
noch einmal zum großen Comeback ausholen? Und was sagt seine
erstaunliche Karriere aus über sein Heimatland?

Batista stellt sich gern als Selfmademan dar, aber er kommt nicht
gerade aus kleinen Verhältnissen. Sein Vater war Präsident des
damals staatlichen Bergbauunternehmens Vale, verheiratet mit
einer Deutschen, die er bei einem Fortbildungslehrgang in Hannover kennengelernt hatte. Eike kam im brasilianischen Bundesstaat
Minas Gerais zur Welt, als eines von sechs Kindern des Paares. Der
Kleine hatte Asthma – und wurde von der resoluten Mutter zur
Abhärtung gegen Kurzatmigkeit in den häuslichen Swimmingpool
geworfen. »Das hat mir gutgetan«, behauptet er heute. Zwischen-
zeitlich entschieden sich die Eltern für ein europäisches Exil, die
Militärdiktatoren verdächtigten Vater Batista kommunistischer
Umtriebe. Sie bestanden darauf, dass Eike in Deutschland blieb,
sie hatten für ihn ein Studium an der TH Aachen vorgesehen. Der
Ehrgeizige fand das wenig spannend, schwänzte die Kurse, ging als
Versicherungsvertreter auf Provision Klinken putzen. Mit 23 brach
er dann seine Ausbildung ganz ab und zog zum Missvergnügen des
Vaters zurück nach Rio de Janeiro. »Ich wollte auf eigenen Beinen
stehen und ein bisschen Geld machen.«

Er kaufte Goldschürfern billig ihre Konzessionen ab, organisierte den Handel mit dem Edelmetall. Danach ließ er Bagger an

den Amazonas fliegen, um selbst zu schürfen – immer nahe am Bankrott. Mit 29 Jahren gelang es ihm, seine Goldfirma an die kanadische Börse zu bringen. Die Geschäfte florierten. Er hatte es seinem Vater gezeigt, ganz wichtig für ihn und sein Selbstwertgefühl, denn der hatte ihn beim Einstieg ins Business noch einen »Idioten« genannt. 2000 verkaufte er seine Anteile an der Firma für Edelmetalle mit hohem Gewinn und nutzte die Gelder für den Erwerb von Erdöllizenzen und Kraftwerksanteile, der Grundstock seiner Holding EBX. Das X stand nach Batistas eigener Erklärung für die Vervielfachung des Gewinns.

Die Öffentlichkeit nahm ihn damals aber immer noch als Sunnyboy und Star der bunten Blätter wahr – er hatte das Supermodel Luma de Oliveira geheiratet, in ganz Brasilien als stets leicht bekleidete Sambakönigin bekannt. Und er war so ganz nebenbei auch Speedboat-Weltmeister geworden, mit seiner Rennyacht »Spirit of Brazil« brach er den Streckenrekord zwischen Rio und Santos, drei Stunden und eine Minute für 220 Seemeilen. Der Lamborghini-Motor ziert seitdem den Eingang in seinem neu erworbenen chinesischen Luxusrestaurant Mr. Lam. Doch spätestens als sein Imperium EBX auch noch ankündigte, eine ganze Stadt mitsamt einem Superhafen in der Nähe von Rio zu bauen, horchten alle auf.

Sein Geschäftsmodell kam manchen größenwahnsinnig vor, aber es schien zu funktionieren: »Batista identifizierte Geschäftschancen, entwickelte sie mit Risikokapital-Partnern und brachte sie gewinnbringend an die Börse«, staunte die *Frankfurter Allgemeine Zeitung*. Dabei gab er sich als eine Art »Mister Brazil«, als ein nationaler Champion, der für die Zukunft des Landes stand – und die Politik bremste ihn dabei keineswegs, sondern förderte ihn mit Staatskrediten und sonnte sich mit an seinen Erfolgen. »Brasilien hat alles, was die Welt braucht«, pflegte der Unternehmer zu sagen.

Er verspottete alle als »Kleingeister« und »Bedenkenträger«, die das nicht so sahen. Die darauf verwiesen, da stünde doch vieles nur auf dem Papier. Batista stieg in Jeans und mit offenem Hemd in sein Privatflugzeug, lud ein Dutzend Starjournalisten und Politiker ein und dozierte beim Tiefflug über eine Ödnis: »Hier wird eine Superstadt entstehen, und hier der Hafen Açu, das tropische

Rotterdam.« Ex-Präsident Lula wurde zu seinem größten Fan, pries den Unternehmer für »seinen Wagemut«. Batista selbst sah das Reichwerden als Sport, als Spaß, und ein wenig auch als Dienst am Vaterland. »Wir bauen Infrastruktur für die nächsten 200, 300 Jahre. Natürlich gibt es zwischendurch Rückschläge, von denen darf man sich nur nicht unterkriegen lassen«, sagt der Mann, der sich so gern als Visionär verkauft. »Brasilien hat mir erlaubt, Monopoly zu spielen, und dafür bin ich dankbar.«

Batista, der Laut-Sprecher und Wind-Macher, das Möchtegern-Vorbild (»Ich würde gern die ganze junge Generation stolz auf Brasilien machen«), war immer ein Showman. Sein – vorläufiger – Abstieg begann dann im Sommer 2012. Die Ölgesellschaft OGX, einer der Pfeiler seines Konzerns, musste einräumen, dass die Funde weit hinter den Erwartungen zurückblieben. Der Aktienkurs stürzte daraufhin um 80 Prozent ab. Weitere schlechte Nachrichten folgten. Und plötzlich mochten die Anleger keine Wetten mehr auf die Zukunft abschließen, sondern verlangten von dem charismatischen Unternehmer harte, positive Fakten. Im Frühjahr 2013 überraschte Batista dann auch seine deutschen Geschäftspartner mit einer unangenehmen Nachricht: Da sein Imperium in finanzielle Turbulenzen geraten sei, wolle er einige seiner Besitzungen abstoßen; darunter ausgerechnet Anteile an jener Stromtochter MPX, an der sich E.ON mit 10 Prozent beteiligt hatte. Für das Dax-Unternehmen mit Sitz in Düsseldorf eine prekäre Situation.

Brasiliens Vorzeige-Unternehmer bäckt nun kleinere Brötchen. Sein Privatjet steht für 26 Millionen Dollar zum Verkauf, für das Nobelhotel Gloria, das er mit großem Aufwand für die Fußball-WM restaurieren wollte, sucht er einen Partner. Die Euphorie über das staatliche und private Wirtschaftswunder ist verschwunden. »Es ist an der Zeit für ihn – und für Brasilien –, nun weniger zu versprechen und mehr zu liefern«, schreibt das führende Wirtschaftsmagazin *Exame*.

Meilenweit von den Luxusproblemen des Milliardärs Batista entfernt, spielen sich im Nordosten des Landes ganz andere Tragödien ab. Am 13. Mai 2013 hat Brasilien ein ganz besonderes Jubiläum gefeiert – 125 Jahre Abschaffung der Sklaverei. Aber gerade in diese

Tage fiel auch eine schreckliche Entdeckung. Im Bundesstaat Pará stießen Fahnder des Arbeitsministeriums bei einer Stichprobe auf mehr als 150 Menschen, die allein in der Nähe eines Stahlwerks wie Sklaven hausen mussten: Sie lebten in Bretterverschlägen, nur notdürftig mit Plastikplanen vor dem prasselnden Regen geschützt. Sie mussten im Busch Feuerholz sammeln und aus offenen Minen mit bloßen Händen oder primitiven Schaufeln Rohmaterialien zusammenkratzen, die sie dann zur Fabrik brachten. Toiletten gab es nicht, die zahlreichen Kinder tranken Wasser aus dem schlammigen Fluss. Und für die wenigen, die an den Hochöfen im Stahlwerk selbst eine Arbeit gefunden hatten, fehlten jegliche Schutzvorrichtungen.

»Dass es so etwas im Brasilien unserer Tage gibt, hätten wir nicht für möglich gehalten«, sagte die zuständige Staatsanwältin erschüttert. »Das ist neuzeitliche Sklaverei, nichts anderes.« Drei beteiligte Firmen mussten schließen oder wurden zu hohen Strafzahlungen verurteilt. Aber so einzigartig wie die Juristin es darstellte, sind solche Fälle keineswegs. Auch auf Zuckerrohrplantagen, an Groß-baustellen und in Schlachtereien wurden ähnlich krasse Fälle von Ausbeutung festgestellt. Seit 1995 wurden mehr als 40 000 Tage-löhner aus erbärmlichen Arbeitsverhältnissen befreit. Besonders benachteiligt sind die Provinzen im Nordosten.

Im ärmsten Bundesstaat Maranhão leben viele Afrobrasilianer in sogenannten Quilombos, Niederlassungen früherer Leibeigener. Obwohl ihnen die Verfassung von 1988 als Wiedergutmachung für das erlittene Unrecht ihrer Väter das kollektive Besitz- und Ver-waltungsrecht für das Land, auf dem sie leben, zugesprochen hat, ist in der Praxis wenig geschehen. Großgrundbesitzer und Agrar-konzerne unterlaufen einfach die gesetzlichen Bestimmungen, zögern Rechtsstreitigkeiten in die Länge, zerstören durch exzessive Bodennutzung und Abholzungen die natürlichen Lebensgrund-lagen – Brasília ist weit weg. Und Projekte von Hilfsgruppen, wie das in Matões dos Mareira, 300 Kilometer südlich der Provinzhaupt-stadt São Luis im Niemandsland gelegen, sind nur ein Tropfen auf den heißen Stein. Immerhin ist es in dieser Quilombo gelungen, eine Produktionsstätte für Naturöl aus der örtlichen Babaçunuss zu schaffen. Und wie so oft in Brasilien, wie so oft auf allen Kontinenten, sind es die Frauen, die diese positiven Veränderungen bewirken.

Anders als früher berichtet die brasilianische Presse jetzt über solche Exzesse, prangert die Verbrecher und Umweltsünder an. Und anders als früher gibt sich das Land jetzt betont kosmopolitisch, weltoffen. Die Regierung hat erkannt, dass es zu wenig gut ausgebildete junge Menschen gibt, vor allem auf dem Gebiet der Naturwissenschaften und im Ingenieurwesen. Sie stellt bis zum Jahr 2014 allein für 75 000 Stipendien knapp zwei Milliarden US-Dollar zur Verfügung, weitere 25 000 Stipendien sollen von der Industrie finanziert werden. Kaum ein Staat hat ein so ehrgeiziges Förderprogramm wie Brasilien mit seiner »Wissenschaft ohne Grenzen« – eines der Hauptziele der Hochbegabten soll Deutschland sein.

»Wir wissen, dass wir keine Insel sind. Wir schauen auf andere und andere schauen auf uns«, sagt die Präsidentin bei einer dieser sehr seltenen Gesprächsrunden, aus denen man zitieren darf. Und dann geht sie, die sonst Privates strikt außen vor lässt, doch einmal auf die Ereignisse in ihrem Leben ein, die sie besonders geprägt haben. »Im Gefängnis lernst du zu überleben. Aber du lernst auch, dass sich Probleme nicht über Nacht lösen lassen. Warten heißt Geduld, und Geduld heißt, niemals die Hoffnung zu verlieren, wenn es irgendwo brennt. Ich habe das gelernt.«

Die Frage nach Berufswünschen in der Kindheit beantwortet sie wie aus der Pistole geschossen: »Primaballerina oder Feuerwehrfrau.« Für das eine fehlte ihr dann doch das Fingerspitzen-, das Zehenspitzengefühl, die Leichtigkeit. Den anderen Traum, Feuer zu löschen und, wo immer es geht, Brandherde erst gar nicht entstehen zu lassen, diesen Traum aber glaubte Dilma Rousseff sich erfüllt zu haben – bis im Sommer 2013 die Proteste so überraschend über ihr zusammenschlugen.

Im Juli 2013, nach dem durch Massendemonstrationen überschatteten Confed Cup, hatte ich dann die Gelegenheit, Ex-Präsident Lula da Silva bei einem Treffen in einem privaten Rahmen zu seinen Zukunftsplänen zu befragen. Lula zeigte sich bestens gelaunt und in kämpferischer Stimmung, von seiner schweren Krankheit war nichts zu spüren. Zu den Hunderttausenden Demonstranten auf den Straßen in der Heimat äußerte er sich eher nonchalant: »Glücklich ist ein Land, in dem das Volk die Freiheit hat, zu protestieren und die Politiker offen auffordern kann, noch mehr und noch schneller etwas für den Fortschritt zu tun. Demokratie ist kein Pakt der Verschwiegenheit und Selbstzufriedenheit.«

Lula liegt bei Meinungsumfragen derzeit weit vor allen Vertretern der Opposition, vor Dilma Rousseff und auch noch vor dem neuen Polit-Star Barboza: 57 Prozent hätten ihn gern als nächsten Staatschef. Will er bei den Wahlen 2014 nicht doch wieder kandidieren, wenn ihn so viele für den Besten halten? Da lacht Lula da Silva, so laut und so herzlich, dass sein Bart vibriert. »Nein, nein, auf keinen Fall«, sagt er, mit sich und seinem Vermächtnis offensichtlich erstaunlich im Reinen. »Dilma macht das schon.«

TEIL III
Wurzeln

7 CHINA
Wenn Konfuzius das wüsste

Vielleicht ist es der schönste Friedhof der Welt, auf jeden Fall aber: eine Hymne auf das Leben. Pistazienbäume und Pyramidenpappeln rauschen im Wind, Zikaden zirpen entlang verwunschener Zypressenhaine, Frösche quaken aus einem nahen Teich. Überall an den geharkten Wegen – und vor allem jenseits davon, im mannshohen, wild wuchernden Gras – wachen steinerne Tiere über verwitterte Grabstelen. Löwen mit gefletschten Zähnen, Feinden auflauernd; grimmige Greifvögel, die so wirken, als seien sie vom Himmel herabgesandte Racheengel; elegante Panther auf dem Sprung gegen mögliche Störenfriede. Eine sieben Meter lange, drei Meter hohe Mauer umschließt diesen Märchenwald-Friedhof. Er umfasst 200 Hektar Land, 100 000 Bäume und über 10 000 Gräber. Damit ist die Nekropole größer als das Wohngebiet der nahen Stadt, zu der sie gehört. Das gibt die Rollenverteilung korrekt wieder – die Toten zählen hier mehr als die Lebenden, hier in Qufu in der chinesischen Provinz Shandong, etwa auf halbem Weg zwischen Peking und Schanghai.

Das Grab der Gräber auf diesem Gottesacker wird von überlebensgroßen marmornen Kaiserboten eingerahmt, aber es ist nicht mehr als ein schlichter Hügel mit einer Stele aus der Ming-Zeit und einer in Gelb gemeißelten Aufschrift: »Hier ruht Meister Kong«. Sonst nur noch die Lebensdaten des Mannes, den wir im Westen Konfuzius nennen, weil die Jesuiten das so übermittelt haben; nach unserer Zeitrechnung lebte er 551 bis 479 vor Christus. Wahrscheinlich wäre selbst das dem Weisen, der hier geboren wurde und auch starb, noch zu viel der Ehrerbietung und des Jenseits-Betonten gewesen. Er hielt es nämlich mehr mit den praktischen Dingen des Alltags, den Regeln für die Gemeinschaft, den Vorschriften für das Zusammensein von Alt und Jung, Regierenden und Untergebenen. »Wir wissen so wenig über unser Leben auf Erden, dass es kaum Sinn ergibt, uns darüber den Kopf zu zerbrechen, was nach unserem Tode kommt«, soll der pragmatische Philosoph nach der Überlieferung gesagt haben. Ein Religionsstifter, der die Götter verachtete. »Also lasst uns überlegen, wie wir unser diesseitiges Dasein optimal gestalten.«

Seine Lehren haben China so stark geprägt wie die Botschaft des Jesus von Nazareth Europa und auch Staaten wie Brasilien. Kong Qiu, wie sein korrekter Name lautet, war in der Geschichte dieses Landes als Teufel verfemt und als Gottgleicher verehrt. Seine Gedanken wurden auf den Müllhaufen geworfen, dann wieder hoch geschätzt, nach Gutdünken zurechtgebogen, um ihn mal als Revolutionär, mal als Reaktionär darzustellen. Gegenwärtig gilt er allen Wichtigen im Land als große historische Figur. Politiker in Peking bezeichnen ihn als ihren moralischen Kompass, manchen in der KP dient er nach eigenen Aussagen sogar als Autorität für ihre Gesetzesvorhaben, als ultimativer Polit-Guru. Eines ihrer Lieblingszitate des Meisters wird häufig herangezogen: »Rückständigkeit und Mängel werden nur dadurch unschädlich, dass sie verbessert werden. Sonst werden sie zu habituellen Eigenschaften, die den Menschen hinabziehen. Deshalb macht es mir den größten Schmerz, verpasste Gelegenheiten des Fortschritts mit ansehen zu müssen.«

Als ich zum ersten Mal den Ort Qufu besuchte, war das noch ganz anders, da wagten nur die Mutigsten, Konfuzius eine positive historische Rolle zuzuschreiben, geschweige denn ihn als Vorbild zu stilisieren. Es war 1980, Deng Xiaoping hatte sich gerade erst mit seinem pragmatischen Kurs durchgesetzt. Der Strafprozess gegen die Viererbande um die Mao-Witwe Jiang Qing und die anderen Ultralinken in der Partei lief, der Tod des Großen Vorsitzenden lag noch keine vier Jahre zurück. Für Mao Zedong war Konfuzius immer das Feindbild schlechthin gewesen: ein Ewiggestriger, der den falschen chinesischen Traditionen anhing, überkommene Hierarchien pflegte und die »Ausbeutung der Menschen« verfestigte. Maos »Große Proletarische Kulturrevolution«, die er 1966 angefacht hatte und die fast ein Jahrzehnt lang das Land in ihrem Bann hielt, hatte ja gerade die endgültige Zerschlagung des Althergebrachten durch die permanente Revolution zum Ziel. Die jugendlichen Roten Garden wurden ermuntert, sich mit allen Autoritäten anzulegen. Sie verprügelten nicht nur Lehrer, Polizisten und Bürgermeister, sondern zerstörten auch mutwillig Kulturschätze – »verachtenswerte Relikte des Vergangenen«, wie das damals hieß. In Qufu haben sie besonders schlimm gewütet. Sie rissen die Gedenkstelen um, sie zerhackten die steinernen Schildkröten, sie gruben sogar Gebeine aus und warfen sie auf die Straße. Die Leiche aus dem jüngsten Kong-Familiengrab holten sie aus dem Sarg und hängten den fahlen Körper nackt an einen Baum, peitschten ihn aus. Die älteren Bewohner der Stadt reagierten auf ihre Weise – sie versuchten zu retten, was zu retten war. »Ich habe mehrere antike Jadefiguren in meinem Garten vergraben und sie jetzt wieder an ihren alten Platz gebracht«, erzählte mir 1980 ein pensionierter Mittelschullehrer, flüsternd und sich immer noch ängstlich umschauend. Die Zeiten waren so, dass immer noch mit einer Rückkehr der Radikalen gerechnet werden musste. Wir hatten uns auf seinen ausdrücklichen Wunsch zum Gespräch in den Konfuzius-Wald zurückgezogen, nach Mitternacht musste es sein. Aber wir fanden es dann beide unheimlich, nur so im Schein der Taschenlampe unter den Bäumen zusammenzustehen. Bedrohliche Geräusche und Schatten, wohin wir sahen. Auch wenn es wohl keine Geheimdienstler waren, sondern eher Tiere, die durchs hohe Gras huschten.

Man durfte wieder Vögel in Käfigen halten, die lange Zeit verfemten Kampfgrillen züchten, kleine Hunde als Haustiere waren rehabilitiert. Ein Hauch von Privatleben hatte wieder Einzug gehalten. Meister Kong war noch nicht rehabilitiert, sein Name wurde in den Medien totgeschwiegen. Immerhin, es tat sich was. Alle im Ort berichteten mir stolz, lokale Parteigrößen hätten wieder offiziell seinen Geburtstag gefeiert. Und an jenem 28. September wären in den »Konfuzius-Mansions«, im alten Herrenhaus der Familie, Experten zu einer Konferenz über die Lehren des Weisen zusammengekommen. Es war die erste solcher Konferenzen in einer langen Reihe – bei jedem meiner späteren Besuche in Qufu wurde das Symposium größer und von Zahl und intellektuellem Gewicht der Teilnehmer her eindrucksvoller. 2012 traf man sich in der neugegründeten Konfuzius-Akademie der Stadt, selbst Konfuzius-Verwandte aus Taiwan und den USA wurden eingeladen. Da schien mir die größte Gefährdung für den Weisen nicht mehr von der Politik auszugehen, sondern eher von den übereifrigen Stadtvätern, die aus jedem zweiten Haus eine neue lukrative Konfuzius-Gedenkstätte mit Eintrittsgeldern machten. Die mit bunten Laserlichtern und in die Stadtmauern »integrierten« Bars dem einst so beschaulichen Qufu den letzten Charme zu entreißen drohten.

Längst ist die 600 000-Einwohner-Stadt mit ihrem ganz besonderen Erbe eines der beliebtesten Ziele chinesischer Touristen – mehr als vier Millionen Menschen strömen jährlich hierher. Viele Reisen werden von der Kommunistischen Partei bezuschusst. Die Partei, die doch auch für die Schändung der heiligen Stätten verantwortlich war, hat bei der Unesco durchgesetzt, dass Qufu offiziell zum Weltkulturerbe gehört. Die Pilger zieht es an den Ort, wo der Meister einst seine Jünger versammelt haben soll und heute die riesige Tempelanlage mit dem Aprikosen-Altar steht. Sie machen Fotos an einem nahen Brunnen, den eine historisch höchst zweifelhafte Inschrift ziert: »Hier labte sich Meister Kong!« Sie begehen andächtig das traditionelle Familienanwesen mit seinen 463 Zimmern und Granatäpfelgärten, wo die Nachfahren des Weisen (»die Erste Familie unter dem Himmel«) Wohnrecht genießen. Sie schlemmen bei teuer bezahlten Konfuzius-Banketten angebliche Lieblingsspeisen des Alten, 48 Gerichte werden gereicht. Sie blättern in den »garantiert authentischen« Büchern und Spruchsammlungen, die nebst historischen Darstellungen des Meisters überall angeboten werden. Und fast jeder Pilger nimmt sich von einem der zahlreichen Andenkenstände nahe der alten Stadtmauer einen Kong-Kalender, einen Kong-Wecker oder einen Kong-Schnaps mit.

Was ist wirklich verbürgt über das Leben dieses Mannes, über seine Lehren, die ein solch riesiges Nachbeben ausgelöst haben? War er ein Religionsstifter oder ein weltlicher Philosoph, und eignen sich die 2500 Jahre alten Gedanken wirklich dazu, die von der

KP-Spitze so vehement geforderte »Harmonie« über das Reich der Mitte zu bringen? Helfen sie, aufsässige Jugendliche zu disziplinieren, korrupte Kader auf den rechten Weg zu bringen, liefern sie gar Rezepte für Chinas Wirtschaftstriumphe in den Zeiten der Globalisierung?

Konfuzius war jedenfalls eine in jeder Beziehung ambivalente, ungewöhnliche Gestalt. Es ist völlig unklar, ob er selbst etwas zu Papier brachte, die meisten Historiker gehen davon aus, dass er nur durch und über seine Jünger etwas der Nachwelt übermittelt hat. Doch niemand glaubt, dass es sich bei ihm um eine fiktive Gestalt handelt: Der Meister hat gelebt, er hat seine Umwelt genau beobachtet, politische Bewegungen reflektiert – und in erstaunlicher, ja geradezu revolutionärer Weise eingeordnet.

Er stammt angeblich aus einer »wilden Vereinigung«, einer illegitimen Beziehung. Der Vater, aus einem mittleren Adelsgeschlecht stammend, soll gestorben sein, als er drei war. Die Mutter betete zu Berggöttern, sie war eine Traditionalistin, gefangen in Vorstellungen von Zauberei und Magie. Kongzi hat so etwas nie interessiert, er hat sein Leben lang nie die Begriffe »Gott« oder »Geister« in den Mund genommen. Er erkannte frühzeitig, dass ihm nur Wissen die Möglichkeit zum Aufstieg bot. Die Chancen dafür waren in der besonders düsteren und kriegerischen Epoche, in der er lebte, alles andere als gut. So versuchte er sich von Lehrern aller Art das Beste anzueignen; Vorbilder fand er in den weisen Herrschern einer früheren Epoche, bei den Königen Wen und Wu sowie dem Herzog von Zhou. Diese Politiker idealisierte und instrumentalisierte er: Konfuzius verstand sich als Vertreter einer ehrwürdigen Tradition, von der er behauptete, sie sei nur durch die Wirren seiner Zeit zurückgedrängt worden. Er präsentierte sich selbstbewusst als derjenige, der ausersehen war, diese Tradition wiederzubeleben. »Seit Langem schon fehlt dem Land der rechte Weg, doch der Himmel wird den Meister zu seiner Glocke machen«, notierte einer seiner Jünger.

Im Kleinstaat Lu, zu dem der Ort Qufu damals gehörte, tobten interne Machtkämpfe, bei Auseinandersetzungen mit anderen Fürstentümern wateten die Herrscher geradezu in Blut. Konfuzius lebte in einer Zeit des Umbruchs. Das chinesische Feudalreich war zerfallen und damit auch die Glaubwürdigkeit seines mythologischen Wertesystems. Der Kampf gegen *Dongluan*, gegen das Chaos, wurde für den jungen Mann zur Herzensangelegenheit. Nur die Stabilisierung der politischen und sozialen Verhältnisse schien ihm eine Chance, das Volk friedlich zu einigen. Er stellte die Menschen in den Vordergrund seiner Lehren, pries Tugenden wie Rechtschaffenheit und Verantwortungsbewusstsein. Vor allem aber sollte der ethische Kodex jedem seiner Anhänger bewusst werden. »Mit den gesellschaftlichen Umbrüchen, als die Grenzen von Familien transzendierten, bekamen Leute wie Konfuzius es zunehmend mit Fremden zu tun, deren Verhaltensmuster ihnen nicht vertraut waren: In dieser Situation wurden allgemeine Regeln des Umgangs notwendig. Moral wurde zum integrierenden Element, eine persönliche, innere Qualität, die entschieden im Gegensatz zu den äußeren Prestigesymbolen der Adelsschichten steht«, schreibt der Hamburger Sinologieprofessor Kai Vogelsang in seinem wichtigen Buch über die *Geschichte Chinas*.

Konfuzius knüpft dabei formal an die Werte der alten Gesellschaft an. Er misst den Ahnenopfern, der Verantwortung des Sohns gegenüber dem Vater große Bedeutung bei. Aber gleichzeitig schafft er Neues. Er überträgt nämlich die familiären Handlungsregeln auf das weitere soziale Umfeld. Auch der Ungekannte außerhalb des Clans soll nun als Gleichwertiger behandelt werden, Rücksichtnahme und Menschlichkeit werden zu zentralen Begriffen des Konfuzius-Denkens.

Wie soll man denn eine große Menschenmenge in den Griff bekommen, wurde Konfuzius laut einem Text der *Gesammelten Worte* (Lunyu) einmal auf einem besonders gut besuchten Markt gefragt. »Macht sie wohlhabend«, antwortete der Meister. »Und unterrichtet sie.« Ein anderes Mal, gleichfalls eingekesselt in einer Menge, beantwortete er die Frage nach der Kontrolle der Untertanen durch die Regierenden: »Die ist nur möglich mit genügend Soldaten, genügend Getreide, dem Vertrauen des Volkes.« Was denn am ehesten verzichtbar sei? »Das Militär.« Und dann? »Vielleicht auch das Getreide – aber niemals das Vertrauen der Bevölkerung.«

Populär machten ihn seine Ansichten nicht. Die Gesellschaft, in der er lebte, war noch nicht reif für seine Ideen, es herrschten Ausschweifung und Verschwendung. Historiker beschreiben die Lebzeiten des Konfuzius als Epoche des Verrats, der Intrigen, der politischen Morde. Meister Kong zog von Ort zu Ort, »wie ein herrenloser Köter«, soll er einmal über sich gesagt haben. Er bot sich als Lehrer und Regierungsberater an, meist ohne zu reüssieren. Nur einmal hat er es zwischenzeitlich in Lu zu einem höheren Posten in der Justiz gebracht, er war ihn aber schnell wieder los, ein offensichtlich zu unbequemer Chef. Immerhin gelang es Meister Kong, 3000 Schüler um sich zu scharen. Die meisten dürften Handwerker und Händler gewesen sein, angeblich waren auch zwielichtige Gestalten mit dabei. Sie standen alle nicht sonderlich hoch in der Achtung des Meisters, der sich gern in Publikumsbeschimpfung übte: »Chai ist dumm, Shen ist plump, Shi ist ordinär, You ist roh.« Die Männer aus dem Volk wären wohl davongelaufen, hätte er nicht eine besondere Botschaft für sie gehabt: Es kam künftig nicht mehr auf die adlige Herkunft an, hämmerte Konfuzius den Seinen ein. Jeder konnte in diesen Zeiten des gesellschaftlichen Umbruchs zu den »Berühmtesten und Einflussreichsten« im Land aufsteigen, solange er nur Bildung und Wissen erwarb und sich an einen sozialen Kodex hielt. Das Studium war für Konfuzius Voraussetzung für das Verständnis der Ordnung des Himmels und der Menschen – und für die begründete Veränderung dieser Ordnung: »Lernen ohne zu denken ist sinnlos; aber denken ohne zu lernen ist gefährlich.«

Die treuesten Jünger notierten diese Worte, trugen die Gedanken weiter. Der Legende nach hielten sie drei Jahre lang Wacht an Konfuzius' Grab, nachdem ihr Meister 72-jährig verstorben war. Schon bald danach begann das Auf und Ab, die Neuinterpretation des Weisen, das Zurechtbiegen seiner Gedanken für machtpolitische Zwecke – eine Entwicklung, die bis heute anhält. Denn eines hatten die Herrscher der Reiche zu allen Zeiten erkannt: Dieser Meister Kong eignete sich bestens für jede Form des ideologisch-religiösen Unterbaus ihrer jeweiligen Regierungsform. Man musste sich nur die passenden Ideen herauspicken, nur den Schwerpunkt seiner Lehre »richtig« legen.

Die Han-Dynastie machte im 2. Jahrhundert vor Christus den Konfuzianismus zur offiziellen Staatsideologie. Die ersten Kaiser des geeinten Chinas verfolgten die Konfuzianer entweder blutig, weil sie Gefahren in jeder Art des selbstständigen Denkens sahen. Oder sie bedienten sich höchst selektiv am Gedankengut des Weisen. Alles, was ihrer strikt autoritären Herrschaft nutzte, wurde in den Vordergrund gestellt – etwa, dass der Untertan dem Herrscher zu gehorchen habe, der Sohn dem Vater. Dass sich der Kaiser das Vertrauen seines Volkes verdienen musste, dass er gut und gerecht regieren musste, weil er sich ansonsten mit einem legitimen Aufstand des Volkes konfrontiert sehen könnte, wurde verdrängt. Ebenso fiel bei den meist mit harter Hand Regierenden unter den Tisch, dass Waffen weniger wichtig waren als Nahrungsmittel für die Bevölkerung. Konfuzius blieb über zwei Jahrtausende im Wesentlichen auf den staatstragenden, hierarchiebetonten Bestandteil seiner Lehren reduziert, auf seinen angeblichen Konservatismus. Mit einer Ausnahme: Die Herrscher nahmen sich sein progressives Erziehungs- und Bildungsideal (»Sie soll allen zugänglich sein«) weitgehend zu Herzen. Ab der ersten Staatsprüfung bot sich zumindest theoretisch selbst dem Sohn eines Handwerkers oder Bauern die Chance, durch Fleiß und Begabung zu hohen Beamten am Hof aufzusteigen. Es war auch in diesem Punkt Eigennutz, der die Kaiser antrieb: Sie bestimmten die imperialen Lehrpläne, sie kontrollierten das Gedankengut, sie verschafften sich den Zugriff auf die besten Köpfe des Landes. So glaubten sie, am besten Kontinuität zu garantieren, ihre Herrschaft am Laufen halten zu können. Wie immer man ihre Regierungsleistung im Einzelnen beurteilt: Sie sicherten lange – dank ihrer Rolle als autoritäre Überväter – die Staatseinheit und verhinderten das von allen so sehr gefürchtete Chaos. Sie machten allerdings die vom Meister geforderte Einhaltung der Regeln zum Selbstzweck, wo doch für Konfuzius die Ordnung nicht als erstarrtes Ritual wichtig war, sondern erst die Voraussetzung dafür sein sollte, dass sich Freiheit entfalten konnte.

Ich habe mich mit Kong Xianglin verabredet, dem Museumsdirektor von Qufu, einem Experten, den mir alle empfohlen haben.

Es ist ein brütend heißer Tag im August, die Sonne brennt so intensiv vom Himmel, als wolle sie auch noch den letzten Getreidehalm auf den nahen Feldern versengen. Einen Vorteil hat die Jahreszeit allerdings gegenüber Herbst und Frühling. Die Touristen bleiben der Stadt fern. Man muss sich nicht zwischen fähnchenschwingenden chinesischen Gruppen durch die engen Gassen zwängen, die jeden Stein – immer den Freundeskreis im Vordergrund – mit ihren Kameras festhalten.

Der Museumsdirektor verspätet sich, hält dann aber für den Gast ein besonderes Privileg bereit: Er lädt abends in die Privatzimmer des Stammhauses der »Ersten Familie« ein, östlich des Tempels gelegen. Es ist ein verwirrend schönes, riesiges Areal mit Gärten und Höfen, mit Dutzenden Gebäuden voller Banketträume, Schatzkammern und Andachtshallen. Viele Jahrhunderte waren die Nachfahren des Meister Kong besonders privilegiert. Sie trugen Fürstentitel und konnten Steuern erheben; sie lebten im Kaiserreich wie die Könige. Und einmal im Jahr kam der Herrscher, mit dem Mandat des Himmels ausgestattet, persönlich vorbei und besuchte seine »erste« weltliche Familie. »Einzig zu diesem Anlass wurde das zeremonielle Südtor geöffnet«, erzählt der Museumsdirektor. »Die Stadt Qufu ist um diese Mansions herum entstanden, sie war wegen ihrer Privilegien immer sehr wohlhabend.«

Wir wandern über den »Pavillon des Roten Kelchs« zur »Halle der Loyalität und Enthaltung« und hinüber zu dem für die Öffentlichkeit sonst unzugänglichen »Turm der Zuflucht«. Dorthin konnten sich die Hausherren zurückziehen, wenn sie sich nicht sicher fühlten. Ursprünglich war die Anlage schon im 11. Jahrhundert gebaut worden, aber immer wieder brannten manche der Häuser mit ihren geschwungenen roten Dächern ab. 1937 verließen die meisten Familienangehörigen das Herrenhaus, um den Kriegswirren zu entgehen. In den Sechzigerjahren zerstörten die Rotgardisten einen Teil der Bibliothek und viele Figuren, doch die meisten alten Möbel und Kunstgegenstände konnten die Besonnenen verstecken und somit für die Nachwelt retten. Kong Xianglin erzählt, gerade sei ein Ehepaar aus Taiwan zu Gast, ihr erster Trip zurück nach Qufu, nachdem sie im Bürgerkrieg Hals über Kopf das Weite gesucht hatten. Der dynamische Museumschef, Mittfünfziger, gehört ebenfalls zum berühmten Familienclan, 78. Generation. Er hat damals, »in den schwierigen Zeiten«, niemandem von seiner Abstammung erzählt. Heute ist er sehr stolz auf die Sippe, sie bringt ihm Ehre – und einträgliche Arbeit.

Reiche Konfuzius-Nachfahren aus Hongkong, Taiwan und Japan finanzieren ein Mammutprojekt, dessen Leitung er übernommen hat und das die Behörden der Volksrepublik »mit Wohlwollen begleiten«, wie er sagt. Kong Xianglin soll für eine Neuauflage des Stammbaums sorgen. Die letzte Zählung aus dem Jahr 1938 registrierte rund 650 000 Nachfahren, nur Männer wurden in den 140 Ahnenbänden erfasst. Jetzt sind auch Frauen gefragt, das Geschlecht, dem Konfuzius – hierin ganz Sohn seiner Zeit – wenig zugetraut hat. »So leisten wir einen Beitrag zur Gleichberechtigung, von den genealogischen Erkenntnissen ganz abgesehen«, meint der rührige Ahnenforscher von Qufu. Er schätzt, es könnten, durch Computerdateien gestützt, weltweit über vier Millionen Eintragungen werden. Das wären dann mehr Kongs als Iren oder Neuseeländer.

Der Museumsdirektor sieht mit einigem Schrecken auf die Geschichte zurück. Er weiß, wie übel dem Meister über die Jahrhunderte mitgespielt wurde. Er kennt die Neokonfuzianer der Mandschu-Zeit, die aus ihm einen Fundamentalisten machen wollten. Er hat die maoistische Verfemung erlebt, die an dem Gedankengebäude des Weisen nur Verdammenswertes fand. Er beobachtete das Tauwetter der späten Siebzigerjahre, als zunächst noch sehr zaghaft neben den »falschen« Lehren auch »richtige« erkannt wurden. Er war dabei, als Konfuzius zu Beginn der Achtziger wieder Anerkennung fand und 2004 dann wieder zum Vorbild für die ganze Gesellschaft aufgebaut wurde, als Regierungsvertreter nach Qufu kamen, Blumen an seinem Altar niederlegten. Er hofft, dass es diesmal das finale Konfuzius-Comeback ist, und dass der große Denker nicht wieder auf Einzelaspekte seiner Lehre reduziert wird. »Meister Kong war bei den Regierenden immer besonders gefragt, wenn sie Stabilität und Harmonie suchten, leider auch besonders, wenn sie von eigenen Fehlern ablenken und das Denken gleichschalten wollten«, sagt Herr Kong.

Lange Zeit dachte die KP, dieser Zusammenhalt könne durch kommunistische Lehren und die Achtung vor der Partei erreicht werden. Der Zynismus, mit dem die Menschen in der Volksrepublik die Korruption der Kader betrachten, erfordert aber längst eine andere Antwort. Konfuzius soll nun für die »harmonische Gesellschaft« sorgen, die Pekings Politiker als oberstes Ziel ausgerufen haben. Wie weit die Volksrepublik von solchen Idealvorstellungen entfernt ist, zeigt sich in der endemischen Korruption auf allen Ebenen, im zunehmend rücksichtslosen Umgang mit den Alten, in der Mitleidsmüdigkeit gegenüber den Verlierern der Gesellschaft, in einem kruden Materialismus, der zur neuen, alles bestimmenden Religion geworden ist. China heute, das ist auch ein Staat am Scheideweg zwischen Manchester-Kapitalismus und sanftem Konfuzianismus, zwischen der Herrschaft der Partei und der Herrschaft des Rechts.

In Qufu lässt sich auch an kleinen, an unscheinbaren Dingen beobachten, wie leicht die Lehre des Meister Kong für Gewinnmaximierung und das Fortschreiten eines autoritären Regimes missbraucht werden kann. Überall im Ort werden an Verkaufsständen Schnäpse »nach Originalrezepten der Familie« angeboten, fast alle Gäste greifen zu, wohl auch, weil sie überzeugt davon sind, dass sie damit den lange Zeit verfolgten Konfuzius-Urenkeln etwas Gutes antun. Aber wo Kong draufsteht, muss nicht Kong drin sein. Der hochprozentige »Confucius Family Spirit« wirbt zwar ausdrücklich mit den Namen der Nachfahren, aber die Firma befindet sich im Staatsbesitz. Die Partei kontrolliert und kassiert, sogar beim angeblich Selbstgebrannten. Und das ist wohl kaum im Sinn des Weisen, der einst gesagt hat: »Reichtum und Ansehen, das wünschen sich die Menschen. Kann man jedoch nicht auf anständige Weise dazu gelangen, dann sollte man sich weder um das eine noch um das andere bemühen.«

Was ist denn nun der Konfuzianismus – eine Philosophie, eine Morallehre, eine Religion? Mein Freund Tilman Spengler, Sinologe, Politikwissenschaftler und Romanautor, hat es vielleicht am besten formuliert: »Man muss dem abendländischen Begriff Religion ein ziemlich weites Gewand schneidern, um auch den Konfuzianis-

mus darin unterbringen zu können. Er kennt keine Offenbarungs-
geschichte, keine Gebete und er duldet andere Götter. Dass wir
uns überhaupt daran gewöhnt haben, beim Konfuzianismus von
einer Religion zu sprechen, verdanken wir den Jesuitenmissionaren
des 17. Jahrhunderts, die nicht nur den Namen erfanden, sondern
auch ein theologisches Konstrukt, das ihnen erlaubte, die Chinesen nicht zu Heiden zu erklären. Ein Volk, das auf einer so hohen
Zivilisationsstufe stand, argumentierten die Patres, könne ja nicht
einfach keine Religion haben. Man war sogar bereit, Konfuzius
als einen frühen Propheten und Ahnenbilder auf kirchlichen Altä-
ren zu akzeptieren. Der Bekehrung der Chinesen zu Christen half
das nicht.« Tatsächlich war die Missionierung von Katholiken und
Protestanten im Reich der Mitte weitgehend ein Misserfolg. Der
Glauben an einen persönlichen Schöpfer bleibt im Fernen Osten ein
fremdes Konzept, die Vorstellung einer »Verwandtschafts-Schöp-
fungsgeschichte« liegt den Han-Chinesen näher: Sie glauben an
Stammesbeziehungen und gemeinsame Entdeckungen innerhalb
ihres Clans bis zurück in die Urzeit. »Ich habe jetzt die ganze Bibel
gelesen«, sagte im 16. Jahrhundert ein Chinese dem verzweifelten
Jesuitenpater und Missionar Matteo Ricci, »aber nirgendwo kommt
Gottes Familienname vor.«

Offiziell gibt es 19 Millionen Christen in China, das entspricht
einem Anteil von etwa 1,4 Prozent an der Gesamtbevölkerung;
andere sprechen von 70 Millionen Gläubigen, das wären dann fast
so viele, wie die KP Mitglieder hat, aber eben landesweit auch keine
4 Prozent. Die Katholiken sind gespalten. Es gibt eine Untergrund-
kirche und eine quasi-offizielle Kirche, deren Bischöfe überwiegend
vom Vatikan anerkannt werden. Meist toleriert die KP die christlichen religiösen Vereinigungen, einige Gemeinden, deren Vertreter sich staatskritisch äußern, werden schikaniert. Manche Priester
sitzen seit Jahren im Gefängnis. Da es zwischen der Volksrepublik
und dem Vatikan immer noch keine diplomatischen Beziehungen gibt, fühlt sich Peking nicht einmal verpflichtet, über diese
Schicksale Auskunft zu geben. Aufmüpfige Christen mögen den
Herrschern unbequem sein, ein großes machtpolitisches Problem
stellen sie nicht dar, auch wenn es immer wieder vereinzelte klei-

nere Gruppierungen gibt, die der Partei aus dem Untergrund den Kampf ansagen – so wie die Mitglieder der Sekte »Allmächtiger Gott« in Henan, die in ihren Flugblättern ketzerisch vom »untergehenden chinesischen Großreich« sprechen. Ganz anders verhält es sich mit einer anderen quasi-religiösen Bewegung, die aus der Mitte des Landes kommt: der Falun Gong.

Die Sekte ist spätestens seit ihrem spektakulären Auftritt auf dem Tiananmen 1999 zum Alptraum der Partei geworden. Damals versammelten sich im Angesicht des riesigen Mao-Porträts Tausende zu einer Demonstration auf dem bestbewachten und prestigereichsten Platz des Landes zu einer Demonstration – die Autoritäten hatten zunächst keine Ahnung, wer sie waren, woher sie kamen, was sie wollten. Alles ging blitzschnell, wie von Geisterhand gelenkt waren die Protestierenden innerhalb von Sekunden aus allen Richtungen aufgetaucht und standen dann in geschlossener Formation. Die meisten trugen das charakteristische Emblem der Bewegung: gelbe Umhänge mit einem roten Kreis in der Mitte, den fast ganz ein goldenes Swastika ausfüllt. Es dauerte mehr als eine Stunde, bis Sondereinheiten der Polizei die Protestierenden wegtragen, die Versammlung zerstreuen konnten. Da hatten sie längst schon ihre Flugblätter verteilt – eine Demütigung der Mächtigen ersten Grades. Seit damals ist Falun Gong streng verboten. Wer sich zu dem Kult bekennt oder gar für ihn wirbt, wandert ins Gefängnis. Die chinesische Staatsführung begründet die Verfolgung damit, dass die »Sekte« einen kriminellen Einfluss auf das gesamte Gemeinwesen ausübe, die Menschen manipuliere und sogar in den Selbstmord treibe.

Die Falun-Gong-Anhänger sehen ihre Bewegung selbst eher als Heilslehre denn als eine religiöse Bewegung. Ihr Gründer Li Hongzhi, auf dessen 1995 veröffentlichtes Buch *Zhuan Falun* das Gedankengebäude basiert, sieht sich in der großen Tradition chinesischer Heilmethoden. Er kombiniert die Meditation mit Qigong-Atemtechniken und einer moralischen Philosophie. Dabei werden Elemente des Konfuzianismus, Buddhismus und Daoismus übernommen und zu konkreten Lektionen der Körperbeherrschung geformt. Sie sollen täglich wiederholt werden, im Stehen (etwa bei

der Übung »Gebotsrad-Himmelskreis«, die Körperenergie zum Zir-
kulieren bringt) oder im Lotussitz (»Verstärkung göttlicher Fähigkeiten« mit meditativen Armbewegungen). »Meister Li«, wie ihn
seine Anhänger nennen, hatte die Eingebungen zu diesem »Weg
der Vollendung« nach einer bis ins mittlere Alter eher glanzlosen
Karriere als Trompeter in einer Polizeikapelle und als Büroange-
stellter der Stadt Changchun. Ob es wirklich eine höhere Berufung
war oder nur ein cleveres Geschäftsschema, an dieser Frage schie-
den sich bald die Geister. Li Hongzhi jedenfalls machte eine atem-
beraubende Karriere. Sein Buch und seine Lehre verbreiteten sich
rasend schnell, wohl auch wegen der Versprechungen, die seinem
Werk zugrunde liegen: Wer die Übungen konsequent anwendet,
kann sich Hoffnungen darauf machen, übermenschliche Fähigkeiten zu erlangen. Etwa die Kraft, in die Zukunft zu sehen. Hohe
Spenden an die Organisation helfen auf diesem heiligen Pfad – sie
müssen nur »freiwillig« sein.

Den Kultgründer machte seine Lehre jedenfalls reich und
berühmt, er zog in die USA. Die amerikanische Regierung lehnte
ein Auslieferungsbegehren der chinesischen Regierung ab; dafür
gäbe es keine Handhabe. Li Hongzhi, nun schon über sechzig Jahre
alt, sorgt inzwischen auch im Westen bei Vortragsreisen für Furore.
Seine neue Heimatstadt Houston machte ihn – wohl auch wegen
großzügiger Zuwendungen an die Stadt – zum Ehrenbürger. Doch
das Zentrum seiner Bewegung ist nach wie vor in der Volksrepublik,
wo er nach Schätzungen an die hundert Millionen Anhänger haben
soll. Den Kampf gegen Sittenverfall und zur »Harmonie« früherer
Zeiten, den der Ex-Trompeter mit seiner Lehre propagiert, hat
sich die KP auf die Fahnen geschrieben: Sie möchte ihn kanalisieren und kontrollieren. Eine alternative Bewegung, ein heimlicher
Führer jenseits der etablierten Strukturen scheint den Herrschenden gefährlich – und so bekämpfen sie Falun Gong bis aufs Blut.
Die Bewegung behauptet in ihrer Dokumentation »Blutige Ernte«,
mehr als 500 000 ihrer Leute seien schon in Arbeitslager deportiert
worden, 41 500 seien bei lebendigem Leib Organe entnommen worden, 3638 Todesfälle durch Folter könnten »nachgewiesen werden«.
Auch wenn die Zahlen maßlos übertrieben sein dürften: Es ist für

die Partei trotz all ihrer Verfügungsmittel über den Machtapparat offensichtlich äußerst schwierig, Falun Gong in den Griff zu
bekommen.

Die Sekte ist für viele nur eine Ausprägung des *Sanjiao*, der »Drei
Lehren«, die China maßgeblich geprägt haben und oft ineinander
übergehen: Konfuzianismus, Daoismus, Buddhismus. »Bist du
Konfuzianer, bist du Daoist oder bist du Buddhist?«, habe ich die
Gläubigen auf dem weiten chinesischen Land öfter gefragt, als sie
Räucherstäbchen anzündeten oder zu irgendeinem Tempel pilger-
ten. Die meisten schauten mich dann verständnislos an, manche
sagten: »Aber das lässt sich doch so scharf nicht auseinanderhalten.«
Andere gingen noch weiter: »Ist doch alles dasselbe.« Und wenn ich
dann zu einer der religiös inspirierten Festlichkeiten eingeladen
wurde, hatte ich den Eindruck, die Menschen wollten mit ihrer
Volksgläubigkeit einfach auf der sicheren Seite sein und zu allen
erdenklichen Göttern beten. Weil man ja nicht so ganz genau wissen konnte, welches Gebet, welches Ritual einen weiterbringen
würde. Im Diesseits. Vom Jenseits war selten die Rede. Und doch,
da waren sich fast alle einig, gibt es bestimmte Orte, an denen man
beispielsweise den Daoismus besonders gut verstehen kann, durch
eigenes Zutun erleben kann. Auf einem der fünf heiligen Berge
der Religion nämlich.

Welchen sollte ich denn besteigen? Beratung unter meinen
chinesischen Freunden. »Den Hua Shan nahe des Gelben Flusses
solltest du besteigen, das ist der spektakulärste Berg mit steil abfal-
lenden Felswänden und in den Stein gehauenen Stufentreppen, die
sind nur mit Ketten gesichert. Da schwebst du auf der sogenannten
Himmelsleiter geradezu über der Landschaft. Das ist allerdings
nur etwas für Schwindelfreie.« Und sie zeigten Bilder, die mich
schon beim Ansehen ängstlich machten. Ich winke ab. Wenn ich
mich denn für einen Gipfel entscheiden müsste, nur für einen, wie
sie etwas enttäuscht sagten, dann sei ja alles klar, dann käme der
gefährlichste ohnehin nicht infrage – der Tai Shan müsste es sein.
Der berühmteste, heiligste, zugänglichste. »Anstrengender Aufstieg, aber machbar auch für mäßige Sportler.« Klang nach meinem Berg.

Es zeigte sich, dass er so leicht doch nicht zu bezwingen war. 1545 Meter, das hört sich eher wenig dramatisch an, nach deutschem Mittelgebirge; aber da man aus einer Tiefebene aufsteigt, muss fast der ganze Höhenunterschied bewältigt werden. Die Strecke hinauf misst neun Kilometer, 6293 Stufen sind zu bezwingen. Aber dabei ist man niemals allein, Pilger jeder Altersgruppe keuchen auf den steileren Passagen neben mir, besonders tapfere Frauen haben ihre Kleinkinder auf den Rücken geschnallt, alte Männer gehen in Gruppen und stützen sich auf Stöcke.

Der Tai Shan wirkt wie ein mächtiger Koloss, hineingepflanzt in das flache Küstenvorland. Als Wächter des Reiches haben ihn die frühen Herrscher immer verstanden, als göttliche Bastion, die dem guten Regenten den Segen gibt, Katastrophen fernhält. Fast jeder, der etwas zählt in China, hat diesen Berg bestiegen, sein Zeichen *tai* steht für Wohlstand und Frieden. Konfuzius wie Mao waren unter den prominenten Gipfelstürmern. Und auch Qin Shi Huang, der ebenso brutale wie effektive erste Kaiser; er soll nach der Legende vom Tai Shan aus 219 vor Christus die »endgültige« Einheit des Reiches verkündet haben. Als eifrigster Besteiger gilt der Qing-Kaiser Qianlong, der im 18. Jahrhundert sechsmal hier heraufgekommen sein soll, um die wichtigen Opfer-Rituale für die Götter zu vollziehen. Geschadet hat ihm sein religiöser Eifer jedenfalls nicht. Mit 61 Jahren Regierungszeit steht Qianlong in China an der Spitze der ausdauerndsten Herrscher.

Der Anstieg zum »Südlichen Himmelstor« ist abwechslungsreich, er führt durch große Tore an zahlreichen Tempeln und Palästen vorbei. Die Felsformationen wirken wie ein Freilichtmuseum der berühmtesten Kalligrafen. Neben Gedichten sind auch eher banale Nachrichten in Stein gehauen: »Der Kaiser blickt zurück« oder »Der Kaiser steigt vom Pferd«. Und weiter bergan dann grundsätzlichere Gedanken. Von Mao: »Der Osten ist rot«. Aus unbekannter Quelle: »Es ist leicht, Berge und Flüsse zu versetzen. Aber es ist unendlich schwer, des Menschen Natur zu verändern.«

Unterwegs nach ganz oben schlägt das Wetter um, Nebelschwaden verdecken die Sonne. Das hindert die Pilger nicht, den Göttern rote Glücksbänder, Geld und Räucherwerk zu opfern. Dann verschwimmt die Welt um uns herum. Das Kloster für die Prinzessin der Regendämmerung ist gerade noch schemenhaft zu erkennen, der Tempel des Jadekaisers auf der Bergspitze lässt sich fast nur noch erahnen. Schattenrisse über zerklüfteten Abhängen: eine Tuschzeichnung der Natur. Im Kloster Bixia Si haben die Mönche ein Erbarmen: Sie laden mich ein zum Tee. Einer der etwa zwei Dutzend heiligen Männer erklärt sich schließlich auch bereit, etwas über seine Religion zu erzählen. Und über die daoistische Glaubensgemeinschaft. »Wir sind Brüder im Geiste, wir führen ein bescheidenes, den Göttern gefälliges Leben«, sagt der freundliche alte Mann, der die weißen Haare zu einem Knoten hochgesteckt hat. »Ich mache nachher noch meine Tai chi-Übungen.« Der Tai Shan, erzählt er, sei nicht nur der Urvater aller chinesischen Berge, sondern selbst ein Gott. Dem daoistischen Großen Herrscher des Ostgipfels fällt nach den Worten des Mönchs die traditionelle Aufgabe zu, den Tag der Geburt und den des Todes eines Menschen festzulegen. Seine göttliche Tochter Sheng Mu wird als Patronin der Frauen und Töchter verehrt. Und die populärsten Heiligen überhaupt, die »Acht Unsterblichen«, haben einst im Kampf gegen den bösen Drachen den Tai Shan hochgehoben wie einen Stein, ihn zur Waffe gemacht und gegen den Kopf des Ungeheuers geschleudert. Der Dämon wurde zermalmt, die Kraft der Unterwelt besiegt.

Und jenseits dieser Legenden, worin liegt der Kern des Daoismus? Da zögert der Mönch keine Sekunde. »Der Mensch soll sich wie ein Baum, wie ein Tier oder eine Wolke als einfacher Teil der Natur sehen. Wir gehen von der natürlichen Gleichwertigkeit und Einheit aller Dinge aus, und dazu gehören auch die Menschen. Aber der Kosmos ist einem permanenten Wandel unterworfen, alles sucht sich seinen Weg. Wir sollten dabei möglichst nicht eingreifen, nichts erzwingen, sondern die Natur schätzen, sie beobachten und von ihrer Spontaneität lernen. Es ist nicht die Willenskraft oder der Ehrgeiz, der weiterhilft, sondern die Gelassenheit, die Anpassung an den Lauf der Welt.« Dann fügt er hinzu, ich solle ihn jetzt bloß nicht fragen, ob seine Lehre einen Religionsstifter oder ein heiliges Buch habe – »da wird es schwierig, das liegt alles im Dunkel der Geschichte«. Gute Reise nach unten wünscht er mir anschließend.

Es sei möglicherweise spirituell erbaulich, wieder die über 6000 Treppen zu nehmen. Er bevorzuge allerdings die neu gebaute Seilbahn, die einem mindestens zwei Drittel der mühsamen Wanderung erspare, sagt der Mönch lächelnd. Ein Blick aus der Gondel sei ihm wichtiger: ideal für die Beobachtung der Natur.

Laozi (deutsch auch Laotse) gilt weithin als Begründer des Daoismus, er soll im 6. Jahrhundert vor Christus gelebt haben – doch anders als Konfuzius ist er keine historische Gestalt. Die Experten sind sich heute weitgehend einig, dass dieser »Meister Lao« genauso eine Erfindung ist wie die schöne, vielzitierte Geschichte, ein Zöllner hätte ihn gezwungen, seine Gedanken zu Papier zu bringen, andernfalls dürfe er nicht weiterreisen. Und das *Daodejing* (deutsch oft auch *Tao Te King*), in dem die Grundlagen der Glaubensphilosophie aufgezeichnet sind, hätte streng genommen von niemandem aufgeschrieben werden dürfen, mitsamt seiner Formulierung vom »Weg« (*dao*).

»Der Zentralbegriff ist nur eine Verlegenheitslösung, um das Weltprinzip zu bezeichnen, das eigentlich unbenennbar ist«, schreibt Kai Vogelsang. »Jede Bezeichnung wird nur durch die Unterscheidung von einer anderen sinnvoll – da das Dao aber allumfassend ist, ist es von nichts zu unterscheiden. Es ist durch Sprache nicht fassbar.« Wichtiger noch dürften die Überlegungen zum »richtigen Weg« sein: Da wird nichts weniger vorgeschlagen als die Rückentwicklung der Gesellschaft, zu einer Dorfgemeinschaft, die sich selbst genügt, die keine soziale Mobilität, keine Regeln für den Umgang mit Fremden, keine Kontrollmechanismen für die Mächtigen braucht. Wörtlich genommen, war die daoistische Ursprungslehre also fast eine Art Gegenentwurf zum Konfuzianismus. Nur nahmen sie viele nicht so buchstabengenau, dazu war das Gedankengebäude dann doch zu komplex, zu anspruchsvoll, zu elitär. Sondern krempelten sie um zum Volksglauben mit Naturgöttern und beruhigenden Ritualen.

Dabei hat sich das wichtigste Nachfolgewerk zum *Daodejing* noch deutlicher vom schnöden Alltag distanziert. Zhuang Zhou, ein real existierender Philosoph, der vermutlich im 4. Jahrhundert vor Christus gelebt hat, schlägt in seiner Geschichtensammlung

Zhuangzi vor, die Herrscher zu ignorieren. Man solle gegenüber allen Heilslehren skeptisch sein. Was die Welt im Innersten zusammenhalte, sei die Lehre vom Yin, der weiblichen, kalten und schwachen Kraft im Gegenspiel zum Yang, der männlichen, warmen und starken Kraft. Im Alltag vermischten sich die komplexen Gedanken bald mit buddhistischen Vorstellungen. Als die Lehren des Gautama Buddha im 2. Jahrhundert ins Reich der Mitte vordrangen, wurden sie dort zunächst als verzerrte Variante des Daoismus wahrgenommen, weil die ersten Übersetzer des Konzepts daoistische Begriffe verwendeten. Laozi, so glaubten viele, müsse nach Indien gewandert sein und habe die Menschen dort von seinen Gedanken überzeugt. Was davon abwich, hätten die »Barbaren« offensichtlich nicht ganz verstanden. Kaiser Huan (146–168) war der Erste in einer langen Reihe von Herrschern, die sowohl Laozi als auch Buddha verehrten und ihnen gemeinsam Opfer brachten. In der Tang-Dynastie im 7. Jahrhundert setzte sich dann der sanfte Glaube in weiten Strecken des Landes durch. In Tibet, auf dem so schwer zugänglichen, eigenständigen Dach der Welt, dauerte es noch etwas länger, erst unter König Thrisong Detsen wurde der Buddhismus im späten 8. Jahrhundert Staatsreligion. Freilich in seiner eigenen Ausprägung, gemischt mit Elementen des Natur- und Geisterglaubens Bön.

Es ist hier nicht der Platz, um auf die wechselvolle Beziehung Tibets mit dem Reich der Mitte im Detail einzugehen. Historiker auf beiden Seiten interpretieren die Ereignisse einseitig – mit dem Ziel, ihre Politik zu rechtfertigen. Glaubt man manchen der radikalen Vertreter der Tibetischen Jugendliga, so gab es nur endlose, bösartige Unterdrückungsversuche durch die Han-Chinesen. Mit der Absicht, alle Menschen auf der Himalaja-Hochebene zurückzuwerfen und den wahren, friedfertigen Charakter des dortigen Buddhismus zu unterdrücken; die Glanzzeiten Chinas seien die gewesen, als sich tibetische Führer aufmachten und große Teile des Landes beherrschten. Glaubt man den meisten der Pekinger Historiker, so waren die Tibeter im Reich der Mitte nur Usurpatoren, die Religion gilt den Parteihörigen als ein Mittel der Repression und als Ausdruck der Rückständigkeit; bis heute sehen die offiziellen Geschichtsschreiber der KP in den Klöstern Brutstätten des Separatismus. Der im indischen Exil lebende 14. Dalai Lama ist in ihren Augen ein »Wolf mit Menschenantlitz«, ein »Dämon« und »Teufel« und »Spalter der Nation«. Verantwortlich für solche Verbrechen wie die Anstiftung zur Selbstverbrennung tibetischer Mönche auf chinesischem Boden.

Das klingt so gar nicht nach einem Nachfahren des Siddharta Gautama, der doch die toleranteste aller Weltreligionen begründet hat. Über den Lebensweg dieses Fürstensohns aus dem nordindischen Kapilavatsu und seine Lehren gibt es ziemlich präzise, belegbare Erkenntnisse. Geboren um 560 vor Christus, verließ er mit 29 Jahren die Familie und ein sorgloses Leben im goldenen Käfig seines Palasts, um auf Wanderungen als Asket das Leben und die Leiden der normalen Menschen kennenzulernen. Fünf Jahre lang irrte Siddharta im Fetzengewand und mit Bettelschale durch die Hügellandschaft des Vor-Himalaja. Er begann zu hungern, bis seine Rippen herausstanden »wie Dachsparren eines verfallenen Hauses«, sein Gesäß so »klein wurde wie ein Ochsenhuf«, wie es in den klassischen Schriften des *Pali-Kanon* so plastisch heißt. Der Sinnsuchende begriff, dass die Schwächung seines Körpers auch seinen Geist in Mitleidenschaft zog. Er ging in sich und erkannte, dass man nicht alles neu erfinden musste, sondern das Rad der Welt nur neu zu justieren hatte. Er war nach den Schriften 35 Jahre alt, als er unter einem Pappelfeigenbaum in einer Vollmondnacht zum »Erleuchteten«, zum Buddha wurde. Er verkündete eine Lehre ohne einen Allmächtigen und ohne eine Seele, Spekulationen darüber, wer die Welt erschaffen haben könnte und warum, hielt er für reine Zeitverschwendung. Der Mensch selbst, verkündete er, müsse sich ohne göttliche Beihilfe von Unwissenheit und Leid zu befreien suchen, heraustreten aus dem Kreislauf der Wiedergeburten und letztendlich durch gute Taten ins Nirwana eingehen.

Buddha, der Religionsstifter: ein Pragmatiker, kein Revolutionär. Die Ansicht, dass sich die Welt im Ganzen nicht verändern lässt, hieß aber für Buddha nie, sich völlig von der Politik abzuwenden – er wollte die Weltüberwindung, das Ego war für ihn ohnehin nur Einbildung. Die Lehre, die sich nach dem Tod des Erleuchteten schnell ausbreitete, war weniger dogmatisch als Christentum oder Islam, erlaubte dem Gläubigen generell mehr Freiräume. Und sie wurde in der Neuzeit auch im Westen populär, schien vielen eine attraktive Alternative zu den monotheistische Religionen: ein Glaube, der auf Andersdenkende nicht herabschaut, Friedfertigkeit statt Inquisition, meditative Überzeugungsarbeit statt missionarische Bekehrungswut, keine Erbsünde, keine Schuld und Sühne, sondern der Mensch allein Schöpfer seines Schicksals – was könnte daran falsch sein?

»Der Buddhismus hat jedenfalls nie versucht, Andersdenkende zu bekehren, zu missionieren. In seinem Namen wurden keine Kriege geführt, keine Menschen auf den Scheiterhaufen geworfen«, betont Hans Wolfgang Schumann, früherer Diplomat in Indien und Burma (Myanmar), Religionswissenschaftler und die deutsche Kapazität für das Leben des Siddharta Gautama. »Aber deswegen steht es noch lange nicht im Belieben des Einzelnen, was er von der Lehre akzeptiert oder nicht. Wer meditiert oder den Artenschutz propagiert, wer vegetarisch isst und mal so zum Spaß *Om, mani padma hum* ruft, ist deshalb noch lange kein Buddhist. Der Buddha hat selbst geraten, seine Lehre erst anzunehmen, wenn man sie gründlich für sich geprüft hat.« Und was der Professor nicht erwähnt: Natürlich hat es auch unter dem Banner des Buddhismus Unrecht gegeben – etwa in Sri Lanka, wo die buddhistischen Singhalesen durchaus mit dem Segen ihrer hochstehenden Mönche die hinduistischen Tamilen blutig bekämpften. Oder, besonders schlimm, heute in Myanmar, wo fanatisierte Mönche Muslime verfolgen.

Der Dalai Lama warnte bei unseren fast ein Dutzend Gesprächen in seinem Exilsitz im indischen Dharamsala – oder unterwegs in den USA, Frankreich und Hamburg – westliche Möchtegern-Tibeter noch ausdrücklicher vor der blinden Übernahme seiner Religion: »Versuchen Sie im Westen es doch immer erst mit irgendeiner Form des Christentums, das liegt ihrem Kulturkreis näher. Erst als letzte spirituelle Zuflucht würde ich zu den komplizierten Regeln des tibetischen Buddhismus raten.« Seine persönliche Popularität im Westen war ihm – auch wenn er sie manchmal augenzwinkernd zu genießen schien – immer etwas unheimlich, die Anziehungskraft des fernöstlichen Glaubens suspekt. »Wenn Eisenvögel durch die Luft fliegen, wird der Buddhismus Richtung Westen wandern und in die fernsten Länder kommen – es stimmt schon, das hat der weise Mönch Padmasambhava vor 1200 Jahren in Tibet prophezeit, aber ich glaube kaum, dass er dabei so prophetisch war, an Jumbojets und Pilgerreisende aus Hollywood zu denken. Und oft frage ich mich, ob die Anziehungskraft meines Glaubens in Europa und den USA nicht vielleicht auf einem Irrtum beruht – vielleicht weil sich die Menschen eine Instant-Erleuchtung erhoffen oder gar weil sie von besonderen tantrischen Sexpraktiken gehört haben?« Es folgte das typische Dalai-Lama-Lachen, glucksend erst, dann von einem ansteckenden Prusten, das aus ihm herausbricht wie eine Naturgewalt.

Sein aus dem Mongolischen stammender Ehrentitel bedeutet so viel wie »Ozean der Weisheit«, die offizielle tibetische Bezeichnung lautet *Yishi Norbu*, »Wunscherfüllendes Juwel«. Angeredet wird er wie der Papst, mit »Eure Heiligkeit«. Aber der Mann, der für seine Anhänger die Verkörperung des Avalokiteshvara ist, des »Buddha mit dem grenzenlosen Mitgefühl«, residiert eher bescheiden an seinem Exilsitz im indischen Dharamsala, seinem »Little Lhasa«. Er hasst alles Pompöse. Wischt 2011 die letzten Meinungsumfragen weg, die besagen, er sei in Deutschland als moralische Autorität die Nummer eins, sogar höher angesehen als der damalige deutsche Papst. In Straßburg, wo er vor dem Europaparlament sprechen sollte, hat er sich einmal um eine halbe Stunde verspätet und die Delegierten warten lassen, weil er es wichtiger fand, spontan mit einer Toilettenfrau über deren Monatsgehalt und die Probleme mit ihrem Sohn zu sprechen.

Die meisten, die ihm je begegnet sind, nehmen ihm das Interesse an Mitmenschen ab. Sie lauschen gebannt seinen manchmal doch sehr allgemein gehaltenen Mahnungen zu Toleranz und Gewaltlosigkeit, sehen in ihm so etwas wie einen Anti-Politiker – einen der lebt, was er lehrt. Eine theologisch-therapeutische Allzweckwaffe, häufig luzide in seinen Äußerungen, gelegentlich diffus. Ein belesener Mann, dessen politisches Herz eher links schlägt, der gegen die

Gewinnmaximierer und Umweltzerstörer wettert. Wenn es denn nur der Glücksfindung und der Befriedigung von Erwartungshaltungen genügt, ist er bereit, in viele Rollen zu schlüpfen. Ein Diener der Mächtigen wie der Ohnmächtigen, der Glaubensstarken wie der Zweifler, ein weiser Clown zwischen Groucho Marx und Karl Marx, und mit sehr viel Mahatma-Gandhi-Überzeugungen. »Was soll ich denn für Sie sein?«, fragte der Gottkönig mich einmal in Dharamsala, als ich ihn auf seine Rolle in der Weltpolitik angesprochen hatte, und griff nach meiner Hand. »Ich bin, was immer Sie wollen, dass ich bin.«

Der 14. Dalai Lama predigt Gewaltlosigkeit, Mitmenschlichkeit, Güte, er spricht in großen Stadien vor Gläubigen wie im kleinen Kreis mit den wichtigsten Politikern der Welt (von denen ihn einige offiziell empfangen und sich damit den Zorn der Regierung in Peking zuziehen, andere eher vorsichtig, bei privat gehaltenen Treffen). Er wird für die ganz großen Fragen zuständig gemacht, ob er das will oder nicht, für den Frieden, für die Menschenrechte, für den Sinn des Lebens. Er dient als eine Art spirituelles Trostpflaster für die in Globalisierungsgewinner und Globalisierungsverlierer zersplitterte Welt. Gelegentlich käme er sich wirklich wie der kleinste gemeinsame Nenner vor, auf den der Westen und der Osten, die Ohnmächtigen und die Übermächtigen sich einigen könnten, hat er mir in einem Anflug von Resignation einmal anvertraut. Aber dann hat er sich gleich wieder gefangen. Das alles störe ihn nicht, solange er nur sein Ziel nicht aus den Augen verliere. Solange er Werbung machen könne »für das, was mir wirklich am Herzen liegt: das Wohlergehen, der Fortschritt, die Freiheit meines Volkes«.

Und genau da beginnt für die chinesische Regierung in Peking das Problem: Die Männer im Zentralkomitee dulden keine fremden Götter neben sich. Dabei spielt es kaum eine Rolle, welche Kompromisse der 14. Dalai Lama im Exil macht – vor vielen Jahren schon hat er darauf verzichtet, für Tibet einen eigenständigen Staat zu fordern, er akzeptiert die politische Oberhoheit der KP in Lhasa und beansprucht lediglich eine »substanzielle« Autonomie für sein Land und seine Kultur. Im Fall seiner Rückkehr nach Lhasa will er ganz zurückgezogen leben. Aber die Partei weiß, wie tief der Dalai Lama in seinem Volk verankert ist. Einmal in den Neunzigerjahren hat sie einigen seiner Verwandten eine Erkundungsreise nach Tibet erlaubt. Die Menschen stürmten die Absperrungen, lagen den Abgesandten zu Füßen, riefen inbrünstig nach der Heimkehr ihres Gottkönigs. Die Partei weiß auch, dass der Dalai Lama – in welcher Form auch immer – die oberste Autorität bleiben wird. Nicht nur der Tibeter im Exil, nicht nur der Tibeter in der künstlich geschaffenen »Autonomen Region«, sondern aller Tibeter, auch in den anderen chinesischen Provinzen. Deshalb bekämpfen ihn die KP-Machthaber mit allen Mitteln. Und setzen vor allem auf Zeit, auf eine neue Ära nach dem 14. Dalai Lama. Noch aber wirkt der recht vital.

Was für ein Leben, was für ein Schicksal im Kreislauf der Wiedergeburten und der Dalai-Lama-Tradition: Nach dem Glauben seiner Anhänger ist er ursprünglich 1391 auf die Welt gekommen, nach unserem Verständnis im Jahr 1935. Tenzin Gyatso, Bauernsohn, war kaum drei Jahre alt, als ihn ein Suchtrupp der wichtigsten buddhistischen Äbte anhand alter Prophezeiungen und Riten als Dalai-Lama-Reinkarnation erkannte (oder auswählte, je nachdem wie religiös man ist) und nach Lhasa mitnahm. Mit fünf Jahren schon Resident im mächtigen Potala-Palast. Mit 15 zum politischen Führer gekürt. Mit 19 Verhandlungspartner von Mao, den er lange bewunderte, bis ihm bewusst wurde, dass der Große Vorsitzende ihn nur benutzen und sein Volk unterjochen wollte. Nach dem Volksaufstand 1959 mit 23 Jahren eine dramatische und vom amerikanischen Geheimdienst CIA mitorganisierte Flucht über eisige Himalaja-Gebirgspässe und durch reißende Flüsse nach Indien. 1989 der Friedensnobelpreis. Fünf Gesprächsrunden fanden zwischen seinen Vertretern und Abgesandten der Regierung in Peking seitdem statt – ohne jedes Ergebnis. Und immer mehr verschärften sich die Diskussionen innerhalb der tibetischen Exilgemeinde, ob denn dieser sanfte, vom Dalai Lama proklamierte »Mittlere Weg« auch der richtige sei – vor allem beim Tibetischen Jugendkongress waren zunehmend schärfere Töne zu hören. Auch bewaffnete Aktionen und Sabotageakte wurden schon diskutiert.

Bis heute kann sich der 14. Dalai Lama mit seinem Kurs durchsetzen, nie hat er die Idee eines bewaffneten Widerstands gutgeheißen,
obwohl er in der maoistischen Frühzeit wohl von amerikanischen
Waffenlieferungen an seinen im Untergrund kämpfenden Bruder
wusste. »Mal abgesehen vom Moralischen, nur als Realitätscheck –
wer sollte uns denn heute militärisch unterstützen oder gar an
unserer Seite gegen die Volksrepublik China kämpfen, die Inder,
die Europäer, die Amerikaner? Ein bewaffneter Aufstand würde
uns in die Katastrophe führen«, sagte er mir in einem der Interviews. Aber er verstehe die Frustration der jungen Leute, setzte
er hinzu. Und ja, er wisse, entscheidende politische Fortschritte
seien ihm und seinem Weg nicht vergönnt gewesen. »Sie schicken
immer mehr Han-Chinesen nach Tibet, eine Einwanderungswelle
nach der anderen, sie reduzieren unsere Religion zur Folklore und
machen unsere Tempel zu Jahrmarkt-Attraktionen.«

Hat die KP wirklich so unrecht, wenn sie darauf hinweist, dass
Tibet jahrhundertelang unter einem feudalistischen Lamaismus
litt, dass der Lebensstandard der tibetischen Bevölkerung Chinas
gerade in den letzten drei Jahrzehnten stark gestiegen ist? Der
14. Dalai Lama war schon immer dagegen, wenn westliche Tibet-
Fans sein Land zum *Shangrila* hochstilisiert haben, zum Reich des
Reinen und Guten, zur Projektionsfläche ihrer Träume. Er weiß
sehr wohl, dass viele seiner Vorgänger das Volk jahrhundertelang geknebelt haben, dass sich die Äbte der wichtigsten Klöster
in sehr weltliche und blutige Machtkämpfe verstrickten, dass es
noch weit bis ins 20. Jahrhundert so unmenschliche Strafen wie
das Ausstechen von Augen gab. Erst sein Vorgänger, der 13. Dalai
Lama, begann ernsthaft mit Reformen; er selbst trieb sie dann in
den Fünfzigerjahren voran. Seinem Verhandlungspartner Mao ging
es nicht so sehr darum, das damals weitgehend unabhängige Tibet
sozial besserzustellen: Er wollte es endgültig und zur Not eben
auch mit Waffengewalt seinem Reich einverleiben – der Große
Vorsitzende suchte aus Bequemlichkeit und taktischen Gründen
dafür die Zustimmung des jungen Religionsführers. Als er sie nicht
erhielt und sich mit einem Volksaufstand konfrontiert sah, griff
Mao rücksichtslos durch.

Auch für die heutigen Herren der Volksrepublik ist dieses Tibet in vielerlei Hinsicht eine Schlüsselregion, nicht umsonst heißt ihr chinesischer Name Xizang, das »Westliche Schatzhaus«. Hier liegen riesige Bodenschätze, teilweise erst kürzlich entdeckte Reserven an Eisen, Bauxit, Uran, Gold und Erdöl. Obwohl seit 1959 fast die Hälfte der Wälder abgerodet wurde und einige Flüsse durch die rücksichtslose Industrieverschmutzung bedroht sind, könnte das Hochland für den Rest der Volksrepublik zudem zu einer entscheidenden Wasser- und Energiequelle werden.

Käme der Dalai Lama nach Lhasa zurück, er würde das Wahrzeichen, seinen Potala-Palast, noch über der Stadt thronen sehen, aber sonst nicht mehr viel wiedererkennen. »Geheiligte Erde« bedeutet der Name der Hauptstadt, und 1959, als der 14. Dalai Lama von hier floh, hatte sie nach seiner Schätzung »etwa 30 000 Einwohner, davon zehn Ausländer«. Als ich Lhasa Anfang der Achtzigerjahre zum ersten Mal besuchte, lebten dort etwa 150 000 Menschen, noch fast zwei Drittel davon Tibeter. Die Menschen waren hoffnungsfroh, sie hatten die Kulturrevolution mit den hier besonders schlimmen Zerstörungen heil überstanden, sie begannen, ihre Tempel zu reparieren, Mönche zogen wieder in die berühmten Klöster Drepung und Sera ein. Zwar war es verboten, den Dalai Lama zu erwähnen oder gar zu preisen, aber als ich auf dem Markt einige Fotos von ihm verteilte, sammelte sich sofort eine begeisterte Menschenmenge.

Heute zählt Lhasa eine halbe Million Einwohner, davon sind 70 Prozent Han-Chinesen. Überall bestimmen Uniformierte das Straßenbild, Polizeikontrollen auf Schritt und Tritt. 17 Stockwerke reicht das Foreign Trade and Economic Cooperation Building in den Himmel, ein blaues Ungetüm aus Stahl und Glas. 13 Stockwerke hat das imposante neue Polizeihauptquartier. An jeder Ecke wird gehämmert, geklopft, geschweißt. Baukräne wachen über halbfertigen Appartementblocks, an Schnellrestaurants einer Pekinger Kette werden die Reklameschilder hochgezogen, für die Volksbefreiungsarmee entstehen moderne Kasernen. Karaoke-Clubs und als Friseursalons getarnte Bordelle am Stadtrand werben mit grellen Neonreklamen um Kunden. Es sind Etablissements von

Chinesen für Chinesen. Die Partei hat auch einige sehr eigenwillige
Verschönerungsaktionen durchgesetzt: Entlang mancher Straßen
stehen jetzt pilzförmige rote Abfallkörbe mit weißen Punkten.
Manche sind so verkabelt, dass sie auf Berührung reagieren und
Kanton-Popsongs spielen – welche Gnade, dass die Batterien nicht
ewig halten. Und es gibt jetzt Palmen auf dem Dach der Welt.
Sie sind grasgrün, leuchten aber nachts auch rosa und violett. Sie
tragen alle exakt fünf Kokosnüsse, ihre Stämme sind abwaschbar,
Plastikprodukte durch und durch. Und am Potala, dem klinisch
restaurierten ehemaligen Dalai-Lama-Sitz, wacht ein neu platzier-
tes Löwenpaar, das klassische Symbol chinesischer Macht – vom
tibetischen Schneelöwen keine Spur.

Seine Heiligkeit hat in unseren Gesprächen immer wieder
behauptet, er glaube an seine Rückkehr. Auch jetzt noch, nach
fast 55 Jahren im Exil. Im Sommer 2011 macht der tibetische König-
ohne-Land dann einen letzten, geradezu sensationellen Versuch,
Bewegung in die tibetische Sache zu bringen. Er verkündet das
Ende der tibetischen Theokratie, seinen Rückzug von allen Ämtern,
die ihn ja zum weltlichen wie spirituellen Führer seines Volkes
machten. Aber ist so etwas überhaupt möglich? Kann man seine
religiös-politische Macht einfach an der Garderobe ablegen wie
einen alten Mantel, den man nicht mehr braucht? Wird Tibet so
nicht zu einem Vatikan ohne Papst, seiner besonderen Identität
beraubt – und spielt das nicht den Machthaber in Peking in die
Hände?

»Meine Entscheidung hat nichts mit Resignation zu tun, auch
nicht mit Gesundheitsgründen, sondern nur mit Einsicht«, sagt
mir ein sehr nachdenklicher Dalai Lama. »Ich habe mir alle Regie-
rungsformen genau angesehen – ein demokratisches Parlament mit
einem gewählten Premier ist die einzig moderne, die einzig funk-
tionierende. Dagegen die Monarchie: gestrig; die Theokratie: vor-
gestrig. Ich glaube an die Trennung von Kirche und Staat. Aber was
bin ich denn für ein Scheinheiliger, wenn ich aus dieser Erkenntnis
keine Konsequenzen ziehe!« Deshalb habe er »mit einem lustvol-
len Federstrich« seine säkularen Aufgaben aufgegeben, sein Recht,
Minister zu entlassen, den Kurs der Verhandlungen mit der Volks-

republik zu bestimmen. »Die Regierung in Peking hat mich als Hindernis für alle Kompromisse bezeichnet. Jetzt gibt es diesen Stolperstein nicht mehr, sie muss Farbe bekennen. Ich möchte nur noch Tenzin Gyatso sein, ein einfacher Mönch.«

Und warum hat er sich von seiner Exilgemeinde nicht einmal dazu überreden lassen, als eine Art konstitutioneller Monarch zu wirken und die Exilregierung zu repräsentieren? Da tupft er sich die Schweißperlen von der Stirn, vorsichtig, um eine Fliege, die sich dort niedergelassen hat, nicht zu gefährden: »So wie die Queen? Bei allem Respekt, persönlich ist sie ja eine nette Dame, aber mäßige Texte, die ein anderer geschrieben hat, als Regierungserklärung vorzulesen, das ist nichts für mich«, sagt der »Ozean der Weisheit«. Bei der Volkswahl zum neuen Ministerpräsidenten in Dharamsala hat er sich dann strikt herausgehalten.

Es ist ganz offensichtlich, dass die KP die Exilregierung links liegen lassen will und sich für Tibets Zukunft einen eigenen Masterplan erstellt hat. Und da die Kommunisten erkannt haben, dass es ohne Gott in Tibet nicht geht, haben sie sich entschlossen, selbst Gott zu spielen. Eine verblüffende Entwicklung: Immer hat die KP den tibetischen Buddhismus mit »feudalistischen Praktiken« gleichgesetzt. Sie versucht nun schon seit einiger Zeit, selbst den Glauben zu instrumentalisieren und dabei Dharamsala auszuschalten.

Traditionell wirken Tibets Gottkönige beim Finden ihrer geistlichen Stellvertreter mit. Im Jahr 1995 bestimmte der Dalai Lama einen kleinen Jungen als Wiedergeburt des verstorbenen Panchen Lama (»Kostbarer Lehrer«), als neue Nummer zwei der Glaubenshierarchie. Der Abt des Klosters Shigatse im kommunistisch kontrollierten Tibet hatte ihm über Mittelsmänner heimlich Fotos verschiedener Kandidaten und deren religiösen Hintergrund geschickt. Führende Politiker der Volksrepublik reagierten empört – »das ist ein Giftpfeil ins Herz der Partei«. Sie ließen, nach allem, was man heute weiß, den damals sechsjährigen Gedhun Choekyi Nyima von Geheimpolizisten entführen und nach Peking bringen. Seitdem verweigern die Behörden jede Auskunft über seinen Verbleib, obwohl sich ausländische Delegationen, unter anderem des Europaparlaments, immer wieder nach einem Lebenszeichen erkundigt haben. Auch verschiedene Menschenrechtsgruppen verlangten Informationen, nannten Gedhun den »jüngsten politischen Gefangenen der Welt«. Es gehe ihm gut, heißt es zu seinem Schicksal in Peking, lapidar verweist die Partei darauf, die Eltern wollten dem Jungen »ein normales Leben« ermöglichen.

Aber die KP beließ es nicht bei dem Kidnapping: Sie suchte einen eigenen Panchen Lama aus. Um dem Prozess den Anschein religiöser Legitimität zu geben, griffen die Machthaber auf alte tibetische Rituale zurück. Bei einer von Partei-Oberen inszenierten Klosterzeremonie ließen sie verschiedene mit gelber Seide umwickelte Elfenbeinkugeln in die traditionelle Goldurne fallen. Drei handverlesene Kandidaten standen zur Wahl, ihre Namen waren unter dem Stoff verborgen. Nachdem sich ein Staatsratsmitglied von der Korrektheit des Ablaufs überzeugt hatte, durfte ein ausgesuchter Mönch die Ziehung vornehmen. Das Staatsfernsehen übertrug. Der Gewinner hieß Gyeltshen Norbu. Er stammt aus demselben Distrikt wie sein vom Dalai Lama akzeptierter Konkurrent, hat aber keinen religiösen Background, sondern einen politischen: Er ist das Kind zweier zuverlässiger Parteimitglieder.

Seit 2008 ist eine von der Staatsbehörde für Religiöse Angelegenheiten erlassene »Verordnung Nummer fünf« in Kraft, die präzise Anweisungen für das »Management der Reinkarnation lebender Buddhas« gibt – mit anderen Worten, die KP will die Wiedergeburt des 14. Dalai Lama bestimmen. »Das ist in etwa so, als wolle Fidel Castro den neuen Papst ernennen«, sagte mir Exilpremier Sangay Lobsang. »Einerseits verfolgt Chinas KP jeden, der in ihrem Machtbereich auch nur ein Dalai-Lama-Foto aufstellt, andererseits ist sie extrem um die Kontinuität unserer Religion besorgt – ich würde meinen, die Kommunisten haben in Sachen Wiedergeburt ein Glaubwürdigkeitsproblem.«

In Dharamsala, dem Hippie- und Hollywood-Treffpunkt, wo man in unscheinbaren Cafés wie dem Shambala schon mal Dalai-Lama-Fans wie Richard Gere oder Uma Thurman begegnen kann, wägt der pensionierte Gottkönig seine Optionen. Ein ganz gewöhnlicher Tag im Vor-Himalaja, ein bescheidener Bungalow mit Blick auf den Garten, dessen Rosen er selbst sorgfältig pflegt. Der 14. Dalai

Lama alias Mönch Tenzin Gyatso ist wie immer um halb vier Uhr morgens aufgestanden, hat seine Kunststoff-Flipflops übergestreift und in den alten buddhistischen, auf Palmenblättern überlieferten Schriften gelesen. »Solange Raum und Zeit bestehen, solange fühlende Wesen leben, solange möge auch ich verweilen, um das Leid der Welt zu vertreiben«, heißt eines der Gebete. Dann stärkte er schweißtreibend seine Fitness auf einem Laufband, das ein Trainingscomputer kontrolliert, dabei hörte er über seinen Weltempfänger die Nachrichten der BBC. Danach Frühstück, konsequent kosmopolitisch – tibetischen Gerstenbrei, gemischt mit amerikanisch verpacktem Haselnussmüsli, dazu frische Milch von Kühen der Region. Um sechs Uhr Zeitungslektüre, darunter der *Guardian* und *Indian Express*, Tagung mit dem Beraterstab ab acht Uhr, gefolgt von einem Routineprogramm: Vorbereitung von Auslandsreisen, Audienz mit Pilgergruppen aus aller Welt im Garten.

Der 14. Dalai Lama wird auch in Zukunft reisen, wohl auch weiter ausländische politische Führer treffen, wenngleich nicht mehr so häufig und nicht in der offiziellen Kapazität als »Staatsoberhaupt«. Er will kürzertreten, sich häufiger zum Meditieren zurückziehen. Um das, was so gegensätzlich erscheint, zu vereinen – seine Harvard-gestützten Untersuchungen zu wissenschaftlichen Zusammenhängen zwischen Religion und Hirnforschung einerseits und seinen obskur anmutenden Glauben an ein lebendes Staatsorakel, das unter Trance Weisheiten ausspricht, andererseits. »Ich weiß, das mit dem Orakel klingt für sie befremdlich«, hat er mir gesagt. »Aber haben Sie schon einmal versucht, die Geschichte von der jungfräulichen Geburt und der Heiligen Dreifaltigkeit einem tibetischen Buddhisten klarzumachen?«

Vor allem arbeitet der Dalai Lama daran, sein Haus zu bestellen, sein Vermächtnis zu ordnen. Er geht dabei sehr methodisch vor, hat die klassischen Schriften gewälzt. Im Fall einer Notsituation für sein Volk, heißt es darin, stehe ihm das Recht des *madey tulku* zu. Das heißt: Er kann zu seinen eigenen Lebzeiten einen »Wiedergeborenen« als spirituellen Nachfolger bestimmen. Die andere Variante wäre, die Institution des Dalai Lama mit ihm, dem Vierzehnten, enden zu lassen. Das Einzige, was er sicher weiß: Bei dieser Entscheidung wird er sich nicht von den Politikern in Peking reinreden lassen. »Die KP soll sich um die Wiedergeburt Maos oder Dengs kümmern. Dass sich die Spitzenkader um meine Reinkarnation sorgen, rührt mich, ich bete ja im Gegenzug auch für sie. Aber es ist nicht logisch. Will man denn einen Dämon, wie sie mich nennen, auf ewig haben? Nein, Peking hält sich da besser heraus, das ist meine Sache und die meines Volkes. Solange ich im Exil bin, werde ich im Exil meinen Nachfolger suchen. Oder meine Nachfolgerin.«

Wie nervös die chinesische Regierung gerade heute in Sachen Dalai Lama ist, erfuhr ich bei meiner jüngsten Chinareise vor wenigen Monaten: Ich habe das Geburtshaus des verfemten Friedensnobelpreisträgers besucht – ein von den Behörden streng verbotener Trip. Das Anwesen liegt in Qinghai, jener Provinz auf dem nordöstlichen Himalaja-Hochplateau, die an die Autonome Region Tibet grenzt und von den Tibetern als Teil ihres Stammlands betrachtet wird. Flächenmäßig ist Qinghai größer als jedes westeuropäische Land, Einwohner hat es kaum ein Drittel so viele wie Schanghai. Touristen verirren sich selten in diese wildzerklüftete Region, deren Verkehrswege wenig erschlossen sind. Die Hauptstadt Xining immerhin ist ein Eisenbahnknotenpunkt. Die höchste Zugstrecke der Welt, die Peking seit 2006 mit Lhasa verbindet und sich auf 5100 Meter hinaufwindet, hat hier eine wichtige Zwischenstation. Von Xining liegt das Dalai-Lama-Dorf Taktser nur etwa achtzig Kilometer Luftlinie entfernt – und ist doch fast unerreichbar. Erst nachdem er von einem meiner Freunde überredet wurde, hatte sich ein tibetischer Taxifahrer bereiterklärt, mich dorthin zu fahren.

Gleich außerhalb von Xining, nach einer Abbiegung auf eine Landstraße, bat er mich, die Mütze tief ins Gesicht zu ziehen, in den Bäumen seien Kameras aufgestellt, die jedes Fahrzeug und seine Insassen registrierten. Als wir die Kleinstadt Ping'an hinter uns ließen, wurde er immer nervöser, und bald war ich mir gar nicht mehr so sicher, ob es eine gute Idee gewesen war, den Ausflug zu versuchen. Aber wir fuhren dann doch ungestört einen Pfad nach dem anderen hinauf und wieder hinunter durch das weite Grasland. Wir passierten nur wenige Dörfer und Höfe, und bald – so etwa nach dem siebten Hügel – wurde es ganz einsam. Vor einer Kurve noch eine Polizeistation, die aber Gott sei Dank verwaist aussah. Wir hatten zwölf Uhr Mittag für unseren Besuch gewählt, die beste Chance, dass jeder mit Essen beschäftigt war. Das Dorf Taktser klebt an einem der kegelartigen Berge, hübsch, aber alles andere als spektakulär. Knapp 300 Einwohner soll der Ort haben. In seiner Mitte steht ein Gehöft, Nummer 055, eines der größten des Dorfes: der Besitz des Familienclans, das Geburtshaus des Dalai Lama.

»Nicht aussteigen!«, rät der Fahrer. Aber alles hier wirkt wie ausgestorben. Von der Seite kann man auf eine Mauer klettern und in den Innenhof des rotgetünchten Hauses mit seinem typisch tibetischen Dach einsehen. Einige Kathas, weiß-blaue zeremonielle Fähnchen, flattern dort im Wind. Die Fenster sind verdunkelt. Hier also hatte der Friedensnobelpreisträger früher gespielt, hier hatte er als Dreijähriger, wenn man den Erzählungen der Äbte glauben durfte, die heiligen Gegenstände, die ihm präsentiert wurden, auf so verblüffende Weise identifiziert, war als Gottkönig »erkannt« worden. Im Jahr 1955 durfte der Dalai Lama sein Geburtshaus einmal wiedersehen, hatte er erzählt. Auf dem Weg zu einem Treffen mit Mao – schwer zu begreifen, dass von diesem unscheinbaren Bauernhaus in diesem Kaff am Ende der Welt so große Ereignisse ausgelöst wurden.

»Jetzt aber weg hier«, ruft mein Fahrer aufgeregt, er glaubt, am Horizont ein Polizeiauto entdeckt zu haben. In halsbrecherischer Fahrt rasen wir auf einer Nebenroute von der Nebenroute zurück in die Provinzhauptstadt. Vor dem Hotel stehen Polizisten. Aber ihre Aufmerksamkeit gilt nicht mir, sondern einem betrunkenen Mann in Lumpen, der randalierend um sich schlägt. Sonst keine weiteren Vorkommnisse.

Mein tibetischer Freund hat vor einigen Jahren Gelegenheit gehabt, sich das Haus von innen anzusehen. Er berichtet von einem Wohnzimmer mit einfachen Holzmöbeln und Betten, an der Wand seien einige Familienfotos aufgehängt gewesen. In einem Nebenraum, wo der Dalai Lama das Licht der Welt (wieder-)erblickt haben soll, sei das Bett geschmückt gewesen. Ob die Behörden diesen Schmuck entfernt haben, lässt sich nicht sagen. Seit etwa 2006 ist das Geburtshaus des Dalai Lama verbotenes Terrain, und besonders streng sind die Behörden seit 2008, als es in Tibet zu blutigen Unruhen kam. Sie wollen jede Form der Verehrung für den tibetischen Führer verhindern. Sie haben Angst vor neuen Formen des Widerstands gegen die Staatsgewalt.

In den vergangenen Jahren hat es immer wieder Hungerstreiks junger Exiltibeter in Indien gegeben, die so auf die ausweglose Lage ihrer Landsleute aufmerksam machen wollten. Der Dalai Lama hat das stets verurteilt – auch Gewalt gegen den eigenen Körper ist seiner Meinung nach dem gläubigen Menschen nicht erlaubt. In den vergangenen Monaten aber hat – nicht im indischen Exilland, sondern auf dem Gebiet der Volksrepublik – ein anderer, noch viel besorgniserregender Protest um sich gegriffen: die Selbstverbrennung. Bis Mitte des Jahres 2013 waren es schon über 130 Mönche und Nonnen, die sich in tibetischen Regionen Chinas mit Benzin übergossen und anzündeten. Manche hielten kurz vor ihrem Ende noch Plakate hoch, in denen sie »Freiheit für Tibet« forderten, andere riefen »Nieder mit der Unterdrückung!« oder »Lasst den Dalai Lama zurück!«. Der Dalai Lama distanzierte sich in Dharamsala von solchen Praktiken, erklärte die Taten aber als Ausdruck der Verzweiflung seiner Landsleute und forderte eine offizielle Untersuchung sowie eine Diskussion über die Zukunft Tibets mit der KP-Führung. Die staatlich gelenkten Medien nannten ihn dennoch »Anstifter«. Von einer neuen Gesprächsrunde zwischen den Abgesandten der Exilregierung und den Regierenden ist derzeit keine Rede. Stattdessen verschärfte Peking den Kurs gegenüber allen Tibetern noch einmal. Die Äbte der Klöster müssen sich nun wieder schriftlich von der »Dalai-Clique« distanzieren, unter Aufsicht der Parteikader werden politische »Erziehungskurse« durchgeführt. Und um künftige Selbstmorde zu verhindern, hat ein Gericht in der Provinz Sichuan im Januar 2013 den Mönch Lorang Konchok wegen »Anstiftung zu Selbstverbrennungen« zum Tod verurteilt.

Wenn noch eine Religion der KP-Führung in Peking ähnlich große Sorgen macht wie der tibetische Buddhismus, dann ist es der Islam. Rein zahlenmäßig sind Chinas Muslime eine verschwindende Minderheit; knapp 20 Millionen oder etwa 1,5 Prozent der Gesamtbevölkerung bekennen sich zu diesem Glauben. Die Hui, die größte ethnische Einzelgruppierung unter ihnen, sind sogar weitgehend assimiliert; sie leben in vielen Provinzen des Riesenreichs verstreut, in Yunnan im Süden des Landes, in Sichuan und in Küstenregionen wie Shandong; auch in der Konfuzius-Geburtsstadt Qufu betet ihre Gemeinde in der Moschee. Seit vielen Jahren schon existierte eine staatliche »Chinesische Islamische Vereinigung« in Peking, die »den Koran verbreiten und Extremismus bekämpfen« soll. Muslim und Terrorist – für Parteifunktionäre gehört das inzwischen zusammen wie Dalai Lama und Separatist. Sie denken dabei an Chinas Wilden Westen, an die Autonome Region Xinjiang (das früher Sinkiang genannt wurde). Die Parallelen zu Tibet sind in der Tat schwer zu übersehen: Es ist ein riesiges Gebiet mit relativ wenigen Einwohnern, das am Rande des Riesenreichs liegt und militärisch-strategisch wie durch seine Bodenschätze für die Regierenden höchste Priorität einnimmt. In Xinjiang wie in Tibet sind die Menschen mehrheitlich sehr religiös, viele fühlen sich von den Han-Chinesen unterdrückt, manche hassen das dominante Mehrheitsvolk sogar. Sie beklagen, dass praktisch alle wichtigen politischen Funktionen ihrer jeweiligen Provinz von Han ausgefüllt werden, dass die Städte gezielt mit Zugereisten »überfremdet« werden, zum wirtschaftlichen Nachteil der Alteingesessenen. Sie fühlen sich als Staatsbürger zweiter Klasse – oder wollen, wie ein Großteil der Muslime in Xinjiang, gar nichts mit Peking zu tun haben. Die meisten hier nahe den Grenzen zu Kasachstan, Kirgisien und Afghanistan gehören zum Turk-Volk der Uiguren, neben den Tibetern sind sie die Alptraum-Minderheit der Parteiführung. Immer wieder kam es in den vergangenen Jahren zu Protesten und Gewaltakten, meist provoziert durch brutale Übergriffe der Han-Sicherheitskräfte, die Messerattacken gewaltbereiter Muslime gegen Soldaten und Polizisten mit aller Härte ahndeten. In der Regionalhauptstadt Urumqi kamen im Sommer 2009 bei Straßenschlachten über 200 Menschen ums Leben, tagelang herrschte Ausnahmezustand auf den Straßen; auch in den Provinzorten Aksu, Hami und Hotan flammten immer wieder blutige Streitigkeiten auf. Aber am meisten haben die Behörden vor der Situation in Kaschgar Angst, der Oasenstadt an der legendären, einst über 10 000 Kilometer führenden Seidenstraße, die Chinas Küsten mit Indien und dem Mittelmeer verbunden hat. Kaschgar halten sie für die Brutstätte des Aufruhrs.

Ich besuchte den Ort Anfang der Neunzigerjahre. Angereist von Pakistan über den Karakorum-Highway, noch erschöpft und atemlos von der stundenlangen Prozedur am 4700 Meter hohen Khunjerab-Pass, der anschließenden Sechsstunden-Busfahrt über Schlaglöcher-Schotterstraßen, war ich schon beim ersten Anblick so fasziniert, dass ich Kaschgar neben Qufu und Lhasa sozusagen über Nacht zu meiner Lieblingsstadt auf dem Gebiet der Volksrepublik ernannte. Wie eine chinesische Stadt kam mir Kaschgar damals allerdings nicht vor, eher wie ein orientalischer Ort aus den Märchen von Tausendundeiner Nacht. So hatte es auch Marco Polo 1274 wahrgenommen, den das islamisch geprägte, aber auch nestorianischen Christen gegenüber tolerante »Cascar« auf seiner Weltreise zutiefst faszinierte. In seiner wechselvollen Historie hat die Oase viele Herren angelockt, die Tang-Dynastie etablierte sich hier im 7. Jahrhundert, lange Zeit war der Buddhismus vorherrschende Religion. Danach machten Araber Kaschgar zum Zentrum eines Kalifats, Sultane eroberten den Ort und etablierten den Islam endgültig als den dominanten Glauben. Später hissten Dschingis Khan und Tamerlan hier ihre Fahnen. Jeder Stein nahe der Taklamakan, der »Wüste ohne Wiederkehr«, schien seine eigene Geschichte zu haben – mindestens seit den Seidenstraßen-Zeiten, als hier Händler von der einen Richtung mit Gold, Edelsteinen und Glas und von der anderen mit kostbaren Stoffen und Porzellan unterwegs waren, darüber hinaus aber auch Gelehrte und Mönche, die Ideen, Wissen und ganze Kulturen von Osten nach Westen und Westen nach Osten brachten.

Ich war in einem dunklen, alten Gästehaus von zweifelhafter Hygiene abgestiegen. Die Schlepper am Busbahnhof hatten leichtes Spiel gehabt und mich durch ein Labyrinth navigiert. Ich war müde und wollte mich nur irgendwo hinlegen, aber dann konnte ich doch nicht anders, als noch durch die spärlich erleuchteten Gassen zu wandern und über die verwinkelten Lehmhäuser mit ihren grün bemalten Pappelholztüren und den kupfernen Blumenornamenten zu staunen. Über die Plätze mit den alten Koranschulen, den Karawansereien, den Schmiedewerkstätten für Gold- und Silberschmuck. »Heute gibt es keine Besucher außer Ihnen«, sagte der Mann an der Rezeption nach meiner Rückkehr weit nach Mitternacht. Dann fügte er hinzu, als müsse er mich trösten: »Aber Sie hatten viele berühmte Vorgänger hier.« In den Räumen schliefen demnach schon die Abgesandten und Spione Russlands und Großbritanniens. Anfang des 20. Jahrhunderts konkurrierten sie beim *Great Game*, dem großen weltpolitischen Spiel um Zentralasien, belauerten und belauschten sich. Die damaligen Supermächte unterhielten in der Stadt sogar Konsulate. Und noch 1934 gab es um Kaschgar eine blutige Schlacht, bei der die Kämpfer für einen unabhängigen Staat zu Tausenden dahingemetzelt wurden. Die Bewegung erholte sich so weit, dass es 1944 zu einer Republik Ostturkestan kam. Erst nach Maos Triumph 1949 konsolidierten die Han hier ihre Macht.

Nach einer unruhigen Nacht in dem schäbigen Zimmer weckte mich ohrenbetäubender Lärm: Der Markt am Sonntag begann frühmorgens, sehr frühmorgens. »Posch, posch, posch«, riefen die Pferdebesitzer und trieben ihre Tiere zum Verkaufsplatz hinunter an den Fluss. Männer mit schwarzen Bärten, mächtige Pelzmützen auf dem Kopf und den Krummdolch am Gürtel ließen sich von den »Platz da«-Rufen wenig beeindrucken und steuerten klapprige, mit Teppichen beladene Esel durch das Chaos. Schlanke Frauen, manche verschleiert, balancierten Kupfergeschirr. Und ab und zu schaukelte eine Kamelkarawane durch das Chaos, beladen mit ihren Schätzen: Säcken mit Datteln, Aprikosen und Rosinen, Körbe mit Pelzen und Poschtienen, den weiten Mänteln Zentralasiens. Ein atemberaubendes Duftgemisch: Hammel-Kebab, Weihrauch, Kameldung.

Aber plötzlich stoppten die zupackenden Umgarnungen, endete das hartnäckige Feilschen: Der Muezzin rief. Und alle warfen sich

zum Gebet Richtung Mekka. Und alle gingen, als sich der Markt
dann nachmittags auflöste, zur Id-Kah-Moschee, dem größten
islamischen Gotteshaus in der Volksrepublik China, unweit der
Mao-Statue gelegen, mit ihren 18 Metern auch eine der eindrucksvollsten im Land. Ich fragte später den Imam, wie denn die politische Situation in Kaschgar sei. »Ruhig, wir helfen den Staatsorga-
nen immer dabei, Konflikte einzudämmen«, antwortete der Mann,
dessen Aufstieg in sein Amt von der Parteiführung in Peking abgesegnet worden war. Und in der Tat wollten wohl die allermeisten
Gläubigen keine Konflikte, sondern nur ungestört ihrem Glauben –
und ihren Geschäften – nachgehen. Sie sind ganz überwiegend
Sunniten, die, anders als etwa viele heißblütige persische Schiiten,
nicht von einem Gottesstaat träumten. Imam Abullah Hajji wog
seine Worte sorgfältig, zumal bei dem Gespräch Aufpasser zuge-
gen waren. Was er am Schluss des Interviews sagte, klang dann
aber doch wie eine Distanzierung von staatlichen Autoritäten. Man
konnte es sogar als eine Warnung verstehen: »Es gibt keine Loyalität außer der gegenüber Allah.«

Ich habe später noch die Städte Urumqi und Turfan in Xinjiang
besucht, nach Kaschgar bin ich jedoch nicht mehr zurückgekom-
men. Ich drängte mich nicht danach. Vielleicht war das ein unjour-
nalistischer Impuls: Aber diesen Traum von einer Stadt mochte
ich, nach den schrecklichen Erfahrungen im »restaurierten« Lhasa,
nicht auch noch zerstört sehen. Ich habe Bekannte in der Stadt,
die mir regelmäßig Nachrichten zukommen lassen. Sie klangen
zunehmend beunruhigt. Die neuen Eisenbahnverbindungen, die
von der Partei als Fortschritt bejubelt würden – nicht mehr als
eine neue Kontrollmöglichkeit der KP, genutzt zur weiteren Ein-
schleusung han-chinesischer Funktionäre, Geschäftsleute und Facharbeiter, die Einheimische unterdrückten und ihnen lukrative Jobs
wegnähmen. Die Einnahmen aus der Förderung der Bodenschätze
gingen praktisch direkt nach Peking, die Lop-Nor-Wüste mit ihren
Atomanlagen sei ohnehin off limits für Lokale. Die Modernisie-
rungsinitiativen der KP seit 2010 – sie seien nichts anderes als ein
Versuch, die eigenständige Geschichte der Stadt auszulöschen, sie
im Wortsinne auszumerzen und einzuebnen. Und tatsächlich wur-

den inzwischen 80 Prozent der Altstadt mit ihren Lehmhäusern und Medressen plattgemacht, »aus gesundheitlichen Gründen und wegen der Erdbebengefahr«, wie es offiziell heißt. Überall entstehen nun Wohnblocks, die Straßen sind erweitert, was dem Verkehr hilft, aber natürlich auch der Kontrolle. »Kaschgar wird bald so aussehen wie eine han-chinesische Allerweltsstadt«, schrieb ein Freund. Da hat er sicher etwas übertrieben: Wie in Lhasa wollen die KP-Planer auch in Kaschgar die von ihnen bestimmten »kulturellen und religiösen Relikte« pflegen, sie für Touristen aufpolieren. Neben dem buddhistisch-tibetischen Disneyland auf dem Dach der Welt wird so etwas wie ein islamischsinkiangisches, möglichst keimfreies Disneyland in Chinas Wildem Westen entstehen. Die neueste Maßnahme der KP ist ein »Sicherheits- und Stabilitätsplan«, der im August 2012 verkündet wurde: Die Zentralregierung wies die lokalen Verwaltungen und Schulen in Xinjiang an, das Fasten während des islamischen Fastenmonats Ramadan zu verbieten und »besondere religiöse Veranstaltungen wie Moscheebesuche während der Arbeitszeiten« zu untersagen. Außerdem wurden Sozialleistungen für Frauen armer Familien mit der schriftlich zu akzeptierenden Bedingung verknüpft, keine Kopftücher mehr zu tragen. Kenner der Region glauben, dass mit solchen Maßnahmen junge Uiguren in die Hände radikaler Kräfte getrieben werden. Zwar dürften chinesische Berichte über Gräueltaten der »Islamischen Front Turkestan« aufgebauscht sein, aber auch westliche Geheimdienste bestätigen die Existenz der Untergrundkämpfer und ihre Kontakte zu ausländischen al-Qaida-Gruppen. Ende Juni 2013 forderten neue Unruhen im Westen von Xinjiang wieder 27 Tote.

Und so zeigt sich das religiöse Erbe Chinas in jeder Beziehung als Fluch für die Regierenden: Der Konfuzianismus kann zwar als eine positive Grundlage für die »Harmonisierung« der Gesellschaft wirken, Werte vermitteln und vertiefen. Als Quasi-Staatsreligion birgt er aber auch große Risiken: Je mehr Intellektuelle sich intensiv mit den Gedanken des Weisen beschäftigen, desto wahrscheinlicher wird auch, dass sie seine subversive Seite erkennen; und je plumper die Staatsmacht Meister Kong auf seine rein hierarchische Lehre reduziert, desto angreifbarer macht sie sich. Denn er hat auch die Regierenden strengen Kontrollkriterien unterzogen: »Nicht das soll einen bekümmern, dass man kein Amt hat, sondern das muss einen bekümmern, dass man dafür tauglich werde. Nicht das soll einen bekümmern, dass man nicht bekannt ist, sondern danach muss man trachten, dass man würdig werde, bekannt zu werden.«

Der Kommunismus als übergreifende Ideologie, als Religionsersatz, hat längst ausgedient, trifft in diesen Zeiten der Selbstbereicherung und Selbstbeweihräucherung der Kader nur noch auf Zynismus. Das wissen auch die Regierenden. Umso mehr fürchten sie Buddhismus und Islam, und vor allem deren Möglichkeiten, die Menschen zusammenzuführen, zu organisieren, zu motivieren. Die KP steckt in einem Dilemma. Sie glaubt, die Religionen kanalisieren zu müssen – und sieht sich in vielen Regionen einem religiösen Revival gegenüber. Das einzige Mittel neben der Repression, das den Oberen dabei einfällt, ist die Erhöhung des Lebensstandards – der Konsum soll ablenken vom Glauben. Immer wieder betonen sie, wie überdurchschnittlich hoch das prozentuale Wirtschaftswachstum gerade in den Autonomen Gebieten Tibet und Xinjiang ist. Wahrscheinlich stimmt das sogar.

Aber da ist noch etwas, was die Kommunistische Partei nicht begreift: Die Menschen der traditionell tiefgläubigen Regionen zwischen Kaschgar und Shigatse, Urumqi und Lhasa bewegt nicht nur das neueste Fernsehgerät, das neueste Mofa, das neueste Handy, das neueste Schmuckstück. Sie haben andere Prioritäten. Gott ist für sie – ob man das nun gut findet oder nicht – weit mehr als Geld, Gold und Google oder die Partei. Er ist ihr Leben.

8 INDIEN

Wo die Götter wohnen

Die Schriften der Hindus berichten von einem ganz besonderen Ort der Götter am heiligen Ganges. Lord Shiva hat ihn sich herausgesucht, um dort der Legende nach auf einer hellen Säule herabzusteigen von den Höhen des Himalaja und sein Hauptquartier zu errichten. Kashi, »Stadt des Lichts«, hieß dieser Ort in den Tagen seiner Gründung vor wohl über 3000 Jahren, dann lange Zeit Benares, heute nennt man ihn Varanasi. Seit Urzeiten strömten Pilger, Philosophen und Sinnsuchende aller Art hierher. Weise alte Männer waren darunter wie Buddha und Shankara, auch junge Gläubige, die kamen, um die *Veden* und Sanskrit zu studieren. Stolze asketische Mönche, die freiwillig zölibatär lebten, sammelten sich hier in den Rasthäusern, *Dharmashalas* genannt, um in den Ashrams zu beten; verzweifelte Witwen, deren Liebste von ihnen gegangen waren, suchten Trost an den Ghats, den geweihten Treppen, die sich steil und wie Ausläufer von Wurzeln zum Fluss hinunterziehen. Die Alten und die Kranken trafen sich schon immer hier, um die letzten Tage in den besonders dafür angelegten Sterbehäusern zu verbringen, den *Kashivasas*. Und sie tun es bis heute. Denn in Varanasi zu sterben und seine Asche in den Fluten verstreut zu bekommen, verheißt dem Gläubigen nach wie vor Erlösung vom Kreislauf der Wiedergeburten. Aber auch wer noch fest im irdischen Kreislauf des *Samsara* gefangen ist, wird durch das Bad im Ganges von den Sünden gereinigt; bereits ein Schluck des Wassers verheißt ein großes Stück Befreiung. Varanasi ist für Hindus, was Jerusalem und Mekka für die monotheistischen Religionen bedeutet – das Zentrum all ihres Sehnens, ihres Handelns, ihrer Existenz.

Schon vor dem Sonnenaufgang schiebt sich ein Zug von Menschen durch das Gewirr der engen Gassen, wie einem Fellini-Film

entsprungen: grotesk übergewichtige alte Frauen, in grellrotes
Musselin drapiert, junge Schönheiten in schimmernder Seide oder
zerschlissenem Polyester, halbnackte filzhaarige Bettler, über und
über mit weißer Asche beschmiert, glatzköpfige heilige Sadhus mit
riesigen ockerfarbenen Schirmen aus getrockneten Palmblättern
und dem charakteristischen Dreizack, schüchterne kleine Verkäu-
ferinnen mit Schalen von Kokosnussscheiben, Zinnoberpulver und
Hibiskusblüten, fluchende Rikschafahrer, die Kühe umkurven. Alle
zieht es aus dem Labyrinth der Innenstadt hinunter zu den Stufen
am Fluss. Zum Ritual der Waschung. Zum Gebet. »Und ich bin
aller Dinge Anfang und aller Dinge Ende, ich bin das Versprechen
und die Erinnerung, die Beständigkeit und die Barmherzigkeit. Ich
bin das Schweigen über alle Geheimnisse der Welt«, murmeln die
Entrückten, wenn sie mit ihren Zehen eintauchen. Und sie werfen
nach einem alten Ritual Rosenblätter und Ringelblumen in die
Höhe, die auf kalte Steine regnen und dort von gefräßigen Ziegen
zermalmt werden.

Delhi wurde von den frühen muslimischen Dynastien des 12.
und 13. Jahrhunderts zur Blüte gebracht. Die große Handelsstadt
Madras (das heutige Chennai) wurde im 16. Jahrhundert von portugiesischen Seefahrern gegründet und von Briten zur Handelsstadt
ausgebaut. Kochi (das frühere Cochin) prägten im 17. Jahrhundert
wesentlich jüdische Kaufleute mit. Shimla gestalteten die Kolonialherren aus London nach europäischen architektonischen Mustern
Mitte des 19. Jahrhundert als ihren Sommersitz, um der Hitze der
Tiefebenen zu entfliegen. Überall dort existieren inmitten der »Exo-
tik« vertraute Fixpunkte für unsere Augen. Varanasis Ursprünge
verlieren sich im Nebel der Historie, und es ist sicher nicht das Werk
fremder Herren. Vielleicht schien mir deshalb Varanasi immer die
»indischste«, die am fremdesten anmutende, am schwersten zu
entschlüsselnde Stadt des Subkontinents zu sein.

Jedes Mal nehme ich gleich nach der Ankunft die Pilgerroute
am Ganges, drei Kilometer entlang des Flusses vom Assi Ghat bis
zum Dasaswamedh Ghat, und dann wieder zurück zum Rashmi
Guest House. Die Herberge nennt sich reichlich pompös »A Palace
on the River«, aber die Dachterrasse über dem Fluss bietet tatsäch-

lich spektakuläre Ausblicke, auf ein Kaleidoskop, so bunt und vielschichtig, so abschreckend und traurig wie die ganze Menschheit: Varanasi wirkt trotz einiger moderner Einsprengsel wie aus der Zeit gefallen. Für die Gläubigen ist es Ort der Schöpfung, zentraler Punkt des sakralen Universums, Schlüssel des Hinduismus. Weit mehr als ein irdisches Gemeinwesen – eine Zwischenstation, ein Tor, das Diesseits und Jenseits verbindet. Leben und Tod vertragen sich hier bestens, und das weckt zwiespältige Gefühle. Varanasi kann manchmal sehr anstrengend sein, eingeklemmt in den Ghats zwischen den schmutzstarrenden Bettlern mit ihren leprösen Verstümmelungen, den aufdringlichen Möchtegern-Stadtführern (»Tempeltänzerinnen inklusiv!«) und Instant-Sanskritlehrern: »Ganz ohne Grammatik, drei Tage, nur 125 US-Dollar!« Manchmal drohten diese Eindrücke über mir zusammenzuschlagen. Meist floh ich dann zu einem der Lassi-Stände und schlürfte im Schatten, gegen alle Vernunft, einen der mit dubiosen Eiswürfeln gekühlten Joghurt-Säfte. Blätterte in einem schon ziemlich abgewetzten Benares-Taschenbuch, das in meiner Hosentasche steckte, mein ständiger Begleiter, ein Klassiker. Diana L. Eck, eine amerikanische Indologin, hat *Benares: Stadt des Lichts* geschrieben und darin auch die Stimmen der ersten westlichen Besucher gesammelt.

Beispielsweise die des britische Missionars James Kennedy aus dem 18. Jahrhundert, den alles hier abstieß: »Wild, unnatürlich, erschreckend ist dieses Benares, ein völliger Mangel an Verfeinerung schlägt einem entgegen. Es gibt nichts, das die Menschen läutern könnte, alles ist darauf angelegt, ihren Geschmack zu verderben und ihren Charakter zu degradieren.« Ganz anders der deutsche Graf Keyserling, der Europa kurz vor dem Beginn des Ersten Weltkriegs verließ: »Hier spüre ich mich dem Herzen der Welt so nah wie nie zuvor, hier ist mir täglich, als müsste mir bald die äußerste Erleuchtung kommen. Die Atmosphäre der Andacht, die über dem Strome schwebt, ist unwahrscheinlich stark, stärker als in jedem Gotteshause, das ich je besucht habe. Jedem angehenden christlichen Geistlichen wäre es anzuraten, ein Jahr des Theologiestudiums draufzugeben und diese Zeit am Ganges zu

verbringen.« Der britische Forscher und Missionar M. A. Sherring
lag mit seiner Meinung irgendwo dazwischen, fasziniert und abge-
schreckt zugleich: »Wenn der Sand der Zeit verrinnt, kommen sie
von allen Richtungen hierher, getröstet durch die irreführende
Lüge, ihre Sünden seien vergeben, ihre Seelen gerettet. Und sie
verehren ungeschlachte Idole, Monstren des Linga und andere
unanständige Figuren.«

Abends, wenn ich mich dann im schmalen Bett des »Palace«
wälzte, quälten mich oft die Eindrücke des Tages, und ich wusste,
wovon der hin- und hergerissene Benares-Reisende Mark Twain
sprach, wenn er eine »wilde Herde von Alpträumen« beklagte, die
nachts in seinen Schlaf polterten. Aber einfach nur deprimierend
ist Varanasi selten. Im Labyrinth der Altstadt übertreffen sich die
Händler mit Sonderangeboten für Snacks, Blumen und Devotio-
nalien, und in den Handwerksbetrieben mit ihren insgesamt über
hunderttausend Webstühlen werden weit weniger Leichentücher
hergestellt als kostbare Seidensaris für Hochzeiten. Die Bharat-
Werke produzieren in den Außenbezirken dampfende Diesel-Loko-
motiven, in den Innenstadt-Gässchen klopft und hämmert es, Kup-
ferkessel und Silberschmuck entstehen, einfaches Holzspielzeug für
Kinder, komplizierte Holzinstrumente für Orchester-Profis. Aus
den berühmten Musikschulen der Stadt dringen keine Requien,
sondern wirbelnde Sitarklänge, inspiriert von einem der berühmtesten Söhne der Stadt, dem verstorbenen Ravi Shankar.

Alles ist im Fluss: Hektik wie Ruhe, Intensität und Entspannung
gehen nahtlos ineinander über. Und weil der Tod in Varanasi seinen Schrecken verloren hat und direkt zum anderen Ufer in eine
bessere Existenz führt, wird auch er zum Teil der pulsierenden
Lebensfreude, zum lohnenden Business: »Sparen Sie nicht, kaufen
Sie nur das beste Sandelholz für die Verbrennung ihrer Liebsten!«,
wirbt ein Händler in Neonschrift, was er nicht tun sollte. Eigentlich
ist der Verkauf der Requisiten der Dom-Berufsgruppe vorbehalten,
den Männern aus der untersten Schicht der Kastenhierarchie – den
Dalits, die eigentlich gar keiner Kaste angehören, so minderwer-
tig sind sie für die konservativen Interpreten der Religion. Ohne
die Spezialisten kann keine Einäscherung organisiert werden, sie

haben seit mythischen Zeiten die Oberaufsicht an jedem Verbrennungsplatz.

Einmal hat mich ein Freund gebeten, bei der letzten Feier für seinen Onkel Teil der Prozession zu sein, ich hatte den alten Mann gut gekannt und sehr gemocht. Wir waren wohl an die zwanzig, außer mir alle Familienangehörige. Den kurzen Weg des Leichenzugs hinunter zum Manikarnika Ghat begleiteten uns Trommler; unten an der Verbrennungsstätte am Fluss machten sie Pause. Es gibt keine festen Zeiten für die Einäscherung, am Manikarnika ist 24 Stunden durchgehend Betrieb. Aber an diesem Nachmittag, so schien es mir, war der Platz besonders aktiv. Vielleicht ein halbes Dutzend Leichen, gehüllt in weißes Leinen und auf Holztragen gebettet, waren am Fluss abgestellt, und wohl ebenso viele Scheiterhaufen loderten schon. Über dem Ghat verbreitete sich ein hauchdünner, milchiger Schleier. Der klobige Tempel am Fluss, auf vier Säulen gebaut, hatte sich durch den permanenten Russ über die Jahrhunderte eingeschwärzt. Die geschäftigen Doms liefen von Leiche zu Leiche. Aber vor allem kümmerten sie sich um das sakrale Feuer, von dem aus alle Scheiterhaufen angezündet werden müssen. Sie gossen immer wieder Ghee nach, das Butterfett, das die Flammen höher züngeln ließ. Und unser aller Blick ging hinunter zum ruhig dahinströmenden Ganges, der Ewigen Mutter.

Am Wasser hängt, zum Wasser drängt alles im Leben eines Hindus: Heiliges Wasser bestimmt die Taufe und die Mannwerdung, die Hochzeit und den Tod. Für den Gläubigen ist das Leben wie ein riesiges Rad, wie ein Kreislauf. Die Asche der Verstorbenen wird vom Fluss zum Ozean geführt, wird mit dem Wasser von der Sonne aufgesogen, fällt mit dem Regen nieder in den Bergen des Himalaja und speist dort die Quellen des Ganges. *Mata*, ihre »Mutter«, nennen die Gläubigen den Ganges. Mehr als ein Fluss, eine Göttin, die einst, durch einen Unfall, vom Himmel fiel. Als Shiva die junge Schöne aus den Wolken stürzen sah, eilte er herbei und bremste ihren Fall mit der Augenbraue. Da wurde das Nymphenkind plötzlich zu Wasser, das durch den Bart des Gottes in sieben kleinen Bächen auf die Erde tropfte – sie flossen zusammen und bilden nun den Ganges. Und die Mythologie lehrt weiter, dass der

Manikarnika Ghat besonders heilig ist, hierher fiel der Legende nach ein Juwel aus Shivas Ohrring, als er badete. An einer weiß-getünchten Wand unten am Fluss von Varanasi steht die Inschrift eines berühmten einheimischen Dichters: »Dies ist Manikarnika, wo der Tod glückbringend ist, wo das Leben fruchtbar wird, wo man auf den Wiesen des Himmels weidet.«

Bevor die Zeremonie für den Onkel begann, wurde sein Körper noch einmal in den Ganges getaucht. Der älteste Sohn der Sippe, den Kopf frisch geschoren und in ein nahtloses weißes Tuch gehüllt, ging ein letztes Mal um die Leiche herum und entzündete dann nach dem vorgeschriebenen Ritual den Scheiterhaufen. Ein würdiger, ein gelassener Abschied – nicht heiter, aber auch alles andere als verzweifelt. Die Einäscherung mit Wehklagen und Trauergesängen zu begleiten, wäre ganz und gar unpassend gewesen, schädlich für die »Befreiung« des Verstorbenen. So gruppierte sich die Sippe stumm um die Bambustragbahre. Während der etwa dreistündigen Feier setzten sich manche und schauten zum Fluss hinunter, andere beobachteten, wie die Doms Brennmaterial nachschütteten, Asche zur Seite räumten und streunende Hunde verscheuchten. Schließlich bedeuteten sie durch ein Nicken, dass es vorbei war, der Körper ihrer Meinung nach hinreichend verbrannt. Da warf der Sohn mit dem Rücken zum Scheiterhaufen einen tönernen Topf mit Gangeswasser über seine Schulter, so löscht man nach der Vorschrift die Glut. Alle standen auf und gingen, ohne sich noch einmal umzudrehen.

Auch ich folgte der Sitte und sah noch aus dem Augenwinkel, wie draußen auf dem Fluss die Kameras gezückt und die Teleobjektive aufgeschraubt wurden, wie sich oben auf dem Tempeldach ein Westler mit Videokamera postiert hatte – offenbar weckte die überall in Varanasi geäußerte Bitte, die Menschen und ihre Angehörigen auf diesem Weg unbeobachtet zu lassen, den besonderen Ehrgeiz mancher Menschen. Und wo ein Markt ist in Indien, gibt es auch Verkäufer; mein Freund sagte mir, er habe von deutschen Reisegruppen gehört, die in einer Seitengasse ganz nahe an das Manikarnika Ghat herangeführt würden, angetrieben von einem einheimischen Reiseleiter mit rudimentären Deutschkenntnissen, der sie auf einen Balkon mit Einblick auf das Geschehen führte: »Komm, Touropa, Leiche brennt schon!«

Mein Freund erzählte mir auf dem Heimweg auch, dass die professionellen Einäscherer nach unserem Abschied die Überreste dem Fluss übergeben haben, so wie sie das immer tun. Vorher dürfen sie Kohle und Asche nach Wertsachen durchsuchen – manche Angehörige verzichten darauf, den Toten Ringe und anderen Schmuck abzustreifen. Neben der Steuer, die ihnen für jeden Leichnam zusteht, ein weiterer lukrativer Aspekt ihrer Arbeit: Die Doms haben einen guten Job. Sie gehören inzwischen zumindest ökonomisch zur neuen indischen Mittelklasse. So schließt sich ein Kreislauf mit einer nicht unlogischen Wendung: Der Tod hat in Varanasi nicht nur jeden Schrecken verloren: Der Tod lohnt sich. Und er hilft durch die normative Kraft des Faktischen dabei mit – wenigstens ein bisschen, und wenigstens in Varanasi –, die furchtbaren Kastenschranken abzumildern, die das Land seit jeher prägen.

In Indien bekennen sich mehr als vier von fünf Einwohnern zum Hinduismus, das sind um die 950 Millionen Menschen; und obwohl sonst nur noch in den kleinen Nachbarländern Nepal, Sri Lanka und Bhutan sowie auf der indonesischen Insel Bali weite Bevölkerungsteile dieser Religion angehören, macht sie das nach dem Christentum und dem Islam zur drittgrößten der Welt. Wie jeder Glauben liefert der Hinduismus den Menschen Halt bei der Bewältigung des Alltags, Trost in Zeiten der Tragik, Aussicht auf ein anderes, besseres Leben nach dem Tod. Auch andere Glaubensgemeinschaften vereinen dabei Widersprüchliches in sich. »Im Hinduismus aber steht Erhabenes und Abstoßendes, Primitives und Sublimes oft so unvermittelt nebeneinander wie nirgends sonst«, formulierte einmal der Indologe und Religionswissenschaftler Helmuth von Glasenapp. »Es ist das vielschichtigste religiöse Gebilde überhaupt.«

Und wohl auch keines ist in einem Volk so gegenwärtig. Während das Alte und Neue Testament im Westen den meisten Christen eher fragmentarisch bekannt sein dürfte, ist das bei den wesentlichen Schriften des Hinduismus ganz anders. Die Mythen sind höchst lebendig, das *Mahabharata* und das *Ramayana* werden selbst von einfachen Menschen auf dem Land oft zitiert und bilden eine unmittelbare Richtschnur für persönliche Entscheidungen. Ihre Verfilmung fürs Fernsehen waren Straßenfeger, wie man sie hierzulande nicht mehr kennt. Die Serien wurden wohl auch ein Riesenerfolg, weil sich das Medium besonders fürs Narrative eignet, für die Wiedergabe von Mund zu Mund. Die *Veden* sind Hymnen an die Natur und wimmeln von Zaubersprüchen; die *Upanishaden* weitgehend Dialoge zwischen Meistern und Schülern; im *Bhagavad Gita* verkündet Krishna seinem Wagenlenker die Lehre von Rechtschaffenheit und gesundem Leben. Der Hinduismus kennt auch dem monotheistischen Glaubensbegriff vergleichbare Vorstellungen. Aber charakteristisch ist der Pantheismus, die Existenz Tausender Gottheiten, die sich um die zentralen Götter scharen oder ihre Manifestationen sind. Alle entsprungen aus Brahman, dem höchsten kosmischen Geist, unbeschreibbar, unerschöpflich, allwissend, allgegenwärtig, in sämtlichen Lebewesen vorhanden.

Die Hauptgötter treten in vielen, manchmal gegensätzlichen Inkarnationen auf. Shiva ist Schöpfer und Zerstörer zugleich. Seine mächtige Gemahlin Parvati, Mutter des populären Elefantengottes Ganesh, zeigt sich zumindest ebenso doppelgründig: Einmal schlägt sie im tapferen Kampf als zehnarmige Durga die Dämonen zurück. Als Kali, nackt und mit einer Halskette aus Totenschädeln, ist sie der blutrünstige Schrecken schlechthin und verlangt grausige Opfer. Wenn Shiva wütet und Kali tötet, ist Vishnu gefragt, der die Weltordnung und ihre tugendhaften Vertreter beschützt, so gut es eben geht. Er besucht die Erde auf seinem Reittier, dem halb mensch-, halb adlergestaltigen Garuda, schleudert seinen Diskus (*Chadra*) gegen teuflische Dämonen, bläst das Schneckenhorn (*Sabkha*) und fördert den Lotus als Symbol der Weisheit und Reinheit. Aber gegen Wollust, Neid und das Böse der Welt kann er nicht immer ankommen.

Es gibt wesentliche Abläufe im Welten- und Zeitengefüge, die der Mensch beeinflussen kann, und andere, oft noch wesentlichere, denen er unterworfen ist. Der Kosmos gehorcht im Hinduismus einem ewigen Weltgesetz. Dieses *Dharma* weist allen Lebewesen in einer festgelegten Hierarchie ihren unabänderlichen Platz zu.

Ohne das Kastenwesen sei ein Zusammenleben nicht möglich, folgern daraus manche. Andere sagen, diese Hierarchie sei eher metaphysisch gemeint. Das höchste spirituelle Ziel aller Lebewesen ist die Befreiung aus dem Kreislauf der Wiedergeburten. Den Wechsel der Seelen von der einen zur anderen Gestalt hängt am Karma, und das lässt sich vom Menschen mitgestalten. Jeder hat Pflichten, zu denen die Wahrhaftigkeit, die Selbstkontrolle, die Mildtätigkeit gehören. Doch einen allgemein gültigen Kodex gibt es nicht. Die Vorschriften, die verschiedenen Gesellschaftsschichten gemacht werden, müssen nicht unbedingt identisch sein. Und zu der Frage, wie sich die Früchte der Taten realisieren, gibt es sehr unterschiedliche Auffassungen. Sicher ist nur, dass sich die Gläubigen durch Opfer in Tempeln und das Einhalten bestimmter Riten religiöse Verdienste verschaffen können, »schlechtes Karma« abbauen helfen. Und verhindern, dass man in der nächsten Wiedergeburt ein Insektendasein oder noch Schlimmeres zu befürchten hat.

Die Theologie des Hinduismus ist nicht von der Philosophie getrennt. Eine historisch-kritische Analyse der Texte gibt es nicht, und für viele Gläubige verbietet es sich, die Offenbarungen zu interpretieren; sie sollen so wörtlich genommen werden, wie sie in uralten Zeiten geschrieben wurden, als ein für alle Mal unveränderlich wahr. Dadurch aber drohen ähnliche Gefahren wie durch die Auffassung des Korans als unantastbares »Siegel des Propheten« – das Überlegenheitsgefühl einer Religion, die leicht in Fundamentalismus ausarten kann. Weil sich der Hinduismus in viele Richtungen deuten lässt, hat er tolerante wie intolerante Strömungen hervorgebracht, Sanftmütiges und Kriegerisches. Weitsichtige Denker wie Vallabha im 15. Jahrhundert predigten den positiven Wandel und ein harmonisches, gleichberechtigtes Leben aller Menschen mit Natur und Kosmos. Gesetzeslehrer wie Manu bestanden andererseits auf der festgelegten Ungleichheit des Menschen, verordneten unter Berufung auf den Hinduismus die Dominanz des Mannes über die Frau, von Herr über Diener, von einer Kaste über die andere – ein System, das die Menschen in verschiedene Gruppen aufspaltet, sie von der Geburt bis zum Tod trennt und der untersten Schicht nicht einmal erlaubt, im gleichen Tempel zu beten, das Wasser aus dem gleichen Brunnen zu trinken wie die Privilegierten.

Ich habe im Indien von heute Vertreter beider Richtungen kennengelernt, die Toleranten und Friedfertigen ebenso wie die intoleranten Scharfmacher und die Rückwärtsgewandten. Manchmal schien mir die eine Seite politisch Oberwasser zu haben, manchmal die andere. Zwei unterschiedliche Charaktere sind mir besonders in Erinnerung geblieben. Sie bezeichnen sich beide als gläubige Hindus – und waren schon beide einmal Minister, in Neu-Delhi auf dem Sprung ins wichtigste politische Amt Indiens. Ansonsten verbindet sie so gut wie gar nichts.

Shashi Tharoor heißt der eine. Er ist ein Weltbürger, klug, gebildet, liberal, oberste Oberschicht. In London geboren, in Bombay und Kalkutta aufgewachsen, Sohn einer wohlhabenden Verlegerfamilie aus Kerala. Er wurde als Wunderkind gefeiert, weil er schon mit zehn Jahren Kurzgeschichten schrieb; als bester Schüler seines Bundesstaates kam er nach Neu-Delhi, entwickelte sich auch dort zur Nummer eins, brillierte nebenbei als Kricket-Crack. Nach dem Studium an der renommierten Fletcher School of Law and Diplomacy der Tufts University in Massachusetts wollte er zurück in sein Land. Er musste allerdings erleben, wie Indira Gandhi 1976 während des von ihr ausgerufenen Notstands sogar eine seiner Kurzgeschichten wegen »politischer Verfehlungen« auf den Index setzte. Stattdessen ging er zur UNO, 22-jährig. Nach einem Zwischenaufenthalt im Flüchtlingshilfswerk in Genf und Singapur, wo er die Hilfe für vietnamesische Bootsflüchtlinge koordinierte, wurde Tharoor 1998 zum Kommunikationsdirektor der Vereinten Nationen ernannt, beim Weltwirtschaftsform in Davos zu einem der »globalen Führer von morgen« gewählt; 2002 war er als Untergeneralsekretär schon Vize von Kofi Annan.

Vier Jahre später treffe ich ihn – da gilt Tharoor, gerade fünfzig Jahre alt geworden, als Mitfavorit für die Nachfolge des UNO-Chefs. Neben seiner politischen Karriere hat er auch schon in der Literatur für Furore gesorgt, er gilt als einer der herausragenden Schriftsteller seines Landes. *Der große Roman Indiens* hat den Commonwealth

Writers' Price erhalten, sein politisches Sachbuch *Indien: Zwischen Mythos und Moderne* ist schon ein Standardwerk. Er schreibt vor und nach unserem Interview im Hotelzimmer, weiter im Flugzeug über dem Atlantik, in UNO-Sitzungspausen. Und auch die internationale Partywelt und die Glitzermagazine haben den blendend aussehenden Star vom Subkontinent nach einem intensiven Flirt mit der Schauspielerin Nicole Kidman unter besonderer Beobachtung. Wir haben uns bei unseren Begegnungen damals meist über die große Politik unterhalten, aber später auch über Privates – da kam dann ein ganz anderer Tharoor zum Vorschein als unter dem Scheinwerferlicht der internationalen Bühne.

»In unserer Wohnung gab es immer einen Gebetsraum, wo Porträts ausgewählter Gottheiten auf dem Regal und an den Wänden mit vergilbten Fotos von verstorbenen Verwandten um einen Platz kämpften«, beschrieb er einmal seine Jugend. »Alles war mit dem Weihrauch bestäubt, den meine gläubigen Eltern Tag für Tag verbrannten. Jeden Morgen rezitierte mein Vater seine Sanskrit-Mantras. Nie zwang er mich mitzusingen; er war ein lebendiges Beispiel für den Hindu-Gedanken, dass die Religion eine höchst persönliche Angelegenheit ist und dass das Gebet zwischen dem Einzelnen und seiner wie immer auch gearteten Schöpfergestalt stattfindet. Ich sollte nach dieser indischen Art meine eigene Wahrheit finden. Ich fühle mich intellektuell wie emotional wohl im Hinduismus. Das ist eine Religion ohne etablierte Kirche und ohne Papst. Eine Religion, die mich nicht dazu verpflichtet, meine Identität einem Kollektiv unterzuordnen, und auch nicht zu Kulthandlungen an einem bestimmten Tag oder in einer bestimmten Häufigkeit. Als Hindu bekenne ich mich zu einem Glauben, der keine einschränkenden Dogmen einer heiligen Schrift besitzt. Und noch etwas, das mir ganz wichtig ist: Ich gehöre einer Weltreligion an, die nicht den Anspruch erhebt, die einzig wahre zu sein. Es gefällt mir sehr, meinen andersgläubigen Mitmenschen ohne die Belastung gegenübertreten zu können, mich auf dem wahren Weg zu befinden, den sie verpasst haben – eben dieses Dogma des Alleinseligmachenden, Missionierenden ist für das Judentum, die Christenheit und den Islam zentral.«

Aber doch nicht alle denken so, entgegne ich – wie könnte sich sonst die Toleranz bei manchen in das Gegenteil verkehren, zum mörderischen Fundamentalismus führen? Da seufzt Tharoor, der sich manchmal wie ein Fremder in seinem eigenen Land fühlen muss. »Wenn im Namen eines falsch verstandenen Hinduismus Heiligtümer entwürdigt und in seinem Namen Andersgläubige attackiert wurden, ist das Anlass zu Scham und Sorge. Aber das hat nichts mit dem Glauben zu tun, den ich kenne und praktiziere. Unsere Freiheit wurde aus Blut geboren, unsere Unabhängigkeit ist mit Blut getränkt, das ist wahr. Aber wir wurden erzogen, den Pluralismus Indiens für etwas Selbstverständliches zu halten. Wir sind, als die Briten das Land verließen, nicht in die Falle getappt, neben Pakistan einen Staat nur für die Hindus aufzubauen. Das 1947 entstandene Indien hat eine klare Trennung vollzogen zwischen Tempel und Staat. Den indischen Säkularismus setzten wir allerdings anders als viele im Westen nicht mit der Abwesenheit von Religion gleich – er bedeutet eine Überfülle von Religionen, von denen keine einzelne staatlich privilegiert wurde. Es gibt keinen Grund, darauf nicht stolz zu sein, es gibt jeden Grund, den Kommunalimus, den Kampf gegen die anderen Religionsgemeinschaften, zu beenden.«

Tharoor wurde damals natürlich nicht UNO-Generalsekretär – er unterlag Ban Ki-moon, dem südkoreanischen Kompromisskandidaten. Wohl, weil die Chinesen 2006 keinen so prononciert auftretenden Politiker aus dem mächtigen Indien wollten, aus dem Land, mit dem sie Interessen wie Gegensätze haben. Sein Weg zurück nach Indien schien ihn dort zunächst ganz nach oben zu tragen. Er wurde mit seinen Kolumnen und Fernsehauftritten zum Superstar der Medien, in kurzer Zeit hatte er bei Twitter mehr Freunde als jeder andere Inder. Als er fürs nationale Parlament kandidierte, gewann er seinen Wahlkreis in Kerala mit einem Rekordergebnis. Die regierende Kongress-Partei machte ihn in Neu-Delhi zum Staatsminister im Auswärtigen Amt. Doch dann kam der Fall. Weil er seiner Freundin (und späteren dritten Frau) bei der Anbahnung eines Geschäfts mit Insiderinformationen geholfen haben soll, musste er zurücktreten. Tharoor bestreitet bis heute irgendeine

Verfehlung, sieht Neider am Werk, gibt allenfalls zu, manchmal vielleicht etwas unsensibel aufgetreten zu sein: Partys mit Bollywood-Stars, Aufenthalte in Fünfsternehotels, Kommentare in der Weltpresse – für den Weltbürger Tharoor, manchmal unsensibel, gelegentlich arrogant und in seiner intellektuellen Brillanz auch überheblich, alles selbstverständlich. Nicht für viele seine Landsleute. Sein Abgeordnetenmandat im Unterhaus von Neu-Delhi hat er behalten, seine Debattenbeiträge vor der Lok Sabha gehören zu den interessantesten. Nicht auszuschließen, dass sein Wissen, sein Durchsetzungsvermögen, sein politischer Instinkt, nun gepaart mit einer Prise Demut, Shashi Tharoor wieder in ganz wichtige Funktionen bringen wird.

Der andere Bekannte aus alten Zeiten heißt Lal Krishna Advani. Für ihn ist Säkularismus ein Schimpfwort. Ziel seines Denkens und Wirkens ist die (Wieder-)Erschaffung einer einzigen Hindu-Nation. »Hindutva« heißt seine Bewegung. Andere Religionen sollen zwar toleriert werden, aber müssten sich in Indien der einen, der »wahren« unterordnen. Schon äußerlich wirkt er wie ein Gegenpol zu Tharoor. Keine westlichen Maßanzüge oder Designer-Krawatten, sondern immer nur weiße Baumwollhemden und traditionelles Beinkleid. Misstrauen gegenüber allem Fremden, übergroßes Vertrauen in die eigene Nation. Kernaussage: »Das 21. Jahrhundert wird das indische Jahrhundert sein. Indien kann zum Vorbild der Welt werden, zu einem Guru der Nationen.« Bei unserem ersten Treffen Ende der Achtzigerjahre witterte er in jeder kritischen Frage den ausländischen Agenten, der versuchte, sein großes Volk niederzumachen.

Aber Advani war nie ein unbeherrschter, feuriger Scharfmacher wie jener Bal Thackeray, den ich in Bombay kennengelernt und porträtiert habe und der mir in vielfacher Weise als sein Seelenverwandter vorkam. Advani gehört mehr zu den Distinguierten, den Höflichen, den Wohlerzogenen, die ihre Radikalität hinter intellektuellen Floskeln verstecken. Außerdem ist er eine ganze Generation älter als Tharoor. Wie der nette Onkel von nebenan wirkt er bis heute, weißer Bart, gutmütiges Lächeln.

Geboren 1927 in Karatschi, wuchs er auf in Hyderabad und Bombay, wo er Rechtswissenschaften studierte. Schon früh trat er der

Rashtriya Swayamsevak Sangh (RSS) bei, einer radikalen Hindu-Organisation. Sie wurde zwischenzeitlich verboten, als Nathuram Godse, eines ihrer Mitglieder, Mahatma Gandhi ermordet hatte – er wollte nach eigenen Worten die »Appeasement-Politik Gandhis gegenüber den Muslimen« verhindern. Der RSS-Führung ließ sich damals keine direkte Mittäterschaft nachweisen, 1949 wurde das Verbot wieder aufgehoben. Advani machte in der Kaderorganisation Karriere, diente sich dann in diversen rechts-konservativen Parteien nach oben. 1977 gehörte er zu den Gründungsmitgliedern der Bharatiya Janata Party (BJP). 1986 wurde er ihr Präsident. Als die Kongress-Partei 1989 die Wahlen verlor, wurde Advani zum ersten Mal Minister, zuständig für »Pensionen und öffentliche Beschwerdeangelegenheiten«. Bald war er in der indischen Politik weit wichtiger, als die obskure Funktion es andeutete, zog im Hintergrund die Fäden für eine neue nationalistische, antisäkulare Politik. 1989 rief er eine Bewegung ins Leben, die den Geburtsplatz des Gottes Rama schützen sollte. Die BJP unter seiner Führung forderte, die Babri-Moschee bei Ayodhya abzureißen – just dort, wo Rama angeblich zur Welt kam und Hindus vor Urzeiten einen Tempel errichteten, hätten Muslime eine Moschee gebaut. Der sunnitische Weltkongress nannte das unrichtig, eine archäologische Studie schien den von Hinduisten erhobenen Vorwurf historisch zu unterstützen. Gutwilligen auf beiden Seiten war klar, dass man einen Kompromiss finden musste, um dem Konflikt die Sprengkraft zu nehmen. Ein lokales Gericht bestätigte die Notwendigkeit zum Status quo.

Das war die Situation, in der ich Advani interviewte. Seine Stimme war sanft, seine Botschaft von glasklarer Härte. »Es darf nicht sein, dass Hindus in ihrem eigenen Land benachteiligt werden – es ist unsere Religion, unsere Kultur, es sind unsere Werte, die diese Nation groß gemacht haben. Die Geschichte Indiens ist die Geschichte des Kampfs der Hindus um die Erhaltung ihres Glaubens gegen Angriffe von außen.« Und so ging es weiter, bis mir Advani am Schluss des Interviews versicherte, dass er selbstredend andere Religionsgemeinschaften achte und alles, was er sagte, nicht aggressiv gegenüber irgendjemandem gemeint sei.

»Das Konzept eines kulturellen Nationalismus respektiert durchaus andere Religionen. Wenn ein gemeinsamer, vereinender Sinn eines ›Amerikanischseins‹ in 400 Jahren herausgebildet werden kann, dann lässt sich das ja wohl auch hierzulande erreichen. Da der Terminus ›indisch‹ erst vergleichsweise jung ist und das große, vereinende Prinzip das Hinduistische ist, sollte das auch so benannt werden.« Es klang bei aller Verbrämung, bei jedem intellektuellen Winkelzug dann doch immer so: Hindus müssen in diesem Land die erste Geige spielen, immer und überall; nur wer bereit ist, sich dem unterzuordnen, kann bleiben. Zum Schluss unseres Gesprächs überreichte er mir ein Buch, das die RSS als »größtes Freiwilligencorps der Welt« pries, und schrieb mir als Widmung hinein: »Wenn Indien enthinduisiert wird, gibt es kein Indien mehr.« Als ich dann noch fragte, wer um alles in der Welt das in diesem Staat denn vorhabe, da winkte er ab. Als wollte er sagen: Der Fremde versteht mich einfach nicht, will es nicht, kann es nicht.

Was Advani wirklich meinte, verstanden aber bald alle. Er machte sich auf zu einem hinduistischen Pilgerzug, um all diejenigen zu ermutigen, die an dem heiligen Platz beten wollten. Nie rief er direkt zur Gewalt auf, aber das Ziel war klar: Weg mit der Babri-Moschee! Er zog sich selbst aus der Schusslinie, Zehntausende aufgeputschter Hindus besorgten den Rest. Am 6. Dezember 1992 stürmten sie das muslimische Heiligtum, trugen es bis auf die Grundmauern ab. Der provokative Akt führte im ganzen Land zu Ausschreitungen zwischen Hindus und Muslimen, bei denen mehr als 2000 Menschen starben.

Der BJP bekam die Hetze gut, sie legte bei Wahlen stark zu, konnte die Regierung stellen. 1998 wurde Advani unter dem Parteifreund Atal Bihari Vajpayee Innenminister, später auch stellvertretender Ministerpräsident. An der Macht mäßigten sich die Hindutva-Rechtskonservativen, konzentrierten sich auf die Wirtschaftsprobleme des Landes und den Aufbau des Nuklearpotenzials. Die Scharfmacher um Advani verloren an Boden. In Ayodhya existieren heute religiöse Stätten für Muslime und Hindus nebeneinander. Er selbst sah sich wegen seiner Rolle bei der Zerstörung der Moschee mit einer Klage wegen Volksverhetzung konfrontiert;

sie verlief im Sand. Nach der Wahlniederlage der BJP wurde Advani Oppositionsführer, 2009 machte ihn die Partei trotz Korruptionsgerüchten zu ihrem Kandidaten für den Posten des Premiers. Doch diese Wahlen verlor er klar, gab den Vorsitz der BJP ab. Bis heute ist der sanftzüngige Scharfmacher aber politisch höchst einflussreich und versammelt hinter den Kulissen die fundamentalistischen Kräfte um sich. Auch in Varanasi.

Ob der Terroranschlag im dortigen Sankat-Mochan-Tempel im März 2006 allerdings etwas mit der Kränkung hinduistischer Befindlichkeit zu tun hatte, ob er das Werk einer aus Pakistan eingesickerten Terrorgruppe war – vollständig wurde das nie geklärt. Wie an fast jedem Tag hatte an der heiligen Stätte eine Hochzeit stattgefunden, hatten sich Gläubige um neun Uhr morgens zum Gebet versammelt. Vier Menschen starben an Ort und Stelle, Dutzende wurden verletzt, Panik brach aus. Aber nach dem Attentat passierte Erstaunliches: Schon am nächsten Vormittag fanden sich wieder Hunderte Hindus am Tempel ein und beteten, als wäre nichts geschehen. Sie folgten dem Aufruf des Mahant, des Hohepriesters, der die Gläubigen in einer ebenso ergreifenden wie besonnenen Rede gebeten hatte, sich nicht zu verstecken, sondern die Angst zu überwinden. Veer Bhadra Mishra heißt der Tempelvorsteher. Er gehört zu den eindrucksvollsten Persönlichkeiten, die ich in Indien getroffen habe. Und keiner verkörpert für mich so die Widersprüchlichkeit, die Ambivalenz, ja das Schizophrene des hinduistischen Glaubens wie er.

»Na, wieder einmal im Land?«, fragt er bei meinem Besuch im Jahr 2012 und streckt mir die Hände entgegen, als wolle er gleich die ganze Welt umarmen. Er lächelt, wie immer, gütig, verständnisvoll, an den Geschichten des Gasts interessiert. Er ist auch gekleidet wie immer, die weiße Kurta, das kragenlose Hemd, fällt über einen asketischen Körper, das schneeweiße Haar und der schlohweiße Schnurrbart verleihen ihm Würde und Gelassenheit, ein Gott der Güte. Und doch habe ich einen Schrecken bekommen, als Mishra in den Privatraum im Zentrum des Heiligtums kam, wo er mich wegen dringender Geschäfte einige Minuten hatte warten lassen müssen: Der Priester stützte sich auf zwei Mitarbeiter, konnte offensichtlich nur noch mit größten Schwierigkeiten gehen. Eine Krankheit, von der man schon früher gemunkelt hatte, wohl multiple Sklerose, hatte bei dem Mittsiebziger mit voller Wucht zugeschlagen. Es war schwer zu übersehen: Hier neigte sich ein großes Leben dem Ende entgegen.

Wir setzen uns auf die einfache Couch. Erst mal muss ich erzählen. Ich berichte vom Vorabend, von den *Puja*-Prozessionen unten an den Ghats, den Opfergaben für Shiva, den kleinen Schiffchen mit Blumen, Früchten und Weihrauch, die viele Gläubige dem Ganges anvertrauten. *Hara Hara Mahadeva Shambho! Kashi Vishvanath Gange,* hatten sie immer wieder gerufen, »Gepriesen sei Shiva, der große Lord, Benares und Mutter Ganga!« Das gefällt dem Hindu-Priester. Und ich erzähle von dem alten Mann am Fluss, der im Schein des letzten nächtlichen Feuers gesagt hat: »Benares, das wahre Benares, das findest du nur in deinem eigenen Herzen.« Das gefällt ihm noch besser. Und ich erzähle ihm auch von den Leichenteilen, die ich wiedergesehen hätte, den Resten der Verbrannten, die flussabwärts schwammen, dem Kuhdung, den selbst am heiligsten Manikarnaka Ghat weiterhin eingelassenen Industrieabwässern, die den Fluss mal bläulich, mal grünlich schimmern lassen – weil ich weiß, das ist sein Thema, sein Kampf. Er wirft in Verzweiflung die Hände nach oben. Das gefällt ihm gar nicht.

Mishra predigt nun schon seit Jahrzehnten, dass vom Wegschauen und Verschweigen nichts besser wird, er kämpft für die Reinheit des großen heiligen Flusses. Er ist nicht nur Experte für die Götter, sondern auch für die Bakterien; der Hohepriester hat zudem eine Professur für Ingenieurwesen. »Ich nehme jeden Morgen mein Bad im Ganges, ich bin ja ein gläubiger Hindu und kenne die Vorschriften. Aber ich weiß als Naturwissenschaftler natürlich, dass das ein Fehler ist – nicht einmal meinen kleinen Zeh sollte ich in die Kloake stecken«, sagt er. Und beklagt die Traditionalisten seiner Religion, die das mit den Selbstheilungskräften der Göttin Ganga wörtlich nehmen, die sagen, da sie doch von allen Sünden wasche, müsste sie auch selbst für alle Zeiten rein sein. Nur Ignoranten dächten, Heiliges sei nicht schutzbedürftig. »Was für ein rückständiger Unsinn!«

Dass er mal ein Grüner wird, war ihm nicht gerade in die Wiege gelegt. Seit Generationen wird das Amt des Mahant in der Familie an den erstgeborenen Sohn vererbt. Darauf hat man auch Veer Bahadra Mishra durch eine sehr strenge und traditionelle Erziehung vorbereitet. Die besten Lehrer der Stadt unterrichteten ihn in Sanskrit und den *Veden*, er sollte die Sitar lernen, ein wenig auch Schauspielkunst und Ringen, das in Varanasi ein kulturell hochrespektierter Sport ist und als eine Form der kulturellen Betätigung gilt. Auf wissenschaftliche Fächer wurde weniger Wert gelegt. Nur weil der Sprössling besonders begabt für Mathematik war, ließ man ihn neben dem Privatunterricht auch an der höheren Schule lernen. Als er 14 war, starb der Vater; schon in diesem jugendlichen Alter begannen seine religiösen Pflichten, er wurde im Tempel zum spirituellen Führer geweiht. Die Mutter zeigte Verständnis, dass der junge Mann die Schule unbedingt abschließen wollte und akzeptierte nach langen Diskussionen schließlich auch, dass er Ingenieurwissenschaften studierte. »Eigentlich durfte ich ja nur religiöse Kleidung kaufen, weshalb meine Mutter heimlich für mich Hosen und später einen Tropenanzug erwarb, damit ich in der Uni nicht auffiel«, sagt Mishra. Er bestand seine Prüfungen mit Glanz, wurde schließlich Professor für Wassermanagement und Hydraulik. Damit begann sein Kampf um den Ganges.

Dem Priester wird ein Zettel gereicht, ein Besucher hat um einen dringenden Termin gebeten. Mishra, der Seelsorger ist gefragt. Eine alte Frau nähert sich, schluchzend. Zeit für eine Pause in unserem Gespräch. Zeit für einen weiteren Gang über das Gelände des Heiligtums.

Der Sankat Mochan ist nur einer von 23 000 Tempeln in der Stadt, und die Ehre, der schönste, wichtigste und berühmteste von Varanasi zu sein, gebührt ihm nicht. Die geht an den Kashi Vishwanath, den Shiva geweihten »Goldtempel«. Ein Blick auf diesen Schrein, so sagt man, sei für den Hindu wertvoller als die Ansicht jeder anderen religiösen Stätte. Der Tempel Mishras mag nicht ganz so prachtvoll sein, aber ich fand ihn immer interessanter. Und mit weit mehr als 10 000 Besuchern an Tag ist er mindestens genauso beliebt. Der Sankat Mochan steht an der Stelle, wo der berühmte

Poet und Philosoph Tulsidas im 16. Jahrhundert seine Übersetzung des *Ramayana* in eine volksnahe Sprache vollendet haben soll – übrigens gegen den Willen der höchsten Brahmanen, die den Text für die Angehörigen ihrer, der höchsten, Kaste vorbehalten sahen. Der Reformer gilt auch als Komponist des *Hanuma Chalisa*, einer Hymne an den Affengott Hanuman. Kaum eine Gottheit im hinduistischen Pantheon ist so beliebt wie Hanuman. »Du bist mächtig wie der Sturm, intelligent und erfinderisch und immer da, wenn man in einer Sackgasse steckt«, heißt es in den alten Schriften. Der Tempel Mishras ist Hanuman gewidmet – und das heißt nichts anderes, als dass Affen hier Hausrecht haben. Überall auf den Mauervorsprüngen im Innern des Tempels lauern die Tiere und beobachten die Gläubigen. Sie scheinen zu ahnen, wenn ihnen jemand Nüsse oder Bananen mitgebracht hat, greifen dann blitzschnell und kreischend zu. Aber die Affen sind hier nicht aggressiv wie so vielerorts in Indien. Sie wissen wahrscheinlich, dass sie hier im Tempel nie zu kurz kommen. Und sie greifen deshalb höchst selten, ohne ermutigt worden zu sein, zu der besonderen Süßigkeit aus Zucker, Mehl und Kondensmilch, die von den Gläubigen geopfert wird. In einer Ecke des Tempelhofs haben Trommler ihre Instrumente aufgebaut, Kinder spielen Fangen, alte Frauen bleiben nach Vollendung der religiösen Rituale wie dem Niederlegen von Blumengirlanden noch auf einen Plausch. Ein Schild warnt davor, im Innenraum zu rauchen, Kippen oder Plastiktüten auf den Boden zu werfen. Aber ansonsten tut sich keiner einen Zwang an. Frei übersetzt bedeutet der Name des Tempels: »Wo man seine Sorgen loswird.«

Nach dem dazwischengeschobenen Termin kommt Mahant Mishra schnell zu seiner Herzenssache. »Die letzten Werte unserer Ganges-Messungen sind wieder ganz besonders schlecht. Der Fluss ist kriminell verdreckt und steckt voller gefährlicher Krankheitserreger. Wir müssen ihn sauber machen, wir müssen das schaffen, was Sie in Deutschland mit dem Rhein geschafft haben.« Schon 1982 hat Professor Mishra seine Sankat-Mochan-Stiftung zur Ganges-Reinigung gegründet, und man kann nicht sagen, der charismatische Umweltschützer hätte darum wenig Wirbel gemacht. Er suchte sich Rat in Europa wie in den USA, gab Interviews, beriet sich mit Wissenschaftler-Kollegen, setzte den Parlamentariern in Neu-Delhi mit Petitionen und Plänen zu. Die Vereinten Nationen ehrten Mishra mit einem wichtigen Umweltpreis, das amerikanische Nachrichtenmagazin *Time* ernannte ihn zu einem ihrer »Helden des Planeten«. Als Bill Clinton Indien besuchte, wünschte er sich Mishra als Tischpartner beim Dinner. Auch von den einheimischen Politikern erntete er viel Schulterklopfen. »Aber religiöse Ultras und die indische Bürokratie sorgten letzten Endes immer dafür, dass jeder Fortschritt im Keim erstickt wurde«, sagt er verbittert. »Wir müssen endlich handeln.«

Nicht dass es an staatlichen Initiativen und Versprechungen gefehlt hätte. Im Juni 1986 wurde am Dasaswamedh Ghat von dem damaligen Ministerpräsidenten Rajiv Gandhi feierlich und unter großem Presserummel der »Ganga Action Plan« gestartet, er sollte mit 300 Millionen US-Dollar ausgestattet werden. Es wurden Großprojekte in Auftrag gegeben, hohe Honorare flossen an obskure Firmen und ihre Berater – der wahre Ganges-Kenner, Diplomingenieur und Hydraulik-Experte blieb weitgehend außen vor. Und die Gelder versickerten schnell. Im Hintergrund intrigierten die großen Industriefirmen der Region, allesamt Dreckschleudern, um sich teuren Umweltauflagen zu entziehen. Mishra aber kämpfte unverdrossen weiter, unterstützt hauptsächlich durch ausländischen Spender, »motiviert durch den Respekt und die Liebe für den Fluss wie seine Anwohner«, wie er es formuliert. Sein kleines wissenschaftliches Team tat sich mit einem kalifornischen Forscher zusammen. Gemeinsam entwickelten sie ein innovatives Konzept: Das Gangeswasser sollte an bestimmten Stellen in vier unterschiedlich tiefe Pools geleitet werden. Durch die Zugabe von Mikroben und Algen und unter Mitwirkung von Sonne und Sauerstoff könnten dort die Fäkalkeime zersetzt werden. Experten der wissenschaftlichen Fachzeitschrift *Science* lobten das »Advanced Integrated Wastewater Oxidation Pont System« ausdrücklich.

Und doch wird auch dieser aussichtsreiche, mit Natur und Religiosität in Einklang stehende Plan nun schon seit Jahren wieder zerredet. Mishra kommentiert das mit einer für ihn untypischen

Bitterkeit: »Unser Vorschlag hat zugegebenermaßen einige entscheidende Schwächen: Er ist relativ preiswert, er ist ziemlich einfach und beschäftigt lokale Arbeitskräfte. Teure Projekte der Regierung, bei denen Bestechungsgelder abgezweigt werden, würden
damit überflüssig.« Mishras Fazit: »Die in Delhi sehen ihre Profite
davonschwimmen, die wollen es nicht. Denn es könnte funktionieren.« Der Umweltaktivist, der heilige Krieger für die Mutter aller
Inder, aber will nicht aufgeben. Er glaubt Hinweise dafür zu haben,
dass sich 2013 etwas tun könnte. Er hofft auf ein neues Gespräch
mit der politischen Führung in der Staatshauptstadt Neu-Delhi
und in der Landeshauptstadt Lucknow. »Mangelnde Geduld ist im
Hinduismus genauso eine Sünde wie Gleichgültigkeit gegenüber
dem Leid der anderen«, sagt Veer Bhadra Mishra zum Abschied.
Schleppt sich hinaus zu den Gläubigen, die den abendlichen Tanz
begonnen haben, hinunter zum Assi Ghat, wo er direkt über dem
Fluss seine Wohnung hat.

Es bleibt die Frage im Raum, die auch er nicht beantworten
kann: Warum ist so vielen gläubigen Hindus so wichtig, den
Geburtsort Ramas zu bewahren, warum kämpfen sie nicht mit
mindestens derselben Leidenschaft darum, ihre Göttin Ganga und
damit auch die Lebensgrundlagen der Menschen an ihren Ufern
zu retten? Warum definieren sie sich so leicht gegen etwas – die
»Unverfrorenheit der Muslime«, die »Missachtung durch die Sikhs«,
die »Missionierung durch die Christen« – und so schwer für etwas
wie die eigenen Wertvorstellungen? Muss Hinduismus mehr sein
als religiöse Identitätssuche im privaten Rahmen, ein nationaler
Kitt?

Das Jahr 2013 war für die gläubigen Hindus durch die Kumbh
Mela geprägt – einmal alle zwölf Jahre findet sie statt, und dann
strömen zwischen dreißig und vierzig Millionen Menschen nach
Allahabad an den Ganges, zum größten gemeinsamen Bad der
Menschheit. Zur Massenandacht. Zur Massenhysterie.

Eine der anderen berühmten Pilgerreisen, vielleicht die spektakulärste von allen, führt den Himalaja zu einer heiligen Höhle
hinauf. Startpunkt ist Baltal, ein kleines Dorf bei Srinagar in Kaschmir. Dreißig Kilometer führen schwindelerregende Bergpfade auf

3888 Meter, über reißende Bäche, an Geröllfeldern und Gletschern entlang, mehr als 150 000 Schritte sollen es sein. Zunächst mühsame, dann sehr mühsame, am Schluss quälende Schritte. Tröstlich ist nur der keuchende Atem der anderen, denen es offensichtlich nicht besser geht. Es ist ein außergewöhnlicher Zug: Heilige Männer in orangenen Hosen und mit Turbanen, aber trotz der Kälte mit nacktem Oberkörper. In Pelze geschlungene Frauen in Joggingschuhen und mit Stöcken ausgestattet, Männer mit Wintermänteln und Winterstiefeln nach dem letzten Outdoor-Schrei. Feiste Städter, die sich von ihren Angestellten begleiten lassen und auf Pferden reiten. Kranke, die auf Tragbahren nach oben transportiert werden. Tatsächlich treffen sich zu dieser Wallfahrt in jedem Sommer Pilger aus allen Regionen Indiens, Pilger aller Bevölkerungsschichten. Und dann endlich ist der Ort der Andacht erreicht, die Höhle, in der Shiva seiner göttlichen Lebensgefährtin Parvati die Geheimnisse des unsterblichen Lebens und der Ewigkeit erklärt haben soll. Ganz abgelegen sollte es sein, sodass keiner lauschen konnte. Ein Ort des Wunders. Denn jeder der Gläubigen, der nach Amarnath kommt, betet in der Grotte zu einer merkwürdigen Erscheinung, einem Phallus aus Eis, dem *Linga*, dem Zeichen Shivas.

Alljährlich soll das Phänomen nur in der hinduistischen Zeit des *Shravan*, im Juli und August, zu bestaunen sein. Die Säule aus Eis erklären Wissenschaftler profan: Wasser tropft von der Decke, formt einen Eissockel am Boden, auf ihm entsteht ein Stalagmit. Die Formation nimmt mit dem Zyklus des Mondes zu und wieder ab, bei Vollmond erreicht das Gebilde seine größte Ausdehnung. Die Gläubigen lassen sich, sollten sie von solchen Erklärungen wissen, nicht von ihren inbrünstigen Gebeten abhalten: Der ständige natürliche Wechsel des Heranwachsens und Schwindens wird von ihnen als »lebendige« Anwesenheit Shivas gesehen. Wächter verhindern, dass die Pilger dem Phallus aus Eis zu nahe kommen und verkaufen für ein paar Rupien Blumengirlanden, die jeder in seine Richtung werfen darf, auch Münzen sind erlaubt. Und so warf auch ich eine Opfergabe.

Die Wächter sind Sadhus, heilige Männer mit langen Bärten und natürlich unbewaffnet, aber ganz in der Nähe der Höhle steht das indische Militär Wacht. Anfang der Neunzigerjahre war Amarnath einmal vier Jahre unzugänglich, wegen Terrordrohungen geschlossen. Im Jahr 2000 hat ein von muslimischen Radikalen aus Pakistan verübter Anschlag dreißig Menschen das Leben gekostet. Seitdem muss sich jeder registrieren lassen, der zur Höhle will und unterwegs bei Stichproben auch durchsuchen lassen. Seit über einem Jahrzehnt gibt es nun keine Sicherheitsprobleme mehr. Die Wallfahrt ist äußerst populär, ständig werden Besucherrekorde gebrochen – 2012 schafften über 600 000 Menschen innerhalb der acht möglichen Wochen den Weg zum Phallus. Viele sollen beim Trip im vergangenen Jahr enttäuscht gewesen sein: Shivas Eiszapfen war im Vergleich zu früher enorm geschrumpft, vermutlich Ausdruck der Erderwärmung oder anderer von Menschen ausgelöster Phänomene. 135 Pilger starben beim letzten Pilgerzug an Erschöpfung oder durch Unfälle – was tragisch war, aber doch ein tröstlicher Tod: Er sichert dem Gläubigen, wie das Ritual im Ganges, ewige Erlösung.

»Sind eigentlich Andersgläubige in Amarnath auch willkommen?«, fragte ich auf dem Rückweg einen Hindu-Priester. Eigentlich nicht, antwortete der. Auch keine Buddhisten? »Doch, die schon. Die haben doch keine eigenständige Religion. Buddha ist für mich und die meisten Kollegen nichts anderes als die zehnte Inkarnation von Vishnu, hervorgegangen aus dem Mund des Brahma – kein ganz wichtiger Gott, aber einer von uns, aus Varanasi stammend und ein Teil der hinduistischen Tradition.«

Vielleicht hätte sich die Lehre des Buddha noch viel schneller und umfassender verbreitet, wäre er öfter nach Benares gekommen. Nach allem, was man weiß, stattete er dem Ort nur ein paar Stippvisiten ab. Sie interessierte ihn nicht, obwohl er teilweise ganz in der Nähe wohnte, ja im Grunde sein ganzes Leben immer in einem höchstens 400 Kilometer umfassenden Radius um die Stadt herum verbrachte. Wahrscheinlich fand er die Geschäftigkeit der damals schon bedeutenden Handelsmetropole lästig. Er wusste, dass die Brahmanen auf seine Lehren allergisch reagierten, sie als Bedrohung ihrer Stellung sahen. Und er sparte ja auch selbst nicht mit Kritik an der höchsten Kaste des Hinduismus, verspottete ihre

Rituale. Diese ganzen Waschungen und Opferzeremonien brächten einen spirituell nicht weiter und hätten keinerlei religiöses Verdienst, soll er der kleinen Schar seiner Anhänger in den Wäldern von Sarnath sinngemäß verkündet haben.

Nur etwas mehr als zehn Kilometer nordöstlich der hinduistischen »ewigen Stadt« Varanasi liegt dieses Sarnath. Es ist einer der wichtigsten Orte des Buddhismus: der Platz, an dem Siddharta Gautama die Lehre verkündete. Etwa 300 Kilometer östlich, in Bodh Gaya im Bundesstaat Bihar, soll der asketische Fürstensohn seine Erleuchtung erfahren haben. Praktisch sein ganzes Leben hat er im heutigen Indien verbracht. Er gründete eine Weltreligion, die 1500 Jahre lang großen Einfluss in ganz Asien hatte und in vielen Regionen immer noch hat. In Indien sind davon geblieben: Ruinen. Fast nur Ruinen. Und Touristenattraktionen. Vorwiegend japanische und chinesische Gäste drängen sich um die 34 Meter hohe Dhamek Stupa in Sarnath, von Kaiser Ashoka im 3. Jahrhundert vor Christus erbaut, und um den alten, ehrwürdigen Baum der Erleuchtung in Bodh Gaya. Wohl knapp sieben Millionen Menschen auf dem Subkontinent bezeichnen sich heute noch als Buddhisten, vielleicht 0,5 und 0,6 Prozent der indischen Bevölkerung. Eine eigenständige Rolle im öffentlichen Leben spielen sie schon lange nicht mehr.

Chinesische Gelehrte berichteten schon im 6. Jahrhundert nach ihren Reisen in Zentralindien vom Niedergang des Buddhismus. Die Glaubensgemeinschaft, der die Konversion des Kaisers Ashoka zu ihrer größten Verbreitung verholfen hatte, war offensichtlich zu wenig auf die Erhaltung weltlicher Macht ausgerichtet. Ihr intellektuelles Gedankengebäude war in breiten Schichten des Volkes nicht tief verwurzelt, ihre oft asketischen Jünger zu unorganisiert. Die Brahmanen gewannen wieder an Einfluss, und nach dem Siegeszug muslimischer Truppen wurde die Bewegung fast ganz absorbiert. »Der Buddhismus in Indien ist schon seit 700 Jahren ausgestorben«, fasst bereits 1903 der Forschungsreisende Anton Gueth zusammen. »Nachdem er sich schon lange im Niedergang befunden hatte, erhielt er zwischen dem 10. und 13. Jahrhundert den Gnadenstoß durch die Armeen des Propheten Mohammed«, weiß der Indologe John Snelling.

In Indien gibt es viermal so viele Christen wie Buddhisten, etwa
2,4 Prozent der Bevölkerung – auch sie haben eine eindrucksvolle
Vergangenheit auf dem Subkontinent, auch sie spielen im täglichen
Leben heute eine eher bescheidene Rolle. Schon im 1. Jahrhundert
hat der Apostel Thomas im südlichen Kerala die Menschen bekehrt,
so wurde die Religion früher in Indien verankert als in manchen
Teilen Europas. Im Mittelalter wurden Goa und Cochin portugiesische Zentren, katholische Geistliche bauten prachtvolle Kirchen,
später folgten protestantische Missionierungswellen. Nicht immer
waren die Beziehungen zu den Anhängern der Mehrheitsreligion
im Land spannungsfrei. Vor allem in den vergangenen zwanzig Jahren kam es zu vereinzelten Übergriffen rechtsnationaler Hindutva-
Fundamentalisten. Fragt man heute Inder, welche Katholiken im
Land sie kennen, wird man – nach längerem Nachdenken – meist
zwei Namen hören: Mutter Teresa, die sich in Kalkutta um die
Ärmsten kümmerte; und Sonia Gandhi, die italienische Frau des
ermordeten Premier Rajiv Gandhi.

Eine beachtliche Rolle in Indien spielen die Sikhs, mit 24 Millionen Gläubigen die drittgrößte spirituelle Kraft. Sie sind über-
proportional vertreten in allen Spitzenpositionen der nationalen
Verwaltung und des Militärs. Keine indische Regierung würde sich
getrauen, sie zu vernachlässigen – vor allem nicht mehr, nachdem
militante Vertreter der Sikhs zur »vielleicht größten Herausforderung seit Bestehen des Staates wurden«, wie 1983 *India Today* etwas
panisch formulierte.

Ich war damals in Amritsar, der von Sikhs dominierten geistigen
Hauptstadt der Bewegung mit ihrem berühmten Goldenen Tempel,
und begann meine Reportage mit einer eher allgemeinen Beobachtung:»Gibt es sonst noch eine Stadt auf der Welt, in der 700 000
Menschen leben, von denen 400 000 noch nie in ihrem Leben bei
einem Friseur waren und genau den gleichen Namen tragen?« Alle
Sikhs heißen von Geburt an Singh, was so viel wie »Löwe« bedeutet. Alle Sikhs verzichten von Geburt an darauf, sich Haupt- und
Barthaare zu stutzen, das ist *kes*, eines der fünf Hauptgebote, das
die Anhänger dieser Religion befolgen müssen. Die weiteren Vorschriften: Sie sollen unter dem Turban einen Kamm *(kanga),* als

Waffe einen Dolch *(kirpan)* und als Schutz einen stählernen Armreif *(kara)* tragen; außerdem muss ein Sikh stets in eine knielange Unterhose *(kachera)* gekleidet sein. Das hilft angeblich, sexuelle Erregung zu unterdrücken.

Guru Nanak Dev, der Religionsstifter aus dem 16. Jahrhundert, war auch ein Sozialreformer: Er hatte das Kastensystem und Praktiken wie Kinderhochzeit und Witwenverbrennung scharf angegriffen. Keine Art von Arbeit sollte Nanaks Jüngern zu entwürdigend sein, demonstrativ nahm der Heilige stets seine Mahlzeiten mit den Ärmsten gemeinsam ein. Die Anhänger der neuen Glaubensgemeinschaft zahlten steuerähnliche Abgaben an die Priester in den Gurdwaras, den Sikh-Tempeln. Über Jahrhunderte hatten die Sikhs weitgehend friedlich mit ihren hinduistischen Nachbarn zusammengelebt. Nur gelegentlich, wenn sie sich unterdrückt fühlten, flammte der Ruf nach einem eigenen Staat auf. Und dann griffen sie auch zu den Waffen, denn Krieg zur eigenen Verteidigung war von ihrem Glauben nicht nur erlaubt, sondern sogar gefordert.

Die Spannungen Anfang der Achtzigerjahre entzündeten sich an gegenseitigen Provokationen, und wie so oft in der Geschichte ließ sich nicht mehr feststellen, wer angefangen hatte. Hindu-Priester fanden vor ihren Tempeltoren blutgetränkte Köpfe von Kühen, Sikh-Priester wurden in ihren Tempeln mit Hunderten Zigarettenkippen und Bierflaschen beworfen, eine ebenso große Ungeheuerlichkeit, da Tabak und Alkohol für diese Religion tabu ist. Blut floss auf beiden Seiten – und plötzlich war er wieder da, der Ruf nach einem eigenen Staat, nach »Khalistan«, dem »Land der Reinen«. Hunderttausende Sikhs marschierten im ganzen Land gegen die Zentralregierung in Neu-Delhi, der sie unterstellten, die Spannungen anzuheizen.

Angeführt wurden sie von Jarnail Singh Bhindranwale, einem besonders feurigen Radikalen, der wegen Hochverrat im Gefängnis gesessen hatte und von dort eine Terrorkampagne anzettelte, der mehr als fünfzig Polizisten zum Opfer fielen. Kaum wieder in Freiheit, hetzte der »Khomeini der Sikhs«, wie ihn Indiens Presse taufte, gegen Indira Gandhi. Bei unserem Gespräch in einem Hof des Goldenen Tempels zeigte er sich besonders kompromisslos: Konkrete Schritte Richtung Khalisten müssten kommen: »Sonst wird der Panschab in einem Meer von Blut ertrinken. Ich sehe schwarz für Indira Gandhi, die wir von der Macht verdrängen müssen, diese Whisky-Säuferin.« Die Ministerpräsidentin ließ bald nach meiner Abfahrt den Tempel vom Militär belagern, wollte Bhindranwale und seine Anhänger auf dem Gelände aushungern. Doch die militanten Separatisten beschafften sich über unterirdische Gänge Waffen und Nahrungsmittel und hielten dagegen. Monatelang zog sich das Schauspiel hin. Da verlor Indira Gandhi die Nerven und ließ am 3. Juni 1984 das Heiligtum stürmen. Die »Operation Blue Star« führte zu einer blutigen Katastrophe, mehrere Hundert Menschen starben auf beiden Seiten, Aufständische, Soldaten, Zivilisten; auch der »Khomeini der Sikhs« kam ums Leben.

Viele seiner Glaubensbrüder sahen ihn als einen Märtyrer und forderten Rache. Sie folgte vier Monate später. Am 21. Oktober 1984 wurde Indira Gandhi ermordet – erschossen von zwei ihrer Sikh-Leibwächter, die als besonders zuverlässig gegolten und sie über Jahrzehnte bewacht hatten. Bei anschließenden Pogromen starben mehr als 3000 Menschen, vor allem Sikhs. Wochenlang sah es so aus, als würde Indien im Bürgerkrieg versinken. Doch die Vernunft erlangte schließlich auf beiden Seiten die Oberhand. Die Politiker beruhigten, die Presse rief die Menschen zur Ordnung, die Gerichte bestraften Übergriffe, ohne eine Seite zu bevorteilen. Die Institutionen des Staates funktionierten, selbst in den schwersten Stunden. Und wenn auch heute noch die Beziehungen zwischen Hindus und Sikhs nicht spannungsfrei sind, scheint eine Wiederholung der schlimmen Vorgänge von damals doch so gut wie ausgeschlossen. Bei einem Zahlenverhältnis von fünfzig zu eins zwischen Hindus und Sikhs ist den Nüchternen unter den »Reinen« klar, dass aus Khalistan nichts werden kann, dass sie sich wohl oder übel mit der Mehrheit arrangieren müssen.

Ganz so einfach liegen die Dinge im Verhältnis zwischen Islam und Hinduismus nicht. Fast 14 Prozent der indischen Staatsbürger sind Muslime, 165 Millionen Menschen, weit mehr als in jedem arabischen Staat; nur in Indonesien und Pakistan ist ihre Zahl noch größer. In einem einzigen indischen Bundesstaat stellen sie die

Mehrheit, in Jammu und Kaschmir – der Problemregion auf dem Subkontinent schlechthin. Auch wenn es im Jahr 2013 scheint, als könnten die schlimmsten Übergriffe der indischen Militärs auf sogenannte muslimische Unruhestifter – und umgekehrt deren Provokationen gegen die als »Besatzungsmacht« empfunden Soldaten – nachgelassen haben, bleibt die Gefahr. Noch immer streben viele muslimische Kaschmiris nach der Unabhängigkeit. Einige wenige wollen sich Pakistan anschließen, das seine eigene Provinz »Asad Kaschmir« hat; Ansprüche in der Region stellen auch die Chinesen auf dem von ihnen so benannten »Aksai Chin«-Plateau im hohen Himalaja. Die Regierungen in Neu-Delhi, Islamabad und Peking sind sich bis heute nicht über die Grenzziehungen einig, alle beanspruchen Land, das von einem anderen »besetzt« ist. Eine UNO-Resolution mit der Forderung nach freien Wahlen über die Zukunft der Kaschmiris wurde mehrfach verabschiedet und steht bis heute im Raum – nichts spricht dafür, dass es jemals zu einem Volksentscheid kommen wird. Aber immer wieder zu kleineren militärischen Auseinandersetzungen, die im schlimmsten Fall zum Flächenbrand führen könnten: Im Januar 2013 etwa töteten pakistanische Religionsfanatiker nach einem Scharmützel an der Waffenstillstandslinie nahe des Ortes Mendhar zwei indische Soldaten, schnitten ihnen die Köpfe ab und nahmen die Trophäen zurück über die Grenze. Nach wochenlangen Spannungen normalisierte sich die Situation wieder – bis auf Weiteres. Für die gesamte Region gilt der Status quo als die wahrscheinlichste Zukunft, mal mehr, mal weniger angespannt. Machtpolitik mischt sich auf beiden Seiten mit religiösem Extremismus.

Hinduistische Historiker verweisen auf den Dschihad der muslimischen Umayyaden, die in Sindh Anfang des 8. Jahrhunderts die Macht eroberten und in ihrem Kalifat begannen, die Andersgläubigen blutig zu verfolgen. Sie sehen eine direkte Verbindung zwischen den Zerstörungen der hinduistischen Kultstätten von damals bis zu den Verfolgungen unter dem Mogul-Kaiser Aurangzeb im 17. Jahrhundert. Indiens Geschichte ist in ihren Augen eine einzige Kette von Demütigungen, die geradlinig zur Gründung der radikalen Fundamentalistenschulen der Deoband (eine Art Vorläufer der Taliban) von 1860 und von da über die Blutorgien während der Teilung des Subkontinents 1947 bis zu den Terroranschlägen von Mumbai 2008 führt. Und sie verdächtigen indische Muslime auch heute noch, dem indischen Staat nicht ihre ganze Loyalität zu schenken, wenn »Glaubensbrüder« aus Pakistan über die Grenze einsickern und Gewalttaten »im Namen Allahs« begehen.

Muslimische Historiker wiederum neigen dazu, die sozialen Errungenschaften und die gestalterische Fortschrittlichkeit zu betonen, die Herrscher ihrer Religion Indien gebracht haben: eine ganze Anzahl weltberühmter Baudenkmäler beispielsweise, vom Taj Mahal in Agra über die Humayun-Gräber von Delhi bis zur Makkah Masjid in Hyderabad. Und sie betonen stets, wie sehr gerade Muslime bei der blutigen Teilung 1947 leiden mussten, wie sehr die im neuen Hindu-Mehrheitsstaat Zurückgebliebenen immer wieder Verfolgungen durch die Mehrheit ausgesetzt waren. In ihren Augen ist die Geschichte Indiens nichts anderes als eine Serie von Übergriffen. Die drei Kriege mit Pakistan, die schwelende Wunde Kaschmir dienen den Unversöhnlichen unter den Muslimen als weitere Beweise für ihre Benachteiligung. Sie fühlen sich als Minderheit nicht ernst genommen und, wenn Terrortaten verübt werden, unter Generalverdacht.

Beide haben ein bisschen recht – und sind in vielen Aspekten grob im Unrecht. Muslime in Indien genießen in der Tat einige Privilegen. Die Verfassung nimmt sie beim Eherecht vom sonst gültigen Civil Code aus: Männer dürfen bis zu vier Frauen haben, die muslimische Geburtenrate ist höher als der Landesschnitt. Bei familienrechtlichen Entscheidungen vor Gericht hat die Scharia Vorrang gegenüber den anderen Gesetzen. Die indische Regierung subventioniert Pilgerfahrten indischer Muslime zum Hadsch nach Mekka, eine Praxis, die nach einem Antrag hinduistischer Gläubiger auf Gleichbehandlung vom Obersten Gerichtshof in Allahabad jetzt eingeschränkt und bis zum Jahr 2017 ganz zurückgenommen werden soll. Man wird kaum sagen können, den Muslimen werde in Indien der soziale Aufstieg generell verbaut – drei der zwölf bisherigen Präsidenten Indiens waren Muslime (Zakir Hussain, Fakhruddin Ali Ahmed, Abdul Kalam), manche der erfolgreichsten

Unternehmer des Landes (Azim Premji, Yusuf Hamied) bekennen sich zu Allah, ebenso viele der populärsten Bollywood-Filmstars (Shah Rukh Khan, Dilip Kumar, Madhubala). In der Armee, in den Sicherheitsdiensten und im Öffentlichen Dienst sind Muslime jedoch deutlich unterrepräsentiert. Ihre durchschnittliche Lebenserwartung, ihr Bildungsstand, ihr Prokopfeinkommen liegen niedriger, als es der nationale Durchschnitt erwarten ließe. Auf jeden Politiker, Offizier oder Regisseur, der den Aufstieg geschafft hat, kommen Hunderte, die am Arbeitsplatz oder in ihrer Wohngegend diskriminiert werden.

Beiden Religionen gemein ist die Benachteiligung des weiblichen Geschlechts. Die Diskriminierung der Mädchen beginnt mit der Geburt, oder präziser gesagt: während der Schwangerschaft. In sehr vielen, konservativ geprägten hinduistischen Haushalten gilt seit Jahrhunderten nur die Geburt eines Sohnes als freudiges Ereignis, eine Tochter wird als Belastung angesehen: Sie lässt sich nicht so früh und so intensiv als Arbeitskraft einsetzen, vor allem aber kostet ihre Verheiratung ein Vermögen – in den Bauernregionen und in den Kleinstädten müssen sich bis heute viele Eltern verschulden, um die traditionelle Mitgift aufbringen zu können. Zwar ist die Früherkennungsdiagnostik während der Schwangerschaft inzwischen gesetzlich verboten, aber in indischen Metropolen dennoch gängige Praxis. Eine große Zahl werdender Mütter lässt schon im dritten Monat der Schwangerschaft überprüfen, welches Geschlecht ihr Kind hat – und viele weibliche Föten werden illegal abgetrieben. So kommt es, dass in Indien weitaus mehr Jungen als Mädchen geboren werden. In dieser Statistik der Geschlechterungleichheit nimmt das Land international einen traurigen Spitzenplatz ein, knapp vor China und weit vor Brasilien. Dass auch viele kleine Mädchen nach der Geburt getötet werden, lässt sich nur vermuten; nur wenige solcher Fälle gelangen vor Gericht.

In der Frühzeit des Hinduismus sollen Frauen relativ viele Freiheiten genossen und eine große Rolle in der Gesellschaft gespielt haben. Interessanterweise sind ja außergewöhnlich viele Gottheiten sowie alle heiligen Flüsse der hinduistischen Lehre nach weiblich. Aber spätestens im Mittelalter verfiel Indien in die vertrauten

Rollenbilder einer sexistischen, männerdominierten Gesellschaft. Die britischen Kolonialherren taten sehr wenig, um daran etwas zu ändern – viel spricht dafür, dass sie entgegen ihren eigenen aufgeklärten Auffassungen die hierarchische Kastenordnung sogar absichtlich vertieften. Das erleichterte ihnen das Auseinanderdividieren der Volksgruppen, das Teilen und Herrschen. Und noch immer gilt die Tochter in den Dörfern und Kleinstädten vielfach nur als eine Art Gast in der Familie.

In den Großstädten ist dieses traditionelle Rollenbild aufgebrochen. Da geben sich junge Frauen nicht mehr mit einer dem Manne untergeordneten Stellung zufrieden. Sie kämpfen für ihre Rechte, und viele haben diese schon erobert und füllen sie selbstbewusst aus. Auch wenn es selbst in Metropolen wie Mumbai, Chennai oder Neu-Delhi immer noch weitverbreitet ist, dass Eltern einen Ehepartner für ihre Tochter suchen (und dabei präzise angeben, aus welcher Kaste der Möchtegern-Bräutigam stammen, wie viel Geld er verdienen muss), so ist das doch nicht mehr die Regel. Viele berufstätige Frauen suchen sich heute ihre Partner selbst aus, Sex vor der Ehe ist kein Tabu mehr. Und sie nehmen sich im Alltag alle Freiheiten, die auch ihre Geschlechtsgenossinnen anderswo haben: Sie tragen gern enge Jeans und ausgeschnittene Blusen, bummeln durch die modernen Einkaufszentren, gehen tanzen. Langsam setzt sich in der neuen Mittelschicht auch die Erkenntnis durch, dass junge Frauen heute genauso große berufliche Möglichkeiten haben wie junge Männer und ihre Verdienstmöglichkeiten, wenn überhaupt, nur marginal geringer sind. In der IT-Branche und in der Biomedizin holen weibliche Arbeitskräfte stark auf. In Service-Berufen wie in Call-Centern, die sehr oft als ein berufliches Sprungbrett nach oben fungieren, sind sie sogar dabei, ihre männlichen Konkurrenten auszustechen.

Auffallend viele junge Männer, vor allem aus den unteren Schichten der Gesellschaft und aus den Kreisen der Ultrareligiösen, kommen damit nicht zurecht. Für sie sollen Frauen gehorsam, leise und zurückhaltend sein, ganz nach den alten Texten der *Veden*, in denen es heißt, eine Frau habe zeitlebens dem Manne »untertan« zu bleiben, »Selbständigkeit kann sie nie erlangen«. Der Über-Gott

Rama wird in der Religion zum Idealmann stilisiert. »Aber was für ein Mann ist das?«, fragt die indische Psychologin Rashan Imhasly und rekapituliert die Geschichte des *Ramayana*-Epos: Als ihn sein Vater nach einer Intrige seiner Mutter für 14 Jahre ins Exil schickt, statt ihn wie versprochen zum König zu machen, fügt er sich in sein Schicksal und unterwirft sich, statt gegen die väterliche Autorität und die dahinterstehende mütterliche Macht aufzubegehren.

So ist es bis heute. Die Lebensentwürfe vieler indischer Männer und Frauen klaffen derzeit immer weiter auseinander – die einen wollen ihre angestammte Dominanz nicht aufgeben, die anderen denken nicht daran, sich unterzuordnen. Frauen üben dieselben Berufe aus, sie suchen Partner, die sie als sexuell gleichberechtigt ansehen und ihnen auch im Haushalt helfen; Männer suchen Sexualobjekte und denken gar nicht daran, beim Einkauf oder gar der Erziehung der Kinder mitzuwirken. Das traditionelle hierarchische Denken ist vor allem in den Dörfern und in den Slums der Großstädte tief verankert.

Der Hinduismus prägt nicht nur den Umgang zwischen Männern und Frauen. Er legt durch sein Kastensystem auch gesellschaftliche Normen fest. Kaste heißt auf Sanskrit *Varna* und bedeutet so viel wie Farbe, Kategorie, Stand, Klasse, Rang. Anders als in jeder anderen Religion werden auf diese Weise Sozialstrukturen festgelegt – die Zugehörigkeit war traditionell entscheidend für die Wahl des Ehepartners, die Berufswahl, die Kontakte zur Umwelt bis hin zu den gemeinsamen Mahlzeiten, die so ermöglicht oder verhindert wurden.

Man unterscheidet bis heute vier Hauptkasten, in der Reihenfolge ihres Ansehens. An der Spitze stehen die Brahmanen (traditionell die intellektuelle Elite, Priester, Spitzenpolitiker); es folgen die Kshatriyas (Offiziere und höhere Beamte); dann die Vaishyas (Händler, Kaufleute, Landwirte); am Schluss die Shudras (Bauern, Arbeiter, Tagelöhner). Unter ihnen rangieren noch die Kastenlosen, die Unberührbaren, die Mahatma Gandhi *Harijans* nannte, »Kinder Gottes«; im heutigen Sprachgebrauch hat sich die Bezeichnung *Dalit* durchgesetzt. Die Religion, der mehr als vier von fünf Indern angehören, führt so zu einer seltsamen und unerfreulichen

Mischung aus Minderwertigkeitsgefühl und Überlegenheitsphantasie. Indien hat die Ketten des Kastenwesens nicht gesprengt. Daran hat der Verfassungsbeschluss von 1949, mit dem diese Gliederung formal aufgehoben wurde, wenig geändert.

Noch Ende der Siebzigerjahre nannte der in der Karibik geborene indische Autor und spätere Literaturnobelpreisträger V. S. Naipaul das Land seiner Vorfahren »eine verwundete Kultur«. Er prangerte die Mehrheitsreligion in aller Schärfe an: »Die Menschen hatten sich auf ihre letzte, uneinnehmbare Verteidigungslinie zurückgezogen, auf ihr Wissen, wer sie waren, welcher Kaste sie angehörten, auf ihr Karma, auf ihren unverrückbaren Platz im Gefüge der Dinge; und dieses Wissen war wie das Wissen um den Wechsel der Jahreszeiten. Rituale begleiten den Ablauf des Tages, begleiten jedes Stadium des menschlichen Lebens. Das Leben selbst ist zu einem Ritual geworden ... Die Tradition hat die Menschen unterdrückt, der Hinduismus ist schuld an Tausenden Jahren der Niederlagen und Stagnation.«

Erst in den beiden vergangenen Jahrzehnten haben die vermehrten wirtschaftlichen Chancen, das Entstehen einer neuen Mittelklasse in den Metropolen die Kasten-Beschränkungen und Berufsfestlegungen aufgeweicht. In den weniger entwickelten Teilen Indiens schränkt das Korsett der Kasten die freie Entfaltung der Kräfte jedoch weiter erheblich ein. Sie ist ein Entwicklungshemmnis. Das zeigt sich allein schon an der niedrigen Stellung, die Geschäftsleute im hinduistischen Glaubenssystem einnehmen: Sie stehen unter den vier Hauptkasten an vorletzter Stelle. Und doch macht Hoffnung, wie viele junge Menschen Religion und Kultur nicht mehr als Schicksal begreifen, nicht als in Stein gemeißelte, unverrückbare Leitlinie ihres Lebens. Sondern als etwas Lebendiges, Veränderbares, Positives.

Heute suchen sich viele Inder jenseits vorgeschriebener hinduistischer Rituale einen spirituellen Ratgeber. *Guru* heißt der, was auf Sanskrit schlicht »Lehrer« bedeutet. Gelegentlich gehen dabei Seriosität und Scharlatanerie nahtlos ineinander über. Und gelegentlich faszinieren in der Heimat prominente Gurus auch Menschen im Westen.

So geschehen bei Bhagwan Shree Rajneesh, der sich später »Osho« nannte. Er wurde fast so etwas wie der Guru der deutschen gehobenen Schichten, zwischenzeitlich spiritueller Ratgeber so unterschiedlicher Persönlichkeiten wie der Schauspielerin Barbara Rütting (»Ma Anand Taruna«), dem Philosophen Peter Sloterdijk (»Swami D. Peter«), der *Benjamin Blümchen-* und *Bibi Blocksberg-*Autorin Elfie Donnelly (»Ma Ansasha«) und dem Musiker Georg Deuter (»Swami Chaitanya Han«). Das Phänomen Osho endete auch nicht mit dessen Tod. Der Guru, der behauptete, nie einer sein zu wollen, hat heute hierzulande zwischen 30 000 und 40 000 feste, initiierte Anhänger. Die sogenannten Sannyasin pilgern weiterhin zu seiner alten Wirkungsstätte ins indische Poona (Pune) oder tun sich in selbst gegründeten Ashrams und Selbsthilfegruppen von der Nordsee bis zum Bayrischen Wald zusammen.

Ich kam Ende der Siebzigerjahre zum ersten Mal nach Poona, um über den Ashram zu schreiben. Der hochgeschätzte Journalist und *stern*-Kollege Jörg Andrees Elten hatte sich bei seiner Reportage für das Magazin, wie ich fand, erstaunlich euphorisch über Bhagwan geäußert. (Bald darauf wurde Andy zu »Swami Satyananda«, gab den Journalismus auf, zog nach Poona und schrieb seinen Bestseller *Ganz entspannt im Hier und Jetzt*; bis heute ist Elten glühender Verehrer geblieben und bringt jetzt in Seminaren Top-Manager zu Höchstleistungen.) Ich fand den Bhagwan einen seltsamen Heiligen, seine Lehren obskur, seine Anhänger eine merkwürdig neurotische Ansammlung verzweifelt lustiger Sinnsuchender. Die meisten waren zwischen 20 und 35 Jahre, in der Überzahl Akademiker und politisch im linken Spektrum.

Der Mann aus dem indischen Bundesstaat Madhya Pradesh, ältestes von elf Kindern eines Tuchhändlers, belesener Philosophiedozent und selbsternannter Erleuchteter, konnte manchmal sehr originell sein. Vor allem wenn er zu einem vergleichenden Streifzug durch die Religionen startete und sie alle in Grund und Boden kritisierte. Sein Umgang mit Größen der Zeit war, vorsichtig gesagt, unkonventionell und oft auch erfrischend: Er zitierte ohne Scheu Sartre und Sokrates in einem Atemzug, auch schon mal Martin Heidegger und Bob Hope. Und für viele seiner leicht verklemmten Jünger, die sich als Zeichen der Zugehörigkeit eine *Mala* – eine Kette mit 108 Rosenholzkugeln mit einem Bild des Meisters in der Mitte – umhängten und sich in rote Roben kleideten, hatte seine Lehre von der Lockerheit in Sachen Sex sicher etwas Befreiendes, Entspannendes. Aber gleichzeitig predigte Bhagwan (»der Erhabene«) Intoleranz gegen Minderheiten, nannte Homosexuelle »krank und menschlichen Abfall« und plädierte dafür, körperlich und geistig Behinderte zu euthanisieren. Außerdem gab es Berichte, in den Therapiegruppen würden labile Sannyasins in den Nervenzusammenbruch getrieben, die Rede war von körperlichen und seelischen Schäden. Viele Jünger spendeten, mehr oder weniger freiwillig, ihr gesamtes Vermögen, um im Ashram bleiben zu können. Andere prostituierten sich, manche wurden zu Rauschgiftdealern, weil sie dem Meister etwas schenken wollten. Bhagwan, ganz Sex- und Kapitalismus-Guru, hatte einen Faible für Rolls Royce und Schweizer Chronometer. Er fand nichts dabei, sich Piaget-Uhren und Luxuskarossen schenken zu lassen – »was soll ich machen, wenn sie mich so lieben«, sagte er mir. 93 waren es zur Hochzeit der Sekte, bevor er in die USA auswanderte.

Nach einer weltweiten Odyssee, nach Mordanschlägen und Skandalen ging er zurück nach Indien. Er wollte nun nicht mehr »Erhabener« genannt werden, »der Scherz ist vorbei«, und nahm den Namen eines Zen-Meisters an: »Osho«. Er erkrankte und starb überraschend schnell am 19. Januar 1990, im Alter von 58 Jahren – oder wie das auf Gurusprache hieß: Er verließ seinen Körper. Nur Stunden später wurde sein Leichnam verbrannt. »Never Born, Never Died: Only visited the Planet Earth« ließ die Ashram-Leitung auf eine Gedenktafel meißeln. Ungeboren, unsterblich, ein Welten-Besucher.

Selbst die meisten Getreuen ahnten nicht, dass der Guru seinen Tod so glänzend überleben würde. Der Poona-Ashram erlebte eine Wiedergeburt – als exotisch-esoterischer Freizeitpark, als spirituelles Disneyland. »Auch ich dachte, ohne ihn sei die Kommune erledigt«, sagte mir Swami Amrito (»der Unsterbliche«), neuer Chef der Anlage, als ich Poona Mitte der Neunzigerjahre noch einmal besuchte – wie für jeden anderen war dazu ein Aids-Test, der Kauf einer weinroten Robe und ein Tages-Unkostenbeitrag von umgerechnet etwa 80 Euro Voraussetzung. Amrito hieß im früheren Leben Doktor George Meredith und war der letzte Leibarzt Oshos. Dass der Brite mit seiner australischen Freundin bis zum Schluss an der Seite des Meisters war, gab ihm die natürliche Autorität, dessen angebliche letzten Wünsche zu kommunizieren und sie geschäftstüchtig zu erfüllen. Demnach war der 21 Mitglieder starke Machtzirkel ebenso gurugewollt wie die Umwandlung des Ashrams in eine Hotelanlage mit angeschlossenen Buddha-Schnupperkursen und allerlei anderem pseudoreligiösen Schnickschnack.

Zennis gefällig? »Eine erleuchtete Rückhand nach der anderen peitscht der Bhagwan-Jünger ›Heimat der Liebe‹ alias Peter Spang aus Bamberg übers Netz, das sieht aus wie Tennis, ist aber nicht Tennis«, heißt es in meiner damaligen Reportage. »Was bei Osho jetzt gelehrt wird, ist eine Verbindung von Weisheit und Wimbledon, fernöstlicher Abgeklärtheit und westlichen Aufschlagtechniken, erlernbar für jedermann.« Und danach vielleicht ein bisschen Tibetisches Augenlesen mit dem Bhagwan-Jünger »Immer-näher-zu-Gott«, einem porschebebrillten Experten aus Beverly Hills, der beim Blick in die Pupillen sexuelle Vorlieben erkennt? Kartenlegen mit der holländischen Bhagwan-Jüngerin »Sternenklar«? Eine profane Bananenbrot-Backlehrstunde? Oder doch eher anspruchsvolle Selbstfindung in einem der Kurse »Kühles Feuer« oder »Wie man seine Unwürdigkeit verliert«?

Sauber sind die Wege zwischen Sportplätzen und Schwimmbad geharkt, wo am Buddhafield Plaza der Cappuccino oder die Nirwana-Pizza gereicht wird; sorgfältig sind die Parks angelegt, mit stillen Schwänen und kreischenden Papageien, freundliche, sich häufig in den Armen liegende Menschen überall. Den letzten Energiestoß am Tag bringt für die Initiierten der Besuch im Samadhi, dem Mausoleum des Meisters. Ein Haus mit viel Marmor, heruntergekühlt auf 18 Grad, wie Er es stets wünschte. Es geht durch eine Vorhalle, wo, von einem Jünger bewacht, der Lieblings-Rolls-Royce Oshos zur letzten Ruhe abgestellt ist; vorbei an der Privatbücherei des Bhagwan, wo die Titel nach der Farbe der Buchdeckel

zusammengestellt sind, von Krishnamurti bis Iacocca; vorbei am
Zahnarztstuhl, dem blitzblank geputzten Bad des Meisters bis ins
Allerheiligste, das kristallüberstrahlte Marmorbett mit der einge-
lassenen Urne.

Bei allen wirtschaftlichen Erfolgen war auch damals schon klar:
Es musste Streit geben um den richtigen Weg nach dem Abgang
des charismatischen Führers, Spannungen um Macht und Ausrichtung. »Wir machen zu viele Kompromisse, bald kommen noch die
Reisebusse zu Kaffeefahrten in den Ashram. Es ist, als gäbe man
den Vatikan zum Volleyballspielen frei«, klagte einer der Sannyasin.
Und nicht jeder glaubte dem neuen Chef und ehemaligen Leibarzt
die abenteuerliche Geschichte, dass der Bhagwan vermutlich von
amerikanischen Behörden mit dem langsam den Körper zerset-
zenden Thallium vergiftet worden war – eine Obduktion fand ja
nicht statt.

Wer im Jahr 2013 durch die Parks von Pune spaziert, der sieht eine
konsequente Fortentwicklung von damals (und noch immer Aids-
Test, Roben, Osho-Buchhandlung, noch immer gesalzene Eintritts-
preise). Wer sich in die Nachrichten- und Meinungsblogs der Bewegung vertieft, der ahnt, dass sich die Spannungen wohl eher noch
verschärft haben. Von »Habgier, die sich wie ein Krebs in unserer
Kommune ausbreitet«, ist da die Rede, vom Ausschluss unliebsamer
»Dissidenten«. Schon seit Jahren fliegen die Fetzen, und immer geht
es um angeblichen Verrat an den Ideen des Meisters und den richtigen Weg, seinen Weg weiterzugehen. 15 der 21 aus dem Führungs-
zirkel, der sich nach dem Ableben des Guru herauskristallisiert hat,
wurden inzwischen ausgeschaltet oder haben freiwillig die Segel
gestrichen. Das Zentrum der Sekte scheint sich ins Ausland verlagert
zu haben, mit einem Schwerpunkt in den USA, wohin die meisten
Tantiemen der exzessiven Osho-Vermarktung fließen, und einem
anderen in Deutschland.

Weiter prasseln auch Komplimente auf den Ursprungsort und
auf Osho nieder: Auf Facebook hat der Meister mehr als 685 000
Freunde, fast schon Popstar-Niveau. Andere soziale Netzwerke
stehen nicht nach. Auffallend sind die begeisterten Kommentare
von Lifestyle- und Mode-Medien. Sie alle beschreiben den Ashram

von Pune wie einen Platz aus einer anderen Welt, wie ein exterritoriales, außer- oder überirdisches Gelände. Von der pulsierenden Stadt mit ihren Hochtechnologieanlagen, Mittelklassewohnvierteln und Slums, die ja gleich jenseits des Koregaon-Park beginnt, ist nirgendwo die Rede. Und es stimmt ja auch: Mit Indien hat dies alles praktisch nichts zu tun. Nur wenige Inder nutzen den »Club Meditation« als Gäste, die Anlage bietet den hier ansässigen Menschen nur wenige, und wenn, dann schlecht bezahlte Arbeitsplätze.

Hinduismus, Buddhismus, Sikhismus, Jainismus, Islam – alles, was dieses Land, seine Religionen, seine Zivilisation, seine Geschichte und seine Gegenwart im Positiven wie im Negativen so entscheidend (mit-)ausmacht, hat Bhagwan Shree Rajneesh alias Osho nie wirklich interessiert. Indiens weltweit prominentester Guru ist auch sein unindischster.

9 BRASILIEN
Bekehren, betrügen, befreien

Es ist ein Garten Eden, den der weißhaarige Alte mit seiner Fami-
lie bewohnt: Bambussträucher, Palmen und Pinien, ein Teich mit
Karpfen, über den sich eine kleine Holzbrücke spannt, eine riesige
naturbelassene Wiese mit Unkraut, Gänseblümchen und wilden
Orchideen, auf der ein Dutzend Hühner gackern. Das gemütliche
Haus aus Naturmaterialien steht einsam in der Landschaft – wie
eine steingewordene Arche Noah in einem Meer von Grün. Am
Horizont steigen sanfte Hügel auf, umrahmt von Schäfchenwolken.
Die nächste Ansammlung von Menschen ist eine kleine Künst-
lerkolonie, sie hat sich zwanzig Autominuten von hier niedergelassen, Bildhauer, Maler, Musiker, ein Hauch von Hippie-Atmo-
sphäre. Und noch einmal 15 Kilometer weiter liegt Petrópolis, die
ehemalige Kaiserstadt. Gut erhaltene prunkvolle Villen zeugen
von dem deutschen Erbe. Im Museu Imperial, untergebracht in
der Sommerresidenz der früheren Herrscherfamilie, lassen sich
noch Festgewänder und alte Kutschen sowie die goldene, mit
639 Brillanten und 77 Perlen bestickte Krone des Kaisers aus dem
Jahr 1841 bewundern. Etwa 900 Meter über der Küste sind wir hier,
zweieinhalb mühselige Stunden haben wir uns mit dem Wagen
über Serpentinenstraßen von Rio de Janeiro hier heraufgequält.
Es hat sich, schon rein optisch, gelohnt: Die kühle Brise, das coole
Ambiente sind ein willkommener Kontrast zur hektischen Millio-
nenmetropole.

Der Hausherr über dieses Paradies, den so viele für einen Heiligen halten, zeigt stolz sein Reich. Liebevoll fährt er mit seinen Fingern die Buchrücken entlang, vollgestopft sind die Regale bis zur
Decke, und über neunzig Werke tragen seinen Namen. Außerdem
ist hier so ziemlich alles vertreten, was in der Geschichte der Phi-

losophie, in der Historie der Religionen eine Rolle gespielt hat. An den Wänden konkurrieren ein Stich aus der Gutenberg-Bibel und ein Dutzend figürliche Abbildungen des heiligen Franziskus mit indianischer Kunst und der Urkunde zum Alternativen Nobelpreis 2001 um Aufmerksamkeit. Ein Holzkreuz, auf das unser Gastgeber besonders stolz hindeutet, zeigt eine Frau am Kreuz mit großem Busen und sichtbarer Vagina, das Geschenk eines einheimischen Künstlers. Es ist eine Provokation. Aber Provokationen liebt er ja, dieser Leonardo Boff, Alptraum des Vatikans, berühmtester und schärfster der papstkritischen Befreiungstheologen, Gegenspieler und lange Zeit auch persönlicher Freund von Joseph Ratzinger alias Benedikt XVI., dem Stellvertreter Jesu auf Erden von April 2005 bis Ende Februar 2013. An ihm macht Boff fest, warum die katholische Kirche in Brasilien seiner Meinung nach lange Zeit zum Abstieg verdammt war. Und welche großen Hoffnungen seiner Meinung nach auf Franziskus ruhen, dem Neuen im Vatikan, dem ersten Lateinamerikaner. Boff kennt ihn so gut und so persönlich wie dessen beide Vorgänger auf dem Heiligen Stuhl. Ein einmaliger Zeitzeuge.

In Brasilien gibt es immer noch mehr Menschen, die sich zum Katholizismus bekennen, als in irgendeinem anderen Staat der Welt: um die 130 Millionen, das sind knapp zwei Drittel der Bevölkerung. Aber es waren schon einmal wesentlich mehr: im Jahr 1950 über 93 Prozent, im Jahr 1980 über 88 Prozent, im Jahr 2000 noch 74 Prozent. Im Großraum Rio mochten sich jetzt sogar nur noch 49,8 Prozent der Einwohner zur römischen Amtskirche zählen lassen – mehr als ein Trend, ein Niedergang, denn im gleichen Zeitraum legten andere Glaubensgemeinschaften enorm zu. »Warum das so ist, lässt sich leicht erklären«, sagt Leonardo Boff, und seine sonst so sanfte Stimme wird rau, er beugt sich, Zornesfalten auf der Stirn, nach vorn. »Ich wollte Benedikt immer zurufen: ›Begreifen Sie sich nicht als doktrinärer Lehrer, sondern endlich als Hirte, als Mutmacher der Gläubigen! Hören Sie auf, unter ihnen Angst zu verbreiten, stoppen Sie Ihre fundamentalistische Rigorosität!‹ Aber es nützte nichts: Der Papst wurde zum Würgeengel der Kirche.«
Was genau werfen Sie ihm vor?

»Er verbreitete keine Aufbruchstimmung, er war ein Bremser,
der nur Disziplin einfordert, Gehorsam und nichts als Gehorsam.
Seine primäre Sorge galt dem Wunsch, den Machtapparat des
Vatikan zu festigen. Fast melancholisch wiederholte er auf seinen
Reisen die alte Leier, predigte sein Nein zu Verhütungsmitteln, sein
Nein zu Frauen im Priesteramt, sein Nein zur Homosexualität. An
den wahren theologischen Problemen ging er immer vorbei. Die
zentrale Frage lautet doch: Wie kann man an einen Gott glauben,
der in einer Welt voller Elend ein gütiger Vater sein soll – und was
lehrt uns Jesus? Sollen wir die Verhältnisse einfach nur ertragen
oder sie positiv verändern?«

Und wie lautet Ihre Antwort?

»Schauen Sie, ich lebe in Lateinamerika, in Brasilien, ich besuche
praktisch jede Woche die Slums, ich kenne die Not der Menschen.
Eine Kirche, die sich als Erbe von Jesus Christus versteht, der ja
selbst ein Armer war und nicht an Altersschwäche gestorben ist,
sondern für uns alle am Kreuz – sie muss die natürliche Alliierte
einer Bewegung von unten sein. Die katholische Kirche von heute
hat den Menschen in ihrem Alltagsleben nichts mehr zu sagen.
Es ist eine Illusion zu glauben, durch doktrinäre Dokumente und
durch doktrinäres Verhalten das Leben der Gläubigen bestimmen
zu können. All diese Probleme kristallisierten sich in Benedikt XVI.
Ihm fehlte es an Charisma, er war ein eher schüchterner und hoch-
intelligenter Professor, der unter seinem öffentlichen Amt zu leiden
schien und Schwierigkeiten hatte, auf Menschen zuzugehen. Einer,
der sich lieber in wissenschaftliche Arbeiten vertiefen würde, als
hinaus in die Welt zu reisen und wirklich zuzuhören. Er strahlte
Tristesse aus, nichts als Vorgestrigkeit und Tristesse.«

Boff hat sich in Rage geredet, und so streitlustig, so tempera-
mentvoll, so analytisch, so emotional bleibt er während des ganzen
nachmittäglichen Gesprächs mit mir und dem SPIEGEL-Kollegen
Jens Glüsing. Ein Mann Mitte siebzig, dem sein Alter nicht anzu-
merken ist, Feuer im Blick, Feuer auf der Zunge. Mit seinem wal-
lenden Bart und dem vollen schlohweißen Haupthaar wirkt er nicht
nur äußerlich wie eine eigenwillige Mischung aus Karl Marx und
Santa Claus. Seine scharfe Abrechnung mit dem Vatikan und sei-

nen Päpsten hat auch eine persönliche Komponente – die Verve
lässt sich teilweise wohl auch aus seinem Lebenslauf, aus seinen
Lebenserfahrungen erklären. Er stammt aus kleinen Verhältnissen, seine Eltern waren italienische Einwanderer, die Familie hatte
auch deutsche Wurzeln. Schon als junger Mann trat er in den Franziskaner-Orden ein, studierte dann Philosophie in Curitiba und
Theologie in Petrópolis. Frühzeitig schon kümmerte sich Boff, eher
ungewöhnlich in einer lange Zeit auf den Status quo fixierten und
auf die Vatikan-Hierarchie ausgerichteten brasilianischen Kirche,
besonders um die Ärmsten der Armen in seiner Diözese. Dom Hélder Câmara wurde zu seinem Helden: Der Bischof von Rio (und
spätere Erzbischof von Olinda und Recife) besuchte die Elendsvier-
tel und kämpfte in seinen Predigten für bessere Wohnverhältnisse
und Lebensbedingungen in den Favelas. 1963 richtete Câmara einen
offenen Brief an seine Mitbischöfe, in dem er sie beschwor, dem
äußeren Reichtum der Kirche abzuschwören. Politisch wurde das
zumindest geduldet. Doch am 31. März 1964 endeten die Reform-
bemühungen des brasilianischen Präsidenten João Goulart, statt
eine Konfrontation mit dem von der CIA zum Putsch ermutigten
Militär zu riskieren, floh er ins Exil nach Uruguay.

1964 war auch das Jahr, in dem Boff zum Priester geweiht wurde.
Der Hochbegabte war hin- und hergerissen, ob er sich gleich mit
den Militärherrschern anlegen sollte. Aber er wollte sich auch
weiterbilden, die Welt kennenlernen. Er studierte in Würzburg,
Louvain und Oxford, wurde an der Münchner Ludwig-Maximili-
ans-Universität zum Schüler von Karl Rahner. 1970 promovierte
er in Dogmatik – Zweitgutachter seiner Doktorarbeit war Joseph
Ratzinger. Daraus entwickelte sich eine lebenslange intellektuelle
Beziehung, früher einmal sehr freundschaftlich, seit Längerem sehr
angespannt. »Ich habe Ratzinger viel zu verdanken. Er hat meine
Dissertation sehr gelobt und sich dafür eingesetzt, dass sie gedruckt
werden konnte. Ich weiß noch genau, 14 000 Mark Zuschuss, die
habe ich nur durch seinen Einsatz erhalten. Ratzinger war damals,
anders als heute, offener, zugänglicher. Ich habe Schwierigkeiten,
mir zu erklären, was am Heiligen Stuhl mit Ratzinger passiert ist.
Aber ich habe vergleichbare Rückentwicklungen auch bei anderen

beobachtet, die nach Rom gegangen sind – es muss so etwas wie ein vatikanisches Virus geben, das die Leute da befällt. Ratzinger jedenfalls hat es zerfressen.« Boff selbst klingt verbittert, als hätte er noch viel aufzuarbeiten. »Ach, lassen wir diese psychologisch Ebene«, sagt er, »ich habe gute Gründe für meine Kritik an ihm. Er hat mich bald nicht mehr eingeladen nach Rom. Er hat mich vorgeladen.«

Anfang der Siebzigerjahre war Boff nach Brasilien zurückgekehrt und hatte an der Universität von Petrópolis eine Professur für Systematische Theologie angenommen. Er gab eine theologische Zeitschrift heraus und betreute daneben bei Vozes, dem größten katholischen Verlag in Lateinamerika, den Bereich Religion; er begann dort auch seine eigenen Bücher zu veröffentlichen. Es war eine schwierige Zeit für progressive Theologen in Brasilien: Câmara wurde von den Militärdiktatoren mehr und mehr als »roter Bischof« diffamiert, mehrere Attentate wurden auf ihn verübt, sein geistlicher Sekretär kam dabei ums Leben. Und auch Boff sah sich nun im Kreuzfeuer. Gemeinsam mit dem peruanischen Theologen Gustavo Gutiérrez entwickelte er die »Theologie der Befreiung«, die den Regierenden von rechts außen ein Dorn im Auge sein musste, war sie im Kern doch viel mehr eine sozialrevolutionäre als eine christlich-katholische Bewegung. Boff geriet häufig mit den heimischen Zensoren aneinander. Doch ausgerechnet als sich in Brasilien die Dinge zum Besseren zu wenden begannen, als 1985 endlich die über zwei Jahrzehnte herrschende Militärdiktatur ihr Ende fand, kam es für Boff zum großen Eklat, zur bitteren Auseinandersetzung. Und zwar mit seinen anderen Feinden – denen im Vatikan.

Leonardo Boff schnappt sich gedankenverloren einen der Kekse, die seine Frau mit dem Tee aufgetragen hat. »Die katholische Kirche hat sich in ihrer Geschichte praktisch immer sehr gut mit den Reichen verstanden, mit der Mittelschicht konnte sie noch einigermaßen, doch mit den Unterprivilegierten fand sie kaum Gemeinsamkeiten. Sie hat zu lange zu real existierenden Phänomenen wie Ausbeutung, Entrechtung und Unterdrückung geschwiegen – und sich so zum Komplizen der Herrschenden gemacht. Unser Konzept der Befreiungstheologie entstand durch die Arbeit mit den Ärmsten auf dem Land, durch die Selbstorganisation katholischer Basisgemeinden. Sie müssen das im Kontext der Zeit sehen: Fast überall in Lateinamerika waren mit der militärischen und ökonomischen Unterstützung der USA Diktatoren an die Macht gekommen. Wir Befreiungstheologen verstanden uns als Sprachrohr der Unterdrückten, ganz im Einklang mit dem, was in der Bibel steht. Gott hat das Elend seines Volkes gesehen und das Geschrei über ihre Bedränger gehört, heißt es da wörtlich. Und bei Lukas im Neuen Testament: ›Er stößt die Gewaltigen vom Thron und erhebt die Niedrigen. Die Hungrigen füllt er mit Gütern und lässt die Reichen leer ausgehen.‹ Ich habe die Erlösung als Zentralbegriff der biblischen Heilsbotschaft auch als eine sozialpolitische und ökonomisch revolutionäre Veränderung begriffen.«

So interpretiert wird Jesus zum Vorkämpfer gegen United Fruit, Texaco und den US-Geheimdienst, gegen einen Kapitalismus, der in Reich und Arm teilt, zum Subversiven – Boffs Vaterunser klingt ganz und gar nicht nach Die-andere-Wange-hinhalten, sondern nach Aufruf zum Aufruhr.

Dass Boff und Papst Johannes Paul II. sich nicht annähern konnten, lag wesentlich an ihren persönlichen Erfahrungen – sie waren wie Wesen auf unterschiedlichen Planeten. Hatte der Brasilianer die rechten Militärdiktatoren mit ihren alltäglichen Folterpraktiken und die schamlose Bereicherung der Kapitaleigner vor Augen, prägten den Polen die Unmenschlichkeit der Kommunisten, ihre brutale Zermürbungstaktik gegenüber Priestern und Andersdenkenden. Johannes Paul bekam schon Ausschlag, wenn er das Wort Marxismus nur hörte, Boff kannte keine Berührungsängste zu den Kommunisten. Im Vatikan hielt man seine Thesen für ketzerisch – der Papst ließ seinen ideologischen Scharfmacher von der Leine, Joseph Aloisius Ratzinger, als Präfekt der Glaubenskongregation so etwas wie der Hüter der reinen Lehre. Anfang 1984 schickte Ratzinger einen persönlichen Brief an Boff, mit kritischen Anfragen zu dessen letztem Buch *Kirche: Charisma und Macht.* Im September desselben Jahres wurde der brasilianische Ketzer zu einem Gespräch in den Vatikan zwangsgeladen. »Ich musste in demselben dunklen und hässlichen Befragungszimmer auf demselben Stuhl im Vatikan Platz nehmen wie einst Galileo Galilei. Ich hatte mir gar nicht träumen lassen, dass ein so unbedeutender Theologe aus der Peripherie dasselbe Geschick erleiden würde wie der berühmte Wissenschaftler – was für eine illustre Gesellschaft. Ich war auf eine intellektuelle Auseinandersetzung vorbereitet. Es wurde dann in dem Inquisitionszimmer eine sehr höfliche, aber auch sehr unversöhnliche Auseinandersetzung unter vier Augen mit Ratzinger. Am Ende blieb der Vorwurf, meine Gedanken würden ›zur Zerstörung des authentischen Sinns der Sakramente‹ führen. Mir wurde ein ›Bußschweigen‹ auferlegt und der Lehrstuhl für Theologie entzogen. Ich habe das akzeptiert, weil ich weiter helfen wollte, die Weltkirche von innen heraus zu reformieren, den Glauben in Brasilien voranzubringen. Aber ich habe die Vorschriften flexibel ausgelegt, und selten so viel kommuniziert wie gerade in diesem Jahr.«

Das Rede- und Lehrverbot des Vatikan machte Boff weltberühmt und sicherte seinen Thesen zusätzliche Aufmerksamkeit. Die Auseinandersetzungen mit Rom verschärften sich. Der Renegat wurde mehrfach gemaßregelt, seine Bücher sollten vorzensiert werden. Ihm wurde auf persönliche Intervention von Kardinal Ratzinger die Leitung der katholischen Zeitung *Revista Vozes* entzogen, er musste dann auch das Theologieseminar von Petrópolis verlassen. Der Kardinalsstaatssekretär des Vatikans, Angelo Sodano, verglich Boff gar mit Judas, dem Verräter. »Das war der Tiefpunkt«, sagt Boff. »1992 habe ich die Konsequenzen gezogen. Ich trat aus dem Franziskaner-Orden aus und legte mein Priesteramt nieder, versetzte mich wieder in den Laienstand. Aber natürlich blieb ich meinen Themen treu. Ich habe die Schützengraben gewechselt, nicht die Schlacht.«

Boff blieb weltweit ein gesuchter Lehrer, Berater und Redner. Gastprofessuren führten ihn nach Lissabon, Salamanca, Harvard, Basel und Heidelberg. Ehrentitel und Auszeichnungen häuften sich. Sein Ausscheiden aus den kirchlichen Ämtern aber setzte fort, was schon lange begonnen hatte: der schleichende Niedergang der Befreiungstheologie in Brasilien. Hélder Câmara war nach seinem altersbedingten Ausscheiden aus dem Amt des Erzbischofs durch einen Vertreter der Erzkonservativen ersetzt worden; 1999 starb

Câmara in Recife. »Während seiner Zeit als Leiter der Glaubenskongregation hat Ratzinger mehr als hundert Theologen verurteilt. Und als Papst wurde die Bewegung für ihn erst recht eine
Obsession – er hat fast alle Bastionen der Progressiven geschleift
und nur Konservative seiner Denkschule in wichtigen Positionen
verankert. Und trotzdem haben wir eher gewonnen als verloren«,
sagt Boff trotzig und ballt die Hand unbewusst zur Faust. Wie das?
Macht er sich da nicht etwas vor? Er schüttelt den Kopf. »Nein,
nein, die Befreiungstheologie hat wirklich tief in die Politik und
das Leben der Menschen in unserem Land hineingewirkt. 2003 ist
der Gewerkschaftsführer Lula da Silva Präsident geworden, 2011
ist die Ex-Guerillera Dilma Rousseff seine Nachfolgerin geworden.
Beide sind von unserer Art des christlichen Denkens wesentlich
beeinflusst worden.« Und dann erzählt Boff, dass er als eine Art
inoffizieller Berater gute Kontakte zur Regierung pflege, dass er
gerade zurück sei von einem langen Ministergespräch in Brasília.

Aber war es nicht eher so, dass er sich der sozialdemokratischen
Politik angenähert hat, als dass sich die sozialdemokratischen Politiker ihm annäherten?

Ja, es stimme, er habe dazulernen müssen, sagt der Theologe,
nun ganz nachdenklich. Früher sei für ihn der Kapitalismus immer
das System des Bösen schlechthin gewesen, gut nur zur Akkumu-
lation des Superreichtums, zur Verarmung der Massen. Lula und
Rousseff hätten ihm nun gezeigt, dass man auch mit einer industriefreundlichen Politik und entsprechenden progressiven Steuern
eindrucksvolle Sozialprogramme finanzieren könne – »Der sozial-
demokratische Weg ist der richtige.« Aber Boff meint, es sei noch
viel zu tun. Die Befriedung der Favelas stehe am Anfang, die Arm-
Reich-Schere klaffe immer noch viel zu weit auseinander. »Und eines
hat sich in Brasilien überhaupt nicht verbessert: der Raubbau an der
Natur. Für mich ist die Ökologie zum Hauptthema geworden. Wir
brauchen eine neue Ethik, die nicht im Esoterischen steckenbleibt,
die von einem religiösen Respekt gegenüber der Schöpfung geleitet
ist. Eine Ethik, die den verzweifelten Schrei der Erde hört.«

Leonardo Boff weiß, dass das pathetisch klingt, aber anders kann
er es einfach nicht formulieren. Er braucht jetzt frische Luft, die

Natur. Er reißt die Schiebetür zum Garten auf, erobert sich mit
großen Schritten sein Paradies. Die restlichen Fragen möchte er
im Freien beantworten, auf der Brücke am Teich. Jeden Religionsführer will Boff an seinem sozialen und vor allem an seinem öko-
logischen Engagement messen. Ohne diese Voraussetzungen zähle
Glauben wenig. Boff trägt diese Gedanken nicht nur an die große
Politik heran, sondern predigt sie auch in Dutzenden christlichen
Basisgemeinden, in denen er unterwegs ist; auch in den Slums unter
den Ärmsten der Armen, für die Umweltbewusstsein nicht unbedingt erste Priorität genießt. Er hat öfter mit dem Dalai Lama über
diese Probleme diskutiert und war sehr angetan von dessen ganz-
heitlichem Ansatz, dessen Engagement: »Der Dalai Lama ist für
mich heute der Einzige, der die Anrede ›Heiligkeit‹ verdient. Aber
der Katholizismus bleibt meine spirituelle Heimat, auch wenn ich
eine ganz andere Auffassung von der Gestalt der Kirche habe wie
Ratzinger. ›In meines Vaters Haus sind viele Wohnungen‹, heißt es
bei Johannes – und Krach zwischen den Mietern im Haus des Herrn
ist nicht nur bei Katholiken doch ziemlich normal. Benedikt XVI.
betrachtete die Kirche wie ein Schiff, das fest verankert im Hafen
liegt, das kontrolliert werden muss. Er war besessen von Kontinuität und suchte nicht die Wahrheit, sondern nur die Sicherheit.
Für mich ist die Kirche ein Schiff, das gebaut ist, um es draußen
auf dem Meer mit den Wellen aufzunehmen und sich, wenn nötig,
einen neuen Kurs zu suchen.«

Aus der Küche ein Ruf: »Leonardo, wir müssten dann mal, die
Kinder kommen bald«, meldet sich seine Frau, und wenn Marcia
zur Ordnung ruft, gehorcht der Mann, »das ist etwas ganz anderes, als wenn der Papst zur Ordnung ruft«, sagt er lachend. Der
Nachwuchs hat sich zum Besuch angesagt. Fünf Kinder hat die
geschiedene Menschenrechtlerin, Theologin und Umweltaktivistin
mit in ihre Ehe gebracht: Der Ex-Priester ist den Weg vom Zölibat
zur Großfamilie ohne Umwege gegangen. Seit er nun weit über
siebzig ist, sind auch Enkel hinzugekommen; »eine ganze Bande«.
Als er uns zum Auto begleitet, sagt Boff noch, er sehe das rasche
Anwachsen der protestantischen Kirchen, die Rückbesinnung der
Urbevölkerung auf afrikanische Religionen in Brasilien durchaus

mit Sympathie. Brasiliens religiöse Zukunft liege im Synkretismus, der Vermischung von Glaubensrichtungen und Philosophien, aus dem etwas Neues entstehe. »Konkurrenz belebt das Geschäft, es ist gut, dass die römisch-katholische Kirche keinen Absolutheitsanspruch, kein Monopol mehr hat.«

Drei Monate später, März 2013. Ein neues Gespräch, aus gegebenem Anlass: den Umwälzungen im Vatikan. Auch Boff hat Respekt abgenötigt, dass sein Alter Ego Benedikt XVI. das Amt aus gesundheitlichen Gründen freiwillig aufgab – ein Reformer wenigstens in Sachen Rücktritt. »Ich hatte mir erhofft, dass der neue Papst den Namen Franziskus annähme – und Freunden gegenüber auch vorausgesagt, dass es so kommen würde. Ich habe große Genugtuung empfunden, denn das ist programmatisch: Franz von Assisi steht für eine Kirche der Armen und Unterdrückten, für Umweltbewusstsein und gegen Prunksucht«, sagt Boff. »Besonders freut mich natürlich, dass der Papst aus Lateinamerika kommt, der Schwerpunkt des Christentums hat sich ja längst Richtung Dritte Welt verschoben. Dem ist nun Rechnung getragen worden. Und ich bin froh, dass es nicht der brasilianische Favorit aus São Paulo geworden ist. Denn Kardinal Odilo Scherer ist ein Erzkonservativer, ein Mann der Kurie.«

Und Boff hat Hinweise darauf, dass der neue Papst in Wirklichkeit liberaler denkt? »Vor ein paar Monaten hat er ausdrücklich zugestimmt, dass ein gleichgeschlechtliches Paar ein Kind adoptiert. Er pflegt Kontakte zu Priestern, die von der Amtskirche verstoßen wurden, weil sie geheiratet hatten. Und er hat sich nie von seiner Linie abbringen lassen, die da hieß: Wir müssen an der Seite der Armen sein. Er ist in die Slums gegangen, er hat soziale Ungerechtigkeiten angeprangert – und stets sehr bescheiden gelebt.« Er habe das selbst erfahren, erzählt Boff, als er Bergoglio in Argentinien kennenlernte. Boff fand ihn auf Anhieb sympathisch, weil Bergoglio ihm in wesentlichen Bereichen der Befreiungstheologie nahestand, wenngleich er sie nie offen unterstützte, »das war nicht der argentinische Weg«.

Brasiliens fortschrittliche Priester haben sich mit den Militärdiktatoren angelegt, Bergoglio soll mit ihnen gekungelt haben.

Vorwürfe stehen im Raum, er habe zwei linke Jesuitenpriester vielleicht sogar an die Machthaber verraten.»Darauf gibt es keine Hinweise. Ich selbst habe Orlando Yorio kennengelernt, einen der beiden, die er angeblich ans Messer lieferte. Yorio hat so etwas mir gegenüber nie geäußert.« Boff gibt sich optimistisch, dass Franziskus »die richtigen Schritte gehen wird«: weg von der korrupten Kurie zur Universalkirche. Und zu neuen, zentralen Themen wie dem Gefälle zwischen Arm und Reich, der Gerechtigkeitslücke, der Umweltzerstörung.»Wir haben uns so weit von den wirklichen Problemen der Menschen entfernt. Franziskus kann diese Verkrustung aufbrechen. Viele werden sich noch wundern.«

Dass Brasilien gläubig ist, sticht jedem ins Auge, der durchs Land reist. Ob in Petrópolis, Porto Alegre, Rio oder Recife, in den Weiten des Mato Grosso oder in den Dörfern am Amazonas – überall sieht man weißgetünchte katholische Kirchen.»Jesus« steht auf den Kleintransportern, und oft haben Volkskünstler sein vermutetes Konterfei danebengepinselt. Kaum ein Taxifahrer kommt ohne Marienbildchen aus, die meisten Bars haben in kleinen Nischen oberhalb der Schnapsflaschen Statuen von Schutzpatronen wie der Heiligen Barbara oder dem Heiligen Georg aufgestellt. Selbst in Nachtclubs hängen Kreuze an der Wand. Und die brasilianische Alltagssprache ist durchsetzt mit Ausdrücken aus dem Bereich des christlichen Glaubens: *Se Deus quiser* lautet die gängige Antwort auf den Abschiedsgruß des Freundes,»So Gott will.« Aber besonders viel scheint das für das tägliche Leben nicht zu bedeuten, die Heilige Dreifaltigkeit kratzt kaum mehr als die Oberfläche. Junge Leute spotten über die Sexualmoral des Vatikans, ältere ignorieren sie einfach. Auch sonntags bleiben viele Kirchen leer, die Frühschoppen der Restaurants an den Marktplätzen sind weitaus besser besucht. Und selbst in ihren Glanzzeiten hat die römisch-katholische Kirche in Brasilien nicht annähernd genug Priester hervorgebracht, um die spirituelle Betreuung der Gläubigen zu gewährleisten. Heute stehen den etwa 130 Millionen Gläubigen in den Weiten des Landes rund 18 000 Priester zur Verfügung, Tendenz fallend; in Deutschland, mit einer Fläche, die kaum mehr als ein Dreißigstel Brasiliens umfasst und einer Anzahl von Getauften, die weniger als ein Drittel ausmacht, sind es etwa 15 000. Allenfalls über die weitverbreiteten konfessionellen Schulen und Universitäten hat der Vatikan noch Einfluss in Brasilien, doch da wenige dieser Einrichtungen zu den besten im Land gehören, schwindet auch der.

Ein erstaunlicher Niedergang, wenn man bedenkt, dass das Land nach seiner »Entdeckung« durch Pedro Alvares Cabral im Jahr 1500 von den Europäern konsequent katholisiert wurde, die Missionierung der Naturvölker als Voraussetzung für die legitime Herrschaft des portugiesischen Königs galt: Vatikan und Krone in Symbiose. Erst seit 1988 gewährt Brasilien uneingeschränkt Religionsfreiheit – und die römisch-katholische Kirche ist heute meilenweit entfernt von ihrer einstigen Stellung als Staatskirche während der Kolonialzeit oder im Kaiserreich des 19. Jahrhunderts.

Was nicht heißt, es gäbe keine spirituelle Sehnsucht; was nicht heißt, spektakuläre Messen hätten keinen Zulauf; was nicht heißt, religiöse Feste erreichten keine rekordverdächtigen Zuschauermassen. Papst Benedikt XVI. wurde bei seinem Besuch in Brasilien im Mai 2007 begeistert umjubelt. Aber er provozierte auch Kritik, indem er behauptete, die katholische Kirche habe den Indios »den Glauben nicht aufgezwungen«, vielmehr hätten die Naturvölker »die Ankunft der Priester herbeigesehnt«. Der Papst verstehe die Realität der Ureinwohner nicht, klagten viele, die kircheninterne brasilianische Indianervertretung sprach von einer »falschen, nicht zu verteidigenden« Erklärung. Der Kölner Historiker Hans-Jürgen Prien, Spezialist für Kirchengeschichte, nannte die Papst-Worte eine »unglaubliche Geschichtsklitterung«, andere verlangten gar eine offizielle Entschuldigung Benedikts. Die blieb aus. Sein Nachfolger Franziskus präsentierte sich da Ende Juli 2013 bei seinem Besuch weit volksnäher.

Kenner Brasiliens sahen weniger religiöse Inbrunst denn die Lust am Gemeinschaftsgefühl, die Hinwendung zu einem Spektakel. Ein Pop-Phänomen. Und so präsentiert sich auch das wohl größte katholische Fest Lateinamerikas, die alljährlich im Oktober stattfindende Prozession »Círio de Nossa Senhora de Nazaré« in Belém, einer Stadt am südlichen Arm des mächtigen Amazonas, 140 Kilometer von der Atlantikküste entfernt. Hier atmet die Geschichte Religion und die Religion Geschichte, oder jedenfalls behaupten es die cleveren Stadt-Vermarkter: Belém ist der portugiesische Name von Bethlehem, der Geburtsstadt Christi, so getauft von strenggläubigen portugiesischen Eroberern. Belege für die Gottesfürchtigkeit ihrer Einwohner finden sich auf Schritt und Tritt: die schöne Igreja das Mercês, die eigenwillige Igreja do Carmo, die mächtige Basilika. Belém war lange Zeit auch eine reiche Stadt, strategisch gut platziert nahe wichtigen Schifffahrtsrouten in die Alte Welt, ideal für die Überwachung des Amazonas-Deltas und des brasilianischen Hinterlands.

Schon zu Beginn des 20. Jahrhunderts hatte die Stadt über hunderttausend Einwohner und wurde zum Hauptausfuhrhafen für Kautschuk; die Erlöse aus dem Handel mit Gummi machten zwischenzeitlich mehr als ein Drittel der nationalen Gesamteinnahmen aus. Die Kolonialisten schufen sich und ihrem christlichen Schöpfer eindrucksvolle Denkmäler. Sie blieben bestehen, auch als der Kautschukhandel seinen Niedergang erlebte, als die Briten in ihren fernöstlichen Kolonien wie Malaya die brasilianische Produktion mengenmäßig überholten und preislich unterboten. Belém umgibt auch heute noch ein Hauch vom Glanz der Belle Epoque und des Barock, und der Boom des neuen Brasilien ging trotz ihrer heute als peripher empfundenen Lage nicht ganz an der Eineinhalbmillionenstadt vorbei. Die Museen, die Parkanlagen, der Fisch- und Gemüsemarkt Ver-o-Peso (»Schau auf das Gewicht«), die exotischen kulinarischen Spezialitäten wie Ente à Tucupí oder Tacacá, Brühe mit eingesalzenen Garnelen auf Maniok, locken viele Gäste an. Aber es ist die Círio-Prozession, die Belém auf die Landkarte des nationalen und internationalen Tourismus setzt. Dabei gehen krude Geschäftemacherei, bunte Folklore und religiöse Ursprünge längst ineinander über.

Die Verehrung der Jungfrau von Nazareth stammt aus den Anfängen des portugiesischen Christentums. Der einflussreiche Adlige Fuas Roupinho behauptete, mithilfe der Heiligen vom sicheren Tod gerettet worden zu sein – sein Pferd war durchgegangen und ritt in vollem Galopp auf einen Abgrund zu, als er den Namen der Heiligen Jungfrau ausrief und es im letzten Moment stoppte.

Jesuiten brachten die Legende mit nach Brasilien. Ein einfacher Mann namens Placido soll dann im Jahr 1700 an einer Amazonas-Nebenflussmündung nahe Belém ein Bildnis der Heiligen gefunden haben. Viele in der Region hörten von dem Wunder und kamen, die Ikone zu bestaunen. Vor allem die Fischer machten sie zu ihrer Patronin, am Entdeckungsort bauten sie eine Kapelle.

Im Jahr 1793 beschlossen die Gläubigen, aus Dankbarkeit für den Schutz durch die Jungfrau von Nazareth eine prunkvolle jährliche Prozession abzuhalten, das Bild wie eine Monstranz durch den Ort zu tragen. Das führte nach Ansicht der Inbrünstigen zu einem neuen Mirakulum: Alle Passagiere eines portugiesischen Schiffes, das vor Belém unterging, konnten aus den Fluten gerettet werden – und zwar nicht von irgendeinem Boot, sondern von dem, welches das Bild der Heiligen zuvor zur Restauration nach Lissabon transportiert hatte. Das brachte der Heiligen noch mehr Verehrer. Und so wurde fast jedes Jahr der Umzug prächtiger, kamen mehr Zuschauer aus dem In- und Ausland. Über die Jahrzehnte wurde der Círio zum lukrativen Magneten. Der spirituelle Ausgangspunkt trat dabei in den Hintergrund.

Die Feierlichkeiten für das Volksfest beginnen schon Wochen vor dem eigentlichen Umzug im September. Von überall her strömen die Pilger in die Amazonas-Metropole, per Schiff den Amazonas hinauf, Tausende Kilometer über die holprigen Straßen per Bus, die Luxustouristen mit Charterflügen. Manche bringen Geflügel, Maniokmehl und Wildgrasblätter mit, die Zutaten für das »Göttliche Bankett«, das sieben Tage vor der Zeremonie veranstaltet werden muss; die meisten aber unterstützen mit ihrem Einkauf die Bauern aus Beléms Vororten. Überall in den Geschäften der Innenstadt werden Rosenkränze feilgeboten, nötig für das gemeinschaftliche Gebet zum Ruhm der Heiligen. Kinder erhalten kleine bemalte Tierfiguren aus dem Holz der lokalen Buriti-Palme, ein weiterer wichtiger Geschäftszweig für die Handwerker und Händler von Belém.

Am zweiten Oktobersonntag ist es dann so weit: In der ersten Dämmerung des Morgens künden Böllerschüsse von dem großen Ereignis. Die engen Plätze um die Kirchen sind schwarz von

Menschen, wie eine Riesenwelle wogt es in den Straßen. Und alle drängen, schubsen, schieben. Gefährlich sieht das aus, aber auf halten oder steuern lässt sich die Masse kaum mehr, alle wollen nach vorn, um dabei zu sein, wenn der Schrein mit dem Heiligenbildnis vorbeikommt. An der Kathedrale geht es los, dann folgen sechs Kilometer Via Sacra bis zur Basilika. Jedes Haus auf dem Weg ist blumengeschmückt, die Balkone wirken lebensgefährlich überbesetzt, Jugendliche haben sich auf die Äste der Mangobäume geschwungen. Die Gläubigen singen die eigens im 18. Jahrhundert für den Anlass komponierte Hymne »Ihr seid so schön wie eine Lilie«. Neben dem heiligen Schrein werden auch noch andere angebliche Originalkultgegenstände durch die Straßen geführt: das damalige Boot, in dem die Schiffbrüchigen gerettet wurden, ein mittelalterlicher »Gabenwagen«, gefüllt mit kulinarischen Opferpräsenten der Pilger. Die christlichen Lieder werden immer wieder durch Feuerwerkskörper übertönt und mit pseudoreligiösen Schlagern aus ohrenbetäubend lauten, klangverzerrenden Boxen verstärkt.

Die Stimmung schlägt um in Hysterie, wenn die göttliche Sänfte dann wirklich vorbeikommt. Jeder versucht, sie zu berühren. Oder wenigstens das 400 Meter lange Seil, an dem sie befestigt ist, für einen Moment zu ergreifen. *Pegar a corda* – wer es schafft, bekommt dafür nach dem in Belém herrschenden (Aber-)Glauben seine Sünden vergeben. Da diese Hatz auf einen Strick offensichtlich mehr Spaß macht als das konventionelle Beichten, kommt es unter den Pilgern regelmäßig zu Verletzungen, es haben sich auch schon tödliche Unfälle ereignet. Im Oktober 2012 mussten Dutzende in die Krankenhäuser eingeliefert werden, und das war noch ein relativ gutes Jahr. Bei sechs Stunden Prozession und an die zwei Millionen aufgewühlter Teilnehmer kein Wunder. Und da sind die abendlichen Schlägereien bei den diversen Umtrunken der Pilger noch nicht mitberücksichtigt.

Ausgerechnet Belém, diese Bastion des Katholizismus und seines Jubelfestes, wurde zum Einfallstor für die heute so erfolgreiche religiöse Konkurrenz. Die beiden Schweden Gunnar Vingren und Daniel Berg hatten sich Anfang des 20. Jahrhunderts in den USA von einer neuen evangelikalen Glaubensrichtung inspirieren lassen, der Pfingstbewegung. Dabei spielt die »Ausgießung« des Heiligen Geistes auf die Menschheit, wie sie im biblischen Pfingstfest gefeiert wird und die besondere Geistesgaben wie Heilungen und Prophezeiungen ermöglicht, eine besondere Rolle. Der Kampf zwischen Gott und Teufel steht im Zentrum der Theologie. Jeder Einzelne hat sich dem Kampf gegen die Dämonen zu stellen. Um in der Gemeinschaft akzeptiert zu werden, muss sich der Mensch bekehren lassen und einer besonderen »Geistestaufe« unterziehen. Diese Erfahrung wird mit Ekstase zelebriert, wie überhaupt die Messen der Pfingstler sich durch lebhafte Aktionen, Sprechgesänge und feurige Priesterreden von den gängigen christlichen Gottesdiensten unterscheiden. Die Pfingstkirchen verlangen von ihren Gemeinden Bibelkenntnis und eine hohe Gesinnungs- und Verantwortungsethik, das Abweichen von gesellschaftlichen Normen wie Homosexualität gilt als verpönt. Der Gospel of Prosperity, der »Wohlstands-Gospel«, stellt den individuellen ökonomischen Erfolg in einen kausalen Zusammenhang mit der religiösen Lebensführung.

Noch 1930 zählte die Gemeinde der Pfingstler nicht mehr als einige Zehntausend Gläubige. In den Fünfziger- und Sechzigerjahren aber wuchs die Bewegung sprunghaft. Das lag daran, dass brasilianische Gläubige nun die ersten authentischen Pfingstkirchen des Landes gründeten, von Einheimischen für Einheimische. Charismatische Prediger stellten in ihren feurigen Ansprachen Arbeitslosigkeit, Ehestreit, Alkohol und Tabak als Werk des Satans dar, mit Selbstdisziplin könnten die Übel dieser Welt überwunden werden.

Die konkreten Heilsversprechen wurden bald nach der Gründung der Pfingstler-Gemeinde an klare Bedingungen geknüpft – jedes Schäfchen hatte der Kirche ein Zehntel seines Gehalts abzugeben. Do ut des: Der Mensch tritt in eine Art Vertragsverhältnis mit Gott, der nicht erst im Jenseits, sondern schon auf Erden »liefert«, ein Leben in Wohlstand nämlich, weltliche Erlösung gegen obligatorische Spenden. Viele führte das in psychische und finanzielle Abhängigkeit. Doch andere schafften so auch den sozialen Aufstieg – die Pfingstkirchen wurden zu einer der treibenden Kräfte für einen neuen Mittelstand. Und nebenbei machten sie die führenden Geistlichen zu sehr reichen Männern. Zu Machtfaktoren

im Land. Am spektakulärsten ist der Aufstieg einem ehemaligen
Lotterieverkäufer und kleinen Staatsangestellten aus Rio de Janeiro
gelungen, einem Selfmademan, den viele, auch dunkle Geheimnisse umgeben: Edir Macedo.

Nach einer persönlichen Tragödie wendet er sich von der
römisch-katholischen Kirche ab und gründet 1977 im Hinterzimmer eines Begräbnisinstiuts von Rio die Igreja Universal do Reino
de Deus. Die Universalkirche des Königreich Gottes predigt eine
neue Strategie. Die meisten Pfingstkirchen haben sich bis dahin
von der aktuellen Politik ferngehalten und die Medien weitgehend
gemieden, Macedo aber sucht die Präsenz in Radio und Fernsehen
und mischt aktiv in der Parteienlandschaft mit. »Neupfingstler-
tum« nennen das der Religionswissenschaftler Franz Höllinger und
Lukas Lingenthal von der Konrad-Adenauer-Stiftung in Rio, die
besten Kenner der brasilianischen Glaubenslandschaft. »Macedo
verbindet Gesang, Tanz und Teufelsaustreibungen mit einer unternehmerischen Marketingstrategie, die auf Gewinnmaximierung
ausgerichtet ist und sich jeder in den modernen Medien zur Verfügung stehenden Vermarktungsmöglichkeit bedient … Seit dem
Aufkommen des Neopentecostalismus verdrängt diese sehr auf
weltlichen Wohlstand fixierte Theologie die Auffassung der klassischen Pfingstbewegung, dass allein Enthaltsamkeit von weltlichen
Dingen der Weg zur Erlösung sei.«

Heute residiert dieser Edir Macedo in New York und jettet nach
Bedarf mit dem Privatflugzeug in die Heimat. Er hat 34 Bücher
geschrieben, die sich über zehnmillionenmal verkauft haben. Er
herrscht über ein Imperium von acht Millionen Gläubigen und
deren Einnahmen, die sich inzwischen nach Schätzungen insgesamt auf gut drei Milliarden Dollar belaufen. Der selbsternannte
Bischof besitzt ein Luftfahrtunternehmen und Reisebüros, kontrolliert Tageszeitungen, Radiostationen; sein Fernsehsender Rede
Record ist der zweitgrößte im Land. Macedo hatte auch immer
wieder Ärger mit der Justiz. Seine Bewegung soll Spenden von
Gläubigen mithilfe ausländischer Strohfirmen gewaschen und in
kirchenfremde Unternehmen geleitet haben, insgesamt ging es
um Hunderte Millionen US-Dollar. Veruntreuung und Gründung

einer kriminellen Vereinigung lautete die Anklage. Macedo sprach von einer Verleumdungskampagne, und die Ermittlungen führten trotz starker Verdachtsmomente ins Leere. Immer wieder wurde er aus Mangel an Beweisen freigesprochen. Einmal saß er bisher im Gefängnis, ganze elf Tage.

Macedo schwört, das Geld der Gläubigen – wie gesetzlich vorgeschrieben – ausschließlich für christliche Zwecke zu nutzen. Nur noch gelegentlich zieht es den Mittsechziger in diesen Tagen selbst zur Predigt in eines seiner riesigen Gotteshäuser. Dann läuft er wieder zur alten Form auf, peitscht die Gläubigen auf und macht den Teufelsaustreiber, wenngleich nicht mehr ganz so spektakulär wie einst im Maracanã-Stadion, wo ihm mehr als hunderttausend Menschen zujubelten, wo ihm während des Gottesdienstes Hunderte Brillen und Gehhilfen auf den Rasen geworfen wurden – angebliche Zeichen für sofortige Wunderheilungen. In seiner Autobiografie gibt er sich dagegen philosophisch nachdenklich: »Wir haben uns nicht ausgesucht, in diese Welt zu kommen, aber wir können bestimmen, wo wir die Ewigkeit verbringen.« Und dazwischen, auf dem Weg von der Wiege bis zur Bahre, so lautet Macedos Credo: Spendet für euer Seelenheil! Besonders große Empörung rief der Vorwurf der persönlichen Bereicherung auf Kosten der Armen hervor, den ein aufgetauchtes Video zu untermauern scheint: Darin ist zu sehen, wie der geschäftstüchtige Bischof in einem seiner Tempel in New York große Bündel Geld zählt, sich auf einer Yacht vergnügt und dann vor einer Gruppe von Pastoren fordert, mit noch größerem Nachdruck als bisher den Zehn-Prozent-Lohnanteil von den Gläubigen einzutreiben.

»Wer nicht weiß, wie man Fernsehen macht, wird ein leeres Gotteshaus haben« – diesen Glaubenssatz teilen inzwischen alle Neo-Pfingstkirchen. Dabei geht es längst nicht mehr nur um die Übertragung aufpeitschender Predigten. Kirche und Kommerz sind eine perfekte Vermarktungsunion eingegangen, den »Mercado Gospel« nennen das die Brasilianer. Der Absatzmarkt religiöser Produkte bis hin zu Schönheitscremes »für die fromme Frau« wächst ständig. Auch da wirkt Macedos Pfingstkirche wieder stilbildend. Auf der Webseite der Universal etwa gibt es neben heiligen Sprüchen und den Lebensweisheiten des Bischofs auch einen Link zum Online-Shopping, das nicht nur christliche Merchandising-Artikel anbietet, sondern auch Schmuck, Babynahrung und Couchgarnituren. Ebenso kann für den Nachbau des antiken Salomon-Tempels gespendet werden, der in São Paulo entstehen und zehntausenden Gläubigen der Universal Platz für Gottesdienste bieten soll. 200 Millionen Dollar wird er kosten, viel fehlt nicht mehr, und die Steine werden aus Israel importiert, damit sich das Heilige-Land-Feeling noch besser einstellt. »Die Anhänger neopfingstlicher Kirchen werden nicht mehr als gläubige Christen, sondern vielmehr als christliche Konsumenten behandelt«, schreibt Lukas Lingenthal. Und Professor Sergio Costa, Professor des Lateinamerika-Instituts der Freien Universität Berlin, meint: »Es geht um Profit. Das Ethos der Pfingstkirchen basiert auf einem Glauben an einen Gott, der Reichtum verspricht. Um ihn zu erreichen, ist fast alles erlaubt. Sie nutzen ihre Ressourcen gewinnoptimiert.«

Auch politisch wirkte Macedo als Pionier. Galt früher unter den Pfingstlern der Grundsatz, sich nicht direkt in die Staatsgeschäfte einzumischen und durch persönliche Askese sein Seelenheil zu suchen, hat sich das geradezu ins Gegenteil verkehrt. Der Universal-Bischof mischte sich mit einer Parteineugründung sehr erfolgreich in die Machtstrukturen von Brasília ein. Im Jahr 2002 errang seine Liberale Partei 26 Abgeordnetenmandate im Parlament und erwies sich bald als eine wichtige Stütze für den früheren Gewerkschaftsführer und langjährigen Staatspräsidenten Lula da Silva. Den Anhängern der Pfingstkirche werden von ihren Bischöfen diverse »Kandidaten Gottes« präsentiert, aus denen sie wählen dürfen, fast wie in einer Partei. Allerdings mit dem bedeutenden Unterschied, dass die Universal autoritär organisiert ist und nicht einmal im Ansatz über demokratische Strukturen verfügt. Ähnlich sind die Verhältnisse auch bei der nicht ganz so aggressiv auftretenden Assembléis de Deus, die von den reinen Zahlen her die größte der Pfingst-Gruppierungen in Brasilien ist.

Im nationalen Parlament haben sich die evangelikalen Abgeordneten zu einer überparteilichen Fraktion zusammengeschlossen. Derzeit stellt diese »Bancada evangélica« 63 von 514 Abgeordneten:

Bischöfe, Pastoren und andere Amtsträger der Pfingstkirchen. Das entspricht in etwa ihrem Anteil unter den brasilianischen Gläubigen – nur dass es eben eine »katholische Fraktion« in der Volksvertretung nicht gibt. Als Ziel ihres politischen Kampfes nennen die Pfingstler einen »neuen Kreuzzug zur Re-Christianisierung der Welt«. Doch vielmehr als luftige Worte sind das bisher nicht, Gott sei Dank, und hoffentlich bleibt das auch dabei, sagen viele gemäßigt Religiöse in Brasilien: Die sogenannte Evangelikalen-Fraktion ist untereinander zerstritten, die Gruppenmitglieder der verschiedenen Pfingstkirchen begegnen sich mit großem Misstrauen. Zu einer gemeinsam abgesprochenen, einheitlichen Stimmabgabe ist es bisher kaum einmal gekommen.

Und doch ist eines nicht zu widerlegen: Die Zahl der Nicht-Katholiken wächst und wächst und wächst. Waren die »Evangelischen«, zu denen neben der weitaus größten Gruppe der Pfingstler auch Baptisten, Methodisten und Lutheraner gezählt werden, 1960 bei einem Anteil von 4 Prozent der brasilianischen Gläubigen, so stieg der 1990 schon auf 9 Prozent. Bei der neuesten Erhebung im Jahr 2010 bekannte sich schon mehr als jeder Fünfte zu den Boom-Religionen der »Evangelischen«, Tendenz: weiter stark steigend. Eine unaufhaltsame Entwicklung? Befreiungstheologen wie Leonardo Boff hatte der Vatikan ohnehin schon verloren. Aber auch nicht jeder, der sich dem Papst und der offiziellen römisch-katholischen Kirchenpolitik verpflichtet fühlte, wollte so wie bisher weitermachen.

Auftritt Marcelo Mendonça Rossi. Popstar des Heiligen Stuhls. Mischung aus Enrique Iglesias und George Clooney. Charismatiker Gottes. Padre Rossi ist die Antwort der brasilianischen Katholiken auf die Pfingstkirchen-Idole à la Macedo und die Langweiler unter den eigenen Kardinälen. Er war früher Sportlehrer und Personal Trainer von Reichen und Schönen, bevor er sich dem Theologiestudium verschrieb. Der begnadete Entertainer gilt als der unumstrittene Chef der sogenannten Charismatischen Bewegung, die sich aufgemacht hat, die stark bedrohte Vormachtstellung des Vatikans in Brasilien auf ungewöhnliche Weise zu verteidigen. Mit Schlagern und Show und Spitzenplätzen auf der Hitparade der meistverkauften Songs.

Es ist jetzt einige Jahre her, dass ich Rossi live erlebt habe. Damals predigte er noch in einer schäbigen alten Kirche, die aus einer Lagerhalle entstanden war, im tristgrauen Arbeiterviertel Santo Amaro am Rande der Innenstadt von São Paulo. Ein riesiges Areal, bis auf den letzten Platz gefüllt, wohl mehr als 10 000 gespannt wartende Gläubige. Dann kam er. Ein baumlanger Kerl, jugendlich kurzer Haarschnitt, gewinnendes Lächeln. Eine elegante Erscheinung. Und Spot an. Alle Scheinwerfer richteten sich auf den Mann an der Bühnenrampe: rote Soutane, auf die ein goldenes Kreuz gestickt ist, blütenweiße Ärmel. Mit seinen weit ausladenden Handbewegungen erinnerte mich Padre Marcelo Rossi ein wenig an die Christusstatue auf dem Corcovado, das Wahrzeichen von Rio de Janeiro. Ein wahrer Stellvertreter.

Als er dann mit seiner sanften, sonoren Stimme zu einer der selbst geschriebenen Schmuserock-Lobeshymnen auf den Herrn ansetzte, waren alle hingerissen: alte, knorrige Männer mit schwieligen Arbeiterhänden und junge, sorgfältig geschminkte Damen in engen Jeans und knappen Tops. Offensichtlich sehr Wohlhabende mit dicken Goldreifen ums Handgelenk und sehr Bedürftige, barfüßig und in ausgebleichten Baumwollleibchen. Sie fassten sich an den Händen oder falteten sie zum inbrünstigen Gebet, wischten sich Tränen der Rührung weg, fielen sich in die Arme, stimmten ein in die schlichten Texte und gängigen Melodien. »Sei das Zentrum in meinem Herzen, der Halt in meinem Leben, Jesus o, Jesus!«, tönte es durch das Areal, und »Gott ist die Höchstnote, Gott verdient eine Zehn!«. Es war die Woche, in der die CD *Minha Bênção* (»Mein Segen«) des Pop-Priesters die Spitzenposition der Schlagercharts erobert hatte. Immer wieder rief der Geistliche während der Messe die Gläubigen zum Mitmachen auf. Wer das wegen seines Alters oder seiner Gebrechen nicht konnte, durfte gegen Schluss der Predigt leicht mit den Hüften schwingen, zur »Aerobic des Herrn«, wie Rossi das in einem gleichnamigen Lied nannte. Ob es allen gefallen habe, fragte er zum Schluss. Einstimmig brüllte die Masse Zustimmung. Ob sie wiederkommen wollten. Aber natürlich wollten sie. Ob sie denn bis dahin allen Sünden widerstehen könnten. Auch das, versprachen die Begeisterten, womöglich etwas zu vorschnell. Und zum Abschied gab es Weihwasser aus großen Kübeln. Wer wollte, konnte es sich über den Kopf schütten lassen – in der brütenden Hitze eine seligmachende Erfrischung.

Auch die Pfingstkirchler verfügen über eigene Gesangstars mit religiösen Hits. Die Pastorentochter Aline Barros gilt als eine Art Céline Dion der Evangelikalen, sie hatte schon damals bei meinem Besuch mehrere Latino-Grammys gewonnen. Und in dem Gotteshaus von São Paulo, ausgestattet mit einer eigenen Tiefgarage, ging es eher noch spektakulärer zu als bei Padre Rossi. Da sprang ein Priester mit weißem Hemd und sorgfältig gebundener Krawatte auf der Bühne herum wie ein Rumpelstilzchen, rief begleitet von schrillen Orgelklängen alle zum Kampf gegen die Plagen der Welt auf. Versprach denen, die es nur fest genug wollten, Soforterlösung durch Exorzismus. »Satan, weiche! Hinweg mit dem Bösen aus euren Körpern!«, rief der Mann, und einige seiner christlichen Helfer gingen hinunter ins Publikum und legten den Sündern und den Kranken die Hände auf die Stirn oder nahmen sie in feste Umarmung. Manche weinten, andere lachten, viele gaben sich einfach dem Taumel der Masse hin. Anschließend ließ der Priester vorgedruckte Umschläge für Spenden verteilen.

Im November 2012 hat Rossi sein neues Gotteshaus Mãe de Deus (»Mutter Gottes«) eingeweiht, eine der weltweit größten Kirchen. Das von dem Stararchitekten Ruy Ohtake entworfene Gebäude mit seinem geschwungenen Dach erstreckt sich auf einem 30 000 Quadratmeter großen Gelände im Süden von São Paulo. 44 Meter hoch ist das Kreuz und schon schon von Weitem zu erkennen – »das neue Postkartenmotiv von São Paulo«, sagt der Hausherr stolz. Finanziert hat er es nach eigenen Angaben hauptsächlich aus seinen Platten- und Bucherlösen. Rossis *Agape Musical* war jetzt mit 1,4 Millionen Tonträgern noch vor Samba-Prinzessin Paula Fernandes Nummer eins der musikalischen Jahreshits, sein Buch *Nächstenliebe* verkaufte sich fast achtmillionenmal. Nicht schlecht für einen Mann, der nun auch schon Mitte vierzig ist und nicht mehr ohne Weiteres den attraktiven Berufsjugendlichen geben kann.

So viel Erfolg fordert Neider heraus, auch unter katholischen Brüdern. Padre Ubaldo Steri etwa schmäht Rossi einen »Clown, der keine Ahnung von Theologie hat, er feiert Messen mit Karaoke-Charakter, da können die Leute ja gleich ins Kino gehen«. Den Befreiungstheologen Boff stört an Rossi eher, dass er den Alltag und die Ungerechtigkeiten wegsingt, dass er so selten über die real existierenden sozialen Probleme des Landes spricht, über Armut und Arbeitslosigkeit: »Er lädt stattdessen nur zum Tanzen ein.«

Katholisch-charismatischer Wohlfühl-Gott gegen protestantisch-pfingstlerischen Wohlstands-Gott: Viele glauben, dass in Brasilien eine Art spirituelles Duell zwischen diesen beiden Glaubensrichtungen tobt. Christentum in seinen verschiedenen Ausprägungen, und sonst gar nichts. Doch in Wahrheit ist die Lage viel komplexer. Zwar kommen Katholiken und Protestanten bei den einschlägigen nationalen Erhebungen gemeinsam auf fast 90 Prozent Anteil in der Bevölkerung, 8 Prozent nennen sich Atheisten – aber das sind nur statistische Werte, die wenig über die geistliche Lebenswirklichkeit aussagen. Brasilien ist in Wahrheit wie kaum ein anderes Land der Erde ein Jahrmarkt der Religionen, ein spirituelles Experimentierfeld, eine Melange unterschiedlicher Glaubensrichtungen. Hier blüht alles an Heiligem, was unter dem Himmel erdenklich ist. Den Hauptanteil daran haben die weitverbreiteten afrikanischen Kulte, die sich gelegentlich in Reinkultur über die Jahrhunderte erhalten, weit häufiger aber mit Vorstellungen anderer Gemeinschaften gemischt haben: Macumba, Umbanda, Candomblé. Sie heißen nicht nur so melodisch und mythisch und mysteriös, sie machen ihren klingenden Namen auch alle Ehre.

Nur wenig mehr als ein Prozent aller Brasilianer bekennen sich zu einer afroamerikanischen Religion. Es gibt gute Gründe, warum die Indigenen statistisch so weit unter »ferner liefen« registriert werden. Die Sklaven, die Großgrundbesitzer ab dem 16. Jahrhundert als Arbeitskräfte aus Afrika holten, wurden in der Kolonie zwangsweise getauft. Sie behielten in Wahrheit aber ihre Götter bei und tarnten sie, um keinen Ärger zu bekommen, vielfach als katholische Heilige. Da die Sklaven aus diversen Regionen des »Schwarzen Kontinents« herangeschafft wurden, mischten sich die verschiedenen afrikanischen Traditionen untereinander und verschmolzen oft auch mit Elementen des für sie neuen Glaubens

aus der Ferne. Zwar blieben ihnen Lehrelemente wie die jungfräu-
liche Geburt oder die Heilige Dreifaltigkeit sehr fremd, aber andere
Riten des römisch-katholischen Glaubens kamen ihren spirituellen
Vorstellungen durchaus nahe, etwa die farbenprächtigen Prozessio-
nen, die Gelübde, die Verehrung von Schutzheiligen, die familiäre
Volksfrömmigkeit. Noch in der Vargas-Diktatur zwischen 1930 und
1945 wurden die Macumba-Anhänger, die sich offen zu ihren Kul-
ten bekannten, als Hexenmeister und böse Zauberpriester verfolgt,
inhaftiert und teilweise sogar gefoltert.

In der zweiten Hälfte des 20. Jahrhunderts hatten sich dann
manche indigenen Glaubensrichtungen so mit dem Christentum
vermischt, dass neue synkretistische Kulte entstanden. Sie wurden
auch für die weiße Mittelschicht attraktiv. Ein getaufter hellhäu-
tiger Katholik in Rio oder São Paulo konnte – und kann – gleichzeitig die indigenen Götter und auch Jesus Christus und Maria
verehren. Für die Nachfahren der Sklaven, die Brasilianer afrika-
nischer Abstammung, gilt dies ebenso. Und doch stellt sich für sie
eine andere Frage: Sollen sie ihre Religion wieder »reinigen« und
so mit der Integrationskraft ihrer spirituellen Vorstellungen die
eigene Identität behaupten? Oder bringt sie die Melange mit dem
katholischen und protestantischen Glauben einem wünschens-
werten Schmelztiegel, verbunden mit gleichen Rechten in allen
Lebensbereichen, entscheidend näher?

Macumba, Umbanda und Candomblé sind trotz ihres gemeinschaftlich afrikanischen Ursprungs unterschiedlich. Im Macumba
spielen Fetische und Voodoo eine große Rolle, die Verbindung
mit den Toten wird besonders gepflegt. Im Umbanda verbinden
sich spirituelle Wesen irdischer Herkunft mit den Geisteswesen aus
dem Jenseits, traditionelle Medizin und Heilungskräfte stehen im
Zentrum. Am weitesten verbreitet unter den afrobrasilianischen
Religionen ist Candomblé, dessen spiritistische Komponente mit
genau vorgeschriebenen Zeremonien am ausgeprägtesten ist. Die
meisten Terreiros oder Casas, wie die Candomblé-Tempel genannt
werden, stehen im Norden des Landes, Zentrum der Religion ist
Salvador de Bahia. Die einstige Hauptstadt des Landes war von 1538
an für drei Jahrhunderte Dreh- und Angelpunkt des Sklavenhandels

der portugiesischen Kolonialherren, die ihre Schiffe vor allem in die
Regionen des heutigen Nigeria und Benin in Westafrika schickten.
Die meisten Männer waren Angehörige der Yoruba-, Ewe-, Fon-
oder Bantu-Stämme. Mehr als jeder zweite der etwa vier Millionen
Zwangsarbeiter landete in Salvador. Hier auf den Märkten gab es
die größten und schlimmsten Verkaufsauktionen für die in Ketten
gelegten und zur Schau gestellten Verschleppten.

Die Drei-Millionen-Metropole Salvador, Hauptstadt der Provinz
Bahia, trägt heute einen erstaunlich unbeschwerten Beinamen:
Capital de Alegría, Kapitale der Freude. Für manche, die hier in
den Favelas leben müssen, mag das wie Hohn klingen. Aber für
Besucher (und die wohlhabende nordbrasilianische Mittelschicht,
die hier lebt) ist die Bezeichnung mehr als nachvollziehbar: Es fällt
schwer, sich dem pulsierenden Rhythmus, der Lebenslust Salvadors
zu entziehen. Kenner halten den hiesigen Karneval für faszinie-
render sogar als den in Rio, vom »größten Fest der Welt« sprechen
selbstbewusst die Soteropolitanos, wie sich die Einheimischen nennen. Und auch ohne den Massenauflauf zum großen Fest Anfang
Februar ist hier jeder Tag ein Stück Karneval.

In den Straßen klingen aus den Kneipen mitreißende Trommel-
wirbel, auf den Plätzen der Altstadt Pelourinho demonstrieren
Künstler den akrobatischen Kampftanz Capoeira, in Hinterhofbars
grillen korpulente Köchinnen Garnelen in dem orangefarbenen
Öl der Dendê-Palme und reichen Caipirinhas, die es in sich haben.
Die prächtige koloniale Barock-Architektur verträgt sich auffallend
gut mit dem afrikanischen Antlitz der Stadt – über 80 Prozent der
Einwohner sind dunkelhäutig, fast alle Nachkommen von Sklaven.
Und überall Spuren der Candomblé-Religion: Bunte Teller stehen in
der Oberstadt unter Bäumen und Büschen, auf denen den Göttern
Früchte dargeboten werden, auch Zigarren und Zuckerrohrschnaps.
Anspruchsvoll und lebenslustig und manchmal auch blitzzornig sind
die Himmlischen, und jeden Morgen treiben von der Unterstadt aus
rote Blüten als Opfergabe ins Meer, um sie zu besänftigen.

Fast 3000 Kultstätten soll es in der Region geben, aber so genau
lässt sich das nicht feststellen, denn die Terreiros liegen oft versteckt
in Hinterhöfen ganz normaler Häuser. Mit ein bisschen Glück wer-

den ausländische Gäste auch zu einer Candomblé-Zeremonie mitgenommen, jedenfalls zu dem Teil, der den Gläubigen nicht ganz so
wichtig ist wie die im kleinen Kreis der Eingeweihten verbrachten
Anfangsminuten. Meist ist der Ort schon Tage zuvor von bösen
Geistern gereinigt und sorgfältig ausgekehrt und ausgewaschen
worden, Tieropfer in der Vorwoche sind üblich. In vielen der kleinen Haustempel hängen inzwischen auch christliche Kreuze. Man
sichert sich religiös zusätzlich ab, man passt sich an. Nicht so in
diesem Tempel, der Terreiro do Oloroke, wo eher auf Abgrenzung,
Identität und eigenständige Kraft gesetzt wird. Auf die eine Lehre.

Das Erste, was auffällt, ist der Duft: eine merkwürdige Mischung
aus Weihrauch und Palmöl. Die Frauen tragen rüschenverzierte
weiße Kleider mit Spitzenröcken und sitzen links; die schlicht-
gekleideten Männer hocken ihnen gegenüber. Auf einem mit
Götterbildern verzierten, besonders geschnitzten Holzstuhl hat die
Mãe de Santo Platz genommen, die Zeremonienmeisterin. Sie achtet darauf, dass die *Axe*, die spirituelle Kraft, die ein dynamisches
Leben garantiert und den Alltag bestimmt, nicht den Raum verlässt. Eine Ecke des großen Raumes ist für die Musiker reserviert,
sie sind wesentlicher Bestandteil bei der Anrufung der Gottheiten.
Mehr noch: die richtigen Klänge gelten als Ausdruck der heiligen
Stimmen. Drei Künstler beugen sich über ihre verschieden großen
Trommeln – und dann legen sie los. Hände zucken, Finger tanzen,
schmale Stöcke wirbeln über die Instrumente, denen weibliche und
männliche Eigenschaften zugeschrieben werden, die entweder als
traurig oder als lustig gelten, eigene Persönlichkeiten: Agogo werden die Schellen genannt, die Xequeré, gitarrenartige Instrumente
aus Kürbis, verstärken den Rhythmus.

Vom ersten Moment an lässt sich eine magische Kraft spüren,
die sich auf die Gläubigen überträgt. Die immer wiederkehrenden
Klangmuster haben etwas Packendes, Hypnotisierendes. Sie sollen Exu, dem Götterboten, besondere Ehre erweisen – nur er, der
ewig Reisende zwischen den Welten, kann die Kommunikation
zwischen Mensch und Gott herstellen. Je aufreizender die Rhythmen, desto besser: Exu liebt es dynamisch und sinnlich, seine Wahrzeichen sind ein großer Phallus und ein Dreispitz.

Bald stehen die ersten Frauen auf, dann werden es mehr, und schließlich tanzen fast alle einen Tanz wie aus einer anderen Welt. Die Zeremonienmeisterin stimmt einen Text an, der klingt wie ein Rap, schnell wiederkehrende, aufrüttelnde Strophen, in die nach und nach alle einfallen. Und schon fangen die ersten an zu taumeln, zu zucken, manche Gliedmaßen versteifen sich, andere entwickeln ein merkwürdiges, unnatürliches Eigenleben. Eine Trance hat die Menschen erfasst, würden wir Ungläubigen sagen. Die Götter haben »uns heilige Kinder« gepackt, sagen die Candomblé-Anhänger: Wir haben ihnen unsere Körper zur Verfügung gestellt, sie sind in uns eingedrungen, sie wurden zu einem Teil von uns. Nach der Trance-Erfahrung sinken die Eingeweihten erschöpft in sich zusammen, erst nach einiger Zeit haben sie wieder die Kraft, sich an einem Buffet zu stärken. Ein Teil des Fleisches ist dabei tabu – bestimmte Stücke werden den Göttern geweiht, als Zeichen der Dankbarkeit. Wie genau der Abend endet, bleibt ein Geheimnis: Die Gäste werden vor dem Schlussakkord, nach einer etwa dreistündigen Zeremonie, gegen Mitternacht hinausgebeten. Manchmal, sagen die Eingeweihten, gehe die schwarze Messe bis in die frühen Morgenstunden.

Die Gottheiten des Candomblé haben ihre ganz bestimmten Persönlichkeiten, Fähigkeiten und rituellen Präferenzen; sie werden mit spezifischen natürlichen Phänomenen wie Luft, Wasser, Erde, Feuer und Wind in Verbindung gebracht. Als Oberhaupt des Pantheons fungiert Oxalá, er besitzt die höchste Autorität, seine Farbe ist Weiß, sein Tag der Freitag. Oxalá gilt als gnädig, friedfertig und weise, die westafrikanischen Stämme, aus deren Glaubenswelt er hervorgegangen ist, glauben allerdings, dass er sich bei der Schöpfung der Welt einmal eine Schwäche geleistet und sich sinnlos betrunken hat. Daraus resultierten dann die Menschen, die behindert zur Welt kamen. Oxalá nimmt sich nach den Vorstellungen des Candomblé auch deshalb besonders der Kranken, Schwachen und Alten an. Sein ungestümer Partner ist Xango, der Herrscher über Feuer, Blitz und Donner. Er duldet keinen Widerspruch und muss besser bei Laune gehalten werden. Beileibe nicht alle Gottheiten sind männlich, die weiblichen sind genauso wichtig. Dazu zählt an vorderster Front Yemanjá, die Herrscherin der Meere. Ihr Bild ist in Salvador allgegenwärtig. Hunderte Restaurants, Bars und Geschäfte feiern sie als eine sexy Sirene, kurviger Körper, nur von Muscheln bedeckt. Inzwischen haben auch viele Christen die afrobrasilianischen Götter adoptiert. Es ist durchaus nicht unüblich, dass auch die weiße Oberschicht sie anrufen, dass Politiker, Wirtschaftsbosse oder Künstler ihnen opfern. Es sind oftmals nur Rituale, und manches mag auch der Wähler-Beeindruckung geschuldet sein. Aber immer liegt in dieser Anrufung des Überirdischen auch ein Ausweichen vor dem Weltlichen. Der Jahresrhythmus wird bei den Candomblé-Gläubigen wie bei den meisten Katholiken in diesem Land vom Umgang mit den Gottheiten bestimmt. Sie sind die Stützen für die Bewältigung des Alltags, sie beruhigen. Sie sedieren aber auch. Sie können zum Fatalismus, zur Passivität erziehen.

Die vatikanische Kirche wie die indigenen »schwarzen« Religionen machen es den Menschen schwer, selbstbestimmt zu handeln. Diesen mangelnden Willen, für sein Schicksal Verantwortung zu übernehmen, hat ausländische Sozialarbeiter wie aufgeklärte Gläubige immer wieder frustriert. Sie stellten fest, dass gerade die Religion viele Brasilianer autoritätshörig macht, sie sagen lässt, die Dinge seien nun einmal so, wie sie sind. Die stark hierarchisch geprägten Verhältnisse werden so verfestigt. Die Religion bremst fortschrittliche Entwicklungen: Das kann man Evangelikalen (und auch den Anhängern der katholischen Dissidenten von der Befreiungskirche) nicht vorwerfen. Der wachsende Einfluss der Pfingstkirchen auf die Gesellschaft macht allerdings nicht gerade Mut: Zwar erreichen diese Gruppen auch Unterschichten und ermutigen sie zum Aufstieg, zwar mögen sie in Einzelfällen Drogen- und Alkoholabhängige von ihrer Sucht befreien. Aber mit ihren dubiosen Spendenforderungen und anderen Zwängen werfen sie dunkle Schatten auf die Zukunft. Keine der großen theologischen Richtungen nimmt sich beispielsweise der Frage der Geburtenkontrolle an – dass überall Kondome erhältlich sind und unter den Ärmsten oft auch kostenlos verteilt werden, ist der Initiative nicht-religiöser Gruppen zu verdanken. Und immer noch getrauen sich Politiker nicht an das Abtreibungsgesetz heran, das sehr viel strikter ist als in Deutschland und weiten Teilen Europas.

Nein, Brasilien ist nicht gesegnet mit religiösen Traditionen und Praktiken, die das Land in die Zukunft führen. Es schreitet eher trotz als wegen des Glaubens voran. Und darüber kann auch der umjubelte Besuch von Papst Franziskus Ende Juli 2013 nicht hinwegtäuschen: Drei Millionen strömten zur Messe an die Copacabana, der Weltjugendtag wurde zum katholischen Woodstock. Der Pontifex schüttelte Hände, segnete, trank den von einem Besucher gereichten Tee. Eine ganze Woche lang war er als Menschenfischer unterwegs, fuhr bescheiden im Fiat, logierte im einfachen Gästehaus, besuchte eine Favela und eine Suchtklinik. Präsidentin Rousseff konnte aufatmen: Franziskus pries die staatlichen Programme zur Armutsbekämpfung, dämpfte die Erwartungen der Sozial-Protestler mit einem eher allgemein gehaltenen Appell, sich gegen Ungerechtigkeiten aufzulehnen. Auch Leonardo Boff war glücklich: Zwar kam es nicht zur gemeinsamen Aussprache, aber schon im Vorfeld hatte Franziskus großes Verständnis für die Anliegen der Befreiungskirche gezeigt und eine Versöhnung in Aussicht gestellt.

BRASILCHINDIA und wir:
Ein Ausblick

Wenn es denn drei Experten gibt, mit denen sich der Aufstieg der neuen und der Fall der alten Mächte zu diskutieren lohnt, dann sind es wohl sie: Jim O'Neill, britischer Top-Banker und schillernder Guru der Finanzbranche, der sich im Jahr 2001 das BRIC-Konzept am Reißbrett ausgedacht und damit Weltpolitik gemacht hat. Amartya Sen, indischer Wirtschaftsnobelpreisträger und Harvard-Professor, Fachmann für nachhaltige soziale und ökonomische Entwicklungsstrategien. Lee Kuan Yew, der chinesische Ex-Premier von Singapur, der aus dem heruntergekommenen Stadtstaat ein autoritär regiertes Erfolgsmodell gemacht hat, vom Westen misstrauisch bewundert, von Peking zum Vorbild erhoben. Was denken die drei über BRASILCHINDIA und die Verschiebung der Gewichte in Politik, Wirtschaft und Kultur auf der Welt? Wie kann man, wie soll man diesen Prozess steuern? Und wer profitiert, wer verliert?

Ein Glaspalast in der Londoner Innenstadt, ein langer Gang, der durch ein Großraumbüro mit Dutzenden Angestellten vor blinkenden Computerbildschirmen führt, dann das Chefzimmer: vierzig Quadratmeter, ein Schreibtisch, drei Sessel. An der Wand hängt ein gerahmtes Schmuckstück, auf das der Hausherr offensichtlich besonders stolz ist: das rote Originaltrikot von George Best, der Fußballlegende von Manchester United. Dafür, dass der Boss hier selbst schon fast eine Legende ist, wirkt das alles sehr bescheiden. Britisches Understatement, wie man es vielleicht von einem anderen Top-Banker der Londoner City erwarten würde, aber doch nicht von ihm. Von Jim O'Neill, dem der Ruf des Glamourösen vorausgeht. Dem »Rock-Star von Goldman Sachs«, wie ihn die *Business Week* einmal genannt hat; als Asset-Manager verwaltete er zwischenzeitlich 800 Milliarden Dollar für seine Kunden – mehr als das Doppelte des deutschen Bundeshaushalts. Es war seine Idee, im Jahr 2001 Brasilien, Russland, Indien und China als eine aufstrebende Staatengruppe zusammenzufassen, als Wirtschaftsmächte der Zukunft. Und ihnen das Akronym BRIC zu geben, das berühmteste – und folgenreichste – Kürzel der Wirtschaftsgeschichte. Jim O'Neill ist schwer zu fassen. Unser Gespräch findet im Februar 2013 statt, der Banker ist gerade von seinem Job zurückgetreten, will Goldman Sachs verlassen – eine persönliche Entscheidung, sagt er, greift aber auch die »Unsensibilität« der umstrittenen Investmentbank scharf an. Er als Kind aus kleinen Verhältnissen habe sich unter den Auftrumpfenden der Branche immer als Außenseiter gefühlt. Fraglich, ob man dem knallharten Banker seine Selbstkritik und Sensibilität abnehmen kann, inwieweit sie erst nach seiner Demission eingesetzt haben. Und Außenseiter war er sicher nur vom Typ her und immer innerhalb der Gruppe der Insider, die das große ökonomische Rad der Weltwirtschaft mitgedreht haben. Sein Gespür für Entwicklungen und seine Fähigkeit, die Dinge griffig auf den Punkt zu bringen, aber sind unumstritten. O'Neill ist ein Verkaufsgenie – auch seiner eigenen Ideen und Akronyme.

Damals im Jahr 2001, erzählt er, habe er nicht geahnt, dass seine Studie »Building Better Global Economic BRICs«, das Goldman Sachs Global Economic Paper Nummer 66, zu einem dermaßen durchschlagenden Erfolg werden und ein weltweites, lang anhaltendes Echo auslösen würde. Wahrscheinlich aber sei die Zeit gerade für solche neuen Gedanken reif gewesen. »Sie müssen sich die Situation vergegenwärtigen, in der ich mir das Konzept ausgedacht habe. Es war kurz nach 9/11. Die Terroranschläge von New York und Washington hatten mich in meiner Auffassung bestärkt, dass die westliche Dominanz durch irgendetwas anderes abgelöst oder zumindest ergänzt werden müsste. Wenn die Globalisierung weiter Erfolg haben sollte, durfte sie nicht unter amerikanischer Flagge daherkommen. China, Indien, Russland und Brasilien schienen mir allein von der schieren Größe und ihrer Bevölkerungszahl her das ökonomische Potenzial zu haben. Was die Schwellenländer verband und bis heute verbindet, sind neben dem Misstrauen gegenüber dem Westen ihre blendenden Zukunftsaussichten.«

Aber mindestens ebenso offensichtlich ist doch, was sie trennt, Mister O'Neill?

»Ja, das war mir schon klar: Politisch und auch von ihren Wirtschaftssystemen her könnten sie kaum unterschiedlicher sein. Aber das ist in diesem Kontext zweitrangig. Und die BRIC-Staaten haben dann ja selbst meine kühnsten Prognosen übertroffen. Ihre ökonomische Leistung innerhalb eines guten Jahrzehnts ist von drei Billionen Dollar auf 13 Billionen gewachsen – Südafrika lasse ich mal weg, über deren Aufnahme in den Club bin ich ohnehin nicht glücklich, aber sonst, schauen Sie sich das nur an: Brasilien plus 47 Prozent, Russland plus 65 Prozent, Indien plus 120 Prozent, China plus 195 Prozent! Die BRICs haben das Potenzial, die weltweite Rezession abzuwenden und schneller zu wachsen als der Rest. Sie haben die Chance, uns alle als Lokomotive mitzuziehen.«

Aber auch der ewige Berufsoptimist kann doch nicht leugnen, dass die BRICS im vergangenen Jahr wirtschaftlich enttäuscht haben und dass es auch derzeit alles andere als glänzend läuft. In den ersten sechs Monaten des Jahres 2013 haben die Börsen der wichtigsten drei BRICS-Staaten verloren: China um 12,2 Prozent, Indien um 0,4 Prozent, Brasilien sogar um 20,9 Prozent, während der Dow Jones und der Dax deutlich anstiegen. O'Neills Konkurrent Ruchir Sharma von Morgan Stanley Investment Management hat sogar schon das Ende des Wunders in den Emerging Markets ausgerufen, *Broken Brics* schrieb er, die neuen Ziegelsteine der Weltwirtschaft seien zerbrochen.

O'Neill ärgert das, aber noch mehr verwundert ihn, »dass ein Teil der Presse diesen Unsinn brav nachbetet«. Noch immer sind die BRICS seiner Meinung nach besonders dynamisch. China erlebe derzeit hauptsächlich deshalb keine Rekordwerte mehr, weil es aus strukturellen wie aus zyklischen Gründen langsamer wachse, für ihn ein planmäßiger Abschwung, hauptsächlich aus Sorge vor Überhitzung und Inflation. »Mich hat bei meinen Besuchen dort immer wieder verblüfft, wie undogmatisch die Partei in der Wirtschaftspolitik entscheidet«, sagt O'Neill. »Von der neuen politischen Führung erwarte ich mir nicht allzu viel Wagemut, aber die vorsichtige Fortsetzung der begonnenen Reformen, hin zu höherem

Lebensstandard und einer Verringerung der Kluft zwischen Arm und Reich.«

Und die übrigen BRICS? »Brasilien muss mehr fürs Wachstum tun, hat aber langfristig durch seine Rohstoffe und eigene Industrieleistungen beste Möglichkeiten. Indien agiert derzeit unter seinen Möglichkeiten. Die Regierung in Neu-Delhi sollte mehr für ausländische Direktinvestitionen sorgen und benötigt dringend neue Impulse – es wird einfach nicht gut genug regiert. Aber Indien bleibt für Investoren hochinteressant. Russland allerdings muss sich endlich von seiner Abhängigkeit von Öl- und Gasexporten lösen, dann hat es Chancen, kontinuierlich etwa 4 Prozent pro Jahr zuzulegen.«

Natürlich sind für ihn die BRICS ein zentraler Bezugspunkt, »die haben ihre Existenz als Gruppe wesentlich mir zu verdanken, wenn ich das in aller Bescheidenheit anmerken darf«. Allerdings nicht der einzige Bezugspunkt. Emotional wird der Banker, wenn es um seinen Fußballclub geht und vielleicht auch beim Schutz seiner Familie (»Mein Privatleben ist tabu für die Presse«). Bei Geschäftsinteressen bleibt er kühl. Nein, er würde niemals sagen, dass die BRICS für Investoren ins zweite Glied treten sollen. »Noch lange nicht ausgereizt«, sind seine Worte. Aber er weiß, der Markt sucht immer neue Impulse. Also hat er ein Konzept der möglichen Nachfolger entworfen: Mexiko, Indonesien, Südkorea, Türkei; jemand machte daraus das Kürzel MIST. »Ich weiß, das klingt auf Deutsch nicht besonders gut, aber wirtschaftlich sind diese Staaten im Kommen.« Europäische Banken haben sein Konzept schnell übernommen und SMIT-Investmentfonds aufgelegt, die gleichen Länder, eine andere Reihenfolge.

Jim O'Neill nimmt's achselzuckend hin. Für ihn lässt sich alles in Zahlen auflösen, Staaten sind Algorithmen, die Zukunft ist ein gut zusammengestelltes Aktien-Portfolio. Menschen sind Verfügungsmasse, und wenn es mit der Wirtschaft eines Landes prozentual aufwärtsgeht, wird sich das irgendwie auch positiv für die Ärmsten auswirken, glaubt er. Der Trickle-Down-Effekt: Auch unten bleibt schließlich was hängen. Für sentimentale Weltverbesserer ist in seinem Universum kein Platz.

Amartya Sen gehört zu den Wenigen auf der Welt, die universal-
gebildet sind und trotzdem nicht eingebildet, sondern bescheiden;
die als erfolgreiche Spezialisten auf einem hochkomplexen wissenschaftlichen Fachgebiet arbeiten und trotzdem den Blick für
die Lebensumstände der unteren Schichten nie aus dem Blick verloren haben. Das britische *Prospect Magazine* hat Sen gerade wieder
zu einem der zehn wichtigsten Intellektuellen des Jahres weltweit
erkoren, eine Ehre, die er beispielsweise mit dem Evolutionsbio-
logen Richard Dawkins, dem Atomphysiker Peter Higgs und dem
Psychologen Daniel Kahneman teilt. Sen hasst es, wenn er sich eine
Laudatio nach der anderen anhören muss, und noch unwohler fühlt
er sich bei Danksagungen. Bei drei ganz besonderen Ehrungen kam
er nicht darum herum: beim Nobelpreis für Wirtschaft 1998, bei
der höchsten indischen Staatsauszeichnung (Bharat Ratna) 1999
und bei der vom US-Präsidenten persönlich vergebenen Medaille
für »Verdienste um die Menschlichkeit« 2012; Sen war der erste
Nichtamerikaner, der sie erhielt.

Unser Gespräch vor einigen Jahren fand in einer der heiligen
Hallen der amerikanischen Elite-Universität von Boston statt. Sen
war konzentriert von der ersten Minute an, scharfsinnig, auf den
Punkt. Ich war gerade von einer Reportage aus West-Bengalen
zurück, seiner Heimat, und wir sprachen zuerst über die literari-
sche Tradition der Region. Und über die bedeutenden Brahmanen-
Familien, zu denen auch die seine gehört. Literaturnobelpreisträger Rabindranath Tagore kannte Sens Großeltern gut, er half mit,
den Namen für den Kleinen auszusuchen – Amartya heißt »der
Unsterbliche«. Sens Vater war Professor für Chemie, im Eltern-
haus ging die intellektuelle Elite ein und aus. Auch religiöse Denker. Aber der Hinduismus habe ihn wenig beeinflusst, erzählte
Sen, der sich eher zu einer Weltanschauung ohne Gott hingezogen
fühlt. Er betont das Politische an den großen heiligen Schriften.
»Die Menschen in der ganzen Welt empfinden Indien als spirituell geprägt. Dennoch hat das Sanskrit einen größeren Anteil an
atheistischer Literatur als andere klassische Sprachen. Madhava
Acharya, der große Philosoph aus dem 14. Jahrhundert, schrieb
ein wunderbares Buch mit dem Titel *Sarvadars Ana Sangraha*, in

dem er die Struktur des Hinduismus diskutierte – das erste Kapitel
heißt ›Atheismus‹.«

Professor Sen, wen sehen Sie im Entwicklungsmarathon zwischen den Großen vorn: China oder Indien?

»Das kommt darauf an, wie Sie Entwicklung und Fortschritt verstehen. Viele meiner Kollegen nehmen das Bruttoinlandsprodukt,
das BIP eines Staates, und das durchschnittliche Prokopfeinkommen als die einzig entscheidenden Kriterien. Dies ist viel leichter
zu verfolgen und zu messen als die Lebensqualität. Ich halte es
mit Adam Smith, der den Erfolg der Wirtschaft daran maß, welche
Freiheiten sie dem Einzelnen ermöglichte. Wirtschaftswachstum
ist ein wichtiges Kriterium, aber eben nur eines. Entscheidend wird
es nur als Mittel, um den Bürgern bessere Chancen zu ermöglichen. Menschliches Wohlbefinden und Freiheit in Verbindung mit
Fairness können nicht einfach auf das BIP und eine Wachstumsrate reduziert werden. Entwicklung bedeutet für mich materieller
Wohlstand ebenso wie Zugang zu Bildung; medizinische Grundversorgung ebenso wie das Recht auf freie Religionsausübung;
Möglichkeit zur politischen Einflussnahme ebenso wie Schutz vor
Polizeiwillkür. «

Müssen Sie da nicht an beiden Giganten verzweifeln?

»Nicht unbedingt, es geht voran. Die Schwäche des einen ist
dabei die Stärke des anderen. China hat größere Erfolge beim
Ausbau der gesundheitlichen Grundversorgung und einer breit
gesteuerten Schulbildung erreicht. Indien schneidet besser ab beim
Schutz der Bürgerrechte, in Sachen politische Mitbestimmung und
Pressefreiheit. Grundsätzlich gilt: Nur wer Schuhe trägt, weiß, wo
sie drücken. Und Maßnahmen mit dem Ziel, dass sie nicht mehr
schmerzen, können nur wirksam sein, wenn den Menschen Mit-
spracherechte und umfangreiche Möglichkeiten für die öffentliche
Diskussion eingeräumt werden. Es ist deprimierend, dass die Füh-
rungen beider Länder über ihre jeweiligen Defizite hinwegsehen,
anstatt auch mal systemübergreifend voneinander zu lernen. Bei
meinen Forschungen bin ich zu dem Ergebnis gekommen: Nicht die
Autokratie, sondern die demokratische Regierungsform hilft dabei,
extreme Fehlentwicklungen zu korrigieren. Es gab beispielsweise

noch nie eine riesige Hungersnot in einer Demokratie. Hunger-katastrophen wurden nur in Militärdiktaturen, in kommunistischen Staaten und in Kolonien registriert. Auch in Britisch-Indien kam es immer wieder zu einer solchen Tragödie, in meiner Heimat Bengalen starben 1943 an die drei Millionen Menschen – aber seit der Einführung eines Mehrparteiensystems, dem Zulassen einer freien Presse passiert so etwas nicht mehr.«

Sen holt nur kurz Atem. »Das liegt zum Teil natürlich auch an verbesserten Anbaumethoden, aber wesentlicher ist die politische Kontrolle der Regierenden. Hätte es in China zwischen 1958 und 1961 etwa eine unabhängige Presse gegeben, wäre es nicht zu den schlimmen Auswüchsen gekommen, zum Wahnsinn des von oben verordneten und brutal durchgesetzten sogenannten Großen Sprung. Die KP sah sich keinem Druck ausgesetzt, zu keiner Kurskorrektur veranlasst. Der Große Vorsitzende war geblendet von seiner eigenen Propaganda. Deng Xiaopings pragmatische Politik hat dann zu dem Aufschwung geführt, den wir heute in China beobachten. Ich warne allerdings davor, daraus zu schließen, dass es sozusagen naturgegeben auch zu einer politischen Liberalisierung kommen müsse. Vielleicht ist es ganz langfristig so. Aber bis dahin können noch viele Rückschläge folgen. In Indien hat sich, bei allen Unzulänglichkeiten, die Demokratie als Staatsform bewährt, sie hat sogar zum nationalen Zusammenhalt beigetragen. Und Indien ist ein ethnisch weit weniger homogener Staat als die Volksrepublik. Andererseits hat es sich in China gelohnt, auf Schulbildung und medizinischen Fortschritt zu setzen, die Lebenserwartung ist hoch, die Kindersterblichkeit niedrig, jedenfalls im Vergleich zu Indien. Dafür verdient dieses System gute Noten. Chinesen und Inder müssen beide begreifen, dass Entwicklung Freiheit heißt – die Freiheit von Armut und von Tyrannei.«

Den bescheidenen Nobelpreisträger hat auch der höchste indische Orden nicht davon abgehalten, sich weiter sehr kritisch mit der Politik seines Heimatlandes zu beschäftigen. In mehreren Veröffentlichungen äußerte er sich geradezu verzweifelt zu der Politik in Neu-Delhi. Er hat aufgehört, Indien mit China zu vergleichen. Er nimmt nun Bangladesch als Maßstab – und stellt fest, dass Indien in vielen Bereichen schlechter abschneidet als sein Nachbarstaat, den so viele für ein unverbesserliches Armenhaus halten. Beispielsweise in Sachen Kinderimpfungen, Verringerung der Analphabetenrate bei Frauen, Zugang zu Mikrokrediten. Ganz zu schweigen von einem aufstrebenden Staat wie Brasilien, der sich im Human Development Index der UNO – auch eine Einrichtung, die Sen mitbegründen half – weit vor China und Indien geschoben hat. »Brasilien änderte seine politische Ausrichtung fundamental, das Land hat sinnvolle und effektive Sozialprogramm eingeführt und dadurch sehr gute Fortschritte gemacht«, lobt der Professor. »Indien aber ist bei allen Spitzenleistungen im Bereich von IT und anderer Hochtechnologie insgesamt ein merkwürdig rückständiges Land geblieben.«

Er liebt seine Heimat, wie sehr sie aber unter ihren Möglichkeiten bleibt, quält ihn. Es zieht ihn oft zurück an die Stätten seiner Jugend. Er hält Vorträge vor Studenten in Kalkutta, vor Diplomaten in Neu-Delhi, vor Geschäftsleuten in Bombay. Ohne Honorar. Sen hat gerade wieder das »teure Missverständnis« angeprangert, eine private Krankenversicherung könne in Indien Probleme lösen – das sei eine öffentliche Aufgabe, ebenso wie die Ausbildung in den Grundschulen dürfe man das nicht Unternehmern überlassen. Und während er so die Regierung verärgerte, legte er sich fast gleichzeitig mit der Opposition an, der er vorwarf, soziale Programme zu verschleppen. Er ist unermüdlich, unerschrocken, unbestechlich. Er sei »fast ein Übermensch«, sagen seine Freunde, die manchmal erschöpft sind von dem Tempo, das er vorlegt. Dabei kann Amartya, »der Unsterbliche«, doch unsterblicher kaum noch werden.

Lee Kuan Yew habe ich Mitte der Achtzigerjahre in seinem Regierungssitz in Singapur kennengelernt. Es war ein eher vorhersehbares Interview mit einem völlig überraschenden Ende. Anfangs sprachen wir aneinander vorbei. Er pries sein Singapur, und das, angesichts der Wirtschaftsdaten und der Steigerung des Lebensstandards, weiß Gott nicht ohne Grund. Ich verwies auf die Schattenseiten und stellte dazu Fragen, die er nicht beantwortete. Wohl auch nicht ohne Grund. Journalisten hielt Lee grundsätzlich für Spinner oder schlecht informierte Störenfriede. Er mochte kritische Einwände nicht, eine Grundhaltung, die er mit vielen Politikern in Ost und West teilte. Singapurs starken Mann unterschied von den anderen Staatslenkern, dass er sich überhaupt keine Mühe gab, diese Haltung zu verbergen. Nur wenn es um die große Weltpolitik ging, hellte seine Miene auf, da wollte er die Bögen über die Kontinente spannen, da verbreitete er gern Konzepte – schon damals war klar, dass für diesen Mann seine Insel viel zu klein war. Ebenso weitsichtig wie brillant dozierte er über die Zukunft alter und neuer Großmächte. »Das 21. Jahrhundert wird ein Zeitalter des Wettstreits zwischen China und den USA. Noch führt Washington mit einigem Abstand, und es wird eine Weile noch so bleiben. Aber wie lange die Amerikaner ein Gegengewicht zu China bilden können, das vermag ich nicht vorherzusehen. Und andere Staaten werden aufholen, sich nach vorne spielen – Indien, Brasilien.«

Nach genau 44 Minuten und 30 Sekunden war seine Geduld erschöpft. Er hatte mir in seinem Terminplan eine Dreiviertelstunde gegeben, erstaunlich lange, fand sein Stab. Seine innere Uhr zeigte ihm an, dass die Zeit abgelaufen sein musste. Er stand auf, reichte mir die Hand und sagte:»Ich nehme an, Ihre Zeit ist kostbar, meine ist es jedenfalls. Deshalb machen wir Schluss. Aber ich muss jetzt noch etwas für meine Gesundheit tun. Kommen Sie mit joggen, ein paar Runden raus in den Garten?«

Während ich die Muskeln lockerte und er sich neben mir seine Sneakers anzog, sorgfältig, als gäbe es einen Singapurer Preis für Jogging-Akkuratesse oder Strafpunkte für Schlamperei am Schuh, sagte er doch noch etwas Unerwartetes.»Sie haben mich da vorhin mit Fragen zur Opposition gelöchert. Ich bin auch nicht zufrieden damit, dass wir von der Regierung keinen ernstzunehmenden Gegner haben. Ich glaube, ich werde mir eine intelligente, konstruktive Opposition heranzüchten.«

So dachte und denkt Lee Kuan Yew immer an alles. 31 Jahre diente er als Ministerpräsident, 24 weitere Jahre bleibt er als Senior Minister und Mentor Minister – eine speziell für ihn geschaffene Funktion – im Kabinett, ehe er sich 2011 aus der aktiven Politik zurückzieht. Eine äußerst beeindruckende Karriere, in deren Verlauf ich ihm öfter wiederbegegnet bin. Und immer gab es einen Ansatz, mit dem man den stets gehetzten, oft schroffen Lee Kuan Yew gewinnen konnte: indem man ihn auf Helmut Schmidt ansprach. Der Deutsche ist einer der ganze wenigen Politiker, den der Chinese neben sich gelten lässt, den er auf intellektueller Augenhöhe sieht. Auch ein Pragmatiker, auch ein Tatmensch, auch einer, der das große Ganze im Blick hat (und die meisten Journalisten für Flachmänner hält).»Ich schätze ihn sehr«, betonte Lee ein ums andere Mal.»Er gehört zu den Staatsmännern, die profunde wirtschaftliche Kenntnisse mit politischem Weitblick verbinden.« Die Hochachtung beruht, wie man vom Altkanzler weiß, auf Gegenseitigkeit – und darauf, dass beide Herren gnadenlose Realpolitiker sind. Beispielsweise hatten beide wenig Sympathien für die 1989 auf dem Tiananmen-Platz in Peking demonstrierenden Studenten und konnten das harte Vorgehen der Ordnungskräfte durchaus nachvollziehen.

In letzter Zeit, so scheint mir, ist»Harry Lee«, wie ihn Schmidt gern nennt, etwas altersmilde geworden. Gnädiger, offener, nachsichtiger, wie auch sein Geschöpf Singapur. Seine Nachfolger, darunter als jetziger und dritter Premier sein Sohn Lee Hsien Loong, haben erkannt, dass kreative Freiräume und eine lebendige Kultur für eine fortgeschrittene Gemeinschaft wertvoll, ja unabdingbar sind. Der Stadtstaat wird heute jedenfalls weit weniger rigoros regiert als in den Achtziger- und Neunzigerjahren, lockerer auch als im vergangenen Jahrzehnt. Aus dem Hintergrund hat das der »Vater der Nation« mitgesteuert. Lee Kuan Yews Ruf schadet die vorsichtige Kurskorrektur nicht. Er genießt seine Rolle als allseits respektierter Elder Statesman, ähnlich wie sein Freund, der Zeit-Herausgeber in Hamburg. Seine Stimme hat auch in Peking Gehör. Von einem»Blutsbruder«, jemandem aus dem eigenen»Stamm«, der dazu noch so erfolgreich war, lassen sich die KP-Oberen deutlich mehr an Kritik gefallen als aus dem Westen.

Im Mai 2012 haben die beiden Elder Statesmen, moderiert von meinem Kollegen Matthias Nass, in Singapur noch einmal ein langes Gespräch miteinander geführt, aus dem ein Buch entstand (*Ein letzter Besuch*). Dabei äußert Lee kurz vor seinem 90. Geburtstag gegenüber seinem 93-jährigen deutschen Gast zu den Veränderungen der internationalen Politik bemerkenswerte Erkenntnisse. »In Indien hat man aus besonderen Gründen, die nur die Inder verstehen, die Demokratie angenommen, aber dort gibt es die meisten exzessiven Verletzungen der Menschenrechte. In China beginnt sich die Idee der Menschenrechte gerade erst einzunisten. Aber die Vorstellung, dass der Staat die oberste, unangreifbare Instanz ist, die nicht infrage gestellt werden darf, beherrscht immer noch das Denken.«

Und Lee Kuan Yew begnügt sich damit nicht. Er spricht Klartext auch zu seinen Freunden in Peking – und äußert freimütig eigene Erwartungen. »Jeder Chinese wünscht sich ein starkes und reiches China, eine Nation, wohlhabend, fortgeschritten und technologisch auf der Höhe von Amerika und Europa. In Mandarin bedeutet der Name des Landes immer ›Reich der Mitte‹, ein Rückbezug auf die Zeit, als China die Welt dominierte. Die Chinesen wollen dieses Jahrhundert mit den Amerikanern als gleichberechtigte Macht teilen. Die Führung hat beschlossen, dass die beste Strategie für den weiteren Aufstieg dafür ist, ihre zunehmend fortgeschrittene Arbeitskraft zu nutzen, Produkte zu bauen und zu exportieren. Den Kopf unten halten, vierzig bis fünfzig Jahre einfach nur arbeiten und lächeln. Eine Konfrontation mit den USA könnte das nur behindern.«

Lee Kuan Yew sieht allerdings »mehr Hindernisse als die meisten Beobachter für Chinas Weg nach vorn«. Die Abwesenheit rechtsstaatlicher Mechanismen sei ebenso schädlich wie der übergroße Einfluss »von kleinen Kaisern auf lokaler Ebene«. Weil die chinesische Kultur keinen freien Austausch und Wettbewerb von Ideen zulasse, werde die Volksrepublik »vermutlich niemals Amerikas Kreativität erreichen«. Erstaunliche Worte für einen politischen Denker, der doch so lange in seinem Leben mit der Überlegenheit fernöstlicher Konzepte kokettiert hat.

Für mich wird Lee Kuan Yew immer auch als Jogger in Erinnerung bleiben – vom gemeinsamen Lauf im Regierungspalast. Der Mann, damals auch schon Anfang sechzig, rannte los, als wollte er Rekorde brechen, seine Leibwächter und mich im Schlepptau. Natürlich war das nicht fair: Er hatte Turnschuhe und kurze Sporthosen an, ich hatte mich gerade noch von Jackett und Krawatte trennen können. Er war das durchgehend feuchtheiße Singapurer Klima gewohnt; andererseits war ich ein gutes Vierteljahrhundert jünger. Ein Patt. Nach dem Schlussspurt ohne Sieger gab es Tee und noch einen letzten, kostenlosen Rat vom Staatsmann: »Man muss seine Defizite erkennen und auszugleichen versuchen. Und man muss mit seinen Stärken arbeiten, ohne sie vor den anderen offen auszubreiten.«

Jim O'Neill, Amartya Sen, Lee Kuan Yew: beeindruckende Persönlichkeiten. Ihre aufschlussreichen Überlegungen zur neuen Weltordnung und der Rolle Chinas, Indiens und Brasiliens haben allerdings einen Nachteil – die drei sind durch ihre persönliche Geschichte und ihre Berufsbeschreibung in ihrem Urteil nicht unparteiisch, können es nicht sein.

Bei dem britischen Investmentbanker schwingen Geschäftsinteressen mit, auch wenn man ihm nicht unterstellen sollte, nur neue China-Investmentfonds verkaufen zu wollen; womöglich verführt ihn auch die Brillanz seines BRIC-Konzepts zu übertrieben positiven Aussagen. Den indischen Wirtschaftsnobelpreisträger treibt die persönliche Enttäuschung über missglückte oder zu langsam greifende Reformen in seiner Heimat um und macht ihn vielleicht weniger kritisch gegenüber dem großen Konkurrenten China; als Wissenschaftler hat er außerdem nicht den Zwang, sich in die Ebenen der politischen Durchsetzbarkeit von Konzepten zu begeben. Der chinesische Ex-Premier von Singapur pflegt durch seine Lebensgeschichte und seine Erfahrungen besonders deutliche Vorbehalte gegenüber dem Westen, seinen politischen Kursschwankungen und Auswüchsen; er ist deshalb womöglich bereit, zu viele Fehlentwicklungen der Schwellenländer zu tolerieren.

Das entwertet die Erkenntnisse der großen drei aber keineswegs. Es relativiert sie nur ein bisschen. Und es zeigt, dass es keinen Sinn ergibt, sich hinter den Experten zu verstecken und auf eigene

Prognosen zu verzichten. Deshalb zum Ende dieses Buches der persönliche Versuch, in acht Thesen festzuhalten, wo die neuen und alten Großmächte heute stehen und wo sie in einem Jahrzehnt voraussichtlich stehen werden. Und eine Analyse, was die Entwicklung der großen Schwellenländer für Europa und besonders für uns in Deutschland bedeuten könnte.

THESE EINS: BRASILCHINDIA ist rasant auf der Überholspur – droht aber, ausgebremst zu werden.

Wir erleben unbestreitbar eine Zeitenwende: Zum ersten Mal in den vergangenen 150 Jahren hat die gemeinsame Wirtschaftsleistung der drei führenden Staaten des Südens das kombinierte ökonomische Ergebnis der führenden westlichen Industrienationen erreicht: China, Indien und Brasilien haben im Jahr 2013 gleichgezogen mit der Staatengruppe USA, Deutschland, Großbritannien, Frankreich, Italien und Kanada. Nimmt man das BIP aller BRICS-Staaten, sind die Schwellenländer sogar schon vorbeigezogen. »Das bedeutet eine dramatische Umschichtung der globalen Verhältnisse. Der Aufstieg des Südens ist beispiellos in seinem Umfang und seiner Geschwindigkeit«, heißt es im neuesten Human Development Report der Vereinten Nationen. Noch im Jahr 1950 entsprach laut der UNO-Studie Brasilchindias wirtschaftliches Gewicht gerade einmal 10 Prozent der Weltökonomie, das der genannten West-Staaten 40 Prozent. Und die Tendenz ist eindeutig: Der Süden zieht davon. Er wird Ende der nächsten Dekade wohl schon deutlich führen und könnte nach UN-Meinung in drei Jahrzehnten etwa dort stehen, wo er 1820 schon einmal stand – bei einem Leistungsverhältnis in der Weltwirtschaft von fünfzig zu zwanzig zu seinen Gunsten (was dann in etwa auch den Anteilen an der Weltbevölkerung entspräche).

Der Aufstieg der neuen Mächte ist – trotz zwischenzeitlicher Rückschläge – unaufhaltsam. Dass in China, Indien und Brasilien eine breite neue Mittelklasse entsteht, gibt Anlass zur Hoffnung. Aber es stellt für die Herrschenden auch eine große Gefahr dar: Alexis de Tocqueville, der französische Revolutionstheoretiker und

Amerika-Reisende, hat schon Mitte des 19. Jahrhunderts festgehalten, dass nicht die Unterprivilegierten die mobilisierungsfähigsten sozialen Gruppen sind, sondern diejenigen, die etwas zu verlieren haben. Der Fortschritt schafft zudem vielfach neue Diskrepanzen und Distanzen: zwischen relativ reichen Küstenregionen und dem zurückgebliebenen Landesinneren; zwischen Menschen mit Zugang zur Bildung und der vernachlässigten Dorfentwicklung; zwischen einer korrupten politischen Elite und der machtlosen Mehrheit. Diese Trends aus dem Jahr 2013 werden sich bis zum Jahr 2025, trotz aller Versuche der Regierungen gegenzusteuern, noch verstärken.

Es gibt Politikfelder, bei denen sich die neuen großen drei in den nächsten Jahren problemlos unterhaken: Sie werden die industrialisierte Welt bei der Verringerung ihres CO_2-Ausstoßes gemeinschaftlich zur Kasse bitten. Sie werden die Macht des amerikanisch kontrollierten IWF erfolgreich zu begrenzen versuchen und mit einer eigenen Entwicklungsbank zumindest ein Gegengewicht bilden. Sie werden gemeinsam das vom Westen bevorzugte Konzept der Schutzverantwortung beerdigen, damit kann dann gar nicht mehr oder nur mehr ausdrücklich gegen die Macht der drei über Staatsgrenzen hinweg bei einem Völkermord eingegriffen werden. Nach langem Zögern – und klar umrissenen Bedingungen – wird Peking dem Aufstieg Indiens und Brasiliens (und Südafrikas) in den Weltsicherheitsrat zustimmen. Sowohl bei der Neuordnung der Macht im Nahen Osten mit den Problemstaaten Iran und Syrien wie bei der Befriedung Nordkoreas wird an dem führenden Trio der BRICS kein Weg mehr vorbeiführen.

Allerdings zeigt sich dann im Jahr 2025 schon deutlich, wie sehr die Interessen von China, Indien und Brasilien in einigen wichtigen internationalen Fragen auseinanderklaffen – und wie wenig Peking bereit ist, seinen Supermacht-Status mit Delhi und Brasília zu teilen. Die drei konkurrieren außerdem in Afrika und dem Mittleren Osten um Rohstoffe und strategische Militärbasen. Am deutlichsten wird die Rivalität zwischen Indien und China. Sie haben zwar ihre Grenzstreitigkeiten im Jahr 2025 längst beigelegt und ihren Handel vervielfacht, jedoch keinen gemeinsamen Nenner bei der

Beherrschung der Schiffsrouten und in Pakistan, Afghanistan und
Myanmar gefunden. Auch wirtschaftlich spüren die neuen Weltmächte Gegenwind.
Sie müssen feststellen, dass der Aufstieg von der wirtschaftlichen
Unterklasse der Welt zur Mittelklasse leichter ist als der von der
Mitte zur Spitze. Lange Zeit war die absolute Priorität der Men-
schen in China, Indien und Brasilien die Versorgung mit Konsum-
gütern, die Erfüllung von Grundbedürfnissen. Im nächsten Jahr-
zehnt ist für eine Mehrheit dieser Hunger erst einmal gestillt, in den
Vordergrund treten andere Bedürfnisse: nach Krankenversicherung,
Altersversorgung, besserer Jobsicherheit und fairen Ausbildungs-
chancen. Dabei konkurrieren die neuen Mächte auch mit aufstrebenden Schwellenstaaten wie der Türkei, Mexiko und Indonesien.
Es zeigt sich, wie schwer es ist, mehr als ein Jahrzehnt lang hohe
Wachstumszahlen zu halten, wie relativ leicht es ist, von einem sehr
niedrigen Startpunkt aus die ersten Meilen Richtung Fortschritt in
Hochgeschwindigkeit zu nehmen.

Bei näherer Betrachtung der BRICS werden auch die funda-
mentalen politischen und kulturellen Differenzen klar, die mehr
oder weniger zwangsläufig in eine unterschiedliche Entwicklung
münden. Indien und Brasilien sind sich – trotz oder gerade wegen
der mehr als 15 000 Kilometer, die zwischen ihnen liegen – von
der Regierungsform, aber auch von der Mentalität her näher als
Indien und China. Sie teilen die Auffassung, dass unterschiedliche
Parteien um die Wählergunst konkurrieren sollten, dass es eine
Gewaltenteilung geben muss, dass eine freie Presse ein notwendi-
ges Korrektiv darstellt. Dennoch liegen sie bei sozialen Indikatoren
schon im Jahr 2013 weit auseinander.

Ein Vergleich zwischen den beiden demokratisch regierten
Schwellenländern zeigt: Brasiliens Kindersterblichkeit liegt bei 9
von 1000, Indiens bei 48; die Analphabetenrate junger Brasilianerinnen beträgt ein Prozent, bei Inderinnen 26 Prozent; in Brasilien
sind nur etwas mehr als 2 Prozent der Kleinkinder untergewichtig –
in Indien aber 44 Prozent. China schafft mit seinem autoritären
Modell noch bessere Zahlen. Es kann Großprojekte offensichtlich
effektiver durchsetzen als seine BRICS-Konkurrenz, besitzt moder-

nere Flughäfen und bessere Eisenbahnverbindungen als Indien und Brasilien – und stößt doch mit seinem Entwicklungsmodell anderweitig an Grenzen. Bis zum Jahr 2025 werden diese aufgezeigten Grenzen noch ausgeprägter, noch offensichtlicher sein.

THESE ZWEI: China nimmt fast jede Kurve – und droht doch an falschen Abkürzungen zu scheitern.

Dieses Land braucht offensichtlich mehr Zusammenhalt und deutliche Ziele, etwas, nach dem alle streben sollen. Die politischen Führer erfanden dafür einen griffigen Namen: »Der Chinesische Traum«. Er war das Hauptthema der Rede des neuen Staatspräsidenten Xi Jinping zu seiner Amtseinführung im März 2013. Inzwischen gibt es kaum eine Parteikonferenz, kaum eine öffentliche Rede, in denen der Ausdruck nicht fällt. Nur – was ist das eigentlich? Was bezweckt die Partei mit diesem flächendeckenden Propaganda-Slogan?

Der neue starke Mann des Landes hat den Traum bei seinem Besuch des Pekinger Nationalmuseums als »große Wiedergeburt der chinesischen Nation« definiert. Und weil auch das noch sehr vage bleibt, reklamieren unwidersprochen die Nationalisten die Deutungshoheit für sich. China müsse noch selbstbewusster werden, müsse militärisch die Muskeln spielen lassen, müsse in der Weltpolitik zumindest gleichziehen mit der anderen Supermacht (die sich ja als einzige auch über einen eigenen, über den »amerikanischen Traum« definiert). Das klingt nicht nach einem BRICS-Staat unter Gleichen, sondern eher nach Aufteilung der Erde zwischen zwei Großen. Oder gar nach China als Nummer eins.

Dabei werden gerade jetzt die Widersprüche der Gesellschaft besonders augenfällig: 2013 erreicht die Wirtschaft kaum das – für China sehr bescheiden angesetzte – Wachstumsziel von 7,5 Prozent. Auf der Kippe steht der unausgesprochene Deal zwischen Regierenden und Regierten: Wir sorgen für eine Steigerung des Lebensstandards und kümmern uns nicht um euer Privatleben – solange ihr euch nicht kritisch in die Politik einmischt und euch an vorgegebene strenge Regeln wie die Einkindpolitik und die Religionsausübung nur im familiären Rahmen haltet. Aber mit den gängigen Konzepten geht das nicht mehr lange – und das weiß auch die Partei. Ihre ideologische Indoktrinierungsversuche stoßen bei den jungen Leuten, die sich immer effektiver über Social Media organisieren, nur noch auf Zynismus. Vor allem weil sie sehen, wie ungeniert sich manche Kader bedienen. Und wie groß inzwischen die Kluft zwischen Arm und Reich ist.

Ökonomisch kann die Partei den Normalbürgern nicht mehr so viel bieten wie früher: Die Wohnungen sind extrem teuer und für die neue Mittelklasse unerschwinglich, die Umweltschäden gravierend, die Lebensmittel bedrohlich verschmutzt. Die veralteten staatlichen Schwerindustrieanlagen zu schließen, wäre dringend geboten. Doch während überall Facharbeiter gebraucht werden, fehlen für die dann freigesetzten ungelernten Arbeitskräfte Jobs. Und Tausende Demonstrationen pro Jahr zeigen, dass Chinas Bürger selbstbewusst geworden sind. Noch sind solche lokalen Aufstände keine Gefahr für die Partei. Aber wenn sie sich in Grenzregionen konzentrieren, wo ohnehin »unzuverlässige« Minderheitenvölker wie Tibeter und Uiguren leben, könnten sie für die Zentrale sehr beunruhigend werden.

Nachdem das Streben nach Kommunismus nur mehr auf dem Papier steht, die Partei als ideologische Macht weitgehend diskreditiert ist, braucht die Volksrepublik also einen neuen Kitt. Der neue starke Mann sendet 2013 gemischte Signale aus. Mal deutet Xi Jinping an, dass er ökonomische Veränderungen für nötig hält, die Privatwirtschaft weiter fördern will und auch örtlich begrenzte demokratische Wahlen tolerieren würde. Dann gibt er wieder den Hardliner, der einer militaristisch-nationalistischen Klientel das Wort redet. Er wirkt wie ein Tastender, der noch nicht weiß, wie weit er mit gesellschaftlichen Veränderungen gehen darf. Gehen will. 2013 ist sein erstes Jahr an der Macht, eine Dekade später, nach seinem Abtritt von der politischen Bühne, wird man seinen Weg erkennen, sein Vermächtnis. Ob er geschafft hat, woran in China jeder Führer gemessen wird: Der Nation das *fuqiang*, Wohlstand und Macht, zu verschaffen.

2025 ist China immer noch der Motor der Weltwirtschaft. Mehr als ein Drittel des gesamten ökonomischen Wachstums bleibt der Volksrepublik zu verdanken. Das Land hat seine gegen Anfang des Jahrzehnts übernommene Stellung als größte Volkswirtschaft der Erde schnell vorangetrieben. China hält aber auch andere, weit weniger erstrebenswerte Rekorde: Das Land hat trotz verstärkter Bemühungen in Sachen Umweltschutz seine Stellung als größter Verschmutzer weiter ausgebaut. Auch im Jahr 2025 liegt der Anteil der Kohle bei der Stromerzeugung noch über 60 Prozent, die Abhängigkeit von Erdöl- und Erdgaseinfuhren ist von 6 Prozent auf über 20 Prozent gestiegen – kein anderer Staat muss so viel importieren.

Die Arbeitsbedingungen in den großen Fabriken haben sich 2025 dank der geduldeten Selbstorganisation der Beschäftigten auf lokaler Ebene verbessert. In der Hochtechnologie hat China Erstaunliches geschafft, ohne freilich die Kreativität der amerikanischen und europäischen Erfinder auch nur annähernd erreichen zu können: Die entscheidenden technologischen Durchbrüche erfordern offensichtlich einen völlig freien Fluss von Ideen. Aber die demografische Entwicklung hat das Land in voller Härte getroffen. Zwar dürfte die Partei schon im Jahr drei nach Xis Amtsantritt die unselige Einkindpolitik gestoppt und auch das Hukou-System mit seiner Wohnsitzkontrolle aufgehoben haben, aber es dauert, bis diese neue Flexibilität für den Arbeitsmarkt wirklich greift. China ist 2025 längst an einer Wasserscheide angekommen. Es kann nicht mehr die Fabrik der Welt sein, sondern muss die nächste Stufe der wirtschaftlichen Entwicklungsleiter erklimmen – ein schmerzlicher Prozess.

Die mehr als 200 Millionen Wanderarbeiter waren noch Anfang des Jahrhunderts ein großes Plus für die Wirtschaft der Volksrepublik. Doch mit der Überalterung der Gesellschaft und der Steigerung der Löhne lässt sich das lange Zeit so erfolgreiche Entwicklungsmodell nicht mehr fortsetzen. China hat schon 2013 den »Lewis Turning Point« erreicht, jenen Moment in der Geschichte, in dem es nicht mehr genügend Arbeitskräfte für die Wirtschaft gibt, die vom Bauernland in die Städte ziehen. Parallel dazu ist China in die »Middle Income Trap«, die Falle der mittleren Einkommen, geraten. So nennen Wirtschaftswissenschaftler den Zustand, wenn das schnelle, relativ einfache Wachstum ausgereizt ist und die nächste, schwierigere Entwicklungsstufe zu einer wohlhabenden Gesellschaft erreicht werden muss. China ist dazu 2025 bereit – aber immer wieder behindern politische Rückschritte das Vorankommen.

Die KP scheut vor wirklich mutigen Schritten immer wieder zurück. Parteichef Xi Jinping lässt zwar nach langem Zögern um das Jahr 2020 herum Experimente mit lokalen Wahlen zu und schafft dazu nach dem Modell der wirtschaftlichen Sonderzonen seines Vorbilds Deng Xiaoping demokratisch-politische Sonderzonen: In einigen kleineren Städten dürfen parteilose Politiker gegen KP-Mitglieder antreten und dann auch Bürgermeister werden, in Landkreisen können sich auch alternative Parteien konstituieren. Aber wenn die Versuche mit einer repräsentativen Demokratie aus den kontrollierten Regionen auf das ganze Land überzugreifen drohen, bremst der KP-Chef: Parlamentarismus und Mehrparteiensystem werden mit drohendem Chaos gleichgesetzt. Immerhin hat China im Jahr 2025 in Sachen Rechtsstaatlichkeit Fortschritte gemacht, willkürliche Verhaftungen sind nicht mehr an der Tagesordnung. Internet, Smartphones und landesweite Reisemöglichkeiten haben die persönlichen Freiheiten der Bürger stark ausgeweitet. Die Partei gibt auf, die neuen Medien flächendeckend kontrollieren zu wollen, und beschränkt sich auf das Ausschalten einzelner, besonders »gefährlicher« Blogs.

Das Selbstbewusstsein der Pekinger Machthaber auf der internationalen Bühne ist aber weiter gewachsen – auch durch militärische Stärke. Peking hat schon 2013 mit Kampfdrohnen experimentiert, 2025 sind sie neben den drei großen Flugzeugträgern der Stolz der Armee. Auch in der Militärpolitik sucht China die Kooperation mit den Europäern und da besonders mit ihrem bevorzugten Partner Deutschland, dem Staat, den es als Europas »Reich der Mitte« sieht. Die besondere Nähe zwischen Peking und Berlin sorgt für zunehmendes Misstrauen in Brüssel, auch Russland, das so lange eine privilegierte Rolle für die Deutschen eingenommen hat, zeigt sich befremdet. Immer wieder knüpft Pekings Parteiführung an einen Trend an, den es schon Mitte 2013 mit einer Sonderausgabe des Magazins *Xin Shixian* (»Ausblick«) begründet hat; diese trug den Titel »Triumph des Deutschlands«, gedruckt in der Sprache des bewunderten Vorbilds. Dem Verantwortungsbewusstsein und Perfektionsstreben sowie der Markenbildung bei heimischen Produkten sei nachzustreben. »Wir müssen uns fragen: Können wir wie die Deutschen unsere Zuversicht wiederherstellen?«

Mit den USA haben die Chinesen 2025 einen – angespannten – Status quo gefunden. Dass Taiwan sich nach einem Volksentscheid und unter der Zusage größter Autonomie nach dem Hongkong-Vorbild formal wieder dem Staatsgebiet Chinas angeschlossen hat, konnte und wollte keiner im Westen verhindern. In einem Punkt allerdings bleiben die Amerikaner empfindlich: Sie prangern immer wieder die Cyberspionage gegen ihre Militäranlagen und Konzerne an und beweisen mit detaillierten Informationen, dass diese von Peking aus gesteuert werden. Die Chinesen kontern mit dem schwer zu widerlegenden Vorwurf, die NSA mache es doch genauso. Zu dem angedrohten Handelskrieg kommt es dann doch nicht: China ist für die USA, wie für Europa und den Rest der Welt, so wichtig geworden, dass es sich manches leisten kann. Und von Korea über den Nahen Osten bis Afrika gilt: Es gibt im Jahr 2025 keinen regionalen Konflikt mehr, den man ohne die Hilfe Pekings befrieden könnte.

THESE DREI: Indiens Motor stottert, der Abschleppwagen rettet das Land ins Ziel.

Wie neun Jahre an der Macht doch entzaubern können: Manmohan Singh ist von einem der respektiertesten Ministerpräsidenten Indiens 2013 zu einem der geschmähtesten geworden, ein kraftloser Riese in einem kraftlosen Riesenreich. Bei allen wichtigen Vergleichskriterien – Bruttoinlandsprodukt, Haushaltsdefizit, Arbeitslosigkeit, Analphabetenrate, Gesundheitsfürsorge – ist Indien hinter China zurückgefallen und, bis auf das etwas höhere prozentuale Wirtschaftswachstum, auch hinter Brasilien. Peking lässt seine Überlegenheit die indische Führung auch außenpolitisch spüren. Die ultimative Demütigung findet im Frühjahr 2013 statt.

Da entschließt sich China die zwischen beiden Staaten umstrittene Grenze einfach nach Gutdünken zu definieren: Pekings Truppen dringen 19 Kilometer über die Demarkationslinie zwischen den beiden Staaten vor und machen es sich im Land des Konkurrenten drei Wochen lang in mitgebrachten Zelten gemütlich, bevor sie sich schließlich zurückziehen.

Dabei hat die wirtschaftliche Verflechtung zwischen den beiden BRICS-Giganten stark zugenommen, das Handelsvolumen hat sich in den vergangenen beiden Jahrzehnten verfünffacht. Es gibt von der Klimapolitik bis zum Kampf gegen die westliche Dominanz in internationalen Organisationen zahlreiche Gemeinsamkeiten. Aber dabei ist immer klar, wer der stärkere Partner ist. Ostasien-Experte Srikanth Kondapalli spricht von einer »wachsenden Asymmetrie der Macht« zwischen China und Indien und fordert Delhi auf, dem entgegenzusteuern. Doch das krisen- und korruptionsgeschüttelte Indien macht 2013 nicht den Eindruck, es sei dazu in der Lage.

Das heutige Indien ist keinesfalls durchgehend ein gelähmtes Land: Es zerfällt nur immer mehr in relativ wenige Weltklasse-Firmen, Top-Forschungseinrichtungen und Top-Universitäten auf der einen Seite und in seine skandalös rückständigen Dorfgemeinschaften auf der anderen Seite. Die regionalen Unterschiede verschärften sich: Solide regierte Bundesstaaten wie Gujarat, Bihar und Orissa schaffen 2013 Wachstumsraten um die 10 Prozent, andere Regionen tendieren gegen null, und von der Zentrale kam wenig Ermutigendes. Auch der soziale Zusammenhalt scheint immer mehr gefährdet, durch Vetternwirtschaft, durch schamlose Bereicherung von Amtsträgern, durch die Selbstmordwelle verzweifelter Bauern. Und durch die zahlreichen Vergewaltigungen, die zeigten, wie sehr Frauen in Indien immer noch als Menschen zweiter Klasse, als Freiwild angesehen waren.

Positiv fällt ins Gewicht, dass die neue Mittelklasse des Landes 2013 nicht mehr bereit scheint, all das hinzunehmen. Mit Massendemonstrationen zwingt sie die Politik zur Reaktion. Die indische Zivilgesellschaft lebt, die Demokratie und ihre Institutionen, wie etwa eine freie Presse, sind intakt. Es gibt Pluspunkte, die Indien im Tanz der Riesen, beim Konkurrenzkampf mit dem Reich der Mitte doch noch ausspielen könnte. Auch wenn es 2013 schwerfällt, so optimistisch zu sein wie der britische Historiker Timothy Garton Ash, der schreibt: »Ist es programmiert, dass China das Rennen gewinnen wird? Nein, weil das indische System eine tägliche Seifenoper von kleinen Krisen ist; die große Krise aber von Chinas widersprüchlichem System des leninistischen Kapitalismus steht noch aus. Und nochmals nein, weil Indien ein freies Land ist mit einer absolut erstaunlichen Vielfalt an menschlichen Talenten und Persönlichkeiten, an Originalität und Spiritualität.«

Im Jahr 2025 wird Indien durch die schiere Größe seiner Wirtschaft und die Anzahl seiner Konsumenten in der ökonomischen Welthierarchie weiter vorgerückt sein. Weitere 200 Millionen haben den Aufstieg in die Mittelschicht geschafft. Die krassen Gegensätze im Land sind nicht verschwunden, aber sie sind immerhin etwas kleiner geworden. Nach dem Ende der Gandhi-Dynastie haben neue Regierungen ein Multimilliardenprogramm für Bildung aufgelegt, der Traum von Computern in jeder Dorfschule ist wahr geworden. Bei der »Befreiung« der Bauern von sklavenähnlichen Zuständen haben die Verantwortlichen in Neu-Delhi auf eine Kombination von staatlichen Zuschüssen und privaten Anreizen gesetzt – und dabei endlich ihre falsche Scham überwunden und ausländische Hilfe angenommen. Brasilianische Experten überwachen ab dem Jahr 2020 an der Seite ihrer indischen Kollegen jetzt aus Südamerika übernommene Sozialprogramme, die dort die Kluft zwischen Arm und Reich zumindest ein klein wenig zu schließen halfen. Indien, das in der Vergangenheit meist so miserabel regiert wurde, hat nun eine passable Verwaltung. Und die fördert den wirtschaftlichen Austausch nicht nur unter den BRICS-Staaten. Von günstigen Investitionsbedingungen angelockt, haben deutsche Autofirmen so viele Produktionsstätten in Indien aufgebaut wie zuvor in der Volksrepublik: Gegen Ende des dritten Jahrzehnts des 21. Jahrhunderts sind die Bevölkerungskurven dabei, sich zu überschneiden. Chinas 1,5 Milliarden Menschen stehen in Indien 1,5 Milliarden gegenüber – Tendenz in China stagnierend, in Indien steigend. Und das bedeutet auch: Immer mehr Konsumenten, die sich etwas leisten können.

Die indischen Megacities aber gehören weiterhin zu den problematischsten Orten der Welt. Fließendes Wasser, Elektrizität und eine Toilette für jeden Haushalt bleiben ein Fernziel. Noch greift die für Indien sprechende demografische Dividende kaum, weil die zahlreichen jungen Leute nicht gut genug ausgebildet sind. Wenn auch im Jahr 2025 nicht mehr 44 Prozent der Kleinkinder im Land unterernährt sind, sondern »nur« mehr etwa 20 Prozent, ist dies für das in Teilen so wohlhabende Land eine Schande. In Afrika sind es inzwischen weniger, die in extremer Armut vegetieren müssen.

In der Außenpolitik hat sich 2025 für Indien wenig geändert, sieht man von der Fixierung der Grenzen mit der Volksrepublik China ab. Die Feindschaft mit Pakistan hat sich fortgesetzt, immer wieder flammen Konflikte auf. Peking hilft sie zu begrenzen, die KP-Führer unterhalten gute Beziehungen zu beiden Atommächten auf dem Subkontinent. Mit dem einstigen Verbündeten USA hat sich die Regierung in Islamabad schon längst überworfen. Indien ist 2025 größter Waffenimporteur der Welt geblieben und hat sich weiter auf den Ausbau seiner Seemacht konzentriert. Mit dem Zugang zu den ausgebauten Häfen in Sri Lanka und Burma (Myanmar) ist es gelungen, ein maritimes Gleichgewicht mit China zu erreichen. Beide asiatischen Großmächte haben ihren Konkurrenzkampf im Weltall mit Prestigeprojekten fortgeführt.

Das Land, das so großen Wert auf Nationalstolz legt, hat Anfang 2025 etwas zu feiern: Gleich drei Nobelpreise, in Chemie, Physik und Literatur. Und endlich hat Indien es auch geschafft, bei der Neuordnung des UNO-Gremiums chinesische Bedenken zu überwinden und an der Seite von Brasilien und Südafrika einen permanenten Sitz im Weltsicherheitsrat zu bekommen. Doch das Land weiß nicht so recht, wie es seine neu gewonnene Macht einsetzen soll – die Führung in Delhi pendelt zwischen allen Fronten.

THESE VIER: Der brasilianische Musterschüler zeigt unerwartete Fahrfehler, erklimmt aber gerade noch so das Siegertreppchen.

Zwei Schlagzeilen aus der *Frankfurter Allgemeinen* über Brasilien, erschienen innerhalb weniger Wochen im Frühjahr 2013: »Gigant im Wachstumsstau« – es folgt ein kritischer Bericht über die stockende Wirtschaft, die im vergangenen Jahr gerade mal um ein Prozent zulegte und es in diesem Jahr auf nicht viel mehr als 2 Prozent bringt – und, eine Headline in der *Frankfurter Allgemeinen Sonntagszeitung*: »Brasilien schafft die Armut ab«. Das ist ein begeisterter Bericht über die Fortschritte des Landes bei der Bekämpfung der finanziellen Not in den unterprivilegierten Schichten. Im Juni 2013 folgte dann nach den Millionen-Demonstrationen gegen Verschwendung und Korruption der Herrschenden der große Brasilien-Blues – nichts schien mehr geblieben von der Vorbildfunktion des südamerikanischen Landes, von seinen positiven Errungenschaften. »Der Optimismus war übertrieben, der Pessimismus ist es auch«, sagt Ilan Goldfajn, Chefvolkswirt der Itaú Unibanco, Brasiliens größter Bank. Ähnlich widersprüchliche Signale sendet, glaubt man internationalen Beobachtern, Südamerikas größter Staat auch in Sachen Umweltschutz: Nach wie vor werden im Amazonas riesige Urwaldflächen abgeholzt, treibt ein Teil der Industrie Raubbau mit der Natur, misshandelt die indigene Bevölkerung, was nicht nur Amnesty International in seinem Jahresbericht 2013 scharf verurteilt. Und fast gleichzeitig meldet *Newsweek* bei seinen »Green Rankings«, dass zwei brasilianische Firmen unter den weltweit umweltbewusstesten Konzernen sind: Santander Brasil als Nummer eins und Bradesco als Nummer drei (dazwischen liegt übrigens das indische Unternehmen Wipro auf Rang zwei, mit Munich RE und SAP schaffen es auch deutsche Firmen unter die zehn Vorbildlichsten).

In Brasilien scheint ihr Stern im Sinken, aber international gewinnt Präsidentin Dilma Rousseff an Ansehen, vor allem in den Staaten jenseits von Europa und den USA. Eines ihrer wenigen Interviews gewährt sie 2011 der chinesischen Nachrichtenagentur

Xinhua und preist dabei den Zusammenschluss der BRICS über
alles. »Die Welt ist nicht mehr ein G8-Club wie früher, wir sind
jetzt ein gesunder und wichtiger Bestandteil einer Neuordnung der
Welt hin zum Multilateralismus. Die BRICS haben sich verpflichtet,
die Anwendung der Gewalt zu ächten und den internationalen
Frieden durch Verhandlungslösungen zu stärken. Ich habe mich
beispielsweise bei der Kopenhagener UNO-Klimakonferenz eng mit
China und Indien abgesprochen und wir haben es geschafft, eine
gemeinsame Position zu formulieren.«

Was sie nicht sagte: Das war jene Konferenz, in der die neuen
Mächte den Westen brüskierten und selbst den US-Präsidenten
Barack Obama regelrecht vorführten. Sie weigerten sich, irgendwelche verbindlichen Zusagen über die Beschränkung ihres CO_2-
Ausstoßes zu machen und verhinderten jedes völkerrechtlich
bindende Abkommen. Beim jüngsten NSA-Skandal, der die flächen-
deckende Überwachung durch den US-Militärgeheimdienst auch
in Brasilien nachwies, reagierte kaum ein internationaler Politiker
verbal so scharf wie Rousseff. Sie weiß allerdings, dass ihr Land die
Amerikaner braucht. Sie ist Pragmatikerin und lässt deshalb den
Worten keine Straftaten folgen.

Die brasilianische Mischung aus international konkurrenzfähi-
gen Industrien und den riesigen Vorkommen an Bodenschätzen
müsste ein Erfolgsrezept sein. Doch eine lähmende Bürokratie,
mangelhafte Infrastruktur, fehlende Investitionen hemmen den
schnellen Fortschritt. Dazu kommt ein kryptisches Steuersystem,
das ein Chefberater von SAP in Rio 2013 so beschreibt: »In den
USA werden pro Jahr 80 Tage benötigt, um die Veränderungen
der Steuerregeln in unsere Computer einzuarbeiten, in Deutschland 150, in Brasilien 3000.« Die Präsidentin hat ihre Prioritäten
anders gesetzt und zu lange darauf vertraut, dass sich diese Dinge
in Boom-Zeiten mehr oder weniger von allein regeln. Immerhin
hat sie im Protest-Sommer 2013 den Demonstranten zugehört und
wenigstens im Ansatz versucht, den berechtigten Forderungen
nachzukommen – im Gegensatz etwa zum türkischen Ministerpräsidenten Erdoğan, der einen vergleichbaren Aufstand der Mittelklasse in seinem Land brutal niederprügeln ließ. BMW und auch

Daimler lassen sich nicht abschrecken, investieren Milliarden in neue brasilianische Werke.

Im Jahr 2025 wird man mit großer Befriedigung zurückblicken: Trotz vieler Pannen im Vorfeld haben es die Brasilianer in einem nationalen Kraftakt und mit viel Improvisationsgabe geschafft, alle Stadien rechtzeitig fertigzustellen. Die Fußballnationalmannschaft hat sich, für viele unerwartet, durch die individuelle Klasse einiger Spieler bis ins Finale gedribbelt. Und auch das Fest der Ringe verlief dann, trotz zahlreicher Demonstrationen, problemlos. Brasilien ist 2025 zur viertgrößten Wirtschaft der Welt geworden, vorbeigezogen an Frankreich wie an Großbritannien.

Um die krassen Lebensunterschiede zu beseitigen, gar »die Armut abzuschaffen«, reicht das allerdings nicht annähernd: Der Fortschritt ist relativ. Noch immer sind die meisten Favelas des Landes nicht befriedet. Deren Einwohner verschaffen sich in Bürgervereinen und über die unabhängige Presse lautstark Gehör. Sie gehen zur Wahl und entscheiden sich gegen die Amtsinhaber, die viel versprochen, aber wenig getan haben. Die demokratischen Institutionen funktionieren, die Zivilgesellschaft scheint intakt. Aber wie in Indien mündet das nicht automatisch in mehr Gerechtigkeit für die Unterprivilegierten.

Und Brasilien 2025 ist auch aus einem anderen Grund keine reine Erfolgsgeschichte: Den Rousseff-Nachfolgeregierungen glückt es nicht, den Amazonas-Raubbau entscheidend zu bekämpfen. An dem riesigen neuen Staudamm Belo Monte am Xingu-Fluss, für den so viele Indio-Dörfer zwangsgeräumt wurden, zeigen sich erste Risse, die Warnungen von Umweltschützern scheinen sich zu bewahrheiten. Nicht viel besser sieht es 2025 um den Flirt des brasilianischen Militärs mit der atomaren Bewaffnung ihrer Flotte aus – die IAEA in Wien prangert in scharfen Worten an, dass das Land internationale Vereinbarungen breche und sich nicht ausreichend von den UNO-Experten kontrollieren lasse. Daraufhin drohen die wiedererstarkten Militärs 2025 sogar mit dem Austritt aus dem Nichtverbreitungsvertrag.

Auf der eher heiteren Seite könnte man eine andere Episode verbuchen: Angela Merkel und Dilma Rousseff, die sich während ihrer Amtszeit nicht grün waren und nun seit 2018 in Pension sind, veröffentlichen gleichzeitig ihre jeweiligen Lebenserinnerungen bei deutschen Verlagen. Sie entschließen sich zu einem gemeinsamen nostalgischen Auftritt bei der Frankfurter Buchmesse 2025. Als Laudatorin für die beiden ist Hillary Clinton vorgesehen.

THESE FÜNF: Russland gerät von der Spur – und findet sie nicht wieder.

Ein Wirtschaftswachstum zwischen 3 und 4 Prozent, riesige Bodenschätze, Mitglied des Weltsicherheitsrats mit Vetomacht sowie der BRICS-Staatengemeinschaft, das erste Reiseziel des neuen chinesischen Staatspräsidenten Xi Jinping – und doch spricht alles dafür, dass Moskau zum großen Verlierer des nächsten Jahrzehnts wird.

Im April 2010 habe ich für den SPIEGEL einen Essay über die Verschiebungen der Weltpolitik geschrieben (»Chimerika? Chindia!«). Ex-Bundeskanzler Gerhard Schröder fühlte sich damals angesprochen und formulierte einen eigenen Beitrag als Erwiderung, ein flammendes Porträt für »Eurussia«, wie er es nannte: »Erich Follath sieht richtig, wie sich die Koordinaten der internationalen Politik unverkennbar verschieben. Will die EU im Jahr 2020 neben den USA und China ein drittes Machtzentrum der Welt und der globalisierten Wirtschaft sein, muss sie strategisch wichtige Nachbarstaaten enger an sich binden. Konkret: Die EU muss Russland assoziieren und sich um die Türkei erweitern. Russland ist für Deutschland und für ganz Europa aus zwei Gründen wichtig: Zum einen brauchen wir Europäer einen direkten Zugang zu den enormen russischen Rohstoffressourcen, um Wohlstand und Arbeit bei uns auf Dauer zu sichern. Und zum anderen wird es Stabilität und Sicherheit auf unserem Kontinent nur im Rahmen einer engstmöglichen Partnerschaft mit Russland geben.« Als theoretisches Konzept war und ist das bestechend. Das Problem liegt nur darin: Putins Politik macht diese Art von Nähe unmöglich – auch wenn das der in russischen Angelegenheiten besonders engagierte (und manchmal allzu viel entschuldigende) Altkanzler anders sehen mag.

Beim genaueren Hinsehen sind die derzeitigen und die prognostizierten russischen Zahlen alles andere als eindrucksvoll, die politischen und sozialen Veränderungen besorgniserregend und rück-
wärtsgewandt. Die Kreml-Führung hat in den vergangenen »fetten«
Jahren verpasst, die Wirtschaft zu diversifizieren. Russland bleibt
in erschreckendem Maß abhängig von seinen Rohstoffexporten.
Ob sich die in den Haushalt eingespeisten hohen Preise für Erdöl
und Erdgas angesichts der neuen Fracking-Erfolge in den USA auf
Dauer als haltbar erweisen, erscheint sehr fraglich; außerdem hat es
Moskau versäumt, ausreichend in neue Rohrleitungen und Felder
zu investieren. Russlands Anteil an der Welt-Energieproduktion
dürfte im nächsten Jahrzehnt von derzeit 11 auf 9 Prozent zurück-
gehen.

In Sachen Transparenz und Korruptionsbekämpfung fällt Russland nach 2013 immer weiter zurück, die Presse wird gegängelt,
religiöse Minderheiten und Homosexuelle werden verfolgt. Präsident Wladimir Putin hat seine repressive Politik gegenüber Nicht-
regierungsorganisationen noch einmal verschärft. Und auch seine
Nachfolger, von ihm aus dem Hintergrund überwacht, agieren
wie Putin-Klone. Immer härtere Maßnahmen gegen Oppositionelle
führen zwangsläufig zu einer weiteren Verschlechterung der Beziehungen mit der EU.

2025 hat Russlands Gewicht auch innerhalb der BRICS abgenommen. Pekings Regierung war nur an Energielieferungen interessiert, die wurden in einem weltweit von Überangebot geprägten
Markt weniger entscheidend. Und die KP-Chefs wollten in Sachen
»Terrorismus« mit Moskau kooperieren, beim Kampf gegen sepa-
ratistische islamistische Gruppen deckten sich die Interessen mit
den russischen. Über das Jahr 2020 hinaus setzen die Chinesen
ihren stillen, ökonomischen Eroberungsfeldzug in den Weiten
Sibiriens unbeirrt fort und wischen alle russischen Vorwürfe einer
»Überfremdung« unbeeindruckt beiseite. Man bleibt sich trotz der
geografischen Nähe seltsam fremd. In Sachen »Soft Power« gibt es
mehr kulturelle Anknüpfungspunkte zwischen Indien und China
als zwischen dem »Bären« und dem »Drachen«, die sich immer
misstrauisch beäugt haben. Moskaus Wirtschaft stagniert 2025,

seine repressive, rückwärtsgewandte Politik machen es für niemanden attraktiv. Russland bleibt ein Mitglied der BRICS. Will man es polemisch sagen, hauptsächlich deshalb, weil das Kürzel ohne ein R in der Mitte weniger gut klingt.

THESE SECHS: Fracking USA – die Weltmacht zieht sich zurück, bremst aber den Niedergang.

Eine Polarisierung der politischen Kräfte, ein krasses Auseinanderdriften der Gesellschaftsschichten, eine verunsicherte, durch Kriege in Irak und Afghanistan überdehnte Außenpolitik, eine Infrastruktur mit maroden Straßen und Brücken, wie sie sonst nur Drittweltländer haben: Es fällt nicht schwer, die USA im Jahr 2013 als eine Weltmacht im Niedergang zu zeichnen: Der »Rest« der Welt steigt auf, Amerika fällt immer weiter zurück. Bleibt natürlich Supermacht, allein durch die Größe seiner Wirtschaft, die Leitwährung US-Dollar, sein riesiges und großzügig ausgestattetes Militär (immer noch ist der Etat des Pentagon höher als der Etat der nächsten zehn größten Militärmächte zusammengenommen). Aber es ist ein bröckelnder Riese, wirtschaftlich bald nur mehr die Nummer zwei der Welt hinter China, politisch nur noch eine von mehreren Mächten in einer multipolaren Welt. Und das weltweite Spähprogramm der NSA hat vor allem in Lateinamerika und Westeuropa das Image Washingtons weiter eingetrübt.

Die Lage der USA im Jahr 2025 sieht jedoch besser aus, als von den meisten vorhergesagt – und dafür gibt es einen wesentlichen Grund: Fracking. Die neue Technik, mithilfe von Wasser, Sand und Chemikalien unter hohem Druck Erdgas aus den Tiefen des Bodens zu pressen, hat die Vereinigten Staaten vom großen Energie-Einfuhrland zum Energie-Ausfuhrland gemacht. Trotz einiger Unfälle mit der umweltgefährdenden Prozedur und der Schließung von Feldern, die hochgesteckte Erwartungen nicht erfüllen konnten, haben sich die USA insgesamt erfolgreich auf diesen gefährlichen Weg begeben. Die Autarkie mit den niedrigen Energiepreisen führt dazu, dass Industriejobs wieder nach Amerika zurückkehren. Und sie verführt dazu, dass die Amerikaner ihre Energiesparziele stark vernachlässigen. Da sich die Entwicklung erneuerbarere Energien kaum noch lohnt, fallen die USA in diesem weltweiten Zukunftsmarkt stark zurück. Dabei mangelt es im Jahr 2025 nicht an Arbeitskräften, anders als in den meisten Staaten in Europa und auch in China. Aber es gelingt nicht, deren Produktivität zu erhöhen. Und die staatlichen Investitionen in die Wissenschaft haben besorgniserregend abgenommen – prozentual zum Budget um die Hälfte seit Anfang der Sechzigerjahre.

Auch außenpolitisch hat die positive Wende bei der Ausbeutung natürlicher Ressourcen Bedeutung: Die USA müssen sich jetzt weniger Gedanken um die Erdölrouten im Nahen Osten machen und dubiose Staaten wie Saudi-Arabien nicht mehr hofieren. Generell gilt: *Leading from behind*, die noch von Präsident Barack Obama vorgegebene Linie. Die USA begnügen sich damit, aus dem Hintergrund zu führen, sie halten sich bei internationalen Konflikten militärisch zurück. Die republikanischen Nachfolger im Amt verändern den vom ersten schwarzen Präsidenten vorgegebenen Kurs allenfalls in Nuancen. Nur im Pazifik zeigt Washington auffallend seine militärische Präsenz. Die Rivalität mit China hat sich 2025 verstärkt, mehrere amerikanische Flugzeugträger stehen der chinesischen Flotte gegenüber. Japan und die Staaten Südostasiens begrüßen die amerikanische Präsenz, garantiert sie doch ein friedenserhaltendes Patt.

Washington wie Peking haben nach der Implosion Nordkoreas, dem völligen Zusammenbruch des Systems, Anfang 2020 akzeptiert, dass die gesamte Halbinsel zur atomwaffenfreien Zone deklariert wird. Das wiedervereinigte Korea ist über Jahre mit der Organisation der Flüchtlingsströme und dem politischen wie wirtschaftlichen Zusammenhalt beschäftigt. Auch China zwingen die Flüchtlingsströme aus Nordkorea dazu, sich mehr auf die Innenpolitik zu konzentrieren. Mit den BRICS-Staaten Indien und Brasilien pflegen die neuen Herren im Weißen Haus gute, wenngleich nicht spannungsfreie Beziehungen.

Die großen Konfliktherde von 2013 sind auch 2025 geblieben. Im Nahen Osten hat sich durch die Teilung Syriens die Kriegsgefahr erhöht. Der Konflikt zwischen Israelis und Palästinensern schwelt nach dem endgültigen Scheitern der Zweistaatenlösung weiter und wird von Hardlinern auf beiden Seiten angeheizt. Die Spannungen zwischen dem sunnitischen Machtblock um Saudi-Arabien, Ägypten und Katar und den Schiiten in der Region scheinen unauflösbar. Eine gute Nachricht gibt es aus der Region: In Teheran haben sich gemäßigte religiöse Kreise durchgesetzt, die vorsichtig eine Annäherung an den Westen suchen. Das macht es für das Weiße Haus leichter, mit dem iranischen Atomprogramm umzugehen – die USA haben zum großen Ärger ihres israelischen Verbündeten entschieden, Teheran »einzudämmen« und es als De-facto-Atommacht zu behandeln: Sie akzeptieren, dass Irans Machthaber über alle Kapazitäten verfügt, die Bombe zu bauen – unter der Bedingung, dass Iran die Kernwaffe nicht tatsächlich fertigstellt und testet.

In der amerikanischen Innenpolitik allerdings verschärfen sich die Gegensätze. 2025 werden die USA zu dem Land der Erde mit den größten Unterschieden zwischen Arm und Reich. Der Niedergang öffentlicher Einrichtungen hat sich unter den republikanischen Nachfolgern Obamas verstärkt – sie glauben nicht an den Staat und haben deshalb die Steuern der Wohlhabenden weiter gesenkt. Aus amerikanischen Großstädten sind Kampfzonen geworden. Selbst die Mittelklasse schirmt sich nun in *Gated Communities* mit hohen Stacheldrahtzäunen und schwer bewaffneten privaten Wachdiensten ab. Immer wieder kommt es auch an der Grenze mit Mexiko zu bewaffneten Auseinandersetzungen: Die US-Drogenpolizei führt einen weitgehend aussichtslosen Kampf gegen die internationalen Kartelle, die über die Südgrenze und die Karibik das Land mit Rauschgift überschwemmen.

THESE SIEBEN: Von wegen »Ach Europa«: Der Kontinent fährt wieder nach vorn.

Die EU ist zumindest vom Ansatz her ein welthistorisches Erfolgsmodell. Ein Projekt von mehr als zwei Dutzend Staaten, die sich freiwillig zusammengeschlossen haben, obwohl sich viele von ihnen in der Vergangenheit blutig bekämpften. Die größte Wirtschaftsmacht der Welt mit einem Prokopfeinkommen, das – nach Kaufkraft berechnet – das von Indien um das Neunfache, das von China um das Vierfache und das von Brasilien um das Dreifache übertrifft. »Wenn Niedergang so aussieht, dann schlägt das Leben in diesem Niedergang das in einer aufstrebenden Macht jedenfalls um Längen« (so *Foreign Policy*). Und selbst wenn man die Problemzone der 17 Euro-Länder und ihre Schuldenzahlen als Kriterium nimmt, so relativieren sich die Probleme im Vergleich: Nach Berechnungen des Internationalen Währungsfonds macht das Defizit der gesamten Euro-Zone etwa 2,6 Prozent des Bruttoinlandsprodukts aus, nicht viel mehr als ein Drittel des amerikanischen.

Natürlich sagen diese Durchschnittszahlen wenig aus über die wirklich gravierenden Sorgen einzelner Staaten. Die Jugendarbeitslosigkeit hat im Sommer 2013 in Spanien über 55 Prozent und in Griechenland über 60 Prozent erreicht. Insgesamt hat die EU-Begeisterung im Jahr 2013 stark abgenommen, aber erstaunlich viele bleiben überzeugte Europäer. Sie unterscheiden zwischen ihren Sympathien für die Idee und den gelähmten Institutionen von Brüssel, den dortigen, wenig demokratisch legitimierten Organen.

»Die Situation in Europa ist wirklich schlimm – außer man vergleicht sie mit jedem anderen Kontinent und jedem anderen Zeitpunkt der Geschichte«, sagt der Soziologe Ulrich Beck Mitte Mai 2013. Das Problem allerdings sind die Politiker auf dem Kontinent, die sich im Klein-Klein von Konferenzen verfangen haben, auf denen immer nur neue Pflaster auf immer größere Wunden geklebt werden. Vor allem der Bundeskanzlerin fehlt das Gespür für eine gesamteuropäische Identität. Diese zu fördern, verlangt über die Durchsetzung einer harten Sparpolitik hinaus auch schmerzhafte Entscheidungen für die Reichen der Gemeinschaft (neben Deutschland vor allem noch die Niederlande, Finnland, Luxemburg) – sie werden das so dringend benötigte Wachstum nur durch Schuldenschnitte und eine Vergemeinschaftung der Verbindlichkeiten schaffen können.

Ein Jahrzehnt und eine Generation nach Merkel, Cameron und Hollande, nach erschreckenden Wahlerfolgen rechts-nationalistischer Parteien quer über den Kontinent, hat sich diese Einsicht durchgesetzt. Durch erfolgreiche Sparmaßnahmen beim Verbrauch ist der Energiebedarf in Europa von 2013 bis 2025 nur um 5 Prozent gestiegen; eine erhebliche Entlastung der Staatskassen, da die großen Lieferländer wie Russland ihre Preise unter dem Druck des Weltmarkts erheblich herabsetzen müssen. Mit entschiedenen Fördermaßnahmen und hohen Investitionen in Zukunftsindustrien ist es 2025 endlich gelungen, auch die Jugendarbeitslosigkeit in den Südländern Europas in den Griff zu bekommen. Nach der Einführung von an strenge Auflagen gekoppelten Eurobonds wird die Gemeinschaft auch wieder von einer großen Mehrheit der Bürger Europas akzeptiert und gutgeheißen. 2025 ist die Bändigung der Bankenmacht weitgehend geglückt. Die Europäer haben begriffen, dass ihr Wohlfahrtsstaat – wenngleich verschlankt – als Zukunftsmodell taugt und jedenfalls alle anderen Varianten deutlich schlägt. Trends haben sich umgekehrt. Beispielsweise beim öffentlichen Verkehr, wo es wieder mehr Staat und weniger Privatisierung gibt. Solche Dienste weitgehend in die Hände von Unternehmern zu legen, hat sich nicht bewährt.

Auch außenpolitisch hat sich die EU im dritten Jahrzehnt des 21. Jahrhunderts zusammengerauft. Nach blamablen Jahren des kleinkarierten Streits, die den Kontinent zum »Sanierungsfall« (so EU-Kommissar Günther Oettinger) gemacht haben, gibt es nun aus Brüssel eine weitgehend einheitliche Stimme für die Weltpolitik. Selbst Großbritannien und Frankreich verzichten auf Sonderwege. Der »europäische Hühnerhaufen« (so der deutsche Ex-Außenminister Joschka Fischer) hat sich 2025 zu einer passabel arbeitenden Hühnerfarm gemausert.

Eines allerdings hat sich in Europa verschlimmert: das demografische Problem und damit die mangelnde Altersversorgung. Die Europäer teilen diese Sorgen mit allen fortgeschrittenen Regionen der Welt (mit der Ausnahme der USA, die durch ein vorbildliches Eingliederungsgesetz für Einwanderer im Jahr 2025 besser dastehen): In Deutschland ist das Durchschnittsalter von 44 Jahren 2013 auf 49 Jahre gestiegen, in Japan von 45 auf 52 Jahre, prozentual sogar noch geschlagen von China (35 auf 43).

Doch trotz dieses »grauen« Flecks wird der »europäische Traum« die Menschen auf allen Kontinenten weiter faszinieren. Es sind nicht nur die Lebensbedingungen auf dem Kontinent, die so positiv wirken, sondern auch die Versuche, mehr Gerechtigkeit und einen sozialen Ausgleich zu schaffen. Das gilt auch für eine internationale Strafverfolgung, mit der Diktatoren und Militärs zur Verantwortung gezogen werden können – nicht umsonst ist der Internationale Strafgerichtshof in Europa, im niederländischen Den Haag, angesiedelt. Nach langem Zögern haben sich Anfang 2020 die USA diesem Gremium angeschlossen. Im Westen hat sich im dritten Jahrzehnt des 21. Jahrhunderts ein neues Selbstbewusstsein entwickelt, parallel dazu ist die Ausstrahlung des autoritären chinesichen Modells verblasst. Der Stolz auf die eigenen Stärken, der Glaube an die Überlegenheit der eigenen Werte ist zurückgekehrt – bei aller Anerkennung dafür, was in China, Indien und Brasilien geleistet wird.

THESE ACHT: And the Winner is ... Germany!

Im Jahr 2025 wird längst zur Gewohnheit geworden sein, was dem Deutschen Norbert Scheuch im chinesischen Großkonzern Sany und im Oktober 2013 dem Chinesen Zhengrong Lu als neuer Vorstand beim Hamburger Dax-Unternehmen Beiersdorf gelungen ist – ein Aufstieg in die höchste Führungsebene einer bedeutenden Firma auf der anderen Seite der Welt. Vor allem die Autobauer haben ihre Zusammenarbeit verstärkt, Daimler wurde zum Großaktionär in der Volksrepublik, Volkswagen hat seine Marktführerschaft bis dahin weiter ausgebaut und ist weltweit an Toyota und GM vorbeigezogen: die Nummer eins, vor allem dank des China-Geschäfts. Berlin und Peking verstehen sich bestens. Die Boom-Zeiten des »Traumpaars« (so Premier Li Keqiang bei seinem Besuch in Berlin Ende Mai 2013) haben allerdings auch einen Preis: Deutschland wird immer abhängiger von seinen China-Geschäften, kommt politisch unter Druck – als der chinesische Ministerpräsident Ende Mai ultimativ von der Bundesregierung fordert, sich gegen die von der EU geplanten Strafzölle gegen Solarzellen aus der Volksrepublik zu stellen, knickt Kanzlerin Merkel sofort ein. Sie will einen von Peking angedrohten »Handelskrieg« auf jeden Fall vermeiden. Auch wenn viel dafür spricht, dass die Chinesen wirklich mit Dumpingpreisen arbeiten, die deutsche Produktion bankrottgeht und die USA ähnliche Strafzahlungen längst durchgesetzt haben. Deutsche Konzerne und vor allem der Mittelstand haben erkannt, dass sie sich bei aller Euphorie über den China-Markt nicht zu einseitig in Abhängigkeiten begeben dürfen. Und deshalb haben sie ihre Scheu vor Indien und Brasilien abgelegt und sind in diesen Zukunftsmärkten spät, aber nicht zu spät zur Aufholjagd angetreten.

Bei der Neuordnung des Weltsicherheitsrats Anfang 2020, der den Aufstieg Indiens und Brasiliens in den illustren Kreis der permanenten Mitglieder besiegelt hat, ist Deutschland allerdings leer ausgegangen. Westeuropa, so befand der Rest der Welt, sei mit Großbritannien und Frankreich schon überrepräsentiert. Die Trauer hält sich in Grenzen: Berlin hat hinter den Kulissen an Einfluss gewonnen, der Verzicht der Deutschen, ausgeglichen mit Chefposten in führenden EU-Institutionen, hat sie noch populärer gemacht. Schon 2013 sah eine BBC-Umfrage Deutschland als das beliebteste Land weltweit, 2025 ist der Abstand zum Zweitplatzierten Kanada noch größer geworden. Was auch mit dem Ende des europapolitischen Kleinmuts in Berlin zu tun haben könnte: Nach der lähmenden (Nicht-)Regierungszeit von Angela Merkel haben sich neue Politiker in den Vordergrund geschoben, die Europas Integration vorantreiben, maßvoll und planvoll. Mit einem Europaparlament, das zum echten Gesetzgeber wird. Mit einem von den Bürgern direkt gewählten Präsidenten. Mit einem Europäischen Rat der Staats- und Regierungschefs, aus dem ein Senat wird.

Die Exporte steigen 2025, die Arbeitslosigkeit ist niedrig. Nach einigen Jahren des Nullwachstums durch die kostspielige und den Bundeshaushalt vorübergehend belastende Ausgabe von Eurobonds sowie den Milliardenprogrammen gegen die Jugendarbeitslosigkeit in Europas Süden hat die Wirtschaft wieder angezogen, ein Plus von 2 bis 3 Prozent erscheint wieder erreichbar.

Die Ängste vor einer Abwanderung von Jobs haben sich bewahr-
heitet – sofern es die eher »gestrigen«, einfachen Industrien betrifft.
2025 werden keine Textilien mehr in Deutschland produziert. Und
Krankenhausabrechnungen wie Steuererklärungen sind größtenteils outgesourct, Spezialisten in Indien machen das billiger und
können nach Einarbeitungszeiten genauso viel wie deutsche Steuerberater und Prokuristen. Deren Berufe sind tatsächlich vom Aus-
sterben bedroht. Aber die Furcht vor einem Verlust hochqualifizier-
ter Arbeitsplätze hat sich relativiert. Viele mittelständische Firmen
sind wieder in die Heimat zurückgekehrt, weil sich die zunehmend
anspruchsvollere Produktion mit schlechter ausgebildeten Kräften
im Ausland auch bei den dort günstigeren Rahmenbedingungen
nicht mehr lohnt. Die Anzahl der Patentanmeldungen hat sich weiter Richtung
China verschoben. Allerdings ist das bei näherem Hinsehen wenig
besorgniserregend: Es ist die Qualität der Patente, die zählt. Und
da liegen Amerikaner und Europäer weiter vorn, die neuen Mächte
haben immer noch viel aufzuholen. Exportweltmeister sind nun,
uneinholbar und ihren Vorsprung Jahr für Jahr vergrößernd, die
Chinesen. Die Deutschen holen sich aber den Titel des Reisewelt-
meisters zurück – begünstigt durch die Reiserestriktionen, die eine
verunsicherte KP-Führung verhängt hat.

Eine andere Vorhersage aus dem Jahr 2012 ist ein gutes Jahrzehnt später eingetroffen – die von der Dynamik der Stadtentwicklung. Schanghai, Peking, Shenzhen und São Paulo haben
wie vom McKinsey Global Institute prognostiziert, tatsächlich
das größte Wirtschafts- und Bevölkerungswachstum aller Metropolen weltweit erlebt. Sie zählen allerdings bei Weitem nicht zu den
Städten mit der höchsten Lebensqualität. Nimmt man kulturelle
Einrichtungen, funktionierenden Nahverkehr, Zugang zu Ausbil-
dungsplätzen und sozialen Einrichtungen sowie den Schutz vor
Kriminalität als Bewertungskriterien, liegt nach einem Ranking der
Unternehmensberatung Mercer im Jahr 2012 Wien weltweit an der
Spitze, gefolgt von Zürich, Auckland und München; mit Düssel-
dorf, Frankfurt und Bern befinden sich noch drei deutschsprachige
Städte unter den beliebtesten Wohn- und Lebensorten. Von der

Liste der dynamischen Zukunftsstädte schafft es als lebenswerteste Stadt unter 460 getesteten nur Schanghai in die Liste der ersten hundert, und zwar gerade mal auf Platz 95.

Das wäre der sehr optimistische Ausblick für unseren Kontinent: Im Jahr 2025 sind unter den Top Ten nur noch Städte aus dem guten alten Europa, in denen die Mehrheit der Menschen auf der Welt leben will. Es liegt an den Europäern selbst, ob sie es sich dann nur noch in einem sozial verträglichen Auslaufmodell gemütlich machen und verzagt den letzten Tagen in einem untergehenden Kontinent entgegendämmern, wie zahlreiche Pessimisten voraussagen. Oder ob sie den neuen Weltmächten mit Energie und Selbstbewusstsein gegenübertreten. Und selbst zu Gewinnern der Globalisierung werden. Für China, Indien und Brasilien aber muss das Ende des Rekordwachstums keine Katastrophe bedeuten. Sie haben im Jahr 2013 nach zwei Jahrzehnten beispielloser Erfolge nun eine Art Normalzustand erreicht – es geht weiter aufwärts, aber erheblich langsamer, mühseliger und anfälliger für Rückschläge.

Die großen Schwellenländer haben die Weltökonomie auf bemerkenswerte Weise verändert: Die Preise für die meisten Ressourcen stiegen, Herstellungskosten fielen. Davon profitierten Konsumenten weltweit, aber auch in den Ausgangsländern. Die absolute Zahl der Ärmsten sank. In den BRICS-Staaten bildete sich eine neue, zunehmend selbstbewusste, zu Demonstrationen für ihre Rechte entschlossene Mittelschicht. Sie fordert, dass die Verantwortlichen ihre Verantwortung wirklich wahrnehmen, sie will Transparenz und Rechenschaft. Und zwar nicht irgendwann, sondern jetzt.

Das ist für die Regierenden Herausforderung und Chance zugleich. Die Entschleunigung der Wachstumsraten in China, Indien und Brasilien könnte für die Führung ein Ansporn sein, politische Veränderungen zu wagen. Leider ist von einem neuen Aufbruch derzeit noch wenig zu sehen. Dabei gibt es kaum Grund zu Kleinmut. Die wirtschaftliche Basis in Peking, Neu-Delhi und Brasília dürfte inzwischen so widerstandsfähig sein, dass kein Platzen einer großen »Blase« mehr droht.

Im Jahr 2025 wird man vermutlich einmal sagen, dass 2013 eine Wasserscheide, ein Wendepunkt war – auch in den Vorstellungen einer »idealen« Wirtschaftspolitik. In den Neunzigerjahren hatten viele Experten in den westlichen Hauptstädten und auch beim Internationalen Währungsfonds das neoliberale Modell vom absolut freien Spiel der Kräfte in einer Demokratie nach US-Vorbild für das Nonplusultra gehalten und versucht, es der Dritten Welt aufzuzwingen. Der Staat sollte sich möglichst aus allem heraushalten. Deregulierung hieß das Zauberwort, das einsetzende Wirtschaftswachstum käme dann allen zugute. Diese hegemonialen Vorstellungen von einem Marktfundamentalismus sind in der Finanz- und Bankenkrise nach 2007 krachend gescheitert. Bis heute haben sich die USA und die EU noch nicht ganz von dem Irrglauben erholt. Die einzig gute Nachricht: Dieses Konzept – »Washington Consensus« genannt – wird schon lange nicht mehr in euphorischen Kommentaren gepriesen.

Für viele Experten ersetzte in den Jahren danach eine andere wirtschaftliche Heilmethode die Diktatur des Kapitals: der »Beijing Consensus«. Ein autoritärer Staatskapitalismus à la Volksrepublik China galt nun in den Jahren bis 2013 als Idealkonzept. Arbeiterrechte und demokratische Mitbestimmung traten dabei in den Hintergrund. Umweltschutz durfte nach dieser Theorie vernachlässigt werden, Wachstum um jeden Preis sollte es richten. Durch eine ausschließliche Konzentration auf Exporte würde der Lebensstandard in den Schwellenländern sozusagen automatisch steigen, verkündeten die China-Apologeten. Viele Staaten in Afrika und Asien fanden diesen »Beijing-Consensus« attraktiv und versuchten ihn anzuwenden. Mit wechselndem Erfolg. Den Verfechtern der Idee im Reich der Mitte ist allerdings längst klar geworden, dass auch dieses ökonomische Rezept nicht funktioniert. Sie haben jedenfalls mit Korrekturen begonnen. Messen der Umwelt zumindest verbal eine große Bedeutung bei. Propagieren nun einen Strukturwandel, der neben dem Export den heimischen Konsum ins Zentrum der Überlegung stellt.

Das ideale Entwicklungsmodell haben weder China noch Indien noch Brasilien gefunden. Was sich in modernen westlichen Gesellschaften bewährt und diese in den kommenden Jahrzehnten wieder nach vorne bringen mag, lässt sich nicht unbedingt auf andere Regionen mit anderen Entwicklungsstufen übertragen – jedenfalls nicht eins zu eins. Peking, Neu-Delhi und Brasília müssen einen eigenen Weg finden. Es wird wohl ein Weg sein, der demokratische Rechte einräumt, überprüfbare Institutionen stärkt, die Regierenden verpflichtet, Standards einzuhalten. Der Mensch im Mittelpunkt, nicht die Ideologie, nicht ein abstraktes System, das einen »Consensus« verlangt. Die drei führenden BRICs werden bröckeln, aber auch wieder einen Kitt finden. Sie werden nicht fallen, sondern ihren Aufstieg gebremst fortsetzen. Und mit dem »Weltmacht«-Status kommt auf die neuen Global Player auch größere Verantwortung zu. Sie können das Wohl und Wehe der Weltgemeinschaft wesentlich mitbestimmen.

LITERATUR

Daron Acemoğlu / James A. Robinson: Warum Nationen scheitern, Frankfurt am Main 2012.

Stefan Aust / Adrian Geiges: Mit Konfuzius zur Weltmacht, Berlin 2012.

Jahangir Aziz / Steven Dunaway / Esward Prasad: China and India. International Monetary Fund Publication 2006.

Dawid Danilo Bartelt: Copacabana, Berlin 2013.

Leonardo Boff: Kirche: Charisma und Macht, Gütersloh 2011.

Katherine Boo: Annawadi oder der Traum von einem anderen Leben, München 2012.

Alexander Busch: Wirtschaftsmacht Brasilien, München 2011.

William Dalrymple: Nine Lives: In Search of the Sacred in Modern India, New York 2010.

Siddhartha Deb: The Beautiful and the Damned, New Delhi 2011.

Diana L. Eck: Benares: Stadt des Lichts, Frankfurt am Main / Leipzig 2006.

Diana L. Eck: India – A Sacred Geography, New York 2012.

Niall Ferguson: Der Niedergang des Westens, Berlin 2013.

Erich Follath: Die letzten Diktatoren, München 1993.

Erich Follath: Dalai Lama, München 2007.

Erich Follath / Karl Johaentges: Mythos Shanghai, München 2005.

Patrick French: India, New York 2011.

Thomas L. Friedman: Die Welt ist flach, Berlin 2008.

Martin Fritz / Martin Kämpchen: Indiens Weg in die Moderne, München 1998.

Anand Giridharadas: India Calling, New York 2011.

Klaus Hart: Unter dem Zuckerhut, Wien 2001.

Franz Höllinger: Religiöse Kultur in Brasilien, Frankfurt 2007.

Jonathan Holslag: China and India, New York 2010.

Martin Jacques: When China Rules the World, London 2009.

Olaf Ihlau: Weltmacht Indien, München 2006.

Sudhir Kakar / Katharina Kakar: Die Inder, München 2011.

Akash Kapur: India Becoming, New York 2012.

Tarun Khanna: Billions of Entrepreneurs, Boston 2011.

Sunil Khilnani: The Idea of India, New York 1998.

Henry Kissinger: China, München 2011.

Henry Kissinger / Fareed Zakaria / Niall Ferguson / David Daokui Li: Wird China das 21. Jahrhundert beherrschen?, München 2012.

Robert M. Levine: The Brazil Reader, Durham 1999.

Edward Luce: *In Spite of the Gods: The Rise of Modern India*, New York 2007.

Hamish McDonald: *Ambani & Sons*, New Delhi 2010.

Richard McGregor: *Der rote Apparat*, Berlin 2013.

Suketu Mehta: *Bombay*, Frankfurt am Main 2006.

Robyn Meredith: *The Elephant and the Dragon*, New York 2008.

Pankaj Mishra: *Unterwegs zum Buddha*, München 2004.

V. S. Naipaul: *India: A Million Mutinies Now*, London 1990.

Michael Nylan / Thomas Wilson: *Lives of Confucius*, New York 2010.

Jim O'Neill: *Die Märkte von morgen*, München 2012.

João Ubaldo Ribeiro: *Brasilien, Brasilien*, Berlin 2000.

Riordan Roett: *The New Brazil*, Washington D. C. 2011.

Larry Rohter: *Brazil on the Rise*, New York 2012.

David Shambaugh: *China's Communist Party. Atrophy and Adaptation*, University of California Press 2009.

Stefan Schmalz / Matthias Ebenau: *Auf dem Sprung*, Berlin 2011.

Helmut Schmidt: *Ein letzter Besuch*, München 2013.

Helmut Schmidt / Frank Sieren: *Nachbar China*, Berlin 2007.

Peter Scholl-Latour: *Die Welt aus den Fugen*, Berlin 2012.

Peter Scholl-Latour: *Zwischen den Fronten*, Berlin 2007.

Hans Wolfgang Schumann: *Der historische Buddha*, München 2004.

Hans Wolfgang Schumann / Anagarika Santuttho: *Stätten des historischen Buddha*, Heidelberg 2011.

Amartya Sen: *The Argumentative Indian*, London 2005.

Amartya Sen: *Die Idee der Gerechtigkeit*, München 2012.

Ruchir Sharma: *Breakout Nations*, New York 2012.

Frank Sieren: *Angst vor China*, Berlin 2013.

John Snelling: *Buddhismus*, München 1991.

Shashi Tharoor: *Indien*, Frankfurt am Main / Leipzig 2000.

Ilija Trojanow: *An den inneren Ufern Indiens*, München 2010.

Mark Tully: *Non-Stop India*, New Delhi 2011.

Altaf Tyrewala: *Kein Gott in Sicht*, Frankfurt am Main 2006.

Lee Kuan Yew: *The Grand Master's Insights on China, the United States, and the World*, Cambridge 2012.

Kai Vogelsang: *Geschichte Chinas*, Stuttgart 2012.

Fareed Zakaria: *Der Aufstieg der Anderen*, München 2009.

Stefan Zweig: *Brasilien – Ein Land der Zukunft*, Berlin 1997.

PERSONENREGISTER

Bildnachweis

AFP: S. 4/5 l. (Sergei Ilnitsky), 8/9 u. l.
(Sebastian d´Souza/Getty Images),
11 o. (Raveendran), u. (Noah See-
lam), 12/13 (Yasuyoshi Chiba)
AP: S. 14/15 r. u. (Nelson Antoine/dpa),
16 (Andres Leighton)
Jonathan Browning: S. 4/5 u. l
Corbis: S. 4/5 r. (Dan Groshong)
ddp images: S. 1 u. (Oliver Lang)
Rafael Sanchez Fabrés: S. 14/15 l. Mi.
Fotoarena: S. 14/15 r. o. (ATP/Alves
Bia)
ImagineChina: S. 2/3 (Weng Lei)
Imago Stock & People: S. 4/5 Mi.
Instituto Lula: S. 14/15 l. o. (Ricardo
Stuckert)
laif: S. 6/7 (Naftali Hilger)
netphotograph.com: S. 4/5 o. (Pablo
Bartholomew)
picture-alliance: S. 1 o. (Diego Azubel),
Mi. (F. Gierth), 4/5 u. r. (Michael
Reynolds), 8/9 u. r. (Harish Tyagi),
10 (Ben Pipe/Robe), 11 Mi. (Ajit
Solanki/AP), 14/15 l. u. (Valter
Campanato)
Picture Press: S. 8/9 o. l. (Jay Ullal/
Stern)
Privatarchiv Follath: S. 8/9 o. r.
Reuters: S. 14/15 r. Mi. (Ueslei
Marcelino)